CRAIG
ÜBER DIE DEUTSCHEN

GORDON A. CRAIG

Über die Deutschen

VERLAG C.H.BECK

Übersetzung aus dem Englischen von Hermann Stiehl, Frankfurt
Der Übersetzung liegt folgende Ausgabe zugrunde:
Gordon A. Craig, The Germans
G. P. Putnam's Sons, New York
© Gordon A. Craig, Stanford. 1982

CIP-Kurztitelaufnahme der Deutschen Bibliothek

Craig, Gordon A.:
Über die Deutschen
Gordon A. Craig. [Übers. aus d. Engl. von
Hermann Stiehl]. 72.–82. Tausend. 1984.
– München: Beck, 1982.
   Einheitssacht.: The Germans ⟨dt.⟩
   ISBN 3 406 08834 1

ISBN 3 406 08834 1

72.–82. Tausend. 1984
Für die deutsche Ausgabe:
© C. H. Beck'sche Verlagsbuchhandlung (Oscar Beck) München 1982
Satz: C. H. Beck'sche Buchdruckerei, Nördlingen
Druck und Bindung: May & Co., Darmstadt
Printed in Germany

Für Phyllis

All' mein Gedanken, die ich hab',
die sind bei dir . . .

Vorwort zur deutschen Ausgabe

Oft haben mich meine deutschen Bekannten gefragt, weshalb ich mich als Historiker mehr mit der Geschichte Deutschlands als mit der meines eigenen Landes beschäftigt habe. Die Antwort auf diese Frage ist wohl in den äußeren Umständen zu suchen: als ich in den 30er Jahren mit meinen historischen Studien begann, interessierte man sich in Amerika sehr intensiv und bewußt für die deutschen Angelegenheiten. Ein amerikanischer Student, der etwas über Deutschland erfahren wollte, traf damals nicht nur auf hervorragende amerikanische Gelehrte, die die Forschung über Deutschland zu ihrem Lebenswerk gemacht hatten, sondern auch auf eine Anzahl höchst begabter jüngerer deutscher Historiker, die vor der Diktatur Adolf Hitlers in die Vereinigten Staaten geflohen waren. Mein ganz persönliches Interesse am Leben und an der Kultur Deutschlands ist denn auch zunächst auf die Vorlesungen und die Seminare meiner Lehrer an der Universität Princeton zurückzuführen, des Historikers Raymond James Sontag und des Professors für deutsche Literatur George Madison Priest. Neue Impulse für mein Interesse erhielt ich sodann durch drei junge Historiker, die ich als Dozenten an der Universität Yale kennenlernte – die meine Freunde wurden und denen ich zu unschätzbarem Dank verpflichtet bin: Hajo Holborn, Theodor Ernst Mommsen und Felix Gilbert, alle drei Flüchtlinge aus Hitler-Deutschland.

Das amerikanische Interesse am Geschehen in Deutschland ist heute nicht geringer als in den 30er Jahren; man ist sich bewußt, daß die Beziehungen Amerikas zur Bundesrepublik nicht mehr so eng sind wie zur Zeit Adenauers, und man sorgt sich zunehmend darum, was dieser Wandel bringen mag. Das vorliegende Buch, das zunächst einmal amerikanische Leser ansprechen sollte, wurde geschrieben aus dem Wunsch heraus, die Frage des Wandels in eine umfassendere Perspektive zu rücken und verhängnisvollen Urteilen über einen Vorgang vorzubeugen, der in jedem Falle unvermeidlich war, und vor allem, um zeitgenössische Probleme zu erhellen, von denen einige speziell Deutschland, andere aber auch uns betreffen. Schließlich wurde es geschrieben, weil mich ,,die deutsche Frage" heute natürlich nicht weniger fesselt als damals und meine Zuneigung zu den Deutschen inzwischen in keiner Weise nachgelassen hat.

Hermann Stiehl danke ich sehr herzlich für die Übertragung des englischen Textes ins Deutsche, Ingrid Kinzel-Amuser und Rüdiger vom Bruch für ihr aufmerksames und kritisches Lesen und ihre Anregungen zu Korrekturen und Verbesserungen.

Stanford, California; April 1982. G. A. C.

Inhalt

Einleitung

Meine erste Begegnung mit Deutschland hatte ich im Jahre 1935, als ich am Ende meines dritten Collegejahres ein Sommerstipendium bekam, das amerikanische Studenten in Leben und Politik Europas einführen sollte. Ich war entschlossen, bei dieser Gelegenheit etwas für die Prüfungsarbeit zu tun, die ich im Frühling des nächsten Jahres vorlegen sollte. Solche Arbeiten zeichneten sich gewöhnlich nicht durch wesentliche Originalität oder analytische Differenziertheit aus, doch ich hegte für die meine große Hoffnungen. Mit der Unbekümmertheit der Jugend und unbelastet von jeder professionellen Ausbildung hatte ich mir als Thema „Aufstieg und Fall der Weimarer Republik" gewählt. Dieses unglückliche Experiment in Sachen Demokratie war gerade zwei Jahre zuvor gescheitert, und es schien mir hohe Zeit, daß jemand etwas Endgültiges über dieses Scheitern schrieb. Ich zweifelte keinen Augenblick daran, daß ein paar Monate in Deutschland mir genügen würden, um alles für eine solche Arbeit nötige Material zu finden und daß das Schreiben darüber keine größeren Probleme verursachen würde.

Meine naiven Erwartungen sollten jedoch enttäuscht werden, denn meine Arbeit wurde zwar abgeschlossen und auch angenommen, aber meine Prüfer mochten nicht glauben, daß dies das letzte Wort zu dem Thema sei. Andererseits hatte sich mein Aufenthalt in Deutschland gelohnt. Ich hatte Gelegenheit gehabt, viel von Deutschland und Österreich zu sehen – vor allem München, wo ich an der Universität Vorlesungen besuchte, aber auch die westlichen Gebiete von Köln bis Freiburg, Wien, das sich noch immer im Schockzustand befand nach dem gescheiterten Naziputsch im Jahr zuvor, Nürnberg und die mauerbewehrten Städte Mittelfrankens und die großen Städte Sachsens und Preußens. Ich hatte in der Münchner Alten Pinakothek Dürers „Vier Apostel" gesehen, war nach einem Tag im Berliner Kaiser-Friedrich-Museum zu einem Bewunderer Cranachs d. Ä. geworden und staunte über die Schätze des Grünen Gewölbes in Dresden. Ich erlebte meine erste *Hochzeit des Figaro* in ebendieser Stadt, den ganzen *Ring*, mit Frida Leider und Wilhelm Rode in München und die *Zauberflöte* und den *Freischütz* in der Staatsoper Unter den Linden in Berlin. Ich hatte trotz meines noch holprigen Deutsch die Handlung des *Götz von Berlichingen* und von Kleists *Der zerbrochene Krug* mitbekommen, hatte im überfüllten Brunnenhof der Münchner Residenz ebenso hingerissen wie die anderen den von Elly Ney gespielten Impromptus für Klavier in As-dur und f-moll von Schubert gelauscht und mich in Salzburg von Max Reinhardts *Faust: Erster-Teil*-Inszenierung begeistern lassen.

Diese Meisterwerke deutscher Kultur hinterließen in mir einen tiefen und bleibenden Eindruck, doch dies traf nicht weniger auf die vielen Beispiele von kulturellem Mißbrauch, ja, der Unmenschlichkeit und Barbarei zu, denen ich begegnete. München, wo ich den größten Teil des Frühsommers verbrachte, war eine schöne Stadt mit breiten Straßen und springenden Fontänen, aber ihr Reiz wurde beeinträchtigt durch Spruchbänder vor Ladenfronten mit dem Text „Wer beim Juden kauft, ist ein Volksverräter!" oder durch säuberlich beschriftete Schilder im Englischen Garten, die besagten „Juden sind hier unerwünscht". Es war zudem nur zu offenkundig, daß für die Universität, einst ein Symbol deutscher Größe auf dem Gebiet des Geistes, schlimme Zeiten angebrochen waren. Eine Vorlesung über Richard Wagner, der ich erwartungsvoll entgegengesehen hatte, stellte sich als eine Übung in Nationalismus und NS-Propaganda heraus, in der mehr von Hegel und Hitler die Rede war als von dem Komponisten und alles sich darum zu drehen schien, daß Hegel den Staat erfunden und Wagner sich einiges für ihn ausgedacht hatte, daß aber ihre Arbeit bedeutungslos gewesen war, bis Adolf Hitler ihren Visionen die Substanz der Macht verliehen hatte.

Und das war noch nicht das Schlimmste. Eines Tages ging ich durch den Lichthof (wo sieben Jahre später Hans und Sophie Scholl antinazistische Flugblätter zu ihren Kommilitonen hinunterwerfen sollten, wofür sie anschließend zum Tode verurteilt wurden) in die Aula, um mir einen Vortrag Julius Streichers, des Gauleiters von Franken, über nationalsozialistische Rassenpolitik anzuhören. Dreieinhalb Stunden lang goß dieser fast aus seiner braunen Uniform platzende grobschlächtige Kerl solche Kübel von Schmutz aus, wie ich es in einem öffentlichen Vortragsraum, geschweige denn in einem Hörsaal nicht für möglich gehalten hätte. Unter anderem bot er in seinem Vortrag den „wissenschaftlichen" Beweis für die raubgierige Natur der Juden an. Eindringlich argumentierte er, daß diese klar zu erkennen sei, wenn man bei einem Zoobesuch die Augen offen halte: man könne genau beobachten, daß die blondhaarigen deutschen Kinder immer glücklich und zufrieden in den Sandkästen spielten, während die dunkelhäutigen jüdischen Kinder erwartungsvoll vor den Käfigen der Raubtiere hockten und in deren blutigen Gelüsten eine nachempfundene Befriedigung suchten. Das Publikum in der Aula hörte aufmerksam zu, und viele machten sich Notizen.

Trotz ihrer Anstößigkeit wurde die Brutalität von Streichers Rede ein wenig abgemildert durch ihre allgemein gehaltene Betrachtungsweise und die Tatsache, daß kein Vertreter der Angegriffenen anwesend war. Aber eines Tages, auf der Fahrt von Jena nach Dresden, saß ich in meinem Eisenbahnabteil mit zwei anderen Fahrgästen zusammen, einem stillen, eher niedergedrückt wirkenden Mann, der das Knopflochband trug, das ihn als Teilnehmer des ersten Weltkriegs auswies, und einem rotgesichtigen, untersetzten Typ mit selbstbewußter Miene und gebieterischer Stimme. Als er merkte, daß ich Ausländer war, schickte sich letzterer an, mich über die hervorragenden Leistungen des Regimes und seine kluge Politik, besonders die des Antisemitismus, zu belehren. Er redete sehr viel von der Rolle daher, die die Juden angeblich bei der Herbeiführung des deutschen Zusammenbruchs von 1918 gespielt hatten; er behauptete, die Inflation von 1923 sei das Werk jüdischer Spekulanten gewesen, und unter der Republik hätten sich die Juden zusammengetan, um die Jugend zu verderben und die Moral zu untergraben mit Hilfe der Kontrolle, die sie über Presse, Theater und Film ausübten – das alles begleitet von vielsagenden Seitenblicken auf den anderen Fahrgast. Als der Zug langsamer fuhr, um dann in Neumark zu halten, griff dieser nach seinem Gepäck und stieg mit einem höflichen Gruß aus. Nachdem sich die Tür hinter ihm geschlossen hatte, geriet mein Gesprächspartner außer sich vor Freude. „Er war einer!" kicherte er. „Haben Sie gesehen? Er war ein Jude. Ich hab's doch gleich gewußt!"

Ab und zu kam man in einem Restaurant oder in einer Kneipe mit einem sympathischen Menschen ins Gespräch, der einem zu verstehen gab, daß er die gegen die Juden gerichtete Politik mißbilligte. Doch selbst diese Leute neigten dazu, nach irgendwelchen Entschuldigungen zu suchen, indem sie etwa, an der Sache vorbeiredend, darauf verwiesen, daß Hitler schließlich das Problem der Arbeitslosigkeit gelöst oder durch seine Außenpolitik Deutschlands Selbstachtung wiederhergestellt habe oder daß er nichts von den antijüdischen Exzessen wisse, die das Werk seiner Untergebenen seien. Es war unklug, darauf etwas zu entgegnen, denn damit hätte man Hinweise auf die Lynchjustiz im amerikanischen Süden oder auf den Mangel an wirklicher Zivilisation auf der anderen Seite des Atlantiks herausgefordert. Fremdenhaß schlummerte stets dicht unter der Oberfläche und brach manchmal, häßliche Formen annehmend, hervor, wie ein amerikanischer Freund und ich in einem Wirtshaus in dem Dorf Eschenlohe, 15 Kilometer von Garmisch entfernt, feststellen mußten: die drohenden Blicke einer Gruppe von Braunhemden, die ihren Marsch unterbrochen hatten und hier eingekehrt waren, und ihre spöttischen Bemerkungen über Ausländer ließen es uns ratsam erscheinen, früh ins Bett zu gehen. Ein ähnliches Erlebnis hatten wir in einer Kneipe in Jena, als wir uns ganz ruhig in unserer Muttersprache unterhielten und durch den Zwischenruf eines Betrunkenen vom Nachbartisch unterbrochen wurden: „Redet deutsch!"

Im Sommer 1935 gab es keine Anzeichen für irgendeine bedeutsame breite Opposition gegen Hitler und seine Politik. Die erfolgreiche Herausforderung der Versailler Mächte im März, als Hitler sich von den Rüstungsbeschränkungen des Vertrags lossagte und ein groß angelegtes Wiederaufrüstungsprogramm in Gang setzte, und sein Erfolg im Juni beim Abschluß eines Flottenabkommens mit England, das seinen Bedingungen folgte, versetzte die Mehrheit des deutschen Volkes in einen Zustand patriotischer Euphorie, der in der Presse, in der Stimmung im Kino bei der Wochenschau und im beiläufigen Gespräch zum Ausdruck kam. In jenen Tagen war in München, nahe der Stelle, wo die Residenzstraße auf den Odeonsplatz trifft, an der Seite der Feldherrnhalle eine Gedenktafel für die zwölf Nazi-,,Märtyrer" angebracht, die dort getötet worden waren, als im November 1923 Hitlers Bürgerbräu-Putsch scheiterte. Zu beiden Seiten dieses ,,Mahnmahls" standen bewaffnete Wachtposten, und von vorübergehenden Passanten wurde erwartet, daß sie den Arm zum sogenannten Hitlergruß erhoben. Sie taten dies immer, und ich stellte, als ich das erste Mal die Residenzstraße entlangging, zu meiner Überraschung fest, daß man selbst in vorüberfahrenden Bussen das gleiche tat – Fahrer, Schaffner und Fahrgäste, alle streckten wie auf Kommando den Arm und erweckten so den Eindruck, als höbe sich das Fahrzeug von der Straße in die Höhe. Die Wirkung war verblüffend und beim ersten Mal wirklich zum Lachen, doch dieses Gefühl hielt nicht an, und ich begann die Busse als niederdrückende Symbole willfährigen Autoritätsglaubens zu betrachten, als komische, aber ominöse Illustrationen des Slogans ,,Führer, befiehl! Wir folgen!"

Ich machte eine entsprechende Bemerkung gegenüber dem amerikanischen Konsul in München, einem freundlichen Mann namens Charles Hathaway, und fügte hinzu, ich fände es eigenartig, daß ein für seinen unbändigen Individualismus in Religion und Philosophie bekanntes Volk die Unterwerfung unter die politische Macht zu einer solchen Tugend erhoben hatte. ,,Ach ja", erwiderte Hathaway, ,,ich wohne in einem kleinen Dorf südlich von München, und die Leute dort sind fleißig und nett und interessieren sich im allgemeinen nicht für Politik, und sie und ich, wir mögen uns und respektieren einander. Aber wenn einer in Uniform daherkäme und sagte ,Marschiert!', dann würden sie marschieren. Und wenn er sagte ,Schneidet dem Hathaway den Kopf ab! Er ist ein schlechter Mensch!', dann würden sie erwidern ,Das haben wir nicht gewußt!' Aber sie würden mir trotzdem den Kopf abschneiden."

Das Dritte Reich, das 1935 gerade erst mit seinen Muskeln zu spielen begonnen hatte, feierte weiter seine spektakulären, aber hohlen Triumphe, bis es schließlich zerbrach, Opfer der Arroganz und der Hybris seines Gründers. Ein neues Deutschland entstand langsam und mühsam, aber mit wachsendem Selbstvertrauen aus den Trümmern, die Hitler hinterlassen hatte. Bedenkt man die Totalität seines Zerstörungswerks und die Dauer des Prozesses der Wiedergeburt, besteht dann eine wirkliche Verbindung zwischen dem Deutschland von heute und dem, das ich 1935 besuchte, oder auch dem anderen Deutschland vor ihm – dem Wilhelms II. und Bismarcks, Friedrichs II. und Luthers?

Über diese Frage ist seit 1945 nicht nur in Deutschland, sondern auch in seinen Nachbarländern debattiert worden, und es überrascht nicht, daß gerade sie am beharrlichsten die Ansicht vertreten, diese Verbindung mit der Vergangenheit bestehe und sei nach wie vor stark. Besonders die Franzosen

sind der festen Überzeugung, daß „die Deutschen sich nie ändern", und sie
hegen immer wieder den Argwohn, daß eine Rückkehr zur schlimmen alten
Vergangenheit – eine Kapitulation vor den vertrauten Dämonen, wie ein
Journalist es ausgedrückt hat – nicht nur möglich, sondern wahrscheinlich
sei. Dies ärgert die Deutschen, und als Entgegnung auf eine Welle von
Berichten in der französischen Presse über Anzeichen einer bevorstehenden
Renazifizierung schrieb Marion Gräfin Dönhoff 1977 mit einiger Schroffheit
in dem einflußreichen Hamburger Wochenblatt *Die Zeit*, daß solche Ansichten absurd seien, zu vieles habe sich in Deutschland und in der Welt
geändert, um eine Rückkehr zur Geisteshaltung der 30er Jahre zu gestatten;
die Kontinuitätsbande seien gerissen, auch die Kontinuität jener Wertvorstellungen, die in der Vergangenheit die Hauptstütze der Autoritätsgläubigkeit in Deutschland gewesen seien.

Die folgenden Seiten werden zeigen, daß ich mit Gräfin Dönhoffs Haupt-
prämisse übereinstimme, daß ich aber Vorbehalte habe, was ihre Ansicht
über Kontinuität betrifft. Die Kapitel 2 und 13 gehen von dem Standpunkt
aus, daß das Jahr 1945 eine Zäsur in der deutschen Geschichte darstellte, die
schärfer und entscheidender war als irgendein früherer Bruch in der Neuzeit, sehr viel einschneidender als beispielsweise die sogenannte Revolution
von 1918. Aus den Nachwehen des zweiten Weltkriegs und den Spannungen
des kalten Kriegs wurden zwei deutsche Staaten mit politischen und ökonomischen Systemen geboren, die sich radikal von denen der Vergangenheit
unterschieden, und ihre Entwicklung auf diesen neuen Grundlagen war so
ausgeprägt, daß die Möglichkeit einer Rückkehr zur Vergangenheit diesseits
oder jenseits der Mauer praktisch nicht besteht.

Dies heißt jedoch nicht, daß es keine Kontinuitäten gäbe, oder daß diejenigen, die sich mit dem zeitgenössischen Deutschland beschäftigen, die Vergangenheit außer acht lassen könnten. Geradeso wie die Willfährigkeit, die
mich 1935 beunruhigte, weniger die Folge jener undefinierbaren, als Natio-
nalcharakter bezeichneten Eigenschaft als vielmehr einer besonderen – in der
Tat einer einmaligen – Art von historischer Erfahrung war (wie ich im
1. Kapitel darzulegen versucht habe), werden Einstellungen und Denkweisen der Deutschen von heute weiterhin mehr oder weniger stark von Geschichte und Tradition beeinflußt. Es gibt weder ein natürliches noch ein
ersonnenes Mittel, ein Volk völlig von seiner Vergangenheit zu lösen. Dies
meinte Willy H. Schlieker, das spektakulärste der Wunderkinder der 50er
Jahre, als er ironisch sagte, die Amerikaner machten einen großen Fehler in
ihren Bemühungen, die Deutschen zu demokratisieren; das könne gar nicht
funktionieren, meinte er, weil sie am Anfang versäumt hätten, die Deutschen
zu ent-kaisern.

Den Einfluß zu ermessen, den geschichtliche Erinnerung und kulturelle
Tradition auf das zeitgenössische Deutschland ausüben, ist schwierig, und
dies gilt gleichermaßen für die Beantwortung der Frage, ob das deutsche

Volk seine jüngste Vergangenheit bewältigt und sich mit den Greueltaten auseinandergesetzt habe, die in seinem Namen von den Nazis begangen wurden. Aber es ist Pflicht des Historikers, sich mit den im Wettstreit liegenden Ansprüchen von Wandel und Kontinuität zu beschäftigen und gleichzeitig daran zu denken, daß seine professionelle Vorliebe für die Vergangenheit ihn nicht dazu verleiten darf, den ersten Aspekt unterzubewerten, oder zuzulassen, daß ihn die zukunftsorientierte Voreingenommenheit seiner eigenen Generation für die Bedeutung des zweiten Aspektes blind macht. Diesen Balanceakt habe ich im zweiten Teil dieses Buches durchzuführen versucht. In den Kapiteln soll zum Ausdruck kommen, wie sehr sich im heutigen Verhalten der Deutschen die Auswirkungen alter, aber hartnäckiger Anmaßungen und Vorurteile zeigen: ein religiöses Erbe, das stets ambivalent war in seiner gleichzeitigen Tendenz zu Staatskirchentum und Revolte; eine Achtung vor der Arbeit und ihrem finanziellen Gewinn, verbunden mit dem auf traumatischer geschichtlicher Erfahrung gegründeten schwerwiegenden Wissen, daß solcher Gewinn nicht von Dauer sein muß; eine Verehrung von Gelehrsamkeit und Literatur, der traditionell die mangelnde Bereitschaft entgegenstand, ihnen die volle Freiheit des Ausdrucks zu gewähren; ein Widerstand gegen Veränderung und Nonkonformität und diejenigen, die sie repräsentieren, ob es sich um rebellische Studenten oder Verfechter der Frauenrechte handelt; und, damit verbunden, eine widerspruchsvolle Einstellung zur Modernität, die sich in der neueren Zeit überwiegend in der eifrigen Übernahme technischer und ökonomischer Neuerungen und einer gleichzeitigen Mißbilligung ihrer sozialen und moralischen Auswirkungen ausgedrückt hat, wobei diese Haltung oft romantische, rassistische und regressive Formen annahm.

Es sollen hier keine Voraussagen über Deutschlands Zukunft gemacht oder auch nur Urteile über gegenwärtige Tendenzen im deutschen Denken abgegeben werden. Was letzteres betrifft, so ist kein Volk schwerer auf einen Nenner zu bringen als die Deutschen, vielleicht weil sie den Gesetzen der Logik nicht immer so gehorchten wie andere Völker. In der Tat kann man die beiden einzigen Aussagen über sie, die mich je vernünftig dünkten, fast als Warnungen vor einer Verallgemeinerung betrachten. Die erste ist Tacitus' berühmte Definition der Deutschen als *propriam et sincerum et tantum sui gentem*, als „unvermischter, nur sich selbst gleicher Menschenschlag von eigener Art". Die zweite stammt von Thomas Mann, der einmal schrieb, die Deutschen wären ein wirklich schwieriges Volk, und hinzufügte: „Wessen Streben es wäre, aus Deutschland einfach eine bürgerliche Demokratie im römisch-westlichen Sinn und Geiste zu machen, der würde ihm sein Bestes und Schwerstes, seine Problematik nehmen wollen, in der seine Nationalität ganz eigentlich besteht."

Erster Teil

Vergangenheit und Gegenwart

1. Historische Perspektiven

„Es ist der Charakter der Deutschen", sagte Goethe einmal, „daß sie über allem schwer werden, daß alles über ihnen schwer wird." Vielleicht ist das der Grund, weshalb es immer ein deutsches Problem gegeben hat, und Ausländer immer wieder gestehen mußten, sie könnten das deutsche Verhalten nicht begreifen, ganz zu schweigen von der deutschen Philosophie und der Sprache. Im Jahre 1860 schrieb die *Times* über die Politik der deutschen Staaten in gereiztem Ton: „Die Launen der deutschen Politik sind solcher Art, daß wir ihnen nicht mehr zu folgen vermögen. Es ist nutzlos, nach Profundität Ausschau zu halten, wo aller Wahrscheinlichkeit nach nur Pedanterie herrscht, oder nach einer greifbaren Absicht, wo vielleicht nur der Wunsch besteht, irgendeine traumhafte historische Idee zu verwirklichen. Wäre die Art der Deutschen wie unsere Art – würden sie von praktisch denkenden Staatsmännern regiert anstatt von Zuchtmeistern und Sophisten –, könnten wir uns vorstellen, sie hätten irgendein fernes Ziel in Sicht ... Aber da wir wissen, was sie sind, sehen wir in ihrem Verhalten nur ein weiteres Beispiel jener Schwäche und Perversität, die ihnen so viele Mißgeschicke gebracht hat."

Sechzig Jahre später schrieb Logan Pearsall Smith in seinem reizenden, aber leider fast vergessenen Buch *Trivia:* „Die ‚Bekannte Welt' nannte ich die Landkarte, die ich zu meinem Spaß für das Kinderschulzimmer skizzierte. Sie umfaßte Frankreich, England, Italien, Griechenland und alle Küsten des Mittelmeers; aber den Rest nannte ich ‚Unbekannt', und ich zeichnete im Osten die zweifelhaften Reiche von Ninos und Semiramis hinein und versetzte Deutschland in den Herkynischen Wald zurück; und ich malte Bilder von den mutmaßlichen Bewohnern dieser unerforschten Regionen ..."

Diese Stellen, besonders die erste, erinnern uns an Professor Higgins' empörten Ausruf bezüglich der Frauen: „Warum können sie nicht so sein wie wir?" Tatsache ist, daß die Deutschen nicht wie andere sind, sondern eben Deutsche, und angesichts ihrer Geschichte ist das auch kaum anders zu erwarten. Waren England und Frankreich schon vor dem Ende des 15. Jahrhunderts gefestigte Nationalstaaten, so brachten Bismarcks Diplomatie und die Schlagkraft der preußischen Armee erst im siebten Jahrzehnt des 19. Jahrhunderts die einzelnen deutschen Länder zusammen und schufen ein zentralisiertes Reich mit einer einzigen Regierung. Während der zwei Jahrhunderte, die diesem Ereignis vorausgingen, blieb vieles von dem, was wir jetzt Deutschland nennen, aus noch zu erläuternden Gründen von den großen Bewegungen der europäischen Geschichte relativ unberührt. Es war nur natürlich, daß seine Bewohner Denkweisen, Lebenseinstellungen und eine Politik entwickelten, die ihrer Situation am besten entsprachen, und viele der Charakteristika, die wir als „typisch deutsch" ansehen, stammen aus dieser Periode. Das änderte sich nicht, als Deutschland 1871 eine vereinte Nation wurde; im Gegenteil: die deutsche Politik im folgenden Jahrhundert war stark durch die Vergangenheit beeinflußt, und einige der Verständigungsschwierigkeiten zwischen Deutschland und dem Westen werden in ihrem Licht erklärlich.

I

Es ist paradox, daß gerade die Deutschen, während des größten Teils der neueren Zeit chronisch geteilt und – nach einem Wort Hölderlins – „zerrissen", im Mittelalter, vor allem zwischen dem 10. und 12. Jahrhundert, politisch reifer und der Gründung wirksamer politischer Institutionen näher gewesen zu sein scheinen als ihre Nachbarn. Es waren die deutschen Stämme, die die Tradition des römischen Reichs und das Vermächtnis Karls des Großen erbten und hochhielten, und als das Karolingerreich unter dem Druck neuer Barbareneinfälle zerbrach, waren die Deutschen das einzige stabilisierende Element in Nord- und Mitteleuropa. Sie waren es, die die Nordmänner ans Meer zurücktrieben, den Ansturm der Slawen im Osten abwiesen und durch eine starke Verbindung mit dem Papsttum in der Mitte Europas für Frieden sorgten. Nach der Kaiserkrönung Ottos I. im Jahre 962 konnte man von einer Vormachtstellung Deutschlands in Europa sprechen, und im Verlauf des nächsten Jahrhunderts gab es Anzeichen dafür, daß auf deutschem Boden der erste wirklich nationale Staat Europas entstand. Urkunden aus dem 10. Jahrhundert sprechen von einem *regnum teutonicorum* als einer vollendeten Tatsache, was darauf hindeutet, daß bereits eine erkennbare nationale Identität oder ein Nationalbewußtsein existierte. Dieses Gefühl wurde zweifellos gestärkt durch die deutliche Wiederbelebung des Handels und die Anfänge städtischer Zivilisation, die in den deutschen Staaten früher Einzug hielt als anderswo, sowie durch die unablässigen Bemühungen der deutschen Könige und Kaiser, Provinzgrenzen niederzureißen und ihre eigenen Domänen zu konsolidieren.

Diese vielversprechende Entwicklung hielt jedoch nicht an. Gerade der wachsende wirtschaftliche Wohlstand stärkte Stellung und Selbstgefühl der Landesfürsten, die ohnehin die kaiserliche Oberhoheit nur widerwillig duldeten. Ernster zu nehmen war die Wiedererstarkung des Papsttums. Im 10. Jahrhundert waren das Papsttum und die deutschen Könige eng verbunden; im elften kamen die Päpste zu dem Schluß, daß es zur Wahrung ihrer eigenen Position gegenüber den ehrgeizigen Bestrebungen der deutschen

Könige nützlich sei, sich Bundesgenossen unter ihren unzufriedenen Vasallen zu suchen. Diese Politik war erfolgreich. Der bekannte Kampf zwischen Gregor VII. und Heinrich IV. endete mit der Unterwerfung des Kaisers in Canossa, ein Ausgang, der unmöglich gewesen wäre, hätten die Fürsten nicht auf der Seite Gregors gestanden; und obwohl Canossa keineswegs den endgültigen Sieg der Päpste bedeutete, war das Ereignis für Deutschland folgenschwer. Es kennzeichnete den Beginn einer schicksalhaften Tendenz in der deutschen Geschichte, des Dualismus zwischen zentraler Autorität und fürstlicher Macht, der schließlich die erstere zerstörte und dem Reich den Partikularismus auferlegte, der alle Aspekte deutschen Lebens in der Neuzeit beeinflussen sollte.

Der letztlich erfolgreiche Ausgang dieser Entwicklung wurde im 12. Jahrhundert beschleunigt, als die Hohenstaufenkaiser sich von der Möglichkeit der Eroberung Italiens faszinieren ließen und dabei in neue Konflikte mit dem Papsttum verwickelt wurden, das nun systematisch eine gegen das Reich gerichtete Politik des Gleichgewichts der Macht verfolgte. Im Verlauf dieses Kampfes waren die deutschen Kaiser gezwungen, mit ihren Vasallen einen Handel abzuschließen und ihnen für ihre Unterstützung Zugeständnisse zu machen. Diese gaben den Fürsten das Recht, eine eigene Hofhaltung zu führen, Burgen zu bauen, bewaffnete Truppen zu unterhalten, Steuern einzuziehen, Münzen zu prägen und die Städte in ihrem Bereich unter ihre Befehlsgewalt zu nehmen – alles Privilegien, die der deutschen Monarchie den Boden unter den Füßen wegzogen. Im 13. Jahrhundert war dieser als Territorialisierung Deutschlands bekannte Prozeß schon weit fortgeschritten – die Aufteilung des deutschen Gebiets in eine verwirrende Vielzahl unabhängiger Teilgebiete, die von verschiedenen Herrschern regiert wurden und nur eine verschwommene Bindung an die kaiserliche Autorität anerkannten; und im 14. Jahrhundert, als die Goldene Bulle den meisten bedeutenden Fürsten die Anerkennung ihrer Rechte und die Souveränität brachte, war die deutsche Krone, wie Geoffrey Barraclough schreibt, nichts mehr wert und die deutsche Einheit eine bloße Fassade.

Gleichsam um dieser Entwicklung Nachdruck zu verleihen, verschlechterte sich Deutschlands Stellung im europäischen Rahmen. In den Tagen der Sachsen- und Staufenkaiser war das deutsche Reich die größte Macht in Europa gewesen, und keiner seiner Nachbarn hatte es gewagt, seine Grenzen zu bedrohen. Jetzt bedrängte man es von allen Seiten, und Deutschland wurde wirklich das, als was man es später oft bezeichnete: das Land der Mitte. Im 15. Jahrhundert lösten sich Grenzgebiete ab, die seit langem als deutsch betrachtet worden waren, oder wurden von stärkeren Nachbarn vereinnahmt. Preußen, das der deutsche Orden errungen hatte, ging an die Polen verloren; Böhmen erlangte die Unabhängigkeit; die Niederlande und die Schweiz sagten sich los; und im Westen griff die wachsende Macht Frankreichs nach den Rheinlanden aus. In einem rasch sich verändernden

Europa wurde offenkundig, daß das Schicksal eines zerrissenen Staates in der Mitte weder beneidenswert noch angenehm sein würde. Wie der deutsche Historiker Hermann Oncken später schrieb, schien das Reich alles in allem kleiner zu werden, die Nachbarn rückten näher heran, die Grenzen waren nicht länger fließend, sondern starr, und die Einkreisung wurde auf allen Seiten deutlich sichtbar.

Hätte es führende Staatsmänner mit einem Gefühl für das deutsche Nationalinteresse gegeben, hätte dieser Zustand der Verletzlichkeit zur Weckung neuer Kräfte des Zusammenhalts und Wachstums genutzt werden können, dann wären die deutschen Staaten vielleicht dem Weg gefolgt, den England und Frankreich bereits eingeschlagen hatten. Dies geschah nicht, hauptsächlich deshalb, weil der Kaisertitel auf die Dynastie der Habsburger überging. Die neuen Herrscher waren oft fähige und tatkräftige Männer, doch aus Familieninteresse wenig geneigt, ihre Talente zum Vorteil Deutschlands einzusetzen. Durch eine kluge Heiratspolitik hatten sie weit ausgedehnten Territorialbesitz vom Niederrhein und von der Schelde bis zu den Ostalpen und von Spanien bis zu den Ländern längs der Donau angehäuft. Deutschland war für sie von zweitrangiger Bedeutung, dienlich als Bindeglied zwischen ihren verstreuten Besitztümern und als Schlachtfeld oder abwechselnd als Feld für Annexionen und Kompensationen in ihrer wachsenden Rivalität mit dem französischen Königtum. Ein Maximilian I. und ein Karl V. mochten wohl von der Notwendigkeit einer gründlichen Reform der alten Reichsstruktur sprechen, aber nichts wurde durchgeführt – weil sie zum einen nicht mit dem Herzen dabei waren, weil zum anderen die deutschen Fürsten ihre Macht schon zu sehr gefestigt hatten, und schließlich weil im 16. Jahrhundert die protestantische Reformation für Verwicklungen sorgte.

Auf das deutsche Denken und selbst auf die deutsche Sprache hatte diese große Revolution des Geistes tiefgreifende Auswirkungen, die uns später noch beschäftigen werden. An dieser Stelle sei nur ihre verhängnisvollste Folge vermerkt, nämlich die Zerstörung des einzigen dürftigen Anscheins von Einheit in Deutschland und die Einleitung einer langen Periode religiöser Konflikte, die in dem schrecklichen Krieg gipfelten, der 1618 ausbrach und dreißig Jahre lang über Mitteleuropa hinwegtobte.

Begann der Dreißigjährige Krieg als ein Konflikt zwischen Konfessionen, so erwies sich religiöser Eifer bald in vielen Fällen als bloßer Vorwand für politischen Opportunismus, und der Krieg wurde zu einem gigantischen Duell zwischen Österreich und Spanien auf der einen und Frankreich, Schweden und den Seemächten auf der anderen Seite, mit Deutschland als Arena, in der der Kampf um die Vorherrschaft ausgetragen wurde. Wenn man sich dieses Krieges erinnert, dann nicht wegen der Taten seiner Heerführer, obwohl uns ihre Namen natürlich geläufig sind. Aber Mansfeld, Wallenstein, Gustav Adolf, Tilly, Spinola und Bernhard von Weimar zeichneten sich weder durch strategisches Genie noch durch taktischen Elan aus;

man sieht sie eher als Truppenführer, die kaum Gewalt über die brutale Soldateska hatten, die sie nach Deutschland brachten, als Männer, die hilflos dabeistanden, indes der Krieg, den sie führten, über die Ziele, die anfangs zu seiner Rechtfertigung angeführt worden waren, hinausschoß und – Clausewitz sollte später vor dieser dem Krieg innewohnenden Tendenz warnen – seine absolute und bedingungslose Form annahm.

Man bedenke, was mit der blühenden Stadt Magdeburg im dreizehnten Kriegsjahr geschah. Als die Armeen des habsburgischen Kaisers Ferdinand II., nachdem sie den Protestantismus in Böhmen ausgerottet hatten, nach Norden stießen, erhielten die protestantischen Kräfte willkommene neue Unterstützung durch Gustav Adolf, den jungen König von Schweden, der im Juli 1630 mit sechzehn Schwadronen schwedischer Reiterei, einer starken Abteilung Artillerie und neunzig Kompanien Infanterie, zumeist schottische und deutsche Söldner, auf Usedom in Pommern landete und nach Süden zog. Um zu verhindern, daß Magdeburg, das wichtigste Bollwerk an der Elbe, von den Schweden eingenommen werden konnte, und auch um seine eigenen, durch blutige, aber nutzlose Kämpfe gegen Gustav Adolfs Verbindungslinien erschöpften Truppen neu zu versorgen, schloß der kaiserliche Feldherr Tilly die Stadt ein und besetzte im April 1631 ihre äußeren Befestigungsmauern. Obwohl er wegen seiner makellosen persönlichen Lebensführung als der Mönch in Waffen bekannt war, war Tilly kein religiöser Fanatiker und wollte kein unnötiges Blutvergießen. Er forderte deshalb die Bewohner der Stadt auf, sich ihrer Treuepflicht zum Kaiser zu erinnern und ihre Tore zu öffnen, und er gab ihnen das Versprechen, ihre Freiheit und ihr Eigentum zu achten. Der Magistrat, der wußte, daß die Pulvervorräte praktisch erschöpft waren und die rasch aufgeworfenen, noch übriggebliebenen Befestigungsanlagen einem Angriff nicht mehr lange standhalten konnten, war zur Übergabe bereit. Aber alle Anstalten, sich zu ergeben, scheiterten an der Beredsamkeit zweier einflußreicher Männer: des Pastors der Ulrichskirche, ein fanatischer Lutheraner namens Gilbert de Spaignart, der erklärte, es sei in den Augen des Herrn schändlich, sich den Papisten zu unterwerfen, und an dem Veto des Stadtkommandanten, des Hessen Dietrich von Falkenberg, der versicherte, der schwedische König befinde sich auf dem Weg nach Magdeburg und werde die Stadt entsetzen.

Diese Verzögerung war reiner Selbstmord. Tillys Truppenführer, allen voran der ungestüme Gottfried Heinrich Graf von Pappenheim, fürchteten, sie könnten zwischen den Mauern der Stadt und einer schwedischen Armee in die Zange geraten und forderten von ihrem Befehlshaber die Erstürmung Magdeburgs. Die zunehmende Aufsässigkeit ihrer Soldaten, die der Strenge des Lagerlebens überdrüssig waren und sich nach den Bequemlichkeiten der Stadt sehnten, lieferte diesem Drängen ein zusätzliches Argument. Schweren Herzens gab Tilly den Befehl zum Angriff. Zwischen sechs und sieben Uhr am Morgen des 19. Mai drangen die Pappenheimer, noch ehe die Verteidiger sich recht zur Wehr setzen konnten, von Norden her ein, und durch die äußeren Straßen der Stadt strömten Landsknechte, getrieben von dem Verlangen zu saufen, zu plündern und zu vergewaltigen. Bald stellte sich heraus, daß die Offiziere machtlos waren gegen den Blutdurst und die Zerstörungswut ihrer Soldaten. Tilly selbst, der durch Szenen unbeschreiblichen Gemetzels ritt, einen Säugling umklammernd, den er aus den Armen seiner toten Mutter geborgen hatte, wies den Prior eines Klosters an, er solle dafür sorgen, daß Frauen und Kinder im Dom Zuflucht nähmen. Dies rettete gewiß einige Menschenleben, doch ihre Zahl war, gemessen an der der Toten, verschwindend klein. Während des Angriffs hatte Pappenheim eines der Stadttore in Brand stecken lassen, und durch Funkenflug, den ein starker Wind begünstigte, brach an vielen Stellen Feuer aus, das sich im Balkenwerk der Häuser rasch ausbreitete, Einheimische wie Eindringlinge erfaßte und ganz Magdeburg in Schutt und Asche legte. Von den dreißigtausend Einwohnern der Stadt überlebten nur fünftausend, und von diesen wurden viele beim Rückzug von Tillys Armee als Konkubinen und Dienstboten mitgeschleppt.

Magdeburg war nicht die einzige Stadt, die den Verheerungen des Krieges zum Opfer fiel. Noch ehe der Krieg zu Ende war, hatte Berlin die Hälfte und Chemnitz achtzig Prozent seiner Einwohnerschaft eingebüßt. Als die spanischen Truppen nach München kamen, brachten sie die Pest mit, und innerhalb weniger Wochen starben zehntausend Menschen. Der Dichter Andreas Gryphius sprach die Verzweiflung der Städter in allen vom Krieg heimgesuchten Teilen Deutschlands aus, als er schrieb:

Wir sind doch nunmehr ganz, ja mehr denn ganz verheeret!
Der frechen Völker Schar, die rasende Posaun,
Das vom Blut fette Schwert, die donnernde Karthaun
Hat aller Schweiß und Fleiß und Vorrat aufgezehrt.

Die Türme stehn in Glut, die Kirch ist umgekehret,
Das Rathaus liegt im Graus, die Starken sind zerhaun.
Die Jungfraun sind geschänd't, und wo wir hin nur schaun,
Ist Feuer, Pest und Tod, der Herz und Geist durchfähret.

Hier durch die Schanz und Stadt rinnt allzeit frisches Blut.
Dreimal sind schon sechs Jahr, als unser Ströme Flut
Von Leichen fast verstopft, sich langsam fortgedrungen.

Doch schweig ich noch von dem, was ärger als der Tod,
Was grimmer denn die Pest und Glut und Hungersnot:
Daß auch der Seelenschatz so vielen abgezwungen.

Die Landbevölkerung hatte nicht weniger zu leiden. Im 15. Kapitel des zweiten Buchs seines zeitgenössischen Schelmenromans *Simplicius Simplicissimus* beschreibt Grimmelshausen die Abenteuer seines Helden, der unter die Kroaten geraten ist, eine Schar, die zum Fouragieren „hinaus auf die Dörfer schweifet, drischt, mahlt, backt, stiehlt und nimmt was man findt, trillt und verdirbt die Bauren, ja schändet wohl gar ihre Mägde, Weiber und Töchter! Und wenn den armen Baurn das Ding nicht gefallen will, oder sie sich etwa erkühnen dürfen, einen oder den andern Fouragierer über solcher Arbeit auf die Finger zu klopfen, wie es denn damals dergleichen Gäst in Hessen viel gab, so hauet man sie nieder, wenn man sie hat, oder schicket aufs wenigste ihre Häuser im Rauch gen Himmel". Wo die Kriegsfurie ihre Bahn zog, von Schwaben und der Pfalz im Süden durch Thüringen, Magdeburg und Brandenburg bis nach Mecklenburg und Pommern im Norden, wurden die bäuerlichen Gemeinden wie oben beschrieben heimgesucht, und dies nicht nur einmal, sondern mehrmals im Verlauf des Krieges, und bisweilen waren sie um des bloßen Überlebens willen zum Kannibalismus gezwungen. Bis zum Jahre 1641 war die Bevölkerungszahl Württembergs von 400000 auf 48000 zurückgegangen, und die Pfalz hatte vier Fünftel ihrer Einwohnerschaft verloren. Böhmen, das 1618 drei Millionen Einwohner zählte, hatte bei Kriegsende nur noch 780000, und von seinen 35000 Dörfern existierten nur noch 5000. Schwedische Truppen allein zerstörten 18000 Dörfer in den letzten achtzehn Kriegsjahren, und dazu 1500 Städte und 200 Schlösser.

Obwohl es Gebiete gab, die vom Krieg relativ verschont blieben – Niedersachsen, Holstein, Oldenburg, Hamburg, das Rheinland mit Westfalen und Preußen (das als polnisches Lehen bis 1657/60 brandenburgisch regiert wurde) – erlitt Deutschland insgesamt einen Bevölkerungsverlust von 35%, d. h. seine Einwohnerzahl ging von 21 Millionen auf 13½ Millionen zurück. Dieser Umstand sowie die damit einhergehende Zerstörung von Besitztümern machten Deutschland lange Zeit zu einem verarmten und benachteiligten Land. Dieser Situation kamen die Vereinbarungen keineswegs entgegen, die den Krieg beendeten, denn die Großmächte, die 1648 den Westfälischen Frieden schlossen, vergrößerten noch die Schwierigkeiten der Wiedergenesung, indem sie Deutschland des Zugangs zum Meer beraubten. Nach dem Frieden von Münster und Osnabrück standen die Mündungen aller großen deutschen Flüsse unter fremder Herrschaft. Von der Memel bis zur Weichselmündung war die Ostseeküste polnisch – wenn auch brandenburgisch regiert –, die Oder und die angrenzenden Küsten waren in schwedischer Hand, ebenso die Weser und das linke Elbufer. Holstein und das rechte Elbufer wurden von den Dänen beherrscht, und die Rheinmündung war niederländisch. Es hatte einmal eine Zeit gegeben, da Deutschland das Land der Hanse war, jenes Bunds von Städten, die ihr Heil auf dem offenen Meer suchten; es war jetzt zu einem Binnenland geworden, gerade in dem Augenblick, als andere europäische Nationen ihre Kolonialreiche eroberten. Wie sich das auf die durch den Krieg bereits stark geschwächten Städte Deutschlands auswirkte, läßt sich leicht vorstellen. Nach Franz Schnabels Worten wurden sie zu ,,armseligen Inseln" in einem Agrar-Meer.

Die Friedensstifter von 1648 erlegten Deutschland außerdem eine Regelung auf, welche die Zerstückelung Deutschlands bestätigte und legalisierte, indem sie über 300 deutsche Staaten als souveräne Einheiten anerkannten. Die französischen Nachfolger Richelieus, denen es auf die Niederhaltung der Macht der Habsburger ankam, betrachteten daher den Westfälischen Frieden als „eines der schönsten Juwelen in der französischen Krone". Sie vertraten den Standpunkt, daß jeder Versuch, in die „deutschen Freiheiten" einzugreifen, womit sie die Rechte der Kleinstaaten meinten, einen Bruch des internationalen Rechts darstellen würde. Deutschlands Zerrissenheit und Machtlosigkeit wurde so Bestandteil der natürlichen europäischen Ordnung, bestätigt von allen Großmächten einschließlich der größeren deutschen Staaten. Im Jahre 1816 rechtfertigte Wilhelm von Humboldt, der Preußen auf dem Wiener Kongreß als Delegierter vertreten hatte, dies, indem er die Auffassung vertrat, daß die Zerteilung Deutschlands dem internationalen Frieden dienlich sei:

> Das ganze Dasein [Deutschlands] ist mithin auf Erhaltung des Gleichgewichts durch inwohnende Schwerkraft berechnet; diesem würde nun durchaus entgegen gearbeitet, wenn in die Reihe der europäischen Staaten, außer den größeren deutschen einzeln genommen, noch ein neuer collectiver eingeführt würde ... Niemand könnte dann hindern, daß nicht Deutschland als Deutschland auch ein erobernder Staat würde, was kein ächter Deutscher wollen kann.

Noch 1866 beriefen sich die Franzosen auf dieses Argument. Am Vorabend des preußisch-österreichischen Krieges, der den ersten großen Schritt zur deutschen Einigung darstellte, verteidigte Adolphe Thiers wie seine Vorgänger beim Westfälischen Frieden und in Wien die „deutschen Freiheiten" in einer Rede vor der französischen Deputiertenkammer. „Ich bitte die Deutschen, zu bedenken", sagte er, „daß das oberste Prinzip europäischer Politik darin besteht, daß sich Deutschland aus unabhängigen Staaten zusammensetzt, die nur durch einen losen föderativen Faden verbunden sind. Das war das beim Abschluß des Westfälischen Friedens von ganz Europa verkündete Prinzip." Eine Vereinigung Deutschlands, fügte er hinzu, werde das europäische Machtgleichgewicht umstoßen.

II

Für die Bevölkerung der deutschen Gebiete waren die sozialen und psychologischen Folgen des Dreißigjährigen Krieges und die auferlegten Friedensbestimmungen gravierend und von langer Dauer. Was die sozialen Folgen betraf, so stärkte der Krieg die privilegierte Stellung der Aristokratie auf Kosten des gebildeten und wohlhabenden Bürgertums und der Landbevölkerung. Der Niedergang der Städte und der daraus resultierende Rückgang der Nachfrage nach Lebensmitteln führte zu einem so starken Absinken der Getreidepreise, so daß kleinere Landbesitzer oft zur Aufgabe ihrer Selbständigkeit gezwungen waren, um sich am Leben zu erhalten. Vor allem in den ostelbischen Gebieten, in Mecklenburg, Pommern und Preußen, vermochte der Adel diese Situation zu nutzen, indem er seinen Besitz vermehrte und den Bauern neue Verpflichtungen in Form von Pacht, Dienstleistungen und Beschränkungen der Freizügigkeit auferlegte. Ihre Fürsten, die auf die militärischen und administrativen Dienste des Adels angewiesen waren, duldeten diese Praktiken oder – wie in Preußen unter Friedrich Wilhelm I. (1713–1740) – begünstigten sie sogar und machten sie zur Grundlage eines Gesellschaftsvertrags mit der Aristokratie auf Kosten der anderen Klassen.

Im allgemeinen wurde die Macht der Fürsten durch den Krieg und die Friedensregelung gestärkt, und es war ein Zeichen der Zeit, daß Fürstenresidenzen wie Würzburg, Karlsruhe und Mannheim jetzt an Bedeutung und Glanz alte Handelszentren wie Nürnberg, Augsburg und Lübeck ablösten. An diesen Fürstenhöfen besaß der Adel praktisch das Monopol an den wesentlichen ministeriellen Positionen, allerdings boten sich in den oberen Bereichen des Staatsdienstes, in der Finanzverwaltung beispielsweise, auch Möglichkeiten für gebildete Angehörige des Bürgertums, die jetzt eine solche Laufbahn attraktiver fanden als die des Kaufmanns, die sie ein Jahrhundert zuvor eingeschlagen haben würden. In allen deutschen Staaten setzte sich die herrschende Klasse nun aus der Landaristokratie, dem beim Militär dienenden Adel und dem höheren Beamtentum zusammen, das zum großen Teil nicht-adelig war, und diese Elite sollte, trotz des Übergangs zu konstitutionellen Regierungsformen im 19. Jahrhundert, die Machtpositionen bis zum ersten Weltkrieg besetzt halten. Dieser soziopolitischen Hierarchie diente wiederum ein Heer von untergeordneten Beamten – Polizei, Zollbeamte, Steuereinnehmer, Lehrer, sogar Geistliche –, die ihre Autorität ebenfalls vom Fürsten bezogen.

Man kann durchaus von einer fortschreitenden Bürokratisierung Deutschlands im 17. und 18. Jahrhundert sprechen – auch wenn der Prozeß in den einzelnen Ländern unterschiedlich verlief – und von einem damit zusammenhängenden Anwachsen von obrigkeitsgläubigen Gewohnheiten unter der Bevölkerung der deutschen Staaten, die ausländischen Beobachtern übertrieben schienen. Diese mögen alte Wurzeln gehabt haben – es war ein Papst des Mittelalters, der Deutschland die *terra obedientiae* nannte –, aber es steht außer Zweifel, daß sie durch die traumatischen Auswirkungen des Krieges gefördert wurden. Die tägliche Gegenwart des Todes, die ständige Angst, von der Gryphius in seinen Gedichten spricht, machte die Überlebenden bereit, sich jeder Autorität zu unterwerfen, die stark genug schien, eine Wiederkehr solcher Schrecken zu verhindern. Unkritisch und mit einer atavistischen Furcht vor den möglichen Folgen jeder Auflösung der bestehenden sozialen Beziehungen nahmen sie die aufgeblähten Ansprüche ihrer Fürsten hin, und mit der Zeit erschien dieses Hinnehmen normal und erlangte das Gewicht der Tradition. Bis zu einem gewissen Grade hing das

auch damit zusammen, daß in einem von der Säkularisierung des Westens
unberührten Land diese Haltung starken Rückhalt fand in einer allgemein
gültigen religiösen Ethik, die, wie wir sehen werden, von staatlich beherrschten und staatsstützenden Kirchen gelehrt wurde, und ihr keine alternative Anschauung vom Verhältnis zwischen Herrscher und Untertan entgegenstand. Der Württemberger Publizist Friedrich Karl von Moser kritisierte diese krankhafte Neigung und Schwäche seiner Landsleute 1785 mit
den Worten: „Jede Nation hat ihre große Triebfeder. In Deutschland ist's
Gehorsam, in England Freiheit, in Frankreich die Ehre des Königs."

Was die Deutschen betrifft, bewahrte das Motiv seine Kraft, als die äußeren Umstände schon lange kein durchschlagendes Argument für autoritäre
Herrschaft mehr lieferten. Noch im 19. Jahrhundert, als sowohl die Schreck-
nisse des Dreißigjährigen Krieges wie die Drangsal unter Napoleon Bonaparte in jüngerer Zeit beruhigend weit zurücklagen, wurde denen, die für
eine größere Beteiligung des Volkes an der Regierung eintraten, entgegenge-
halten, die soziale Ordnung hänge vom unverrückbaren Gehorsam gegenüber der bestehenden Obrigkeit ab. Dieses Argument war fester Bestandteil
der Schulbücher, aber es fand sich nicht nur in solch offiziellem Material,
sondern es war überall gegenwärtig. Die Familienzeitschrift *Daheim* zum
Beispiel predigte mit unverminderter Inbrunst bis zum Ende des Jahrhunderts Treue zu Thron und Altar, und sowohl die Literatur der gebildeten
Schichten wie der Lesestoff der Massen war von der gleichen Autoritätsgläubigkeit durchdrungen. So enthielt Victor von Falks Roman aus der Berliner
Unterwelt, *Der Scharfrichter von Berlin*, der in kurzen Fortsetzungen veröffentlicht und in Hunderttausenden von Exemplaren verkauft wurde, trotz
seines auf Sensation abgestellten Tons kleine Ermahnungen zum Gehorsam.
(„Ich führe das aus, was die Richter beschlossen haben und mein Kaiser
gutgeheißen; das ist gewiß keine Schande, die Befehle solcher Männer zu
vollziehen.")

Billigung der Autorität des Fürsten bedingte die Bereitschaft, den Befehlen
seiner Beamten zu gehorchen, ganz gleich, wie niedrig ihre Stellung und wie
arrogant ihr Auftreten war. Die Bereitschaft der Deutschen, auch das unver-
schämteste Verhalten zu dulden, wenn es sich um einen Uniformträger oder
eine sonstige Dienstperson handelte, hat westliche Besucher immer wieder
überrascht. Kurt Tucholsky, der Satiriker der Weimarer Zeit, erklärte dies
einmal als Folge der Überzeugung, daß die Bürokratie, mit allen ihren Fehlern, vom Himmel verordnet sei:

> Die zuständige Ration Verstand der Deutschen teilt das Land horizontal in zwei
> Lager ein: oben die Ämter, unten der Untertan. Und glaubt dabei, die Ämter seien
> vom Monde heruntergefallen und die Beamten dazu, und all das bedrücke mit seinen
> Stempeln, seinem Schnauzton und seiner langweiligen Unfähigkeit die arme unschul-
> dige Bürgerschaft.

Das Leben des Durchschnittsdeutschen war im 18. und frühen 19. Jahrhundert äußerst provinziell. Natürlich gab es Ausnahmen. Die Bürger von Berlin und München, Hauptstädte mit internationalem Flair, blieben nicht unberührt von Einflüssen der Außenwelt, und den Bewohnern der großen Hafenstadt Hamburg mochte man wohl kosmopolitische Ansichten zuschreiben. Doch dies ließ sich nicht von denen sagen, die in den Dörfern Niederbayerns oder in den sandigen Regionen östlich der Elbe und an der Ostseeküste wohnten, und ganz gewiß galt es nicht für die Bewohner des, wie man es nennen könnte, deutschen Kernlands. Dies war jener Teil Deutschlands, den W. H. Riehl, der Ethnograph des 19. Jahrhunderts, das „mittel- oder individualisierte Deutschland" nannte, das sich von Westfalen zur Donau und vom Rhein nach Obersachsen erstreckte. Es war, wie Riehl sagte, die „bunte Enzyklopädie unserer Gesellschaft", bestückt mit mittelgroßen Gemeinwesen, die in ein hügeliges Land eingebettet waren, das im Gegensatz stand zur offenen Landschaft und den größeren Städten Preußens im Norden und Bayerns und Österreichs im Süden. Bis 1806, als Napoleon das Heilige Römische Reich abschaffte, stellten diese Gemeinwesen seine wahre Substanz dar, und ihre Eigenständigkeit blieb dadurch gewahrt und durch die Bestimmungen des Westfälischen Friedens, die das Reich als Bestandteil des europäischen Gleichgewichts erachteten und territoriale Veränderungen oder Verschmelzungen in ihm verboten.

Die charakteristischen Merkmale dieser „Heimatstädte" *(home towns)*, wie Mack Walker sie in einer ausgezeichneten neueren Studie nennt, waren institutionelle Exzentrizität und enge soziale Integrität. Hier überlebten lokales Brauchtum, Tradition und Zunftprivilegien bis in die Mitte des 19. Jahrhunderts, und hier wurde neuzeitlicher Gesetzgebung und Verwaltung, neuzeitlicher Bildung und Industrie, neuzeitlichen Bevölkerungsbewegungen und Wachstum der heftigste Widerstand entgegengesetzt. Weil sie klein waren – sie hatten im allgemeinen zwischen tausend und zehntausend Einwohner –, hatten diese Gemeinwesen weder jene Art von Patriziatsverwaltung, die die Bürgerschaft der älteren und größeren Städte spaltete, noch eine größere Zahl von Nicht-Ansässigen oder Teil-Ansässigen oder Durchziehenden. Ihre Bewohner glichen die Isolierung von den allgemeinen Strömungen und Interessen durch einen starken Lokalstolz, Gemeindesinn und ihre betonte Gesellligkeit aus, die sich in ihrer Freude an Familien- und Gemeindefesten und Lustbarkeiten spiegelte, im Feiern von Geburts- und Namenstagen und in den Aktivitäten der zahllosen Organisationen, denen sie angehörten – Kirchenvereine, Chöre, Musikgruppen, Skatclubs, Kegelvereine und dergleichen. (In der Kleinstadt, die William Sheridan Allen für sein Buch über den Aufstieg des Nationalsozialismus untersuchte, gab es 1930 nicht weniger als 161 Vereine, einen auf sechzig Einwohner.) Wegen ihrer relativen Abgeschlossenheit waren die kleinen Städte des Kernlandes außerdem eine Hauptquelle jener bemerkenswerten Vielgestaltigkeit deutschen Lebens, die Goethe als die positive Seite des Partikularismus pries. Noch bis in die jüngere Zeit hinein konnte jemand, der durch Deutschland reiste, damit rechnen, immer wieder neuen Formen in Sprache und Kleidung, Essen und Trinken, Lied und Erzählung und nicht zuletzt im Humor zu begegnen. In seiner *Kleinen Geographie des deutschen Witzes* wies Herbert Schoeffler darauf hin, daß, geradeso wie die Städte des Nordens ihre verschiedenen Stile hätten – die Hamburger neigten zu realistischer Melancholie und schwarzem Humor, die Kölner erfreuten sich an den possenhaften Trugschlüssen ihrer Lokalgötter Tünnes und Schäl, und die Berliner seien Meister der witzigen Erwiderung und der Wortspielereien –, dies auch für die Welt von Gmünd, Aalen, Bopfingen, Biberach, Leutkirch, Reutlingen und die der anderen freien Reichsstädte und Kleinstädte gelte. Der Unterschied zwischen dem Humor der Schwaben und dem der Sachsen* sei so groß wie der zwischen dem astronomischen System Keplers, der mit typisch schwäbischer Ordnungsliebe die Planeten linksgerichteten elliptischen Bahnen folgen ließ, um Kollisionen zu vermeiden, und dem von Leibniz, den die dem Sachsen eigene Abneigung gegen Streit dazu brachte, eine ,,Gemütlichkeit" der Sphären zu postulieren.

Doch selbst hinsichtlich des Humors neigte das Kernland zu einer provinzlerischen Abwehrhaltung. Im frühen 19. Jahrhundert schrieb ein Pastor, der wahrscheinlich in dem vielgestaltigen Deutschland lebte, von dem wir gerade sprechen, über die Berliner und die Norddeutschen ganz allgemein:

Sie haben nur den Witz, der verletzt, und nicht den Humor, der versöhnt. Auch hier geben sie uns die Elemente fremder Nationalität zu fühlen, durch die ihre Eigentümlichkeit bestimmt wird. Die Wiener haben Humor; das absolviert sie vor dem deutschen Gemüt von tausend Sünden. Auch in diesem Wort, in dem Ausdruck Gemüt, spitzt sich der ganze Gegensatz zusammen, der Deutschland in zwei Hälften spaltet. Gemüt ist der echtdeutsche, weiche, innige, volle, warme Süden; Jemüt ist der spritzige, industrielle, blasierte, äußerliche, mit fremden, jüdischen oder französischen Elementen versetzte Norden.

Diese Worte sind bezeichnend, weil sie zeigen, daß es dem Verfasser um die Frage geht, was wirklich deutsch sei, und auch dies war für das Kernland charakteristisch. In keinem anderen Teil Deutschlands wurde das Adjektiv ,,deutsch" so oft gebraucht; oft schien es sogar, als hätte das bloße Substan-

---

* Dem sächsischen Humor sagt man eine Neigung zum Philosophisch-Abgeklärten nach, wie in Wilhelm Pinders Geschichte von dem Sachsen, der nach seinem Tod an die Himmelspforte kam, wo Petrus ihm sagte, er solle in den zweiten Stock hinaufgehen und an die Tür zum Zimmer 247 klopfen, dort werde man ihn einlassen. Er tat dies, aber nichts rührte sich, und so stemmte er sich mit der Schulter gegen die Tür und bekam sie schließlich mit großer Mühe auf. ,,Un was glob'n Se wohl? Da steht unser Herr Chesus in seiner ganzen Herrlichkeit und saacht: cha – se glemmt'n bißchen."

tiv einen geringeren Wert als in seiner Verbindung mit „deutsch": „deutscher" Wein, „deutsches" Lied, ein „deutsches" Mädchen, der „deutsche"
Wald *(O du mein deutscher Wald!)*, „deutscher" Fleiß, „deutscher" Mut,
„deutsche" Treue und „deutsche" Heiterkeit (die Nietzsche willkürlich mit
den Namen Luther, Beethoven und Wagner assoziierte und beschrieb als die
Süße des Geistes, die aus der Überwindung des Ungemachs herrühre und
von anderen Völkern nicht verstanden werden könne). Man hat oft gesagt,
diese Betonung des Einzigartigen spiegele das Sehnen nach einer verlorenen
Identität wider. In seiner Schrift „Was ist deutsch" (1865) sagt Richard
Wagner etwas Ähnliches, wenn er schreibt:

> Nach dem gänzlichen Verfall des deutschen Wesens, nach dem fast gänzlichen
> Erlöschen der deutschen Nation infolge der unbeschreiblichen Verheerungen des
> Dreißigjährigen Krieges, war es diese innerlichst heimische Welt, aus welcher der
> deutsche Geist wiedergeboren ward. Deutsche Dichtkunst, deutsche Musik, deutsche
> Philosophie sind heutzutage hoch geachtet von allen Völkern der Welt: in der Sehn-
> sucht nach ,deutscher Herrlichkeit' kann sich der Deutsche aber gewöhnlich noch
> nichts anderes träumen als etwa der Wiederherstellung des römischen Kaiserreiches
> Ähnliches.

Doch wenn dem so war, so war die Betonung der Deutschheit auch das
Anzeichen einer Suche nach Sicherheit in einer rasch sich wandelnden Welt
und ein Bemühen, diese zu erreichen, indem man lokale Traditionen und
Werte gegen solche von außen absetzte. Diese Abwehrhaltung ist verständlich. Indes die Jahre vergingen, wurde die Welt dieser kleinen Gemeinwesen
– so herrlich gezeichnet in Goethes Idylle *Hermann und Dorothea* mit ihrer
Hervorhebung des Privaten und ihrer Gleichgültigkeit selbst gegenüber einem so welterschütternden Ereignis wie der Französischen Revolution, in
den Bildern des Biedermeiermalers Moritz von Schwind und in Albert Lort-
zings Opern *Der Wildschütz* und *Der Waffenschmied* – bedroht durch die
Kräfte der bürokratischen Zentralisation und des aufkommenden Kapitalismus und Industrialismus. Schließlich überrollten und zerstörten diese Entwicklungen das politische Umfeld, das die „Heimatstadt"-Kultur genährt
hatte.

Danach jedoch – und selbst als die verschiedengestaltigen Gemeinwesen
im Reich Bismarcks und Wilhelms II. untergegangen waren – lebte ihre
Psychologie noch weiter in Form von regionalen Ressentiments, von Phili-
stertum und Bigotterie. Wie Mack Walker schrieb, waren „Glaube an den
Vorrang der Zugehörigkeit zur Gemeinde, Mißtrauen gegen nicht fest ansäs-
sige Personen und selbstgerechte Feindseligkeit gegenüber der Außenwelt
das Vermächtnis, das die Heimatstadt dem Deutschland des späten 19. und
zumindest der ersten Hälfte des 20. Jahrhunderts hinterließ". Wir werden
auf dieses Vermächtnis noch zurückkommen.

III

Wenn man bedenkt, wie sehr das traumatisierte Deutschland von 1648 von der Außenwelt abgeschnitten war und welche politischen und kulturellen Geisteshaltungen dieser Umstand beim größten Teil der deutschen Bevölkerung in der darauf folgenden Periode förderte, kann man verstehen, daß der als Aufklärung bekannten großen geistigen Bewegung des 18. Jahrhunderts in Deutschland nur ein beschränkter Erfolg beschieden war.

Sie hatte ihren Ursprung in Großbritannien und ging von den aufsehenerregenden Entdeckungen Isaac Newtons und der Entschlossenheit seiner Anhänger aus, auf den Newtonschen Konzeptionen des Naturgesetzes eine Gesellschaftswissenschaft und eine Moralphilosophie zu gründen. Sie griff rasch auf den Kontinent über und fand in Frankreich in der Person Voltaires einen eifrigen Befürworter. In Deutschland wurde sie nicht so günstig aufgenommen, und es gab deutsche Staaten, die von ihrem Einfluß unberührt blieben. Dennoch war der deutsche Beitrag nicht zu unterschätzen. Die deutschen Wortführer der Aufklärung waren so beredt, daß sie auf internationaler Ebene eine Aufmerksamkeit erweckten, wie sie seit der Zeit Luthers keinem deutschen Denker mehr zuteil geworden war.

Ganz allgemein gefaßt war die Aufklärung eine Bewegung von Leuten, die die Situation des Menschen verbessern wollten und glaubten, dies könne am schnellsten dadurch erreicht werden, indem man alle das Denken der Menschen beherrschenden Ideen und alle seine Lebensbedingungen bestimmenden Institutionen rigoros dem Gebot der Vernunft unterstellte. Diese *philosophes*, wie sie manchmal genannt wurden, hatten oft unterschiedliche Ansichten zu spezifischen Fragen, aber sie stimmten allgemein darin überein, daß die Korrelate der Vernunft Säkularismus, Humanität, Kosmopolitismus und Freiheit waren – Freiheit von Willkürherrschaft, Freiheit der Rede, Freiheit zur vollen Entfaltung der Persönlichkeit, Freiheit der moralischen Entscheidung. Und sie waren sich ferner einig in ihrer absoluten Verpflichtung zur Kritik, ihrer unerschrockenen Offenheit für neue Ideen und ihrer Bereitschaft, modern zu sein im Sinne eines Abrückens von abergläubischen und orthodoxen Vorstellungen der Vergangenheit. Dies etwa war das gemeinsame Credo von Leuten wie Montesquieu und Voltaire, Hume und Diderot, Jefferson und Rousseau, Bentham und Condorcet.

Der bedeutendste unter den deutschen Aufklärern war der König von Preußen, Friedrich II. (1740–1786), dessen vernunftgemäße Darstellung der preußischen Regierung – ,,Eine gutgeleitete Staatsverwaltung", schrieb er in seinem Testament von 1752, ,,muß ein ebenso fest verbundenes System haben wie ein philosophisches Lehrgebäude" – eine so exemplarische Anwendung der Prinzipien der Aufklärung war, daß sie im Ausland große Bewunderung hervorrief. Friedrich war der aufgeklärte Despot par excellence, und sein Erlaß bei Regierungsantritt, der allen in seinem Königreich die freie Religionsausübung garantierte, und sein Eintreten für die Ausarbeitung von Kriegsregeln als Mittel zur Begrenzung des immer wieder vorkommenden Blutvergießens sind Beispiele für viele Schritte, die zum Beweis dafür angeführt werden könnten, daß die Hingabe des Königs an die Prinzipien der Aufklärung keine bloße theoretische Angelegenheit war, sondern sich in entsprechenden Institutionen und Gesetzen ausdrücken sollte.

Dies mußte zwangsläufig das übrige Deutschland beeindrucken, und Goethe schreibt in seinen Erinnerungen, daß seine Vaterstadt Frankfurt am Main, in der man an sich für die Preußen nichts übrig hatte, in seiner Jugend dennoch „fritzisch" eingestellt war. Trotzdem bezogen sich deutsche Intellektuelle, wenn sie gegen Ende des 18. Jahrhunderts von einem Leben in einem friderizianischen Zeitalter sprachen, bisweilen nicht auf den Monarchen in Sanssouci, sondern auf seinen Namensvetter, den Berliner Buchhändler Friedrich Nicolai. Man hat von Nicolai gesagt, ohne ihn hätte es keine deutsche Aufklärung gegeben, und er sei es gewesen, der Berlin aus einer provinziellen Residenzstadt zur geistigen und kulturellen Hauptstadt des noch immer geteilten Deutschland gemacht habe.

Dies ist kaum übertrieben. Ganz gewiß war Nicolais literarische Zeitschrift *Allgemeine deutsche Bibliothek,* die er zusammen mit Moses Mendelssohn und Gotthold Ephraim Lessing gründete und fast vierzig Jahre lang allein leitete, ein unentbehrliches Informationsorgan, durch das der deutsche Leser nicht nur über die Produktion der Schriftsteller seines zerstückelten Landes, sondern auch über kulturelle und intellektuelle Entwicklungen in anderen Ländern unterrichtet wurde. Die Bedeutung der Zeitschrift als kritisches Forum erhellt die Tatsache, daß sie während Nicolais Herausgeberschaft nicht weniger als 80000 Buchbesprechungen veröffentlichte. Der Ton dieser Rezensionen war nie schmeichelnd und oft streitbar, denn Nicolai war, wie Heinz Ohff feststellte, die Verkörperung des Vertrauens der Aufklärung in die kritische Methode. „Die Kritik ist die einzige Helferin", schrieb er einmal, „die indem sie unsere Unvollkommenheiten aufdeckt, in uns zugleich die Begierde nach höheren Vollkommenheiten entfachen kann."

Nicolai war ein äußerst tatkräftiger Mensch. Er war nicht nur Verleger, sondern auch Besitzer der größten Berliner Buchhandlung, die er zu einem Treffpunkt für gleich ihm fortschrittlich gesinnte Intellektuelle machte und bei deren Führung er sich strikt weigerte, zugunsten eines kommerziellen Profits seine philosophischen Prinzipien hintanzustellen. Er sagte einmal: „Ich liebe meinen Vorteil nicht so sehr, daß ich ihn mit dem Schaden der ganzen Welt erkaufen wollte. Ich liebe die Aufklärung des Menschengeschlechts." Die gleiche Motivation beseelte seinen Roman *Sebaldus Nothanker,* ein zu Unrecht vergessenes Meisterwerk, das in der Nachfolge von Goldsmiths *The Vicar of Wakefield* stand und von den Prüfungen eines

Landpfarrers in den geistig rückständigsten Gebieten des Deutschland des 18. Jahrhunderts handelte. Verglichen mit anderen zeitgenössischen Romanen zeichnet sich *Sebaldus Nothanker* durch den Detailreichtum seiner Gesellschaftsschilderungen und seine harte Kritik an Ungerechtigkeit und Unvermögen aus. Sein großer Erfolg (Goethe ärgerte sich darüber, daß er in dieser Hinsicht *Wilhelm Meisters Lehrjahre* übertraf) läßt sich erklären durch sein kraftvolles Eintreten für die Befreiung des Bürgertums von den Beschränkungen, die ihm der Konservatismus des feudal-absolutistischen Staates (Nicolai sprach Preußen in dieser Beziehung frei) und der Obskurantismus der orthodoxen lutherischen Geistlichkeit auferlegten.

Ihren vornehmsten Ausdruck fand die deutsche Aufklärung jedoch in Nicolais Freund Lessing. Als kritische Intelligenz erster Ordnung kämpfte Lessing gegen Vorurteile jeder Art und gegen alles, was sich der vollen Entfaltung der menschlichen Persönlichkeit entgegenstellte. Seine Schriften über das Drama trugen dazu bei, die Vorherrschaft der französischen Klassik zu brechen und bereiteten der Entwicklung eines nationalen Theaters die Bahn, und seine berühmte Kritik an Winckelmanns ästhetischer Theorie in der Studie *Laokoon* übte entscheidenden Einfluß auf die klassische Wiederbelebung in Deutschland aus. Das reizvollste der Lessingschen Dramen, die lebendig geschriebene Komödie *Minna von Barnhelm,* tritt zum einen für die Versöhnung der alten Feinde Preußen und Sachsen ein und gibt zum anderen dem natürlichen Gefühl den Vorrang gegenüber einem irrationalen Ehrbegriff; die Tragödie *Emilia Galotti* ist eine beißende Abrechnung mit den Privilegien und der Korruption an kleineren deutschen Fürstenhöfen; und sein frühes Stück *Die Juden* und das bekanntere *Nathan der Weise* sind kühne Angriffe auf das herrschende Vorurteil gegen die jüdische Minderheit – im *Nathan* antwortet die Hauptgestalt auf die immer wiederkehrende Frage des Sultans Saladin ,,Was ist die wahre Religion?" mit einem Bekenntnis zur Toleranz, das heute noch so sehr anrührt, wie es damals angerührt haben muß, als das Stück geschrieben wurde.

Gleich anderen Vertretern der Aufklärung glaubte Lessing, daß die unbehinderte Vernunft der Schlüssel zum Fortschritt sei, und in seiner Abhandlung *Die Erziehung des Menschengeschlechtes* schrieb er zuversichtlich: ,,Nein; sie wird kommen, sie wird gewiß kommen, die Zeit der Vollendung, da der Mensch, je überzeugter sein Verstand einer immer besseren Zukunft sich fühlt, von dieser Zukunft gleichwohl Bewegungsgründe zu seinen Handlungen zu erborgen nicht nötig haben wird; da er das Gute tun wird, weil es das Gute ist, nicht weil willkürliche Belohnungen darauf gesetzt sind . . .''

Von Lessings zahlreichen Schülern versuchte jeder auf seine Art, diesen Traum von menschlichem Fortschritt zu verwirklichen. Einige konzentrierten sich auf den Kampf um politische Rechte, wie etwa Georg Forster, der aus seiner Überzeugung heraus für politische Demokratie eintrat, 1793 in

Mainz eine kurzlebige Republik gründete und in Paris während der Revolution den Tod fand; andere versuchten, jene Kräfte innerhalb Deutschlands zu bekämpfen, die ihrer Meinung nach der geistigen Freiheit und dem Fortschritt im Wege standen. Unter den letzteren ist der Göttinger Mathematiker und Astronom Georg Christoph Lichtenberg erwähnenswert, dessen *Aphorismen* zu den großen Leistungen des deutschen Geistes im 18. Jahrhundert zählen. Gleich Lessing war Lichtenberg ein großer Kritiker, der seine Pfeile gegen Scharlatane, Mystagogen und Verbreiter falscher wissenschaftlicher Lehren wie den Physiognomiker Lavater verschoß. Er war auch ein ausgemachter Feind des provinziellen Patriotismus, jener ,,Teutschheit'', die in Wirklichkeit eine verschleierte Form der Fremdenfeindlichkeit war, und seine brillanten Ausfälle gegen diese immer wieder auftretende deutsche Krankheit sollten ihm das Lob von Personen wie Heine, Tolstoi, Karl Kraus und Albert Einstein eintragen, die allesamt geistige Erben der Aufklärung waren.

Im Jahre 1784 schrieb der Philosoph Immanuel Kant in einer Abhandlung mit dem Titel *Eine Antwort auf die Frage: Was ist Aufklärung?*: ,,Wenn denn nun gefragt wird: leben wir jetzt in einem aufgeklärten Zeitalter? so ist die Antwort: Nein, aber wohl in einem Zeitalter der Aufklärung.'' Diese Feststellung war weniger paradox, als sie schien. Kant meinte damit, daß man zwar, wohin man blicke, Beweise für Unmenschlichkeit des Menschen gegenüber dem Menschen, soziale Ungleichheit, abgewirtschaftete Institutionen, Vorurteile und eingewurzelte Reaktion finden konnte, daß es aber auch überzeugte und tatkräftige Menschen gäbe, die nach bestem Vermögen diese Dinge zu korrigieren suchten.

Denn da werden sich immer einige Selbstdenkende, sogar unter den eingesetzten Vormündern des großen Haufens finden, welche, nachdem sie das Joch der Unmündigkeit selbst abgeworfen haben, den Geist einer vernünftigen Schätzung des eigenen Werts und des Berufs jedes Menschen selbst zu denken, um sich verbreiten werden.

Und aus diesem Impuls würden eine allgemeine Aufklärung und sozialer und politischer Fortschritt kommen.

In der zweiten Hälfte des 18. Jahrhunderts hatte Deutschland keinen Mangel an solchen Vorkämpfern, aber leider war ihr Einfluß weder tiefgreifend noch von Dauer. Zum einen vermochte der religiöse Glaube, der, wie wir noch sehen werden, im deutschen Volk tief verwurzelt und durch eine gelehrte und aktive Geistlichkeit verkörpert war, in der deutschen Aufklärung den Vorstellungen von einem Gesellschaftsvertrag und von Volkssouveränität, die wesentliche Züge der Aufklärung im Westen waren, ihre Durchschlagskraft zu nehmen. Zum anderen kennzeichnete der Tod Friedrichs II. und der Anbruch der Französischen Revolution eine entscheidende Veränderung in der geistigen Atmosphäre, eine Veränderung, die einer praktischen Durchführung fortschrittlicher Ideen, gleich welcher Art, keineswegs för-

derlich war. Ja, die Apostel der Aufklärung – die Nicolaiiten, wie man sie in
Berlin nannte – wurden als Umstürzler und Gegner der Monarchie angegriffen und der Sympathie mit den radikalen Kräften in Paris verdächtigt. Nicolai wurde die Kontrolle über seine literarische Zeitschrift genommen, und
seine Freunde beeilten sich, ihr Mäntelchen nach dem neuen Wind zu hän-
gen. In Deutschland verkümmerte die Aufklärung unter einer Wolke von
Diffamierung und kleinlicher Verfolgung und starb, ohne – wie in Großbritannien, Frankreich und Amerika – zukünftigen Generationen ein Vermächtnis zu hinterlassen.

IV

Zu den aufklärerischen Ideen, die die gebildete Mittelschicht der größeren
Staaten aufgegriffen hatte, zählte die des Kosmopolitismus, die Vorstellung,
daß ein kultivierter Mensch Mitglied einer Gesellschaft war, die über die
nationalen Grenzen hinausgriff. Lessing hatte gesagt, Patriotismus sei keine
Eigenschaft, die er anstrebe, da sie ihn davon abhalten könnte, Weltbürger
zu sein, und ihn seine Verantwortung gegenüber anderen Ländern und Völkern vergessen lassen könnte, und Friedrich Schiller stimmte ihm zu, als er
schrieb: ,,Ich schreibe als Weltbürger, der keinem Fürsten dient. Frühe verlor ich mein Vaterland, um es gegen die große Welt auszutauschen ...''
Doch gleich anderen Ideen der Aufklärung verblaßte auch diese rasch gegen
Ende des Jahrhunderts und wurde ersetzt durch eine Philosophie des Nationalismus, die den Vorurteilen der Bürger des deutschen Kernlands näher
stand als die Ideale der *philosophes*. Die Werkzeuge dieses Wandels waren
Herder und Napoleon.

Johann Gottfried Herder einen Nationalisten zu nennen, hieße Gefahr zu
laufen, seine Ansichten zu entstellen. Als Schüler von Kant und J. G. Hamann interessierte er sich wenig für Politik und hatte eine tiefe und bleibende Abneigung gegen alle Formen von Zentralisierung, Zwang, Verordnung
und Imperialismus, die er mit dem assoziierte, was er verächtlich Staat nannte. Der Staat war ein kaltes Monstrum, das auf Machterwerb ausgerichtet
war. Es beraubte die Menschen ihrer selbst, machte sie zu gehorsamen Maschinen, entstellte und verdarb ihre edelsten Impulse.

Doch haßte Herder den Staat, so glaubte er an das Volk. In zwei Werken,
die seine und spätere Generationen beeinflußten – *Auch eine Philosophie der
Geschichte zur Bildung der Menschheit* (1774) und *Ideen zur Philosophie der
Geschichte der Menschheit* (1776–1803) – trat er beredt für den Gedanken
der Zugehörigkeit zu einem Volk ein und dafür, diese Zugehörigkeit anzuerkennen. Das Volk definierte er als die Gemeinschaft, die entstanden war
durch Verwandtschaft, gemeinsame Geschichte, soziale Solidarität und kulturelle Affinität und die sich über die Zeiten hin geformt hatte durch Klima

und Geographie, Erziehung, Beziehungen zu den Nachbarn und andere Faktoren, zusammengehalten vor allem durch die Sprache, welche die kollektive Erfahrung der Gruppe ausdrückte. Besitzt eine Nation etwas Wertvolleres? fragte Herder und fuhr fort:

In dieser Galerie verschiedener Denkarten, Anstrebungen und Wünsche lernen wir Zeiten und Nationen gewiß tiefer kennen, als auf dem täuschenden trostlosen Wege ihrer politischen und Kriegsgeschichte. In dieser sehen wir selten mehr von einem Volke, als wie es sich regieren und tödten ließ; in jener lernen wir, wie es dachte, wie es wünschte und wollte, wie es sich erfreute, und von Lehrern oder von seinen Neigungen geführt ward.

Mitglied einer Gruppe oder eines Volkes zu sein bedeutete für Herder, wie Isaiah Berlin schreibt, in einer ganz bestimmten Weise zu denken und zu handeln, im Licht bestimmter Ziele, Werte und Weltvorstellungen. So zu denken und zu handeln hieß dazuzugehören, Teil des Ganzen zu sein, mit seinem Geist in Einklang zu stehen. Die Art, wie die Deutschen sprachen und sich bewegten, wie sie aßen und tranken, wie sie liebten und Gesetze machten, unterschied sich demnach von den entsprechenden Verhaltens- und Gefühlsmustern anderer Völker. Und allen diesen Mustern war etwas gemein, ein gemeinsames Ingrediens, eine Deutschheit, ein Volksgeist, der nicht abstrahiert und definiert werden konnte, aber die Individualität der Nation darstellte.

Jedoch nicht ihre Überlegenheit. Herder war ein Pluralist, der an die Gleichheit aller Kulturen vor Gottes Angesicht glaubte. Er wies aufklärerische Vorstellungen von einem idealen Menschen und einer idealen Gesellschaft zurück. Für ihn war keine Person einer anderen, kein Volk einem anderen gleich. Alle waren Teil der Menschheit, des unendlich reichen Panoramas des Lebens, zu dem jedes Individuum und jedes Volk seinen charakteristischen Beitrag leistete.

Die jungen Intellektuellen in den Jahren vor dem Ausbruch der Französischen Revolution – die sogenannte Sturm-und-Drang-Generation – nahmen, angerührt durch seine leidenschaftliche Verteidigung der Individualität und seine Forderung, daß die Literatur die Vielfalt und erregende Fülle des Lebens ausdrücken sollte, Herder für sich in Anspruch. Es ist fraglich, ob sie sich der inneren Widersprüche und der zweideutigen politischen Tragweite seiner Lehre vom kulturellen Nationalismus bewußt waren. Im Rückblick kann man den Standpunkt vertreten, daß die Lehre von der Zugehörigkeit zu einer Nation ein unglückliches Erbe für eine Mittelschicht war, die keinen Anteil an den politischen Entscheidungen ihrer Regierungen hatte, denn sie konnte als moralisches Mäntelchen für ihre gegenwärtige Situation und als Entschuldigung dafür gebraucht werden, daß man nichts gegen diesen Zustand unternahm. Auf die Lethargie bezogen, die sich über das deutsche politische Leben in den Jahren herabgesenkt hatte, als demokratische Revolutionen die amerikanischen Kolonien, Genf, die österreichischen Niederlande, England und Irland, Polen, Ungarn und Frankreich erschütterten, schrieb Leo Gershoy einmal, die deutsche Mittelschicht habe sich „über ihren Ausschluß von wirklicher staatsbürgerlicher Verantwortung getröstet", indem sie die Augen vor der Wirklichkeit fest verschlossen und sich selbst überredet habe, daß „das Individuum, da es Unsterblichkeit im unsterblichen Volksgeist fand, theologisch gesprochen in einem Stand der Gnade lebte".

War es außerdem nicht unvermeidlich, daß Herders Theorien mißbraucht und als Rechtfertigung interpretiert wurden – nicht nur für jene Art von Staatsmacht, die er verabscheute, sondern auch für jene Art von Fremdenfeindlichkeit, die er beklagte? Und war nicht Herder selbst zum Teil dafür verantwortlich? Gewiß, er sagte, er sei nicht an Politik und Patriotismus interessiert und die Kulturen seien nicht miteinander vergleichbar und hätten alle das gleiche Existenzrecht, aber warum fühlte er sich dann bemüßigt zu betonen, „... der Wilde, der sich, der sein Weib und Kind mit ruhiger Freude liebt und für seinen Stamm, wie für sein Leben, mit beschränkter Wirksamkeit glühet, ist, wie mich dünkt, ein wahreres Wesen als jener gebildete Schatte, der für den Schatten seines ganzen Geschlechts, d. i., für einen Namen, in Liebe entzückt ist. In seiner armen Hütte hat jener für jeden Fremden Raum ... Das verschwemmte Herz des müßigen Kosmopoliten ist eine Hütte für Niemand". Und was soll man von seinen häufigen Ermahnungen an die Deutschen halten, sie sollten deutsch sein und ihre Werte vor fremdländischer Verderbnis schützen? Aussprüche wie: „Erwache, deutsches Publikum, und laß Dir Dein Palladium nicht rauben!" oder:

O spei aus, vor der Hausthür spei der Seine
    Häßlichen Schleim aus!
Rede Deutsch, o du Deutscher!

zeigen, wie schwierig es war, die Politik aus dem kulturellen Nationalismus herauszuhalten und zu verhindern, daß die Idee von der Individualität und Einzigartigkeit der einzelnen Völker zu der Vorstellung degenerierte, manche Völker seien überlegen und das eigene rangiere an erster Stelle. Es war Herders Tragödie, daß die grundlegende Humanität seiner Philosophie durch Patrioten wie Görres, Jahn und Arndt zu einem engstirnigen politischen Nationalismus pervertiert wurde und daß seine Anschauungen von der Individualität des Volkes durch Philosophen wie Fichte und Hegel zu einer Idealisierung des Staates als einer Art Überperson umgewandelt wurden, welcher der einzelne Bürger absolute Treue schuldete, ja, die allein seine Existenz bestätigte.

Katalysator dieses Umwandlungsprozesses war Napoleon Bonaparte, der dadurch, daß er Deutschland eroberte und Bayern, Österreich und Preußen in die Rolle von Satellitenstaaten verwies, allen Deutschen das Ausmaß ihrer

Machtlosigkeit vor Augen führte. Es konnte nicht überraschen, daß angesichts dieses Schauspiels manche Deutsche die Macht idealisierten, die sie nicht besaßen, und jenen Volksgeist zu stärken suchten, der, wie Herder ihnen gesagt hatte, das Wesen des Deutschtums war. In diesem Geist postulierte J. G. Fichte in seinen *Reden an die deutsche Nation* (1807–1808) einen Staat als Notwendigkeit für den einzelnen Bürger, der sich, indem er dem Staat diente, erst selbst zu verwirklichen vermochte; und der junge Georg Wilhelm Friedrich Hegel ging sogar noch einen Schritt weiter, indem er den Standpunkt vertrat, der Staat als Verkörperung des kollektiven Lebens könne nicht durch die Einzelpersonen kontrolliert werden, die ihn ausmachten und ihm dienten, sondern gehe seinen eigenen Weg und erfülle sein Schicksal mittels der Macht, die sein Wesen sei. Beim Zusammenprall mehrerer Staatswillen, das hieß, in der Politik, gab es für die Aktivitäten des Staates keine moralische Beschränkung.

Hier kann ... von keiner Wahl der Mittel die Rede (sein), brandige Glieder können nicht mit Lavendelwasser geheilt werden. Ein Zustand, worin Gift, Meuchelmord gewöhnliche Waffen geworden sind, verträgt keine sanften Gegenversuche. Der Verwesung nahes Leben kann nur durch das gewaltsamste Verfahren reorganisiert werden.

Dieser Kult der Staatsmacht fand keine allgemeine Zustimmung. Im Kampf gegen Napoleon erstand in den Jahren 1807 bis 1813 eine zweite Denkschule, repräsentiert durch die preußischen Reformer Stein, Hardenberg, Scharnhorst, Gneisenau und Wilhelm von Humboldt, die den Standpunkt vertraten, die stärkste Regierung sei die, welche die Kräfte ihrer Untertanen mobilisieren könne, indem sie ihnen ihren Pflichten entsprechende Rechte gebe. Die Idee einer konstitutionellen Regierung, die einem gebildeten und selbstbewußten Bürgertum entgegenkam, dessen Rechte genau umrissen und garantiert waren, wurde zum Programm des Liberalismus im 19. Jahrhundert. Ihr Fortschritt war jedoch stets beeinträchtigt durch die politische Rückständigkeit der Mehrheit des deutschen Volkes, ihren übertriebenen Respekt vor der angestammten Autorität, ihren eingewurzelten Gehorsam und den Argwohn, daß eine konstitutionelle Regierung etwas Undeutsches sei. Die Entwicklung dieser Idee wurde, nachdem die gebildete Mittelschicht zu ihrem Hauptverfechter geworden war, und der Kampf um die deutsche Einheit ernstlich begonnen hatte, ferner gehemmt durch das ererbte mangelnde Selbstvertrauen der Bourgeoisie, ihre geheime Bewunderung der Macht und ihre Bereitschaft, ihr im Notfall den Vorzug vor der Freiheit zu geben.

Diese Schwächen wurden schmerzlich offenkundig in den entscheidenden Verfassungskämpfen des 19. Jahrhunderts, und sie helfen zu erklären, warum sowohl die Revolution von 1848 wie in den 60er Jahren der Versuch des preußischen Parlaments, die militärischen Prärogativen der Krone zu beschneiden, nach anfänglichen Erfolgen der Liberalen jeweils mit dem definitiven Sieg von Absolutismus und Reaktion endeten. Als Folge davon war und blieb das 1871 durch Bismarcks Diplomatie und Preußens Militärmacht geschaffene Reich trotz seiner institutionellen Ähnlichkeiten mit den westlichen konstitutionellen Regimen ein autoritärer Staat, der weder die Theorie noch die Praxis von Volkssouveränität und Selbstregierung anerkannte; und das hieß, daß Deutschland in das 20. Jahrhundert ging ohne jene Art von Tradition, die es vielleicht befähigt hätte, mit den ihm bevorstehenden schwierigen Aufgaben fertig zu werden.

Dies war ein Problem, das viele nachdenkliche Deutsche bekümmerte, und nach dem ersten Weltkrieg – ein Konflikt, der zum großen Teil darauf zurückzuführen ist, daß in Deutschland eine effektive konstitutionelle Beschränkung der willkürlichen Machtausübung fehlte – suchte der Philosoph und Theologe Ernst Troeltsch es in den Griff zu bekommen. In einem Vortrag an der Hochschule für Politik mit dem Titel ,,Naturrecht und Humanität in der Weltpolitik" beschäftigte er sich mit dem, was er ,,ein dauerndes und theoretisches Problem, das des Unterschieds deutschen politisch-geschichtlich-moralischen Denkens gegenüber dem westeuropäisch-amerikanischen" nannte. Die Grundlage westlichen politischen Denkens, so führte er aus, sei die Ansicht, daß alle Menschen eine einzige Gesellschaft bildeten, die Dante *humana civilitas* genannt hatte und die durch ein gemeinsames Gesetz, *jus naturale*, gelenkt wurde; dies habe aber in der neueren Zeit nie dem deutschen Denken entsprochen. In England und Amerika habe die Idee des Naturgesetzes das Verlangen nach persönlicher Freiheit und nach dem Recht zur Kontrolle der Führer ausgelöst, die das Volk gewählt hatte; in Frankreich habe sie sich zu einer Theorie von Selbstregierung, Gleichheit und voller Beteiligung an der Überwachung des Staates entwickelt. Solche Gedanken hätten in Deutschland nie Wurzel gefaßt, zum großen Teil wegen des Scheiterns der Aufklärung. Der Hauptstrom deutschen philosophischen Denkens habe in der Folge ,,gegen allgemeine gleichheitliche Moral ... den ganzen westeuropäischen mathematisch-mechanischen Wissenschaftsgeist, den Utilitarismus und Moral verschmelzenden Begriff des Naturrechts" verstoßen.

Statt dieser westlichen Ideen hätten die Deutschen die innere Entwicklung des Individuums und der deutschen Nation als eines einmaligen kulturellen Ausdrucks betont. Ihre wahrhafte Besessenheit von dieser Idee mache sie gleichgültig gegenüber der westlichen Ansicht, daß Menschen und Völker auf einer Grundlage der Gleichheit nach einer ,,immer höher steigende(n), bis zur Menschheitseinheit strebende(n) Mehrung von Vernunft, Wohlfahrt, Freiheit und zweckmäßiger Organisation" trachten sollten. Gleichzeitig habe ihr nach innen gerichtetes Denken sie dazu gebracht, die praktisch-existentiellen Realitäten und die das Leben und Wohlergehen gewöhnlicher Menschen betreffenden Entscheidungen der Kontrolle des Staates und seiner Behörden zu überlassen.

Troeltschs Abhandlung wurde 1922 geschrieben, nur vier Jahre nach dem Zusammenbruch des Deutschen Reiches als Folge der militärischen Niederlage und nach der Schaffung einer Republik, aber zu einer Zeit, als schon deutlich zu werden begann, daß das demokratische Experiment wegen Mangels an Demokraten zum Scheitern verurteilt war. Für das Problem, das er so genau analysiert hatte, wußte er keine Lösung anzubieten außer dem Vorschlag, seine Landsleute möchten sich mehr Selbstkritik und eine neue Geschichtsauffassung zunutze machen, die sich hinaushebe über „das eigene nationale Dasein zu einem Begriff des Daseins dieser Nation im Zusammenhang des Weltwerdens und der Weltentwicklung". Er gestand aber ein, daß es der Arbeit von Generationen bedürfe, bis etwas Derartiges durchgeführt werden könne. Inzwischen sei das deutsche politische Denken weiter von dem halb mystischen, halb metaphysischen Gefühl geprägt, das den Individualitätsgedanken, der im Westen persönliche Freiheit und Volkssouveränität bedeute, interpretiere „als jeweils besondere Konkretion des göttlichen Geistes in Einzelpersonen und überpersönlichen Gemeinschaftsorganisationen".

Vielleicht waren die zwanzig Jahre, die auf Troeltschs Vortrag folgten – Jahre, in denen Adolf Hitler und der Nazistaat zur äußersten Inkarnation jener Denkweise wurden –, ein wirksameres Heilverfahren als das, welches Troeltsch selbst vorgeschlagen hatte. Wie dem auch sei, die Gründung der Bundesrepublik Deutschland im Jahre 1949 ermöglichte zumindest einen neuen Versuch, herauszufinden, ob der demokratische Instinkt stärker war als die Traditionen und Denkgewohnheiten, die seine Erstarkung und Festigung in der Vergangenheit verhindert hatten. Sollte sich dies als wahr herausstellen, würde die Kluft zwischen Deutschland und dem Westen, von der Troeltsch sprach, verringert und würden die Probleme der Kommunikation und der gegenseitigen Verständigung erleichtert werden.

2. Politik auf neuen Wegen

Eine der nach 1945 in politischen Diskussionen am häufigsten gestellten Fragen hieß ,,Ist Bonn Weimar?" Es war nur natürlich, die Frage so zu stellen, denn die Zerbrechlichkeit der neuen westdeutschen Republik zeigte sich in ihren ersten Jahren sehr deutlich, und die drastischen Folgen des letzten Scheiterns der deutschen Demokratie waren noch in lebhafter Erinnerung. Dennoch war die Frage unangemessen. Für das Scheitern der Weimarer Republik waren eine Reihe komplizierter Faktoren verantwortlich sowie das Einwirken von ökonomischen und außenpolitischen Kräften, die nicht immer von den Deutschen selbst unter Kontrolle gehalten werden konnten. Zu den Ursachen, die zu ihrem Zusammenbruch geführt haben, gehört jedoch nicht zuletzt die Tatsache, daß ihr Beginn keineswegs einen wirksamen Bruch mit Geschichte und politischer Tradition darstellte. Was man die Revolution von 1918 genannt hat, war keine Revolution im eigentlichen Sinne, und die Republik von 1919 war ein improvisiertes Regime, in dem zu viele wichtige Positionen in den Händen von Leuten verblieben, die sich in erster Linie der Vergangenheit, ihren Institutionen und Wertvorstellungen verpflichtet fühlten.

Eine solche Kontinuität war nach 1945 nicht möglich. Die Verheerungen des Krieges hatten aus Deutschland das Chaos gemacht, das Willy Brandt in seinen Erinnerungen beschreibt: ,,Krater, Höhlen, Schuttberge, Trümmerfelder, Geröllhalden, Ruinen, die kaum noch erkennen ließen, daß hier einst Häuser gestanden hatten, Kabel und Wasserleitungen, die wie die zerstückelten Eingeweide eines vorsintflutlichen Untiers aus der Erde ragten, keine Heizung, kein Licht, jeder kleine Garten ein Friedhof und über allem wie eine unbewegliche Wolke der Gestank von Verwesung. In diesem Niemandsland am Rande der Welt lebten Menschen. Ihr Leben war eine tägliche Jagd nach einer Handvoll Kartoffeln, nach einem Laib Brot, nach einigen Brocken Kohle, nach einigen Zigaretten." Dies war die Stunde Null, eine Zeit, in der sich das Leben auf das absolut Notwendigste reduzierte, wie es 1918 nicht der Fall gewesen war.

Es war keine Zeit, die zu Nostalgie verführte, vielmehr forderten die Besatzungsmächte die Deutschen auf, über die Folgen ihres politischen Verhaltens in der Vergangenheit nachzudenken, während sie selbst eine Politik der Entnazifizierung, Abrüstung, Demontage und Demokratisierung betrieben mit dem Ziel, eine Rückkehr zu den alten Verhältnissen zu verhindern. Die Besatzungszeit, die vier Jahre dauerte, bedeutete einen Einschnitt im deutschen politischen Leben, in dessen Verlauf den Zerstörungen, die in der

Vergangenheit durch Hitler verursacht worden waren, noch die letzten Tupfer hinzugefügt wurden; und noch ehe sie vorüber war und man den Deutschen auf lokaler und zonaler Ebene die Wiederaufnahme einer organisierten politischen Tätigkeit gewährte, waren die alten Strukturen und Eliten so vollständig zerschlagen, daß es unmöglich war, auf diesen Trümmern ein neues System zu errichten.

Nicht, daß bei den Persönlichkeiten, die jetzt in der deutschen Politik verantwortliche Positionen übernahmen, auch nur die geringste Neigung dazu bestanden hätte. In der sowjetischen Zone schickten sich die Gründer der Sozialistischen Einheitspartei (SED) an, ein kommunistisches Regime zu gründen, das einen vollkommenen Bruch mit der Vergangenheit darstellen sollte. Im Westen, wo die Sozialdemokratische Partei (SPD) nach zwölf Jahren des Schweigens ihre Arbeit wieder aufnahm und die Freie Demokratische Partei (FDP), die Christlich-Demokratische Union und ihre bayerische Schwesterpartei, die Christlich-Soziale Union (CDU/CSU), ihre Tätigkeit begannen, waren die führenden Männer Leute, die mit angesehen hatten, wie Hitler die Weimarer Demokratie unterminiert hatte, und die entschlossen waren, die neue Republik auf einer festeren Grundlage als der alten aufzubauen.

In beiden Fällen war ihr Erfolg größer, als Beobachter mit historischem Verständnis es in den ersten Jahren für möglich gehalten hatten.

I

Der Entschluß, im westlichen Teil Deutschlands einen separaten republikanischen Staat zu errichten, war die Folge des Scheiterns der interalliierten Zusammenarbeit in den ersten Nachkriegsjahren; aber daß die Gründung der Bundesrepublik Erfolg hatte und dieser neue Staat von der westdeutschen Bevölkerung akzeptiert wurde, ist in erster Linie das Verdienst von fünf deutschen Politikern der Vorkriegsgeneration: der Sozialdemokraten Kurt Schumacher und Ernst Reuter, des Liberalen Theodor Heuss, der der erste Präsident der Republik werden sollte, Ludwig Erhards, der Schöpfer dessen, was man später das westdeutsche ,,Wirtschaftswunder" nannte, und Konrad Adenauers, der in der Bundesrepublik während der ersten vierzehn Jahre das Amt des Kanzlers übernahm.

Man kann mit einigem Recht von Kurt Schumacher sagen, daß er zu einer Zeit, als die politischen Instinkte des deutschen Volkes von den Auswirkungen des Krieges noch abgestumpft waren und der Kommunismus Nutznießer der vorherrschenden Apathie zu werden schien, als erste Persönlichkeit von Format für die Demokratie eintrat und auf dieser Grundlage eine Massenpartei organisierte. Er war es auch, der als erster Politiker diejenigen der jüngeren Generation ansprach, die eine tatkräftige Führung verlangten, der nichts von der Nazivergangenheit anhing. Er selbst war ein Symbol dessen, was Hitler seinem Land angetan hatte. Während der zwölf Jahre des Dritten Reichs hatte er fast ununterbrochen in Konzentrationslagern gesessen wegen seiner scharfen antinazistischen Reden als Mitglied des Reichstags in den Jahren 1930 bis 1933, und als er entlassen wurde, war er ein schon todkranker Mann, denn ein Kreislaufleiden war während seiner Gefangenschaft nicht behandelt worden. Ein Zusammenbruch im Jahre 1948 erforderte die Amputation seines linken Beins, und die vier Jahre, die ihm dann noch blieben, waren selten frei von Schmerzen. Doch seine Leiden bestärkten ihn nur noch in dem während der Haftjahre gefaßten Entschluß, die Sozialdemokratische Partei neu zu gründen und sie in die verantwortliche Position zu führen, die seiner Ansicht nach sie allein unter den deutschen Parteien verdiente aufgrund ihres makellosen Auftretens im Widerstand gegen Hitler.

Schumachers große Leistung nach 1945 bestand darin, daß er ein wirksames Übergreifen des Kommunismus auf die westlichen Besatzungszonen verhinderte. Er haßte die kommunistische Partei, weil sie 1932 bei dem Streik der Berliner Verkehrsbetriebe mit den Nazis gemeinsame Sache gemacht hatte; er glaubte, daß sie für Hitlers Machtergreifung mitverantwortlich war und den Widerstand gegen den Nationalsozialismus in den Jahren 1939–1941 gelähmt hatte; und er bestritt, daß die neu organisierte KPD einen demokratischen Charakter habe, und verurteilte sie wegen ihrer Abhängigkeit von der Sowjetunion, die sie in seinen Augen zu einer „ausländischen Partei" machte. Als 1945 offenkundig wurde, daß die sozialdemokratische Parteiorganisation, die in der sowjetischen Zone gegründet worden war, unter der Führung des Linkssozialisten Otto Grotewohl auf eine Fusion mit der kommunistischen Partei zusteuerte, kam Schumacher der Möglichkeit eines Übergreifens dieser Bewegung auf den Westen zuvor, indem er in der britischen Zone eine Sozialdemokratische Partei gründete, die These von einer sozialistischen Erneuerung Deutschlands mit demokratischen Mitteln verkündete und im Mai 1946 einen Parteitag nach Hannover einberief, dem Delegierte der anderen westlichen Besatzungszonen beiwohnten und der sich energisch gegen eine Fusion aussprach. Als Grotewohls Gesamtpartei, die sich jetzt Sozialistische Einheitspartei nannte, ihre Macht auf ganz Berlin auszudehnen versuchte, flog Schumacher in die Stadt und forderte die sozialdemokratischen Gruppen auf, dem Anspruch der SED Widerstand zu leisten. Als Folge davon verlangte eine Reihe junger Parteiführer im März 1946 eine Abstimmung der SPD-Mitglieder über diese Frage; 82% der Wähler in den nicht-sowjetischen Sektoren unterstützten den Standpunkt Schumachers, und eine Berliner Delegation erschien unmittelbar danach zu den nationalen Parteiberatungen in Hannover.

Schumacher vertrat die Ansicht, daß die aus diesem Parteitag hervorgehende Partei keine bloße Kopie der alten Partei Bebels, Scheidemanns und Otto Brauns sein sollte. Diese Partei war zu oft das Opfer ihrer eigenen

Schlagworte geworden und hatte sich in starren theoretischen Positionen festgefahren, die Wähler abstießen, weil sie ihnen entweder unpraktikabel oder unpatriotisch erschienen. Nach Schumachers Ansicht hatte die neue Partei pragmatisch und realistisch zu sein, einem konsequenten Programm der politischen Demokratie folgend, das auf dem parlamentarischen System und der uneingeschränkten Anerkennung der bürgerlichen Rechte beruhte; ferner sollte das Programm eine demokratische Wirtschaftspolitik verfolgen, die auf progressiver Besteuerung, Planwirtschaft und Verstaatlichung von Großindustrie und -finanz basierte, und getragen werden sollte von einer Außen- und Militärpolitik, die frei war von den doktrinären Einstellungen der Partei in der Vorkriegszeit und wahrhaft national sein sollte. Mit seinen Ansichten zu diesen Punkten und seinem Beharren darauf, daß die Partei die während des größten Teils der Weimarer Jahre eingenommene Oppositionshaltung aufgeben und sich auf die Regierungsverantwortung im Lande vorbereiten müsse, fand er zumindest bei seinen jüngeren Gefolgsleuten wie Fritz Erler und Willy Brandt Anklang. (Einige der älteren waren schwerer zu überzeugen, und Horst Ehmke, der später unter Brandt zum Minister aufrückte, berichtet, er sei nach der Niederlage der Partei bei den Wahlen von 1953 gefragt worden, warum er ein so trauriges Gesicht mache. ,,Weil wir verloren haben'', habe er erwidert. ,,Na, Junge, freu dich doch!'' habe einer der alten Recken daraufhin gesagt. ,,Es hätte schlimmer kommen können – wir hätten gewinnen können!'') Schumachers Philosophie sollte ihren endgültigen Ausdruck im Godesberger Programm von 1959 finden, das die Überreste der alten marxistischen Parteiideologie über Bord warf als ungeeignet für eine demokratische Partei, die allen Bürgern ohne Rücksicht auf Klassenunterschiede offenstehen sollte, ungeeignet auch für die unabhängige Außenpolitik, wie sie seine Nachfolger Willy Brandt und Helmut Schmidt verfolgten.

Schumacher war ein unbequemer Mann mit einer scharfen Zunge, die ihm leicht Feinde machte. Er stieß alle Besatzungsmächte vor den Kopf – die Russen aus offensichtlichen Gründen, die Engländer und Franzosen, weil er ihnen ,,zu arrogant'' und ,,zu deutsch'', die Amerikaner, weil er ihnen ,,zu sozialistisch'' war. Die Heftigkeit seiner Angriffe auf die Politik der Eroberer und sein entschiedenes Verlangen nach größerer Selbständigkeit riefen in London und Washington so großen Unwillen hervor, daß eine gewisse Gefahr bestand, die Rückkehr der Deutschen zur politischen Souveränität könnte dadurch verhindert werden. Es war das große Verdienst Ernst Reuters, eines Parteigenossen von Kurt Schumacher, daß er die westliche Beunruhigung dämpfte, indem er den Kampf gegen den Kommunismus in seiner Person dramatisierte und den schwelenden amerikanischen Argwohn, Sozialismus und Kommunismus seien praktisch nicht voneinander zu unterscheiden, ausräumte.

Reuter gelang dies durch die trotzige Haltung, die er im Juni 1948 einnahm, als die sowjetischen Behörden die westlichen Zugänge nach Berlin sperrten, um in Westdeutschland für sich Konzessionen auszuhandeln oder, falls dies Vorhaben scheiterte, um dann die ganze Stadt einnehmen zu können. Es wird heute manchmal vergessen, daß zu Beginn der sowjetischen Aktion im Westen starke Zweifel an der Wirksamkeit von Gegenmaßnahmen bestanden. Es war Reuter, der gewählte, wenn auch von den Russen nicht bestätigte Oberbürgermeister von Berlin, der in Gesprächen mit westlichen Stellen betonte, die Berliner würden Widerstand leisten, so gut sie konnten, ob die Westalliierten sie unterstützten oder nicht, aber die Blockade könne überwunden werden, wenn Hilfe von außen komme. Mit seiner Haltung errang er die uneingeschränkte Bewunderung von General Lucius D. Clay, dem US-Stadtkommandanten von Berlin, und sie trug zu der Entscheidung bei, die Luftbrücke einzurichten, die die Sowjets schließlich zur Aufgabe ihres Experiments bewog. Während der Monate der Blockade richtete Reuter unermüdlich die Stimmung der belagerten Bevölkerung auf, und seine Reden erlangten weite Verbreitung und blieben im Westen nicht ohne Wirkung. ,,Wir werden uns mit allen Mitteln, über die wir verfügen'', rief er einer Versammlung von 80 000 Berlinern zu Beginn des Kampfes zu, ,,bis zum äußersten gegen den Machtanspruch wehren, der uns zu Sklaven und Heloten für eine Partei machen will. Wir haben unter einer Sklaverei im Reiche Adolf Hitlers gelebt. Wir haben genug davon. Wir wollen keine Wiederkehr.'' Und weiter sagte er, unangenehme Erinnerungen beschwörend:

Immer gibt es Menschen, die in einer kritischen Stunde anfangen, davon zu reden, man müsse sich mit den Realitäten, mit den Tatsachen, mit den Dingen und mit den Verhältnissen abfinden ... Auch dafür haben wir Deutsche bittere Erfahrungen genug gesammelt ... Immer wollte man Schlimmeres verhüten. Am Ende lag Deutschland in Trümmern. Wir waren nicht nur unsere Freiheit los, wir waren auch für eine Generation zurückgeworfen, zu einem Bettler-Dasein verurteilt. Heute geht es im Grunde um genau dasselbe. Auch heute kann Berlin nur leben, kann Deutschland nur leben, wenn es lernt, für seine Rechte und für seine Selbstbehauptung zu kämpfen ... In dieser Krise bitten wir, wir deutschen Sozialdemokraten, nicht nur darum, daß Ihr zu uns Vertrauen haben mögt, wir fordern Euch vielmehr auf, zu Euch selbst Vertrauen zu haben.

Solche Worte und die Reaktion, die sie auslösten, offenbaren etwas Neues in der deutschen Politik, und die Westmächte, die noch immer argwöhnisch nach Anzeichen undemokratischen Verhaltens Ausschau hielten, blieben davon nicht unbeeindruckt. Sie hatten bereits bei einer Beratung in London im Juni 1948 beschlossen, die Westdeutschen aufzufordern, eine Regierung für das gesamte Gebiet der drei westlichen Besatzungszonen zu bilden. Reuters Beispiel militanter Demokratie war ein Beweis dafür, daß ein solches Vorhaben gute Erfolgschancen hatte.

Die Aufgabe, einen neuen Staat zu schaffen, ist immer schwer, und frühere deutsche Erfahrungen mit der Ausarbeitung von Verfassungen, 1848 und 1919, waren wenig ermutigend. Dem Parlamentarischen Rat, zusammengesetzt aus Abgeordneten der verschiedenen Länderparlamente, der im September 1948 mit der Ausarbeitung eines Grundgesetzes für einen westdeutschen Staat begann, war das Glück beschieden, daß er zu einem Zeitpunkt zusammentrat, als sich das ökonomische Chaos der vorangegangenen Jahre zu lichten begann dank – wie wir in einem späteren Kapitel sehen werden – einer Währungsreform, die in den westlichen Zonen im Juni stattgefunden hatte. Dennoch hätten die Parlamentarier kaum Erfolg gehabt ohne den gesunden Menschenverstand und den Kooperationsgeist der Vorsitzenden der drei wichtigsten politischen Parteien, die sich im Verlauf der vergangenen drei Jahre organisiert hatten, und insbesondere ohne die vermittelnden Bemühungen des Mitbegründers und Vorsitzenden der Freien Demokratischen Partei, Theodor Heuss.

Wie Schumacher hatte Heuss dem letzten Reichstag angehört, und er hatte als einer der wenigen noch übriggebliebenen Abgeordneten der Deutschen Staatspartei, der Nachfolgerin der Deutschen Demokratischen Partei, schon 1932 auf einen Zwischenruf von Joseph Goebbels „Was wollen Sie eigentlich in diesem Hause? Sie haben ja gar keinen Anhang mehr!" schlicht geantwortet: „Ich vertrete hier *meine* Auffassung." Als ehemaliger Professor und Autor von Rang – er gab sowohl philosophische als auch politische Schriften heraus – war Heuss stets der Politikwissenschaftler, ein Mann von anerkannter Rechtschaffenheit und unabhängigem Urteilsvermögen, der sich den Winden modischer Doktrinen widersetzte. Seine Rolle im Parlamentarischen Rat bestand darin, daß er seine Kollegen sowohl davor warnte, in das Grundgesetz Bestimmungen aufzunehmen, die einer zukünftigen Wiedervereinigung Deutschlands im Wege stehen mochten – ihre Arbeit müsse zwangsläufig provisorischen Charakter haben – wie auch davor, allzu furchtsam zu sein in der Delegierung von Macht, um nicht von vorneherein ein wirksames Regieren unmöglich zu machen. In seiner ersten Rede im Parlamentarischen Rat ermahnte er seine Kollegen, sich durch die Erinnerung an den Machtmißbrauch der Nazis nicht dazu verleiten zu lassen, die neue Regierung der Autorität zu berauben. Ihr Bestreben, mit der Vergangenheit zu brechen, dürfe sie nicht daran hindern, ältere institutionelle Formen zu übernehmen, die sich als nützlich erwiesen hätten. Die Weimarer Republik habe nicht wegen ihrer Verfassung versagt, sondern weil sie gegründet worden sei in einer Atmosphäre, die vergiftet war durch die Dolchstoßlegende, durch Vorstellungen von einer Wiederherstellung der Monarchie und durch politische Romantik. Da diese Kräfte jetzt zerstört seien, brauche man nicht unnötigerweise auf einer Originalität zu bestehen, die sich selbst lähme.

In diesem Geist trat Heuss erfolgreich der Ansicht entgegen, die in dem sogenannten Herrenchiemseer Entwurf vertreten worden war, daß nämlich eine Verfassung davon ausgehen müsse, daß die neue westdeutsche Republik ein *Bund deutscher Länder* sein solle, und er argumentierte, daß ein so locker strukturiertes Gebilde, wie es dieser Begriff ausdrücke, der jüngeren Generation nicht als neuer politischer Anfang erscheinen würde, sondern eher als ein Ausweichen vor politischer Verantwortung. In ähnlicher Weise warnte er vor der ebenfalls in dem Herrenchiemseer Entwurf enthaltenen Vorstellung, den Rechten des Individuums müsse vor denen der Zentralregierung der Vorrang gegeben werden. Als Repräsentant jener Tradition des südwestdeutschen Liberalismus, der in der Geschichte stets den Ansprüchen des absoluten Staates Widerstand geleistet hatte, betonte Heuss dennoch, daß man den Anti-Hegelianismus nicht zu weit treiben dürfe: der Staat müsse als Symbol der nationalen Würde und des Gemeinsamkeitsgefühls anerkannt und dürfe nicht ohne Macht gelassen werden. „Jeder Staat, auch der demokratische Staat, ruht auf Befehlsgewalt und Gehorsamsanspruch, und der demokratische Staat hat darin sein Wesenhaftes, daß er einen Herrschaftsauftrag auf Frist, also auch kündbar, enthält."

Heuss war keineswegs die dominierende Gestalt bei den Sitzungen des Parlamentarischen Rats, und im entscheidenden Augenblick, im März 1949, als die Besatzungsmächte befürchteten, der Bundesregierung könne auf Kosten der Länder zuviel Macht gegeben werden, war es die entschlossene Haltung Kurt Schumachers, die eine Kapitulation vor ihrem Standpunkt verhinderte. Man kann aber sagen, daß Heuss während der Verfassungsberatungen immer eine Stimme der Vernunft und des gesunden Menschenverstands war, und sein Einfluß war im Endergebnis zu spüren: der Errichtung eines Bundesstaats, der gewisse Merkmale der Weimarer Republik beibehielt, wie die auf der Volkssouveränität basierende parlamentarische Regierung, das Mehrparteiensystem, die Zwei-Kammer-Legislatur mit einem Bundestag, der den Volkswillen repräsentierte, und einem Bundesrat als Vertretung der Länder, dem Verfassungsgericht, das über die Rechte der einzelnen Bürger wachte, und dem Amt des Präsidenten. Die wesentlichen Unterschiede zur Weimarer Verfassung bestanden in der Einschränkung des Verhältniswahlrechts, das zur Bildung einer Vielzahl von Splittergruppen geführt und die Bildung von parlamentarischen Mehrheiten erschwert hatte, durch die Einführung einer Fünf-Prozent-Klausel und durch das gewählte Mischwahlrecht (Verhältnis von Direkt- zu Listenmandaten zunächst 60:40, später dann 50:50), im Fortfall der Möglichkeit von Volksentscheiden, die in den 20er Jahren zu Unruhen geführt hatten, und in der Beschneidung der Befugnisse des Bundespräsidenten, insbesondere im Wegfall seines Rechts zur Außerkraftsetzung der Verfassung in Notzeiten.

Das Grundgesetz wurde Anfang Mai 1949 fertiggestellt und nach seiner Ratifizierung durch die Länderregierungen (nur Bayern stimmte nicht zu) am 23. Mai verkündet, mit einer Präambel, die erklärte, sein Zweck sei es, „dem staatlichen Leben für eine Übergangszeit eine neue Ordnung zu geben" (d. h. bis eine Verfassung für ganz Deutschland möglich wurde), durch die Schaffung eines „demokratischen und sozialen Bundesstaats" (wie es in Art. 20 des GG hieß). Es muß vermerkt werden, daß das Gesetz nicht dem Volk zur Billigung vorgelegt wurde; die fortdauernde Unsicherheit der Zeiten ließ dies nicht ratsam erscheinen. Lewis J. Edinger, der beste Kenner der Politik der westdeutschen Republik, schrieb, die Schöpfer des Grundgesetzes seien bei der von ihnen aufgerichteten Regierungsstruktur (und der bewußten Beschneidung der Rolle der direkten Demokratie) allgemein davon ausgegangen, daß eine „starke Staatsführung für das reibungslose Funktionieren des neuen System sorgen und politische Orientierungen liefern müsse, die dem Regime bei der Masse der Bevölkerung Legitimität verleihen würde."

Die neue Republik hatte in dieser Hinsicht Glück, nicht zuletzt dank Heuss' Bemühungen. Als erster Präsident der Bundesrepublik, ein Amt, das er zehn Jahre innehatte, war er, über den politischen Auseinandersetzungen der Parteien und den Problemen des Tages stehend, eine repräsentative Gestalt. Aber wie er bei seinem Amtsantritt sagte, hatte er nicht die Absicht, Neutralität so auszulegen, als hätte er keine eigene Meinung. Er nutzte die symbolischen und integrativen Befugnisse des Präsidentenamts aufs beste, aber er gebrauchte sie auch, wie Karl Dietrich Bracher schrieb, um das zu tun, was Walter Bagehot einmal als die hauptsächliche Funktion des konstitutionellen Monarchen in Großbritannien bezeichnete: „zu ermutigen, zu warnen", sich den umfassenderen Fragen des menschlichen Lebens zuzuwenden und auf seine freimütige schwäbische Art seine Landsleute an ihre Tugenden und ihre Schwächen zu erinnern. Er kannte die Schwächen wohl, und in seinen Reden klingen immer wieder leise Warnungen an – wie etwa: „Der Sinn für Selbstironie ist in diesem Volke zu schwach entwickelt" oder: „Die Deutschen tun sehr schwer daran, nüchtern zu bleiben, nachdem sie sich wieder den Süßigkeiten der Hybris genähert haben" und ähnliche Ermahnungen –, aber er war auch zuversichtlich, daß sie dazu inspiriert werden konnten, sich den Herausforderungen der neuen Zeit gewachsen zu zeigen. „Die äußere Macht ist verspielt, die moralische muß gewonnen werden", sagte er, als er Präsident wurde. Durch sein persönliches Beispiel und durch die Reden, die er im In- und Ausland hielt, auf seiner Reise nach England zum Beispiel, suchte er den Eindruck eines Deutschland zu vermitteln, dem es ernst war mit der Veränderung seines Erscheinungsbildes in der Welt, und sein nicht unbeträchtlicher Erfolg bei diesem Bemühen half den Deutschen bei der Wiedergewinnung ihrer Selbstachtung und ihres Selbstvertrauens und trug dadurch zur Stärkung der Grundlagen der neuen Republik bei.

Dies waren unbestreitbar bedeutende Leistungen, selbst wenn sie von denen seiner Kollegen Erhard und Adenauer in den Schatten gestellt wurden.

II

Die ersten Wahlen nach Annahme des Grundgesetzes fanden im August 1949 statt, und man hatte allgemein erwartet, die Sozialdemokratische Partei unter der energischen Führung Kurt Schumachers werde die relative Mehrheit erringen. Doch als die Stimmen ausgezählt waren, lag die CDU/CSU Konrad Adenauers mit 31% an der Spitze, gefolgt von der SPD mit 29,2% und der FDP mit 11,9%.

Es besteht kaum ein Zweifel, daß materialistische Überlegungen dieses überraschende Ergebnis zustande brachten. Die Heftigkeit, mit der Schumacher den Marshall-Plan als nur dünn verschleierten amerikanischen Imperialismus angriff, seine Forderung nach Verstaatlichung der Schwerindustrie und sein Beharren darauf, daß Westdeutschland sich für die Planwirtschaft entscheiden müsse, scheinen eine große Zahl von Wählern beunruhigt zu haben, und die CDU nützte dieses Gefühl aus. Konrad Adenauer, der Parteivorsitzende, stellte seinen Wahlkampf klugerweise mehr auf greifbare Ziele als auf abstrakte Prinzipien ab, lenkte die Aufmerksamkeit auf Probleme, die die meisten Deutschen im Jahre 1949 bewegten – Ernährung, Wohnraumbeschaffung, Beschäftigung – und konnte darauf verweisen, daß auf diesen Gebieten etwas getan wurde. Seine beste Waffe im Kampf um die Wählerstimmen war der Mann, der während der nächsten vierzehn Jahre sein wertvollster Mitarbeiter sein sollte, Ludwig Erhard.

Als Wirtschaftswissenschaftler von gutem Ruf, den die Weigerung, der NSDAP beizutreten, am beruflichen Aufstieg gehindert hatte, war Erhard von den US-Militärbehörden entdeckt und zum bayerischen Wirtschaftsminister ernannt worden. Als die westlichen Besatzungsbehörden 1948 erkannten, daß der galoppierenden Inflation in ihren Zonen mit einer Währungsreform Einhalt geboten werden mußte, hatte er bei der Vorbereitung dieser schwierigen Operation geholfen, gleichzeitig aber betont, daß sie allein nicht genüge, um die Wirtschaft wieder auf eine feste Grundlage zu stellen. Man müsse außerdem, so sagte er, die Rationierung und das gesamte System von Preis- und Lohnkontrollen abschaffen, das die Besatzungsmächte von den Nazis geerbt und in Kraft gelassen hatten, wahrscheinlich weil sie sich vor den Folgen einer Aufhebung fürchteten. Er war auch nicht gewillt, ein Nein als Antwort hinzunehmen. Und er ließ sich auch durch ernste Zweifel der vorgesetzten Stellen nicht von seinem Plan abbringen, sondern nutzte seine Autorität als Direktor der Verwaltung für Wirtschaft der vereinigten britischen und amerikanischen Zonen, um ein Notstandsgesetz zu verkünden, das am 7. Juli 1948 in Kraft trat und einige der bestehenden Kontrollen aufhob (Preisbindungen blieben im Wohnungsbereich, auf dem Kapitalmarkt und bei den Preisen der Grundstoffindustrien sowie der Grundnahrungsmittel bestehen). Für seinen Urheber hatte dieser Schritt sowohl politi-

sche wie ökonomische Bedeutung. Als er das Gesetz über den Rundfunk
verkündete, betonte er, nur dann, wenn jeder Deutsche seinen Arbeitsplatz
frei wählen könne und die Freiheit habe, zu entscheiden, welche Güter er
kaufen wolle, nur dann könne die Bevölkerung eine aktive Rolle im politischen Leben ihres Landes übernehmen. Nur wenn sich die Deutschen selbst
von der gewohnten ökonomischen Abhängigkeit vom Staat befreiten, würden sie die Freiheit erlangen, politische Verantwortung auszuüben.

Die meisten Deutschen fanden dies keineswegs überzeugend, denn die
erste Folge der Lockerung der Kontrollen war ein Ansteigen der Preise für
Lebensmittel und andere Verbrauchsgüter, andererseits stieg mit der Währungsreform auch die Zahl der Arbeitslosen. Trotz starken Gegendrucks
ging Erhard in der eingeschlagenen Richtung noch einen Schritt weiter.
Abermals die Besatzungsmächte herausfordernd, senkte er die Importzölle,
um die Inflation zu bremsen und die deutschen Hersteller zu mehr Wettbewerb zu zwingen. Gleichzeitig organisierte er ein Schnellprogramm, um
billige Kleidung für eine Übergangsperiode zu beschaffen. Schon im Sommer 1949 gab es Anzeichen dafür, daß es mit der Wirtschaft aufwärts ging,
denn die Währungsreform hatte innerhalb von zwölf Monaten zu einer
Verdoppelung des Bruttosozialprodukts geführt. Dies trug zum Sieg der
CDU/CSU bei den Wahlen im August bei. Um die Weihnachtszeit sagte
Erhard zuversichtlich einen Rückgang der Preise bis zum nächsten Frühjahr
voraus, und es erwies sich, daß dies keine Großsprecherei gewesen war.

Mitte 1950 hatte das , was Erhard ,,Soziale Marktwirtschaft'' nannte, tatsächlich die Testperiode überstanden. Solide Erfolge begannen sich
abzuzeichnen, und die Wirtschaft erfuhr einen weiteren Aufschwung, als der
Ausbruch des Koreakriegs im Juni zu einer Flut von Bestellungen von Maschinen, Werkzeugen und Ausrüstungen der Schwerindustrie führte, die
Westdeutschland – mit der größten Zahl billiger ausgebildeter Arbeitskräfte
in Europa – zu liefern bereit war. So begann das ,,Wirtschaftswunder''. Im
Verlauf der nächsten sieben Jahre ging es in allen Wirtschaftszweigen aufwärts: das Volkseinkommen wuchs um 112%. Löhne und Gehälter stiegen
nach Steuerabzug um 119%. Die Preise wurden im Gleichgewicht gehalten
durch ein Einkommensteuersystem, das zwar schwer auf allen Gesellschaftsschichten lastete, andererseits jedoch durch die allen Bürgern zur Verfügung
stehenden steuerlichen Anreize zu einer Steigerung der Produktionskapazi-
täten des Landes beitrug. Die soziale Marktwirtschaft brachte den Deutschen Wohlstand und Vollbeschäftigung und daneben ein breites soziales
Sicherheitsprogramm, das Krankenversicherung, Arbeitslosenunterstützung
und Altersrenten einschloß, allerdings erst 1957 mit der Rentenreform einen
entscheidenden Schritt weiterkam. (Zunächst hatte man an die teilweise von
den Nazis zerschlagenen Organisationen und Instrumente der Weimarer
Zeit angeknüpft und weitgehend improvisiert.) Darüber hinaus wurde das
Prinzip verkündet, daß Arbeitgeber- und Arbeitnehmerschaft sich nicht als

Gegner betrachten, sondern als Sozialpartner zusammenarbeiten sollten, eine Idee, der einige Substanz verliehen wurde durch die Einführung des
Mitbestimmungsrechtes in der Leitung und Unternehmenspolitik der Koh-
le- und Stahlindustrie sowie der umfangreichen eisenerzeugenden Industrie.
Erhards Wirtschaftspolitik, die Westdeutschland zur drittgrößten Wirt-
schaftsmacht der Welt aufsteigen ließ, befreite die Bundesrepublik während
ihrer Gründungsjahre von jenen finanziellen und sozialen Problemen, die
zum Scheitern ihrer Vorgängerin beigetragen hatten. Das war ein großer, für
sich allein aber noch nicht entscheidender Vorteil. Ob die Bundesrepublik
überleben würde, war weniger eine ökonomische als eine psychologische
Frage. Die traumatischen Erfahrungen der Hitlerjahre und der Schock der
militärischen Niederlage samt ihren Nachwirkungen hatten das Vertrauen
der Deutschen in alle Formen politischer Organisation und Aktivität zutiefst
erschüttert, ihnen jedoch gleichzeitig ein latentes Verlangen nach einer festen
Führung eingegeben. Diese orientierungslose Stimmungslage bedeutete eine
potentielle Gefahr für die Stärkung einer demokratischen Regierung, und es
war vielleicht Konrad Adenauers größtes Verdienst, daß er durch die bloße
Kraft seiner Persönlichkeit in der Lage war, sie zu neutralisieren und umzuwandeln. Er vermochte als erster deutscher Staatsmann das bei seinen
Landsleuten im Unterbewußten schlummernde Gefühl zu überwinden, man
könne führende Personen nur ernst nehmen, wenn sie Uniform trügen. Sein
politischer Stil, unerschütterlich, nüchtern, patriarchalisch, überzeugte sie
davon, daß die Autorität, nach der sie sich sehnten, in einer demokratischen
Regierung unter seiner Führung gefunden werden konnte, und sie haben in
diesem Vertrauen bis zu seinem Rücktritt nie ernsthaft geschwankt.

Doch Adenauer war keine bloße Vaterfigur, die einem erschütterten Volk
neues Selbstvertrauen einflößte auf Grund des Anscheins von Weisheit, die
bisweilen mit dem Alter einhergeht. Alt war er gewiß – seine politische Laufbahn hatte 1906 begonnen, er war von 1917 bis 1933 Oberbürgermeister von
Köln gewesen, und er war 73 Jahre alt, als er 1949 Bundeskanzler wurde –,
aber seine Tatkraft war in keiner Weise beeinträchtigt. Als er 1917 Oberbürgermeister von Köln wurde, hatte er einen Satz ausgesprochen, der auch die
geistige Verfassung beschreiben könnte, mit der er die viel schwierigere Aufgabe in Angriff nahm, die sich ihm zweiunddreißig Jahre später stellte. ,,Sich
ganz auszuwirken, mit den Kräften des Verstandes und der Seele, mit seiner
ganzen Persönlichkeit schöpferisch tätig sein zu können, ist der schönste
Inhalt menschlichen Lebens." Seine ganze lange Laufbahn hindurch wurde
dieser schöpferische Drang gelenkt und ausgeglichen durch den juristischen
Rationalismus, in dem er als junger Mensch ausgebildet worden war, und
durch seine religiöse Überzeugung. Beide zusammen verstärkten sein
Pflichtgefühl und verliehen ihm eine Selbstsicherheit, wie sie kein deutscher
Staatsmann seit Bismarck mehr in solchem Maße besessen hatte. Es dürfte
schwerfallen, die moralische Komponente von Adenauers Staatskunst zu

definieren, aber sie hat bei ihm zweifellos eine größere Rolle gespielt als persönliches Macht- oder Prestigedenken.

Golo Mann hat Adenauer einmal mit den Worten Platos als einen ,,schlauen" Idealisten beschrieben, und dies trifft zu. Denn obwohl ihn sein langes Politikerleben ein Bewußtsein der menschlichen Schwächen gelehrt hatte, das an Zynismus grenzte (er sagte einmal, es sei ein Jammer, daß Gott zwar dem Erkenntnisvermögen des Menschen, nicht aber seiner Dummheit Schranken gesetzt habe), und ihn mit allen Tricks der Überzeugungskraft, Verschleierung und Hartnäckigkeit ausgestattet hatte, die bei der Ausbeutung und Manipulierung der Menschen nützlich sind, gebrauchte er diese Gaben für Zwecke, die weder selbstsüchtig noch im engeren Sinne nationalistisch waren. Als er Kanzler wurde, überließ er die ökonomischen und inneren Probleme zum größten Teil der Verantwortung Erhards und seiner anderen Minister, um sich in erster Linie damit zu befassen, das Selbstgefühl seiner Landsleute wiederherzustellen, indem er ihre volle Souveränität zurückerlangte und ihr Streben gleichzeitig auf Ziele lenkte, die erhabener waren als die, durch die sie sie verspielt hatten. Eine Rückkehr zu nationaler Hybris wünschte er genausowenig wie Theodor Heuss. ,,Ein Sturz in den Abgrund, wie er uns Deutschen widerfuhr", sagte er einmal, ,,zwingt zu der Einsicht, daß mit dem Gewesenen gebrochen werden muß. Mit verlorenen Illusionen können wir kein fruchtbares Leben führen." Die Tage des Großdeutschen Reiches waren vorüber. Deutschlands Zukunft lag in der Zusammenarbeit mit anderen Demokratien in einer integrierten westeuropäischen Union.

Wenn dies Idealismus war, so fehlte ihm doch nicht eine starke realistische Komponente. Adenauer war sich bewußt, daß eine deutlich westlich orientierte Politik ihn dem Vorwurf aussetzen würde, er gefährde die Möglichkeit einer Wiedervereinigung und opfere die 17 Millionen Deutschen, die in der sowjetisch besetzten Zone lebten. Zweifellos stand seine Außenpolitik damals und später unter dem Einfluß seines starken Antikommunismus, aber er war ohnehin der Ansicht, daß zum einen die Sowjets in der Frage der Wiedervereinigung keine Bereitschaft zu Zugeständnissen zeigen würden und zum anderen, daß das Aufwerfen dieses Problems in der durch die gerade beendete Blockade Berlins geschaffenen Atmosphäre die Westmächte verärgern mußte, so daß sie weniger geneigt wären, die Kontrollen zu lokkern, die sie noch immer über die Deutschen ausübten.

Eine besonders schwere Belastung war die Politik der Demontage, die die Wiederankurbelung der deutschen Industrieproduktion zu behindern drohte. Nach langen Konferenzen, bei denen sich die Besatzungsmächte zum ersten Mal des Verhandlungsgeschicks des deutschen Bundeskanzlers bewußt wurden (der französische Hochkommissar sagte einmal seufzend nach einer Sitzung: ,,Es ist ein sehr schwieriges Geschäft, den Deutschen Geschenke machen zu wollen"), erreichte Adenauer im November 1949 auf dem Petersberg bei Bonn ein Abkommen, das die Beendigung der Demontage in wichtigen Sektoren der Wirtschaft vorsah. Als Gegenleistung forderte man den deutschen Beitritt zum Ruhrstatut, das von den Besatzungsmächten, die zu diesem Zweck eine internationale Behörde eingesetzt hatten, im Dezember 1948 verkündet worden war. Dies war ein Zugeständnis, das Adenauer nicht als drückend betrachtete, verglichen mit den wirtschaftlichen Vorteilen, die sich aus der Beendigung der Demontage ergaben, und außerdem erblickte er, wie er in einer Rede in Bern einige Monate später sagte, im Ruhrstatut „ein(en) vielversprechenden Anfang für die europäische Zusammenarbeit". Damit sollte er recht behalten, denn das Statut wurde 1952 ersetzt durch die Gemeinschaft für Kohle und Stahl, der wiederum solche übernationalen Institutionen wie Euratom, der Gemeinsame Markt und die kurzlebige Europäische Verteidigungsgemeinschaft folgten.

Angesichts des zerstörerischen Nationalismus, der in der Vergangenheit das deutsche Denken beeinträchtigt hatte, war Adenauers Hingabe an die Idee Europas beeindruckend und sogar verblüffend. Jedenfalls gab es in der Literatur der deutschen Staatskunst nichts, was sich mit den Hoffnungen vergleichen ließ, die er mit der Kohle- und Stahlgemeinschaft, der „Montanunion", verknüpfte. „Ich war überzeugt", schrieb er, „daß die Montanunion in ihren Auswirkungen nicht nur die wirtschaftlichen Verhältnisse unseres Kontinents, sondern das ganze Denken und das politische Empfinden des europäischen Menschen verändern würde. Ich war überzeugt, daß sie die Europäer aus der Enge ihres nationalstaatlichen Lebens hinausführen würde in die Weite des europäischen Raumes, die dem Leben des einzelnen einen größeren und einen reicheren Sinn geben würde. Die Jugend aller europäischen Völker sehnte sich danach, in anderen Ländern Erfahrungen zu sammeln, zu lernen und zu wirken ... Aus Menschen, deren Gefühle noch zu diesem Zeitpunkt wesentlich durch Mißtrauen, Konkurrenzsucht und Ressentiments bestimmt waren, würden Nachbarn und Freunde werden."

In den Jahren von 1949 bis 1954 schilderte Adenauer den Deutschen die Vision einer neuen europäischen Ordnung, die gegründet sein würde auf die Doppelsäulen Montanunion und Europäische Verteidigungsgemeinschaft und aufrechterhalten werden würde vom guten Willen der gewöhnlichen Bürger in allen Ländern. Daß diese Vision die Phantasie der Deutschen anregte, zeigte sich in dem überwältigenden Sieg des Kanzlers bei den Wahlen von 1953, und es ist kaum daran zu zweifeln, daß seine Einstellung zu dieser Idee dazu beigetragen hat, die Westmächte von seiner Zuverlässigkeit zu überzeugen, und somit die Erlangung der vollen Souveränität beschleunigte. Freilich hatten seine privaten Zusicherungen (privat, weil er es nicht für ratsam hielt, sie dem Bundestag mitzuteilen), daß die Bundesrepublik einer internationalen Streitmacht ein Armeekontingent zur Verfügung stellen würde, ihr Denken in dieser Beziehung beeinflußt, denn der Ausbruch des Koreakriegs im Juni 1950 hatte sie zu einer Änderung ihrer Ansicht hinsichtlich der Vorteile der Entmilitarisierung Deutschlands veranlaßt. Als die Europäische Verteidigungsgemeinschaft, die einer westdeutschen Streitmacht strenge Beschränkungen auferlegt und sie jeder Kommandobefugnis oberhalb der Divisionsebene beraubt haben würde, schließlich im August 1954 an den Riffs des französischen Parlaments zerschellte, zögerten die Briten und Amerikaner daher nicht, die Franzosen zur Ordnung zu rufen und sie dazu zu bringen, dem Beitritt der Bundesrepublik zur NATO mit einer bewaffneten Streitmacht von 500000 Offizieren und Mannschaften zuzustimmen.

Adenauer beschrieb den Monat des Scheiterns der EVG „als diesen entsetzlichen Monat", und in einem Gespräch, das ein Reporter belauschte, beklagte er, daß die Franzosen Deutschland eine nationale Armee aufgezwungen hätten und fügte hinzu: „Wenn ich einmal nicht mehr da bin, weiß ich nicht, was aus Deutschland werden soll, wenn es uns nicht doch noch gelingen sollte, Europa rechtzeitig zu schaffen." Die Ereignisse hatten ihn tatsächlich in Schwierigkeiten gebracht. Führte die neue Entwicklung auch schneller zur vollen nationalen Unabhängigkeit, als er erwartet hatte, so enttäuschte sie doch diejenigen, die an die Europaidee geglaubt hatten, empörte die Antimilitaristen und lieferte jenen Munition, die schon immer behauptet hatten, seine pro-westliche Politik werde eine Wiedervereinigung in unendliche Ferne rücken. Diese letztere Gruppe von Kritikern meldete sich am deutlichsten zu Wort in der Bundestagsdebatte über die Ratifizierung des Beitrittsvertrags zur NATO; und stellte Adenauer auch seine große parlamentarische Taktik unter Beweis, indem er die Mehrzahl der Abgeordneten und die öffentliche Meinung auf seine Seite brachte, so war er doch unbesonnen, wenn er immer wieder behauptete, eine Politik der Stärke, beruhend auf deutscher Wiederbewaffnung und Anschluß an die westliche Allianz, werde die sowjetische Regierung früher oder später zwingen, die Wiedervereinigung zu erlauben.

Das Beste, was man zu diesem Argument sagen kann, ist, daß die Briten und vor allem die Amerikaner noch inbrünstiger daran glaubten als der Bundeskanzler. Aber auf der Genfer Gipfelkonferenz von 1955 zeigten die Russen nicht das geringste Interesse an der deutschen Frage, und als Adenauer im September des gleichen Jahres nach Moskau reiste in der Hoffnung, sie zu einer Meinungsänderung zu bewegen, hatte er keinen Erfolg. Herbert Blankenhorn, ein enger Mitarbeiter des Kanzlers, vermerkte in seinem Tagebuch: „In unserem Hauptanliegen, der Wiedervereinigung unseres Landes, haben wir keine Fortschritte erzielt. Von freien Wahlen war keine Rede. Wir hatten den Eindruck, daß sich der sowjetische Standpunkt beträchtlich verhärtet hat und daß die Russen – sicher auf sehr lange Zeit – die Ostzone nicht aus ihrem Machtbereich entlassen werden." Das Verhalten der sowjetischen Verhandlungspartner, vor allem Chruschtschows, war nicht immer höflich, und um die Zusicherung zu erhalten, daß 10000 noch immer in Rußland festgehaltene Kriegsgefangene entlassen werden würden, mußte Adenauer der diplomatischen Anerkennung der Sowjetunion durch die Bundesrepublik zustimmen – das heißt, der Herstellung diplomatischer Beziehungen zwischen den beiden Ländern –, ein Zugeständnis, das die Westmächte beunruhigen mußte und als erster Schritt zu einer Anerkennung der Deutschen Demokratischen Republik interpretiert werden konnte. Diese Reise war ein schlechtes Omen für die nächste Phase der Außenpolitik des Kanzlers. Was von der Politik der Stärke übrig war, löste sich während der Suez- und Ungarnkrise von 1956 auf; in der darauf folgenden Periode lebte Adenauer wegen der Wirkung von Chruschtschows Berlin-Ultimatum immer wieder in der Furcht vor einem Abkommen zwischen den Supermächten auf Kosten Bonns; und nach dem Bau der Berliner Mauer im August 1961 schien die Hoffnung auf eine deutsche Wiedervereinigung in unendlich weite Fernen gerückt. Und diesen Enttäuschungen standen keine Fortschritte im Westen gegenüber. Adenauer war in seinem Glauben an ein vereinigtes Westeuropa nicht schwankend geworden, und er hatte zu keinem Zeitpunkt aufgehört, auf das hinzuwirken, was er als den Schlüssel zu einer solchen Vereinigung betrachtete, nämlich eine echte Annäherung zwischen Westdeutschland und Frankreich. Als er 1949 Kanzler wurde, hatte er erklärt: ,,Der deutsch-französische Gegensatz, der Hunderte von Jahren die europäische Politik beherrscht und zu so manchen Kriegen, zu Zerstörungen und Blutvergießen Anlaß gegeben hat, muß endgültig aus der Welt geschafft werden." Als am 22. 1. 1963 der deutsch-französische Freundschaftsvertrag unterzeichnet wurde, muß ihm dies wie die Krönung des großen Werkes vorgekommen sein. Doch nur wenige Tage später (am 28./ 29. 1. 1963) legte Charles de Gaulle gegen den Beitritt Großbritanniens zur Europäischen Wirtschaftsgemeinschaft sein Veto ein, und Kritiker der Politik Adenauers konnten jetzt sagen, nachdem er die westliche Gemeinschaft über die Wiedervereinigung gestellt habe, bringe er nun diese Gemeinschaft seiner Freundschaft mit Frankreich zum Opfer.

Das war übertrieben, und de Gaulles Obstruktionspolitik wurde ohnehin schließlich überwunden. Wenn man sich den Zustand Deutschlands im Jahre 1949 vor Augen hielt, als Adenauer sein Amt übernahm, wog das, was er vollbracht hatte, schwerer als das, was ihm mißlungen war. Durch seine Diplomatie und sein Eintreten für eine internationale Zusammenarbeit hatte er eine orientierungslose und allgemein verabscheute Nation als gleichberechtigten Partner in die internationale Gemeinschaft zurückgeführt. Nach den Worten des früheren US-Hochkommissars John J. McCloy hatte er den großen Imperativ seines Augenblicks in der deutschen Geschichte erfaßt – die Wiederherstellung der nationalen Selbstachtung ohne das Wiederaufleben der Unversöhnlichkeit.

Gleichzeitig hatte seine lange Amtsperiode den Westdeutschen ein Gefühl für Kontinuität und Stabilität verliehen und ihnen die Zeit verschafft, die sie brauchten, um sich an demokratische Einrichtungen zu gewöhnen und zu lernen, sie zu gebrauchen. Paradoxerweise manifestierte sich dies in Adenauers letzten Jahren in einer wachsenden Opposition gegen seinen politischen Stil, gegen seine unbegründeten Angriffe auf politische Gegner, seinen Widerstand gegen verfassungsmäßige Formen der Konsultation und sein mangelndes Gespür für die zweifelhafte Vergangenheit einiger seiner engsten Mitarbeiter; und die massive Kritik an seinen willkürlichen Methoden in der sogenannten Spiegel-Affäre von 1962, als er ein offenkundig verfassungswidriges Vorgehen auslöste in dem Bemühen, den Vorwurf des Verrats von Staatsgeheimnissen zu erhärten, den eine Zeitschrift begangen haben sollte, die ihn kritisiert hatte, schien darauf hinzudeuten, daß die Deutschen gegenüber Eingriffen in die Grundfreiheiten seitens der Regierung nicht mehr so tolerant waren wie früher.

Es war beruhigend, daß sich während der Ära Adenauer keine jener Schwächen zeigte, die die Weimarer Republik in den Tod getrieben hatten. Dank des anhaltenden Wohlstands und der erfolgreichen Eingliederung der Flüchtlinge und Vertriebenen aus dem Osten (ein Vorgang, den das Lastenausgleichsgesetz erleichterte, das mittels einer Abgabe für Besitztümer, die den Krieg überdauert hatten, den Heimatlosen die Möglichkeit zu einem neuen Anfang gab) hatten extremistische Parteien nur wenig Chancen. Die neonazistische Sozialistische Reichspartei und die Kommunistische Partei wurden 1952 bzw. 1956 für verfassungswidrig erklärt, und andere Protestparteien, die sich im Rahmen der Verfassung bewegten, gingen aus Mangel an Gefolgschaft bald ein. Bereits seit 1957 hatten nur noch drei Parteien die für eine Vertretung im Bundestag notwendigen 5% der Wählerstimmen – die CDU/CSU, die SPD und die FDP (allerdings gelangte die Deutsche Partei, die 1953 wie auch 1957 unter 5% geblieben war, in beiden Jahren durch Wahlabsprachen ins Parlament). Wenn sie sich auch in Einzelfragen unterschieden, so traten sie doch in ähnlicher Weise für die Erhaltung des bestehenden politischen Systems ein. Diese Ähnlichkeit wurde unterstrichen, als die SPD, der ständigen Niederlagen bei Bundestagswahlen müde, auf ihrem Parteitag 1959 in Godesberg beschloß, ihre Wählerbasis zu verbreitern, indem sie die marxistischen Dogmen, den doktrinären Antimilitarismus und die Forderung nach Verstaatlichungen in der Industrie über Bord warf, die bis dahin zu ihrem Programm gehört hatten. Sie arbeitete Richtlinien aus, in denen es hieß, die freie Auswahl des Verbrauchers und die Freiheit des Arbeiters, seinen Beruf auszusuchen, seien die Basis einer sozialistischen Wirtschaftspolitik und das freie Unternehmertum und freier Wettbewerb wichtige Bestandteile dieser Politik.

Gleichzeitig versicherte sie potentiellen Wählern, daß der christliche Glaube mit sozialdemokratischen Prinzipien nicht unvereinbar sei. Zum Mißvergnügen ihres linken Flügels, das sich später oft in lautem Widerspruch äußerte, war die SPD in der Tat eine Volkspartei geworden, eine das System stützende Partei wie die anderen, und gleich ihnen wandte sie sich jetzt an alle Kreise der Bevölkerung und betrachtete sich nicht mehr als Vertreterin lediglich der Arbeiterklasse. Nach Godesberg war die Möglichkeit einer Zusammenarbeit der Parteien untereinander sehr viel eher gegeben, und selbst nachdem mit der Bundestagswahl 1969 für die SPD in ihrer Rolle als führende Regierungspartei die lange sozialdemokratische Vorherrschaft in der Bundesrepublik begann, konnten die Politikwissenschaftler wegen der CDU-Mehrheit im Bundesrat von einer ,,geheimen Koalition" sprechen, die die Stabilität des Landes aufrechterhielt.

Der Bundesrepublik kam das Nichtvorhandensein zweier weiterer antidemokratischer Kräfte zugute. Die Konservativen, Nationalisten und Junker, die während der letzten Jahre der Weimarer Republik eine so verhängnisvolle Rolle gespielt hatten, waren als Folge der Politik Hitlers und der Teilung des Landes verschwunden, und das Militär, obwohl es unter Adenauer wieder eingeführt wurde, hatte, wie wir noch sehen werden, jeden politischen Einfluß verloren. Wie Peter Katzenstein schrieb, verstärkte die Ausschaltung dieser Kräfte die politische Bedeutung einer zentralisierten Geschäftsführung und einer gleichermaßen zentralisierten Arbeitnehmerschaft, die jedoch in Zusammenarbeit mit und nicht in Opposition zu dem Parteiensystem operierten, das somit eine Arena nicht nur für demokratische Teilhaberschaft, sondern auch für ein Zusammenwirken der verschiedenen Eliten darstellte.

Was den Staat betraf, jenes geheimnisvolle Wesen, das traditionell dazu gedient hatte, Alleinanspruch nach innen und abenteuerliche Politik nach außen zu rechtfertigen, so war er entmythologisiert und entpersönlicht worden und wurde, wie Lewis Edinger feststellte, von den meisten Deutschen nicht so sehr als Ausdruck des Volkswillens betrachtet, sondern eher als eine ,,riesige unpersönliche Körperschaft mit ihren Managern (Regierung), Aufsichtsrat (Parlament) und Administrationsstab (Staatsdienst)." Die Verbindung zwischen dem Individuum und dieser Art von Staat war eher pragmatischer als romantischer Natur. In dem durch das Grundgesetz bestimmten Vertragsverhältnis wußte der einzelne Bürger inzwischen, daß er für die den Regierenden übertragene Macht greifbare Ergebnisse erwarten konnte.

Am Ende der Ära Adenauer schien die Republik deshalb auf festen Grundlagen zu stehen. Wenn es einen beunruhigenden Aspekt gab, so war es die wachsende Konformität im Innern und die starre und ziemlich festgefahrene Außenpolitik.

III

Die Ursprünge der Deutschen Demokratischen Republik gehen auf den April 1946 zurück, als in der sowjetischen Zone die Sozialistische Einheitspartei (SED) gebildet wurde, die sich die Herbeiführung einer ,,vereinigten, friedliebenden, antifaschistischen, demokratischen deutschen Republik" zum Ziel setzte. Ihren Erfolg in dieser Hinsicht verhinderte unter anderem auch Kurt Schumacher, der im Westen eine unabhängige Sozialdemokratische Partei gründete, und als Ende 1947 der kalte Krieg begann – mit der ideologischen Kriegserklärung der Kominformgründungskonferenz im September 1947 als Reaktion auf den Marshall-Plan – verwandelte sich die SED aus einer radikal-demokratischen Massenpartei in eine Kaderpartei stalinistischen Typs und wurde zur gestaltenden Kraft in der DDR, als diese im Oktober 1949 formell ins Leben trat. Unter ihrer Führung folgte man in der Wirtschaftspolitik auf allen Gebieten dem sowjetischen Beispiel, wie in dem Fünf-Jahres-Plan deutlich wurde, den der dritte Parteitag der SED 1950 bekanntgab. Gleichzeitig billigte die Partei eine Politik des „verstärkten inneren Klassenkampfs", und mit der rigorosen Vernichtung traditioneller Formen des Eigentums in Bankwesen, Industrie und Landwirtschaft – die sowjetischen Besatzungsbehörden hatten damit schon 1945/46 begonnen – sowie der Abschaffung des Berufsbeamtentums und der Gewerkschaften setzte die systematische Umwandlung des Landes in einen kommunistischen Einparteienstaat ein. Dieser Prozeß umfaßte auch den Einsatz ideologisch inspirierten Massenterrors gegen ganze soziale Gruppen und Religionsgemeinschaften.

Die Schlüsselfigur bei der Ausführung dieser Politik war Walter Ulbricht. Ein Mann, der weder über die Beredsamkeit Schumachers und Reuters noch über die Haltung und Intelligenz Konrad Adenauers verfügte, jedoch genau jenes Talent besaß, das die Umstände, unter denen er seinen Weg machte, erforderten. Charisma und Begabung zum Volkstribunen zählten nicht zu den Eigenschaften, die in einem von Stalins Rußland beherrschten Satellitenstaat Erfolg garantierten. Hier war ein Mann der Organisation gefragt, und Ulbricht war schon immer der Apparatschik par excellence gewesen.

Als Sohn eines Schneiders, der sein Leben lang SPD-Mitglied gewesen war, wuchs Ulbricht als Linkssozialist auf und bewahrte stets die altmodische Orthodoxie der Zeit vor dem ersten Weltkrieg, in der er groß geworden war. Weggenossen der frühen Zeit beschrieben ihn als einen zurückhaltenden, wenig einfallsreichen Menschen ohne besondere Talente und ohne Freunde; aber er war ein gläubiger Marxist und ein fleißiger Arbeiter, und als er 1919 Kommunist wurde, kamen ihm diese Eigenschaften zustatten. Er geriet nie in die Auseinandersetzungen hinein, die die Kommunistische Partei Deutschlands in den 20er Jahren erschütterten; sein Marxismus war zu simpel für doktrinäre Feinheiten, und er interessierte sich ohnehin mehr für konkrete Aufgaben als für die Theorie. Schon 1923 wurde er in die zentrale Parteiorganisation in Berlin berufen, und 1924 ging er nach Moskau und arbeitete vier Jahre lang in der Komintern; 1928 wurde er Mitglied der KPD-Fraktion im Reichstag, und von 1929 bis 1933 war er Leiter des KPD-Bezirks Berlin-Brandenburg.

Wie Carola Stern festgestellt hat, waren Adolf Hitler und Josef Stalin gemeinsam der Karriere Ulbrichts nach 1933 förderlich, denn die Konzentrationslager des einen und die Säuberungen des anderen räumten viele aus dem Weg, die seine Rivalen hätten werden können. Er überlebte nicht nur, sondern trug zur Verurteilung zahlreicher früherer Genossen als ,,Agenten des Faschismus" bei. Er machte geschickt alle Schwankungen der Moskauer Parteilinie mit (er war einer der eifrigsten Verfechter des deutsch-sowjetischen Nichtangriffspakts von 1939 gewesen und später einer derjenigen, die ihn durch äußerst geschickte Erklärungen beseitigten), und seine Flexibilität und Loyalität empfahlen ihn den sowjetischen Besatzungsbehörden nach 1945. Nominell waren Wilhelm Pieck und Otto Grotewohl ihm übergeordnet, aber er besaß die wirkliche Macht. Er war der Verbindungsmann zum sowjetischen Militärkommando; er war der Planer der Landwirtschaftsreform und der Überwacher des ersten Zwei-Jahres-Plans. Er trug zur Umwandlung der SED in eine bolschewistische Partei neuen Typs bei, wurde 1950 ihr erster Generalsekretär und 1953 ihr Erster Sekretär; und als Pieck 1960 starb, wurde er auch Vorsitzender des Staatsrats.

Ulbrichts lange Amtszeit – er beherrschte die Angelegenheiten seines Landes von 1948 bis 1971, länger als irgendein Staatsmann seit Bismarck – verschaffte der DDR jene politische Kontinuität, die Adenauer während seiner kürzeren Amtszeit der Bundesrepublik verliehen hatte, jedoch ohne den rasch wachsenden Wohlstand und die innere Stabilität, die im Westen zu verzeichnen waren. Die revolutionären Veränderungen in den Eigentumsverhältnissen – insbesondere die entschädigungslose Enteignung aller landwirtschaftlichen Betriebe über 100 Hektar Land und die Aufteilung dieser Güter, die früher den Großgrundbesitzern gehört hatten, auf Kleinbauern und Landarbeiter – verursachten eine Störung der normalen Produktion, die sich über Jahre hinzog und noch verschärft wurde durch den Dogmatismus von Parteibürokraten, die von den natürlichen Geboten des Säens und Erntens weder etwas verstanden, noch Zugeständnisse an sie machten. Im Gegensatz zu der Situation im Westen fehlten der Wirtschaft ökonomische Stimuli wie der Marshall-Plan, und sie war ferner belastet durch Reparationslieferungen, die die Sowjets ohne Rücksicht auf ihre Auswirkungen auf den Wiederaufbau verlangten, während die Verstaatlichung der Industrie so vollständig war, daß alle normalen Beweggründe zu Arbeitsfleiß und Produktionseifer erstickt wurden. Der Versuch der Regierung, dies durch eine Erhöhung der Produktionsnormen zu korrigieren, hatte nur zur Folge, daß eine Arbeiterklasse, die bereits über den Mangel an Verbrauchsgütern und die fortbestehende Rationierung von Grundnahrungsmitteln empört war, zur offenen Revolte angestachelt wurde. Am 17. Juni 1953 legten Bauarbeiter in Ost-Berlin ihr Arbeitsgerät hin und riefen einen Generalstreik aus, der rasch auf andere Industriezentren in Halle, Magdeburg und Leipzig übergriff. Als sich das, was als Protest gegen Arbeits- und Lebensbedingungen begonnen hatte, zu einem massiven Verlangen nach Wiedereinführung von unabhängigen Gewerkschaften und freien Wahlen auszuweiten drohte, wurde die Regierung unruhig und verlangte ein Eingreifen der Sowjets, und der Aufstand wurde unter beträchtlichem Blutvergießen niedergeschlagen und hatte für Hunderte von Beteiligten schwere Strafen zur Folge.

Während eines Zeitraums von zwölf Jahren nach Gründung der Deutschen Demokratischen Republik litt die Wirtschaft zusätzlich unter einem geistigen Substanzverlust, hervorgerufen durch den ständigen Abzug von Intellektuellen, Wissenschaftlern und Ärzten, Technikern und Ingenieuren, die in den Westen flüchteten. Die Gründe dafür lagen auf der Hand. Die unablässige Ketzerjagd und die hohen Strafen für angebliche Verbrechen gegen den Staat, besonders während der langen Amtszeit der ,,Roten Hilde" Benjamin als Justizminister, die ununterbrochene Meinungsüberwachung und das lästige Kläffen der Wachhunde der Partei machten lebendigen und begabten Menschen das Leben in der DDR unerträglich. Viele von denen, die der kommunistischen Sache ideologisch verpflichtet waren, wie Alfred Kantorowicz und Ernst Bloch, sahen sich zum Verlassen des Landes gezwungen durch Ulbrichts periodische Angriffe auf Leute, die er als gefährliche Widersacher betrachtete, wie etwa Wolfgang Harich, Professor für marxistische Philosophie, der zu zehn Jahren Zwangsarbeit verurteilt wurde, weil er intellektuelle Freiheit und eine flexiblere Form des Sozialismus gefordert hatte. Die Flucht war nicht schwer – man brauchte nur nach Berlin zu fahren, in die Westsektoren der Stadt zu gehen und um Hilfe beim Flug in den Westen zu bitten – und die Zahlen derer, die dies taten, nahmen bald peinliche und wirtschaftlich ruinöse Proportionen an. Zwischen 1949 und Anfang 1961 betrug der Exodus jährlich im Durchschnitt 230000 Menschen. 74% dieser Flüchtlinge waren jünger als 45 und 50% jünger als 25 Jahre. Unter ihnen waren viele Spezialisten, deren Fähigkeiten in der DDR dringend gebraucht wurden, und es gab manche, deren Verlust kaum verborgen bleiben konnte, wie in dem Fall, als innerhalb eines Jahres die gesamte juristische Fakultät der Universität Leipzig in den Westen überging. Im August 1961 belief sich die Flüchtlingszahl trotz erhöhter Wachsamkeit der Polizei auf 2000 am Tag.

Es sagt einiges über Ulbricht aus, daß er sich trotz all dieser Schwierigkeiten das Vertrauen der Sowjetunion bewahrte und daß es ihm sogar, wie Adenauer in ähnlicher Weise im Westen, gelang, die strenge Kontrolle der Besatzungsmacht über sein Land immer mehr zu lockern. Seine Entschlossenheit in der Behandlung des Aufstands vom 17. Juni und bei der Ausmerzung von Zweiflern und Dissidenten in den Monaten, die seiner Niederschlagung folgten, scheint die Sowjets davon überzeugt zu haben, daß ihr Satellitenstaat in guten Händen war. Im Jahre 1955 erkannte die Sowjetunion die volle Souveränität der DDR in allen Fragen der Innen- und Außenpolitik an, und von diesem Zeitpunkt an bis zu seinem Ausscheiden 1971 galt

Ulbricht bei Stalins Nachfolgern als der verläßlichste ihrer Bundesgenossen. Man hörte auf seinen Rat, wenn, wie 1968 in Polen und der Tschechoslowakei, bei einem der sowjetischen Partner im Warschauer Pakt eine Krise ausbrach.

Dies war jedoch nicht der Fall im Jahre 1961, als Ulbricht geglaubt zu haben scheint, das Problem der Republikflucht müsse durch eine neuerliche und endgültige Blockade Berlins gelöst werden, so daß, wie er in einem Presseinterview im Juni sagte, niemand ohne seine Erlaubnis auf dem Luftwege in die Stadt hinein und aus ihr heraus gelangen könnte. Dieses Rezept erschien den Sowjets offenbar zu drastisch, und auf einer Konferenz der Vertreter des Warschauer Pakts am 11. August wurde Ulbricht ermächtigt (der unbezähmbare Chruschtschow sagte später, er habe es ihm ,,befohlen''), nur den Verkehr zwischen dem Ostsektor und den Westsektoren der Stadt abzuschneiden. Als Folge davon begann am 13. August die ostdeutsche Polizei längs der Grenzen der acht Bezirke des sowjetischen Sektors Stacheldraht zu ziehen und Straßensperren zu errichten. In den Tagen darauf, als der Westen keine wirksame Gegenmaßnahme ergriff, wurde dieses vorübergehende Hindernis durch eine Betonmauer ersetzt, die die ganze Stadt in zwei Teile zerschnitt, und sie wurde von Beobachtungstürmen aus und von bewaffneten Patrouillen bewacht, die den Befehl hatten, auf jeden zu schießen, der sie zu übersteigen versuchte.

Der Bau der Mauer beendete den raschen Abfluß der Lebensenergien der DDR und brachte allmählich ein neues Maß an Stabilität und wirtschaftlichem Fortschritt. Dem Gefühl der Verzweiflung, das viele Menschen in den ersten Monaten nach Schließung des Berliner Schlupflochs erfaßt hatte, folgte mit der Zeit eine Stimmung der Anpassung und die Bereitschaft, aus den bestehenden Verhältnissen das Beste zu machen. Die Regierung trug dieser Tendenz mit dem auf dem Sechsten Parteitag im Januar 1963 verkündeten ,,Neuen ökonomischen System'' Rechnung, das gekennzeichnet war durch vernünftigere Produktionsziele, ein weniger heftiges Streben nach Rekorden, eine stärkere Betonung von Leistung und Managergeschick und die erklärte Bereitschaft, Betriebsleiter gegen übermäßige bürokratische Eingriffe zu schützen. In dem Wunsch, den Lebensstandard zu erhöhen, waren sich Partei und Arbeiterklasse einig, und auf dem Weg zu diesem Ziel wurden nicht unbeträchtliche Fortschritte gemacht. Schon vor den Ereignissen des August 1961 hatte es Anzeichen für einen wirtschaftlichen Aufstieg gegeben, insbesondere in der Landwirtschaft, wo das Anwachsen der Kooperativen (über 10000 im Jahre 1959) und das Gesetz vom Juni 1959 über die ,,freiwillige Kollektivierung'' zu Veränderungen führten, die den Kleinbauern zwar weniger Unabhängigkeit, dafür aber mehr Sicherheit gaben. Gleichzeitig wurden günstigere Voraussetzungen für Rationalisierungen, technische Verbesserungen und wissenschaftlichen Landwirtschaftsbetrieb geschaffen und mit der Rationierung Schluß gemacht. Dieser Fortschritt hielt in den 60er

Jahren an, während die industrielle Produktion deutlich anwuchs und der Außenhandel an Tonnageumfang stetig und beträchtlich zunahm. Sogar in der Versorgung mit Verbrauchsgütern gab es Verbesserungen, und Artikel, die einmal als unerreichbare Luxuswaren gegolten hatten, wurden auch Arbeitern und Angestellten zugänglich. Von 1963 bis 1967 stieg die Zahl der Besitzer von Fernsehgeräten von 42% auf 74,5%, der von Kühlschränken von 15,7% auf 43,7%, von Waschmaschinen von 18% auf 44,3%; allerdings besaßen 1967 noch keine 10% der gewöhnlichen Bürger ein Auto.

Die Wachablösung in der DDR kam 1971, als Ulbricht – wie offiziell verbreitet wurde – aus Gesundheitsgründen seinen Posten als Parteisekretär an Erich Honecker abgab, der vier Jahre später auch das Amt des Staatsratsvorsitzenden übernahm. Obwohl er sein ganzes Leben dem Kommunismus gewidmet hatte, erwartete man von dem neuen Mann, daß er weniger strikt als sein Vorgänger die sowjetische Linie in allen Fragen verfolgen werde, und manche rechneten mit einer Liberalisierung der staatlichen Kontrolle über Lebensbereiche, die man im Westen als privat betrachtete. Wie wir noch sehen werden, erwies sich dies auf einigen Gebieten als zutreffend, wie z. B. in der Religion, wenn auch aus besonderen Gründen; in anderen Bereichen wie der Kunst war eher das Gegenteil der Fall.

Die Politik Honeckers war in den ersten Jahren vor allem dadurch gekennzeichnet, daß sie besonderen Wert darauf legte, die Verbindung zwischen dem gewöhnlichen Bürger und der bestehenden Staatsform zu stärken. Auf dem Achten Parteitag 1971 wurde eine neue Sozialpolitik beschlossen, die in den folgenden zwei Jahren zu einem Programm entwickelt wurde, das u. a. zu einer Verbesserung der Alters- und Invalidenversorgung sowie der Krankenversorgung führte, Ehestandsdarlehen gewährte, bezahlten Urlaub für arbeitende Mütter und andere Maßnahmen der sozialen Fürsorge vorsah. Gleichzeitig wurden die meisten privaten Konzerne und Firmen, die noch unter partieller Staatskontrolle weitergearbeitet hatten, ganz verstaatlicht mit der Begründung, dies ermögliche eine effizientere Geschäftsführung und damit höhere Sozialleistungen einschließlich höherer Löhne.

Zur gleichen Zeit starteten Parteiagitatoren und Propagandisten eine verstärkte Kampagne zur Schaffung eines sozialistischen Staatsbewußtseins. Ihre Arbeit erfaßte vor allem Schulen, Jugendorganisationen, ländliche Kollektiven, die Schulungszentren der Armee, Betriebsräte und dergleichen mehr. Sie waren zweifellos in erster Linie motiviert durch die einsetzende Entspannung und den damit – zum ersten Mal seit dem Mauerbau – einhergehenden zunehmenden Kontakten zwischen DDR-Bürgern und Besuchern aus dem Westen. Es ist bezeichnend, daß Honecker, obwohl die Entspannung sich für die DDR wirtschaftlich als vorteilhaft erwies, da sie harte Währung ins Land brachte, weiterhin die gemeinsamen Bande zwischen der DDR und Westdeutschland herunterspielte und 1974 gar so weit ging, die Klausel von der deutschen Nation fallen zu lassen, die in der Staatsverfassung von 1968 hervorgehoben worden war, und zu verkünden, die Legitimität der DDR liege in der Tatsache, daß sie ein „sozialistischer Arbeiter- und Bauernstaat" sei. Ein zusätzliches Motiv für die neue ideologische Kampagne war das Bestreben, einer wachsenden Ungeduld unter jungen Leuten zu begegnen, die sich in verstärktem Maße unzufrieden zeigten mit einem überbürokratisierten Land, das ihnen an geistiger Befriedigung wenig zu bieten hatte und ihnen den Zugang zu Orten und Dingen verwehrte, die sie Tag für Tag aus dem Westen herübergestrahlt auf ihren Fernsehschirmen sahen. Das Staatsbewußtseinsprogramm war ein Versuch, dem ernstesten der durch die Verbesserung der wirtschaftlichen Verhältnisse hervorgerufenen Probleme entgegenzuwirken, dem der wachsenden Erwartungen, besonders unter der Jugend.

IV

Von einer Reise in die DDR nach Westdeutschland zurückgekehrt, schrieb der Romanschriftsteller Hans Werner Richter 1960, er sei betroffen von dem Gegensatz zwischen der Vitalität, die er im Osten vorgefunden habe, und der vorherrschenden Gleichgültigkeit, die er in seinem eigenen Land spüre: „Dort in der Diktatur ein wacher politischer Instinkt, und hier in der Demokratie eine schläfrige Instinktlosigkeit." Noch pointierter formulierte etwa zur gleichen Zeit der Berliner Theologe Helmut Gollwitzer diesen Kontrast. Er schrieb: „Die deutsche Spaltung ist die Aufspaltung in den westlichen Materialismus und den östlichen Idealismus."

Diese Beobachtungen waren beeindruckend – weniger als zutreffende Situationsschilderungen der Deutschen Demokratischen Republik denn als Widerspiegelungen einer politischen und moralischen Malaise, die die Bundesrepublik gegen Ende der Ära Adenauer zu erfassen schien. Die letzten Amtsjahre des alten Mannes waren gekennzeichnet durch ein Schwinden seines persönlichen Prestiges, verursacht zum Teil dadurch, daß er nicht energisch genug auf den Bau der Berliner Mauer reagiert hatte, aber vielleicht mehr noch durch seine eigensinnige Weigerung, ab 1959 auf die Stimmen derjenigen in seiner Partei zu hören, die die Zeit seines Rücktritts für gekommen hielten und glaubten, er solle nun einer jüngeren und tatkräftigeren Führerpersönlichkeit Platz machen. Indes, Adenauer machte weiter, und neue Gedanken und Initiativen wurden aufgeschoben; eine Atmosphäre des Vorläufigen senkte sich auf Bonn herab, und die Autorität der Regierung begann zu leiden. Dies wurde nicht völlig wiedergutgemacht, als der Kanzler schließlich sein Amt Ludwig Erhard übergab. Der Vater des Wirtschaftswunders, obschon unbestreitbar ein tatkräftiger Mann, besaß nämlich weder das Charisma noch den politischen Verstand seines Vorgängers. Er sah sich bald in innerparteiliche Streitigkeiten verwickelt, während ihm gleichzeitig die Linke mangelndes Interesse an grundlegenden sozialen Reformen vorwarf. Bei den Wahlen von 1965 konnte er zwar im Bundestag mit Unterstützung der Liberalen eine Mehrheit behaupten, doch eine zeitweilige Rezession im folgenden Jahr und Meinungsverschiedenheiten in der Steuerpolitik veranlaßten die FDP, ihre Mitglieder aus dem Kabinett zurückzuziehen, und dies führte zu Erhards Rücktritt.

Das Gefühl von Leuten wie Richter und Gollwitzer, daß politische Tatkraft und Idealismus in der Bundesrepublik dünn gesät seien, schien durch zwei Ereignisse Mitte der 60er Jahre bestätigt zu werden. Einmal durch das Aufkommen der Nationaldemokratischen Partei, die des Neonazismus in Führung und Weltanschauung bezichtigt wurde (ein plausibler Vorwurf, da zwölf Mitglieder ihres achtzehnköpfigen Vorstands aktive Nationalsozialisten gewesen waren) und die sich bei Landtagswahlen stärker zeigte als frühere Parteien dieses Schlages. Zum anderen gegen Ende 1966 durch den Entschluß der Sozialdemokratischen Partei, in eine Koalition mit der CDU/CSU einzutreten und als Bundeskanzler den Ministerpräsidenten von Baden-Württemberg, Kurt-Georg Kiesinger, zu akzeptieren, der von 1933 bis 1945 Mitglied der NSDAP gewesen war. Dies veranlaßte den Romanschriftsteller Günter Grass, der sich stark für die SPD engagierte, heftig bei Willy Brandt, dem Parteivorsitzenden, zu protestieren und gleichzeitig an den neuen Kanzler einen offenen Brief zu richten, in dem er fragte, wie es denn jungen Menschen möglich sein sollte, Argumente gegen eine Partei zu finden, die zwei Jahrzehnte zuvor gestorben, aber als NPD wieder auferstanden war, wenn er, Kiesinger, das Kanzleramt mit dem doch sehr erheblichen Gewicht seiner Vergangenheit belaste.

Grass' Sorge um die Empfindungen der jüngeren Generation war nicht unberechtigt, denn zu dieser Zeit nahm, wie wir noch sehen werden, die Protestbewegung an den Universitäten, die zum großen Teil als Reaktion auf antidemokratische und konformistische Tendenzen in der Gesellschaft begonnen hatte, an Stärke und Gewalttätigkeit zu. Aber seine Einwände hielten die Sozialdemokraten nicht davon ab, in die Koalition einzutreten, und möglicherweise haben sie sich dadurch vor der Entmutigung und Uneinigkeit bewahrt, die die Energien ihrer Schwesterparteien in Frankreich und Italien lähmten. Die Teilnahme an der Regierungskoalition gab ihnen Gelegenheit zum Handeln, und insbesondere Willy Brandt als Außenminister und Karl Schiller als Wirtschaftsminister nützten dies aus und brachten neue Initiativen ins Spiel, die nicht immer nach dem Geschmack ihrer Koalitionspartner waren. Die Wählerschaft reagierte positiv, und unterstützt durch den Rückgang der Rezession errang die SPD bei den Bundestagswahlen im Oktober 1969 so viele Abgeordnetensitze, daß sie in der Lage war, zusammen mit der FDP eine Koalition zu bilden und die Regierungszügel zu ergreifen. Willy Brandt wurde der erste sozialdemokratische Kanzler der Republik.

In Lübeck als Sohn einer Verkäuferin geboren, wurde Brandt während der Schulzeit Mitglied der Sozialistischen Jugendbewegung, trat 1930 der SPD und 1931 der Sozialistischen Arbeiterpartei (SAP) bei, einer Splittergruppe zwischen SPD und KPD. Sein Mentor war Julius Leber, der SPD-Politiker, der später von den Nazis hingerichtet wurde. Für Lebers *Lübecker Volksboten* schrieb Brandt seine ersten politischen Artikel. Im Jahre 1933 emigrierte er nach Norwegen und begann Geschichte zu studieren, während er gleichzeitig als Journalist arbeitete, eine Tätigkeit, die ihn während des Bürgerkriegs nach Spanien brachte. Im Jahre 1938 wurde er norwegischer Staatsbürger, nachdem die Nazis ihm die deutsche Staatsbürgerschaft aberkannt hatten, doch zwei Jahre später, als die Nazis Norwegen besetzten, floh er nach Schweden, wo er bis Kriegsende blieb. Nach seiner Rückkehr nach Deutschland im Jahre 1945 kam er durch Kurt Schumacher wieder in die sozialdemokratische Politik, wurde enger Mitarbeiter Ernst Reuters in Berlin und 1948 dortiger Vertreter des SPD-Bundesvorstands. Ab 1950 gehörte er dem Berliner Abgeordnetenhaus an und wurde 1953 mit 41 Jahren dessen Präsident. Ein Politiker von hoher Autorität und großer Volkstümlichkeit, errang Brandt internationale Anerkennung als Regierender Bürgermeister von Berlin während der Krisenjahre von 1958 bis 1961. Zum ersten Mal Kanzlerkandidat seiner Partei wurde er bei den Wahlen von 1961, die er verlor nach einem Wahlfeldzug, der gekennzeichnet war durch ein skandalöses Maß von persönlicher Verleumdung seitens seiner Gegner. Das prominenteste Mitglied der CSU, Franz Josef Strauß, scheute damals nicht davor zurück auszurufen: ,,Wir haben das Recht, Herrn Brandt zu fragen: Was haben Sie zwölf Jahre lang im Ausland getan? Was wir in Deutschland getan haben, wissen wir!'' Nachdem Brandt ein zweites Mal 1965 gegen Erhard verloren hatte, beschloß er, es nicht noch einmal zu versuchen, doch dieser Entschluß wurde durch die Ereignisse umgestoßen, und seine dominierende Stellung in der Großen Koalition brachte ihn drei Jahre später in das führende Amt der Republik.

Obwohl für seinen unbeugsamen Widerstand gegen Zugeständnisse an die Kommunisten bekannt, gelangte Brandt nach dem Mauerbau zu der Überzeugung, daß eine Politik der bloßen Konfrontation nutzlos war und daß man nach speziellen Vereinbarungen suchen mußte, die die Beziehungen zu den Regierungen Osteuropas und insbesondere zu der DDR erleichtern würden. Das Nachlassen der Spannungen im Anschluß an die Regelung der Kubakrise im Jahre 1962 bot eine günstigere Atmosphäre für solche Unternehmungen, und Erhards Außenminister Gerhard Schröder nutzte die Gelegenheit, um Handelsmissionen nach Polen, Rumänien, Ungarn und Bulgarien zu schicken und schlug den Abschluß von Abkommen vor, die den Gewaltverzicht im Falle von Streitigkeiten zum Inhalt haben sollten. Weder die Regierung Erhard noch die Große Koalition machten auf diesem Weg große Fortschritte, doch trotz des sowjetischen Eingreifens in der Tschechoslowakei 1968 wollte Brandt weiterhin das voranbringen, was sein Mitarbeiter Egon Bahr „Wandel durch Annäherung" nannte. Dramatisches Symbol dieser Entschlossenheit war Brandts Reise nach Erfurt im März 1970, vier Monate nach seinem Amtsantritt als Kanzler. In der ersten Erklärung über seine Regierungspolitik hatte er die Absicht ausgedrückt, Gespräche sowohl mit der Sowjetunion wie mit Polen zu suchen, und fast unmittelbar darauf wurde Bahr nach Moskau entsandt, um bei Andrej Gromyko die Möglichkeiten einer Normalisierung der Beziehungen auszuloten, während Georg Duckwitz, Staatssekretär im Auswärtigen Amt, ähnliche Unterredungen mit den Polen führte. Die Annäherung an die DDR behielt Brandt sich selbst vor, zweifellos deshalb, weil ihm die Wiederherstellung von Kontakten zwischen Deutschen, die durch die Folgen des kalten Krieges so brutal voneinander getrennt worden waren, besonders am Herzen lag. Am 22. Januar 1970 schrieb er einen Brief an den Vorsitzenden des Ministerrats der DDR, Willi Stoph, und schlug eine persönliche Begegnung vor, um „praktische Fragen ... die das Leben der Menschen im gespaltenen Deutschland erleichtern können" zu erörtern, und nach einigem diplomatischen Geplänkel, bei dem Stoph die Gespräche von vorausgehenden Zugeständnissen der Bundesrepublik abhängig zu machen suchte, erhielt er eine positive Antwort, die möglicherweise auf sowjetischen Druck erfolgte. Am 19. März, einem Tag, der nach Ansicht vieler europäischer Beobachter einen entscheidenden Richtungswandel in der mitteleuropäischen Politik kennzeichnete, traf Brandt in Erfurt ein.

Die ersten Gespräche waren, wie Brandt in seinen Erinnerungen schreibt, schwierig und verliefen ohne Ergebnis, denn Stoph warf einerseits der Bundesrepublik vor, sie habe die Teilung Deutschlands verursacht, andererseits betonte er, jeder Versuch, die Kluft zu überbrücken, sei zum Scheitern verurteilt und die Bundesrepublik sei am besten beraten, wenn sie die Deutsche Demokratische Republik einfach diplomatisch anerkenne. Brandt ging auf diese Taktik nicht ein, sondern mahnte:

Die deutsche Politik nach 1945 war – bei allen Aufbauleistungen hüben und drüben – nicht zuletzt eine Funktion der Politik der Mächte, die Deutschland besiegt und besetzt hatten. Die Machtkonfrontation zwischen Ost und West überwölbt seitdem die deutsche Situation und teilt Europa. Wir können diese Teilung nicht einfach ungeschehen machen. Aber wir können uns bemühen, die Folgen dieser Teilung zu mildern und aktiv zu einer Entwicklung beizutragen, die sich anschickt, die Gräben zuzuschütten, die uns trennen in Deutschland.

Außerdem, so fügte er hinzu, sei dies der beste Beitrag, den die Deutschen zur allgemeinen Entspannung in Europa leisten könnten. Brandt erwartete nicht, einen großen Erfolg verzeichnen zu können, weder in Erfurt noch bei dem Folgetreffen 1970 in Kassel, das beeinträchtigt wurde durch Demonstrationen rechts- und linksgerichteter Gruppen – die einen protestierten gegen die Anwesenheit Stophs, die anderen forderten die sofortige Anerkennung der DDR. Seine Absicht war es einfach nur gewesen, die Initiative zu ergreifen, um zumindest negative Einflüsse Ostdeutschlands in Moskau zu neutralisieren, solange Bahr dort noch mit Gromyko verhandelte, während er gleichzeitig bei den osteuropäischen Regierungen durchblicken ließ, daß es politische Bereiche gebe, in denen die Bundesrepublik fähig und willens sei, bilaterale Abkommen zu schließen. Ohne in irgendeiner Weise die Bindungen an den Westen zu lockern, gab Brandt zu verstehen, daß die Bundesrepublik sich anschickte, im Interesse der allgemeinen Aussöhnung einer unabhängigen Linie zu folgen.

Dies führte zu positiven Ergebnissen. Im August 1970 wurden die Moskauer Unterredungen erfolgreich mit der Unterzeichnung eines sowjetisch-westdeutschen Vertrags abgeschlossen, der die friedliche Lösung aller Streitigkeiten zwischen den Signatarstaaten vorsah und die bestehenden Grenzen zwischen den beiden Deutschland und zwischen Deutschland und Polen anerkannte, während er die Möglichkeit einer deutschen Wiedervereinigung „in freier Selbstbestimmung" nicht ausschloß. Vier Monate später (nach Ratifizierung des deutsch-sowjetischen Vertrags) normalisierte ein ähnlicher Vertrag die Beziehungen zwischen der Bundesrepublik und Polen, in dem die Bundesrepublik die Unverletzlichkeit der Grenzen Polens anerkannte, einschließlich der Oder-Neiße-Linie, die westliche Regierungen lange Zeit nur als vorläufige Grenze hatten gelten lassen.

Die durch diese Abkommen ausgelösten Impulse erleichterten den Fortschritt in der deutschen Frage. Im September 1971 regelte und garantierte ein Vier-Mächte-Abkommen die Rechte der Westmächte in Berlin und erkannte die Bindungen West-Berlins an die Bundesrepublik an, und im Dezember wurde es durch detaillierte innerdeutsche Vereinbarungen über seine praktische Durchführung ergänzt. Schließlich fanden Brandts Bemühungen in der Ostpolitik ihre Vollendung im Grundvertrag zwischen den beiden deutschen Republiken vom Dezember 1972, in dem sich beide Partner verpflichteten, die territoriale Integrität der anderen Seite zu achten und auf Gewalt zur Lösung von Streitigkeiten zu verzichten, was Zusammenarbeit in praktischen und menschlichen Fragen verhieß und Kontakte zwischen Deutschen diesseits und jenseits der Mauer ein wenig erleichterte.

Für seine Arbeit am Zustandekommen dieser Vereinbarungen erhielt Brandt 1971 den Friedensnobelpreis. Die Aufnahme in Deutschland war weniger freundlich, denn die CDU/CSU startete eine massive Kampagne gegen die Ratifizierung der Verträge, und einige FDP-Abgeordnete im Bundestag ließen den Kanzler im Stich, als es zu den entscheidenden Kämpfen kam. Am 27. April 1972 überstand Brandt den ersten formalen Mißtrauensantrag in der Geschichte des Bundestags, und fünf Monate später setzte er sein Amt und den Erfolg seiner Politik aufs Spiel, indem er eine zweite

Vertrauensabstimmung herbeiführte und bewußt verlor, um Neuwahlen ausschreiben zu können, die ihn mit einer Mehrheit von 46 Mandaten für die SPD/FDP-Koalition erneut ins Amt brachten. Diese Taktik sicherte die Ratifizierung der Verträge, erleichterte aber Brandt nicht die Weiterführung seines Amtes. Seine neue Kanzlerschaft fiel mit der schlimmsten Phase der Studentenunruhen und dem Beginn der Energiekrise zusammen. Die hauptsächliche Beschäftigung mit der Außenpolitik führte dazu, daß er sein früheres Versprechen, ,,Kanzler der inneren Reform" zu sein, vernachlässigte, obwohl seine Regierungszeit bemerkenswerte Veränderungen in den Arbeitnehmer-Arbeitgeber-Beziehungen und in der Altersversorgung brachte; überdies achtete er nicht genügend auf die Funktionstüchtigkeit seiner eigenen Parteiorganisation. Dieser letzte Punkt war es, der ihm zum Verhängnis wurde, denn im April 1974 entdeckte man, daß ein prominenter Mitarbeiter im Kanzleramt, Günter Guillaume, ein ostdeutscher Spion war. Brandt übernahm sofort die volle Verantwortung und erklärte dem Bundespräsidenten am 6. Mai 1974 seinen Rücktritt.

Die Art seines Abgangs machte Eindruck. David Binder schrieb in der *New York Times,* man könne sich kaum vorstellen, daß irgendeiner seiner Vorgänger ebenso gehandelt hätte. Wenn man alle Umstände in Betracht ziehe, fuhr er fort, könnten Historiker sehr wohl zu dem Schluß kommen, Brandts dauerhafteste Leistung habe nicht auf außen-, sondern auf innenpolitischem Gebiet gelegen, ,,indem er in einem Volk mit begrenzter demokratischer Erfahrung die Praxis der Demokratie zur Institution machte. Denn die Kanzlerschaft Brandts war reich an erfolgreichen Tests der Bonner Verfassung von 1949 und hauchte diesem bemerkenswerten Dokument frisches Leben und frischen Geist ein", während ,,er in seinem Regierungsstil innere Reformen bewerkstelligte durch den Nachdruck, den er auf Teamarbeit und Konsens in seinem Kabinett legte, und den Sinn für stärkere Teilnahme an der Politik, den er bei den Bürgern förderte und der in einer Wahlbeteiligung von 91,1% im Jahre 1972 gipfelte".

Die Mühelosigkeit, mit der die Krise überwunden wurde, spricht für die in diesen Worten ausgedrückte Ansicht. Ohne Zögern und ohne Anzeichen von Zweifeln oder Meinungsverschiedenheiten versammelte sich die SPD/FDP-Koalition hinter der Mannschaft, die während der nächsten Jahre im Amt bleiben sollte, mit Helmut Schmidt (SPD) als Bundeskanzler und Hans-Dietrich Genscher (FDP) als Außenminister. Der neue Kanzler war unter Brandt zuerst Verteidigungsminister und später Finanzminister gewesen und stand im Ruf eines harten Pragmatikers mit aggressivem Stil. Eine Pariser Zeitung, die die eingefleischte französische Vorstellung durchblicken ließ, derzufolge die Deutschen sich unter autoritären Führern am wohlsten fühlen, schrieb: ,,Helmut Schmidts Neigungen werden stets durch seinen Sinn für die Realitäten beherrscht. Deutschland kann sich das leisten. Trotz der D-Mark-Aufwertungen und trotz der Energiekrise erfreut es sich großen Wohlstands, beständiger industrieller Dynamik und beträchtlicher Währungsreserven. Nur der Eiserne Kanzler hat noch gefehlt. Jetzt ist er da." In Wirklichkeit war Schmidt, wie einer seiner früheren Mitarbeiter schrieb, autoritär nur in der Bereitschaft, Entscheidungen zu treffen und in der Fähigkeit, sie prompt zu treffen. Doch den Entscheidungen gingen immer lange Besprechungen voraus; es gab stets einen Rückkoppelungsprozeß zwischen den oberen und unteren Stufen, und nichts wurde auf rein hierarchischer Basis geregelt. Er erwies sich als kraftvoller Führer, der aber dennoch an die teilhabende Demokratie glaubte und sie ermutigte und förderte.

Es lag auf der Hand, daß die neue Regierung zwar mit ernsten Problemen zu tun haben würde, sowohl in der Außenpolitik, wo sich die Verwirklichung der Ostverträge als keine ganz leichte Aufgabe bot, wie im Innern, wo Steuerreform und neue Mitbestimmungsvorschläge mit Schwierigkeiten aufwarteten und der Terrorismus, wie wir noch sehen werden, erschreckende Ausmaße angenommen hatte. Aber man war kaum geneigt, an der Stabilität der Republik zu zweifeln, und am 23. Mai 1974, dem 25. Jahrestag des Grundgesetzes, stimmten wahrscheinlich die meisten Deutschen zwei Erklärungen unter den vielen zu, die aus diesem Anlaß abgegeben wurden. Die eine war die Ansprache des Bundespräsidenten Gustav Heinemann, des zweiten Nachfolgers von Theodor Heuss, in der er feststellte:

> Kein Grundgesetz kann die Nöte der Welt im ganzen lösen. Es gibt auch keine Antwort auf die Frage nach dem Sinn des Lebens und kann sie nicht geben. Das Grundgesetz bietet uns Demokratie, es bietet uns den Rechtsstaat, es bietet uns den Sozialstaat, es bietet uns Regeln für deren ständige Verbesserung ...
> Es läßt sich – bei allem was noch zu bessern ist – nicht bestreiten, daß die Bundesrepublik Deutschland in ihrer 25jährigen Geschichte in den Kreis derjenigen Staaten gerückt ist, die ein hohes Maß an bürgerlicher Freiheit, wirtschaftlichem Wohlstand und sozialer Daseinssicherung verwirklichen konnten.

Die zweite Stimme war die von Radio Saarbrücken, die in einem Kommentar zu bedenken gab, daß Demokratie Tradition verlange und fünfundzwanzig Jahre dafür zu wenig seien. Immerhin, so der Kommentar, sei soviel Zeit vergangen, daß man sagen könne, die Bundesrepublik Deutschland könne mit ihrer Verfassung zufrieden sein.

3. Hitler und die neue Generation

Er nahm sich, an einem Apriltag 1945, kurz nach drei Uhr nachmittags, das Leben, und seine Leiche wurde in einen Hof geschafft, über den immer wieder sowjetisches Maschinengewehrfeuer strich, und verbrannt, und einige Stunden danach sammelte man die Überreste in einer Plane und stampfte sie in einen Granattrichter. Ein recht endgültiger Tod, hätte man meinen sollen, aber er verhinderte dennoch nicht, daß sein Schatten mit erstaunlicher Leichtigkeit das Leben derer, die ihn überlebten, und das Leben ihrer Kinder beunruhigt. Im heutigen Deutschland fällt es schwer, auf eine Landkarte zu sehen, Wagnermusik zu hören, über den Lehrplan der Grundstufe zu diskutieren oder an die Vergangenheit zu denken, ohne daß dabei die Erinnerung an ihn auftaucht; und immer wieder machen sich viele Deutsche Sorgen, daß ein Rehabilitierungsprozeß im Gange sei, der ihn wieder zu Ehren bringen könnte, während eine ebenso große Anzahl klagt, daß die Schulen die Erinnerung an seine Greueltaten in Vergessenheit geraten lassen. „Irgendwie hat er uns allen einen Sprung beigebracht", schreibt Horst Krüger in seinem Buch *Das zerbrochene Haus, eine Jugend in Deutschland.* „Dieser Hitler, denke ich, der bleibt uns – lebenslänglich."

I

Am frühen Morgen des 15. März 1939, nachdem der schon alte und kränkliche Staatspräsident der Rumpftschechoslowakei der Drohung, man werde andernfalls seine Hauptstadt bombardieren, nachgegeben und das Schicksal seines Landes in deutsche Hände gelegt hatte, stürzte Hitler in das Büro seiner Sekretärinnen und forderte sie auf, ihm einen Kuß zu geben. „Kinder!" rief er, „das ist der größte Tag meines Lebens. Ich werde als der größte Deutsche in die Geschichte eingehen."

Dieses ehrgeizige Ziel sollte er nicht erreichen. Nach der mühelosen Eroberung der Tschechoslowakei gab es für Hitler kein Zurück mehr. Er hatte bereits den Weg beschritten, der über Stationen von unvorstellbarer Barbarei zur physischen Vernichtung und moralischen Schande seines Landes führen sollte. Es besteht auch kein Zweifel daran, daß er den letztlichen Holocaust gewollt hat. Hatte er sich nicht für den Krieg mit erhabener Gleichgültigkeit gegenüber den begrenzten Hilfsmitteln Deutschlands und dem überlegenen Potential seiner Feinde entschieden? Verschloß er nicht die Augen vor der

Möglichkeit einer friedlichen Regelung seiner Ansprüche an Polen im Jahre 1939, und brüstete er sich nicht mit dem Ausruf: ,,Grundsätzlich habe ich die Wehrmacht nicht aufgestellt, um nicht zu schlagen. Der Entschluß zu schlagen, ist immer in mir gewesen.'' Stürzte er sich nicht aus Ungeduld über den Stillstand in seinem Ringen mit Großbritannien in einen Krieg mit der Sowjetunion, und vergrößerte er nicht nach seinen ersten Rückschlägen an der Ostfront vorsätzlich und wie auf Selbstzerstörung versessen den Kreis seiner Feinde, indem er den Vereinigten Staaten den Krieg erklärte? Befahl er nicht einen Monat nach dem Beginn des Krieges gegen die Sowjetunion die ,,Endlösung'' der Judenfrage gleichsam als Ersatz für den militärischen Sieg, den er, wie er wußte, nicht mehr erringen konnte, und rühmte er sich nicht später seiner Verantwortung für dieses Grauen, als er am 8. November 1942 öffentlich sagte:

Sie werden sich noch der Reichstagssitzung erinnern, in der ich erklärte: Wenn das Judentum sich etwa einbildet, einen internationalen Weltkrieg zur Ausrottung der europäischen Rassen herbeiführen zu können, dann wird das Ergebnis nicht die Ausrottung der europäischen Rassen, sondern die Ausrottung des Judentums in Europa sein. Man hat mich immer als Propheten ausgelacht. Von denen, die damals lachten, lachen heute Unzählige nicht mehr, und die, die jetzt noch lachen, werden es in einiger Zeit vielleicht auch nicht mehr tun.

Und als das schlimme Ende nahe war, entzog er sich da nicht durch Selbstmord den Folgen der Katastrophe, die er zuvor noch dem deutschen Volk angelastet hatte? ,,Wenn der Krieg verloren geht'', hatte er verächtlich gesagt, ,,wird auch das Volk verloren sein. Es ist nicht notwendig, auf die Grundlagen, die das deutsche Volk zu seinem primitivsten Weiterleben braucht, Rücksicht zu nehmen. Im Gegenteil, ist es besser, selbst diese Dinge zu zerstören. Denn das Volk hat sich als das schwächere erwiesen, und dem stärkeren Ostvolk gehört ausschließlich die Zukunft. Was nach diesem Kampf übrigbleibt, sind ohnehin nur die Minderwertigen, denn die Guten sind gefallen.''

Golo Mann nannte Hitler diesen ,,widrigen Gegenstand'' und man begreift, was er damit sagen wollte. Das Zerstörungsungeheuer, der Massenmörder liegt gleichsam quer über der deutschen Geschichte. Doch das gilt auch für die unbequeme Tatsache, daß es eine Zeit gab, als viele Deutsche tatsächlich bereit waren, ihn als den größten Deutschen anzusehen, als Maler ihn in schimmernder Rüstung porträtierten wie einen neuen Parzival, gekommen, um Deutschlands Wunden zu heilen, als Dichter ihn darstellten als die Verkörperung der elementaren, unvermeidlichen, sich ständig ausdehnenden und allumfassenden Gewalt des historischen Wandels, als Historiker in ihm einen hegelschen Helden erblickten, eine weltgeschichtliche Gestalt, die spürte, was ihre Zeit gebot, die wußte, wie man es verwirklichte, und andere um sich scharte, die glaubten, daß er recht hatte, als Universitätsprofessoren ihn für unendlich weise und christliche Geistliche ihn für unendlich gut erklärten, und als die große Mehrheit des deutschen Volkes quer durch alle Stände und Berufe ihm voller Verehrung bedingungslosen Gehorsam leistete. Wie war es zu erklären, daß ein Land, das allgemein zu den zivilisiertesten Nationen Europas gezählt wurde, vor einem Mann kapitulierte, der alle Werte der Zivilisation verachtete? Und wie sollte man dies einer Nachwelt verständlich machen, neuen Generationen von Deutschen, die geboren werden und heranwachsen würden in einem Deutschland und einer Welt, die durch Hitlers Verbrechen geformt und belastet war, und die fragen würden, wie dies alles möglich gewesen sei und warum ihre Eltern und Großeltern Hitler als Führer akzeptiert hatten?

Zunächst blieb diese heikle Aufgabe den Historikern überlassen, und sie gingen an sie höchst zögernd heran. Nestor der deutschen Historiker bei Kriegsende war Friedrich Meinecke, ein Gelehrter, der sein Leben der Erforschung des komplizierten Verhältnisses zwischen dem deutschen Nationalismus und dem aus der Aufklärung hervorgegangenen kosmopolitischen Einfluß gewidmet und in einem seiner bedeutendsten Bücher die Ansicht vertreten hatte, die humanistische Tradition sei keineswegs durch die beherrschende Stellung Preußens im 19. Jahrhundert erdrückt worden, sondern habe ihren logischen Kulminationspunkt in der Einigung Deutschlands unter Bismarcks Führung gefunden. Die Politik, die Deutschland während des ersten Weltkriegs verfolgte – und das, was Meinecke einmal ,,die maßlosen Ansprüche des alldeutsch-militaristisch-konservativen Konzerns" nannte –, hatte ihn am eigenen Standpunkt zweifeln lassen, und der Aufstieg Hitlers und die Unterstützung, die seine Politik bei den Deutschen fand, hatten ihn zutiefst deprimiert. In einem Brief an einen Freund schrieb er bei Kriegsende:

> Mir erscheint jetzt immer der Schillersche Demetrius wie ein Symbol unseres Schicksals: Rein und edel fängt er an, und als Verbrecher endet er!! Rätselhaft – aber jedenfalls sehr tragisch. Ich werde nicht fertig mit dem Nachdenken darüber.

In seinem letzten Buch *Die deutsche Katastrophe* versuchte Meinecke das Rätsel zu lösen, doch in seiner verschlungenen und unlogischen Beweisführung, die weniger eine historische Analyse war als der Versuch, sich selbst zurechtzufinden, kam er gefährlich dem nahe, was E. R. Curtius die deutsche Hauptsünde nannte, nämlich beim Schicksal Zuflucht zu suchen. ,,Müssen wir doch immer wieder erschüttert werden", so fragte Meinecke,

> durch den jähen Absturz von den Höhen der Goethezeit zu dem Sumpfe der Hitlerzeit? Leidenschaftlich fragen wir uns, wie das innerhalb desselben Volkes möglich war. Das Grillparzersche Wort aus der Mitte des 19. Jahrhunderts: ,Humanität – Nationalität – Bestialität', das Diagnose und Prognose zugleich bedeutete, kommt uns da in den Sinn.

Doch diese Worte, fuhr Meinecke fort, gaben noch immer keine gültige Antwort auf die Frage, genausowenig wie die Besonderheiten der deutschen

Entwicklung oder die speziellen Ereignisse, die die deutsche Geschichte bestimmt hatten. Möglicherweise hing dem deutschen Temperament ,,ein oft stürmischer Hang, vom Bedingten der Wirklichkeit, die ihn umgab ... rasch emporzusteigen zum Unbedingten" an, und dieses Emanzipationsstreben hatte zu oft zu einer Glorifizierung starker Führer und einer Idealisierung der Macht verleitet.

Und vielleicht, fügte er bekümmert hinzu, sei Bismarcks Reichsgründung nicht so eindeutig gut gewesen, vielleicht habe sie den organisierten Machtkult in der Form des Militarismus ermutigt und einen Weg beschritten, der von westlichen liberalen Ideen abwich. Doch nichts von alledem vermochte zu erklären, was Deutschland unter der Führerschaft des ,,unseligen Mann(s)", des ,,dämonischen Abenteurer(s)" geduldet hatte, dessen hervorstechendes Merkmal darin bestanden habe, daß er – hier zitierte Meinecke Otto Hintze – ,,ja eigentlich gar nicht zu unserer Rasse (gehört). Da ist etwas ganz Fremdes an ihm, etwas wie eine sonst ausgestorbene Urrasse, die völlig amoralisch noch geartet ist."

Warum also unterwarf sich ihm das Land Luthers und Goethes? Meinecke wußte nur zu antworten, daß es die Folge eines Spiels des Zufalls gewesen sei. ,,Kann nun nicht auch gegenüber dem ungeheuren Erfolge von Hitlers Auftreten die Frage gewagt werden, ob er denn durchweg aus allgemeinen Ursachen herrührte, ob nicht auch hier ein für Deutschland verhängnisvoller Zufall seine Fäden in das Gewebe gesponnen hat? Und vielleicht gerade an entscheidenden Punkten, bei dem Aufstiege zur Macht im Staate in den Jahren 1930 bis 1933?" Meinecke kam zu dem hilflosen Schluß, daß es unmöglich war, dieser Frage auszuweichen. Man hatte die Wahl: entweder konnte man versuchen ,,mit düsterem Fatalismus das Unglück, das er über Deutschland brachte, als unentrinnbares Schicksal zu erklären" oder man akzeptierte die Möglichkeit, daß ,,der Dämon Zufall" dem verwegenen Glücksspieler und Hochstapler Hitler bei seinem Aufstiege und bei seiner schließlichen Berufung zum Kanzleramte zu Hilfe gekommen sei.

In dieser gequälten Darstellung war zuviel von Dämonie und Schicksal die Rede, als daß sie Meineckes Historikerkollegen plausibel erschienen wäre. Der Schlüssel zum Problem Hitler, so sagten sie, war Hitler selbst, eine weniger diabolische als reale Erscheinung, und die Historiker mußten aus ihr lernen, soviel sie nur konnten. Leider wurde einigen von ihnen, die sich am ernsthaftesten mit dieser Aufgabe befaßten, in den Leserspalten der Zeitungen ziemlich unverblümt der Vorwurf gemacht, sie hätten sich in ihr Thema verliebt und versuchten Hitlers Ruf wiederherzustellen. Diese Erfahrung machte auch Werner Maser, der sich einer erschöpfenden Erforschung der Familiengeschichte Hitlers und seiner frühen Jahre und so umstrittenen Fragen widmete, wer sein Vater gewesen sei und ob er jüdisches Blut in den Adern gehabt habe. Ähnliches widerfuhr auch dem renommierten Mediävisten Percy Ernst Schramm. Während der letzten Phasen des Krieges hatte Schramm die Aufgabe gehabt, das Kriegstagebuch des Oberkommandos der

Wehrmacht zu führen; er war bei den sogenannten Führerbesprechungen im Führerhauptquartier zugegen gewesen und hatte auch bei anderen Gelegenheiten Hitler in verschiedenen Situationen beobachten können. Ihn erschütterten die eindimensionalen und stereotypen Beschreibungen Hitlers als ,,Anstreicher", ,,Teppichbeißer" oder ,,Handlungsreisender", die in der Presse gang und gäbe waren. Hitler, so Schramm, sei eine viel kompliziertere Person gewesen, als man allgemein annehme, und gerade dies mache ihn so gefährlich. Um seine Ansicht zu erläutern, steuerte er deshalb, als 1964 eine Neuauflage von Henry Pickers Buch *Hitlers Tischgespräche* herauskam, das Gespräche Hitlers mit seinen Mitarbeitern in den Jahren 1941 und 1942 aufzeichnete, zu dieser Ausgabe eine längere Einführung bei. Darin beschrieb er das Privatleben des Führers, sein Verhältnis zu seinen vertrautesten Untergebenen, worüber er gern sprach, seinen Geschmack in Sachen Musik, Kunst, Literatur und Speisen, sein Talent für Nachahmung, seine Freude an Witzen (vorausgesetzt, es waren keine schlüpfrigen), seinen persönlichen Charme und seine Gabe, sich beliebt zu machen, besonders bei Frauen, seine Treue zu alten Gefährten und andere Aspekte seiner Persönlichkeit.

Schramms Einführung wurde in Fortsetzungen in dem Wochenmagazin *Der Spiegel* veröffentlicht, und fast vom ersten Tag an wurden die Herausgeber mit Briefen von Lesern überschwemmt, die den Eindruck hatten, der Professor stelle einen ,,Biedermeier-Hitler" dar und liefere ,,Reklame für Faschisten, wenn auch indirekt". Ein Leser schrieb ironisch: ,,Daß Hitler Hunde und Kinder liebte, ist nicht neu und kann niemanden mehr rühren. Daß er aber ganz im stillen für eine Gagenerhöhung der deutschen Ballettgirls um 300 Prozent Sorge trug, um sie vor einem drohenden Freudenmädchen-Schicksal zu bewahren, treibt selbst dem Hartgesottensten das Wasser in die Augen." Der Historiker Golo Mann ging von einem ernsthafteren Standpunkt aus. Er schrieb:

Alle die Dinge, die Percy Schramm beschreibt, mögen wahr sein. Aber merkt denn der Professor nicht, daß das Gesamtbild Sache des Arrangements der Einzelheiten ist, daß man ein vollständig anderes Bild von Hitler ebenso wahr arrangieren könnte? Weiß er nicht, daß man den Menschen an seinen Taten erkennen muß, und nicht an seiner Freude an Kinderchen und Mäuschen?

Der Lärm um Schramms Abhandlung deutete an, wie heikel das Thema Hitler und wie weit verbreitet das Gefühl war, daß auch das rekonstruierte Bild des Führers die Macht besitzen könnte, die Deutschen von ihrer gerade erst gefundenen, aber vielleicht noch nicht tief genug verwurzelten demokratischen Gesinnung abzubringen. (Noch 1979, nachdem das Verfassungsgericht in Karlsruhe einen Buchhändler, dem man vorwarf, zwei Exemplare von *Mein Kampf* zum Kauf angeboten zu haben, freigesprochen hatte, protestierte der Literaturkritiker Fritz J. Raddatz gegen das Urteil mit den Worten: ,,Die Narben sind zu frisch, der Bazillus zu rege, die Ansteckungsgefahr zu akut.") Aber die Historiker ließen sich dadurch nicht einschüchtern, noch wiesen sie Schramms Darstellung als trivial zurück. Denen, die sich mit dem Problem Hitler beschäftigten – und nur wenige bedeutende Historiker vernachlässigten es völlig –, ging es in der Hauptsache darum, eine Erklärung dafür zu finden, wie Hitler zur Macht gelangen und die Unterstützung und das Vertrauen des deutschen Volkes erringen und sich bewahren konnte, um das Zusammenspiel von Persönlichkeit und Umständen und insbesondere um den Sieg von politischem Genie und Organisationsgeschick über eine demoralisierte Demokratie.

Das Material zur Untermauerung dieser Ansicht sammelte 1957 als erster der Berliner Historiker Karl Dietrich Bracher in einer äußerst detaillierten Studie mit dem Titel *Die Auflösung der Weimarer Republik*, in der praktisch die Schlußfolgerungen der meisten in den darauf folgenden zwanzig Jahren erschienenen Werke zum Thema Hitler vorweggenommen wurden. Bracher analysierte die strukturellen, rechtlichen und psychologischen Mängel der Weimarer Republik, ihre ungeheuren wirtschaftlichen Probleme und ihre untergeordnete Stellung in der internationalen Gemeinschaft und wies nach, daß alle diese Faktoren zusammen mit der Verantwortungslosigkeit ihrer politischen Parteien sowie der allgemeinen Schwäche ihrer Führung, die schon in den frühen Jahren zu erkennen war, dazu geführt hatten, daß die Republik im Volk keine Unterstützung mehr fand. Dieses System, so Bracher, war zwangsläufig anfällig für das fatale Zusammentreffen von Adolf Hitlers Wille und Tatkraft und der besonderen Art seiner Partei, die mehr eine Religion der Hoffnung war als eine gewöhnliche politische Organisation, eine stetig anwachsende Schar wahrer Gläubiger, die sich im Glauben an ihren Führer verbunden wußte.

In Brachers Buch – und in seiner Fortsetzung, *Die nationalsozialistische Machtergreifung*, geschrieben 1960 in Zusammenarbeit mit Wolfgang Sauer und Gerhard Schulz – wurde Hitlers persönlicher Geschmack und seiner Begabung als Gesellschafter wenig Aufmerksamkeit gewidmet. Der Schwerpunkt lag vielmehr auf seinen politischen Qualitäten, vor allem auf seiner Fähigkeit, sich bei den unterprivilegierten und grollenden Schichten des Volkes beliebt zu machen und sich ihre Unterstützung auch in Notzeiten zu erhalten, auf seinem superben Gespür für den richtigen Zeitpunkt, seiner fast unheimlichen Fähigkeit, Fehler politischer Gegner zu seinem Vorteil auszunutzen, und der Schnelligkeit und Rücksichtslosigkeit, mit der er die relativ begrenzte Macht ausdehnte, die ihm im Januar 1933 gegeben worden war, so daß er innerhalb eines Jahres Herr der Nation war.

Die 60er und 70er Jahre brachten einen stetigen Strom von Biographien und Einzeluntersuchungen über Hitler und das Dritte Reich, deren beste den Einfluß von Brachers Pionierleistung widerspiegelten. Aber auch die hervorragende *Hitler-Biographie* des Engländers Alan Bullock (1957), die in

Deutschland weite Verbreitung fand, und die Arbeiten seines Landsmanns
H. R. Trevor-Roper, insbesondere seine Studie „The Mind of Adolf Hitler"
blieben nicht ohne Einfluß. Die ersten wichtigen deutschen Biographien
waren die von Helmut Heiber (1960) und Bernd Gisevius. Heibers Buch war
bemerkenswert wegen der Knappheit, mit der es die bekannten Daten von
Hitlers Leben und Laufbahn darstellte. Gisevius' Werk fand deshalb besondere Aufmerksamkeit, weil es aus der Feder eines Mannes stammte, der
aktives Mitglied der Widerstandsbewegung gewesen war und weil er 1938,
als Neville Chamberlains Entschluß, nach Berchtesgaden zu fliegen, diejenigen Generalstabsoffiziere, die einen Staatsstreich gegen Hitler planten,
schwankend gemacht hatte, General von Witzleben gegenüber für die
Durchführung des Plans plädiert hatte – trotz des Nachgebens der Engländer. Obwohl Gisevius' Buch von einer gewissen Unausgeglichenheit in seinen einzelnen Teilen ist, trug es zur Suche nach einer überzeugenden Erklärung dafür bei, weshalb die Deutschen Hitler als Führer akzeptiert hatten,
indem es detailliert seine intellektuelle Begabung schilderte, sein diplomati-
sches Geschick und seine taktische Virtuosität, und, aus des Autors persönlicher Erfahrung, schlagende Beweise für die Fähigkeit des Führers lieferte,
sich Elitegruppen dank seiner Überzeugungskraft ebenso gefügig zu machen
wie die breite Masse.

Seit 1973 gilt die ausgezeichnete Arbeit von Joachim C. Fest, *Hitler, eine
Biographie*, als Standardwerk, ein Buch, das auf erschöpfender und genaue-
ster Forschung basiert und jede einzelne Phase von Hitlers Werdegang mei-
sterhaft in den Griff bekommt. In Fests Darstellung finden sich herausfordernde Hypothesen, zu denen nicht zuletzt seine Ansicht zählt, daß Hitler
schon von seiner Natur her auf Selbstzerstörung ausgerichtet war und ab
1939 die Welt der vernunftmäßigen Politik verließ und sich diesem Endziel
widmete. Aber wie erreichte er die Stellung, die es ihm ermöglichte, die Welt
mit sich in den Abgrund zu ziehen? Fest hat dafür drei Antworten parat.
Zum einen beutete Hitler das aus, was Fest „die große Angst" nennt, die das
deutsche Bürgertum in den letzten Dekaden des 19. Jahrhunderts und ganz
besonders nach dem ersten Weltkrieg befiel – eine Panik, die zum Teil aus
der Besorgnis vor der anflutenden Welle der kommunistischen Revolution
herrührte, ihre tiefere Ursache aber in einer Furcht vor der Moderne hatte.
Der technisch-ökonomische Prozeß der Modernisierung kam für Deutschland später als für andere Länder, wirkte sich aber dann viel schneller und
radikaler aus und hatte zur Folge, daß weitere irrationale Ängste geweckt
und größere Reaktionsbewegungen ausgelöst wurden. Das unbarmherzige
Vorrücken von Industrialisierung und Urbanisierung nagte an allen überkommenen kulturellen und moralischen Wertvorstellungen und schien das
Individuum mit einer taylorisierten Gesellschaft zu bedrohen. Angst und
Abscheu vor einer solchen Aussicht flossen zu einer romantischen Sehnsucht nach der verlorenen Vergangenheit zusammen. Die große Angst war

eine Mischung von Kulturpessimismus, sozialem Ressentiment und rassi-
scher Antipathie (denn die Juden wurden weithin für die möglichen Nutznießer des Prozesses von Wandel und Verfall gehalten); und die Grundlage
von Hitlers Macht über das deutsche Volk lag in seiner Fähigkeit, von dem
Augenblick an, als er 1919 in Münchner Bierkellern Reden zu halten begann,
diese Gefühle der Besorgnis zu artikulieren und zu mobilisieren und ihnen
Richtung und Stoßkraft zu verleihen. „Keiner der Anhänger, die er nach
zögerndem Beginn rasch zu sammeln begann", schreibt Fest, „hat so wie er
die psychologischen, gesellschaftlichen und ideologischen Grundantriebe
der Bewegung zum Ausdruck gebracht. Er war niemals nur ihr Führer,
sondern stets auch ihr Exponent." Er war gleichzeitig die Verkörperung des
„rückwärtsschauenden Utopismus" von Millionen seiner Landsleute und
der Verheißung, daß die Vergangenheit zurückgeholt werden würde mittels
einer entsprechenden Rache an all denen, die Deutschland in diese kritische
Lage gebracht hatten.

Der Schlüssel zu Hitlers politischem Aufstieg lag zum anderen – wie die
meisten seiner Biographen erkannt haben – in seiner erstaunlichen Rednergabe. Es fiel Fests Zeitgenossen vielleicht schwer, die zwingende Kraft seiner
Reden zu begreifen, wenn sie alten Aufnahmen seiner Ansprachen lausch-
ten, und die Trivialität der in ihnen ausgedrückten Gefühle und der unvergleichlich vulgäre Stil machten es noch schwerer. Das Geheimnis lag in der
magischen Verbindung, die gleich nach den ersten Sätzen zwischen dem
Redner und dem einzelnen Zuhörer hergestellt wurde. Hitler artikulierte
jedermanns geheimen Kummer, jedermanns verborgenes Verlangen sowie
die kollektive Stimmung. Fest sagt:

> Ohne diese Übereinstimmung von individual- und sozialpathologischer Situation
> ist Hitlers Aufstieg zu so magisch anmutender Macht über die Gemüter nicht zu
> denken. Was die Nation im Augenblick erst erlebte: die Aufeinanderfolge von Ent-
> zauberung, Absturz und Deklassierung mitsamt der Suche nach den Schuld- und
> Haßobjekten, hatte er lange hinter sich gebracht; seither auch hatte er Gründe und
> Vorwände, kannte die Formeln, die Schuldigen, und das erst gab seiner eigentümli-
> chen Bewußtseinsverfassung den exemplarischen Charakter, so daß die Menschen
> sich wie elektrisiert in ihm wiedererkannten.

Schließlich bot Hitler einem unpolitischen Volk, das der Politik mißtraute
und dessen Antipathie durch das korrupte und ineffektive Parteienwesen der
Weimarer Zeit gerechtfertigt zu sein schien, Rettung mit Hilfe der Kunst
und des Mythos. Er hatte sich immer eher als Künstler gesehen denn als
Politiker, und Thomas Mann schrieb einmal eine Abhandlung mit dem Titel
„Bruder Hitler", in der er die Ansicht vertrat, er tue das nicht zu Unrecht.
Im Jahre 1923 sagte Houston Stewart Chamberlain, Hitler sei „das Gegenteil eines Politikers", und er fügte hinzu, „Das Ideal der Politik wäre, keine
zu haben; aber diese Nichtpolitik müßte freimütig bekannt und der Welt
aufgedrungen werden." Hitler scheint sich diese Worte zu Herzen genom-

men zu haben, indem er die üblichen prosaischen Ziele des Alltagspolitikers durch die großartige Konzeption eines deutschen Schicksals ersetzte und die Rituale der Politik durch ihre Dramatisierung ins Ästhetische hob. Die Weimarer Politiker hatten keinen Sinn für Psychologie gehabt. Im Gegensatz zu ihnen, schreibt Fest, hatte Hitler

den öffentlichen Angelegenheiten durch unentwegte Vernebelungspraktiken, durch theatralische Szenenerien, Rausch und Vergötzungstumult die vertraute Gestalt zurückgegeben. Ihr treffendes Symbol waren die Strahlendome: Wände aus Magie und Licht gegen die finstere, drohende Außenwelt. Und wenn die Deutschen Hitlers Raumhunger, seinen Antisemitismus, die vulgären und brutalen Züge, die ihm anhafteten, nicht teilten: daß er der Politik wieder den großen Schicksalston gegeben und sie mit einem Element des Schauderns gemischt hat, das hat ihm Beifall und Anhängerschaft eingetragen.

Ein weiteres Buch sollte in dieser kurzen Aufzählung noch erwähnt werden, zwar gering an Umfang verglichen mit Fests Biographie, aber bemerkenswert in seinem Einblick und der Konzentration auf oft vergessene praktische Dinge, und das ist Sebastian Haffners kurze Abhandlung in Buchform *Anmerkungen zu Hitler* (1978). Direkt die Frage der Unterwerfung der Deutschen unter Hitler ansprechend und unter spezieller Bezugnahme auf die Jahre 1938/39 schreibt Haffner:

Heut liegt den Älteren das ,Wie konnten wir?‘, den Jüngeren das ,Wie konntet ihr?‘ leicht auf der Zunge. Damals erforderte es aber einen ganz außerordentlichen Scharfblick und Tiefblick, in Hitlers Leistungen und Erfolgen schon die verborgenen Wurzeln der künftigen Katastrophe zu erkennen, und ganz außerordentliche Charakterstärke, sich der Wirkung dieser Leistungen und Erfolge zu entziehen. Hitlers bellende und geifernde Reden, die heute, wieder angehört, Ekel und Lachreiz erzeugen, hatten damals oft einen Tatsachenhintergrund, der dem Hörer innerlich die Widerrede verschlug. Es war dieser Tatsachenhintergrund, der wirkte, nicht das Bellen und Geifern.

Haffner zitierte eine Rede vom 28. April 1939, in der sich Hitler rühmte, er habe das Chaos in Deutschland überwunden, die Ordnung wiederhergestellt, die Produktion in allen Industriezweigen gesteigert, die Arbeitslosigkeit beseitigt, das deutsche Volk politisch und moralisch vereinigt; es sei ihm gelungen, ,,jenen Vertrag Blatt um Blatt‘‘ zu vernichten, ,,der in seinen 448 Artikeln die gemeinste Vergewaltigung enthält, die jemals Völkern und Menschen zugemutet worden ist‘‘, und er habe dem Reich die 1919 verloren gegangenen Gebiete wiederangegliedert, Millionen von unglücklichen Deutschen aus fremder Herrschaft ins Vaterland zurückgeführt und die tausendjährige Einheit des deutschen Lebensraums wiederhergestellt, das alles ohne Blutvergießen und ohne sein oder ein anderes Volk in einen Krieg zu stürzen, und alles aus eigener Kraft, obwohl er 21 Jahre zuvor ein unbekannter Arbeiter und Soldat gewesen sei. Dieser Ausbruch war, so kommentiert Haffner, ,,ekelhafte Selbstbeweihräucherung‘‘ eingebettet in einen ,,lachhaften Stil. Aber, zum Teufel, es stimmte ja alles – oder fast alles ... Konnte

man also Hitler noch ablehnen, ohne alles, was er geleistet hatte, abzulehnen, und waren gegen diese Leistungen seine unangenehmen Züge und seine
Übeltaten nicht nur Schönheitsfehler?" Wenige Menschen, die in den 30er Jahren eine gewisse Zeit in Deutschland
verbracht haben, können das Gewicht dieser Frage leugnen. Vorausgesetzt,
sie waren keine Juden oder Kommunisten (eine schreckliche Möglichkeit, an
die sie lieber gar nicht dachten), profitierten die meisten Deutschen materiell
und psychologisch von den ersten sechs Jahren der Herrschaft Hitlers, und
sie wiesen darauf sogleich hin, wenn Kritik irgendwelcher Art an ihrem
Führer vorgebracht wurde. Wie Haffner auch feststellt, war man, wenn diese
Kritik besonders scharf ausfiel, instinktiv geneigt, zu dem Argument zu
greifen, der Führer wisse nichts von diesen oder jenen Angelegenheiten, und
würde sie nicht geduldet haben, hätte er davon erfahren. Diese Zuneigung,
die sich Hitler bei den Deutschen durch die positiven Leistungen der Vor-
kriegsjahre verschafft hatte, war bemerkenswert beständig gegenüber Vernunft und Realität. Die Macht des Führers über das deutsche Volk wurde
natürlich nach Kriegsausbruch durch patriotische Gefühle auf der einen und
durch die Brutalität seines Systems und sein Gewaltmonopol auf der anderen Seite verstärkt; aber die fortdauernde Loyalität vieler Deutscher war eine
persönliche, eine Bereitschaft, allen Tatsachen zum Trotz zu glauben, daß
der Mann, der in seinen ersten Jahren so viel für sie getan hatte, nichts falsch
machen konnte und irgendwie siegreich und unbefleckt aus dem Kampf
hervorgehen und seine Feinde und Verleumder beschämen würde.

Nicht alle, die über das Dritte Reich schrieben, waren bereit, Hitler den
Respekt zuzuerkennen, dem man in den Werken Brachers, Gisevius', Fests
oder Haffners begegnet. Es ist angebracht, darauf hinzuweisen, daß in der
Deutschen Demokratischen Republik keine Hitler-Biographien geschrieben
wurden, und in dieser Tatsache spiegelt sich natürlich das Beharren der
marxistischen Geschichtsschreibung auf dem Vorrang ökonomischer Kräfte
vor den Zufälligkeiten einer Person wider. In diesem Sinne sagen jene
Schriftsteller im Westen, die die sogenannte Faschismustheorie vertreten,
Hitler habe keine wesentliche Bedeutung gehabt, sondern sei lediglich ein
Geschöpf der Kräfte des Spätkapitalismus gewesen, die darauf bedacht waren, die Herrschaft über ihre auseinanderfallende Welt um jeden Preis zu
bewahren und sich ein Werkzeug suchten, das mit genügender Erfahrung in
der Ausübung von Gewalt und Terror in der Lage war, dies zu bewerkstelli-
gen. Das läuft natürlich auf die Behauptung hinaus, Hitler sei das Instrument
der Bankiers und Industriellen gewesen, ein Argument, das aber falsch ist,
denn Henry A. Turner hat nachgewiesen, daß Hitler von finanzieller Unterstützung seitens des Großunternehmertums in den Tagen vor seiner Machtergreifung viel weniger abhängig war, als man einmal angenommen hatte. In
der Tat, es existiert nicht der geringste Beweis dafür, daß er je den Wünschen
jener Interessen nachgab, die ihn angeblich beherrschten.

Die Faschismustheorie erfreut sich dennoch großer Beliebtheit bei linksgerichteten Studenten, die sie bisweilen sehr vehement darlegen. Als ich vor
einigen Jahren zusammen mit einem jungen Kollegen am Friedrich-Mei-
necke-Institut der Freien Universität Berlin ein Hauptseminar über das Thema Adolf Hitler halten wollte, verlief die erste Sitzung recht stürmisch, weil
einige Studenten sich empört darüber zeigte, daß wir mit einer ,,biographi-
schen'' Methode an ein ernstes Thema herangehen wollten, und eine Um-
strukturierung des Seminars verlangten. Wir wiesen diesen Vorschlag zurück, aber es gab noch andere heftige Auseinandersetzungen, zum Beispiel,
als wir die Studenten aufforderten, das Vorwort zu Fests Biographie zu
lesen, das sich mit historischer Größe und der Frage befaßt, inwieweit Hitler
Jacob Burckhardts Definition dieses Begriffes entsprach, oder als einer der
Teilnehmer behauptete, Hitler sei das einzige politische Genie gewesen, das
die Weimarer Jahre hervorgebracht hatten. Als wir schließlich ankündigten,
das Seminar werde das Reichstagsgebäude besuchen, um sich Erwin Leisers
Film ,,Mein Kampf'' anzusehen, ein Werk, das Hitlers Rednergabe und Pro-
pagandatechnik vor allem visuell darzustellen versucht, stimmte die rebellische Sektion der Studenten nur unter der Bedingung zu, daß wir auch ins
Arsenal-Theater gingen und uns den sowjetischen Film von Ivan Ropp mit
dem Titel ,,Der gewöhnliche Faschismus'' ansahen, der die marxistische
Interpretation erläuterte, indem er Hitler neben Mussolini stellte und sie
beide als eher lächerliche Figuren in der Gewalt von Mächten zeichnete,
denen sie nicht widerstehen konnten.

In einer Rezension, in der er die Faschismustheorie rundweg zurückwies,
aber starke Vorbehalte gegenüber Sebastian Haffners pragmatischerer Auffassung des Problems Hitler ausdrückte, schrieb Jean Améry, das Wichtigste, das man bei Hitler nicht vergessen dürfe, sei, ,,daß das deutsche Volk *reif*
war für ihn, wobei ein schauerlich-prophetisches George-Gedicht ... als
tragische Hintergrundmusik erklingt''. Dies war eine Anspielung auf Stefan
Georges ,,Das neue Reich'', das in typischer Weise den politischen Romantizismus der 20er Jahre ausdrückte, von dem in einem späteren Kapitel noch
die Rede sein wird. George schreibt:

Der sprengt die ketten, fegt auf trümmerstätten
Die ordnung, geißelt die verlaufenen heim
Ins ewige recht wo großes wiederum groß ist
Herr wiederum herr. Zucht wiederum zucht. Er heftet
Das wahre sinnbild an das völkische banner.
Er führt durch sturm und grausige signale
Des frührots seiner treuen schar zum werk
Des wachen tags und pflanzt das Neue Reich.

Die These, daß Adolf Hitler letztlich eine Projektion der in der deutschen
Seele schlummernden Kräfte, eine Art höchster Ausdruck des deutschen
Romantizismus war, fand ihren hervorragendsten Vertreter in Hans Jürgen

Syberberg, der dieses Argument in seiner Filmtrilogie ausarbeitete. Der erste Film mit dem Titel ,,Requiem für einen jungfräulichen König" handelt von Richard Wagners Gönner König Ludwig II. von Bayern und seinen Versuchen, der Wirklichkeit mittels der Kunst zu entrinnen, ,,Karl May" beleuchtet die letzte mystische Phase des großen Meisters des Eskapismus, und ,,Hitler" ist ein sieben Stunden langes Traktat über Deutschlands schließliche Flucht in die Zerstörung. Im letzten Teil der Trilogie, in dem Hitler übrigens gewöhnlich als Marionette auftritt, sagt der zu ihm sprechende proteusgleiche Erzähler: ,,Du glaubst, du schiebst, und wirst geschoben, der Spiegel unserer Gier und Träume nach Macht der Gemeinschaft. Es war keine andere Wahl. Die Entwicklung der Geschichte und die vielen Anläufe der demokratischen Wahlen in Deutschland zum Beispiel beweisen es." Und dann, an das Publikum gewandt: ,,Alle führen wieder zu ihm, er war die einzige Lösung, kein Zufall oder Irrtum oder Fehlgriff, ganz logisch bis zum letzten er und wir. Die Göttin der Geschichte, der Vorsehung hatte gesprochen, er hatte recht, auf fürchterliche Weise recht. Er war Deutschland und Deutschland war er im Europa des 20. Jahrhunderts."

Es muß hier vermerkt werden, daß keiner dieser deutschen Autoren, wie sehr sie sich auch in der Einschätzung von Hitlers Rolle und der Gründe für seine Machterlangung über das deutsche Volk unterscheiden, seine Verbrechen zu beschönigen versuchte. Nach Bemühungen solcher Art muß man im Ausland Ausschau halten. In einem provokativen und lebendig geschriebenen Buch mit dem Titel *Die Ursprünge des Zweiten Weltkriegs* (1962) trug der britische Historiker A. J. P. Taylor in einer seiner nicht ungewöhnlichen eigensinnigen Launenhaftigkeit die These vor, Hitler sei eigentlich nicht anders gewesen als die anderen nationalen Führer der 30er Jahre. Weder habe er klare Zukunftsvorstellungen gehabt, da die Ideen von *Mein Kampf* längst vergessen gewesen seien, als er die Macht übernahm, noch habe er die bei seinem Treffen mit den Militärbefehlshabern am 5. November 1937 verkündeten Ziele ernstgemeint, und er sei am Ende eher überrascht gewesen, sich dort vorzufinden, wohin er geraten war. Diese seltsame Ansicht war wahrscheinlich die Folge der häufig zum Ausdruck gebrachten Verärgerung des Autors über Historiker, die zu wissen behaupteten, was Hitler dachte. Allerdings stellte er sich mit dieser Ansicht neben jene glücklosen demokratischen Führer, die sich im Jahre 1933 weigerten, irgendwelche von Hitlers früheren Äußerungen ernst zu nehmen, und glaubten, er werde sich schon an ihre Regeln halten. Taylors Kritiker wiesen auf die gewiß nicht unwichtige Tatsache hin, daß Hitler in der Außenpolitik und bei seinem Eroberungsprogramm getreulich den Richtungen gefolgt war, die er in seinen Reden der 20er Jahre, in *Mein Kampf* und in seinem zweiten Buch von 1928 dargelegt hatte.

Taylor wollte Hitler natürlich nicht rehabilitieren, ihm ging es darum, die Dummheit *aller* Staatsmänner der 30er Jahre zu beweisen. Aber es gab andere Schriftsteller, die die allgemeine Vorstellung von Hitlers Verbrechen gegen die Zivilisation entschiedener attackierten. Im Jahre 1964 wurde gemeldet, einem amerikanischen Schriftsteller namens David L. Hoggan seien von deutschen Gesellschaften, die von Gruppen mit konservativen politischen Ansichten unterstützt wurden, Preise verliehen worden, die die Namen von Deutschlands berühmtestem Historiker, Leopold von Ranke, und eines seiner mutigsten Humanisten, Ulrich von Hutten, trugen. Die Preise wurden verliehen in Anerkennung eines sehr umfangreichen Buchs, das 1961 in Deutschland unter dem Titel *Der erzwungene Krieg* veröffentlicht wurde. In diesem Werk hatte Hoggan den Standpunkt vertreten, die Verantwortung für den Kriegsausbruch 1939 sei nicht Adolf Hitler, sondern den Außenministern Großbritanniens und Polens, Lord Halifax und Oberst Josef Beck, zuzuschreiben. Der Titel seines Buchs war also im Sinne von ,,Der Deutschland aufgezwungene Krieg" zu verstehen.

Da sowohl Hoggans These wie die Art, in der er Dokumente zu ihrer Untermauerung benutzte, in den führenden historischen Zeitschriften der Vereinigten Staaten und Deutschlands Gegenstand verheerender Kritik gewesen waren, löste die Nachricht von den Preiszuerkennungen einen Sturm der Entrüstung aus. Der Berliner *Tagesspiegel* beklagte solch spektakuläre Ehrungen für eine historische Entstellung als Versuch, eine neue Geschichtslegende in die Welt zu setzen, und als Verunglimpfung des Andenkens Rankes und Huttens, die energisch für Freiheit und Wahrheit eingetreten waren. Der deutsche Schriftstellerverband und der Vorstand des Deutschen Gewerkschaftsbunds verliehen diesen Gefühlen Ausdruck, und vor dem Bundestag bezeichnete der Innenminister die Preise als pure Unverschämtheit rechtsradikaler Gruppen und versprach eine Untersuchung. Schließlich weigerte sich die Regierung von Baden-Württemberg, für die Verleihung des Hutten-Preises das Heidelberger Schloß zur Verfügung zu stellen, und das bayerische Amt für staatliche Schlösser, Gärten und Seen verfügte, daß die Münchner Residenz nicht für einen Empfang zu Ehren des Autors benutzt werden könne. Danach hörte man nichts mehr von Mr. Hoggan.

Ein mächtigerer Streiter für den toten Führer war der Engländer David Irving, der 1976 ein Buch mit dem Titel *Hitler's War* veröffentlichte, mit dem er ,,Jahre von Schmutz und Verwitterung von der Fassade eines stummen und drohenden Denkmals" abwischen und den wahren Hitler darunter enthüllen wollte. Irving behauptete, das Geschichtsbild sei entstellt worden durch professionelle Historiker (er hielt sich nicht wenig darauf zugute, daß er keine historische Vorbildung hatte), die Beweismaterial nicht zu werten verstanden und lediglich einer des anderen vorgefaßte Meinung wiederholten; und gewiß unterschied sich der Hitler, der aus seiner Version der Vergangenheit hervorging, sehr von dem, der in früheren Werken zutage trat – er war weniger brutal und rücksichtslos, war menschlicher und sympathischer, da er immer von anderen im Stich gelassen worden war. Zu diesem

Ergebnis gelangte er jedoch nicht durch Vorlegen neuen Materials, sondern durch eine besondere Technik. In seiner Einleitung schrieb Irving, sein Buch sehe „die Situation so weit wie möglich mit Hitlers Augen, von seinem Arbeitstisch aus", und diese Methode brachte dem Leser die Szene in Hitlers Führerhauptquartier auf eine dramatisch-unmittelbare Art nahe, wie sie frühere Berichte über den Krieg selten erlangt hatten. Doch das bedeutete auch, daß die getroffenen Beurteilungen eben Hitlers eigene Beurteilungen waren und unbestritten blieben. So akzeptierte Irving, der nicht zögerte, Formulierungen wie „Hitler wurde um den letztlichen Wintersieg betrogen" zu gebrauchen, den Standpunkt des Führers, der alle militärischen Rückschläge der Unfähigkeit und Treulosigkeit des Generalstabs und der kommandierenden Generäle zuschrieb, ohne Hitlers Schwächen als Befehlshaber zu untersuchen, zu denen unter anderen eine unverantwortliche Verschwendung von Menschen und Material gehörte. In einer Rekonstruktion von Hitlers Gedanken im Oktober 1941 beschrieb Irving ihn als einen Menschen, dem die deutschen Verluste im Felde keine Ruhe ließen („Was würde von Deutschland und der Blüte seines Mannestums übrig bleiben?"), erwähnte aber nicht, daß dies derselbe Mann war, der, als man ihn etwas später auf die hohen Verluste unter jüngeren Offizieren an der Ostfront hinwies, sagte, dafür seien die jungen Leute schließlich da.

Irvings Großmut gegenüber Hitler erreichte ihren Höhepunkt in seiner Darstellung der Endlösung. Von der Behauptung ausgehend, die persönliche Rolle des Führers in dieser Sache sei nie untersucht worden und man habe darüber ungerechtfertigte Schlüsse gezogen, vertrat er die Ansicht, es gebe keinen Beleg dafür, daß Hitler die Ausrottung der Juden befohlen habe, wogegen „unwiderlegbare Beweise" dafür existierten, daß er sie untersagte. Nach Irvings Meinung hatte der Führer die Juden aus Europa heraus haben wollen und angeordnet, sie sollten alle in die Gebiete im Osten getrieben werden, aber die SS-Behörden und die Gauleiter, Gebietsbefehlshaber und Kommissare in Polen und anderen Regionen hatten sich „den durch diese Massenentwurzelung mitten im Krieg verursachten Problemen in keiner Weise gewachsen gezeigt". Sie „liquidierten die Deportierten einfach, so wie die Züge eintrafen", ein Vorgang, von dem Hitler erst im Oktober 1943, wenn nicht noch später, erfuhr.

In der englischen Ausgabe seines Buches beklagte sich Irving bitter darüber, daß seine deutschen Verleger diese Ansichten, ohne ihn zu konsultieren, unterdrückten oder abänderten mit der Begründung, sie seien „ein Affront gegen die etablierte Geschichtsvorstellung" in ihrem Lande. Diese vielleicht etwas willkürliche Maßnahme war verständlich, denn Irvings „unwiderlegbare Beweise" für Hitlers Schuldlosigkeit waren höchst fadenscheinig. Nicht nur ließ er die allgemeine Ansicht unbeachtet, daß angesichts der Ungeheuerlichkeit der Endlösung und der möglichen Folgen einer vorzeitigen Enthüllung dieses Plans das Fehlen einer schriftlichen Anweisung Hit-

lers nicht überraschen konnte, er tat darüber hinaus auch die wiederholten
öffentlichen und privaten Äußerungen Hitlers über seine Absicht, die Juden
auszurotten, als irrelevant ab, so z. B. seine Bemerkung gegenüber dem
tschechoslowakischen Außenminister im Januar 1939 (,,Die Juden werden
bei uns vernichtet ... Den 9. November 1918 hätten die Juden nicht umsonst
gemacht, dieser Tag würde gerächt" werden) und auch die Ansprachen und
Reden vom 30. Januar 1941, vom 30. Januar, 24. Februar, 30. September und
8. November 1942. Irving stützte seine Darstellung auf eine einzige Notiz in
Heinrich Himmlers Telefonmerkbuch vom 30. November 1941, wo es hieß:
,,Keine Liquidierung". Daraus ließ sich jedoch kaum etwas beweisen. For-
scher wiesen sehr bald darauf hin, daß eine etwas weniger lakonische Feststellung Himmlers vom Mai 1944 existierte, die darauf schließen ließe, daß er
höhere Anweisungen hatte, jene Ungeheuerlichkeiten auszuführen, die
praktisch den Tod der Juden Europas bedeuteten; und Lucy Dawidowicz,
die anderes Gekritzel auf demselben Blatt des Telefonmerkbuches analysierte, wies nach, daß der Vermerk, dem Irving solche Bedeutung beimaß, sich
nicht auf die Juden allgemein, sondern auf einen einzigen Menschen bezog,
den Hitler aus einem durch Berlin kommenden Transport ausgesondert haben wollte.

Irving ließ sich durch die kritische Aufnahme seines Werkes nicht erschüttern und zögerte nicht, sich im Juli 1978 zu einem Treffen von Historikern
und Politikwissenschaftlern in Aschaffenburg zur Diskussion des Themas
,,Hitler heute – Probleme und Aspekte der Hitler-Forschung" einzufinden
und bei dieser Gelegenheit der deutschen Forschung Trägheit und mangelnde
kritische Sensibilität vorzuwerfen. Einer der Teilnehmer schrieb später, als
er den britischen Schriftsteller habe rufen hören, ,,Wollt ihr die totale Wahrheit wissen?" sei er an die Reden von Joseph Goebbels im Sportpalast erinnert worden und Irving sei offenbar von dem Gefühl eines Auftrags beseelt
gewesen, den er aus der Tatsache herleitete, daß er, seiner eigenen Darstellung zufolge, von Hitlers Hals-, Nasen- und Ohrenarzt erfahren habe, der
Führer habe gehofft, eines Tages werde ein britischer Historiker eine ge-
rechte Biographie über ihn schreiben.

War sich die Aschaffenburger Tagung, zu der sich führende Hitler-For-
scher aus ganz Deutschland zusammengefunden hatten, auch einig, als es
darum ging, Irvings Thesen abzulehnen (und sich Werner Maser gegenüber
taub zu stellen, der zu beweisen versuchte, Hitler habe einen Sohn in Frankreich), so gingen die Meinungen doch in fast allen anderen Punkten auseinander. Variationen aller bisher erwähnten Hypothesen fanden Ausdruck in
einer bisweilen stürmischen Diskussion, doch zum Schluß wurde lediglich
offenkundig, daß die Debatte ohne absehbares Ende weitergehen werden
müsse. In seinem Artikel über die Tagung in der Wochenschrift *Die Zeit*
schrieb Karl-Heinz Janßen:

Da sitzen wir nun, seit mehr als dreißig Jahren – das Reich in Trümmern, die ostdeutsche Heimat verloren, Berlin geteilt, Preußen vernichtet; die alte Gesellschaft mitsamt ihren Werten zerschlagen, die neue noch ohne Konturen; die Welt erfüllt von Waffengerassel, die Herzen voll geheimer Ängste – vor atomaren Katastrophen, vor Inflation und Arbeitslosigkeit, vor Terroristen; und über alldem immer wieder Hitler, Hitler, Hitler – man kann's nicht mehr hören.

II

Wie wirkte sich diese endlose Diskussion auf das öffentliche Bewußtsein aus und wie spiegelte sie sich insbesondere in den Lehrplänen der Schulen wider? Vom ersten Tag des Bestehens der Bundesrepublik an warf man den Schulen immer wieder vor, sie täten nicht genug, um die Gesellschaft vor der Gefahr eines Wiederauflebens undemokratischen Verhaltens zu schützen, weil sie den Schülern nicht die Wahrheit über Hitler und über die Verbrechen seines Regimes beibrächten.

Während der 50er Jahre war diese Kritik großenteils gerechtfertigt, wenn auch aus besonderen Gründen. Zu jener Zeit waren die älteren Lehrer, aus den Hitlerjahren übernommen, auf die eine oder andere Weise zu sehr in die Schuldfrage verstrickt, um objektiv über die nazistische Vergangenheit lehren zu können. An sehr vielen Schulen in ganz Deutschland beschäftigte sich der Geschichtsunterricht mit der fernen Vergangenheit oder gelangte allenfalls zu Bismarck und hielt dann unvermittelt und ein wenig ratlos inne. Um den Lehrern und Schulbehörden Gerechtigkeit widerfahren zu lassen, muß erwähnt werden, daß Lehrmaterialien zur Abdeckung der neuesten Zeit nicht zur Verfügung standen. Bücher und Lehrpläne, die aus den 40er Jahren stammten, waren für den Unterricht an Schulen eines demokratischen Staates nicht geeignet, und es dauerte einige Zeit, bis neue Textbücher geschrieben waren und neue Fachbereiche mit Filmen, Tonbändern und dokumentarischen Quellen verschiedener Art zu experimentieren beginnen konnten.

Die Situation änderte sich schneller, als man hätte erwarten sollen, zum Teil als Folge eines vorübergehenden Wiederauflebens des Rechtsradikalismus Ende der 50er Jahre und einer Reihe von Vorkommnissen, zu denen Hakenkreuzschmierereien an öffentlichen Gebäuden und Verschandelungen von Synagogen zählten, zumeist begangen von kleinen Gruppen von Jugendlichen. Dies forderte die Länderregierungen heraus, und 1962 beschlossen die Kultusminister der elf Bundesländer gleichlautende Richtlinien, die den Geschichtsunterricht über das Dritte Reich regelten, und akzeptierten einen Lehrplan, der Themen über den Nationalsozialismus als politisches und administratives System, den Antisemitismus und die Judenvernichtung, Hitlers Außenpolitik und seine Verantwortung für den Krieg einschloß. In dem maßgebenden Dokument hieß es, das Dritte Reich müsse im Kontext der deutschen Geschichte gesehen werden, so daß die verführerische Wirkung, die von einer Synthese aus Nationalismus und Sozialismus ausging, verständlich würde. Gleichzeitig müsse jedoch klar herausgestellt werden, daß es dieser Synthese an menschlichem und sozialem Inhalt mangelte und daß sie nur auf der Prämisse eines biologischen Nationalismus beruhte. Zur gleichen Zeit kamen auch die notwendigen Lehrmaterialien heraus, nicht nur als Ergebnis der Forschung von Historikern, sondern auch als Folge der Bemühungen von Schulräten und Lehrern, die Texte fertigstellten, die nicht mit dem Drumherum akademischer Gelehrsamkeit belastet waren und die Fragen junger Leser direkt beantworteten. Ein bemerkenswertes Beispiel war Werner Kloses *Hitler: Ein Bericht für junge Staatsbürger* (1961), ein Werk, das mit einer Hymne an Hitler begann, die ein unbekannter Dichter für eine Feier des Reichsarbeitsdienstes im Jahre 1935 geschrieben hatte und die vom Führer und von der Fahne handelte.

Nun schwenkt er sie im Wind, schwenkt sie mit Macht,
Und läßt sein Rufen hallen durch die Nacht.
Da horchen all die alten Kämpfer auf,
Die deutsche Jugend rottet sich zu Hauf.
Er schwenkt die Fahne, schwenkt sie hin und her,
Er ruft die deutschen Männer ins Gewehr.
Er schwenkt die Fahne hoch, schwenkt sie mit Macht
Und läßt die Trommeln wirbeln in der Nacht.

„Wir wissen nicht", schrieb Klose, „was aus dem jungen Mann geworden ist, der seinen Führer 1935 so besang. Von diesem Führer aber wissen wir, daß er sich am 30. April 1945 um 15.30 Uhr eine Kugel durch den Kopf schoß, als seine Fahne zerfetzt und seine Trommel zerbrochen war in der Trümmerwüste, zu der er Deutschland gemacht hatte. Wie es dazu kam, soll erzählt werden einer deutschen Jugend, der man wünschen möchte, daß sie nachdenkt, bevor sie sich wieder einmal um einen Fahnenschwinger ‚zu Hauf' rotten will."

In seinem in sparsamer, aber oft beredter Prosa geschriebenen und mit beispielhaften Karikaturen illustrierten Bericht ersparte Klose seinen Lesern nichts von den Schrecken der Hitlerzeit, und in seinem Kapitel über das Attentat vom 20. Juli 1944 zögerte er nicht, die Frage zu wiederholen, die in einer Gedenkrede zum 20. Juli 1958 von Professor Carlo Schmid, Sozialdemokrat und Vizepräsident des Deutschen Bundestages, erhoben worden war: „Hätte es nicht das Heldentum der Frauen und Männer des Widerstandes gegeben – was gäbe unserem Volk das Recht, den Menschen anderer Völker ins Auge zu blicken?"

Noch größeren Erfolg als Kloses Werk hatte Hannah Vogts Buch *Schuld oder Verhängnis?* Nachdem sie sechs Jahre als Stadträtin in Göttingen und später als Referentin der Hessischen Landeszentrale für Heimatdienst tätig gewesen war, schrieb Hannah Vogt ein Buch, das sich mit den Fragen beschäftigte, die sie junge Leute in zahllosen Diskussionen hatte stellen hören, und mit den Vernunftserklärungen und Halbwahrheiten, die man in privaten Gesprächen und in den Reden von Politikern geringeren Formats zu Ohren bekam – etwa Fragen wie: Kam Hitler wirklich an die Macht wegen eines ungerechten Friedensvertrags? Waren die Westmächte am Ausbruch des Krieges 1939 genauso schuld wie Deutschland? Gab es eine moralische Verpflichtung, Hitler Widerstand zu leisten? Wie hätten sich Nicht-Juden verhalten sollen, als die Verfolgungen begannen? Wie könnte sich Deutschland eine ehrenhafte Zukunft aufbauen? Im Jahre 1961 veröffentlicht, war das Buch ein sofortiger Erfolg – binnen zwei Jahren wurden 400000 Exemplare verkauft. Der hessische Kultusminister machte es für alle Abschlußklassen der Volksschulen zur Pflichtlektüre, und es wurde auf die Liste empfohlener Bücher von zehn weiteren Kultusministerien und des Senats von Berlin gesetzt.

Insgesamt gesehen durfte man um die Mitte der 60er Jahre annehmen, daß die in den Schulen für den Unterricht in der Geschichte des Dritten Reichs benutzten Materialien den von den Kultusministern im Jahre 1962 aufgestellten Richtlinien entsprachen. In einem unabhängigen Lagebericht schrieb Grace Richards Conant, daß man in einem für den extremen Nationalismus seiner Historiographie bekannten Land mit Beruhigung feststellen könne, daß es sich die Schulbuchverleger zur Gewohnheit gemacht hätten, ihre Manuskripte zwecks Prüfung und Ausmerzung etwaiger Irrtümer oder einseitiger Darstellungen dem Internationalen Schulbuchinstitut in Braunschweig vorzulegen, während die Länderregierungen sich gleichzeitig bereit erklärt hätten, Bücher aus dem Gebrauch zu ziehen, wenn sie den Anforderungen dieser Organisation nicht entsprachen. Nach Prüfung von zehn der am weitesten verbreiteten Geschichtstexten kam Frau Conant zu dem Schluß, daß sie frei waren von jener Art von Entstellung, die deutsche Schulbücher in der Zeit zwischen den Weltkriegen beeinträchtigt hatte. Sie stellte fest, daß sie ausnahmslos drastische Urteile über die deutsche Politik nach 1933 enthielten und ausführlich über das brutale Vorgehen der Naziregierung gegen deutsche Staatsbürger vor 1939 und über die während der Kriegsjahre praktizierten Schrecken der Endlösung berichteten.

Diese Verbesserung des in den Schulen verwendeten Lesestoffs bot natürlich noch keine Garantie dafür, daß die Schüler sich auch das Wissen aneigneten, das sie vor den Schalmeientönen eines neuen Führers oder einer erregenden Kombination von Nationalismus und Sozialismus schützen würde. Die Meinungen über die Resultate, weniger die Methoden, des Geschichtsunterrichts gingen jedoch weit auseinander. Im Jahre 1965 verbrachte David Schoenbaum, ein in Deutschland lebender amerikanischer Journalist, in Nordrhein-Westfalen sechs Wochen bei einer Studiengruppe von zwanzig 19- und 20-jährigen Schülern, die kurz vor dem Abitur standen, und schrieb darüber einen Bericht für das *New York Times Magazine*.

Schoenbaum nahm teil an Diskussionen über das Verhältnis zwischen Hitlers Bewegung und den Kirchen, über die Behandlung der Juden (zu diesem Zweck las die Klasse Zitate aus den Nürnberger Gesetzen, das Protokoll der Wannsee-Konferenz vom Januar 1942, das Tagebuch des Auschwitz-Kommandanten Rudolf Höß und das Tagebuch des Dichters und Schriftstellers Jochen Klepper, der mit seiner jüdischen Frau und seiner Tochter 1942 Selbstmord begangen hatte), über das Problem des Widerstands, die nazistische Außenpolitik, den Kriegsverlauf und die Verantwortung, die Bürger der Bundesrepublik an den von Hitlers Regierung begangenen Verbrechen trugen. Schoenbaum war beeindruckt von dem Wissen der Schüler und von der Ernsthaftigkeit ihrer Antworten auf die ihnen gestellten Fragen.

Elf Jahre später jedoch stellten auf Initiative eines Kieler Pädagogen namens Dieter Boßmann 102 Lehrer von 110 Schulen in verschiedenen Teilen Deutschlands Schülern von 121 Klassen unterschiedlicher Stufen das Aufsatzthema ,,Was ich über Adolf Hitler gehört habe". Boßmann verbrachte sieben Monate damit, die 3042 ihm zugesandten Aufsätze zu lesen und Auszüge zu machen, und als er damit fertig war, bezeichnete er das Ergebnis als ,,eine blanke Katastrophe". Viele Schüler gaben zu, nichts über das Thema zu wissen; einige rühmten sich damit, nicht hinzuhören, wenn von Hitler gesprochen wurde, weil sie sich nicht für Politik interessierten; und sehr viele gestanden, nur bruchstückhafte Kenntnisse zu besitzen, von denen ein großer Teil erschreckend falsch war. Da gab es Schüler, die glaubten, Hitler sei 1819 geboren, er sei Italiener gewesen, habe im Dreißigjährigen Krieg gekämpft, sei als erster auf dem Mond gelandet, seine Machtergreifung 1933 sei die Folge eines Wahlsiegs über Bismarck gewesen, er habe alle seine Gegner, die er Nazis nannte, in die Gaskammern gesteckt, er habe viel Whisky getrunken und viele Lieder gesungen, und er sei Kommunist gewesen. Andere schrieben, er habe für Deutschland viel Gutes getan und solange er an der Macht war, habe es keine Rocker oder Terroristen gegeben. Es gab Schüler, die sich nur an im allgemeinen übertriebene Einzelheiten bezüglich seiner sexuellen Vorlieben und Praktiken erinnerten, und andere, die seine Rassenpolitik und sein Euthanasieprogramm anführten, aber das Gefühl zu haben schienen, ein Ausgleich dafür sei sein Erfolg bei der Lösung des Arbeitslosenproblems gewesen. Es gab Schüler, die glaubten, zu den Verschwörern vom 20. Juli hätten Rommel, Göring und Speer gehört, ebenso Hindenburg, Rosa Luxemburg und Karl Liebknecht, und es gab wieder andere, die sagten, Hitler habe den Krieg überlebt, er sei Mitarbeiter Konrad Adenauers und Mitglied der CDU geworden und habe Freunde im Bundestag.

Durch einen Artikel im *Spiegel* angekündigt, erschienen Auszüge aus den Aufsätzen 1977 in Buchform und lösten Reaktionen zwischen Schock und Empörung aus. Diese wären vielleicht weniger heftig gewesen, wären Boßmanns Enthüllungen nicht mit dem zusammengefallen, was man in der Bun-

desrepublik eine ,,Hitlerwelle" nannte. Schon 1976 hatte Jean Améry gewarnt, daß ,,Die Zeit der Rehabilitation" angebrochen sei:

> Man wird in England entdecken, daß Oswald Mosley am Ende so ein Narr nicht
> war. In Frankreich, wo zur Stunde schon die schlimmsten Mörder, amnestiert, sich
> ruhiger Lebensabende erfreuen, wird eine verirrte offizielle Meinung Pétain und
> Laval einwägen in ein vermittels falschen Gewichts hergestelltes, pseudogeschichtli-
> ches Äquilibrium. Und Deutschland? Nun, es ist klar: es wird, nachdem schon alle
> klassifizierenden Vorbereitungen getroffen sind, dem Hitler seinen Platz in der Feld-
> herrnhalle nicht länger vorenthalten wollen . . . Man steht allerorten, so meint man, in
> geschichtlicher Objektivität jenseits von Gut und Böse und legt undifferenziert das
> Böse zu den Akten, womit auch das Gute von der Tagesordnung verschwindet.

Manchen schien das Jahr 1977 die Erfüllung dieser Prophezeiung zu verheißen. Auf einmal waren die Illustrierten voll mit Artikeln über den Führer,
seine Paladine oder die Triumphe seiner Propaganda. Es gab neue Hitler-
platten in den Musikgeschäften, und eine Rock-Oper mit dem Titel ,,Hitler
Superstar" wurde angekündigt. Die Zulassungsschilder des Wagens des
Führers und Teile seines Regenzeugs erzielten bei Auktionen in München
phantastische Preise. Im ganzen Land lief der Film ,,Hitler, eine Karriere",
nach Fests Biographie gedreht, vor vollen Häusern, und auf jeder Straße
starrte einen Hitlers Gesicht von Plakaten an, die für den Film warben. Die
französische Zeitung *Le Monde* berichtete, eine Meinungsumfrage der Leo
Burnett Company und der IRES in Düsseldorf habe ergeben, daß 41% der
Befragten glaubten, Hitler habe zwar ,,zahlreiche Fehler begangen", aber
man dürfe nicht ,,die positiven Aspekte seines Handelns" übersehen; und
sowohl die italienische wie die französische Presse empörten sich über den
sogenannten ,,Kappler-Skandal" – die dreiste Tat einer deutschen Naturheil-
kundlerin, die dem 70jährigen Herbert Kappler, einem ehemaligen Obersten
der SS, der 1948 von einem italienischen Gericht wegen der Erschießung von
335 Geiseln in den Fosse Adriatine bei Rom während des Krieges zu lebens-
länglicher Haft verurteilt worden war, die Flucht nach Deutschland ermöglichte. Was die ausländische Presse erregte, war die Weigerung der Bonner
Regierung, Kappler an Italien auszuliefern. Über die Bestimmungen des
westdeutschen Grundgesetzes hinweggehend, die solches verboten, erklärte
sie, die Haltung der Bonner Behörden sei ein weiteres Anzeichen für eine
Wiederbelebung des Nazismus oder einer sehr ähnlichen Bewegung in
Deutschland.

Hinzu kam, daß die Nachricht, in den Vorstellungen deutscher Schulkin-
der herrsche beträchtliche Verwirrung hinsichtlich der Geschehnisse im
Dritten Reich, selbst eine so nüchterne Zeitung wie den Londoner *Econo-
mist* unheilkündend dünkte. In Wirklichkeit gab es keinen Grund zur Beunruhigung. Die sogenannte ,,Hitler-Welle" lief so schnell aus, wie sie sich
erhoben hatte, und gehörte schon der Vergangenheit an, noch bevor der
Fest-Film alle Kinos erreicht hatte. Gleichzeitig begann man Boßmanns

Enthüllungen etwas vorsichtiger zu betrachten. Neue Tests mit Schülern zwischen 15 und 18 Jahren an verschiedenen Schulen ergaben, daß die Jugend nicht nur mehr über die Nazizeit wußte, als seine Auszüge anzudeuten schienen, sondern daß sie sehr wohl fähig war, die Gründe für Hitlers Aufstieg zur Macht, die Reaktionen des Volkes auf seine Politik und die Möglichkeit einer Wiederholung des Phänomens Hitler zu beurteilen. Und wie Erziehungswissenschaftler gleichzeitig hervorhoben, war es eine bekannte Tatsache, daß Schüler der mittleren Stufen, die einen beträchtlichen Teil von Boßmanns Aufsatzschreibern ausgemacht hatten, wenig geneigt waren, etwas über Themen zu lernen, die sie nicht unmittelbar betrafen, daß ihr Interesse schwer zu wecken und ihre Aufmerksamkeitsphase äußerst kurz war. Dies galt nicht nur für deutsche Kinder. Hätte man das Geschichtswissen englischer oder amerikanischer Schüler getestet mit Aufsätzen etwa über Winston Churchill oder Franklin Delano Roosevelt, würde man zweifellos ähnlich haarsträubende Ergebnisse erzielt haben.

Dies entschuldigte schwerlich jene Art von wirrer Vorstellung, aus der heraus einige Schüler Hitler für einen Kommunisten oder ein Mitglied der CDU gehalten hatten und die einen von ihnen zu der Behauptung veranlaßt hatte, die Großindustrie habe die NSDAP geschaffen aus Angst vor dem Kommunismus, und Hitler sei Galionsfigur des daraus resultierenden Faschismus gewesen, der gekommen wäre, auch wenn Hitler nicht existiert hätte. Doch brauchte man, wie Werner Klose schrieb, nach einer Erklärung für solche Irrtümer nicht lange zu suchen. Es war charakteristisch für die Gesellschaft, in der die Schüler lebten, daß die älteren Leute politische Bezeichnungen recht wahllos gebrauchten. Der Begriff „Kommunist" wurde seit langem von Politikern und Kirchenmännern für alles verwendet, was ihnen zuwider war, und in jüngerer Zeit ging man mit Bezeichnungen wie „Faschist", „Nazi" und „faschistoid" nicht weniger verschwenderisch um.

Wer will sich über die kläglichen Geschichtskenntnisse vierzehnjähriger Hauptschüler beklagen, wenn an manchen Universitätsinstituten nicht nur sektiererische Studenten, sondern sogar ihre Lehrer mehr oder weniger offen davon überzeugt sind, daß die Opfer der Terroristen zumindest ‚faschistoid' schon deshalb waren, weil sie der Bundesrepublik Deutschland in dieser oder jener Funktion dienten! Wenn unser ‚System' (eine Vokabel Hitlers für die parlamentarische Demokratie!) durch Demagogen in den ungeschichtlichen Haßbegriff des ‚Faschismus' hineingezerrt wird, ist für Teile der Jugend die geschichtliche Realität des Nationalsozialismus nicht mehr erfaßbar.

Diese Argumente halfen mit, Boßmanns Experiment in die richtige Perspektive zu rücken, und die positive Reaktion auf den amerikanischen „Holocaust"-Fernsehfilm im Februar 1979, von der noch die Rede sein wird und die besonders bei jungen Menschen zu verzeichnen war, trugen zur Beruhigung vieler bei, die zutiefst bestürzt gewesen waren. Doch nicht alle gaben sich damit zufrieden, und bald beunruhigte der Geist Hitlers die deutschen

Gemüter erneut. Ursprung der Besorgnis war diesmal die zunehmende Militanz rechtsextremistischer Gruppen. Solche Organisationen existierten schon seit langem am Rande der Legalität, und man hatte sie toleriert, weil sie bedeutungslos klein waren und sich zum größten Teil aus alternden Veteranen der Bewegung zusammensetzten. Doch 1978 und 1979 trat ein Netz neuer, unverhohlen neonazistischer Gruppen in Erscheinung, die lose verbunden waren in einer *Aktionsfront nationaler Sozialisten* unter Führung eines früheren Bundeswehroberleutnants namens Michael Kuhnen und sich zum größten Teil aus Männern unter 30 Jahren zusammensetzten. Diese Gruppen begannen mit einer Reihe von Aktionen und wandten dabei die Taktiken der linksradikalen Terroristen an. Man schrieb Kuhnen bewaffnete Angriffe auf Garnisonen und Übungsplätze in Hamburg und Bergen-Hohne zu, bei denen er sich Waffen und Munition beschaffte, sowie Überfälle auf Banken und Firmen, die ihm DM 150 000,– einbrachten, und es hieß, seine Organisation plane eine Operation zur Befreiung von Hitlers Stellvertreter Rudolf Heß aus seiner Haft in Spandau und einen Sturm auf die Berliner Mauer.

Es bestand kaum die Gefahr, daß diese noch immer winzigen Gruppen solche Pläne würden ausführen können, geschweige denn – wie Kuhnen sich rühmte – ,,Deutschland wiederzuerwecken‘‘, ,,die NSDAP wiederzugründen‘‘ und ,,das Reich in seiner alten Stärke wiederherzustellen‘‘, denn gegen Ende 1979 standen sie unter so scharfer polizeilicher Überwachung wie die Linksterroristen. Dennoch war es entmutigend, daß in der Öffentlichkeit wieder die alten Parolen gerufen wurden und man sich fragen mußte, wieviele andere insgeheim ähnlich dachten wie Kuhnen. Ein Münchner Institut, das vom Kanzleramt beauftragt worden war, die Empfänglichkeit der breiten Masse für rechtsradikale Schlagworte zu erforschen, stellte fest, daß das Problem ernster war als allgemein angenommen und daß der Ausspruch ,,Unter Hitler ging es Deutschland besser‘‘ nicht mehr ungewöhnlich war. Setzte man Hitler mit dem kleinen Mann in dem Lied* gleich, der nicht da war, so war er, fünfunddreißig Jahre nach seinem Tod im Bunker, der Mann, der nicht weggehen wollte.

---

* Ich beziehe mich hier auf ein Lied, das in Amerika sehr bekannt war:
  Last night I saw upon the stair
  A little man who wasn't there.
  He wasn't there again today
  Oh, how I wish he'd go away!

Zweiter Teil

Wandel und Kontinuität

4. Religion

Deutsche Intellektuelle haben Gott schon so oft für tot erklärt, daß es eigentlich überraschen müßte, wieviel Raum deutsche Zeitungen dem Thema Religion widmen. Doch ist dies nicht auf die Laune irgendwelcher Herausgeber oder auf konfessionellen Eifer zurückzuführen, wenn es auch freilich in Deutschland mehr bedeutende konfessionell ausgerichtete Zeitungen gibt als in den Vereinigten Staaten. Darin spiegelt sich vielmehr die Tatsache wider, daß trotz der Säkularisierungstendenzen, die alle westlichen Länder im Zeitalter der Industrialisierung erfaßt haben, die Religion in Deutschland noch immer eine lebendige Kraft ist. Das zeigt sich nicht nur darin, daß sich rund 95% der Bevölkerung der Bundesrepublik Deutschland zumindest formell zu einer der christlichen Kirchen bekennen, sondern auch in der Aktivität der führenden Kirchenmänner und der Anzahl praktizierender Christen in der Politik sowohl der Bundesrepublik wie der Deutschen Demokratischen Republik. Aber hauptsächlich offenbart es sich vielleicht in der lebhaft, wenn nicht sogar scharf geführten Diskussion innerhalb der zwei Hauptkonfessionen bezüglich der Kirchenreform und der Rolle, die das Christentum in der Gesellschaft spielen sollte.

Diese Aktivitäten und internen Debatten sind natürlich nicht neu. Sie sind vielmehr Ausdruck von Glaubensansichten und -unterschieden, die in manchen Fällen unter gläubigen Christen seit Beginn der Neuzeit bestanden und verschärft wurden durch die Erinnerung an das Verhalten der protestantischen und der römisch-katholischen Kirche während der Nazijahre.

I

Um dies näher zu erläutern, müssen wir bei der Reformation anfangen, einer Zeit, die den Deutschen vielleicht nicht so fern liegt wie uns, da sie noch immer von ihren Gedenkstätten umgeben sind. Diese große Revolution, die die Einheit der römisch-katholischen Kirche zerstörte, war das Ergebnis eines Zusammentreffens von allgemeinen Tendenzen und individueller Initiative. Während der letzten Jahre des 15. Jahrhunderts hatte sich selbst unter den strenggläubigen Christen immer mehr die Überzeugung verbreitet, daß die römische Kirche dringend einer Reform bedurfte, und dieses Gefühl wurde verstärkt durch einen beginnenden Nationalismus, hinter dem Ulrich von Hutten und andere Humanisten standen, die die Romhörigkeit der deutschen Kirche erniedrigend fanden. Dies war nicht das letzte Mal, daß der deutsche Katholizismus durch solche Gefühle bewegt wurde, die in der Tat heute in ihrer Stärke nicht unterschätzt werden dürfen. Im 16. Jahrhundert, als Martin Luther die Verkörperung dieser Gefühle wurde, entwikkelten sie sich zur zwingenden Kraft.

In einem berühmten und viel zitierten Absatz seiner Schrift *Zur Geschichte der Religion und Philosophie in Deutschland* schrieb Heinrich Heine, Luther war ,,nicht bloß der größte, sondern auch der deutscheste Mann unserer Geschichte . . .; in seinem Charakter (sind) alle Tugenden und Fehler der Deutschen aufs großartigste vereinigt". Er war gleichzeitig Mystiker und Praktiker,

nicht bloß die Zunge, sondern auch das Schwert seiner Zeit . . . zugleich ein kalter scholastischer Wortklauber und ein begeisterter, gottberauschter Prophet . . . Wenn er des Tags über mit seinen dogmatischen Distinktionen sich mühsam abgearbeitet, dann griff er des Abends zu seiner Flöte und betrachtete die Sterne und zerfloß in Melodie und Andacht.

Die von Heine vermerkten Widersprüche kennzeichneten sowohl Luthers Temperament wie seinen persönlichen Stil, die von der rührenden Beredsamkeit seiner Lieder bis zur groben Beschimpfung in den Angriffen gegen seine Feinde reichten und sich vor allem in seiner religiösen Reform zeigten. Seine Lehre von der Rechtfertigung allein durch den Glauben, die bedeutete, daß der einzelne Gläubige ohne einen Mittler zwischen sich und seinem Gott auskam, sein Glaube an eine Priesterschaft aller Gläubigen, die die Grundsätze ihres Glaubens aus der Heiligen Schrift bezogen, und die erstaunliche Wirkung seiner Flugschriften, die er zur Verbreitung dieser Ideen schrieb, kamen einer noch nie dagewesenen Erklärung intellektueller Freiheit gleich. Andererseits schien seine bedingungslose Unterstützung der weltlichen Macht bei der Bekämpfung derer, die seine Worte dazu ermutigt hatten, einen sozialen und politischen Wandel zu fordern, diese Freiheit nicht nur auf den inneren Bereich des Geistes zu beschränken, sondern drückte der protestantischen Bewegung auch vom Augenblick ihrer Geburt an einen konservativen Stempel auf.

Dies war vielleicht unvermeidlich. Luther war selbst ein Konservativer, der die bestehende politische und soziale Ordnung bei all ihren Ungleichheiten und Ungerechtigkeiten für einen Ausdruck des Willens Gottes hielt, der auch die Regierung durch weltliche Behörden zur Durchsetzung von Recht und Ordnung geschaffen hatte. Die säkulare Welt war keine christliche Ordnung; die meisten Menschen waren unverbesserliche Sünder und mußten durch weltliche Weisheit oder durch Gewalt im Zaum gehalten werden. Aber es war eine notwendige Gewalt, da ohne eine auferlegte Ordnung das Chaos herrschen und die Verbreitung des Christentums unmöglich würde. Deshalb mußte der einzelne Christ, der in einer Gemeinschaft von Barmherzigkeit und Liebe lebte, auch seine Pflicht in der Welt der Gewalt und Sünde erfüllen. Durch sein Gewissen an eine Ethik der Liebe gebunden, schuldete er auch der weltlichen Ordnung Gehorsam, deren Aufrechterhaltung von Gott verfügt war; und wenn er dazu bestimmt war, ihr zu dienen, als Soldat oder als Amtsperson, mußte er seine Pflicht tun und seinen Dienst als einen Dienst an seinem Schöpfer betrachten.

Luthers Einstellung zu den durch seine Lehren ausgelösten Unruhen konnte deshalb nicht überraschen. Im Jahre 1523 distanzierte sich der Wittenberger Reformator von einer Erhebung der Ritter, die Franz von Sickingen angeführt hatte, und betrachtete ihre schließliche Niederschlagung als einen Urteilsspruch Gottes; und als ein Jahr später der große Bauernaufstand begann, bezog er nicht nur unzweideutig gegen ihn Stellung, sondern verfaßte eine Flugschrift, in der er die Fürsten aufforderte, sie sollten „getrost fortdringen, und mit gutem Gewissen dreinschlagen, weil sie ein Ader regen kann. Die hie ist das Vortheil, daß die Bauern böse Gewissen und unrechte Sachen haben; und welcher Bauer darüber geschlagen wird, mit Leib und Seele verloren und ewig des Teufels ist ... Solche wunderliche Zeiten sind jetzt daß ein Fürst den Himmel mit Blutvergießen verdienen kann baß, denn andere mit Beten.''

Aber so dachten nicht alle, die sich durch Luthers Herausforderung der Macht der römischen Kirche hatten anrühren lassen. Thomas Münzer, der in der Schlacht von Frankenhausen auf der Seite der Bauern kämpfte und nach der Niederlage festgenommen und hingerichtet wurde, war – obwohl ihn Friedrich Engels später zu einem Vorläufer des Kommunismus kanonisierte – ein gläubiger Christ, der ursprünglich Luther gefolgt, dann aber zu der Überzeugung gelangt war, daß es nicht genüge, die Religion nur für eine innerliche, geistige Erfahrung zu halten. Er glaubte, wenn der Mensch durch einen Prozeß der Prüfung und des Leidens den Heiligen Geist empfangen hatte, werde er in ein Werkzeug zur Ausrottung des Bösen auf der Welt verwandelt und müsse sich mit anderen gleichermaßen Bekehrten zusammentun in einem unablässigen Kampf, um die Geschichte der Menschheit zu vollenden und dem Reich Gottes schon jetzt auf dieser Erde den Weg zu bereiten. Als der Bauernaufstand ausbrach, erblickte Münzer darin den Beginn dieses Umwandlungsprozesses. Er hatte schon ein Jahr vorher unter den Bergleuten von Mansfeld eine geheime militärische Organisation gegründet, die sich „Bund der Auserwählten'' nannte, und dem auch viele Bürger der Stadt angehörten, und als die Unruhen einsetzten, mobilisierte er sie mit den Worten: „Das ganze deutsche, französische und welsche Land ist wach. Der Meister will ein Spiel machen, die Bösewichter müssen dran ... Wenn Euer nur drei sind, die in Gott gelassen allein seinen Namen und Ehre suchen, werdet Ihr hunderttausend nicht fürchten. Nun dran, dran, dran! Es ist Zeit. Die Bösewichter sind verzagt wie Hunde ... Dran, dran, dieweil das Feuer heiß ist! Laßt Euer Schwert nicht kalt werden!''

Binnen eines Jahrzehnts nach Luthers Herausforderung der römischen

Kirche sah sich sein protestantischer Glaube daher einer Theologie der sozialen und politischen Aktion gegenüber, die – nach den Worten des Mün-
zer-Biographen Eric W. Gritsch – davon ausging, daß „aus Worten des
Glaubens Taten werden mußten; die Wiedergeburt des Individuums durch
den Eingang des Heiligen Geistes in die Seele mußte umgewandelt werden in
. . . Aktion, die der Welt Gottes Willen offenbarte". Mit Luthers Unterstützung wurde diese Theologie durch die Fürsten rücksichtslos unterdrückt;
aber sie sollte nicht zum letzten Mal Menschen, die gleich Münzer die Leiden der verletzlichen Teile der Gesellschaft zutiefst mitempfanden, zum
Kampf gegen die Anmaßungen ihrer religiösen Führer inspirieren.

Im 16. Jahrhundert jedoch behielt Luthers Ansicht die Oberhand, und in
der darauf folgenden Zeit wurde das orthodoxe Luthertum zu einem zunehmend unkritischen Unterstützer der weltlichen Autorität und verlor schließlich sogar die autonome Position, die sich die katholische Kirche mittels des
Beichtstuhls und der Macht der Exkommunikation hatte bewahren können.
Wo sich im 16. und 17. Jahrhundert der Protestantismus ausbreitete, übernahmen die Landesfürsten die Rechtstitel und Besitztümer, die der römischen Kirche gehört hatten und wurden, da die neuen lutherischen Gemeinden sich nicht aus eigenen Mitteln erhalten konnten, auch zu deren Schutz-
herren. Mit der Zeit verband sich mit dieser Patronage das Recht zur Prüfung der finanziellen und materiellen Verhältnisse der Gemeinden und zur
Einschaltung in Fragen der Lehre wie Gottesdienstformen, Schullehrpläne
und Ernennungen. Als der Landesfürst schließlich als oberster Bischof oder
summus episcopus der Gesamtheit der Kirchengemeinden anerkannt wurde,
wie dies in Sachsen, in den welfischen Herzogtümern, in Mecklenburg,
Hessen-Darmstadt und Württemberg geschah, war die Umwandlung der
lutherischen Kirchen in Staatskirchen vollendet. Luther selbst hatte dieser
Entwicklung Vorschub geleistet. Die materiellen Aspekte der Kirche waren
nie seine brennende Sorge gewesen, und selbst in Fragen der Lehre begann er
nach seinem Konflikt mit Münzer und einigen Erfahrungen mit anderen
Sektierern den schrankenlosen Subjektivismus in der biblischen Auslegung
zu fürchten und zunehmend das Dogma und die theologische Führerschaft
zu betonen. Eine Überwachung durch die weltliche Macht bedeutete in
seinen Augen lediglich einen zusätzlichen Schutz.

In den meisten Gegenden, in denen das Luthertum die Oberhand behielt,
tendierte es zur Ausbildung eines passiven Gehorsams gegen jedwede Amts-
gewalt, vom örtlichen Grundbesitzer bis zum Landesfürsten. Im Staat Brandenburg-Preußen ist jedoch ein wichtiger Unterschied zu vermerken. Hier
trat, während die Mehrheit der Bevölkerung lutherisch blieb, die herrschende
Hohenzollern-Dynastie 1613 zum Kalvinismus über. Auf die Unterschiede
in Lehre und Aufbau zwischen den beiden Formen des Protestantismus
kommt es hier weniger an. Wichtig ist vielmehr die Tatsache, daß der Kalvinismus aus den Niederlanden und dem Frankreich Heinrichs IV. Ideen von

der Staatsraison, von der Staatswissenschaft und vom Staatswachstum ins Land brachte, die über das Verständnis der meisten kleinen lutherischen Fürsten gingen, den Hohenzollern aber, die ihren Staat zu einer unabhängigen Macht in Europa erheben wollten, kongenial erschienen. Die kalvinistischen Hofprediger der Hohenzollernfamilie, die nicht nur in Berlin, sondern in zwanzig weiteren Städten des Landes tätig waren, bildeten den Kern einer sich vergrößernden Beamtenschaft, die aus ihren Positionen in Kirchenkonsistorien heraus, am Joachimsthalschen Gymnasium, der wichtigsten kalvinistischen Schule des Landes, und im Regierungsdienst den Gedanken des aktiven Gehorsams und des Dienstes am Staate verbreiteten und Förderer der staatlichen Zentralisation und Macht waren. Am preußischen Luthertum gingen diese Einflüsse nicht vorüber, und als 1817 die reformierten (kalvinistischen) und die lutherischen Kirchen verschmolzen wurden, war der organisierte Protestantismus in Preußen zum Stützpfeiler des zentralisierten absoluten Staates geworden.

Die Entwicklung mächtiger Staatskirchen mußte bei manchen besorgten Christen Gefühle wecken, ähnlich denen, die im 16. Jahrhundert zum Widerstand gegen die katholische Kirche geführt hatten. Schon zu Luthers Zeit entstanden mehr und mehr einzelne Sekten und Konventikel, die geistlichen Trost in mystischer Erfahrung und chiliastischen Visionen suchten und die in Luthers Namen gegründeten Kirchen lediglich als eine bürokratische Orthodoxie betrachteten, der ,,Baalspriester" dienten, die aus Ritual und Dogma Idole machten. Wichtiger, weil besser organisiert, war die pietistische Bewegung, die von der Tätigkeit Philipp Jakob Speners (1635–1705) ausging. Als Mensch, dessen seelsorgerische Kraft seinem christlichen Gewissen entsprach, schickte er sich zu einer aktiven Christianisierung des täglichen Lebens außerhalb der regulären Kirchenorganisation an. Im Jahre 1666 richtete er in Frankfurt Erbauungszirkel *(collegia pietatis)* ein, bei denen man sich täglich zu Bibellesungen, Gebet und der Ausbildung der persönlichen Frömmigkeit traf und die Teilnehmern aus allen Schichten offenstanden.

Diese Aktivitäten, verbunden mit Speners Lehrmeinung, christliches Leben werde sich in der Arbeit für soziale Verbesserung manifestieren, erweckten breite Beachtung, und in anderen Teilen Deutschlands bildeten sich ähnliche Gruppen, die sich oft in den Häusern des Adels oder des wohlhabenden Bürgertums trafen. An der Universität Leipzig gab es eine besonders aktive Gruppe unter der Führung von August Hermann Francke (1663–1727), der auf christliche Werke und die Reform und Wiedergeburt von Kirche, Universität und Gesellschaft solchen Nachdruck legte, daß die orthodoxe lutherische Kirchenführung unruhig wurde und ihre Besorgnis mehreren Regierungen mitteilte. Diese Reaktion ist verständlich. Kernpunkt des Pietismus war die moralische Erneuerung des Individuums, die dadurch erreicht wurde, daß der Mensch durch die Seelenangst der Reue zu der überwältigenden Vorstellung von der Gnade Gottes gelangte. Diese Erfahrung war das Ergebnis von Insichgehen und Gebet und für den Gläubigen völlig persönlich und einmalig. Er bedurfte keiner Theologen, die ihm etwas auslegten, noch nützten ihm dabei vom Staat beherrschte religiöse Hierarchien. Hilfe konnte nur von Gnadesuchern gleich ihm kommen, und das wahre christliche Leben konnte nur in kleinen Gemeinschaften von erweckten Christen gelebt werden. Dieses Ideal schien, auf einen Nenner gebracht, die Existenz des Establishments herauszufordern, und schon sehr bald versuchte die aufgestörte Staatsmacht der Ausbreitung der neuen Bewegung zu begegnen.

Gegen die Pietisten gerichtete Gesetze wurden erlassen in Sachsen (1690), Braunschweig und Lüneburg (1692), Brandenburg (1700), Hessen-Kassel (1703), Bremen (1705), Nürnberg (1707) und in anderen lutherischen Zentren. Doch der Pietismus fand eine Zuflucht in größeren Städten wie Frankfurt und Hamburg und, trotz anfänglichen Widerstands, in Brandenburg-Preußen. Francke und sein Mitarbeiter, der Jurist Thomasius, schlossen sich der neuen Universität von Halle an, die die Regierung von Brandenburg 1694 gegründet hatte, und Francke setzte sogleich ein für seine Zeit bemerkenswertes soziales Programm ins Werk: 1695 rief er eine Schule für die Armen ins Leben, 1698 baute er Deutschlands erstes Waisenhaus und schließlich gründete er (1710) einen Verlag zur Herstellung billiger Bibeln und religiöser Literatur zur Verbreitung im ganzen Land.

Franckes Tätigkeit erhielt offizielle Schirmherrschaft (und man kann dies als den Beginn der Zähmung des Pietismus betrachten), als Friedrich Wilhelm I. 1713 den preußischen Thron bestieg. Selbst ein bedeutender Sozialreformer, soll Friedrich Wilhelm gesagt haben: ,,Wenn ich baue und verbessere das Land und mache keine Christen, so hilft mir alles nicht." Friedrich Heer hat die Kombination von reformatorischem Eifer und pietistisch-sozialem Aktivismus beschrieben, die den König dazu brachte, die katholische Marienkirche abzureißen, um aus ihren Steinen in Potsdam ein Militärwaisenhaus zu errichten, und er erwähnt ferner, daß er Texte von Francke für die religiöse Unterweisung seines Heeres benutzte, damit die Soldaten um so standhafter für Gottes Ziel kämpfen konnten, so wie der Souverän es sah. Der König erkannte auch die pädagogische Originalität von Franckes Erziehungsexperimenten an, die bald adlige und bürgerliche Kinder beiderlei Geschlechts einschlossen sowie auch Waisen und Kinder armer Leute und so ausgerichtet waren, daß die Ausbildung die individuellen Talente des Schülers so weit wie möglich entwickelte. Francke war besonders daran interessiert, begabte junge Menschen gleich welchen Standes auf den Staatsdienst vorzubereiten, und er wurde dabei durch seinen Monarchen unterstützt. In der Tat bestand eine der herausragendsten Folgen des Pietismus in der Auswirkung, die er auf das preußische Beamtentum und Offizierskorps sowie auf jene sozialen Schichten hatte, aus denen sie sich in der Hauptsache rekrutierten.

Andererseits zielte der Pietismus, obwohl er als Protestbewegung gegen die Bürokratisierung der Religion und die offizielle Gleichgültigkeit der Kirche gegenüber sozialen Übeln begonnen hatte, nie auf so etwas wie eine totale Reform von Kirche oder Staat ab. In den Gebieten, wo sie am stärksten vertreten waren – in Sachsen, in den ostelbischen Distrikten Preußens, in Württemberg und in Schlesien, wo die Bewegung eine echte Basis im Volke hatte –, wurden die Pietisten im 18. Jahrhundert als „die Stillen im Lande" bekannt, ein Name, der sowohl die Innerlichkeit ihrer Bestrebungen wie ihre relative Gleichgültigkeit gegenüber der Politik umfaßte. Der auf Gegenseitigkeit beruhende Antagonismus, der ihr Verhältnis zu den Führern der lutherischen Kirche gekennzeichnet hatte, nahm rasch ab, und es war bezeichnend, daß die meisten pietistischen Gruppen – sogar die Herrnhuter Brüdergemeinde, eine von Nikolaus Ludwig Graf von Zinzendorf gegründete Hilfsorganisation für Flüchtlinge aus Böhmen, die Christen jeder Konfession offenstand – innerhalb der lutherischen Kirche verblieben und mit der Zeit, wie wir noch sehen werden, von deren Establishment hinzugewählt wurden.

Inzwischen hatte das, was man die Hauptströmung des Luthertums nennen könnte, die heftigen Auseinandersetzungen in Fragen der Lehre, Kennzeichen ihrer Geschichte im 16. und 17. Jahrhundert, überstanden und war zunehmend unter den Einfluß eines Rationalismus geraten, der von den Versuchen Leibniz' und Christian Wolffs herrührte, Religion und Philosophie in der Form einer positiven Religion zu versöhnen, der den Glauben an Gott und die Unsterblichkeit der Seele als „natürlich" akzeptierte und die moralische Freiheit des Individuums betonte. Diese Entwicklung und der Einfluß von Wolffs Religionsphilosophie auf Intellektuelle im allgemeinen machen verständlich, weshalb die Aufklärung in Deutschland nur begrenzte Auswirkungen hatte. Im Gegensatz zu der Situation in Frankreich und England gab es keine Atheisten oder Republikaner unter den deutschen Aufklärern, die, da sie sich über keinen doktrinären Obskurantismus zu beklagen hatten, nicht zur religiösen Entfremdung getrieben wurden und weniger an politischen Zielen als an der Perfektibilität des Individuums und der Menschheit interessiert waren. Der Pietismus hatte auch etwas damit zu tun, denn die Tätigkeit von Leuten wie Francke zeigte, daß Frömmigkeit und aufgeklärte Sozialpolitik nicht unvereinbar waren; das galt ebenso für das tiefempfundene religiöse Gefühl, das die Folge des seit Luthers Tagen selbst in den entlegensten Gebieten des protestantischen Deutschland durch eine eifrige und gebildete Geistlichkeit ausgeübten kulturellen Einflusses war. Robert Minder hat überzeugend von der Wirkung des Pfarrhauses auf die deutsche Literatur geschrieben, und der deutsche Roman von Jean Paul bis zu Raabe und Fontane liefert reichlich Beweis dafür. Doch der moralische und geistliche Einfluß des Pfarrhauses auf die emporkommende Mittelschicht war nicht weniger stark, und während der Aufklärung lenkte sie ihre

Bestrebungen und Erwartungen ab, so daß sie sich weniger für politische Ziele interessierte als die Bourgeoisie im Westen.

Die Französische Revolution, Napoleons Eroberungszüge und seine schließliche Vertreibung aus Deutschland wirkten sich auf den religiösen Glauben im allgemeinen belebend aus, eine Entwicklung, die sich nach der Friedensregelung von 1815 fortsetzte und genährt wurde durch die übertriebene Angst vor einer neuen Revolution in der deutschen Oberschicht. Angesichts dieser Umstände lebte der Pietismus, der in den letzten Jahren des 18. Jahrhunderts dahinzuschwinden begonnen hatte, nicht nur wieder auf, sondern wurde zu einer konservativen Kraft innerhalb der lutherischen Kirche. Während der Freiheitskriege waren viele hohe Beamte des preußischen Staatsdienstes und des Offizierskorps Mitglieder pietistischer Zirkel geworden, möglicherweise deshalb, weil eine emotionale, von Gott gelenkte Religion das beste ideologische Rüstzeug gegen französischen Rationalismus und Säkularismus zu sein schien. In der darauf folgenden Periode – ja, bis zum Ende der 40er Jahre des 19. Jahrhunderts – stellten solche frommen Gruppen weiterhin einen normalen Aspekt im Leben des Adels in der ostelbischen Region dar. Nebenbei sei hier bemerkt, daß der größte deutsche Staatsmann der zweiten Hälfte des 19. Jahrhunderts, Otto von Bismarck, im Hause seiner Freunde, der von Thadden-Trieglaffs, in einen solchen Zirkel eingeführt wurde und eine religiöse Bekehrung erfuhr, die auf seine Person und Staatskunst von bleibendem Einfluß war. Bismarckforscher haben zu oft dazu geneigt, Aussprüche von ihm wie „Ich bin Gottes Soldat, und wo er mich hinschickt, da muß ich gehn", und „wenn ich nicht mehr Christ wäre, diente ich dem König keine Stunde mehr", und „Gerade dieser mein lebendiger, evangelischer christlicher Glaube legt mir die Verpflichtung auf, für das Land, wo ich geboren bin und zu dessen Dienst mich Gott geschaffen hat, und wo ein hohes Amt mir übertragen worden ist, dieses Amt nach allen Seiten hier zu wahren", als Heuchelei oder moralisches Mäntelchen abzutun. Das stimmt nämlich keineswegs, und wer sie für dergleichen hält, erkennt die Quelle der Sicherheit nicht, aus der heraus Bismarck seine Außenpolitik führte, und mißversteht das Ethos des preußischen Adels, das in unserer Zeit ein entscheidender Faktor war für die Teilnahme des Adels an der Verschwörung gegen Hitlers Leben.

Die allgemeine Furcht vor Revolution und Rationalismus, die nach 1815 herrschte, brachte hohe Beamte am preußischen Hof, von denen einige aus diesen ostelbischen Kreisen kamen, zu der Überzeugung, religiöse Inbrunst sei die beste Garantie gegen politische Massenagitation und man könne sie verbreiten, indem man dafür sorgte, daß in Zukunft wahrhaft religiösen – das heißt, pietistischen – Kandidaten für das geistliche Amt bei Stipendien und Ernennungen der Vorzug gegeben wurde. Diese Politik wurde während der Herrschaft Friedrich Wilhelms III. eingeführt und bis zum äußersten getrieben unter seinem Nachfolger Friedrich Wilhelm IV., der romantische

Vorstellungen von der Gründung eines christianisierten Preußen hatte, das ein Bollwerk gegen progressive politische Tendenzen sein würde. Die führenden Positionen im Kultusministerium und in der Hierarchie der evangelischen Kirche wurden mit Neu-Pietisten besetzt, die eine Belästigungskampagne gegen Geistliche mit zu betont rationalistischen Ansichten führten – wie die sogenannten Jung-Hegelianer und jene Pfarrer, die unter dem Einfluß von D. F. Strauß' *Leben Jesu* (1835) Zweifel an der Echtheit des Berichtes der Bibel bekommen hatten. Ihr Kampf richtete sich aber auch gegen die Widersacher der Liturgiereform, die mit der Vereinigung der lutherischen und der reformierten Kirche einhergegangen war, wie zum Beispiel gegen den bemerkenswerten Berliner Prediger Schleiermacher.

Nicht zum letzten Mal in der deutschen Geschichte erweckte ein so eklatanter Eingriff der Politik in die religiöse Sphäre in der Öffentlichkeit einen Sturm des Protests, zumal er von dem Versuch begleitet war, Nicht-Konformisten aus den Reihen der Gläubigen auszuschließen und die Kirche zum Werkzeug der politischen Reaktion zu machen. Im Juni 1841 berief der Prediger Leberecht Uhlich die erste einer Reihe von Versammlungen ein, um gegen die von der Kirchenleitung ausgegebenen Lehrdirektiven zu protestieren. Aus diesen Zusammenkünften erwuchs die Bewegung der Lichtfreunde, die 1845 Tausende von Menschen im ganzen Land umfaßte, darunter viele Frauen, ein Umstand, der den Zorn der Behörden hervorrief, weil es dafür keinen Präzedenzfall gab. Auf diesen Versammlungen wandte man sich gegen die Starrheit der staatlichen Kirchenpolitik und forderte eine repräsentativere Kirchenkonstitution mit größerer Laienbeteiligung in der Leitung und andere Reformen, die die Kirche den fortschrittlichen Tendenzen annähern sollten.

Die Bewegung war nicht von Dauer und hatte keinen großen Erfolg, und sie ist hauptsächlich bemerkenswert als frühes Beispiel dafür, daß in Zeiten politischer Instabilität (Deutschland bewegte sich auf die Revolution von 1848 zu) die Religion als ein Brennpunkt für eine gegen den Staat gerichtete Agitation dienen konnte. Einer von Metternichs Leuten sagte 1845 bestürzt: „Die Religion ist jetzt schon und wird in kurzer Zeit noch mehr die Achse sein, um welche sich die Welt und mit ihr die Politik bewegt." Es sollte sich herausstellen, daß er unrecht hatte. Als die Revolution kam, spielten die militanten Pastoren der Lichtfreunde keine prominente Rolle. Ihr Widerstand beschränkte sich auf den Bereich der Religion, und als die politische Wirklichkeit hereinbrach, zogen sie sich zurück. In den Jahren, die auf das Debakel von 1848 folgten, überbot sich die Mehrheit der protestantischen Pastoren – nicht nur die der evangelischen Kirche Preußens, sondern auch die der lutherischen Kirchen in Sachsen, Hannover und Württemberg und die der reformierten Gemeinden in anderen Ländern – in dem Eifer, die Revolution zu mißbilligen und für bedingungslose Treue zum Staat einzutreten. Diese Haltung lag in der Linie der seit Luthers Zeiten vorherrschenden konservativen Einstellung des deutschen Protestantismus. Ob sie für das neue industrialisierte Deutschland taugte, das seine Kräfte sammelte und in dem Reich von 1871 hervortreten sollte, war zu bezweifeln.

II

Der deutsche Katholizismus war nach der Reformation einen anderen, schwierigeren Weg gegangen. Um die Mitte des 16. Jahrhunderts waren vier Fünftel Deutschlands protestantisch, und es sah fast so aus, als würden die übriggebliebenen Gebiete, in denen der katholische Widerstand noch stark war, etwa die Bistümer Köln, Würzburg und Augsburg und der Rest von Bayern, dem Druck der triumphierenden lutherischen Reformbewegung erliegen. Dies wurde verhindert durch ein dramatisches Aufbäumen der erschütterten römischen Kirche, die das Konzil von Trient (1545–1563) einleitete. Es kam zu einer Klärung und Neudefinition der Kirchenlehre, und man begann mit der systematischen Ausmerzung aller Mißbräuche, die Luthers Revolte ausgelöst hatten. Die sich anschließende Wiedererstarkung der katholischen Position in Deutschland erfolgte unter der politischen Führung Kaiser Ferdinands II. und solcher Landesfürsten wie Kurfürst Maximilian I. von Bayern, und obwohl sie von dem schrecklichen Blutvergießen begleitet war, das seinen Höhepunkt im Dreißigjährigen Krieg erreichte, war sie so erfolgreich, daß nach dem Westfälischen Frieden Mainz, Köln und Trier und die angrenzenden Gebiete, Würzburg, Konstanz, Bamberg und Münster, Baden, Bayern, Österreich und zahlreiche Kleinstaaten im Norden und längs des Rheins katholische Territorien waren.

Die kulturelle Wiedereroberung dieser Länder war ebenso wichtig wie die politische. Dafür war hauptsächlich die 1534 gegründete Gesellschaft Jesu verantwortlich, deren Anhänger daran gingen, dem beklagenswerten Bildungsmangel abzuhelfen, der für die niedere katholische Geistlichkeit charakteristisch gewesen war. Diese Aufgabe kostete Jahre mühevoller Arbeit. Neue Seminare und Schulen wurden gegründet, und die Jesuiten suchten sich an den theologischen Fakultäten von Universitäten wie Würzburg, Bamberg, Dillingen, Ingolstadt und später Fulda (1734) zu etablieren. Obwohl sie oft mit örtlichen Prälaten oder Fürstbischöfen im Streit lagen, die sich den Bestimmungen des Konzils von Trient widersetzten, erreichten die Jesuiten nicht nur eine spürbare Verbesserung der Lehrpläne der katholischen Bildungseinrichtungen, die sie zu kraftvollen Zentren bei der Förderung der Gegenreformation machten, sondern bewiesen auch ihren Glauben an ein praktisches Christentum durch Missionstätigkeit im Land, durch Schaffung von Hospitälern für Kranke und Heimen für Bedürftige und ihre Bemühungen um eine elementare Schulbildung der Armen.

Zu den kulturellen Leistungen der Jesuiten zählt nicht zuletzt, daß sie den

Barockstil nach Deutschland brachten. Dieser Import aus Italien im 17. Jahrhundert, der den österreichischen Kirchenbau sehr stark beeinflußte und in Deutschland seinen ersten bedeutenden Ausdruck in der Münchner Theatinerkirche fand, verlieh nicht nur dem religiösen Eifer der Gegenreformation sichtbare Form, sondern trug auch dazu bei, ihn dem Volk mitzuteilen. In der Üppigkeit und Extravaganz seiner Ornamentik, die sich deutlich von der strengen Einfachheit der protestantischen Kirchenarchitektur abhob, veranschaulichte sie die Überzeugung des Gründers des Jesuitenordens, Ignatius von Loyola. Loyola glaubte nämlich, daß man Menschen am besten dadurch zum römisch-katholischen Glauben bekehrte oder Verirrte wieder zu ihm zurückführte, indem man nicht an ihren Verstand, sondern an ihre Sinne appellierte, sie mit Eindrücken überwältigte, die sie blendeten und bewegten, sie mitten ins Drama der Erlösung hineinrissen und ihnen einen Schimmer der Schönheit und Pracht von Gottes Thron und der Freude vermittelte, die auf den Gläubigen warteten. Die im 17. und 18. Jahrhundert von den Jesuiten und anderen Orden gebauten Kirchen gebrauchten die barocke Innenausschmückung zu didaktischen Zwecken, und der Stil verbreitete sich allmählich über ganz Bayern und andere katholische Gegenden. Einen herrlichen Ausdruck fand er zum Beispiel sowohl in den Kirchen wie den weltlichen Bauwerken der fürstbischöflichen Residenzstädte Bamberg und Würzburg.

Noch eindrucksvoller waren seine bescheideneren Manifestationen. Vor allem nachdem er sich unter dem Einfluß des französischen Rokoko von seiner anfänglichen Schwere und dem italienischen Bombast befreit hatte – ein Wandel, den man an der Jesuitenkirche vom Schutzengel in Eichstätt und den von den Brüdern Asam ausgeschmückten Bauwerken beobachten kann wie etwa an der Nepomukkirche und dem reizenden Annenkloster in München –, fand das Barock breite Resonanz. Ortsansässige Steinmetzen, Holzschnitzer, Stuckarbeiter und Freskenmaler gestalteten mit ihren Adaptationen ländliche Klöster und Dorfkirchen, bisweilen mit erstaunlichen Ergebnissen wie im Falle der einzigartigen Wallfahrtskirche in der Wies bei Steingaden. Ungefähr so, wie die Kirchenmusik Johann Sebastian Bachs den deutschen Protestanten ansprach, schien der Barockstil den gewöhnlichen katholischen Gläubigen anzurühren, und dies aus den gleichen Gründen: er machte das Unsichtbare greifbar und zog den Menschen mitten ins göttliche Drama hinein.

Das ganze 18. und 19. Jahrhundert hindurch waren die deutschen Katholiken nie völlig frei von Sorge angesichts der Tatsache, daß sie eine religiöse Minderheit im Lande darstellten und daß ihnen wegen ihrer Bindung an das Papsttum viele ihrer protestantischen Mitbürger mit Mißtrauen begegneten. Die Sorge wegen ihres Minderheitsstatus vermehrte sich als Folge politischer Entwicklungen. Solange das Heilige Römische Reich deutscher Nation bestand, war der Katholizismus in den politischen Angelegenheiten von ganz

Deutschland mehr als adäquat vertreten; doch Napoleon machte dem ein Ende, denn er schaffte das Reich ab und säkularisierte die kirchlichen Staaten, die die Grundlage der weltlichen Macht der deutschen Kirche gewesen waren, indem er einen großen Teil der Gebiete und der Bevölkerung dieser Staaten nicht-katholischen Fürsten übertrug. Napoleons Untergang machte diesen Schaden nicht wieder gut, der Katholizismus sollte auf politischem Gebiet im weiteren Verlauf des neuen Jahrhunderts sogar noch stärkere Schläge hinnehmen müssen. Als die nationale Einigungsbewegung erst Tritt gefaßt hatte, wurde deutlich, daß die liberalen Bannerträger Österreich, den bedeutendsten der deutschen katholischen Staaten, von der Union ausschließen wollten, und wenn die Revolution von 1848 nicht gescheitert wäre, hätten sie dies auch getan. Achtzehn Jahre später, als Folge ihres Siegs bei Königgrätz, vollbrachte die preußische Armee, was die Liberalen nicht geschafft hatten. Mit der Aussicht auf ein von Preußen beherrschtes Deutschland ohne Österreich konfrontiert, schrieb ein deutscher Katholik traurig an seinen Bruder: ,,Lieber Georg, die Welt stinkt." Zum Schutz ihrer Interessen gegen die bestehende protestantische Mehrheit gründeten Kirchenführer und Laien 1870/71 im preußischen Abgeordnetenhaus und im Reichstag die Zentrumspartei, die in der deutschen Politik bis 1933 eine wichtige – und in kritischen Augenblicken eine entscheidende – Rolle spielen sollte. In den ersten Jahren ihres Bestehens schien diese konfessionelle Partei den Argwohn deutscher Protestanten gegen den Katholizismus noch weiter zu schüren, und in den 70er Jahren beutete der Kanzler des neuen Reichs, Otto von Bismarck, diese Gefühle aus, als er versuchte, die neue Partei in der berüchtigten, von den Liberalen ,,Kulturkampf" genannten Kampagne zu zerschmettern.

Der Kulturkampf wurde mit der Behauptung gerechtfertigt, die deutsche katholische Kirche sei das Werkzeug einer ausländischen Macht, nämlich des Papsttums, die nach Einschätzung der Liberalen ihre feindselige Einstellung gegenüber allen modernen Ideen durch die Verkündung des Syllabus der Irrlehren im Jahre 1864 bewiesen und mit der Erklärung der Unfehlbarkeit des Papstes in Dingen des Glaubens und der Lehre im Jahre 1870 ehrgeizige Ziele mit ernsten politischen Auswirkungen offenbart hatte. Dies war jedoch eine Behauptung, die sich kaum auf geschichtliche Tatsachen stützen ließ. Seit dem 17. Jahrhundert waren die Beziehungen zwischen der deutschen Kirchenleitung und Rom weniger als herzlich gewesen – dem Vatikan waren die deutschen Kirchenmänner allzu bereit, mit ihren protestantischen Kollegen Kompromisse zu schließen, und der deutschen Kirche war Rom allzu nachgiebig, wenn es an den deutschen Fürstbischofssitzen zu Absentismus und Vetternwirtschaft kam. Während der Aufklärung waren katholische Reformer betont antipäpstlich eingestellt; Bischof Sailer, seit 1829 Bischof von Regensburg, trat offen für den Ökumenismus ein, und der Weihbischof von Trier, Johann Nikolaus von Hontheim, der unter dem Pseudonym

Febronius publizierte, sprach von der Notwendigkeit der Gründung einer nationalen katholischen Kirche. Dieser Gedanke war nicht neu; er reichte bis in die Zeit vor der Reformation zurück und sollte in den folgenden Jahren immer wieder zum Vorschein kommen; insbesondere wurde er von jungen Priestern während der stürmischen Ereignisse im Laufe der 40er Jahre vertreten.

Der extreme Konservatismus Papst Pius IX., dessen Pontifikat von 1846 bis 1878 dauerte, verschärfte die Spannungen zwischen Rom und der katholischen Kirche Deutschlands, und es waren deutsche Bischöfe, die sich der Doktrin von der päpstlichen Unfehlbarkeit am heftigsten widersetzten. Ihr Sprecher war Johann Joseph Ignaz Döllinger (1799–1890), ein Mann, in dem sich große Gelehrsamkeit mit politischem Scharfsinn und Mut verbanden. Er war ein konsequenter Verfechter des von ihm zuerst 1848 formulierten Konzepts von einer Kirche, die weder ,,eine Maschine des Polizeistaats" war (zu der sie in Österreich geworden und zu der die evangelische Kirche in Preußen zu werden im Begriff war) noch ,,Werkzeug bürokratischer Administration". Döllinger gelangte zu der Überzeugung, daß der wachsende Absolutismus Pius' IX. und die zunehmende Starrheit der Kurie die Unabhängigkeit der deutschen katholischen Kirche bedrohten, und 1865, nach der Verkündung des Irrlehren-Syllabus, schrieb er: ,,Der Ultramontanismus ist keine Fiktion mehr, kein Gespenst, sondern eine reelle und aggressiv fortschreitende Macht", der man sich widersetzen müsse. Als der Vatikan sich anschickte, 1869 ein Konzil einzuberufen, sah er voraus, daß es zur Verkündung eines Dogmas benutzt werden würde, das historisch schwer zu rechtfertigen und von fortschrittlichen Menschen nicht zu akzeptieren war; und er gebrauchte seine Feder, um gegen diese Gefahr anzukämpfen. Aufgefordert, die Unfehlbarkeit des Papstes anzuerkennen, weigerte er sich aus Gewissensgründen und wurde exkommuniziert, ein Vorgang, der die deutsche katholische Kirche tief erschütterte und dazu führte, daß zahlreiche Angehörige der Priesterschaft Döllinger ins geistliche Exil folgten.

Diese Spaltung hätte der Kirche größeren Schaden zugefügt, wäre ihr Bismarcks Kulturkampf nicht so dicht gefolgt. Diese unbesonnene Kampagne, die die Ausweisung der Jesuiten und die Auflösung ihrer Seminare mit sich brachte, in Preußen zu einer staatlichen Prüfung für die Ordinierung führte und die Disziplinargewalt über die Kirche staatlichen Behörden übertrug, wurde ein spektakulärer Fehlschlag. Sie ließ die deutschen Katholiken nicht nur enger zusammenrücken in eindrucksvoller Solidarität, die sich in der Verdoppelung der Wählerstimmen jener Partei widerspiegelte, die Bismarck hatte vernichten wollen, sondern führte auch zu einer deutlichen Verminderung der antikatholischen Gefühle in der Nation insgesamt. Ein protestantischer Theologe schrieb: ,,Der Staat kann nicht gegen einen großen Teil seines eigenen Volkes Krieg führen ohne tiefe Schädigungen des sittlichen Bewußtseins nach allen Seiten." Bismarck selbst war klug genug, zu erkennen, daß er einen Fehler begangen hatte, und gegen Ende der 70er Jahre stellte er die antikatholische Kampagne ein.

III

Während der gesamten Geschichte des Zweiten Reichs sahen sich beide Konfessionen den Herausforderungen der modernen Wissenschaft einerseits und der Industrialisierung und Verstädterung andererseits gegenüber, und sowohl da wie dort zeigte sich der deutsche Katholizismus besser vorbereitet. Die aufgeklärte Politik des Vatikans während des Pontifikats Leos XIII. (1878–1903) und der neue Eifer, zu dem der Kulturkampf im Lande geführt hatte, erlaubten es der katholischen Kirche, den Angriffen von Bibelkritik und Darwinismus gelassener und elastischer zu begegnen als die protestantische. Ja, die führenden protestantischen Theologen der Zeit – Julius Wellhausen, Albrecht Ritschl und Adolf von Harnack – bewiesen eine solche Bereitschaft, die mystischen und intuitiven Elemente der christlichen Tradition aufzugeben und dogmatische Positionen zu opfern, daß die Fähigkeit der protestantischen Kirche zum Wettstreit mit den neuen weltlichen Religionen – Nationalismus, Sozialismus und dergleichen – ernstlich gefährdet war.

Die Bedrohung des religiösen Glaubens, die durch den herrschenden Materialismus der Zeit und im Falle der unteren Schichten durch die Entwurzelung im Verlauf der Industrialisierung gegeben war, versuchten beide Konfessionen durch verbessernde Sozialarbeit zu bekämpfen. Auf diesem Gebiet hatten die Katholiken eine lange Tradition, die auf die bahnbrechende Missionsarbeit der Jesuiten im 16. Jahrhundert zurückging. Während der Aufklärung hatte sich Bischof J. M. Sailer von Regensburg stark der pastoralen Arbeit angenommen, und sein Schüler Franz von Baader, Professor der Philosophie in München, hatte als einer der ersten erkannt, daß das Anwachsen der besitzlosen Klasse die Kirche vor dringliche Probleme stellen würde. In den 40er Jahren des 19. Jahrhunderts forderten katholische Denker ein staatliches Fabrikgesetz, und Adolf Kolping, ein Laienmitglied der Kirche, gründete katholische Gesellenvereine zur kostenlosen Berufsausbildung für Arbeiter. In den 60er Jahren wurde diesen frühen Bemühungen neue Kraft verliehen durch Wilhelm Emmanuel von Ketteler, den Bischof von Mainz, der die durch die zunehmende Industrialisierung ausgelöste Demoralisierung mit der Gründung von Arbeitergenossenschaften und Erholungseinrichtungen zu bekämpfen suchte. Kettelers Art von Sozial-Katholizismus wurde zu einem bedeutenden Bestandteil des Programms der Zentrumspartei, deren 1894 gegründete Gewerkschaftsbewegung aktiv blieb, bis sie 1933 von den Nationalsozialisten verboten wurde.

In den Reihen der evangelischen Kirche gab es Sozialreformer, die ebenso von ihrer Aufgabe erfüllt waren wie Ketteler: J. H. Wichern, der Gründer

der Inneren Mission, sowie Adolf Stoecker und Friedrich Naumann, die sich wegen des Anwachsens der Irreligiosität beim Proletariat sorgten, waren bemüht, Kirchenprogramme zur sozialen Wohlfahrt in Gang zu bringen.

Doch diese Reformer fanden bei ihrer Kirche weniger Unterstützung als ihre katholischen Gesinnungsgenossen bei der ihren, und in dem Maße, wie die Sorge des Staates wegen der Entfaltung der Sozialdemokratie wuchs, nahm der Widerstand der Kirchenleitung gegen christliche Sozialprogramme zu. Im Jahre 1895 mißbilligte der Oberkirchenrat alle ,,Versuche, die evangelische Kirche zum maßgebend mitwirkenden Faktor in den politischen und sozialen Tagesstreitigkeiten'' zu machen. Dies müsse, so fügte er hinzu, die ,,Kirche selbst von dem ihr von dem Herrn der Kirche gestellten Ziel: Schaffung der Seelenseligkeit, ablenken ...''

Unerschütterliche Reformer vertraten weiter den Standpunkt, wie Friedrich Naumann in seiner Zeitschrift *Die Hilfe*, daß sowohl Kirche wie Gesellschaft bedroht waren durch die wachsende Kluft zwischen den Klassen und die Slumverhältnisse als Folge der Industrialisierung und Verstädterung und der Gleichgültigkeit der oberen Schichten gegenüber dem Elend der Armen. Aber die protestantischen Führer schienen zu glauben, jeder Versuch der Kirche zu einer Verbesserung dieser Verhältnisse könnte als Kritik am Staat aufgefaßt werden und sie so illoyal erscheinen lassen wie die Katholiken, deren Zentrumspartei nicht zögerte, sich der Regierung in einem breiten Spektrum von Fragen von der Finanz- bis zur Rüstungs- und Kolonialpolitik zu widersetzen. Wie zu Luthers Zeiten setzte die protestantische Kirche ihr Vertrauen in die Fürsten und schärfte ihren Mitgliedern ein, daß es ihre Pflicht sei, an Gott zu glauben und den Erfordernissen ihrer Berufung treu zu bleiben und die Politik ihren Herrschern zu überlassen. Als 1887 das Zentrum zusammen mit den Fortschrittlichen und den Sozialdemokraten eine Heeresvorlage zu Fall brachte, bezeichnete Albrecht Ritschl, der angesehenste evangelische Theologe seiner Zeit, diesen Vorgang als Folge einer unheiligen Allianz von Aquinischen und jesuitischen naturrechtlichen Grundsätzen und als einen Angriff auf die Rechte des Staates, deren Legitimität aus der Geschichte herrührte. Trotz der sozialen Gefühllosigkeit der kaiserlichen Regierung und der gefährlichen Verantwortungslosigkeit ihrer Außen- und Militärpolitik unterstützten die protestantischen Kirchen sie uneingeschränkt bis zum Zusammenbruch von 1918.

Der Anbruch der Weimarer Republik 1919 änderte nichts am eingewurzelten Konservatismus bei der Mehrheit des deutschen Protestantismus. Der Geistlichkeit, die es gewöhnt war, die Fürsten als ihre Titular-Vorgesetzten zu betrachten, fiel es schwer, ein Regime zu akzeptieren, in dem die Sozialdemokraten und die katholische Partei eine so dominierende Rolle spielten, und sie hielt entweder an einem hartnäckigen Monarchismus fest (die Synode der preußischen evangelischen Kirche sandte dem im Exil lebenden Wilhelm II. 1920 eine Dankadresse für seine Verdienste um die Nation) oder unterstützte nationalistische und damit antirepublikanische Bewegungen. Die Mehrheit der mittelständischen Protestanten, die der Wirtschaftspolitik der Republik kritisch gegenüberstand und einen kommunistischen Umsturz fürchtete, begehrte selbst dann nicht auf, als sich einige kirchliche Würdenträger für die anwachsende nationalsozialistische Bewegung zu interessieren begannen.

Die Erfahrung der Katholiken war nicht viel anders. Obwohl die Kirche als Folge der Revolution von 1918 an Unabhängigkeit gewann, da die Behinderungen von ihr genommen wurden, unter denen sie früher in protestantischen Staaten gelitten hatte, und obwohl katholische Gewerkschaftler und die Kleinbauern des Südwestens die Republik unterstützten, nahmen die katholischen Industriellen des Rheinlands und Schlesiens von Anfang an eine ambivalente Haltung ein, und einige Bischöfe, wie Kardinal Faulhaber von München, verliehen ihrer Opposition zur neuen Ordnung offen Ausdruck. Die katholische Zentrumspartei, die an der ursprünglichen Weimarer Koalition beteiligt war, wurde nach 1924 immer opportunistischer und fand Bündnisse mit der Rechten kongenialer als die alte Partnerschaft mit den Sozialdemokraten. In den entscheidenden Jahren von 1930 bis 1933 waren es konservative Zentrumspolitiker wie Monsignore Kaas und Franz von Papen, die Kurs auf Adolf Hitler nahmen, und am 23. März 1933 waren es die Stimmen der Zentrumsfraktion im Reichstag, die das Inkrafttreten des Ermächtigungsgesetzes sicherten, das dem Naziführer diktatorische Macht übertrug.

Beide Konfessionen hatten schon sehr bald Grund, ihr schwächliches Verhalten zu bedauern. Das Konkordat vom Juli 1933 zwischen Hitler und dem Vatikan, von dem Kaas, Faulhaber und Kardinal Bertram von Breslau hofften, es werde die weitere Unabhängigkeit katholischer Schulen und anderer Organisationen in einem Nazistaat sichern, wurde mit dem Verzicht der Geistlichkeit auf das Recht zur politischen Tätigkeit bezahlt, und ihm folgte die erzwungene Auflösung der Zentrumspartei. Auch hielt sich Hitler nicht an die Bestimmungen des Konkordats, das er unterzeichnet hatte. Es kam nach 1933 ständig zu Konflikten zwischen NS-Behörden und katholischen Schulverwaltungen, die staatliche Überwachung des Inhalts katholischer Predigten und Schriften wurde immer drückender, und die Verhaftungen von Priestern, die nach Ansicht der Nazis die durch das Konkordat gesicherten Freiheiten mißbraucht hatten, nahmen in den späten 30er Jahren an Zahl zu.

Im Falle des Protestantismus war der Vorstoß der Nazis noch direkter und führte zu dem Versuch, die protestantischen Kirchen unter einem vom Führer ausgewählten Reichsbischof zu einer neuen germanischen Religion zu vereinigen, die frei sein sollte von den jüdischen Aspekten des traditionellen Glaubens und aus der Pastoren jüdischer Abstammung oder mit oppositionellen Ansichten zu verbannen waren. Hatte diese Deutsche-Christen-Bewegung auch im ersten Augenblick Erfolg, indem sie die alte Führung der protestantischen Kirchen in allen Teilen Deutschlands mit Ausnahme von Hannover, Bayern und Württemberg verdrängte, so traf sie bald auf den Widerstand einer Gruppe engagierter Pastoren unter Führung von Martin Niemöller aus Berlin-Dahlem, der Hitler mutig entgegenhielt, er habe zwar gesagt, man solle ihm die Sorge für das deutsche Volk überlassen; doch könne weder er noch irgendeine Macht der Welt den Christen und der Kirche die Verantwortung abnehmen, die Gott ihnen auferlegt habe. Dieser Widerstand nahm merklich zu, als Karl Barth, ein Schweizer reformierter Theologe, der seit 1921 an deutschen Universitäten lehrte, und Hans Asmussen, ein lutherischer Pastor aus Altona, im Mai 1934 eine Versammlung nach Barmen-Gemarke einberiefen, an der einhundertvierzig Vertreter von neunzehn lutherischen, reformierten und unierten Staatskirchen teilnahmen. Das Ergebnis war ein Aufruf an die Gemeinden und jeden einzelnen Christen, in ihren Herzen nach Zeichen des göttlichen Willens zu forschen; die Bewegung der deutschen Christen wurde in diesem Aufruf ausdrücklich verurteilt, und es wurde nachdrücklich betont, Jesus Christus wäre das einzige Wort Gottes, auf das die Christen hören und vertrauen müßten und dem sie zu gehorchen hätten im Leben und im Tod. Die Bekennende Kirche, die aus diesem und weiteren Treffen hervorging, erhob den Anspruch, die einzige legitime deutsche evangelische Kirche zu sein, und trotz ständiger Verfolgung, die zu Barths Absetzung von seinem theologischen Lehrstuhl und zur Schikanierung und Verhaftung von Hunderten von Pfarrern führte (besonders nach der von den Kanzeln verkündeten förmlichen Zurückweisung der deutsch-christlichen Bewegung im März 1935), zwang sie Hitler praktisch zur Aufgabe seines Plans, eine nazifizierte christliche Kirche zu gründen.

Dieser Sieg und der Widerstand der katholischen Kirche gegen das staatliche Euthanasieprogramm, das auf Grund dessen eingeschränkt werden mußte, sowie der Erfolg beider Konfessionen in dem Bemühen, die Vereinnahmung ihrer Jugendbewegungen durch die Hitlerjugend abzuwehren, änderten nichts an der Tatsache, daß die Kirchen, wie Karl Barth es ausdrückte, sich lange Zeit ruhig verhalten hatten angesichts der Aktionen gegen die Juden, angesichts der Behandlung politischer Widersacher, der Unterdrückung der Pressefreiheit und gegenüber so vielem mehr, wogegen die Propheten des Alten Testaments sicher ihre Stimme erhoben haben würden. Erst allmählich und stufenweise griff ihr Widerstand über den rein religiösen Bereich hinaus. Innerhalb der protestantischen Kirche, in der die lutherische Lehre von den ,,zwei Reichen" zu einer traditionellen Fügsamkeit gegenüber dem Staat in politischen Angelegenheiten geführt hatte, war der Übergang schwierig, und in der katholischen Kirche diente das Argument, daß es vor allem darauf ankomme, den ,,inneren Zusammenhalt" der Kirche zu bewahren (ein Erbe des Kulturkampfs), dazu, von politischer Tätigkeit abzuhalten.

Dennoch gewann eine neue Lehre vom Widerstand zunehmend Anhänger, indes immer mehr über die Greueltaten und die Unmenschlichkeit der Nazis bekannt wurde. Noch vor den schrecklichen Pogromen vom November 1938 hatten einzelne Pfarrer die Warnungen ihrer vorsichtigeren Amtsbrüder in den Wind geschlagen und waren von einer mehr allgemeinen und seelsorgerischen zu einer direkten Form der Opposition übergegangen. Manche benutzten ihre Kanzel zu Angriffen gegen das Regime und büßten dafür mit langen Haftstrafen oder dem Tod – wie Martin Niemöller, der von 1938 bis 1945 im Konzentrationslager Sachsenhausen saß, Paul Schneider, der in Buchenwald starb, und der Dompropst an der Berliner St. Hedwigs-Kathedrale, Bernhard Lichtenberg, der zu zwei Jahren Gefängnis verurteilt wurde, weil er öffentliche Gebete für die Juden abgehalten hatte, der nach Verbüßung dieser Haftstrafe nicht entlassen wurde und schließlich auf dem Transport nach Dachau starb. Andere, wie Dietrich Bonhoeffer, der auch für seinen Einsatz mit dem Leben zahlte, gingen den Weg der Verschwörung, indem sie Verbindung mit Gruppen von Gleichgesinnten suchten, die sich der Politik des Staates auf wirksamere Weise widersetzen oder ihn gänzlich umstürzen wollten. Man kann nicht sagen, daß im aktiven Widerstand gegen Hitler Männer und Frauen der Kirche, die von ihrer Aufgabe erfüllt waren, keine bedeutende Rolle gespielt hätten. Dennoch gab es, als das Dritte Reich an sein schreckliches Ende gelangte, viele Christen, die sich für das schuldig fühlten, was sie nicht getan hatten, und im stillen die Worte der zehn Führer der Bekennenden Kirche mitsprachen, die in der Stuttgarter Erklärung vom Oktober 1945 gesagt hatten: ,,Wir klagen uns an, daß wir nicht mutiger bekannt, nicht treuer gebetet, nicht fröhlicher geglaubt und nicht brennender geliebt haben.''

IV

Nach 1945 hofften viele Protestanten, die Kirche werde, nachdem alle alten Bindungen an den Staat zerbrochen waren, einen Strich unter ihre Vergangenheit ziehen und sich zu einer Ära evangelischer Freiheit anschicken, in der die Gemeinden unabhängig waren, durch ihre Vorstände oder Synoden ihre eigenen Entscheidungen trafen, selbst ihre finanziellen Angelegenheiten regelten und ohne Bischöfe und aufgeblähte Bürokratie existierten. Dies war der Wunsch Martin Niemöllers, als er nach 1945 eine Kirche nicht der Pastoren, wie in der Vergangenheit, forderte, sondern eine solche der ,,brüderlichen Organisation'' und ,,des brüderlichen Lebens''. Und dies drückte sich auch in den Gefühlen vieler junger Katholiken aus, denen eine Kirchenorganisation vorschwebte, die der Kirche der apostolischen Zeit näherstand als die der Vorkriegszeit.

Diese Wünsche gingen nicht in Erfüllung. Die Vorteile einer engen Verbindung zum Staat waren zu offenkundig, als daß man sie hätte abtun können: eine solche Verbindung würde für die finanzielle Unterstützung beim Wiederaufbau sorgen und – da die Besatzungsmächte gewiß kein neues autoritäres Regime zuließen – den Kirchen auch mehr Gelegenheit zur Beeinflussung der Staatspolitik geben. Um einen solchen Einfluß zu gewährleisten, arbeiteten beide Konfessionen bei der Gründung der Christlich-Demokratischen Union zusammen, die die Politik der Bonner Republik von 1949 bis 1969 beherrschte.

Wurden die Kirchen auch in ihrer alten Form wiederhergestellt, so gab es doch keine Rückkehr mehr zu den alten Gewohnheiten der Unterwürfigkeit vor der staatlichen Macht. Beide Konfessionen trugen schwer an der Schuld von Irrtümern im Tun und im Unterlassen während der NS-Zeit, Irrtümern, die man sie nicht vergessen ließ, da Werke wie Carl Amerys *Die Kapitulation* (1963), Rolf Hochhuths Drama *Der Stellvertreter* (1963) und Heinrich Bölls Roman *Ansichten eines Clowns* (1964) sich mit den vergangenen Fehlern des organisierten Christentums befaßten. Sie waren sich beide bewußt, daß zwar neunzig Prozent ihrer Mitbürger Kirchensteuer zahlten, die für alle obligatorisch war, die sich nicht ausdrücklich als ungläubig erklärten, aber nur fünfzig Prozent des katholischen und nur zwanzig Prozent des protestantischen Bevölkerungsteils regelmäßig den Gottesdienst besuchten, und daß sie, wenn sie diese Zahlen steigern wollten, vor allem unter den jungen Menschen jeden Anschein von Konformität und politischem und sozialem Konservatismus vermeiden mußten. Sie waren sich ferner bewußt, daß gerade die Tatsache, daß sie steuerliche Unterstützung erhielten, ein solches Verhalten zu einer heiklen Angelegenheit machte, da sie sich bei sozial kontroversen Fragen der Gefahr öffentlicher Kritik aussetzten, wenn ihre Ansichten zu progressiv erschienen. Es war nicht verwunderlich, daß viele Geistliche beider Konfessionen das Gefühl hatten, ihre Kirche könnte ihre Rolle in der Gesellschaft unbeschwerter spielen, wenn die Kirchensteuer abgeschafft würde.

Nichtsdestoweniger bewies die Evangelische Kirche in Deutschland, wie sie sich jetzt nannte, eine löbliche geistige Unabhängigkeit. Es war verdienstvoll, daß sie sich in den 60er Jahren der außenpolitischen Linie der Regierung widersetzte und eine politische Vereinbarung mit Polen forderte zu einer Zeit, als die Frage noch tabu war, und so auf die Ostpolitik und die Entspannung hinlenkte. Sie war unnachgiebig in ihrem Beharren darauf, daß die politische Teilung der beiden Deutschland keine Schranke für die Zusammenarbeit mit der Kirche in der Deutschen Demokratischen Republik darstellen dürfe, und durch eine solche Zusammenarbeit bemühte sie sich, die Spannungen zwischen den zwei Regierungen zu mildern und eine Basis zumindest für Abkommen zu finden, die den Menschen in der DDR Vorteile bringen würden.

In der Innenpolitik nahm die Pastorenschaft eine recht unabhängige Haltung in Fragen ein, über die leidenschaftlich diskutiert wurde. So stand Helmut Gollwitzer, der Niemöller 1937 als Pfarrer in Berlin-Dahlem nachgefolgt und später in russischer Kriegsgefangenschaft gewesen war, während der Universitätsunruhen der 60er Jahre auf der Seite der studentischen Linken und kämpfte energisch gegen übermäßige Repressalien des Staates; und in ähnlicher Weise traten seine geistigen Nachfolger in den 70er und 80er Jahren für Gerechtigkeit gegenüber Terroristen ein und nahmen an den Protestmärschen gegen die geplante Atommüllanlage bei Gorleben teil. Die Tatsache, daß ihr Verhalten viele Mitbürger empörte, konnte niemand mit einem historischen Gedächtnis als schlechtes Zeichen betrachten, obwohl es natürlich auf Gemeindeebene zu Meinungsverschiedenheiten kommen mußte, die nicht leicht zu überbrücken waren. Im Klima der 60er und 70er Jahre unseres Jahrhunderts brach der alte Streit zwischen Luther und Münzer über die Grenzen des christlichen Engagements wieder auf.

Auch die katholische Kirche blieb von diesem Streit nicht unberührt. Als im Juni 1980 der *Katholikentag der Jugend* 80000 Westdeutsche, siebzig Prozent davon unter Dreißig, nach Berlin brachte, wurde in der Presse berichtet, ein großer Teil von ihnen interessiere sich weniger für religiöse Probleme als etwa für die Kernenergie, die verfassungsmäßigen Rechte der Radikalen, den Widerstand gegen den Militärdienst, die Arbeitslosigkeit unter den Jugendlichen, die Gleichberechtigung der Homosexuellen und andere Fragen, die in der heimischen Gemeinde zu Reibungen zwischen jungen Menschen und ihren Pfarrern und älteren Glaubensgenossen führten. Dazu bemerkte Hermann Steinkamp, Professor für Pastoralsoziologie in Münster, daß das Problem Jugend – Kirche zu oft von der Haltung geprägt sei: ,,Wir (= die Amtskirche, die Kirche der Erwachsenen), sind ok – ihr (= Jugendliche) seid (noch) nicht ok.''

Beide Konfessionen hatten außerdem mit heiklen doktrinären Fragen zu kämpfen. Wie im 19. Jahrhundert waren Theologen bemüht, die Diskrepanzen zwischen der überkommenen Lehre und den Ergebnissen der modernen Forschung und Wissenschaft auszugleichen in der Hoffnung, die Wahrheiten des Christentums verständlicher und akzeptabler zu machen, und bisweilen fühlte sich die kirchliche Hierarchie bemüßigt, die Art und Weise, in der sie das taten, zu tadeln. Im Jahre 1980 entzog nach längeren Anhörungen ein Gremium der evangelischen Kirche dem Hamburger Pastor Paul Schulz das Recht zur Ausübung kirchlicher Amtshandlungen, weil seine Interpretation der christlichen Lehre in wichtigen Punkten deutlich von den Traditionen der Kirche abwich. Diese Entscheidung konnte nicht überraschen, denn Dr. Schulz hatte erklärt, daß das ,,Prinzip Liebe ... der Urgrund, Beweggrund und Zielpunkt allen Seins'' sei und hatte, diese Ansicht erläuternd, Zweifel an der aktiven Rolle Gottes geäußert und festgestellt, Jesus dürfe lediglich als Modell des Prinzips der tätigen Liebe gesehen werden; ferner hatte er die Vorstellung von der Unsterblichkeit der Seele geleugnet, die Kirche als eine rein soziale Organisation definiert und die Existenz Christi in ihr abgestritten; und schließlich hatte er der Konfession der Kirche, der er sich bei seiner Ordinierung verpflichtet hatte, nur eine historische Bedeutung zugebilligt und war außerdem, während er zu diesen Behauptungen befragt wurde, frivol und unverschämt geworden. Doch in der derzeitigen Atmosphäre der Permissivität, die in Westdeutschland genauso ausgeprägt ist wie in den Vereinigten Staaten, erregt eine disziplinarische Maßnahme stets übermäßige, keinesfalls eine immer vernünftige Aufmerksamkeit, und so führte der Fall Schulz zu einiger Kritik an der Kirche, der man vorwarf, sie gehe nicht genügend auf moderne Bedürfnisse und Realitäten ein.

Komplizierter und von größerem potentiellen Schaden für seine Kirche war der Fall des katholischen Theologen Hans Küng, dem im Dezember 1979 auf päpstliche Verfügung die Rechte eines katholischen Lehrers und Theologen entzogen wurden mit der Begründung, er weiche in seinen Schriften von der ,,vollständigen Wahrheit des katholischen Glaubens" ab.

Als Mitglied der katholisch-theologischen Fakultät der protestantischen Universität Tübingen war Küng dem Vatikan schon in den 60er Jahren ein Dorn im Auge, als seine ersten Bücher, die sich mit der historischen Entwicklung der Kirche befaßten, in Rom Anstoß erregten. Der Hauptgrund für diese Mißbilligung lag in Küngs energisch vorgetragener und zweifellos durch sein Interesse an der ökumenischen Bewegung beeinflußter Auffassung, daß die gegenwärtige Teilung der Christenheit die Folge der Doktrinen des ,,Zentralismus, Triumphalismus und Klerikalismus" war, die nach dem 11. Jahrhundert in der Römischen Kirche die Vorherrschaft errungen hatten, obwohl sie weder durch die alte katholische Tradition noch durch das Evangelium gerechtfertigt und immer wieder auf Konzilen angegriffen worden waren.

Das Mißvergnügen des Vatikans nahm zu, als Küng 1970 sein Buch *Unfehlbar? Eine Anfrage* veröffentlichte, das, da es Ursprung und Bedeutung des Dogmas von der päpstlichen Unfehlbarkeit untersuchte, den Döllinger-Disput wieder zu eröffnen drohte. Obwohl die Kurie 1965 den alten Index verbotener Bücher abgeschafft hatte, setzte die Glaubenskongregation (die im gleichen Jahr das alte Heilige Offizium abgelöst hatte) es auf eine Liste, die auf einen geheimen Index hinauslief, und er wurde angewiesen, es nicht weiter zu verbreiten oder übersetzen zu lassen, bevor er vor einem Kolloquium in Rom Rede und Antwort gestanden hatte. Küng weigerte sich zu erscheinen, wenn nicht die gegen sein Buch vorgebrachten Vorwürfe und die Namen der sie vertretenden Personen bekannt gemacht wurden und er nicht das Recht erhielt, sich einen Verteidiger zu wählen. Nach ernsten Vorstellungen der Tübinger theologischen Fakultät und energischem Eingreifen Kardinal Döpfners aus München, des Vorsitzenden der deutschen Bischofskonferenz, ließ man die Sache fallen.

Später kam Küng durch sein viel gelesenes Buch *Christ sein* mit Döpfners Nachfolger, dem Kölner Kardinal Höffner, in Konflikt, vornehmlich wegen Fragen der Christus- und Marienlehre, und 1977 kam die Bischofskonferenz ohne formelle Anhörung zu dem Schluß, daß Küng seinen Lesern weder den ganzen Christus noch das Bewußtsein seiner Heilstat in ihrer Ganzheit vermittle. Zwei Jahre später wurde diese seltsame Formulierung die Grundlage für Küngs Verurteilung durch Rom, obwohl Bischof Moser von Rottenburg alles versucht hatte, die Glaubenskongregation davon zu überzeugen, daß Küng keineswegs einen neuen Streit über die Unfehlbarkeit auslösen wollte, daß sich in der Frage der Christenlehre seine Ansicht mit der der Konzile der alten Kirche deckte, die er für Leser der Neuzeit zu interpretieren versuche, und daß es dafür, daß die Kongregation komplizierte Fragen der Christus- und Marienlehre zum Thema einer Untersuchung mache, keinen Präzedenzfall gab.

Küngs Entlassung aus seinen kirchlichen Ämtern löste in Deutschland eine Protestwelle aus, vor allem deshalb, weil man ihn, im Gegensatz zu Pastor Schulz in Hamburg, ohne Anhörung verurteilt hatte. Es wurde daran erinnert, daß der Kölner Kardinal Frings 1963 auf dem Zweiten Vatikanischen Konzil in beispielloser Weise das Heilige Offizium kritisiert und energisch gefordert hatte, daß in Zukunft „in dieser Behörde niemand mehr angeklagt und verurteilt werden darf, ohne daß er und sein Ortsbischof vorher gehört wurden, ohne daß er die Gründe kennt, die gegen ihn vorgebracht werden und ohne daß ihm die Gelegenheit gegeben worden ist, das Geschriebene oder Gesagte zu korrigieren". Küng war dieses Recht nicht zuteil geworden, eine Tatsache, die der Mutterkirche den Vorwurf reaktionären Verhaltens eintrug und gleichzeitig den stets latenten deutschen Widerstand gegen das Papsttum anfachte. Die Auswirkung der Entscheidung auf die Masse der katholischen Gläubigen in Deutschland ist schwer abzuschätzen, doch die Heftigkeit der unmittelbaren Reaktion deutet darauf hin, daß sie nicht unbeträchtlich war.

Auf jene, die sich seit langem voller Hoffnung für das Prinzip der Ökumene eingesetzt hatten, mußte der Fall Küng entmutigend wirken. Das römisch-katholische Interesse an einer Annäherung der Konfessionen schien ohnehin in den letzten Jahren nachgelassen zu haben – es gab weniger gemeinsame Gottesdienste, und katholische Partner in Mischehen wurden oft von ihrer Kirche ausgeschlossen –, und die Entlassung des führenden deutschen katholischen Fürsprechers der ökumenischen Theologie schien anzudeuten, daß die höhere Geistlichkeit eine zunehmend engstirnige Position einzunehmen gedachte. Dieser Eindruck verstärkte sich, als im Oktober 1980 angekündigt wurde, Papst Johannes Paul II. werde Deutschland besuchen. Dies verursachte verständlicherweise einige Aufregung, da seit fast 200 Jahren kein Oberhaupt der katholischen Kirche Deutschland mehr besucht hatte; die Auswirkung des Besuches wurde jedoch beeinträchtigt durch die Ungeschicklichkeit der Gastgeber des Papstes, der katholischen Bischofskonferenz. Die Bischöfe unterließen es zunächst, in das Programm des Papstes eine besondere Audienz für das Präsidium der Evangelischen Kirche einzuplanen, ein Versäumnis, das verspätet und nicht sehr freundlich korrigiert wurde, und begingen dann den Fehler, eine *Kleine deutsche Kirchengeschichte* zu billigen und verbreiten zu lassen, die eine Abhandlung über Martin Luther aus der Feder eines Freiburger Theologen enthielt, in der der Verfasser schrieb, der Reformator habe die Kirche aus Vermessenheit, emotionaler Instabilität und irrigen theologischen Annahmen gespalten, und seine Ehe sei frevlerisch, unzüchtig und, weil sie während des Blutvergießens im Verlauf der Bauernkriege geschlossen wurde, gefühllos unmoralisch gewesen. Von dieser Übung in gegenreformatorischer Rhetorik rückte man zwar nach Protesten von Kirchenleuten und Laien beider Konfessionen ab, doch sie war ein unglückliches Vorspiel zum Besuch eines Papstes, der schon für seine konservativen Ansichten in dogmatischen Fragen bekannt zu werden begann und der tatsächlich während seines Aufenthalts in Deutschland nicht zu erkennen gab, daß er an der Auslotung neuer Möglichkeiten einer konfessionellen Wiedervereinigung besonders interessiert war.

Der Fall Küng und die Auseinandersetzung um den Papstbesuch zeigten zumindest, daß die Religion in der säkularisierten Gesellschaft des Westens noch eine lebendige Kraft war. Das war sie nicht weniger in der DDR, wo über acht Millionen evangelische und etwa eine Million katholische Christen unter einem eingestandenermaßen atheistischen Regime lebten. Während der langen Amtsperiode Walter Ulbrichts als Sekretär der SED wurden alle Anstrengungen unternommen, die Unabhängigkeit dieser Gemeinden zu brechen und ihren Glauben auszuhöhlen. Offizieller Druck und persönliche Schikane auf örtlicher Ebene gingen oft so weit, daß jungen Menschen, die die Kirche besuchten, die ihnen zustehenden Rechte verwehrt wurden, ja, ihnen wurde sogar die Möglichkeit genommen, das Abitur zu machen oder ein Studium zu beginnen. Im Jahre 1969 löste die evangelische Kirche in der DDR ihre verfassungsrechtlich-organisatorischen Bindungen zur Evangelischen Kirche in der Bundesrepublik und bildete ihren eigenen Bund; die Zahl der Kirchenbesucher ging auf die Hälfte zurück, und ein parteiorientierter Pfarrerbund begann als Aushängeschild der SED-Propaganda zu fungieren.

Die Nonkonformisten waren jedoch so zahlreich und so hartnäckig in ihrem Widerstand, daß sie schließlich diese Verfolgung überwanden; und die opponierenden Gemeinden begannen vor allem in den 70er Jahren, als sich bei der Jugend eine Enttäuschung über das Regime bemerkbar machte, junge Menschen anzuziehen. Dem Regime entging das nicht, und kurz vor Erich Honeckers Amtsantritt als Nachfolger Ulbrichts wurde die Kirche davon unterrichtet, daß in Zukunft die innere Souveränität des Kirchenbunds anerkannt werde und daß „die weitere Entwicklung normaler Beziehungen zwischen Staat und Kirche" die Lösung anderer anstehender Probleme ermöglichen werde. Kurz darauf wurde der Pfarrerbund aufgelöst, und der Staatssekretär für Kirchenfragen trat in direkten Kontakt zum Kirchenbund; 1976 nahm die SED eine formelle Garantie für Freiheit von Religion und Glauben in ihr Programm auf. Schon im Februar 1971 trafen sich zum ersten Mal seit dreißig Jahren die Oberhäupter von Staat und Kirche, und Erich Honecker besprach mit den ostdeutschen Bischöfen gemeinsame Probleme und sicherte ihnen zu, daß fortan praktizierende Christen die gleiche Stellung und die gleichen Rechte wie andere Staatsbürger genießen würden.

Worum es der Regierung ging, war klar. Die bemerkenswerte Leistung der Kirche bei der Pflege der geistig und körperlich Behinderten hatte gezeigt, daß sie wichtige soziale Funktionen zu erfüllen vermochte. Die Anziehungskraft, die sie auf eine desillusionierte jüngere Generation ausübte, war ein noch stärkeres Argument für ein Verhältnis zwischen Kirche und Staat, das letzteren in die Lage versetzen würde, eine potentiell gefährliche Situation zu entschärfen. Und schließlich bestand die Hoffnung, daß die neue Beziehung das Image der DDR im Ausland verbessern würde.

Die Kirchenführer waren Realisten genug, den Wert dieses Verhältnisses für das Regime zu erkennen und dies für religiöse Ziele auszunutzen. Sie brachten die Regierung dazu, das Verbot des Baus von Gotteshäusern aufzuheben, der Kirche größere Sendemöglichkeiten im Rundfunk zuzugestehen und ihr bei jährlichen Kirchenkonferenzen technische Unterstützung zu gewähren – alles wichtige Zugeständnisse für eine Kirche, der es in der Vergangenheit schwergefallen war, zu ihren Gemeinden Verbindung zu halten. Auch zögerte sie nicht, ihre Meinung zu politischen Angelegenheiten zu äußern. Schon zur Zeit Ulbrichts konnte sie die Regierung dazu veranlassen, Wehrdienstverweigerer aus Gewissensgründen nicht einzusperren, sondern sie mit produktiver Arbeit beim Bau oder in anderen Staatsdiensten zu beschäftigen; und nach der Zusammenkunft mit Honecker zögerten evangelische Pfarrer nicht, in einer gemeinsamen Kanzelerklärung gegen die Absicht des Staates zu protestieren, für 15- oder 16jährige Schüler einen Wehrkundeunterricht einzuführen, und anzukündigen, daß sie Eltern, die diese Politik nicht mit ihrem Gewissen vereinbaren konnten, jede nur mögliche Unterstützung gewähren würden.

Diese Kanzelerklärung hielt zwar die Regierung nicht von ihren Maßnahmen ab, und sie wurde auch erst abgegeben, nachdem private Vorhaltungen abgewiesen worden waren, doch die Aktion der Kirche bewies Selbstvertrauen und die Entschlossenheit, sich nicht aus Furcht vor einer Gefährdung der neuen Beziehung zum Staat mit Kritik zurückzuhalten. Unter den gegebenen politischen Verhältnissen kann dies als weiteres Zeichen für die Lebenskraft der Religion im zeitgenössischen Deutschland gelten.

5. Geld

In Goethes *Faust II*, jenem bedeutenden Werk, das Hans Mayer ein „Elektrokardiogramm des deutschen Charakters" nannte, nimmt Mephisto, versessen darauf, Faust alle Freuden der Welt vorzuführen in der Hoffnung, eine werde ihm so sehr gefallen, daß er für ihre Verlängerung seine Seele hingibt, Faust mit an den Hof des Kaisers. Sie treffen den Herrscher in einer finanziellen Krise an: der Staatsschatz ist leer, die Lebensmittelhändler wollen ihn nicht mehr beliefern, die Truppen werden unruhig, weil der Sold aussteht. Immer begierig darauf, sich als erfinderischen Kopf zu zeigen, erzählt Mephisto dem Kaiser, er sei reich, ohne es zu wissen, denn der Erdboden gehöre ihm und er sei angefüllt mit verborgenen Schätzen und Lagern, die als Deckung für eine Ausgabe von Papiergeld dienen könnten. Der Kaiser ist nicht so leicht zu überzeugen, aber sein Schatzmeister reagiert aufgeschlossener, und nach einem Kunstgriff können er und der Marschall dem verblüfften Monarchen berichten:

Erinnre dich! hast selbst es unterschrieben;
Erst heute nacht. Du standst als großer Pan,
Der Kanzler sprach mit uns zu dir heran:
„Gewähre dir das hohe Festvergnügen,
Des Volkes Heil, mit wenig Federzügen."
Du zogst sie rein, dann ward's in dieser Nacht
Durch Tausendkünstler schnell vertausendfacht.
Damit die Wohltat allen gleich gedeihe,
So stempelten wir gleich die ganze Reihe,
Zehn, dreißig, funfzig, hundert sind parat.
Ihr denkt euch nicht, wie wohl's dem Volke tat.
Seht eure Stadt, sonst halb im Tod verschimmelt,
Wie alles lebt und lustgenießend wimmelt!
...
Mit Blitzeswink zerstreute sich's im Lauf.
Die Wechslerbänke stehen sperrig auf:
Man honoriert daselbst ein jedes Blatt
Durch Gold und Silber, freilich mit Rabatt.
Nun geht's von da zum Fleischer, Bäcker, Schenken;
Die halbe Welt scheint nur an Schmaus zu denken,
Wenn sich die andre neu in Kleidern bläht.
Der Krämer schneidet aus, der Schneider näht.
Bei „Hoch dem Kaiser!" sprudelt's in den Kellern,
Dort kocht's und brät's und klappert's mit den Tellern.

Wenn man das liest, ist man versucht, dem Dichter Vorauswissen zuzuerkennen, denn die Manipulation, die er beschrieb, sollte in der Geschichte seines eigenen Landes in großem Umfang mehr als einmal stattfinden. Als es dazu kam, waren die Folgen nicht erfreulicher, als er (man beachte die Worte „freilich mit Rabatt") es bei Mephistos Experiment, Geld in Umlauf zu setzen, andeutet, und sie hinterließen entscheidende Spuren in der deutschen Psyche. Wir haben deshalb guten Grund, uns mit der Rolle des Geldes in Deutschlands jüngerer Geschichte zu befassen.

I

Die Goldgier scheint einer der Urinstinkte des Menschengeschlechts gewesen zu sein, denn der Kampf um den Erwerb kostbarer Metalle wird in seinen frühesten Legenden als Ziel menschlichen Mühens geschildert, und schon die primitivsten Stämme scheinen sich, nach unseren Kenntnissen von ihrem Leben zu urteilen, an ihrem Besitz erfreut zu haben. Jahrhunderte hindurch war Gold begehrt nicht wegen seines Gebrauchs-, sondern wegen seines Vorzeigewerts, und war die Anhäufung von Schätzen charakteristisch für die Stammeshäuptlinge des fernen Altertums, so waren die Herrscher der frühen Neuzeit nicht weniger stolz auf ihre Schatzkammern voller Gold und Silber, auf ihre getriebenen Kelche, ihr reich verziertes Rüst- und Waffenzeug, eine Sitte, die sich – man denke an das herrliche Grüne Gewölbe in Dresden – bis ins 17. und 18. Jahrhundert hielt.

Doch lange zuvor hatte sich das Interesse der Europäer gewandelt: hortete man früher Gegenstände, die aus kostbaren Metallen gefertigt waren, so häufte man bald Gold und Silber in Formen an, die als Äquivalent für Gegenstände und zur Bezahlung von Dienstleistungen oder zum Tausch benutzt werden konnten. Im hohen Mittelalter verurteilte man dies und bezeichnete es als eine Sünde, für die besonders Priester und Juden anfällig waren, aber natürlich war es in allen Schichten üblich. Im frühen 14. Jahrhundert warf Dante dem Adel und dem Bürgertum von Florenz vor, sie seien „allzu erpicht auf den Erwerb von Geld", und Beato Domenici sagte, „die verfluchte Gier nach Geld" habe Reiche wie Arme erfaßt, Geistlichkeit wie Laien, Adel wie gemeinen Bürger, und „diese vollendeten Narren zu jeder Art von Übel" geführt.

Werner Sombart wies einmal darauf hin, daß jahrhundertelang das Verlangen nach Geld nicht direkt mit der gegebenen wirtschaftlichen Gesellschaftsform in Verbindung gestanden habe, die weiterhin weniger auf Gewinn als auf dem Prinzip der Erzeugung zum Lebensunterhalt basierte. Wer Reichtümer anhäufen wollte, tat dies außerhalb der Produktions- und Handelstätigkeit seiner Zeit und benutzte das erworbene Geld zu anderen als ökonomischen Zwecken. Die üblichen Methoden, zu Reichtum zu kommen, waren Gewalt (Überfälle von Raubrittern wie Götz von Berlichingen und den Quitzows oder größer angelegte militärische Raubzüge gegen wohlhabende

Nachbarn), Magie (Schatzsuche und Alchimie), die Vorgaukelung von schnell Gewinn bringenden Vorhaben, mit der Leichtgläubigen das Geld aus der Tasche gelockt wurde, Wettspiel und Geldverleih auf Zinsbasis. Die Keime der kapitalistischen Geldwirtschaft lassen sich schon in diesen Praktiken erkennen, obwohl sie in Ausmaß und Organisation zu begrenzt und zu sehr davon motiviert waren, Geld zu erlangen, das schnell wieder für aufwendiges Leben und extravagante Vergnügungen ausgegeben werden sollte, als daß man sie vom Geist her schon kapitalistisch nennen könnte. Der Übergang zu einer wirklich kapitalistischen Wirtschaft vollzog sich erst, als es zu einem Zusammentreffen von Verlangen nach Geld und unternehmerischem Geist kam, verkörpert in einer Klasse von Menschen, die ein französischer Historiker *les bourgeois conquérants* nannte, die Phantasie und Organisationstalent mitbrachten, deren Pläne praktikabel und gestützt waren vom Erfolgswillen und dem dazu nötigen Verhandlungsgeschick und Bewußtsein fürs Detail; die persönlich ein bescheidenes Leben führten und sich von ihrem Sinn für Sparsamkeit und Mäßigung leiten ließen und erfüllt waren von einem neuen Ethos. Das alles ist zusammengefaßt in der Antwort, die Deutschlands erster großer Kaufmann und Bankier Jakob Fugger einem Verwandten gab, der ihn drängte, doch auf seine alten Tage das Geschäft aufzugeben und den mit so großer Mühe errungenen Reichtum zu genießen. Fugger antwortete, er habe dazu keine Neigung; er wolle lieber Gewinn machen, solange er könne.

In Deutschland trat dieser Übergang später ein als in anderen Ländern, und er vollzog sich, bis in recht späte Zeiten hinein, mit Unterbrechungen. Im späten Mittelalter spielten die Kaufherren der Hanse eine führende Rolle im nord- und osteuropäischen Handel und übten großen Einfluß sowohl auf das Handwerk wie auf die öffentlichen Finanzen aus. Im 15. Jahrhundert jedoch verlor die Hanse an Bedeutung, und das Zentrum deutscher wirtschaftlicher Aktivität verlagerte sich in den Süden, wo der kapitalistische Geist eine Verkörperung fand in den Handels- und Finanzgeschäften der Familien Welser und Fugger in Augsburg, die ihr Finanzsystem auf Techniken gründeten, welche die großen italienischen Bankhäuser seit dem 13. Jahrhundert entwickelt hatten. Unter Jakob Fugger dem Reichen (1459–1525) begannen die Fugger sich nicht nur auf den Bergbau zu konzentrieren und mit Erz zu handeln, sondern wurden auch die Hauptbankiers Kaiser Maximilians I. und seines Nachfolgers Karl V., während sie gleichzeitig die italienischen Bankherren in der Regelung der päpstlichen Finanzen ablösten und als Zwischenstation für die meisten Gelder fungierten, die dem Heiligen Stuhl aus Deutschland, Polen und Ungarn zuflossen.

Diese Tätigkeiten veranlaßten einen zeitgenössischen deutschen Dramatiker, Dieter Forte, dazu, in einem Stück mit dem Titel *Martin Luther & Thomas Münzer oder die Einführung der Buchhaltung* (1970) Jakob Fugger als die wichtigste Einzelpersönlichkeit in der deutschen Reformation darzu-

stellen, deren Manipulationen mehr mit dem Verlauf der Geschichte zu tun
hatten als die religiösen Fragen. Forte schildert Fugger, wie er mit Luthers
Beschützer, Kurfürst Friedrich von Sachsen, über die Bedeutung eines neuen
Arbeitsethos spricht:

> Wissen Sie, daß wir über 100 kirchliche Feiertage im Jahre haben? Über 100 Feier-
> tage, lieber Fürst. Kirchmessen, Wallfahrten, was weiß ich alles. Das Volk frißt und
> säuft sich voll und denkt überhaupt nicht an die Arbeit ... Und dann diese Fastenta-
> ge. Andauernd muß ich Ausnahmen für meine Arbeiter beantragen. Ein Arbeiter
> muß arbeiten und nicht fasten. Das muß man endlich einmal regeln. Die tägliche
> Arbeit muß geheiligt werden. Die Leute sollen Gott danken, daß sie überhaupt
> arbeiten dürfen. Ihren Lohn können sie im Himmel bekommen. Dann brauchen sie
> auf Erden nicht soviel, und wir haben endlich billige Arbeitskräfte. Soviel zu Ihrem
> Luther.

Dies ist gewiß eine Übertreibung, und es ist zweifelhaft, ob das kapitalistische Denken in Deutschland so allgemein verbreitet war, wie es die weit
gespannten Unternehmungen der Fugger glauben machen könnten. Die
meisten Publizisten der Zeit, von Luther und Erasmus bis Hutten und Sebastian Franck, wandten sich entschieden gegen die ,,Fuggerei'', und ihre Ansichten waren für die öffentliche Einstellung repräsentativer als die der
Augsburger Bankiers. Ohnehin waren diese Manifestationen kapitalistischen
Denkens im 16. Jahrhundert kurzlebig, denn die Verhältnisse in Deutschland waren während der nächsten zwei Jahrhunderte kaum zu einer Entfaltung von geschäftlichen Aktivitäten angetan, und wie wir sahen, schnitt der
Dreißigjährige Krieg Deutschland nicht nur von der Außenwelt ab und
zerstörte nicht nur die blühendsten Handelszentren der Nation, sondern
führte auch innerhalb der deutschen Staaten zu politischen Bedingungen, die
dem Emporkommen einer starken Bürgerschicht entgegenwirkten. Erst im
18. Jahrhundert begannen sich Industrie und Handel zu beleben, und selbst
dann wurde ihre Entwicklung behindert durch die zwischenstaatlichen Auseinandersetzungen, die von 1740 bis 1763 fast ununterbrochen andauerten,
und schließlich fast erstickt durch die Revolutions- und Napoleonischen
Kriege, die sich von den frühen 1790er Jahren bis 1815 hinzogen.

Als Folge davon geriet Deutschlands Wirtschaft in einen Rückstand, und
zu einem größeren Fortschritt kam es erst um die Mitte des 19. Jahrhunderts. Die in Schillers Gedicht ,,Das Lied von der Glocke'' dargestellte
ökonomische Welt war noch immer eine vorkapitalistische des Handwerks
und der Zünfte, und die Handelsfirma T. O. Schröter in Freytags Roman
Soll und Haben war in ihrer Tätigkeit eingeschränkt durch ihre schmale
finanzielle Grundlage. Erst in den 50er Jahren gab es Anzeichen für kapitalistische Unternehmungen größeren Stils, und erst nach dem Zusammenschluß der deutschen Staaten im Jahre 1871 ging die wirtschaftliche Entwicklung zügig voran.

Die Rolle des Kapitals – das heißt, des Geldes – in diesem Prozeß war von

entscheidender Bedeutung. Beim Entstehen der ersten größeren Industrieunternehmen in den 5oer und 6oer Jahren spielten Banken eine strategisch
bedeutsame Rolle, und nach 1871 gingen industrielle Entwicklung, kommer-
zielle Expansion und Bankentätigkeit Hand in Hand. Die ersten großen
Aktienbanken wurden in den 7oer Jahren gegründet – die Deutsche Bank
und die Diskonto Gesellschaft 1870, die Dresdner Bank 1872 –, Einrichtungen, die zahlreiche Aktionäre ansprachen wegen des neu anerkannten Prinzips der begrenzten Haftung und die somit in der Lage waren, über die in
Reserve gehaltenen Depots an Gold und Silber hinaus den großen Unternehmen den Kredit zu gewähren, den sie für ihre Aktivitäten benötigten, Aktivitäten, die in der einen oder anderen Form zu einer allmählichen Absorbie-
rung der Geschäftätigkeit der Nation führten. Bezüglich dieses Prozesses
schrieb Sombart: ,,Der Kreditverkehr in den modernen Banken (war) Regu-
lator und Gradmesser des Wirtschaftslebens zugleich. Und in den Bureaus
der großen Bankhäuser fällt nicht nur der Entscheid über Krieg und Frieden,
über Freundschaft und Feindschaft großer Reiche, sondern auch am letzten
Ende über das Schicksal des kleinen Krämers an der polnischen Grenze so
gut wie über den Fortbestand des mächtigsten Hüttenwerks.''

II

In der neuen integrierten kapitalistischen Gesellschaft wohnte dem Geld
eine Macht und eine verführerische Anziehungskraft inne, die es für die
breite Masse während des größten Teils der menschlichen Geschichte nicht
besessen hatte. Es nahm damit greifbar magische Eigenschaften an.

Der zugänglichste und der gebildeten deutschen Mittelschicht am nächsten stehende Philosoph des 19. Jahrhunderts erklärte einmal, wieso dies
kam. ,,Daß die Wünsche der Menschen hauptsächlich auf Geld gerichtet
sind'', schrieb Arthur Schopenhauer, ,, und sie dieses über Alles lieben, wird
ihnen oft zum Vorwurf gemacht. Jedoch ist es natürlich, wohl gar unvermeidlich, das zu lieben, was als unermüdlicher Proteus, jeden Augenblick
bereit ist, sich in den jedesmaligen Gegenstand unserer so wandelbaren
Wünsche und mannigfaltigen Bedürfnisse zu verwandeln. Jedes andere Gut
nämlich kann nur einem Wunsch, einem Bedürfnis genügen ... sie sind
folglich ... nur relativ gut. Geld allein ist das absolut Gute: weil es nicht
bloß einem Bedürfnis in concreto begegnet, sondern dem Bedürfnis überhaupt, in abstracto.''

Kritischer äußerte sich Karl Marx, der 1844 schrieb, Geld sei mehr als ein
bloßes Mittel zur Befriedigung von Wünschen; es sei ein Talisman, der die
Eigenschaft habe, sowohl die Fähigkeiten der Personen zu verändern, die
ihn besitzen, wie ihre Beziehungen zu anderen. In einer natürlichen Welt,
einer Welt wahrhaft menschlicher Beziehungen, schrieb der künftige Be-

gründer der kommunistischen Bewegung, könne Liebe nur gegen Liebe eingetauscht und Vertrauen nur mit Vertrauen erworben werden; Kunstgenuß erfordere Kunstverständnis; und Einfluß auf andere sei das Ergebnis von Macht und Attraktivität. Alle zwischenmenschlichen Beziehungen und alle Beziehungen zwischen Menschen und der Außenwelt seien bestimmt durch Charakter- und Willenseigenschaften. Doch in der Welt des Kapitalismus seien diese Eigenschaften nicht mehr nötig und würden sogar zunehmend unwichtiger, weil ihre Funktionen genausogut von jener magischen Substanz übernommen werden könnten, nach der sich die ganze Menschheit sehne. Geld sei in der Lage, sich alle Dinge und Eigenschaften anzueignen. Es sei allmächtig und könne als Mittler zwischen Menschen und ihren Wünschen benutzt werden, indem es letztere in den Besitz der ersteren bringe und die ersteren mit jenen Eigenschaften ausstatte, die sie in einer natürlichen Welt gebraucht hätten, um sich ihre Wünsche zu erfüllen. Es sei die universale, ,,galvo-chemische Kraft der Gesellschaft".

Geld, so schrieb Marx an dieser bemerkenswerten Stelle, sei ,, der Kuppler zwischen dem Bedürfnis und dem Gegenstand".

Was ich zahlen, d. h., was das Geld kaufen kann, das bin ich . . . So groß die Kraft des Geldes, so groß ist meine Kraft . . . Ich bin häßlich, aber ich kann mir die schönste Frau kaufen. Also bin ich nicht häßlich, denn die Wirkung der Häßlichkeit, ihre abschreckende Kraft ist durch das Geld vernichtet. Ich – meiner Individualität nach – bin lahm, aber das Geld verschafft mir 24 Füße; ich bin also nicht lahm; ich bin ein schlechter, unehrlicher, gewissensloser, geistloser Mensch, aber das Geld ist geehrt, also auch sein Besitzer. Das Geld ist das höchste Gut, also ist sein Besitzer gut, das Geld überhebt mich überdem der Mühe, unehrlich zu sein; ich werde also als ehrlich präsumiert; ich bin geistlos, aber das Geld ist der wirkliche Geist aller Dinge, wie sollte sein Besitzer geistlos sein? Zudem kann er sich die geistreichen Leute kaufen, und wer die Macht über die Geistreichen ist, ist er nicht geistreicher als der Geistreiche? . . . Verwandelt also mein Geld nicht alle meine Unvermögen in ihr Gegenteil?

In dieser Tirade – denn das war sie, der ersten von vielen Angriffen auf eine Gesellschaft, die mittels Geld Werte in Waren umwandeln konnte – lag eine tiefe politische Wahrheit. Gewiß, Deutschland wurde nicht vereinigt durch eine erfolgreiche Revolution der Mittelschicht, sondern durch die preußische Armee und Bismarcks Diplomatie, und außerdem erhielt die Mittelschicht nicht die politische Macht und Verantwortung, die sie in England und Frankreich erlangte, und vielleicht redete Geld deshalb nicht eine so laute Sprache wie in diesen Ländern. Dennoch führten die Triumphe der deutschen Industrie im letzten Viertel des 19. Jahrhunderts – das erste jener deutschen Wirtschaftswunder, die die westliche Welt beeindruckten – zur Bildung riesiger Privatvermögen, und es ist nicht daran zu zweifeln, daß der Zuerkennungsprozeß, den Marx beschrieb, tatsächlich stattfand und daß Besitz großen Reichtums gleichgesetzt wurde mit dem Besitz bewundernswerter Eigenschaften jeder Art. Großindustriellen insbesondere wurde eine maßlose Bewunderung gezollt, und sie wurden in gewisser Weise zu den Kulturhelden ihrer Zeit.

Drei Fälle lassen sich anführen, um dies zu illustrieren, der erste ist der des sogenannten Kanonenkönigs Alfred Krupp. Als Abkömmling einer Familie, die seit dem 16. Jahrhundert in Essen bekannt war, und Sohn eines Vaters, der Ruf und Vermögen der Familie geschädigt hatte, weil er zu früh versuchte, im Wettbewerb mit der britischen Industrie Gußstahl zu erzeugen, übernahm Alfred Krupp das Familienunternehmen im Jahre 1826. Nach bescheidenen Anfängen, während deren er die Firma über Wasser hielt, indem er eine Maschine zur Massenproduktion von Tafelbesteck konstruierte und Gußstahlprägewerke zum Goldwalzen herstellte, bot ihm das aufkommende Zeitalter der Eisenbahn Gelegenheiten, die er mit Tatkraft und Phantasie nutzte. Seine Hüttenarbeiter produzierten Gußstahl, den Firmen in ganz Deutschland zu Material für die Eisenbahn verarbeiteten, und Krupp stellte als erster nahtlose Radreifen her, die bei hohen Geschwindigkeiten nicht brachen. In den späten 40er und 50er Jahren bildete die Produktion für die Eisenbahn das Rückgrat des Unternehmens, bald darauf ergänzt durch Produkte für Schiffsausrüstung in Form von Achsen und Schiffsschrauben für Fluß- und Seedampfer.

Der wahre Wendepunkt im Schicksal der Firma Krupp, der sie zu internationalem Ruf emporführen sollte, kam 1851, als auf der Londoner Weltausstellung im Kristallpalast tausende Besucher angelockt wurden von einem Stand und dessen Hauptattraktion, einem Sechspfünder-Feldgeschütz, dessen Rohr nicht, wie bisher üblich, aus Bronze, sondern aus Gußstahl gefertigt war. Das Ausstellungsstück brachte Krupp eine Goldmedaille ein, denn es war seine Kanone. Was noch wichtiger war: es brachte ihm Kunden ein, und bald lieferte er Kanonen an Ägypten, Rußland, Holland, Großbritannien, die Schweiz, Spanien und Österreich. Mehr Schwierigkeiten hatte er in seinem Heimatland, wo er schon 1843 versucht hatte, das Zeugamt der preußischen Armee für seine Kanonenrohre zu interessieren. Erst 1859, auf Intervention von Kronprinz Wilhelm (des späteren Königs und Kaisers Wilhelm I.) erhielt Krupp den ersten preußischen Auftrag über dreihundert Gußstahlrohre für Feldgeschütze. Weil die Artillerieexperten nicht auf Krupp hörten, der gesagt hatte, seine Rohre funktionierten am besten mit Ladevorrichtungen, die er selbst entworfen und gegossen hatte, explodierten fünf der 160 Gußstahlgeschütze, die 1866 im Krieg gegen Österreich benutzt wurden, auf dem Schlachtfeld. Danach wurden die Preußen klug und verließen sich auf Krupps Urteil, und er wurde zum Waffenlieferant des Deutschen Reiches.

Als Alfred Krupp 1887 starb, war er der größte Industrielle des Kontinents. Nach den Feststellungen von Norbert Muhlen beschäftigte seine Firma 20000 Arbeiter, lieferte jährlich insgesamt 23000 Kanonen in alle Welt, von der Schweiz bis nach China, von Japan bis Montenegro, und stellte täglich 1 000 Granaten, 500 Stahlräder, Achsen und Federn und Tausende von Eisenbahnschienen her. Diese eindrucksvolle Produktionskapazität sollte von seinen Nachfolgern noch erweitert werden, denn Alfred Krupp war der Gründer einer Dynastie, die nicht nur den Zusammenbruch des Kaiserreichs, sondern auch den des Dritten Reichs überlebte, dem sie Rüstungsmaterial geliefert hatte mit dem gleichen Eifer wie schon der Kanonenkönig.

Galt Krupp in einem nationalistischen Zeitalter als heroische Gestalt und stützende Säule des Reichs, so erfreute sich Hugo Stinnes, dessen Karriere ihren Höhepunkt in den ersten Jahren der Weimarer Republik erreichte, öffentlichen Ansehens deshalb, weil er über eine Vorstellungs- und Willenskraft zu verfügen schien, die den Führern der Republik fehlten. Stinnes sah nicht wie ein Held aus. Harold Nicolson, der ihn 1920 bei der Reparationskonferenz von Spa beobachtete, wie er die französische Delegation vor den Kopf stieß, schrieb, er habe „wie ein als Wildhüter verkleideter Ahasver gewirkt". An seiner Energie und Rücksichtslosigkeit als Unternehmer gab es aber keinen Zweifel, und als er starb, hinterließ er ein Industrie-Imperium, das jenes von Krupp in den Schatten stellte.

Stinnes begann recht bescheiden im Jahre 1893, als er ein Familienunternehmen übernahm, das sich auf Kohlenhandel und Binnenschiffahrt verlegt hatte, aber er zeigte sich von Anfang an entschlossen, weiter auszugreifen und Risiken einzugehen, und dies hatte ihn schon nach zehn Jahren in den Besitz der Deutsch-Luxemburgischen Bergwerks- und Hütten-AG und der Rheinisch-Westfälischen Elektrizitätswerke AG, des führenden Energieversorgungsunternehmens an der Ruhr, gebracht. In den Nachkriegsjahren baute er, unter Ausnutzung der heimischen Geldentwertung und Verwendung der ihm aus Anlagen im Ausland zufließenden harten Währung, rasch einen Industriekomplex auf, der auf seinem Höhepunkt 1535 gesetzmäßig selbständige Konzerne mit 2888 Zweigunternehmen umfaßte, von Bergwerken und Kohlenhandel, See- und Binnenschiffahrt, der Produktion von Papier und Zellulose, Stahl und Energie bis hin zu Druckereien und Verlagen, Banken und Versicherungsunternehmen. Seinen Erfolg verdankte er seinem Blick für die große Chance, dem frühen Erkennen der Möglichkeit vertikaler Konzentration von Unternehmen und der Bedeutung der breiten Streuung und seiner unermüdlichen Energie. Das Geheimnis seiner Popularität lag in der Tatsache, daß der Erfolg seiner Unternehmungen als Schlag ins Gesicht der Alliierten erschien, die nach weit verbreiteter Meinung Deutschland in Armut halten wollten. Seinem Genie zum Anhäufen von Reichtum schienen keine Grenzen gesetzt zu sein; und als er starb, brachte die satirische Münchner Zeitschrift *Simplicissimus* ein Bild, auf dem man sah, wie Sankt Petrus am Himmelstor eine Glocke läutet, um die Engel zusammenzurufen, und sagt: „Stinnes kommt. Jetzt heißt's aufpassen, Kinder, sonst gehört ihm in 14 Tagen der ganze Betrieb!"

Ein noch bemerkenswerteres Beispiel als Stinnes war Friedrich Flick, dessen Geschichte zudem aufzeigt, wie Geld aus einem Fehlschlag einen Erfolg machen und die Vernunft kluger Menschen widerlegen konnte. Geboren 1883 als Sohn eines rheinländischen Bauern, der Grubenstempel für Bergwerke lieferte, wuchs Flick mit der festen Vorstellung von einer Karriere in Kohle und Stahl auf und bereitete sich methodisch darauf vor: Realgymnasium in Siegen, dreijährige Lehrzeit als Buchhalter in einer Gießerei in Weidenau, Studium in Köln mit Diplom in Wirtschaftswissenschaft. Dies verschaffte ihm die Stellung eines Prokuristen bei der Bremer Gießerei, wo er fünf Jahre tätig war, bis er in das Direktorium der Minden und Schwarte AG, eines der größten Eisenwerke im Siegerland, berufen wurde. Der neunundzwanzig Jahre alte Direktor benutzte diese Positionsverbesserung, um zu heiraten, und seine Frau, die Tochter eines Siegener Textilfabrikanten, brachte 30000 Reichsmark mit in die Ehe. Weil er in einem kriegswichtigen Betrieb tätig war, brauchte er nicht Soldat zu werden, als der erste Weltkrieg ausbrach. Dieser Konflikt verschaffte ihm vielmehr Gelegenheit zu hohen Gewinnen und ermöglichte es ihm, Fabriken zu kaufen und zu reorganisieren, die nicht so effizient arbeiteten wie die seine – Chancen, die Flick als Spekulationsgenie sich nicht entgehen ließ. Im Jahre 1915 war er zur AG Charlottenhütte GmbH Berlin übergewechselt, einer Firma mit 2000 Arbeitern, die Gruben, Schmelzöfen und Walzwerke besaß. Bis Kriegsende hatte er ihre Größe verdoppelt.

Wie Stinnes profitierte Flick von der Inflation während der Nachkriegszeit und investierte bedeutende Summen in neue Fabriken und Gruben; und 1926 hatte er seine verschiedenen Unternehmen zu einem Trust, den Vereinigten Stahlwerken, zusammengefaßt. Dieser geriet während der Weltwirtschaftskrise an den Rand des Bankrotts, wurde aber durch Intervention der Regierung Brüning gerettet, die Aktien von Flicks Gelsenkirchener Gruben zum dreifachen Börsenpreis aufkaufte. Diese Erfahrung lehrte Flick, daß es darauf ankam, sich mit den politischen Machthabern gut zu stellen, ganz gleich, wer sie waren, und so unterstützte er in der Folgezeit nicht nur die Politik des Naziregimes nach 1933, sondern profitierte auch von deren Arisierungsprogramm, indem er die ehemals jüdischen Hochofenwerke Lübeck AG erwarb. Diese Kollaboration führte zu seinem Prozeß in Nürnberg wegen Kriegsverbrechen und einer Haftstrafe von sieben Jahren (von denen er fünf absaß).

Der deutsche Zusammenbruch zerstörte auch sein Industrie-Imperium, denn drei Viertel seiner Beteiligungen lagen in Ostdeutschland und wurden von dem neuen kommunistischen Regime beschlagnahmt, und die amerikanischen Besatzungsbehörden im Westen schienen bestrebt, eine Entflechtung seines übrigen Besitzes zu erzwingen. Zum Wiederaufbau entschlossen, war Flick dennoch klug genug, dem Rat seiner Wallstreet-Anwälte zu folgen und sich dem Entflechtungsverfahren nicht zu widersetzen, sondern seine

Beteiligungen zu verkaufen und den Erlös, der steuerfrei war, da es sich um einen Zwangsverkauf handelte, in andere Unternehmungen zu investieren.

Gerade zu der Zeit, als das neue deutsche Wirtschaftswunder richtig anlief und Geldmittel knapp und die Zinsen hoch waren, verkaufte Flick seinen Grubenbesitz einem französischen Syndikat für 26 Millionen Dollar plus 19 Millionen Dollar in Sperrguthaben, die nur in französische Gesellschaften investiert werden durften. Dann begann er in aller Stille Anteile von Daimler-Benz aufzukaufen und erwarb dabei 37,5% des Aktienkapitals der Firma für 20 Millionen Dollar und machte einen Gewinn, der schließlich 3000% über Pari lag. Mit seinem anderen Kapital kaufte er Anteile an Stahlgesellschaften in Frankreich und Belgien und erwarb die Feldmühle Papier- und Zellstoffwerke AG, Dynamit Nobel und die Krauss-Maffei AG, die Panzer und militärisches Gerät herstellte, während er weiterhin vier deutsche Stahlwerke und Beteiligungen an insgesamt 300 Unternehmungen besaß, die zu seinem Imperium aus der Zeit vor 1945 gehört hatten. Dies war ein Comeback in großem Stil, und als Flick 1972 im Alter von neunundachtzig Jahren starb, galt er als der reichste Mann Deutschlands und vielleicht Europas.

Blickt man auf die Laufbahn dieser drei Industriegiganten zurück, fällt es einem schwer, irgendeine Spur von Geistesadel oder Großzügigkeit zu entdecken. Von Krupp wurde gesagt, er habe nie einen Pfennig für Kunst und Wissenschaft, für die Armen oder die Gemeinschaft ausgegeben, und auf Flick und Stinnes trifft dies im großen und ganzen wohl auch zu. Es dürfte auch schwer fallen, bei ihnen eine echte Anhänglichkeit an ihr Land zu erkennen. Krupp gab Preußen kein Vorrecht auf den Erwerb seiner Waffen, sondern verkaufte die gefährlichsten darunter an Mächte, die sie vielleicht gegen seine eigenen Landsleute einsetzten. Stinnes erwarb sich einen Ruf als Patriot durch seine Äußerungen in Spa darüber, was mit den Franzosen geschehen würde, sollten sie Reparationen mit Gewalt einzutreiben versuchen. Doch als die Franzosen genau dies drei Jahre danach taten, als sie ins Ruhrgebiet einmarschierten, profitierte er nicht nur von der darauffolgenden Inflation, die er zu verlängern suchte, indem er sich weigerte, seiner schwer bedrängten Regierung finanzielle Unterstützung zu leisten, sondern bemühte sich auch nach Kräften um den Abschluß für beide Seiten profitabler Geschäfte mit französischen Konzernen. Was Flick betrifft, ist bei keiner seiner Unternehmungen ein nationales Interesse zu erkennen.

Diese Aspekte des Aufstiegs der drei Großindustriellen waren natürlich nicht allgemein oder zumindest nicht genügend bekannt, um die Bewunderung zu mindern, die Tausende von Deutschen ihnen zollten. Das mag zum Teil damit zusammenhängen, daß diese drei Männer in ihrer Arbeit total aufgingen. Krupp soll gesagt haben, Arbeit sei sein Gebet, und das war eine Bemerkung, die auch Stinnes und Flick gemacht haben könnten. Alle drei hätten die Litanei herbeten können, die durch die Lautsprecheranlage in Heinrich Manns Erzählung *Kobes* hallt, einer Satire auf Stinnes' Leben:

Ich habe einfache Gedanken, einfache Ziele. Ich bin nichts Vornehmes, Politik verstehe ich nicht. Rühriger Kaufmann bin ich, Sinnbild der deutschen Demokratie. Mich kann keiner. Ich bin Kobes. Kobes schlemmt nicht, Kobes säuft nicht, Kobes tanzt nicht, Kobes hurt nicht. Kobes arbeitet zwanzig Stunden am Tag.

Diese Einstellung konnte ihre Wirkung auf den normalen Deutschen nicht verfehlen, der zu dem Glauben neigte – den Luther verkündet hatte, der aber gewiß schon vor seiner Zeit existierte –, daß Gott jedem Menschen einen Beruf zugeteilt hatte und daß es seine Pflicht war, ihn so gut wie möglich auszuüben. Ob die Besessenheit und Ausschließlichkeit, mit der sich die Krupps, Stinnes und Flicks der unablässigen Mehrung ihres Reichtums widmeten, dieser Lehre entsprachen, danach fragten sich die wenigsten; ihr Erfolg schien alle Fragen ausreichend zu beantworten und ihre Bewunderung zu rechtfertigen. In ihrer Einstellung zum Verhalten ihrer reichsten Industriebarone schienen viele Deutsche nicht kritischer zu sein als Adolf Hitler, der 1930 Otto Strassers Ansicht, die nationalsozialistische Revolution müsse mit der Enteignung der Großindustriellen beginnen, mit den Worten zurückwies: ,,Halten Sie mich für so verrückt, daß ich die deutsche Großindustrie zerstören will? Die Unternehmer haben sich auf Grund ihrer Tüchtigkeit an die Spitze gearbeitet. Und auf Grund dieser Auslese, die wiederum die höhere Rasse beweist, haben sie ein Recht, zu führen.''

III

Die Deutschen mochten erfolgreiche Industrielle bewundern – auf reine Finanzleute traf dies weniger zu. Industrielle hatten es schließlich – zumindest für den einfachen Mann – mit greifbaren Dingen wie Stahlschienen und Tonnen von Kohle zu tun, wogegen Financiers mit der magischen Substanz Geld selbst arbeiteten und deshalb jener Kategorie zugeordnet wurden, zu der auch die Hexenmeister zählten. Gelegentlich machte man eine Ausnahme. Carl Fürstenberg, der Präsident der Berliner Handelsgesellschaft zur Zeit Bismarcks und während der Herrschaft Wilhelms II., wurde zu einer bewunderten und sogar beliebten Berliner Persönlichkeit, zum Teil deshalb, weil er sich standhaft weigerte, irgendwelche Titel, Orden oder dergleichen vom kaiserlichen Hof anzunehmen, aber vielleicht noch mehr deshalb, weil er ein geistreicher Mensch nach dem Herzen der Berliner war, dessen Bonmots in der Stadt die Runde machten. Man konnte einem Mann vieles verzeihen, der das tiefe, aber enttäuschende Dekolleté der Gattin des Finanzministers ein ,,ungedecktes Defizit'' nannte, der zu einem Mann, der sich darüber beklagte, daß seine schöne Frau ihn mit zwei Freunden betrog, sagte, er persönlich sei ,,lieber mit 30% an einer guten Sache beteiligt als mit 100 an einer schlechten'', der seinem Privatsekretär auf die Frage ,,Was glauben Sie, wer gestorben ist?'' zur Antwort gab, ,,Mir ist heute jeder recht'' und der, nachdem er sich in einem vollbesetzten Zug ein ganzes Schlafwagenabteil ergattert hatte und dann von einem Bekannten mit der Bitte belästigt worden war, „Habe gehört, Herr Fürstenberg, Ihr Oberbett ist frei, treten Sie's mir ab, Geld spielt keine Rolle", erwiderte: „Na schön, aber lassen Sie's mich erst noch mal überschlafen."

Aber im allgemeinen herrschte gegenüber Finanzleuten tiefstes Mißtrauen, und das war schon immer so gewesen. Selbst Jakob Fugger hatte das zu spüren bekommen. Seine Rolle in der Abwicklung der päpstlichen Finanzen und insbesondere seine Handhabung der Ablässe, die der Papst Albrecht von Brandenburg gewährt hatte, dünkten viele Patrioten nichts als ein korruptes Gewinngeschäft, das viel Gold aus dem Land abzog und dadurch eine ernste Bedrohung seiner Wirtschaft darstellte. Und seit Fuggers Zeit richtete sich ähnliches Mißtrauen, das bisweilen zu abgrundtiefem Haß ausartete, gegen die gesamte Klasse von höfischen Finanzberatern und Bankiers. Dies hing natürlich damit zusammen, daß als Folge des lange respektierten kirchlichen Verbots des Zinswuchers die tüchtigsten und besteingeführten Financiers Juden waren: Oppenheimer und Wertheimer in Wien, Liebmann, Gompers, Ephraim, Itzig, Isaak in Berlin, Behrens in Hannover, Lehmann in Halberstadt, Baruch und Oppenheim in Bonn, Seligmann in München, Kaulla in Stuttgart und Rothschild in Frankfurt und Wien. Die Deutschen konnten sich jüdische Bankiers kaum anders als auf ihren eigenen Vorteil bedacht vorstellen, und ihr Ressentiment beschränkte sich nicht immer auf Verbalinjurien und gesellschaftlichen Boykott, wie der berüchtigte Fall des Joseph Süß-Oppenheimer zeigt.

Als ehrgeiziger junger Mann, der untergeordnete Stellungen an den Höfen der Pfalz, von Hessen und Kur-Köln bekleidet hatte, wurde Süß-Oppenheimer 1732 persönlicher Rechnungsführer des Prinzen Karl Alexander von Württemberg. Er muß außergewöhnlich sorgfältig in der Ausübung seiner Pflichten gewesen sein, denn als Karl Alexander ein Jahr später Herzog von Württemberg wurde, machte er ihn zu seinem Hauptfinanzberater und gab ihm außergewöhnliche Vollmachten.

Er hätte gut daran getan, diese mit Zurückhaltung zu gebrauchen, denn die Situation war eine sehr heikle. In einem protestantischen Land war Karl Alexanders Katholizismus nicht beliebt, und seine Neigung zum Absolutismus vertrug sich nicht gut mit Untertanen, die auf ihre alten Freiheiten stolz waren. Doch der neue Finanzberater war kein vorsichtiger Mann, und er unterstützte nicht nur die Neigungen seines Herrn, sondern brachte ihn noch auf neue Ideen. Von merkantilistischen Prinzipien ausgehend, die auf dieses hauptsächlich landwirtschaftlich genutzte Gebiet kaum anwendbar waren, führte er ein Staatsmonopol für Salz, Leder, Wein und Tabak ein; er gründete eine Bank und eine Porzellanfabrik, an der er persönlich beteiligt war, und es hieß auch, er ziehe aus der staatlichen Lotterie, aus Spielkasinos und aus übelbeleumdeten Kaffeehäusern, die zum Unwillen frommer Bürger uneingeschränkt betrieben werden durften, Gewinn. All dies führte zu einer zunehmend feindlicheren Stimmung, und der Finanzrat, jetzt allgemein als „Jud Süß" bekannt, wurde für Dinge verantwortlich gemacht, die man eher seinem Dienstherrn hätte vorwerfen sollen, der ein bekanntermaßen verschwenderischer und anspruchsvoller Mensch war. Noch an dem gleichen Tag, an dem Karl Alexander 1737 starb, wurde Süß-Oppenheimer verhaftet, in aller Eile des Hochverrats schuldig gesprochen in einem sehr anfechtbaren Prozeß, bei dem Richter das Urteil sprachen, die seine persönlichen Feinde waren, und durch den Strang hingerichtet.

Zumindest bis zur Nazizeit (als Veit Harlan aus der Geschichte einen üblen antisemitischen Film machte) gab es keinen weiteren Fall Süß-Oppenheimer. Doch die Verbindung von Judentum und Bankwesen löste weiterhin ungünstige Reaktionen aus, und selbst der mächtige Bismarck konnte seinen Finanzberater nicht davor schützen. Als Otto von Bismarck 1858 seine Ernennung zum Botschafter in St. Petersburg erhielt, bat er seinen Freund Baron Meyer Karl von Rothschild aus der mächtigen internationalen Bankiersdynastie, ihm einen verläßlichen Bankier in Berlin zu nennen, vorzugsweise einen Juden, wie es die Legende will. Rothschild empfahl ihm Gerson Bleichröder, dessen Vater in den 30er Jahren des 19. Jahrhunderts Berliner Agent der Rothschilds gewesen war und der diese Verbindung aufrechterhalten hatte, während er inzwischen selbst zu einem erfolgreichen Bankier aufgestiegen war und Angehörige der höchsten Kreise zu seinen Kunden zählte.

Bleichröder handhabe die privaten finanziellen Angelegenheiten Bismarcks bis an sein Lebensende und lieferte ihm außerdem Informationen über die wirtschaftliche und finanzielle Lage anderer Länder, die für Bismarck von unschätzbarem Wert waren, als er erst einmal über die Außenpolitik Preußens und, nach 1871, Deutschlands zu bestimmen hatte. Aus Fritz Sterns hervorragender Studie über die Beziehung der beiden Männer geht hervor, daß Bleichröders Einfluß begrenzt war. Der Kanzler machte sich seine Lageeinschätzungen zunutze und hörte auf seinen Rat, den er aber nicht immer befolgte, wie zum Beispiel 1887, als er finanziellen Druck ausübte, um russisches Abenteurertum auf dem Balkan zu bremsen, eine Handlungsweise, die Bleichröder bedauerte. Dennoch, obwohl es nicht die Spur eines Beweises dafür gab, neigten viele von Bismarcks Landsleuten zu der Ansicht, daß er ein bloßes Werkzeug in den Händen Bleichröders sei. Im Jahre 1877 schrieb der rechtsgerichtete Publizist Rudolf Meyer, der Kanzler erlaube seinem „Hausfreund" Bleichröder, einem Mann, der offen beschuldigt wurde, von skandalöser Habgier zu sein und schmutzige Geschäftspraktiken anzuwenden, die oberen Gesellschaftsschichten zu korrumpieren und sie zu einer leichten Beute für die Sozialdemokraten zu machen.

Nebenbei sei hier vermerkt, daß Bleichröder nicht der letzte prominente Bankier war, dem man auf Grund falscher Anschuldigungen vorwarf, ungerechtfertigte politische Macht auszuüben und zu seinen eigenen finsteren Zwecken zu mißbrauchen. Während der letzten Jahre der Weimarer Republik geriet Jacob Goldschmidt in diesen Ruf, der geistreiche, höchst gebildete und ungeheuer begabte Vorsitzende der Darmstädter Bank, der befreundet war mit Heinrich Brüning, Reichskanzler von 1930 bis 1932, und General Kurt von Schleicher, der zum Sturz sowohl Brünings wie seines Nachfolgers von Papen beitrug, aber weniger erfolgreich war in dem Bemühen, Adolf Hitler auszumanövrieren. Wenn man von Goldschmidts Beziehungen ausging, konnte man leicht zu dem Glauben gelangen, er sei der wahre Drahtzieher in den Kulissen der komplizierten Politik der letzten Phase der Weimarer Republik gewesen, geradeso wie man annehmen mochte, Hermann J. Abs, der Vorstandssprecher der Deutschen Bank in den 60er Jahren und Angehöriger von 26 weiteren Aufsichtsräten (in 18 davon war er Vorsitzender) habe die graue Eminenz hinter der Regierung Konrad Adenauers gespielt, der ihn zu konsultieren pflegte. Und wie im Falle Bleichröders fehlte es weder auf der extremen Rechten noch auf der extremen Linken an Stimmen, die Goldschmidt und Abs und anderen vorwarfen, sie trügen zur Korruption der Gesellschaft bei.

Daß die Quelle der Korruption nicht in den angeblichen Manipulationen, sondern im Geld selbst lag, war logisch Denkenden klar. Im Jahre 1843 schrieb der junge Karl Marx, als er eine kurz zuvor erschienene Studie Bruno Bauers über ,,die jüdische Frage'' besprach:

> Betrachten wir den wirklichen weltlichen Juden, nicht den *Sabbatsjuden*, wie der Bauer es tut, sondern den *Alltagsjuden* ... Welches ist der weltliche Grund des Judentums? Das *praktische* Bedürfnis, der *Eigennutz*. Welches ist der weltliche Kultus des Juden? Der *Schacher*. Welches ist sein weltlicher Gott? *Das Geld*. Nun wohl! Die Emanzipation vom *Schacher* und vom *Geld*, also vom praktischen realen Judentum wäre die Selbstemanzipation unserer Zeit.

,,Die moderne Gesellschaft'', schrieb er im *Kapital*, ,,die schon in ihren Kinderjahren den Plutus an den Haaren aus den Eingeweiden der Erde herauszieht, begrüßt im Goldgral die glänzende Inkarnation ihres eigensten Lebensprinzips.'' Diese Passage wurde oft als Beispiel jüdischen Selbsthasses zitiert, aber es ist klar, daß Marx' Angriff sich weniger gegen sein eigenes Volk als gegen die Tätigkeit richtete, die die Geschichte ihm aufgezwungen hatte, und gegen die Gewinnsucht, die die Gesellschaft durchdrang. In seinen späteren Werken fehlte der gegen die Juden gerichtete Akzent, und Marx zielte mit seiner Kritik auf das gesellschaftliche System selbst, das in Mitleidenschaft gezogen worden war durch das Streben nach Reichtum.

Der einzige Weg zur Befreiung, zur Freiheit von Ungleichheiten, Ungerechtigkeiten und Brutalitäten, die dieses falsche Wertsystem verursacht hatte, lag in der Zerstörung der Gesellschaft in ihrer gegenwärtigen Form, in der Abschaffung des Kapitalismus durch eine proletarische Revolution und die Einleitung des sozialistischen Zeitalters.

Nicht weniger radikal in seiner Ansicht war Marx' Zeitgenosse Richard Wagner. Dies mag überraschend klingen, denn seine frühen Opern waren getreue Darstellungen der Sorgen und Bestrebungen der vornehmlich kapitalistischen Klasse, der Bourgeoisie. Wie Hans Mayer hervorhob, war *Der fliegende Holländer* (1843) Ausdruck des rückwärtsgewandten Utopismus und der optimistischen Hoffnungen des deutschen Mittelstands in den Jahren zwischen 1830 und 1848. *Tannhäuser* (1845) war trotz seines auf die Legende zurückgehenden Hintergrunds ein Künstlerdrama mit einem Thema, das in dem Lesestoff des Bürgertums immer wiederkehrte, dem Konflikt zwischen dem Genie und der praktischen Alltagswelt, in der es leben muß. *Die Meistersinger von Nürnberg* (1868) schließlich erinnerten einerseits an die Tage einer stolzen und selbstsicheren Bürgerklasse, deren Symbol das Nürnberg des Hans Sachs und der Meistersinger war, und drückten andererseits die zeitgenössischen politischen Hoffnungen der deutschen Bourgeoisie am Vorabend der deutschen Einigung aus – Bestrebungen, die Wagner in seinen Schriften vertreten und für die er während der Revolution 1848 in Sachsen gekämpft hatte.

Doch schon in *Lohengrin* (1850) gab es Andeutungen von Wagners Ärger darüber, daß der Mittelstand die legitimen Ansprüche des Künstlers nicht anerkennen wollte. Die Tragödie Lohengrins ist die: wenn er sich selbst treu bleibt, kann er nicht mit Verständnis oder Mitgefühl in einer bürgerlichen Gesellschaft rechnen; er kann nicht gleichzeitig Gralsritter, Ehegatte und Politiker sein, und als er dies erkennt, verläßt er Elsa von Brabant und ihre Welt, um in das Reich des Geistes zurückzukehren. Während der Jahre, die auf die Komposition von *Lohengrin* folgten, wurde Wagners Kritik, indes die Einigung Deutschlands den Materialismus begünstigte, immer schärfer. Wie Thomas Mann einmal schrieb, neigte er in zunehmendem Maße zu der Ansicht, daß der Status der Künste das beste Kriterium zur Beurteilung der bürgerlichen Werte sei, und was er um sich her sah, war die Degradierung der Kunst zu einem bloßen Vergnügungsobjekt. Er sah ernsthaftes Bemühen und Hingabe beiseite gestoßen durch Frivolität und Routine, und er sah, daß unglaubliche Summen verschwendet wurden, nicht zur Förderung des wahren Zwecks der Kunst, sondern zur Erlangung billiger Effekte. Als er feststellte, daß dieses Schauspiel niemanden so stark berührte, wie ihn selbst, als man auf seine Klagen nur mit einem gleichgültigen Gähnen antwortete, kam er zu dem Schluß, daß die politischen und gesellschaftlichen Verhältnisse, die dergleichen ermöglichten, eine revolutionäre Umwandlung verlangten.

Dies war die Botschaft von *Der Ring des Nibelungen*, einem Musikdrama, das auf der Saga der Wälsungen basierte, aber zu Wagners eigener Zeit sprach und ihre sozialen und kulturellen Werte verdammte. Nach Ansicht des Komponisten hatte sich der Fluch, den Alberich im *Rheingold* ausstößt, nachdem ihm der Ring geraubt wird, den er selbst geraubt hat, in der realen Welt genauso erfüllt wie in der Oper.

Wie durch Fluch er mir geriet,
verflucht sei dieser Ring!
Gab sein Gold
mir Macht ohne Maß,
nun zeug sein Zauber
Tod dem, der ihn trägt!
Kein Froher soll
seiner sich freun,
keinem Glücklichen lache
sein lichter Glanz!
Wer ihn besitzt,
den zehre die Sorge,
und wer ihn nicht hat,
den nage der Neid!
Jeder giere
nach seinem Gut,
doch keiner genieße
mit Nutzen sein!
Ohne Wucher hüt' ihn sein Herr;
doch den Würger zieh er ihm zu!
Dem Tode verfallen,
feßle den Feigen die Furcht:
so lang er lebt,
sterb er lechzend dahin,
des Ringes Herr
als des Ringes Knecht.

Der Ring des Nibelungen war eine bürgerliche Parabel, die ihren Höhepunkt fand in Siegfrieds Trauermarsch in *Götterdämmerung*, einer Klage um verlorene Tugend und fehlgeleitete Tapferkeit. Ob noch irgend etwas vor der allgemeinen Degeneration der Werte gerettet werden konnte, machte Wagner nicht klar. Das Ende des Dramas war zweideutig. Daß der Komponist die utopische Hoffnung auf eine durch die Kunst erlöste und auf Gerechtigkeit und Brüderlichkeit und Liebe sich gründende Welt hegte, war jedoch offenkundig, desgleichen sein Glaube, daß zum Erreichen dieses Ziels der Ring dem Rhein zurückgegeben werden mußte, das heißt, das Gold mußte aufhören, eine Funktion zu sein und zu seiner natürlichen Form zurückkehren. Darin erinnert uns Wagner an einen anderen Dichter, nämlich an Rainer Maria Rilke, der einmal schrieb:

Das Erz hat Heimweh. Und verlassen
will es die Münzen und die Räder,
die es ein kleines Leben lehren.
Und aus Fabriken und aus Kassen
wird es zurück in das Geäder
der aufgetanen Berge kehren,
die sich verschließen hinter ihm.

IV

Natürlich tat es nichts dergleichen, es trieb vielmehr weiter das wirtschaftliche Leben Deutschlands an und übte den gewohnten Einfluß auf seine Politik, die soziale Einstellung seiner Bevölkerung und auf die Entwicklung seiner Künste und Wissenschaften aus. Und daß seine Macht, auf das Denken sowohl der einfachen wie der gebildeten Menschen einzuwirken, ungebrochen war und bisweilen dramatische Formen annahm, beweisen drei Vorfälle aus der neueren deutschen Geschichte.

Als Tribut für die militärische Niederlage von 1870/71 trat Frankreich die Provinzen Elsaß und Lothringen mit ihrer hoch entwickelten Textilindustrie und ihren vielen Schätzen an Eisenerz und Pottasche an Deutschland ab und erklärte sich außerdem zur Zahlung einer Kriegsentschädigung von fünf Milliarden Franc plus Zinsen bereit. Bismarck hoffte, diese Verpflichtung werde auf Jahre hinaus schwer auf den Franzosen lasten und sie an der Wiederaufrüstung hindern, und er war unangenehm überrascht, als sich die Regierung in Paris schon bis Mai 1873 ihrer Schulden entledigte. Noch mehr aber ärgerten ihn wahrscheinlich die Folgen, die sich aus dieser unwillkommenen Pünktlichkeit ergaben. Von den aus Frankreich eingehenden Beträgen behielt die Reichsregierung weniger als die Hälfte ein, der Rest ging an die einzelnen Staaten. Aber sowohl die Reichsregierung wie die Länderregierungen gaben das Geld sogleich wieder aus, die erstere für die durch den Krieg notwendig gewordene Ergänzung der Rüstung und die weitere Stärkung der Streitmacht, letztere für die Rückzahlung von Kriegsanleihen und Pensionen, für örtliche Bauprogramme und den Ausbau von Straßen und Eisenbahnen. Auf jeden Fall gelangte der größere Teil der französischen Kriegsentschädigung in der Form von Pensionszahlungen, Löhnen und Geschäftsverträgen in die Taschen deutscher Bürger. Da gleichzeitig durch eine Währungsreform 762 Millionen Mark dem im Umlauf befindlichen freien Kapital zuflossen, kam es zu einer beträchtlichen Überhitzung der Wirtschaft.

Was folgte, war der größte Spekulationsboom, den Deutschland je erlebt hatte, ausgelöst durch das fatale Zusammentreffen von großen verfügbaren Geldmengen und einer Liberalisierung der Gesetzesbestimmungen zur Gründung von Aktiengesellschaften, die die Investitionsmöglichkeiten wesentlich erweiterten. Gerüchte von Vermögen, die man mit Beteiligungen im Eisenbahnbau, im Bauwesen und bei neuen Industrieunternehmen machen konnte, lockten Scharen von Menschen aller Schichten mit ihren Lebensersparnissen in die Büros von Gesellschaftsgründern, und eine Zeitlang sahen sie ihre kühnsten Erwartungen erfüllt, und sie konnten herrlich leben und sich alles gönnen in dem Glauben, das mühelos erworbene Geld komme immer weiter so dahergerollt. Doch allzubald folgte die Ernüchterung. Im

Mai 1873 erlebten, als Folge von Reden im Reichstag über skrupellose Machenschaften mit den Einlagen kleiner Investoren die Aktien der Eisenbahnunternehmungen von Bethel Strousberg einen jähen Kurssturz, und der Boom brach zusammen. Dutzende von angesehenen Gesellschaften und Hunderte von kleineren wurden mit in den Abgrund gerissen und Tausende von leichtgläubigen Menschen mußten die schwere Lektion lernen, daß Papierprofite vergänglich, Papierverluste aber, zumal wenn ungedeckt, sehr real sind.

Die Wirtschaft erholte sich mit der Zeit von diesem Debakel, aber seine psychologischen Auswirkungen waren von längerer Dauer. Wie bei allen solchen Rückschlägen forderte man Untersuchungen, um die Schuldigen festzustellen, und wie in den meisten derartigen Fällen fand die öffentliche Meinung sie schon vorher, ohne eine eingehende Untersuchung abzuwarten. Man lastete den Zusammenbruch von 1873 in erster Linie der Nationalliberalen Partei an, die als stärkste Gruppe im Reichstag für die Verabschiedung der Währungsreform und die Liberalisierung der Banken- und Aktiengesellschaftsgesetze verantwortlich und, wie es eine Zeitung ominös ausdrückte, der Finanzwelt gegenüber viel zu nachgiebig gewesen war, vielleicht, so wurde vermutet, weil Parteiführer wie Rudolf von Delbrück und Ludwig von Camphausen Bankiers in ihrer Verwandtschaft hatten. Diese Vorwürfe fügten dem Ansehen der Nationalliberalen Partei schweren Schaden zu und beeinträchtigten wahrscheinlich ihr Selbstvertrauen, eine unheilvolle Entwicklung, die ihre Position in der Auseinandersetzung mit Bismarck am Ende des Jahrzehnts schwächte und zur endgültigen Niederlage des deutschen Liberalismus und zur Neuorientierung der deutschen Politik in eine konservative, antimoderne Richtung führte.

Eine schicksalhaftere Folge des Börsenkrachs war die Wiederbelebung eines virulenten Antisemitismus in Deutschland. Viele Führer der Nationalliberalen Partei waren Juden, und viele prominente Bankhäuser wie Bleichröder und Oppenheimer waren an dem Boom und an der Eindämmung des Zusammenbruchs beteiligt. Übersah man letzteres, so erinnerte man sich an ersteres, und vor allem taten dies Leute, die durch ihre eigene Habgier und Unachtsamkeit Geld verloren hatten. Diese Leute und die konservative Presse waren es, die die Ansicht verbreiteten, der Börsenkrach von 1873 sei eine jüdische Manipulation gewesen.

Ein noch dramatischeres Beispiel dafür, welch vergiftenden Eindruck manipuliertes Geld in den Vorstellungen seiner Opfer hinterlassen konnte, lieferte die ruinöse Inflation von 1923. Wie schon 1873 hatte diese gigantische Enteignung der unteren Stände ihren Ursprung in einem Krieg, in diesem Falle in der Finanzierung der deutschen Kriegsanstrengungen 1914–1918 weniger durch Steuern als durch Anleihen. Im August 1914 führte der Reichstag, als er die kaiserliche Regierung zur Aufnahme eines Kredits von 5 Milliarden Reichsmark ermächtigte, aber auch die gesetzlichen Beschränkungen über den Umlauf nicht durch Goldreserven gedeckter Banknoten aufhob, genau die in *Faust II* geschilderte Situation herbei.

> Abschläglich ist der Sold entrichtet,
> Das ganze Heer aufs neu verpflichtet,
> Der Landsknecht fühlt sich frisches Blut,
> Und Wirt und Dirnen haben's gut.

Die Bedürfnisse von Regierung, Heer und Geschäftswelt wurden für die Dauer des Krieges hauptsächlich mit Hilfe der Notenpresse befriedigt, doch dadurch verfünffachte sich die Summe des umlaufenden Geldes, und 1918 war die Reichsmark auf die Hälfte ihres Vorkriegs-Goldwertes gesunken.

Die Auferlegung einer ungeheuren Reparationslast, die Tatsache, daß der Versailler Vertrag das besiegte Deutschland solcher Hilfsquellen beraubte, die das Abtragen dieser Schulden hätten erleichtern können (Kolonien, Handelsmarine, rollendes Material, Bodenschätze) und die Weigerung der Alliierten, als Zahlungsmittel Arbeitsleistungen oder Fabrikgüter zu akzeptieren, konfrontierten die neue Republik mit Verbindlichkeiten, die sie nicht mit Goldreserven ablösen konnte, die sie aber bezahlen mußte, wenn sie nicht noch mehr Gebiet verlieren wollte. Zwangsläufig tat die Regierung, was ihre Vorgängerinnen schon getan hatten: sie druckte mehr Geld. Wäre es über die Höhe der Reparationen innerhalb eines vernünftigen Zeitraums zu einer Neueinschätzung gekommen, hätte diese Lösung vielleicht Erfolg gehabt, aber alle zu diesem Zweck geführten Verhandlungen scheiterten, und die deutsche Währung begann in beunruhigendem Tempo an Wert einzubüßen. Im Jahre 1923 geriet die Situation völlig außer Kontrolle, als die Franzosen als Reaktion auf einen geringfügigen Zahlungsrückstand das Ruhrgebiet besetzten, Deutschlands einzigen noch vorhandenen Kohle- und Stahlkomplex, und die deutsche Regierung mit einer Politik des passiven Widerstands antwortete. Das war eine trotzige, aber unüberlegte Geste: die streikenden Gruben-, Eisenbahn- und Fabrikarbeiter brauchten staatliche Unterstützung, und die kostete riesige Summen. Da die Regierung nicht den Mut hatte, die wohlhabenden Bürger zu einer Kapitalabgabe heranzuziehen, ließ sie wie wild weiter Geld drucken (Ende 1923 stellten 133 Druckereien auf 1783 Notenpressen Tag und Nacht Geldscheine her), das seinen Wert so schnell verlor, wie es gedruckt wurde.

Die Geschichte der deutschen Inflation ist recht gut bekannt. Als kleiner Junge kaufte ich 1923 in Kanada einen Schokoladenriegel für fünf Cent und fand unter dem Einwickelpapier eine Zehntausend-Reichsmark-Note, eine interessante, aber wertlose Zugabe. In Deutschland erhielten die Arbeiter damals zweimal am Tag Lohn und eilten dann mit Zigarrenkisten voller Geldscheine davon, um schnell Lebensmittel und anderes Notwendige einzukaufen, ehe der nächste Dollarkurs herauskam und ihr Geld nur noch die Hälfte wert war. Es war eine gute Zeit für Leute mit Anlagen im Ausland,

für Spekulanten, die über Landesgrenzen hinweg operierten, in Deutschland
billig einkauften und in Holland teuer verkauften, und für die großen Industriemagnaten wie Stinnes, die die Ressourcen besaßen, mit Hilfe von Anleihen zu expandieren, die mit entwerteter Währung zurückgezahlt werden
konnten. Aber für Tausende von Angehörigen des Mittelstands war es eine
auf den Kopf gestellte Welt, in der alles, was Marx über die Fähigkeit des
Geldes zur Umwandlung der Werte gesagt hatte, klar wurde – eine Welt, in
der Verschwendung belohnt und Vorsorge bestraft wurde, in der der Bruder, der sein Erbteil vertrunken, aber die leeren Flaschen aufgehoben hatte,
besser dran war als der, der seinen Anteil zu einer Sparkasse getragen hatte,
wo er über Nacht seinen Wert einbüßte; in der die einfachsten Gegenstände
monströse Beträge kosteten und für Dinge wie Lebensmittel, Heizmaterial,
Kleidung, ärztliche Behandlung und Krankenhauspflege astronomische
Summen zu bezahlen waren. Unter solch wahnwitzigen Verhältnissen sahen
sich am härtesten diejenigen getroffen, die von Pensionen oder anderen
festen Einkünften lebten, und die Jungen. Aber die Arbeiter, deren Gewerkschaften eine Zeitlang mit Erfolg für eine Anpassung der Löhne an die
Inflationsrate eintraten, hatten seit dem Winter 1923/24 mit wachsender
Arbeitslosigkeit zu kämpfen und traten zu Millionen aus ihren Gewerkschaften aus, weil diese nicht mehr in der Lage waren, ihren Arbeitsplatz
oder die Rechte zu schützen, die sie 1918–1919 errungen hatten, vor allem
aber, weil es den Gewerkschaften wegen leerer Kassen nicht mehr möglich
war, Unterstützungen zu zahlen. Den kleinen Ladenbesitzern und unabhängigen Geschäftsleuten erging es nicht besser. Sie mußten hilflos zusehen, wie
ihre Kosten für Materialien und Waren in die Höhe schossen, indes ihr
Gewinn dahin schwand, noch während sie ihn zählten.

Die traumatische Wirkung dieses Geldbetrugs hielt lange an. Daß die
Gewerkschaften die Regierung der Republik 1932/33 nicht gegen die Angriffe von rechts verteidigen konnten, daß Verbände, die Handwerker und
kleine Geschäftsleute vertraten, und Angestelltengewerkschaften in der nationalsozialistischen Bewegung aktiv waren, und daß die Masse der unteren
Stände zu Hitler als einem Retter aufblickte, war weniger die Folge der
großen Wirtschaftskrise der 30er Jahre – obwohl diese natürlich auch mit-
wirkte – als die der Erinnerung an die große Inflation von 1923. Das Scheitern des ersten deutschen Experiments mit einer republikanischen Regierung
war schon vorherbestimmt, als jene eine Ware, die mehr als irgendeine andere dem Menschen das Mittel zur rationalen Einschätzung seiner Verhältnisse
an die Hand zu geben schien, ihre Macht verlor und auf einmal nichts mehr
vermochte. Millionen von Deutschen büßten durch dieses beispiellose und
bestürzende Ereignis den Glauben an einen nach rationalen Prinzipien arbeitenden Staat ein und flüchteten sich in Messianismus und Utopismus. Der
Nutznießer dieser Umwandlung der Werte war Adolf Hitler.

V

Das Schicksal fügte es ironischerweise, daß Deutschlands zweiter Anlauf zu einer demokratischen Regierungsform unter Umständen stattfand, die denen von 1923 nicht unähnlich waren, und man könnte sagen, es sei eine weitere Geldmanipulation gewesen, die seinen Erfolg sicherte. Dies ist jedoch eine Hypothese, der selbst in Deutschland nicht allgemein zugestimmt wird, und wie man dazu steht, hängt zum großen Teil davon ab, was man unter Erfolg begreift.

Deutschland beendete den zweiten Weltkrieg wie schon den ersten mit einer großen Schuldenlast, mit der Aussicht auf ungeheure Zahlungen für Kriegsschäden und ähnliche Ansprüche und einer Währung, die im Krieg ernsten Schaden genommen hatte und bald fast wertlos sein sollte. Die beschleunigte Entwertung wurde bewirkt durch die Besatzungsmark, ausgegeben von den Siegermächten zur Bezahlung ihrer Besatzungstruppen und sonstige Dienste und als gesetzliches Zahlungsmittel bei Transaktionen zwischen ihren Soldaten und der deutschen Zivilbevölkerung. Sie wurde im Wert der Reichsmark gleichgestellt und war gegen britische und US-Währung einlösbar im Verhältnis von zehn Mark zu einem Dollar. Dies hätte leidlich gutgehen können, wäre nicht der Schwarzmarkt gewesen, auf dem Angehörige der Besatzungsstreitkräfte Dinge wie Tabak und Kaffee zu stark überhöhten Preisen in Reichsmark zu verkaufen begannen, die sie dann mit Gewinnen von 100 und 150 Prozent in ihre eigene Währung umwechselten. Dies führte dazu, daß die amerikanischen Militärbehörden die Besatzungsmark durch militärisches Scrip-Geld ersetzten, das nur in militärischen Einrichtungen, nicht aber im Verkehr mit der Zivilbevölkerung Gültigkeit besaß. Die Kur war, wie sich herausstellte, schlimmer als die Krankheit, denn nun wurde die amerikanische Zigarette zum neuen Tauschmittel. Edwin Hartrich hat uns diese Situation folgendermaßen beschrieben: Die Zigarette wurde zum Maßstab aller Werte; die Preise wurden in Packungen und Stangen angegeben, und das alles trug weiterhin dazu bei, daß die inflationäre und tatsächlich wertlos gewordene Reichsmark als gültige Währung aufgegeben wurde.

Wie 1923 gab es Menschen, die unter diesen Verhältnissen gut lebten, und andere, die unter ihnen litten. Die Besatzungstruppen, die Zugang zu Post-Exchange-Läden hatten und außerdem ihre Familie bitten konnten, ihnen Zigaretten und andere bei der Zivilbevölkerung gefragte Dinge zu schicken, machten große Gewinne, ebenso wie die einheimischen Spekulanten. Aber wenn der durchschnittliche Wochenlohn eines angelernten Arbeiters 80 RM betrug und eine Ein-Dollar-Stange Zigaretten für 1000 RM oder mehr weiterverkauft wurde, war klar, daß das Leben der meisten Deutschen auf dem bloßen Existenzminimum liegen würde, wenn sie nicht über Besitztümer verfügten, die sich auf dem Schwarzmarkt gegen Zigaretten absetzen ließen, mit denen sie dann wiederum ein paar nützliche Dinge kaufen konnten bei denen, die sie des Gewinns wegen horteten. Mit der Zeit bereitete dies den Besatzungsbehörden Sorgen, die sich nicht dessen angeklagt sehen wollten, was sie den Nazis bei den Nürnberger Prozessen vorgeworfen hatten, nämlich der Ausplünderung einer besiegten Nation. Im Jahre 1947 versuchte die US-Armee den Schwarzmarkt zu regulieren und zu kontrollieren und darauf zu achten, daß die Deutschen für Waren, die sie dort in Tausch gaben, einen angemessenen Gegenwert erhielten. Als dies keinen Erfolg hatte, beschlossen die westlichen Besatzungsbehörden, eine grundlegende Währungsreform durchzuführen.

Im Juni 1948 wurde die Währungsreform, die auf einem alliierten Gesetz beruhte, verkündet. Die Bürger der westlichen Besatzungszonen sollten ihre Guthaben in Reichsmark, die sie in Besitz oder auf Konten stehen hatten, registrieren lassen, damit sie in neue Deutsche Mark umgewandelt würden. Das Umtauschverhältnis von RM zu DM betrug (zwar mit erheblichen Auflagen und Einschränkungen) 10 : 1; dies betraf jedoch nicht das sogenannte Kopfgeld. Dabei handelte es sich um einen einmaligen Umtausch von 1:1, bei dem zu gleichem Nennwert zunächst 40, einen Monat später 20 RM in DM umgetauscht wurden. Dieses Gesetz, das Hunderte von Milliarden RM vom Tisch fegte, die in Sicherheiten, Kriegsanleihen, Hypotheken und Sparguthaben angelegt waren, erschien drakonisch und wurde so auch prompt von der Sowjetregierung gebrandmarkt, die längst aufgehört hatte, zusammen mit den Westmächten eine gemeinsame Wirtschaftspolitik zu verfolgen, und die ein Fortschreiten der westlichen Inflation als potentiellen Anreiz zum Kommunismus lieber gesehen hätte. Aber die Währungsreform machte Schluß mit der Zigarettenwirtschaft, die das alte Tauschmittel verdorben hatte, und führte ein neues Geld ein, das sich, obwohl es keine Gold- oder Silberdeckung besaß, schnell als harte Währung im Vergleich zu anderen durchsetzte.

Die dem Geld innewohnende magische Kraft hatte einen Wandel in der psychologischen Stimmung bewirkt und dadurch vermocht, eine Veränderung der Situation herbeizuführen. Der Wirtschaftswissenschaftler Henry Wallich schrieb, die Währungsreform habe „die deutsche Szene von einem Tag auf den anderen verwandelt. Am 21. Juni 1948 tauchten Waren in den Läden auf, Geld übernahm wieder seine normale Funktion, der schwarze und der graue Markt wurden zurückgedrängt, Hamsterfahrten aufs Land hörten auf, die Arbeitsproduktivität nahm zu, und die Erzeugung setzte zu ihrem großen Aufschwung an. Die Stimmung im Land wandelte sich über Nacht. In die grauen, hungrigen, halb tot aussehenden Gestalten, die durch die Straßen schlichen auf der ewigen Suche nach etwas Eßbarem, kam wieder Leben, als sie sich mit ihren 40 DM in der Tasche auf einen ersten Einkaufsbummel machten." Die deutsche Wirtschaft war wieder im Gang, und das

Wirtschaftswunder sollte Deutschlands Nachbarn bald in Erstaunen versetzen.

VI

Einer nicht unbeträchtlichen Anzahl von Deutschen erschien dieser plötzliche Wandel eher als Unglück denn als ein Segen, als ein Geschenk an die neue Bundesrepublik, das sie vom Augenblick ihrer Geburt an kompromittierte. In einer Rede zum zehnten Jahrestag des Kriegsendes sagte der Dahlemer Pastor Helmut Gollwitzer, daß, wenn auch die Deutschen dankbar sein könnten, daß das Elend der unmittelbaren Nachkriegszeit so schnell überwunden worden sei, sie sich doch einmal fragen sollten, ob diese Situation ungetrübt gut sei. Die Tatsache, daß ihre Bäuche gefüllt seien, solle sie nicht dazu verleiten, die Hohlheit und die Gedankenlosigkeit in der Beurteilung von Werten bei vielen ihrer Mitbürger zu vergessen oder die Gefühllosigkeit, mit der sie Leiden und Bedürfnisse anderer Menschen ignorierten. Vielleicht, so warnte er, sei Deutschlands gegenwärtige Übersättigung eine größere Gefahr als der Hunger, der zehn Jahre zuvor existiert habe. Noch eindeutiger und entschiedener drückte sich der katholische Intellektuelle Carl Amery 1963 aus:

Die Währung stiftete über Nacht die neue Gesellschaft – die Gesellschaft des Kapitalismus. Und zwar sofort in einer sehr modernen Spielart: der Massenproduktion und -konsumtion, des *marketing* und der Bedarfsdeckung. Darüber zu jammern ist müßig. Die neuen Jetons wurden auf den Spieltisch geworfen (sechzig Einheiten für jeden, dazu Sachwerte unter der Theke), und die Herren wurden gebeten, ihr Spiel zu machen. Sie machten es. Staatsbewußtsein, Bewältigung der Vergangenheit, Handwerkertugenden – all das verlor an Wichtigkeit . . .

Staatsbewußtsein? Man hatte ja eben erlebt, wie weit man damit gekommen war, man kannte den Schwindel. Und die Bewältigung der Vergangenheit? Du lieber Gott, man wollte doch vergessen. Vergessen das Ende der Nation, vergessen den eigenen dunklen Anteil an ihrem Ende, vergessen das Ticken der nuklearen Uhr. Dazu spielt man ja . . .

Fast keiner weiß, daß man in diesem Casino nicht ,anständig' bleiben kann – jedenfalls nicht in der Art der Väter. Sie alle haben den alten Werten keineswegs bewußt abgeschworen; sie haben sie nur in der Garderobe abgegeben. Sie glauben, jederzeit hinausgehen und das Paletot gegen die Garderobenmarke wieder einlösen zu können. Das ist natürlich eine Illusion: man kann nicht sechs, acht, zehn Stunden am Tag hinter den Jetons verbringen und dann ein anständiger Mensch von gestern sein. Das Spiel verändert die Werte, es verändert die Charaktere.

So kam, zusammen mit dem wirtschaftlichen Wiederaufstieg, ein Schuldgefühl auf, ein Gefühl, das von vielen sensiblen Menschen und besonders, wie wir sehen werden, von der akademischen Jugend geteilt wurde, daß alles zu leicht und zu schnell gegangen sei, daß die Entwicklung die Debatte über andere Möglichkeiten zu früh beendet, daß sie Gelegenheiten zu fruchtbarer Erneuerung versperrt, keine schöne, neue Welt, sondern eine Restauration gebracht hatte, die alle falschen Dinge restaurierte – eine restaurierte Welt des Geldes, des Materialismus und des Militarismus (denn die Entscheidung zur Wiederbewaffnung Deutschlands folgte bald nach der Währungsreform), die genauso enden würde, wie alle anderen alten Welten geendet hatten.

Aus solchen Überlegungen entsprangen der starke Kulturpessimismus, der so viele westdeutsche Intellektuelle erfaßte, und die immer wiederkehrenden Zweifel an der Lebensfähigkeit der deutschen Demokratie, die wir in Stücken wie Botho Strauß' *Groß und Klein* (1978) finden mit seiner wiederholt gestellten Frage ,,Wohin?" und seinem stillschweigenden Motto ,,Anstelle des Krieges haben wir dies". In welchem Ausmaß dieses Gefühl von gewöhnlichen Deutschen geteilt wird, ist schwer zu sagen. Peter Iden von der *Frankfurter Rundschau* meinte 1979, es sei weiter verbreitet, als gemeinhin angenommen werde, und spiegele sich in Schlagworten wider, die Zweifel am Bestand der Verhältnisse voraussetzten. Die Menschen, schrieb er, gebrauchten ständig Begriffe wie ,,wahnsinnig" und ,,geheimnisvoll" in Verbindung mit ganz normalen und alltäglichen Dingen, als wollten sie Erstaunen über ihre Existenz oder Funktionsfähigkeit ausdrücken. Sie sagten immer ,,Alles klar!", als wären sie verzweifelt entschlossen, einer Situation Klarheit zu verleihen, die diese nicht mehr gewährleistete, oder bestätigten anderen so nachdrücklich, daß dieses oder jenes ,,mit Sicherheit" gemacht werden würde, als deuteten sie damit an, daß sie an keine Form von Dauer mehr glaubten.

Und doch ist zu bezweifeln, ob aus einem Fortbestehen der vor der Währungsreform herrschenden Verhältnisse ein besseres oder lebensfähigeres Deutschland hervorgegangen wäre. Es ist sogar nicht unmöglich, daß die Kalkulationen der Sowjetregierung aufgegangen wären und das wirtschaftliche Elend zu einem Sieg des Kommunismus in beiden Teilen Deutschlands geführt hätte. Wäre dies geschehen, würden die Kulturpessimisten vielleicht über vieles, das Geld eingeschlossen, anders gedacht haben. In diesem Zusammenhang ist der Hinweis auf die Notlage Erich Honeckers angebracht, der sich Ende der 70er Jahre, um seine Politik in anderer Beziehung durchsetzen zu können, gezwungen sah, den Umlauf der D-Mark des Westens als Zweitwährung in der Deutschen Demokratischen Republik zu gestatten, als Mittel, das seinen Landsleuten Annehmlichkeiten verschaffen sollte, die er ihnen nicht hatte verschaffen können. Dieses Experiment, das bedarf kaum der Erwähnung, wurde mit großem Mißvergnügen verfolgt von seinen sowjetischen Oberherren, die sich an ihren Marx erinnerten und nicht ohne Grund die umgestaltende Kraft des Geldes fürchteten.

6. Deutsche und Juden

In Edgar Allan Poes Erzählung *William Wilson* hat der Held einen Schulgefährten, der den gleichen Namen trägt wie er und ihm in Alter, Gestalt und
Gesichtszügen so sehr ähnelt, daß sie Brüder sein könnten. Er kann sich mit
dieser Ähnlichkeit nicht abfinden. Seinem Doppelgänger gegenüber empfindet er eine Mischung von Gefühlen: ,,gereizte Feindseligkeit, die noch nicht
Haß war, eine gewisse Achtung, mehr Respekt, viel Angst und eine sehr
große unbehagliche Neugier''; aber ,,das Gefühl der Beunruhigung . . . wurde stärker bei jeder Gelegenheit, die eine moralische oder körperliche Ähnlichkeit zwischen meinem Rivalen und mir hätte aufzeigen können.'' Zum
Schluß, nachdem er vergeblich versucht hat, seinem Schulgefährten zu entrinnen, der ihm auf die Universität folgt und immer wieder in kritischen
Augenblicken seines späteren Lebens auftaucht, schlägt sein Ärger in Haß
um, und er tötet ihn.

Poes Erzählung weist Parallelen zu der tragischen Geschichte des Verhältnisses zwischen den Deutschen und den Juden auf. Die Familienähnlichkeit
zwischen den beiden Völkern (um Frederick Grunfelds Ausdruck zu gebrauchen) ist auffallend und zeigt sich in ihrem Fleiß, ihrem Sinn für Wirt-
schaftlichkeit und Sparsamkeit, ihrer Beharrlichkeit, ihrem starken religiösen Empfinden, ihrer Wertschätzung der Familie und ihrer gemeinsamen
Achtung vor dem gedruckten Wort, die die Juden zu dem Volk des Buches
und die Deutschen zum Volk der Dichter und Denker gemacht hat. Sie
gleichen sich auch in der Art ihres intellektuellen Mühens, da sie sich nicht
auf pragmatische und utilitaristische Ziele beschränken, sondern den Fausti-
schen Ehrgeiz gemeinsam haben, die Geheimnisse des Universums zu ergründen und das Rätsel der Beziehung Mensch – Gott zu lösen, das sowohl
deutsche Metaphysiker wie Kant, Hegel und Schelling wie die jüdischen
Kabbalisten beschäftigte.

Ihre Verwandtschaft offenbart sich auch in ihren negativen Zügen, und
Jörg von Uthmann wies kürzlich hin auf ,,jene fieberhafte Geschäftstüchtig-
keit, die beide in aller Welt so unbeliebt gemacht hat'', auf den gemeinsamen
Glauben ,,an das Absolute, die Besessenheit, jede gute Sache so weit zu
treiben, bis eine böse daraus geworden ist'' und ,,jene unnachahmliche Verbindung von Taktlosigkeit und Empfindlichkeit, von Anmaßung und Unterwürfigkeit, von Auserwähltseinsdünkel und Selbstverachtung'', die beide
Völker kennzeichnet.

Doch wir müssen uns, so eindrucksvoll diese Ähnlichkeiten sind, fragen,
ob es eine notwendige Verbindung zwischen ihnen und der Beendigung der

Beziehung gab, die so schrecklich war wie die in Poes Erzählung. Warum haben diese Ähnlichkeiten nicht zu einer Integration, sondern zur Vernichtung der Juden durch ihre Mitbürger geführt? Warum hat sich Heinrich Heines Prophezeiung nicht erfüllt, daß die Deutschen und die Juden, die beiden „sittlichen Völker", wie er sie nannte, ein neues Jerusalem in Deutschland schaffen würden, Heimstatt der Philosophie, Mutterboden der Weissagung und eine Zitadelle der reinen Spiritualität? Uthmann und andere vertreten den Standpunkt, gerade ihre Affinität habe dies verhindert und zu einer tödlichen Geschwisterrivalität geführt. Daran mag etwas sein, obschon es eine unzureichende, zumindest unvollständige Erklärung zu sein scheint. Die Antwort auf das Problem des deutschen Antisemitismus, wie auch auf andere Probleme, ist wohl in der verspäteten Entwicklung Deutschlands zu einem Nationalstaat zu suchen, insbesondere im Scheitern der Aufklärung einerseits und andererseits in Deutschlands großer Mühe bei der Anpassung an die schnelle Industrialisierung und den sozialen Wandel.

I

Die weiter zurückliegenden Gründe des Antisemitismus waren natürlich religiöser Natur. Schon in römischen Zeiten wurden die Juden mit Argwohn betrachtet, weil ihr strenger Monotheismus der Vergötterung der Kaiser und den damit verbundenen Riten keine Zugeständnisse machte, und in einigen Gebieten des Römischen Reiches führte ihre Unnachgiebigkeit in dieser Hinsicht zu antijüdischen Unruhen und Pogromen. Aber erst mit dem Aufkommen des Christentums wurde diese heftige Feindseligkeit gegenüber den Juden zu einem gewohnten Bestandteil abendländischen Lebens. Für die Christen waren die Juden ein verstocktes Volk, das sich geweigert hatte, Jesus als den verheißenen Messias anzuerkennen, und das nicht nur in diesem Irrtum verharrte, sondern dazu noch mit der Schuld des Gottesmords belastet war, was sie selbst eingestanden, als sie, dem Evangelium des Matthäus zufolge, gerufen hatten: „Sein Blut komme über uns und über unsere Kinder!" Jesus hatte sie nach Johannes (Kap. 8, V. 42–45) für sündig und verderbt erklärt („Ihr seid von dem Vater, dem Teufel, und nach eures Vaters Lust wollt ihr tun"), und seine Anhänger fanden es bequem zu glauben, daß es kein Verbrechen gab, dessen die Juden nicht fähig waren. Im vierten Jahrhundert erklärte der heilige Johannes Chrysostomos kategorisch: „Ich weiß, daß viele Gläubige den Juden und ihren Zeremonien eine gewisse Achtung zollen. Dies veranlaßt mich, mit dieser verhängnisvollen Meinung gründlich aufzuräumen . . . Da sie den Vater verleugnet, den Sohn gekreuzigt und die Hilfe des Geistes zurückgewiesen haben, wer würde da noch behaupten wollen, die Synagoge sei nicht eine Heimstatt von Dämonen? Gott wird dort nicht verehrt, es ist nur ein Haus des Götzendienstes . . .

Die Juden leben für ihre Bäuche, sie streben nach den Gütern dieser Welt. In Schamlosigkeit und Gier übertreffen sie noch die Schweine und die Ziegen ... Die Juden sind von Dämonen besessen, sie sind unreinen Geistern überantwortet ... Anstatt sie zu begrüßen und auch nur mit einem Wort anzusprechen, solltet ihr euch von ihnen abwenden wie von der Pest und einer Geißel der Menschheit.“

Allein das abgeschiedene Dasein der Juden im Mittelalter, ihre Vorliebe für das Leben in geschlossenen Gemeinschaften, machte sie zum Gegenstand wilder Vermutungen und abergläubischer Angst. Kein Verbrechen wurde begangen, kein Kind verschwand, ohne daß man sie dafür verantwortlich machte. Man glaubte allgemein, obszöne Praktiken und Ritualmord seien normale Bestandteile ihrer Religionsausübung, und sie seien Brunnenvergifter, verführten die Jugend und ihre dämonischen Kräfte befähigten sie, Erdbeben, Pestilenz und Unwetter auf ihre christlichen Nachbarn herabzuwünschen. Ganz natürlicherweise wurden sie in Notzeiten die Opfer von Massenhysterie.

In Deutschland waren sporadische Ausbrüche antisemitischer Gefühle während des ganzen Mittelalters und in der frühen Neuzeit an der Tagesordnung. Oft wurden sie gefördert durch die Kirche, die es bisweilen den Aufrührern leichter machte, ihre Opfer zu identifizieren, indem sie den Juden eine bestimmte Kleidung aufzwang (gelbe Flicken oder gehörnte Mützen, wie es in Bamberg im 15. Jahrhundert üblich war), oder durch christliche Kaufleute, die die Konkurrenz jüdischer Hausierer mißgünstig beobachteten, oder durch Leute, die ihre Schulden bei jüdischen Geldverleihern loswerden wollten. Personen mit einigem Realitätssinn erkannten an, daß die Juden im allgemeinen die Wirtschaft belebten und Wohlstand in die Gemeinden brachten, in denen sie sich niederließen, und in vielen Teilen Deutschlands standen jüdische Händler unter dem Schutz des Kaisers oder lokaler Herrscher. Doch die ihnen gewährten Rechte unterschieden sich von Land zu Land und waren zeitlich begrenzt und stets den örtlichen Bedingungen oder der Laune von Stadträten unterworfen.

Die Reformation führte, zumindest zeitweise, zu vermehrter Intoleranz. Martin Luther scheint zunächst geglaubt zu haben, die Juden würden auf die neue Glaubensbefreiung positiv reagieren, ihren alten Irrtümern abschwören und zum Christentum übertreten. In seiner Schrift von 1523 *Daß Jesus Christus ein geborener Jude sei* führt er aus:

> Denn unsere narren die Bepste, Bischoff, Sophisten und Munche, die groben esels kopffe, haben bis her also den Juden ... gehandelt als weren es hunde und nicht menschen, haben nichts mehr kund thun denn sie schelten und yhr gutt nehmen ... Ich hoff, wenn man mit den Juden freuntlich handelt und aus den heyligen schrifft seuberlich unterweyßet, es sollten yhr viel rechte Christen werden.

Als die Juden jedoch nicht darauf eingingen, zog der Reformator gegen sie vom Leder in einer Sprache, wie man sie erst wieder in der Nazizeit zu hören bekommen sollte. In einer langen Abhandlung mit dem Titel *Von den Juden und yhren Lügen* (1543) fragte er:

> Was wollen wir Christen nu thun mit diesem verworffnen, verdampften Volck der Juden? Zu leiden ists uns nicht, nachdem sie bey uns sind, und wir solch liegen, lestern und fluchen von jnen wissen ... So können wir des unleschliche feuer Göttlichs zorns ... nicht lesschen, noch die Juden bekeren. Wir müssen mit gebet und Gottes furcht eine scharfe barmhertzigkeit uben.

Dazu, so fuhr er fort, gehöre, ,,jre Synagoga oder Schule mit feur anstecke und was nicht verbrennen will, mit erden uber heuffe und beschütte, das kein Mensch ein stein oder schlacke davon sehe ewiglich", ,,yre Heuser des gleichen zerbreche und zerstöre ... damit man mag sie unter ein Dach oder Stal thun, wie die Zigeuner auff das sie wissen, sie seien nicht Herrn in unserm Lande, wo sie rhümen, sondern in Elend und gefangen ..." Außerdem solle man ihnen ihre heiligen Bücher wegnehmen, ihre Lehrer zum Schweigen bringen, ihnen verbieten, zu reisen oder Handel zu treiben, und ihren Besitz einziehen, denn ,,alles was sie haben haben sie uns gestolen und geraubt durch jren Wucher."

Diese strengen Maßregeln wurden nicht allgemein befolgt, wenn auch außer Zweifel steht, daß sich in Luthers Kirche infolge der persönlichen Einstellung ihres Stifters und ihrer Betonung des Neuen Testaments ein Vorurteil gegen die Juden entwickelte, das nie ganz abgebaut wurde. Andererseits forderten die langen aus der Reformation hervorgehenden Religionskriege kaum zu Angriffen auf die Juden heraus, denn sie waren es vornehmlich, die dank ihrer internationalen Verbindungen und ihrem Zugang zu Kreditgeldern die wirtschaftliche Erholung Deutschlands nach 1648 förderten. In der zweiten Hälfte des 17. Jahrhunderts hießen viele Landesfürsten die Niederlassung von Juden willkommen – die für dieses Privileg gleichzeitig zur Kasse gebeten wurden –, und die sogenannten ,,Hofjuden", von denen schon die Rede war, spielten in der Finanzverwaltung eine unentbehrliche Rolle, nicht nur an kleineren deutschen Höfen, sondern auch in Österreich während der Regierungszeit Leopolds I. und seiner Nachfolger Joseph I., Karl VI. und Maria Theresia.

Von allen deutschen Staaten zeigte Brandenburg-Preußen die größte Toleranz gegenüber den Juden. Als 1670 viertausend Juden aus Wien ausgewiesen wurden, gestattete der Große Kurfürst fünfzig Familien die Einwanderung und gewährte ihnen Privilegien (das Recht zum Erwerb von Häusern und zur Abhaltung öffentlicher Gottesdienste), die ihnen in anderen Staaten verweigert wurden. Für den wirtschaftlichen Aufstieg Preußens war diese Aufnahme der Juden ebenso wichtig wie der Entschluß des Großen Kurfürsten, den französischen Hugenotten nach der Aufhebung des Edikts von Nantes eine neue Heimat zu geben. Die letzten Jahre des 17. und die erste Hälfte des 18. Jahrhunderts brachten eine systematische Rationalisierung der

Finanzverwaltung des Staates und ein stetiges Anwachsen von Handel und Fabrikation, das zum großen Teil der klugen Lenkung von „Hofjuden" und „Hoffaktoren" zu danken war; und wie Eda Sagarra schreibt, ist es nicht übertrieben, zu sagen, daß nur die heroischen Anstrengungen von Wirtschaftsberatern wie Veitel Ephraim und Daniel Itzig Preußen in die Lage versetzten, einer Niederlage im Siebenjährigen Krieg zu entgehen und sich von den materiellen Verlusten dieses Konflikts rasch wieder zu erholen.

Diese Dienste wurden nicht nur vom Hof anerkannt, der die Privilegien für die jüdischen Untertanen ausdehnte, sondern auch von der preußischen Gesellschaft, die sich zunehmend bereitwilliger zeigte, sie zu akzeptieren. Dies galt besonders für Berlin, wo es zumindest auf kultureller Ebene gegen Ende des 18. Jahrhunderts eine Art Symbiose zwischen den reichen jüdischen Familien und den aufgeklärteren Kreisen der preußischen Aristokratie und des oberen Mittelstands gab.

Diese Entwicklung vorbereitet hatte Moses Mendelssohn, der Sohn eines Sefers (Abschreiber der Thora) aus Dessau, der 1743 nach Berlin gekommen war ohne einen Pfennig Geld, und ohne die deutsche Sprache richtig zu beherrschen, und der dann der Freund Lessings und eine der führenden Gestalten der deutschen Aufklärung geworden war. Mendelssohn glaubte, die Juden müßten sich aus dem geistigen Getto, in dem sie seit Jahrhunderten lebten, dadurch befreien, daß sie aufhörten, sich als ein Volk für sich zu betrachten, daß sie die deutsche Kultur als die ihre annahmen und ihre Religion überholter ritueller Formen entkleideten, um sie somit als ein Bekenntnis unter anderen akzeptabel zu machen. Er suchte die gesellschaftlichen Schranken zwischen Juden und Nichtjuden niederzureißen, indem er sein Haus zu einem Treffpunkt für Intellektuelle, bedeutende auswärtige Besucher und die Berliner Hautevolee machte in der Hoffnung, das gegenseitige Verständnis zu fördern und zu beweisen, daß die Juden kein exotisches Volk waren, sondern Deutsche mit den gleichen Interessen wie andere aufgeklärte Mitglieder der deutschen Gesellschaft.

Mendelssohns Beispiel folgte seine Tochter Dorothea Mendelssohn Veit, die während der letzten Jahre der Regierungszeit Friedrichs II. eine „Lesegesellschaft" hatte, die sich wöchentlich zweimal traf, und Berliner Schriftsteller und Gelehrte ohne Rücksicht auf Religionsunterschiede ebenso anlockte wie die Ehefrauen und Töchter anderer jüdischer Kaufleute und Freiberufler. Zu ihnen zählten Frau Hofrat Bauer, zu deren Kreis die Brüder Wilhelm und Alexander von Humboldt gehörten; Henriette Herz, deren Schönheit und Witz selbst den nüchternen Nicolai betörten und Schleiermacher zu der Feststellung veranlaßten, sie sei seine innigst verbundene Substanz, ohne die das Leben nicht lebenswert sei; die geistvolle Rahel Levin (spätere Varnhagen), in deren Salon der politische Publizist Friedrich von Gentz und der schwedische Botschafter Brinckmann Schriftstellern wie Tieck, Chamisso, Clemens von Brentano und Friedrich Schlegel begegneten

und wo man Prinz Louis Ferdinand mit seiner Mätresse Pauline Wiesel und
seinen Schwager Fürst Radziwill antreffen konnte.

Fanden sich die nichtjüdischen Gäste gern bei Rahel ein, so betrachtete die
breite Masse des Volkes die Juden als Menschen zweiter Klasse. Als Moses
Mendelssohn 1743 durch das Stadttor von Berlin schritt, hatte der Zollbeamte in seinem Wachbuch notiert: ,,Heute passierten sechs Ochsen, sieben
Schweine und ein Jude"; und die Gesetze der meisten deutschen Staaten
entsprachen noch immer dem Geist dieses Vermerks. Doch in den Tagen, als
die Salons das gesellschaftliche und intellektuelle Leben Berlins beherrschten, mochte man wohl glauben, daß solche Zeiten vorübergehen würden und
daß die zwischen Juden und Deutschen bestehenden Unterschiede durch
guten Willen und aufgeklärte Staatsführung beseitigt werden könnten, in
Berlin wie auch anderenorts. In seiner vielgelesenen Schrift *Über die bürgerliche Verbesserung der Juden* (1781) drückte Christian Wilhelm von Dohm
die feste Hoffnung der Aufklärung aus, eine vernunftgemäße Gesetzgebung
werde das Denken der Menschen verändern, und er rief die deutschen Regierungen auf, in dieser Sache die Initiative zu ergreifen, den Juden die gleichen
Rechte zu gewähren wie anderen Untergruppen der Gesellschaft, ihre besonderen Traditionen und Bräuche zu tolerieren, wie sie dies auch im Falle
der Aristokratie, der Universitätsprofessoren und der verschiedenen christlichen Gemeinschaften taten und sie sowie alle Gruppierungen zu ermutigen, das gemeinsame Band der Staatsbürgerschaft hochzuhalten, das aus
ihnen allen ein harmonisches Ganzes machen sollte.

Der Optimismus, der Dohms Traktat beflügelte, schien gerechtfertigt zu
sein, denn im gleichen Jahr erließ Kaiser Joseph II. ein Toleranzedikt für alle
Juden in seinem Herrschaftsbereich. In Wirklichkeit sorgte dieses Edikt nur
für eine sehr kümmerliche Toleranz und krankte wie andere allgemeine
Erklärungen dieser Art an der mangelhaften Durchführung in der Praxis.
Die großen Hoffnungen der Ideologen der Aufklärung sollten in der Tat
enttäuscht werden, weil sie nicht von der Masse der christlichen Bevölkerung geteilt wurden, die weder Salons besuchte noch die Traktate der *philosophes* las. In Lessings Bühnenwerk *Die Juden* erweckt ein geheimnisvoller
Reisender die Bewunderung eines deutschen Barons durch seine elegante
Kleidung und seine vollendeten Manieren, durch seinen Mut, als der Baron
und seine Tochter in Gefahr sind, und durch seine Wohlhabenheit – alles
scheint darauf hinzudeuten, daß es sich um einen Angehörigen der höchsten
Kreise handelt. Als der Baron auf die Möglichkeit einer Heirat zwischen
seiner Tochter und dem Reisenden anzuspielen beginnt, sagt dieser: ,,Ich bin
Jude." ,,Ei, was tut das?" fragt die Tochter des Barons. Ihre Zofe zupft sie
am Ärmel und flüstert: ,,St, Fräulein! St! Ich will es Ihnen hernach sagen,
was das tut."

Das war die Stimme jenes Teils der Bevölkerung, der von der Aufklärung
unberührt geblieben war und an einem Vorurteil gegen die Juden festhielt,

das aus dem Mittelalter stammte und ins 19. Jahrhundert hinein fortbestehen sollte – einem Vorurteil, das sich jedem Vernunftargument widersetzte und in wirtschaftlichen Notlagen oder nationalen Krisensituationen häßliche Formen annahm.

II

Selbst in den gebildeten Kreisen der Gesellschaft ließ die Bereitschaft, die Juden zu tolerieren, nach, und in vielen Fällen schwand sie ganz. Dies war in erster Linie eine Folge der aufkommenden patriotischen Gefühle während der Jahre der Herrschaft Napoleons über Deutschland. Gesellschaften wie der Deutsche Tugendbund und die Christlich-deutsche Tischgesellschaft propagierten antifranzösische Agitation, wandten sich entschieden gegen die progressiven und kosmopolitischen Anschauungen der Aufklärung und verbreiteten die Lehre eines integralen Nationalismus mit einer stark christlichen Beimischung. In einer Flugschrift des Jahres 1815 bezeichnete der jüdische Publizist Saul Ascher diese neue Bewegung als ,,Germanomanie" und schrieb voller Bitterkeit:

> Christentum und Deutschheit war bald in eines verschmolzen; dieses ist für den transzendentalen Idealisten und Identitäts Philosophen ein leichter Prozess. Es ward so von ihnen gefolgt. Deutschlands Rettung von dem Joche der fremden Tyrannei kann nur vorbereitet werden, durch Einheit und Einigkeit des Volkes in der Idee. Die Einheit und Einigkeit in der Religion spricht diess Erforderniß ganz aus ... Es darf nicht befremden, daß nach den Ansichten dieser enthusiastischen Idealisten ... von ihnen vorzüglich in den Juden ein Gegensatz dieser Lehre vorgefunden ward, und daraus läßt sich erklären der rohe und abschreckende Ton, in welchem am Ende des achtzehnten Jahrhunderts von Fichte ... an, bis herab auf seine Schüler und Verehrer, gegen Judenthum und Juden losgestürmt ward.

Ascher zitierte ein kurz zuvor erschienenes Pamphlet, mit dem Titel *Über die Ansprüche der Juden auf das deutsche Bürgerrecht*, in dem sich der Verfasser gegen Dohms Eintreten für ein größeres Maß an bürgerlichen Rechten für die Juden wandte und den Standpunkt vertrat, nur der Übertritt zum Christentum könne die Gewährung der Staatsbürgerschaft rechtfertigen. Ferner forderte er eine Beschränkung der jüdischen Einwanderung nach Deutschland und schlug vor, man solle das Verhältnis zwischen Deutschen und Juden gesetzlich klarer definieren, was eine Verschärfung der Auflagen für nichtchristliche Bürger bedeutet hätte.

Derartige Ansichten sowie der gröbere Antisemitismus in Pamphleten wie Grattenauers Hetzschrift *Wider die Juden, ein Wort der Warnung an alle unsere christlichen Mitbürger (1803)*, in der die Juden verächtlich gemacht wurden, die, um ihre Kultur zu beweisen, in aller Öffentlichkeit Schweinefleisch äßen und auf der Promenade Kiesewetters *Logik* auswendig lernten, schufen ein Klima, das einem wirklichen Fortschritt zur Assimilation hin abträglich war. In den westlichen Ländern hatten die Juden ihre Emanzipation der Machtergreifung durch den wohlhabenden und gebildeten Mittelstand zu verdanken. Eine solche bürgerliche Revolution hatte in Deutschland nicht stattgefunden, und die Juden mußten sich entweder damit zufrieden geben, daß sie mehr oder weniger nur geduldet waren auf Grund von Staatsgesetzen, die ihnen Rechte gewährten, welche allmählich (aber erst in den 60er Jahren des 19. Jahrhunderts) auf die gesetzliche Gleichberechtigung hinausliefen, ihnen aber keineswegs die völlige gesellschaftliche Anerkennung brachten. Oder sie mußten durch persönliche Verdienste und Leistungen die Gleichstellung und Integration zu erlangen versuchen.

Für viele erwies sich der letztere Weg als eine niederdrückende Aufgabe. Rahel Varnhagen mußte entdecken, daß selbst diejenigen, die sich voller Stolz auf ihren glänzenden Abendveranstaltungen hatten sehen lassen, nicht bereit waren, sie als ihresgleichen zu akzeptieren – das heißt, als Deutsche wie sie – und daß es nichts gab, wodurch sie sich befreien konnte von dem, wie sie es sah, Unglück, als Jude geboren zu sein. Sie vergaß ihre Scham darüber nicht eine Stunde, trank sie, wie sie schrieb, mit Wasser, mit Wein und selbst der Versuch, sich von diesem Judentum zu befreien, war beschämend und wenig erfolgreich. Man blieb ,,Jüdin, nicht hübsch, ignorant, ohne grâce, sans talents et sans instructions . . .''. Wenige Juden waren sich dieser verletzenden Pfeile nicht bewußt, deren Spitzen im Triumph wie in der Niederlage gleichermaßen empfunden wurden und die immer dann Augenblicke des Glücks unterbrachen, da man am wenigsten mit ihnen rechnete. ,,Es ist wie ein Wunder!'' sagte Ludwig Börne einmal. ,,Tausend Male habe ich es erfahren, und doch bleibt es mir ewig neu. Die Einen werfen mir vor, daß ich ein Jude sei; die Anderen verzeihen mir es; der Dritte lobt mich gar dafür; aber alle denken daran. Sie sind wie gebannt in diesem magischen Judenkreise, es kann keiner daraus.''

Für jeden empfindsamen Menschen war es ein grausames Dilemma. Blieben die Juden ihrer Tradition treu, wurden sie in der Gesellschaft als fremdländisches Element betrachtet; nahmen sie das Christentum an und suchten sie sich als gute Deutsche zu erweisen, wurden sie oft der Arroganz und Anmaßung bezichtigt, und gerade ihre Leistungen wurden ihnen zum Beweis dafür vorgehalten, daß sie undeutsch seien. Das klassische Beispiel für die letztere Reaktion ist der Fall Heinrich Heines.

In einem Getto geboren, nahm Heine die Taufe an als ,,Entréebillett zur europäischen Kultur''. Später schrieb er: ,,Ich mache keinen Hehl aus meinem Judentum, zu dem ich nicht zurückgekehrt bin, da ich es niemals verlassen hatte.'' Doch an seinem Deutschtum war so wenig zu zweifeln wie an seiner jüdischen Herkunft. Er widmete sein Leben dem vergeblichen Versuch, ein ideales Vaterland zu schaffen, indem er die Fehler des wirklichen kritisierte, und niemand, der die Gedichte liest, die er im Exil schrieb – so das Folgende

Denk ich an Deutschland in der Nacht,
Dann bin ich um den Schlaf gebracht

oder

O, Deutschland, meine ferne Liebe . . .

Mir ist, als hört ich fern erklingen
Nachtwächterhörner, sanft und traut;
Nachtwächterlieder hör ich singen,
Dazwischen Nachtigallenlaut.

Dem Dichter ist so wohl daheime,
In Schildas teurem Eichenhain!
Dort wob ich meine zarten Reime
Aus Veilchenduft und Mondenschein.

kann an der Tiefe seiner Liebe zur Heimat zweifeln oder ihm sein Recht auf
den Titel verweigern, den er für sich beanspruchte: ,,Ein deutscher Dichter".

Doch obwohl er der größte deutsche Lyriker nach Goethe und ein anerkannter Meister der Prosa war, empfing Heine weder zu Lebzeiten noch
später jene Ehrungen, wie sie großen Schriftstellern gewöhnlich zuteil werden. Ja, schon in den 3oer Jahren wurde das schicksalhafte Urteil ,,un-
deutsch" gegen ihn gesprochen. In einer brillanten Analyse hat Jost Hermand die frühen Kritiken an Heine zusammengefaßt:

> Weil Heine so subjektiv auftritt, erscheint er seinen Kritikern als zu ungebunden
> und formlos. Weil er so formlos ist, gilt er als frivol und unmoralisch. Weil er zum
> Unmoralischen neigt, wird er als Saint-Simonist hingestellt. Wer einer solchen Lehre
> anhängt, muß in konservativen Augen selbstverständlich ein ,Französling' sein. Als
> Französling gerät man sofort in den Verdacht, sich wurzellos in der Welt herumzu-
> treiben. Wurzellos kann jedoch nur ein Jude sein. Und als Jude ist man bereits in
> diesen Jahren mit dem Odium des ,Unechten' und ,Literatenhaften' behaftet – et
> cetera ad libitum infinitum.

Heines Art zu schreiben und seine Lebensumstände forderten solche Kritiken heraus. Er war Satiriker in einem Volk, dem Satire nicht leicht einging
und welches von der Literatur erwartete, daß sie ernsthaft war und mit
Themen, die Respekt verdienten, respektvoll verfuhr. Was sollte man mit
einem Schriftsteller anfangen, der offenkundig nicht einmal die Erzeugnisse
seiner Feder ernst nahm und, wie Heine dies in der vierten Folge seiner
Reisebilder (Die Bäder von Lucca) tat, schreiben konnte:

> Es gibt nichts Langweiligeres auf dieser Erde, als die Lektüre einer italienischen
> Reisebeschreibung – außer etwa das Schreiben derselben – und nur dadurch kann der
> Verfasser sie einigermaßen erträglich machen, daß er von Italien selbst so wenig als
> möglich darin redet. Trotzdem, daß ich diesen Kunstgriff vollauf anwende, kann ich
> dir, lieber Leser, in den nächsten Kapiteln nicht viel Unterhaltung versprechen. Wenn
> du dich bei dem ennuyanten Zeug, das darin vorkommt, langweilst, so tröste dich mit
> mir, der ich all dieses Zeug sogar schreiben mußte.

Über dergleichen regten sich viele deutsche Leser genauso auf wie über Heines Art, sie in eine gefühlvolle Stimmung zu versetzen und sie dann, wenn sie richtig gerührt waren, jäh mit der Wirklichkeit zu konfrontieren. Sie schätzten auch nicht seine respektlosen Seitenhiebe auf Institutionen wie die Universitäten und die Kirchen. Beispielhaft dafür sind seine Bemerkung in der *Harzreise*, daß die Universität Göttingen eigentlich nicht wichtiger sei als die örtliche Entbindungsanstalt, oder auch die Stelle in *Zur Geschichte der Religion und Philosophie in Deutschland,* an der er sagte, die Peterskirche in Rom sei mit den durch den Verkauf von Ablässen eingegangenen Geldern erbaut worden und sei somit „ein Monument sinnlicher Lust . . . wie jene Pyramide, die ein ägyptisches Freudenmädchen für das Geld erbaute, das sie durch Prostitution erworben"; diese südliche Sinnlichkeit stellt er dann in Gegensatz zur Nüchternheit des Nordens, wo das Klima „erleichtert uns die Ausübung der christlichen Tugenden, und am 31. Oktober 1517, als Luther seine Thesen gegen den Ablaß an die Türe der Augustinerkirche anschlug, war der Stadtgraben von Wittenberg vielleicht schon zugefroren, und man konnte dort Schlittschuhe laufen, welches ein sehr kaltes Vergnügen und also keine Sünde ist".

Endlich fanden sie es unerträglich, daß Heine immer wieder mit gutmütiger Geringschätzung die Deutschen als ein Volk von Philistern bezeichnete, als „ein sehr großer Narr", der „sich deutsches Volk" nennt, daß er über Deutschlands Ohnmacht im Vergleich zu anderen Nationen spottete

> Franzosen und Russen gehört das Land,
> Das Meer gehört den Briten,
> Wir aber besitzen im Luftreich des Traums
> Die Herrschaft unbestritten –

und meinte, die Deutschen, ähnlich dem Tanzbären Atta Troll in seiner gleichnamigen politischen Satire, hielten zwar gern Reden über Freiheit, liebten aber insgeheim ihre Ketten.

Heines frühe Kritiker pflegten ihre Angriffe gegen ihn mit Hinweisen auf seine oft zum Ausdruck gebrachte Bewunderung für Frankreich zu würzen, als könnten sie ihm damit Verrat am eigenen Land nachweisen. Aber im wesentlichen lieferte ihnen sein Judentum alles, was sie zu ihrer Feststellung brauchten, daß er es nicht wert sei, als deutscher Dichter betrachtet zu werden. In der Tat zeigte die Heftigkeit ihrer Angriffe in den 30er und 40er Jahren, wie unaufrichtig die Behauptung vieler Deutscher war, sie hätten nichts gegen Juden, wenn sie nur bereit seien, zum Christentum überzutreten. Ganz offen und ohne sein Rassenvorurteil zu verhüllen, schrieb Eduard Meyer 1831 unter Hinweis auf Heine und seinen Pariser Exilgefährten Ludwig Börne:

> Getauft oder nicht, das gilt gleichviel, nicht den Glauben der Juden hassen wir, sondern die vielen häßlichen Eigenthümlichkeiten dieser Asiaten, die unter ihnen so

häufige Unverschämtheit und Anmaßung, die Unsittlichkeit und Leichtfertigkeit, ihr vorlautes Wesen und ihre so oft gemeine Grundgesinnung ... Sie gehören zu keinem Volke, zu keinem Staate, zu keiner Gemeinde, schweifen als Aventuriers in der Welt umher, schnüffeln überall herum ... und bleiben da, wo sie recht viel zu raisonniren finden. Wo es still und gesetzlich hergeht, da ist ihnen nicht wohl in ihrer Haut.

Noch schrillere Töne schlug Wolfgang Menzel an, ein angesehener Literaturkritiker mit Lehrstuhl, der sich über Heines *Reise von München nach Genua* schockiert zeigte und schrieb: ,,Wir sehen da den Judenjungen, mit der Hand in den Hosen, frech vor italienischen Madonnenbildern stehen'' ... den ,,aus Paris kommenden, nach der neusten Mode gekleideten, aber gänzlich blasierten, durch Lüderlichkeit entnervten Judenjüngling mit spezifischem Moschus- und Knoblauchgeruch.''

Nach der Reichsgründung im Jahre 1871 war der unerbittlichste Vertreter der Feinde des inzwischen verstorbenen Dichters der Historiker Heinrich von Treitschke, eine bedeutsame Tatsache, da viele Treitschke als gleichsam offiziellen Sprecher des neuen Deutschland betrachteten. In seiner weitverbreiteten *Deutschen Geschichte*, die seinen Landsleuten darlegen sollte, was und wer sie groß gemacht hatte, stritt Treitschke Heine jeden Anteil am Aufstieg Deutschlands zur Nation ab, obwohl er den Beitrag anderer Schriftsteller ausführlich erwähnte. Er konnte nicht leugnen, daß sich Heines Dichtung großer Beliebtheit erfreut hatte und noch immer erfreute, aber, so schrieb er: ,,Es währte lange, bis sie sich eingestanden, daß deutschen Herzen bei Heines Witzen nie recht wohl wurde. War er doch schlechthin der einzige unserer Lyriker, der niemals ein Trinklied gedichtet hat; sein Himmel hing voll von Mandeltorten, Goldbörsen und Straßendirnen, nach Germanenart zu zechen vermochte der Orientale nicht. Es währte noch länger, bis man entdeckte, daß Heines Esprit keineswegs Geist war im deutschen Sinne.'' Und in strengerem Ton, diesmal auf Heines großartiges satirisches Gedicht *Deutschland. Ein Wintermärchen* bezogen, schrieb er: ,,Gerade dies Gedicht, eines der geistreichsten und eigenthümlichsten aus Heines Feder, mußte den Deutschen zeigen, was sie von diesem Juden trennte. Die arischen Völker haben ihren Thersites, ihren Loki; einen Ham, der seines Vaters Scham entblößt, kennen nur die Sagen der Orientalen.''

Die Maßlosigkeit dieser Attacke ist vielleicht verständlich. Heine war der bedeutendste jener deutsch-jüdischen Schriftsteller, die Marcel Reich-Ranicki ,,Ruhestörer'' nannte, und *Deutschland. Ein Wintermärchen* war Treitschke zweifellos ein Dorn im Fleisch, weil der reaktionäre Widerstand gegen bürgerliche Freiheit und sozialen Fortschritt, den Heine im Deutschland der 40er Jahre entdeckt und in seinem Gedicht angeprangert hatte, im Reich Bismarcks noch immer nur zu offenkundig war. Daß sein Gedicht Leute wie den nationalistischen Historiker empören würde, hatte Heine vorausgesehen, als er in seinem Vorwort schrieb: ,,Ich höre schon ihre Bierstimmen: Du lästerst sogar unsere Farben, Verächter des Vaterlands, Freund der Franzosen, denen du den freien Rhein abtreten willst! Beruhigt euch. Ich werde eure Farben achten und ehren, wenn sie es verdienen, wenn sie nicht mehr eine müßige oder knechtische Spielerei sind. Pflanzt die schwarz-rot-goldene Fahne auf die Höhe des deutschen Gedankens, macht sie zur Standarte des freien Menschentums, und ich will mein bestes Herzblut für sie hingeben. Beruhigt euch, ich liebe das Vaterland ebensosehr, wie ihr. Wegen dieser Liebe habe ich dreizehn Jahre im Exil verlebt, und wegen eben dieser Liebe kehrte ich wieder zurück ins Exil, vielleicht für immer."

Für immer ist eine lange Zeit, doch man könnte selbst heute noch nicht mit ganzer Überzeugung behaupten, Heine habe bei den Deutschen inzwischen die ihm zukommende Anerkennung gefunden. Zwar wurde nach 1945 viel Wesens um ihn in der Deutschen Demokratischen Republik gemacht, zum Teil wegen der Verbindung des Dichters mit Marx und Engels, zum Teil wegen seines Mitgefühls mit dem Pariser Proletariat der 40er Jahre, und *Deutschland. Ein Wintermärchen* wurde in den Volksschulen zu polemischen Zwecken benutzt. Es ist jedoch zu bezweifeln, daß der Dichter, der so sehr für die Freiheit kämpfte, darüber glücklich wäre, daß er in einem Staat geehrt wird, der so weit davon entfernt ist, frei zu sein. Andererseits wurden in der Bundesrepublik Bestrebungen, die Universität seiner Heimatstadt Düsseldorf nach ihm zu benennen, dreimal durch den akademischen Senat und durch eine Abstimmung unter den Studenten zunichte gemacht, aus unbekannten Gründen, unter denen gewiß auch ein latenter Antisemitismus eine Rolle spielte.

III

Im Jahre 1921 stellte sich Kurt Tucholsky, der größte deutsche Satiriker nach Heine, in einem seiner vielen Artikel über den Antisemitismus vor, General Erich Ludendorff treffe vor der Himmelstür ein und werde dort sehr streng gefragt, wie er den Tod von zwei Millionen Menschen während des Krieges rechtfertigen könne. ,,Lieber Gott", läßt er Ludendorff antworten, ,,es waren die Juden!"

Tucholskys Vorstellungsbild ist keineswegs so übertrieben, wie es scheinen mag. Während des 19. Jahrhunderts machte man die Juden für jedes Unheil verantwortlich, das das Land befiel, und erklärte man sie im ersten Weltkrieg nicht zum Sündenbock für die Fehler von Ludendorffs Generalstabsführung, so hieß es doch, sie seien der Armee 1918 in den Rücken gefallen und hätten zu einem schändlichen Friedensvertrag beigetragen. In der Folge wurde ihnen jeder wirtschaftliche Rückschlag angelastet, den die Weimarer Republik erlitt – die Inflation von 1922/23 zum Beispiel –, sowie alles, was an der Außenpolitik des jungen Staates mißfiel.

Es kam natürlich nicht von ungefähr, daß man in wirtschaftlichen Krisenzeiten die Juden als die dafür verantwortlichen Personen ansah. In der vorherrschend ländlichen Wirtschaft des frühen 19. Jahrhunderts waren sie oft lebenswichtig, als Trödler und Getreide- und Viehhändler, als Geldverleiher, deren Vorschüsse die Bauern über einen strengen Winter brachten. Sie waren bei ihren Kunden gewöhnlich nicht beliebt und in harten Zeiten dem Haß der Massen ausgesetzt. Die Zeit zwischen dem Wiener Kongreß und der Revolution von 1848 brachte zahlreiche antijüdische Volksaufstände. Von Süddeutschland (Würzburg) ausgehend, breiteten sie sich nicht nur im Rheinland, sondern vor allem über Bamberg, Karlsruhe, Frankfurt bis Hamburg und Kopenhagen aus. Im Jahre 1848 griffen diese Aufstände dann von Baden auf Hessen über, ferner auf Breslau, Prag, Preßburg und Budapest.

Den Aufruhr in Baden betreffend, schrieb der Kulturhistoriker W. H. Riehl mit seiner üblichen Voreingenommenheit für die Bauern, ,,(es war) die natürliche Feindschaft des ausschließenden bäuerlichen Standesgeistes gegen den fremden Eindringling, es war der Hochmut des Grundbesitzers gegenüber dem umherschweifenden heimatlosen Stamm, der sich hier Luft machte". Daß die Landwirtschaft zu einem großen Teil auf die Dienstleistungen der Personengruppe angewiesen war, die er verunglimpfte, scheint ihm nicht aufgegangen zu sein.

Die wirtschaftliche Umwandlung Deutschlands im Verlauf der zweiten Jahrhunderthälfte war dramatisch, und allein die Schnelligkeit des Industrialisierungsprozesses verursachte eine schmerzhafte soziale Verschiebung und eine Entwurzelung, die eine große Anzahl an persönlichen Tragödien nach sich zog. Die überlegene Anpassungsfähigkeit der Juden an neue Lebensumstände – die Leichtigkeit, mit der sie sich im Gegensatz zu vielen deutschen Kleinstädtern in das Großstadtleben einfügten – wurde ihnen vorgeworfen und verstärkte den Verdacht, daß sie die soziale Desintegration förderten und von ihr profitierten. Ihre prominente Rolle in der Bekleidungsindustrie, die sich die billige ländliche Arbeitskraft zunutze machte, trug ihnen den Vorwurf der Ausbeutung ein, und das üppige Wachstum jüdischer Banken und Investmentfirmen in Berlin, Frankfurt und Wien hatte noch unheilvollere Folgen. Man kann durchaus behaupten, der Antisemitismus in seiner neuzeitlichen, virulenten Form habe seinen Ursprung gehabt in der Aktienmarktkrise von 1873, einem Debakel, das beschleunigt wurde durch die übermäßige Ausweitung des Eisenbahn-Imperiums des Unternehmers Bethel Strousberg und die Manipulationen weniger achtbarer Geschäftsleute, die die Geldgier kleiner Investoren ausgebeutet hatten. Angesichts der wütenden Angriffe auf jüdische Schwindler, die dem Börsenkrach folgten, übersah die Öffentlichkeit die Tatsache, daß es ein jüdischer Reichstagsabgeordneter, Eduard Lasker, gewesen war, der wiederholt auf die Gefahren des Spekulationsbooms hingewiesen hatte, und daß durch das energische Eingreifen jüdischer Banken wie Bleichröder & Co noch größeres Unheil verhindert worden war. Aber der Schaden war angerichtet, und das Bild des jüdischen Geschäftsmannes als eines Shylock, der sein Pfund Fleisch haben will, war unauslöschlich eingeprägt.

In den Nachwehen des Zusammenbruchs von 1873 trat in Deutschland eine neue Art von professionellen Antisemiten auf, die, was den Gebrauch rassistischer Argumente zur Untermauerung ihrer Judenfeindschaft anging, Heines Kritiker bei weitem übertrafen. In den Vorträgen und Flugschriften von Leuten wie Eugen Dühring, Paul de Lagarde und Wilhelm Marr, wurde den Juden nicht mehr vorgeworfen, undeutsch zu sein, weil sie sich weigerten, das Christentum anzunehmen, sondern man stellte sie einfach auf Grund ihrer Natur als fremdes Element in der deutschen Gesellschaft hin, als Überträger einer Krankheit, die an ihrer Lebenskraft zehrte und sie mit Degeneration und Tod bedrohte. Es steht außer Zweifel, daß diese Rassentheoretiker den meisten Deutschen unbekannt waren und daß die Heftigkeit ihrer Verfluchungen und die pornographische Art ihrer Phantasien viele von denen abstießen, die ihnen als Lernende zu Füßen saßen. Doch was sie zu sagen hatten – es war oft in eine unechte wissenschaftliche Terminologie gekleidet und verziert mit zufälligen Zitaten von Anthropologen, Biologen, Psychologen und Theologen –, war nicht unwichtig, denn es beeindruckte die Leichtgläubigen und festigte oft ein unterdrücktes oder unbewußtes Vorurteil gegen die Juden oder trug zu seiner Ausbildung bei.

Die Verbreitung dieses neuen Antisemitismus wurde außerdem gefördert durch die Offenheit, mit der Männer von Ansehen und Einfluß ihre Vorbehalte gegenüber den Juden eingestanden. Nicht alle, die Treitschkes *Deutsche Geschichte* lasen oder die Reden des Hofpredigers Adolf Stoecker hörten, wußten zu unterscheiden zwischen deren Argumenten und den rassistischen Übertreibungen der Dührings und Marrs. Der hohe Rang der ersteren verlieh daher noch den wildesten Ausfällen der letzteren Glaubwürdigkeit. Noch wichtiger war die Unterstützung, die den Rassisten von Richard Wagner zuteil wurde, einem Mann, dessen Einfluß auf die Generation vor dem ersten Weltkrieg sowohl kraft seiner Ideen wie kraft seiner Musik kaum zu überschätzen ist.

Der Antisemitismus Wagners rührte wahrscheinlich von seinem Groll auf jüdische Finanzleute und Impresarios her, die ihn am Beginn seiner Laufbahn nicht unterstützten, und auf jüdische Konkurrenten, wie etwa Meyerbeer, die zunächst größere Triumphe feierten als er; und dies fand Ausdruck in seiner Schrift *Das Judentum in der Musik* (1850) und in Dutzenden von Bemerkungen über jüdische Gaunerei und Ausbeutung von Christen, die in Cosima Wagners Tagebuch eingingen. Doch außer diesem angestauten Ärger über eingebildete Feinde beeinflußte sein Denken ein starkes Angstelement. Sein früherer Freund Nietzsche sollte in *Jenseits von Gut und Böse* den Antisemitismus bezeichnen als den „Instinkt eines Volkes, dessen Art noch schwach und unbestimmt ist, so daß sie leicht verwischt, leicht durch eine stärkere Rasse ausgelöscht werden könnte". Dies mag ein Hinweis auf

Wagner gewesen sein, der insgeheim die Juden bewunderte, weil sie Jahrhunderte der Unterdrückung überstanden hatten, und der gleichzeitig sehr an der Fähigkeit seines eigenen Volkes zweifelte, sich unter Bedingungen des freien Wettbewerbs seine Individualität zu bewahren. Er drückte seine Ängste durch Angriffe auf die Juden als Feinde der deutschen Kultur aus.

Diese Zwangsvorstellung wurde in keiner Weise gemildert durch die Tatsache, daß einige der eifrigsten Verbreiter seiner musikalischen Ideale Juden waren, so etwa der Operndirektor Angelo Neumann, der Pianist Anton Rubinstein und Wagners Lieblingsdirigent Hermann Levi (den er mit gutmütiger Geringschätzung und einem völligen Mangel an Gefühl behandelte. Diese Haltung drückte sich unter anderem darin aus, daß er ernsthaft erwog, Levi zum Übertritt zum Christentum zu zwingen als Vorbedingung für die Erlaubnis, die Premiere des *Parsifal* dirigieren zu dürfen). Trotz seiner vielen jüdischen Bewunderer rühmte er sich seines Eintretens für die antisemitische Sache. Nach der Lektüre einer Rede von Stoecker Ende der 70er Jahre schrieb Cosima Wagner in ihr Tagebuch: ,,Wir lachen darüber, daß wirklich, wie es scheint, Richards Aufsatz über die Juden den Anfang dieses Kampfes gemacht hat", und Wagner selbst betonte, daß Marrs Schrift *Der Sieg des Judentums über das Germanentum*, die zwischen 1873 und 1879 zwölf Auflagen erlebte, lediglich seine eigenen Gedanken widerspiegele. Sein Antisemitismus beeinträchtigte sein Urteil in allen anderen Dingen (seine ständige Verunglimpfung Bismarcks beruhte zum großen Teil auf Bismarcks Verachtung für Judenverfolger, die Wagner zu dem Vorwurf veranlaßte, er habe Deutschland ,,verjudert"; und als Bleichröder für die Delegierten des Berliner Kongresses 1878 ein Essen geben durfte, betrachtete er dies als ,,Schmach für Deutschland") und nahm oft häßliche Formen an. Nach dem Brand im Wiener Burgtheater 1881, bei dem Hunderte von Menschen, darunter 400 Juden, ums Leben kamen, habe Wagner, so vermerkte Cosima, einen ,,heftigen Scherz" gemacht und gesagt, ,,es sollen alle Juden in einer Aufführung des ‚Nathan' verbrennen".

Es besteht kein Zweifel, daß Wagners offen ausgedrückte Judenfeindlichkeit und die Ansichten anderer angesehener Personen wie Treitschke und Stoecker dazu beitrugen, den Antisemitismus zu rechtfertigen und ihm eine soziale und intellektuelle Scheinrespektabilität zu verleihen. Dies galt auch für die Art, wie die Juden in einigen der meistgelesenen Romane des ausgehenden 19. Jahrhunderts dargestellt wurden. Man wird wohl kaum behaupten können, daß Autoren, die für den gebildeteren Teil der Leserschaft schrieben, Schriftsteller wie Wilhelm Raabe, Gustav Freytag und Felix Dahn, in ihren Werken bewußt antisemitisch waren; sie beweisen sogar oft Mitgefühl bei ihrer Beschreibung der materiellen und seelischen Nöte deutscher Juden. Dennoch griffen sie in ihren bekanntesten Büchern um des dramatischen Effekts willen zur Technik des Parallelismus, indem sie ihrer christlichen Hauptperson, die stets als ehrbar, idealistisch gesinnt und hilfsbereit gezeichnet wurde, einen jüdischen Gegenspieler gegenüberstellten, der egoistisch, feige, materialistisch und ohne Skrupel war. Diese Methode wurde bei solchen Langzeit-Bestsellern wie *Der Hungerpastor, Soll und Haben* und *Ein Kampf um Rom* (hier in etwas abgewandelter Form) angewandt. Es ist durchaus möglich, daß die Machenschaften der jüdischen Bösewichter auf die Leser dieser Bücher einen tieferen Eindruck machten als die erbaulich-langweilige Rechtschaffenheit der christlichen Helden. Was die zwanzig Millionen Deutschen betrifft, die ihre geistige Nahrung aus den in wöchentlichen Fortsetzungen erscheinenden Kolportageromanen bezogen, so gewöhnten sie sich allmählich an die immer wieder angebotenen stereotypen Porträts von Juden als Wucherer, Brunnenvergifter, Kindsmörder und Meisterverbrecher.

Natürlich kann man die Einzigartigkeit und den Einfluß des deutschen Antisemitismus überbetonen. Was die Einzigartigkeit betrifft, so darf man freilich annehmen, daß die antijüdischen Gefühle vor 1914 in Frankreich und anderen Ländern genauso stark waren wie in Deutschland. Bezüglich des Einflusses der hier erwähnten antisemitischen Manifestationen – und das gilt auch für die, die man noch aufzählen könnte, z. B. die Ausbreitung eines antijüdischen Vorurteils in den studentischen Verbindungen im Laufe der 90er Jahre, das von der Konservativen Partei 1892 verkündete Tivoli-Programm, das Widerstand gegen ,,den vielfach sich vordrängenden und zersetzenden jüdischen Einfluß auf unser Volksleben" anmeldete, oder die Existenz von antisemitischen Splitterparteien mit sechzehn Reichstagsabgeordneten im Jahre 1893 –, muß man wohl sagen, daß sie alle den jüdischen deutschen Staatsbürgern keinen greifbaren Schaden zugefügt haben. Das radikale Programm Hermann Ahlwardts, eines halbirren Schullehrers, der wegen Veruntreuung entlassen worden war, ehe er zum Demagogen wurde, und der den Juden die schärfsten Beschränkungen auferlegen wollte – er verlangte eine Verfügung, die sie zu Ausländern auf deutschem Boden erklärte, forderte ihren Ausschluß von öffentlicher und kultureller Tätigkeit und schließlich die Konfiszierung ihres Besitzes und ihre Deportation – erhielt keine Unterstützung von Bedeutung. Der rechtlichen Emanzipation, die mit dem sogenannten Judengesetz vom 23. 6. 1847 im wesentlichen abgeschlossen war, konnten die auf Versammlungen rechtgerichteter Gruppen gefaßten Beschlüsse nichts anhaben, und die Gesetzbücher blieben frei von diskriminierenden Bestimmungen.

Doch dies war kaum ein tröstliches Zeichen. Vor 1914 glich der Antisemitismus einer hartnäckigen unterschwelligen Infektion, die die Gesundheit des sozialen Organismus nicht ernsthaft gefährdete, sich aber resistent erwies gegenüber allen Versuchen, sie zu überwinden. Es gab Leute, die sich wegen seines Fortbestehens große Sorgen machten und nach Mitteln zu seiner Bekämpfung suchten, aber ihr Scheitern eingestehen mußten. Der Historiker Theodor Mommsen, der in den späten 70er Jahren als erster gegen die antijüdischen Schriften seines Kollegen Treitschke zu Felde gezogen war, sagte ein Jahrzehnt danach entmutigt:

Sie täuschen sich, wenn Sie glauben, daß man da überhaupt mit Vernunft etwas machen kann. Ich habe das früher auch gemeint und immer und immer wieder gegen die ungeheure Schmach protestiert, welche Antisemitismus heißt. Aber es nützt nichts ... Er ist wie eine schauerliche Epidemie, wie die Cholera – Man kann ihn weder erklären noch heilen. Man muß geduldig warten, bis sich das Gift von selber austobt und seine Kraft verliert.

Die Krankheit, die er fürchtete, zeigte vor 1914 noch nicht ihre ganze Bösartigkeit, aber sie vergiftete dennoch langsam die Massenpsyche und fraß an ihrer moralischen und intellektuellen Widerstandskraft. Nach 1918, in einer radikal veränderten emotionalen Atmosphäre, sollte das Übel, verschlimmert durch nationale Demütigung und wirtschaftliche Not, allmählich den ganzen Körper erfassen und ihn zu dem Wahnsinn treiben, in dem er seinen eigenen Gliedern gräßliche Wunden zufügte.

In seiner Darstellung des Antisemitismus in Deutschland und Österreich wies Peter Pulzer darauf hin, daß zwischen dem Antisemitismus der Vor- oder Nachkriegszeit kein wesentlicher Unterschied bestand. Alle Argumente gegen die Juden, die von nationalsozialistischen Rednern gebraucht wurden, stammten aus der Zeit vor 1914; der einzige Unterschied war der, daß die Nazis von ihrer Sache überzeugt waren und diese Argumente in ein Aktionsprogramm ummünzten. Die Vorstellung des Holocausts war schließlich schon in Ahlwardts Programm der 8oer Jahre enthalten gewesen. Was noch gefehlt hatte, war Adolf Hitlers dämonischer Wille, sie in die Wirklichkeit umzusetzen.

IV

Es war das tragische Dilemma der deutschen Juden, daß sie wie William Wilsons Doppelgänger die Feindseligkeit ihrer Mitbürger um so mehr anfachten, je ähnlicher sie ihnen wurden. Ihre frühen Widersacher hatten von ihnen verlangt, sie sollten wahrhafte Deutsche werden. Sie waren begeistert darauf eingegangen, und ihre vielfältigen Beiträge zur deutschen Kultur gaben ihnen zweifellos das Recht, sie als die ihre zu betrachten. Denn waren nicht Marx und Freud und Einstein deutsche Denker, Mahler und Schönberg deutsche Komponisten? Waren nicht Sternheim und Wassermann deutsche Schriftsteller und Max Liebermann und Emil Orlik deutsche Maler? Und konnte nicht derselbe Anspruch erhoben werden von Menschen, deren Leistungen zwar geringer, die aber von der gleichen Hingabe beseelt waren? Wie Golo Mann einmal schrieb, war der gewöhnliche deutsche Jude, ob getauft oder ungetauft, deutsch in seinen Tugenden, deutsch in seinen Lastern, deutsch in Kleidung, Sprache und Manieren, patriotisch und konservativ. Es gab nichts Deutscheres als jene jüdischen Geschäftsleute, Ärzte, Anwälte und Gelehrte, die sich 1914 ganz selbstverständlich freiwillig zum Kriegsdienst meldeten.

Und doch brachten ihre Leistungen und ihre Hingabe ihnen nicht die erstrebte Anerkennung ein; und Wohlhabenheit und Bildung, die die Aufklärung als die Schlüssel zur Integration betrachtet hatte, nützten ihnen nichts. ,,In den Jugendjahren eines jeden deutschen Juden", schrieb Walther Rathenau 1911, ,,gibt es einen schmerzlichen Augenblick, an den er sich zeitlebens erinnert: wenn ihm zum ersten Male voll bewußt wird, daß er als Bürger zweiter Klasse in die Welt getreten ist, und daß keine Tüchtigkeit und kein Verdienst ihn aus dieser Lage befreien können."

Der Fall Walther Rathenaus ist lehrreich, denn Rathenau war wie Heinrich Heine ein Ruhestörer, einer, dessen Leistungen eine Provokation darstellten, die ihm den Haß weniger begabter Männer eintrug. Zu seinem Unglück besaß er weder den Witz noch die Freude am Spott über die Philister, die Heine aufrechterhielten, und auch nicht das erhabene Selbstvertrauen, das es dem Dichter gestattete, sein Judentum zuzugeben, ohne einen Augenblick lang an seinem wesentlichen Deutschtum zu zweifeln. Das jüdische Erbe war für Rathenau etwas, das er ehrte, indem er dem orthodoxen Glauben treu blieb, dessen er sich aber gleichzeitig schämte. Er wollte unbedingt mit seinen Fähigkeiten, derer er sich bewußt war, gerade von der Gruppe anerkannt werden, die am wenigsten bereit war, ihn zu verstehen, von den blonden, blauäugigen Preußen, deren fundamentale Geistesfeindlichkeit Heine in *Deutschland. Ein Wintermärchen* verspottet hatte, die Rathenau aber idealisierte und der er nachzueifern suchte.

Als Sohn des Gründers der Allgemeinen Elektrizitäts-Gesellschaft (AEG), die sich zu einem der größten Industriekonzerne im Wilhelminischen Deutschland entwickelte, studierte Walther Rathenau in Berlin und Straßburg Mathematik, Physik und Chemie und promovierte 1889 mit einerArbeit über *Lichtabsorption durch Metalle*. Während einer zehnjährigen Lehrzeit war er zunächst in einer Aluminiumfabrik in der Schweiz, dann als Leiter eines elektrochemischen Betriebs in Bitterfeld bei Leipzig tätig. Danach stand fest, daß er alle Fähigkeiten besaß, um Emil Rathenau an der Spitze der AEG nachzufolgen, denn in ihm verband sich praktisches und administratives Geschick mit einer scharfen kritischen und analytischen Veranlagung. Doch scheint er, wie James Joll schrieb, stets unter einem unangebrachten Berufungsgefühl gelitten zu haben, als hätte er geglaubt, sich nur durch rein geistige Leistungen über die Begrenzungen seines Judentums und seine Selbstzweifel erheben zu können. Er schrieb philosophische Abhandlungen, die in einer für die Metaphysik aufgeschlossenen Zeit einigen vorübergehenden Erfolg hatten, im Rückblick aber dilettantisch und intellektuell anmaßend wirken, verfaßt eher um zu beeindrucken als zu erleuchten.

Er wurde auch in die Politik hineingezogen, obwohl er zu einem Freund sagte, die äußeren Umstände seien gegen seinen Erfolg gerichtet. „. . . so bin ich, wie Ihnen bekannt sein dürfte", schrieb er, „als Jude Bürger zweiter Klasse. Ich könnte nicht politischer Beamter werden, nicht einmal in Friedenszeiten Leutnant. Durch einen Glaubenswechsel hätte ich mich den Benachteiligungen entziehen können, doch hätte ich hierdurch nach meiner Überzeugung dem von den herrschenden Klassen begangenen Rechtsbruch Vorschub geleistet." Dennoch stellte er sich den Herausforderungen des politischen Lebens. In den Jahren 1907 und 1908 begleitete er den Staatssekretär im Reichskolonialamt Bernhard Dernburg auf Reisen durch Deutschlands afrikanische Kolonien, und Dernburg und andere ärgerten sich später über seine Aufdringlichkeit bei der Forderung nach einer Anerkennung für seine Dienste, stellten die Memoranden, die er nach diesen Reisen für die Regierung schrieb, doch kluge Einschätzungen der Situation in den Kolonien dar, und ihr Verfasser zögerte nicht, Zweifel an der Begabung der Deutschen zum Aufbau eines Kolonialreichs zu äußern.

Während des ersten Weltkriegs erhielt Rathenau die erste wirkliche Gelegenheit, seiner Nation zu dienen, und er bewies seine Fähigkeiten durch die überlegene Art und Weise, wie er die Kriegsrohstoffabteilung in der Krisenzeit 1914/15 aufbaute und führte. Trotz der Bedeutung seines Beitrags zur Überwindung des gefährlichen Mangels an strategischen Materialien, dem sich Deutschland 1914 gegenübersah, hatte er das Gefühl, seine Arbeit sei ihm sowohl vom Militär wie von den Industriellen verübelt worden, mit denen er hatte verhandeln müssen, und als er 1915 zurücktrat, um die Präsidentschaft der AEG zu übernehmen, schrieb er an einen Freund: „Daß ich als Privatmann und Jude unaufgefordert dem Staat einen Dienst geleistet habe, können beide beteiligten Gruppen mir nicht verzeihen, und ich glaube nicht, daß zu meinen Lebzeiten diese Stellungnahme sich ändert." Deshalb verweigerte er dem Staat jedoch nicht seine guten Dienste. In den letzten Kriegsjahren stand er zur Verfügung, wenn man ihn um Rat anging, vor allem in wirtschaftlichen Fragen, und er schrieb eine Reihe von Berichten, in denen er jene ökonomischen Probleme voraussah, denen Deutschland und seine Nachbarn nach Kriegsende gegenüberstehen würden. Seine Gedanken darüber und sein großes Finanzwissen machten ihn für die republikanischen Regierungen nach 1919 unentbehrlich; er nahm 1920 an der Reparationskonferenz in Spa teil und wurde im Jahr darauf Wiederaufbauminister im Kabinett Wirth.

Zu einer Zeit, als die Rechtsparteien die Dolchstoßlegende verbreiteten und einen unmöglichen Widerstand gegen die alliierten Forderungen verlangten, bewies Rathenau Mut mit der Bereitschaft, solch heikle Aufträge zu übernehmen, um so mehr, als er so aufrichtig war, öffentlich auszusprechen, daß Deutschland nichts anderes übrig blieb, als nach besten Kräften den Bedingungen des Versailler Vertrags nachzukommen, wie unpopulär sie auch sein mochten. Er wurde zum stärksten Fürsprecher der Erfüllungspolitik in der Hoffnung, diese könne die Alliierten beizeiten veranlassen, die Friedensvertragsbedingungen zu mildern, und er setzte zur Erreichung dieses Ziels bei Verhandlungen mit den westlichen Regierungen seine ganze Energie ein. ,,Wir müssen Wege finden", sagte er in einer Ansprache an das deutsche Volk, ,,uns mit der Welt wieder zusammenzubringen."

Diese Bemühungen empörten nur die grollenden Patrioten, die in Rathenaus Tätigkeit eine Fortsetzung der Kapitulation von 1918 sahen, die ihrer Überzeugung nach nicht nötig und von Verrätern, hauptsächlich Juden, herbeigeführt worden war. Es war deshalb unvermeidlich, daß diese Leute auf Rathenaus Ernennung zum Außenminister im Februar 1922 leidenschaftlich reagierten. Nun sei es also so weit gekommen, schrieb ein rechtsgerichtetes Blatt, Deutschland habe einen jüdischen Außenminister; das sei eine unerhörte Provokation des deutschen Volkes! Und bald sangen die blutdürstigen Gruppen ehemaliger Freikorpskämpfer:

> Knallt ab den Walther Rathenau,
> Die gottverdammte Judensau!

Der Vers war eine Absichtserklärung. Am Morgen des 24. Juni 1922 wurde Rathenau, als er, im offenen Fond seiner Limousine sitzend, die Königsallee hinunterfuhr, von einem Wagen überholt, in dem sich drei junge Männer befanden, von denen einer eine Handgranate hinüberwarf, während ein anderer mit einer Pistole auf ihn schoß. Er starb wenige Stunden später.

Mit der Ermordung Walther Rathenaus war eine Grenze überschritten, und Deutschland hatte ein neues und erschreckendes Gebiet betreten, in dem Jude-Sein nicht mehr nur ein Handikap und gesellschaftlicher Nachteil war; jetzt bedeutete es Gefahr, möglicherweise für Leib und Leben. Denn Rathenaus einziges Verbrechen hatte darin bestanden, daß er ein Jude war, der es gewagt hatte, sich nicht nur als Deutscher auszugeben, sondern Deutschland auch nach außen zu vertreten. Sein Tod löste im Land eine Welle des Schauderns aus, aber zweifellos betrachteten viele ihn insgeheim als eine nicht ungerechtfertigte Strafe. Die obszöne Raserei der Antisemiten aus der Vorkriegszeit hatte ihren ersten konkreten Ausdruck gefunden. Der Tod wurde beklagt, aber vernunftmäßig erklärt. Das Undenkbare war denkbar geworden. Bis zur ,,Reichskristallnacht" waren es nur noch sechzehn Jahre, und die ,,Endlösung" begann im Hirn des Führers der Nationalsozialistischen Partei schon Gestalt anzunehmen.

V

Im Jahre 1975, dreißig Jahre nach dem Holocaust, wurde der Literaturhistoriker Hans Mayer in einem Interview nach Ansichten befragt, die er in seinem neuen Buch *Außenseiter* bezüglich der zeitgenössischen deutschen Haltung zu den Juden vorgetragen hatte. Er antwortete:

Mit der Judenfeindschaft verhält es sich nicht viel anders, auch wenn in Deutschland kaum mehr Juden leben. Das läßt sich an dem vollkommen ungesunden Verhältnis des Durchschnittsdeutschen gegenüber dem Phänomen des Juden und des Staates Israel leicht nachweisen. Erst war es das schlechte Gewissen, dann die ungeheure künstliche Judenfreundschaft, der Jubel über den siegreichen Sieben-Tage-Krieg der Israeli. Jede ‚progressive‘ bürgerliche Familie in Deutschland wollte irgendwann einmal nach Israel reisen und sich mit Israelis treffen. Diese Begeisterung flaute sehr bald wieder ab und mündete in die Auffassung: die Israelis übertreiben, sie lernen auch nichts dazu, man muß den Arabern ebenfalls in vielen Dingen recht geben. Die Folge davon ist, daß der Judenhaß – ganz nach dem Vorbild der sowjetischen Propaganda – anders firmiert wird, wie wir es bereits heute bei einem Teil der deutschen Studentenschaft und der Durchschnittsbürger antreffen: natürlich sind wir nicht gegen die Juden, sondern ‚nur‘ gegen Israel und die Zionisten. Im Endergebnis jedoch läuft es auf dasselbe hinaus.

Das ist zu drastisch formuliert, um wahr zu sein, wenn man auch ohne große Mühe Anzeichen finden kann, die diese Ansicht zu stützen scheinen. Daß unter manchen deutschen Intellektuellen eine Tendenz zu einer Art Linksfaschismus besteht, trifft zweifellos zu, und zu dessen Kennzeichen zählt, wie Mayer sagt, eine antizionistische Einstellung. Als 1967 die Revolte an den Universitäten mit dem Ausbruch des Krieges im Nahen Osten zusammenfiel, ließ sich feststellen, daß radikale Studentenorganisationen in Heidelberg und an anderen Universitäten sich neben ihren örtlichen Belangen die Zeit nahmen, ihre Solidarität mit den Arabern zu bekunden mit der Begründung, sie bekämpften den Imperialismus und den Monopolkapitalismus. Ein offenkundigeres Beispiel für Linksfaschismus (obwohl seine Anhänger diesen Vorwurf sogleich zurückwiesen) lieferte 1978 Rainer Werner Fassbinder mit dem Stück *Der Müll, die Stadt und der Tod*, in dem eine der Hauptfiguren ein ,,reicher Jude" war, der, wie Joachim Fest in einem empörten Artikel in der *Frankfurter Allgemeinen Zeitung* schrieb, dargestellt wurde als ,,Blutsauger, Spekulant, Betrüger, Mörder und zudem als geil und rachsüchtig", und in dem eine der anderen Personen sagen durfte: ,,Sie haben vergessen, ihn zu vergasen . . . Ich reib' mir die Hände, wenn ich mir vorstelle, wie ihm die Luft ausgeht in der Gaskammer . . ."

So anstößig es war, kann Fassbinders Stück, das zwar gedruckt, aber nie aufgeführt wurde, wahrscheinlich als Einzelfall übergangen werden, als fehlgeleiteter Versuch, den ,,Bürger zu erschrecken" und die Öffentlichkeit auf das aufmerksam zu machen, was in der modernen Großstadt vor sich ging. Was die ambivalente Einstellung zum Staat Israel angeht, so trifft sie nicht auf Deutschland allein zu; man könnte sogar behaupten, daß die Bundesrepublik, mit Unterstützung jener ,,Durchschnittsbürger", denen Mayer ohne jeden Beweis antisemitische Gefühle zuschrieb, mehr als die meisten anderen Länder zur Stützung dieses Staates beigetragen hat. Der Präsident des Jüdischen Weltkongresses, Nahum Goldmann, der Deutschland 1978 besuchte, um Veranstaltungen aus Anlaß der vierzigsten Wiederkehr der ,,Reichskristallnacht" beizuwohnen, schrieb kurz danach: „Die großzügige Einstellung der Bundesrepublik in Sachen der Entschädigung und Reparationen – einzigartig in ihrem Ausmaß und in den Präzedenzfällen, die sie geschaffen hat (Entschädigungen zu zahlen für einen Staat, der in der Naziperiode nicht existierte, Entschädigungen für Nichtbürger, die unter den Nazis gelitten haben) – hat viel dazu beigetragen, die völlig berechtigten, meist negativen und oft feindlichen Beziehungen von Juden gegenüber dem Deutschland nach Hitler nahezu zu normalisieren. Es kann indes keine Rede von Vergessen sein, und Verzeihen hat zwischen Völkern wenig Sinn."

Die Frage des Vergessens – oder vielmehr des Sich-Erinnerns – ist natürlich entscheidend, und es scheint wichtiger, sich mit der kollektiven deutschen Erinnerung an die an den Juden begangenen Verbrechen zu beschäftigen, als sich noch weiter mit Mayers verallgemeinernder Verurteilung aufzuhalten. Im August 1945 hielt der Philosoph Karl Jaspers eine Rede, in der er seine deutschen Mitbürger daran erinnerte, daß sie nicht auf die Straße gegangen waren, als man ihre jüdischen Mitbürger fortführte, daß sie, anstatt zu protestieren, selbst unter Einsatz des eigenen Lebens, es vorgezogen hatten, am Leben zu bleiben aus der Überlegung heraus, daß ihr Tod niemandem genützt haben würde, und daß dies in Wahrheit ihre Scham und Schande war: daß sie schuldig waren, am Leben zu sein. Wie untilgbar sollte diese Scham von Generationen empfunden werden, die nicht direkt an der Durchführung der „Endlösung" beteiligt gewesen waren?

Es ist das Verdienst der Regierung der Bundesrepublik, der Medien, des Theaters und des Films in Westdeutschland, daß die Erinnerung an die Unmenschlichkeiten der Nazizeit immer wieder aufgefrischt wurde, nicht nur bei Gedenkfeiern wie solchen, denen Nahum Goldmann beiwohnte, und durch die Bewahrung der Ruinen von Synagogen, die in der „Reichskristallnacht" zerstört und geplündert worden waren, sondern auch durch eine Reihe bemerkenswerter Fernsehsendungen, die die Wirklichkeit der „Endlösung" dokumentierten, und einige denkwürdige Filme wie *Das Tagebuch der Anne Frank* und der Alain-Resnais-Streifen *Nacht und Nebel*, die in ganz Deutschland liefen. Deutsche Romane, besonders die von Mitgliedern der Gruppe 47, suchten gleich dem Erfinder in Grass' *Hundejahre* der Nachkriegsgeneration die Brille aufzusetzen, die es ihr ermöglichte, die wahre Vergangenheit zu sehen; und das deutsche Drama, von Zuckmayers *Des Teufels General* zu Hochhuths *Der Stellvertreter* und Peter Weiß' *Die Ermittlung* hat sich ehrlich mit der Verfolgung der Juden auseinandergesetzt. Besonders wirksam in letzterer Hinsicht war Max Frischs *Andorra* (1961), ein Stück, das von einem jungen Mann handelt, der für einen Juden gehalten wird, obwohl er keiner ist, und der zunächst geächtet, dann mißhandelt und schließlich gefoltert und von seinen Mitbürgern getötet wird. Das Schauspiel erlebte seine Premiere im Berliner Schiller-Theater, mit Klaus Kammer und Martin Held in den Hauptrollen, und wirkte auf viele

Zuschauer zweifellos erschütternd, vor allem deshalb, weil der Autor die Gestalten des Stücks in kurzen Szenen, die den Handlungsablauf unterbrachen, einzeln vor die Zuschauer treten ließ, und sie mit ausgeklügelten Argumenten erklären ließ, warum sie am Schicksal des Opfers unschuldig waren.

Doch alle diese lobenswerten Bemühungen, die Deutschen daran zu hindern, den schrecklichen Ausgang der deutsch-jüdischen Beziehung zu vergessen, wurden in den Schatten gestellt durch einen in den Vereinigten Staaten gedrehten kommerziellen Fernsehfilm, der in der Bundesrepublik im Februar 1979 in vier Folgen ausgestrahlt wurde, denen sich jeweils eine einstündige Diskussion anschloß, in die auch Anrufe aus dem Publikum einbezogen wurden. Unter dem Titel *Holocaust* erzählte die Serie die Geschichte der deutschen Verbrechen an den Juden, indem sie die Schicksale zweier fiktiver Familien in den Mittelpunkt stellte, das der Familie Dorf, deren Sohn Erik in der Nazipartei Karriere macht und als Heydrichs Stellvertreter die Massenvernichtung der Juden organisiert, und das der Familie des jüdischen Arztes Weiß, deren Angehörige fast alle in der Maschinerie des Schreckens umkommen. Wegen dieser Technik konnten sich die Zuschauer in einem Maße mit der Geschichte identifizieren, wie dies im Falle früherer historischer und dokumentarischer Darstellungen nicht möglich gewesen war, und dies zeigte sich in der Zunahme der Einschaltquoten von Sendung zu Sendung, von 32 auf 41%, und in Berlin auf 47%. Alles in allem sahen zwanzig Millionen Menschen die ganze Serie oder Teile davon, und dreißigtausend von ihnen riefen ihre örtliche Fernsehstation an, wobei die Mehrheit der Anrufer ernsthafte Fragen stellte oder Material lieferte, das Einzelheiten der Darstellung bestätigte oder ergänzte. In ganz Westdeutschland fanden, auf Verlangen der Schüler, an den Schulen Diskussionen über den Film und die ihm zugrunde liegende historische Wirklichkeit statt, und die Düsseldorfer Landeszentrale für Politische Bildung versandte 139530 Informationsmappen mit einer 56-seitigen Broschüre über die „Endlösung" für Lehrer in ganz Nordrhein-Westfalen, die von Wilhelm von Kampe zusammengestellt und auf Veranlassung der Bonner Bundeszentrale für Politische Bildung an die Landeszentralen weitergeleitet worden war.

Zweifellos war die Reaktion auf den Holocaust-Film eindrucksvoller als Hans Mayers Argumente über den Antisemitismus in der Bundesrepublik. Zwar zählten zu denjenigen, die bei den Fernsehstationen anriefen, auch solche, die sich empört zeigten und wissen wollten, warum man denn nach über dreißig Jahren unangenehme Erinnerungen auffrischen müsse, aber sie befanden sich bei weitem in der Minderzahl gegenüber denjenigen, die offenkundig von dem Gesehenen erschüttert waren und Antwort auf drängende Fragen haben wollten: Wieviel hatte der Durchschnittsdeutsche vor 1945 von dem gewußt, was man den Juden angetan hatte? In welchem Maße belastete die Verantwortung für die Verbrechen der Vergangenheit noch die

Deutschen von heute? Welche Lehre war aus der Geschichte des Holocaust zu ziehen? Daß solche Fragen gestellt wurden, vor allem auch von jungen Deutschen, vermerkten Beobachter als ein gutes und hoffnungsvolles Zeichen, ein Zeichen vielleicht der Bereitschaft, eine schreckliche Vergangenheit als die eigene zu akzeptieren, ohne Ausflüchte oder Entschuldigungsversuche. In einem nachdenklichen Artikel über die Auswirkungen des Films und die durch ihn aufgeworfenen Fragen schrieb Gräfin Dönhoff, die vielleicht schwierigste Frage sei, welche Schlußfolgerungen junge Menschen aus dem Bewußtsein von dem schrecklichen Ausgang des deutschen Antisemitismus ziehen sollten. Sie zitierte die Antwort Renate Harpprechts, die Auschwitz überlebt hatte und deren Eltern dort vergast worden waren. Sie hatte gesagt: „Man kann sich sein Volk nicht aussuchen. Ich habe mir damals manchmal gewünscht, nicht Jüdin zu sein, dann bin ich es aber in sehr bewußter Weise geworden. Die jungen Deutschen müssen akzeptieren, daß sie Deutsche sind – aus diesem Schicksal können sie sich nicht davonstehlen."

7. Frauen

Die Geschichte des Kampfes der Frauen um Gleichberechtigung ähnelte in Deutschland, zumindest in den frühen Stadien, in manch auffälliger Hinsicht der Geschichte der jüdischen Emanzipation. Wie im Falle der Juden schwanden die Hoffnungen, die die Frauen im Zeitalter der Aufklärung gehegt hatten, im 19. Jahrhundert sehr rasch. Die Frauen wurden als zweitrangige Wesen angesehen, die keinen Anspruch auf volle Integration in die Gesellschaft hatten. Wenn die Analogie nicht weiter getrieben werden kann, so liegt dies daran, daß manche Deutsche sich wohl eine Gesellschaft ohne Juden, nicht aber eine solche ohne Frauen vorstellen konnten. Immerhin unterschieden sich die antifeministischen Phrasen in ihrer Aggressivität nicht sehr von denen der Antisemiten.

Dies war natürlich kein rein deutsches Problem. Die Frauen waren in allen bürgerlichen Gesellschaften unterdrückt, und sie standen sich im Viktorianischen England nicht besser als im Deutschland Bismarcks. Einzigartig für Deutschland war, daß sich die Unterordnung der Frau länger hinzog als in den fortschrittlichen westlichen Ländern. Was in allen diesen Ländern nach dem ersten Weltkrieg erreicht worden war, kehrte sich im Falle Deutschlands um, als 1933 die Nazis an die Macht kamen; und wurde der verlorene Boden auch nach 1945 zurückgewonnen, so kann man doch kaum behaupten, daß die Bundesrepublik Deutschland in ihren ersten dreißig Jahren so etwas wie völlige soziale und ökonomische Gleichheit zwischen den Geschlechtern erreicht hätte. Vor allem in den 70er Jahren unseres Jahrhunderts verlief der Prozeß enttäuschend langsam, ein Umstand, der zum Teil dem fortdauernden männlichen Widerstand gegen die Forderungen der Frauen zuzuschreiben war, aber auch der Zersplitterung der Frauenbewegung und der Taktik vieler ihrer Mitglieder und vielleicht auch – obschon dies schwerer abzuschätzen war – der historisch ambivalenten Einstellung der Frauen zu der Vorstellung von Gleichheit und ihrer Furcht vor ihren möglichen Konsequenzen.

I

Die Unterordnung der Frau war in Deutschland tief verwurzelt und durch Brauchtum, Religion und Gesetz sanktioniert. Tacitus, der die Moral der germanischen Stämme bewunderte und ihre Ehesitten lobte, wies dennoch auf die untergebene Position der Frau hin, indem er feststellte, daß sie durch die Zeremonie der Eheschließung „daran erinnert wird, daß sie ihres Gatten

Gefährtin in Not und Gefahr ist, dazu bestimmt, mit ihm alle Fährnisse zu
teilen im Frieden wie im Krieg", daß sie „nur einen Mann bekommt, so wie
sie nur einen Körper und ein Leben hat, so daß es keinen Gedanken, kein
Verlangen über ihn hinaus gebe", und daß im Falle eines Ehebruchs „die
Strafe sofort erfolgt und in der Macht des Mannes steht". In einer Stammes-
gesellschaft von Kriegern waren Knaben wichtiger als Mädchen, und dieses
Vorurteil fand seinen Ausdruck in Gewohnheitsregeln hinsichtlich Eigentum, Erbfolge und Grundrechten, die von Generation zu Generation weiter-
gegeben wurden und schließlich in schriftlich niedergelegte Kodizes und
Gesetzbücher einflossen. Nach dem Gesetz waren die Frauen abhängige
Personen, die vor der Ehe völlig dem Willen ihrer Väter und danach dem
ihrer Ehegatten unterstanden und gehalten waren, den Anweisungen dieser
männlichen Beschützer zu gehorchen. Taten sie das nicht, wurden sie durch
diese bestraft, notfalls – wie es verschiedene neuzeitliche bürgerliche Gesetzbücher forderten – mit körperlicher Züchtigung.

Daß die Last der Kindererziehung auf den Schultern der Ehefrau ruhte,
änderte nichts an der Tatsache, daß bei Streitigkeiten, die die Kinder betrafen, das Wort des Ehemannes den Ausschlag gab; und im Falle seines Todes
zwang altes Brauchtum, das in den meisten deutschen Staaten durch Gesetz
gestützt war, seiner Witwe nicht nur einen Vormund für ihre Kinder auf,
selbst wenn sie als einzige für ihren Unterhalt sorgte, sondern sie mußte
auch noch dessen Verwaltung des Familieneigentums dulden, einschließlich
des Teils, den sie selbst erwirtschaftet hatte. In Staaten, in denen das männliche Erstgeburtsrecht galt, konnte eine Frau mit lebenden Brüdern nicht den
Besitz ihres Vaters erben, auch wenn sie das erstgeborene Kind war. Auch
besaß sie, soweit die Gesellschaft als Ganzes betroffen war, keine bürgerlichen Grundrechte, denn sie war von vielen öffentlichen Tätigkeiten ausgeschlossen, konnte nicht Mitglied einer politischen Vereinigung werden und
besaß nicht das Recht, sich zu einer Regierungspolitik zu äußern, die sie
vielleicht sehr nahe anging.

Diese Rechtsunfähigkeiten wurden verstärkt durch ein tief verwurzeltes
christliches Vorurteil gegen Frauen, welches sich auf den Verdacht gründete,
daß sie als eher emotionale denn intellektuelle Wesen fleischlicher Lust und
Verhaltensweise mehr anheimfallen konnten als Männer. Im Mittelalter gab
es sogar Kirchenmänner, die bezweifelten, daß Frauen überhaupt als Christen betrachtet werden könnten, und sich fragten, ob es nicht schicklicher
sei, sie von Kirchenmitgliedschaft und kirchlichen Handlungen auszuschließen. Später wurde mit einer seltsamen Umkehr der Logik argumentiert, daß
die Religion ein notwendiges Mittel sei, die Aufmerksamkeit der Frauen zu
beschäftigen und sie von dem Gedanken an schädlicheres Tun abzuhalten.
Doch selbst diese Toleranz war viele Jahre hindurch mit Beschränkungen
verbunden, was Art und Ausmaß der Beteiligung betrafen. Noch um 1700
galt es in Hamburg als unziemlich, daß Frauen in der Kirche mitsangen, und

noch in der Mitte des 19. Jahrhunderts löste ihr Erscheinen bei öffentlichen Zusammenkünften der Lichtfreunde, wie wir sahen, viel Unwillen aus. Während des 18. Jahrhunderts wurden sowohl die Unterordnung der Frau wie die Neigung, sie durch Theorien zu rechtfertigen, die sich auf ihre angeborene Sündhaftigkeit oder ihren Mangel an Intellektualität gründeten, heftig angegriffen. Zum einen hatte der Einfluß des Pietismus, der im Gegensatz zum orthodoxen Luthertum den Frauen die Gelegenheit zum Selbstausdruck im Gottesdienst gab, weitreichende Auswirkungen, zu denen nicht zuletzt eine gewisse Zurücknahme der patriarchalischen Auffassung von der Familie zählte. Eda Sagarra hat festgestellt, daß die Ermutigung, die pietistische Kreise der freimütigen Offenbarung religiöser Erfahrungen und Gefühle gaben, ,,zu der Vorstellung beitrug, daß die Empfindsamkeit der Frauen vielleicht anders war als die der Männer, daß sie vielleicht eine Persönlichkeit außerhalb ihrer Familien hatten oder daß eine Ehe vielleicht sogar ... eine Partnerschaft von Gleichen und nicht eine Erweiterung der Vater-Tochter-Beziehung war".

Dieser Gedanke ging an den großen deutschen Schriftstellern des Zeitalters des klassischen Humanismus nicht vorüber. Die weiblichen Gestalten in Goethes *Wahlverwandtschaften* und *Wilhelm Meister* dachten aufgeklärter und hatten einen unabhängigeren Willen als die von Männern dominierten Frauen in *Götz von Berlichingen* und *Faust I;* und in Schillers Gedicht ,,Würde der Frauen" suchte der Dichter das komplementäre Verhältnis der Geschlechter zu beschreiben, indem er das männliche als das leidenschaftliche, prometheische, in seinem Hunger unersättliche, das weibliche als die warnende Stimme von Moral und Mäßigung und gleichzeitig als die Verwandlerin rauher Wirklichkeit in Anmut und Schönheit darstellte.

> Ehret die Frauen! sie flechten und weben
> Himmlische Rosen ins irdische Leben,
> Flechten der Liebe beglückendes Band,
> Und in der Grazie züchtigem Schleier
> Nähren sie wachsam das ewige Feuer
> Schöner Gefühle mit heiliger Hand.

Gleichzeitig keimte, vor allem in dem gehobenen Bürgertum, der Gedanke auf, daß die Frauen vielleicht interessantere Ehegattinnen und ihren Kindern bessere Mütter wären, wenn man sie ermutigte, Talente zu entwickeln, die über die häuslichen Fähigkeiten hinausreichten. Unter dem Einfluß von Büchern wie *Nouvelles réflexions sur les femmes* der Marquise de Lambert (1727), das in gebildeten deutschen Kreisen eine breite Leserschaft fand, entwickelte sich ein lebhaftes Interesse an der Bildung der Frauen, die man bis dahin vernachlässigt hatte. Die sogenannten moralischen Wochenschriften, Zeitschriften, die in der ersten Hälfte des Jahrhunderts englische Blätter wie *The Tatler* und *The Spectator* nachzuahmen begannen, liefen Sturm gegen den Gedanken, daß Frauen zu geistiger Tätigkeit unfähig seien, und die widersprüchliche, aber damit verbundene Vorstellung, daß Frauen, die ernsthafte Bücher lasen, ihre anderen Aufgaben nicht mehr zufriedenstellend erfüllen könnten. Sie stellten Frauen, die sich auf die häuslichen Arbeiten beschränkten, als dumm oder selbstsüchtig dar und hielten besonders junge Frauen dazu an, ihre Fähigkeiten zu erweitern, indem sie Bücher lasen, ohne sich davon durch Gewohnheit oder Vorurteil abhalten zu lassen. Die Herausgeber dieser Blätter und eine der ersten Frauenzeitschriften, Gottscheds *Die vernünftigen Tadlerinnen*, die 1725 ins Leben gerufen wurde, gingen nicht so weit, so etwas wie berufliche Ausbildung für Frauen zu fordern; es lag nicht in ihrer Absicht, die Frauen zu ermutigen, mit den Männern auf deren ureigenem Gebiet zu wetteifern. Die abstrakten Aspekte der wissenschaftlichen Disziplinen waren nichts für sie. Sie sollten über Geschichte lesen, aber keine Historiker werden; sie sollten von vielem etwas wissen, aber nichts gründlich. Ihr Ziel sollte nicht die Wissenschaft um ihrer selbst willen sein, sondern Bildung und höhere Empfindsamkeit.

Es gab Leute, die nicht willens waren, der geistigen Entwicklung der Frau diese künstlichen Beschränkungen aufzuerlegen. Sowohl der Pietist August Herman Francke, der 1706 eine Gynäceum genannte Schule für junge Frauen gründete, wie der Erziehungswissenschaftler Johann Bernhard Basedow hielten die Frauen für genauso befähigt wie die Männer, wenn man ihnen nur eine normale Ausbildung zuteil werden ließ, und gegen Ende des Jahrhunderts ging Theodor Gottlieb von Hippel, Stadtpräsident von Königsberg und Administrator des Gebiets von Danzig, noch weiter. In einer Schrift mit dem Titel *Über die bürgerliche Verbesserung der Weiber* vertrat Hippel den Standpunkt, daß alle angeblichen Schwächen und Minderwertigkeiten der Frauen aus von Männern geschaffenen Konventionen und Gesetzen resultierten und nach einer Befreiung durch Erziehung verlangten, die nicht nur das Wesen der Ehe verändern, sondern die Frauen auch voll in die bürgerlichen Rechte und Verantwortlichkeiten einsetzen würde.

Daß dies nicht nur müßige Theorie war, schien bewiesen zu sein, als am Ende des 18. Jahrhunderts eine Gruppe gebildeter und emanzipierter Frauen in Erscheinung trat, die sich unter bemerkenswerter Mißachtung der Konvention anschickten, den Männern ihre Gleichwertigkeit auf geistigem Gebiet zu demonstrieren. Einige von ihnen, die führenden Frauen der Berliner Salons, wurden schon erwähnt. Außer ihnen erregten noch vier berühmte Töchter berühmter Gelehrter die Phantasie der Zeit. Dorothea Schlözer, die Tochter des Göttinger Historikers A. L. von Schlözer, erwies sich als junge Frau so begabt, daß die Kollegen ihres Vaters sie drängten, auf einen akademischen Grad hinzuarbeiten. 1787, am fünfzigsten Stiftungstag der Universität Göttingen, wurde sie zum Doktor der Philosophie promoviert; später unterstützte sie als Assistentin die Forschungsarbeiten ihres Vaters und verfaßte zusammen mit ihm ein Buch über russische Münzen. Sie studierte

Bergbau, untersuchte die Erzlager bei Goslar im Harz und schrieb über ihre Funde einen Artikel und schließlich präsidierte sie, nachdem sie einen wohlhabenden Mann geheiratet hatte, einem Salon, der einer der geistigen Mittelpunkte der Stadt Lübeck war. Sie hatte festgefügte Ansichten zur Beziehung von Mann und Frau und schrieb einmal in einem Brief an eine Freundin: „Weiber sind nicht in der Welt, blos um Männer zu amüsiren. Weiber sind Menschen wie Männer: eines soll das andere glücklich machen. Wer blos amusirt sein will, ist ein Schlingel, oder verdient nur ein Weib von schönem Gesicht, das er in vier Wochen satt ist. Nun, macht ein Weib einen Mann blos dadurch glücklich, daß sie seine Köchinn, Näherinn und Spinnerinn ist? ... Aber meinst du denn nicht, daß ein Mädchen durch das, was ich lerne, einen Mann wirklich amüsiren könne?"

Noch weiter entfernt von den üblichen Vorstellungen über die Rolle der Frau hatten sich Therese Forster, die Tochter des Philologen Heyne, Dorothea Veit, die Tochter von Moses Mendelssohn und Caroline Böhmer (bekannt als Caroline von Schelling oder als Caroline Schlegel), die Tochter des Orientalisten Michaelis.

Therese Forster war die Ehefrau Georg Forsters, der Cook auf seiner zweiten Weltumsegelung begleitet hatte. Nach einem nur schlecht entlohnten Leben als Professor der Naturgeschichte und als Bibliothekar gründete Forster 1792 in Mainz eine kurzlebige Republik und starb 1794 in Paris während der Unruhen. Therese blieb die Vertraute ihres Gatten und die beste Kennerin seiner persönlichsten Gedanken zu Politik und Philosophie, selbst nachdem sie ihn während der Revolutionswirren in Mainz um eines anderen Mannes willen verlassen hatte.

Dorothea Mendelssohn Veit verließ ebenfalls ihren ersten Mann, um Friedrich Schlegel zu folgen, den sie 1804 in Paris heiratete. Diese Verbindung ungewöhnlich edler Geister bildete unter anderem die Grundlage für Schlegels Roman *Lucinde,* der lüsterne Gemüter erregte und besonnene schockierte durch die frivole Freimütigkeit, mit der die Beziehungen zwischen den Geschlechtern dargestellt wurden sowie wegen der darin enthaltenen Aufforderung, mit einer Kultur Schluß zu machen, die männlichem Überlegenheitswahn und Vorurteilen Vorschub leistete.

Caroline Michaelis schließlich, deren unabhängiger Geist und feste Entschlossenheit, alles zu erleben und zu erfahren, was ihre Zeit ihr zu bieten hatte – am deutlichsten aus ihren unvergleichlichen Briefen zu ermessen – begann, nachdem sie mit ihrem ersten Mann ein Leben in stiller Häuslichkeit geführt hatte, nach dessen Tod ein neues Leben. Sie verliebte sich in einen Mann, der sie in den Kreis um Georg Forster in Mainz einführte und sie schwanger zurückließ. Als die revolutionäre Welle umschlug, wurde sie von den Preußen, als sie die Stadt zurückeroberten, festgesetzt. August Wilhelm Schlegel befreite sie aus Gefangenschaft und gesellschaftlicher Ächtung und heiratete sie; seiner Shakespeareübersetzung kam diese Vereinigung sehr zugute. Schließlich jedoch verließ sie ihn, um die Frau des Philosophen Schelling zu werden.

Dies waren begabte und außergewöhnliche Frauen, die jede auf ihre Weise das zehnte Gebot der Abhandlung „Ideen zu einem Katechismus für edle Frauen" von Dorotheas Freund Schleiermacher befolgten, nämlich „gelüsten nach der Männer Bildung, Kunst, Weisheit und Ehre!"; doch ihr Tun schreckte eher manche von denen, die früher für die Befreiung der Frauen von alten Vorurteilen eingetreten waren. Schiller zum Beispiel hatte eine hohe Meinung von den geistigen Fähigkeiten der Frauen und sollte in seinen Dramen *Maria Stuart* und *Die Jungfrau von Orleans* überzeugende Porträts von Frauen zeichnen, die Macht ausübten, aber er neigte dennoch zu der Ansicht, daß die häusliche Umgebung für die Mehrzahl von ihnen die normale Lebenssphäre sei. In seinem Gedicht „Das Lied von der Glocke" (1799 – ironischerweise erschien das Gedicht im gleichen Jahr wie das Drama *Maria Stuart*), einem Werk, das viel bewundert und im 19. Jahrhundert bei jeder Gelegenheit vorgetragen wurde, schrieb er über das deutsche Heim:

Und drinnen waltet
Die züchtige Hausfrau,
Die Mutter der Kinder,
Und herrschet weise
Im häuslichen Kreise
Und lehret die Mädchen
Und wehret den Knaben
Und reget ohn' Ende
Die fleißigen Hände
Und mehrt den Gewinn
Mit ordnendem Sinn
Und füllet mit Schätzen die duftenden Laden
Und dreht um die schnurrende Spindel den Faden
Und sammelt im reinlich geglätteten Schrein
Die schimmernde Wolle, den schneeigten Lein,
Und füget zum Guten den Glanz und den Schimmer
Und ruhet nimmer.

Carolines Kommentar zu diesem Gedicht: „Über ein Gedicht von Schiller, das Lied von der Glocke, sind wir gestern Mittag fast von den Stühlen gefallen vor Lachen", war charakteristisch und hätte Schiller nicht überrascht, der Caroline, die er „Dame Luzifer" nannte, nicht leiden konnte.

Wilhelm von Humboldt, gewiß ein Mann von normalerweise fortschrittlichen Anschauungen, scheint die Exzesse Carolines und der anderen ebenfalls ungünstig aufgenommen und sich ganz allgemein ernstlich gefragt zu haben, wie emanzipiert Frauen schicklicherweise sein dürften. Humboldts komplexe Einstellung zum anderen Geschlecht ist lehrreich, da sie wahrscheinlich von anderen geteilt wurde. Ein bezeichnendes Licht auf sie wirft eine Stelle in seinem Tagebuch für die Zeit vom 18.–23. Juli 1789, als er unterwegs nach Paris war:

> Zwischen Duysburg und Crefeld geht man in einer fähre über den Rhein. Auf der fähre arbeitete ein mädchen mit, äußerst häslich, aber stark, männlich, arbeitsam. Es ist unbegreiflich, wie anziehend für mich solch ein anblik, und ieder anblik angestrengter körperschaft bei weibern – vorzüglich niedrigeren standes – ist. Es wird mir beinah unmöglich, meine augen wegzuwenden, und nichts reizt so stark iede wollüstige begier in mir. Diess rührt noch aus den iahren meiner ersten kindheit her. Wie sich zuerst meine seele mit weibern beschäftigte, dachte sie sich immer sklavinnen, durch allerlei arbeit gedrükt, tausend martern gepeinigt, auf die verächtlichste weise behandelt. Noch ietzt hab' ich sinn für solche ideen. Noch ietzt kann ich wie ehemals mir romane denken, die dieses inhalts sind. Nur mehr geschmak, weniger unwahrscheinlichkeit ist nach und nach in diese romane gekommen, und immer ist es mir psychologisch merkwürdig, sie chronologisch nach einander durchzugehen. Wie zuerst diese richtung in mir entstand, bleibt mir immer ein räthsel, auf der einen seite diese härte, auf der andren diese wollust. Aber das ist gewiss dass sie, nur verbunden mit den lagen, in die ich kam, meinen ganzen ietztigen charakter gebildet hat . . .

Das ist fast vernichtend freimütig. Humboldt heiratete eine der attraktivsten und gebildetsten Frauen seiner Zeit, Caroline von Dacheröden, deren Briefe an ihn, vor allem während der Monate, als er Mitglied der preußischen Delegation beim Wiener Kongreß war, einen lebhaften Sinn für auswärtige Angelegenheiten und das Talent zur politischen Analyse verraten. Humboldt hatte hohe Achtung vor ihr, und es gibt Anzeichen dafür, daß er sich ein wenig vor ihr fürchtete. Erlegte er sich selbst auch im außerehelichen Verhalten keine sexuellen Hemmungen auf (wenn wir den Geschichten von seinen nächtlichen Abenteuern zusammen mit Metternich und Friedrich von Gentz während der interalliierten Gespräche in Prag 1813 Glauben schenken dürfen), so ist es doch unwahrscheinlich, daß seine Ehe durch jene Art von intimer Hingabe charakterisiert war, wie sie in *Lucinde* empfohlen wurde oder in seinen privaten Phantasien vorkam, und noch unwahrscheinlicher ist, daß er dies gewünscht hätte. Er hätte wahrscheinlich die Vorstellung zurückgewiesen, er glaube an Hieronymus' Ausspruch, daß „wer seine Frau zu leidenschaftlich liebt, die Ehe zerstört", aber er mag sehr wohl so gedacht haben. Er wünschte nicht, daß seine Frau sexuell zu emanzipiert war, und er scheint sogar bedauert zu haben, daß sie geistig so emanzipiert war. Ja, in seinen letzten Lebensjahren stand er in einem langen Briefwechsel mit einer Frau namens Charlotte Diede, der er nie erlaubte, ihn zu besuchen, und deren Reiz in der völligen Unterwerfung unter seinen Willen lag, wie sich dies in den moralischen Belehrungen und Anweisungen zur Selbstvervollkommnung ausdrückte, von denen es in seinen Briefen wimmelt. Charlotte war in gewissem Sinn die Ehefrau, die Caroline nicht sein wollte.

Nach dem Übergang von der aufgeklärten aristokratischen Welt des 18. zur bürgerlichen Respektabilität des 19. Jahrhunderts kamen solch versteckte Vorbehalte gegenüber Frauen mit intellektuellen Ansprüchen und dem

Bestreben, sich mit den Männern auf eine Stufe zu stellen, zugleich allgemeiner und offener zum Vorschein. Für eine Dorothea Schlözer oder eine Caroline Michaelis war kein Platz mehr. In einer Zeit, die jetzt aufhörte, an den Nutzen weiblicher Bildung zu glauben (es gab keine guten höheren Schulen für Mädchen bis zum Vorabend des ersten Weltkriegs), wäre die erstere ein Kuriosum gewesen, während man das Verhalten der letzteren in einer Welt der strengen Sitten und moralischen Zensur als anstößig betrachtet hätte. Theodor Gottlieb Hippels Ansicht, daß Frauen es verdienten, an bürgerlicher Verantwortung teilzuhaben, wurde von einigen der bedeutendsten Denker des Jahrhunderts empört mit der Begründung zurückgewiesen, weibliche Betätigung im öffentlichen Bereich sei unnatürlich und unfraulich.

Der Dramatiker Friedrich Hebbel zum Beispiel erklärte 1836 kryptisch: „Das Weib ist in den engsten Kreis gebannt: wenn die Blumenzwiebel ihr glas zersprengt, geht sie aus." In seinem Schauspiel *Judith* (1841) arbeitete er dies weiter aus, indem er die biblische Heldin als eine Frau zeichnete, deren weibliche Schwächen über ihre öffentliche Mission siegen, unterschwellig ein Argument gegen politische Frauen und überhaupt gegen Frauen mit irgendwelchem Ehrgeiz außerhalb der häuslichen Sphäre. 1844 idealisierte er in dem zeitgenössischen Drama *Maria Magdalena* in der Gestalt seiner Heldin die Hingabe an die Familie und die extremste Art gesellschaftlicher Konformität. Im gleichen Geist schrieb Arthur Schopenhauer im zweiten Band von *Parerga und Paralipomena* (1851) jenes berüchtigte Kapitel 27 „Über die Weiber", in dem er sie unter viel mattem Lob als weder zu geistiger noch zu körperlicher Leistung fähig bezeichnet und erklärt, sie hätten eine schwache Denkfähigkeit und würden „im Punkte der Gerechtigkeit, Redlichkeit und Gewissenhaftigkeit (den Männern) nachstehn". Des weiteren vertrat er die Ansicht, daß sie „im Grunde ... ganz allein zur Propagation des Geschlechts (existierten) und ihre Bestimmung hierin aufgeht, ... sie sind keines *rein objektiven Anteils* an irgend etwas fähig" und ihrer „Natur nach, zum Gehorchen bestimmt". Das, so Schopenhauer triumphierend, „gibt sich daran zu erkennen, daß eine jede, welche in die ihr naturwidrige Lage gänzlicher Unabhängigkeit versetzt wird, alsbald sich irgend einem Manne anschließt."

Richard Wagner, bei dem sich ein anstößiges Privatleben mit einem glühenden Eintreten für die eheliche Liebe verband, schrieb 1852 an Liszt, er habe mit der Gestalt der Ortrud in seiner Oper *Lohengrin* eine Frau zeichnen wollen, „die Liebe nicht kennt. Hiermit ist Alles, und das Furchtbarste, gesagt. Ihr Wesen ist Politik. Ein politischer Mann ist widerlich; ein politisches *Weib* aber grauenhaft: diese Grauenhaftigkeit hatte ich darzustellen."

Diese schrille und, wie man das Gefühl hat, beunruhigte und aus einer Abwehrhaltung geborene Offensive gegen den Gedanken der Gleichberechtigung der Frauen auf allen Gebieten des bürgerlichen Lebens erreichte ihren Höhepunkt mit Nietzsches Angriff in *Jenseits von Gut und Böse* (1886) auf alle, die anderer Meinung waren. „Freilich, es gibt genug blödsinnige Frauen-Freunde und Weibs-Verderber unter den gelehrten Eseln männlichen Geschlechts, die dem Weibe anraten, sich dergestalt zu entweiblichen und alle die Dummheiten nachzumachen, an denen der ‚Mann‘ in Europa, die europäische ‚Mannhaftigkeit‘ krankt, – welche das Weib bis zur ‚allgemeinen Bildung‘, wohl gar zum Zeitungslesen und Politisieren herunterbringen möchten.“ Der Antifeminismus war hier in einer allgemeinen Gesellschaftskritik versteckt, trat aber dennoch deutlich zutage.

Solche Ansichten waren repräsentativ für die allgemeine Einstellung der Gesellschaft im 19. Jahrhundert, die jeder Mehrung der bürgerlichen Rechte für Frauen feindlich gegenüberstand. Gleichzeitig machte die Egalitätsvorstellung von der Familie, für die Schiller eingetreten war, abermals dem patriarchalischen Modell Platz. In seiner Abhandlung *Die Hörigkeit der Frauen* (1869), deren deutsche Übersetzung weite Verbreitung erreichte, schrieb John Stuart Mill: „Die Ehe ist die einzige Form der Leibeigenschaft, die unser Gesetz noch kennt.“ Dies beschrieb die im Deutschland des 19. Jahrhunderts herrschenden Verhältnisse genauso zutreffend wie die in England. Die deutschen Frauen waren in einem Vertrag gefangen, den sie, aus welchem Grund auch immer, nur um den Preis materieller Not und gesellschaftlicher Verachtung brechen konnten. Selbst wenn sie eigenes Vermögen besaßen, schützte das Gesetz es nicht angemessen vor Mißbrauch durch unfähige oder geldgierige Ehegatten, und einer der unschöneren Aspekte von Schopenhauers Schrift über die Frauen war seine nüchtern-anmaßende Feststellung, daß Frauen, da sie kein Vermögen schafften, auch kein Eigentumsrecht daran haben sollten.

Wenn auch die große Mehrheit der deutschen Männer diese Zustände wohlgefällig oder so freundlich-sentimental betrachtete wie jener katholische Würdenträger, der 1912 sagte, die Frauen sollten sich damit zufrieden geben, „ihr sanftes Zepter“ zu handhaben und „jene liebe, traute Häuslichkeit“ zu schaffen, „an deren festumfriedeten Mauern sich die tosenden Stürme der Außenwelt brechen“, so gab es doch einige, die sich zum Protest veranlaßt sahen. Im Jahre 1878 schrieb August Bebel, der Führer der Sozialdemokratischen Partei Deutschlands, ein Buch mit dem Titel *Die Frau und der Sozialismus*, das während der nächsten fünfzig Jahre neunundfünfzig Auflagen erlebte. In einer ausführlichen Analyse der Stellung der Frauen in der zeitgenössischen Gesellschaft kam Bebel auf einen Punkt zurück, der in Marx' *Kommunistisches Manifest* von 1848 schon enthalten, aber nicht weiter ausgearbeitet worden war: daß nämlich die Ehe im Bürgertum im Grunde lediglich eine Form der Ausbeutung sei, typische Widerspiegelung einer Gesellschaft, die Frauen in der Industrie und als Hausangestellte mit Arbeit überlaste und dazu noch unterbezahle und sie zur Prostitution zwinge. Bebel kritisierte die vorherrschende Überheblichkeit, daß die Frauen den Männern geistig unterlegen seien, und die Neigung, dies als Entschuldigung

dafür zu benutzen, daß man sich nicht genügend um die Schulbildung der
Frauen kümmere, und er vertrat den Standpunkt, die Frau habe einen Anspruch darauf, ,,dem Mann als Freie, Gleiche gegenüber . . . vollkommen
Herrin ihrer Geschicke" zu sein, ,,für ihre Thätigkeit diejenigen Gebiete . . ." zu wählen, ,,die ihren Wünschen, Neigungen und Anlagen entsprechen", und ,,genau unter denselben Bedingungen wie der Mann thätig" zu
sein. Bebel vertrat die Ansicht, daß nichts von alledem innerhalb des Rahmens der gegenwärtigen Gesellschaft verwirklicht werden könne, daß es
aber möglich sein müsse, dieses Ziel mit Hilfe einer durchgreifenden sozialen Revolution zu erreichen, und er rief die Frauen auf, für das Wahlrecht als
dafür notwendige Voraussetzung zu agitieren.

Mit gleicher moralischer Empörung, aber größerer literarischer Kraft griff
der bedeutendste Romancier der Bismarckschen und Wilhelminischen Ära,
Theodor Fontane, das Opferdasein der Frau in seinem Lande an, ein Problem, das ihn so sehr beschäftigte, daß er in zwölf seiner vierzehn Romane
Frauen als Hauptfiguren auftreten ließ. Und dies nicht deshalb, weil er
theoretische oder doktrinäre Ansichten über die Rechte der Frauen verfocht,
obwohl er die Argumente Mills und Bebels kannte, sondern weil ihn seine
eigenen Beobachtungen der Verhältnisse in Deutschland überzeugten, daß
die derzeitigen Lebensbedingungen der Frauen ein bedrückender Kommentar zur moralischen Situation der Nation waren.

Wie Fontane an das Problem heranging, zeigte sich an seiner Reaktion auf
die Proteste gegen die in Fortsetzungen erfolgende Veröffentlichung von
Irrungen, Wirrungen im Jahre 1887. In diesem Roman erzählte er von dem
glücklichen Liebesverhältnis zwischen einem jungen Adeligen und einem
Mädchen aus dem Volke, die beide wissen, daß ihre Beziehung wegen der
gesellschaftlichen Normen nicht von Dauer sein kann, und sich mit dieser
Tatsache abfinden. Die Heldin des Romans ist vielleicht Fontanes echteste
und am besten ausgearbeitete Preußin seiner Frauencharaktere, und ihr
Liebhaber spürt das, wenn er ihr Wesen beschreibt, das aus ,,Einfachheit,
Wahrheit und Natürlichkeit" bestehe und hervorhebt, daß sie ,,das Herz auf
dem rechten Fleck und ein starkes Gefühl für Pflicht und Recht und Ordnung" habe. Dennoch bombardierten während des Abdrucks des Romans in
der *Vossischen Zeitung* Angehörige des preußischen Adels die Redaktion des
Blattes mit Briefen, in denen sie zu erfahren verlangten, wann ,,die gräßliche
Hurengeschichte" denn zu Ende sei.

Fontane reagierte energisch. In einem Brief an seinen Sohn schrieb er:
,,Wir stecken ja bis über die Ohren in allerhand konventioneller Lüge und
sollten uns schämen über die Heuchelei, die wir treiben, über das falsche
Spiel, das wir spielen. Gibt es denn, außer ein paar Nachmittagspredigern, in
deren Seelen ich auch nicht hineingucken mag, . . . noch irgendeinen gebildeten und herzensanständigen Menschen, der sich über eine Schneidermamsell
mit einem freien Liebesverhältnis wirklich moralisch entrüstet? Ich kenne

keinen ... Empörend ist die Haltung einiger Zeitungen, deren illegitimer Kinderbestand weit über ein Dutzend hinausgeht (der Chefredakteur immer mit dem Löwenanteil) und die sich nun darin gefallen, mir ,gute Sitten' beizubringen. "

Diese Heuchelei war es, die Fontane in seinen Romanen angriff, indem er die doppelte Moral bloßstellte, die den Männern Untreue und sexuelle Freizügigkeit zubilligte, die Frauen aber, die entsprechend handelten, aus der Gesellschaft ausstieß. Dieses Thema entwickelte er besonders in seinem schönsten Roman *Effi Briest*, der Geschichte von einer jungen Frau, die mit einem älteren Mann verheiratet ist, der sie voller Zuneigung, aber wie ein Kind behandelt, das ständig belehrt oder für Fehler getadelt werden muß. Auf der Suche nach ein wenig Zärtlichkeit hat sie eine kurze Affäre mit einem anderen Mann. Dies entdeckt ihr Mann sechs Jahre später, und trotz der Liebe zu seiner Frau und obwohl er weiß, daß die Affäre bedeutungslos war, tötet er den Liebhaber im Duell und trennt sich von seiner Frau und nimmt ihr ihr Kind weg. Die Frau wird daraufhin von allen ihren Freunden und sogar von den eigenen Eltern verlassen, und unter dieser Behandlung wird sie krank und stirbt. Die rachsüchtige Einstellung der Gesellschaft gegen alle diejenigen, die ihre Konventionen verletzten, faszinierte Fontane, der dieses Thema auch in seinem Roman *L'Adultera* behandelte, in dem die Heldin, Mélanie van der Straaten, jedoch willensstark genug ist, um der gesellschaftlichen Mißbilligung zu trotzen und, wenn sie sie auch nicht überwinden kann, wenigstens zu überleben.

In zwei seiner interessantesten, wenn auch am wenigsten gelesenen Erzählungen, *Quitt* und *Cécile*, beschrieb Fontane mit kalter Empörung die Praxis der oberen Gesellschaftsschicht, ihre Töchter nur in solchen Dingen auszubilden, die sie für Männer attraktiver machten und ihnen eine vorteilhafte Ehe sicherten. Er betrachtete dies als schändlich und erniedrigend, da die Frauen so der Möglichkeit zur vollen Entwicklung ihrer Talente beraubt, entpersönlicht oder verdinglicht würden, indem man sie zu Waren auf dem männlichen Markt herabwürdigte oder, wie in *Cécile*, zu Odalisken.

Schließlich wandte sich Fontane gegen die grundlegende Anmaßung einer Gesellschaft, die von Männern beherrscht war und sich in ihren Vorurteilen bestärken ließ, indem sie die Ansichten von Leuten wie Hebbel, Schopenhauer und Wagner zur weiblichen Unterlegenheit als Evangelium betrachtete: In den Beziehungen zwischen Mélanie und Rubehn in *L'Adultera*, zwischen Stine und Waldemar in *Stine*, zwischen Lene und Botho in *Irrungen, Wirrungen* und zwischen Mathilde und Hugo in *Mathilde Möhring* ist die Frau der stärkere Partner, geschmeidiger unter dem Druck der Gesellschaft und in jeder Beziehung die Erzieherin des Mannes. Der letzte dieser Romane ist die Geschichte einer unscheinbaren, aber intelligenten Frau des unteren Mittelstands, die einen attraktiven Mann aus guter Familie heiratet, der jedoch wenig Zielstrebigkeit und Willensstärke besitzt. Mit ihrer Energie und Tatkraft bringt sie ihn durch sein Examen, sorgt dafür, daß er in einer kleinen Provinzstadt Bürgermeister wird und schafft durch ihren klugen Rat und ihre Fähigkeit, sich bei den örtlichen Notabeln beliebt zu machen, die Grundlage für seine blendende Karriere. Man hat gesagt, Fontane habe mit seiner Hauptperson eine Frauengestalt eher des 20. als seines eigenen Jahrhunderts hervorgebracht, und keine seiner anderen Frauen besitze so viele Eigenschaften, positive wie vieldeutige, die in die Zukunft weisen. Wenn dies zutrifft, dann trifft es auch zu, daß Mathilde Möhring die mißliche Grundsituation der Frauen in der Wilhelminischen Gesellschaft widerspiegelt, denn sie durfte die Früchte ihrer intellektuellen Energie und ihrer gesellschaftlichen und politischen Fähigkeiten nur so lange genießen, wie ihr Gatte sie sich als sein Verdienst anrechnen konnte. Nach seinem Tod muß sie auf die Stufe zurückkehren, von der sie sich und ihn emporgehoben hat, und noch einmal von vorn anfangen, wozu sie sich unerschütterlich anschickt.

Auf die breite Meinung des bürgerlichen Standes hatte die Kritik Bebels und Fontanes wenig Einfluß. Allein der Umstand, daß der erstere ein Sozialist war, verschloß seiner Darstellung Herzen und Sinne der bürgerlichen Kreise. Was Fontane betraf, so bewunderte man ihn hauptsächlich wegen seiner Balladen und der *Wanderungen durch die Mark Brandenburg,* und wer seine Romane las, sagte sich dabei, daß er ein guter Preuße sei, der schließlich nur Geschichten erzähle. Seine kraftvollen und zutiefst kritischen Romane wurden so mit keinem größeren Unbehagen als einem gelegentlichen Aufflackern der moralischen Entrüstung über seine Offenheit bei der Behandlung der Beziehungen zwischen den Geschlechtern konsumiert.

II

In dieser von Männern dominierten Gesellschaft gab es lange Zeit nichts, was man recht eigentlich eine Frauenbewegung nennen könnte – das heißt, ein organisiertes Bemühen, die verschiedenen Arten der Unterordnung zu beseitigen, unter denen die Frauen litten. In den 40er Jahren des 19. Jahrhunderts zeigte zwar die als Junges Deutschland bekannte literarische Bewegung Interesse an jener Art von sexueller Freiheit, wie sie in *Lucinde* gefeiert wurde, aber die Jungdeutschen verfolgten so viele verschiedene Ziele, daß sich daraus nicht viel entwickelte. Das gleiche könnte man sagen von den Versuchen einzelner Schriftstellerinnen, auf die Probleme der Frauen aufmerksam zu machen, wie etwa Gräfin Ida von Hahn-Hahn mit ihren Gesellschaftsromanen und Luise Aston, deren Buch *Meine Emanzipation, Verweisung und Rechtfertigung* 1846 gelindes Aufsehen erregte. Diese Einzelfälle hatten jedoch keine weitere Wirkung.

In der Zeit vor der Revolution von 1848 gab es dennoch einige bemerkenswerte, aktiver tätige Frauen wie Bettina von Arnim, die Schwester des Dichters und Märchenerzählers Clemens Brentano und Frau von Achim von Arnim, der mit Brentano zusammen die Volksliedsammlung *Des Knaben Wunderhorn* herausgegeben hatte. Bettina vereinigte alle häuslichen Tugenden (ihre Führung des Arnimschen Haushalts hätte die Bewunderung des Dichters des ,,Lieds von der Glocke" erregt), hatte aber gleichzeitig den Wunsch, Teil von allem zu sein, ,,was zugleich mit mir auf dieser Welt ist". Als ihr Mann 1831 starb, zog sie nach Berlin und erwarb sich einen Ruf als Schriftstellerin mit zwei Briefromanen, *Goethes Briefwechsel mit einem Kinde* (1835), der ihr den Spitznamen *Das Kind* eintrug, und *Die Günderode* (1840), geschrieben zur Erinnerung an ihre Freundin Karoline von Günderode, eine begabte Dichterin, die sich wegen einer unglücklichen Liebe das Leben genommen hatte.

Bettinas Salon in Berlin kam in seiner Berühmtheit dem der Rahel Varnhagen nahe, aber sie wollte nicht lediglich Gesellschaftslöwin sein. Mehr und mehr richtete sie ihre Aufmerksamkeit auf die Probleme der Schutzlosen und Entrechteten. Während der großen Choleraepidemie von 1831 (die u. a. Hegel und Clausewitz dahinraffte) kümmerte sie sich um die ärztliche Versorgung der Armen Berlins und war entsetzt über das Elend, das sie in den schon damals ausgedehnten Slumvierteln der Stadt antraf. Nach der Thronbesteigung Friedrich Wilhelms IV. (1840) – ein Ereignis, das irrtümlicherweise als Anbruch einer Zeit der liberalen Reformen betrachtet wurde – schrieb Bettina ein bemerkenswertes Buch mit dem Titel *Dies Buch gehört dem Könige* (1843), in dem sie ausführlich die Vogtland genannte Kolonie von Arbeitslosen und Armen beschrieb, die um das Hamburger Tor in Berlin herum entstanden war, und in dem sie den Kirchen und den Behörden vorwarf, nichts getan zu haben, um dem durch die industrielle Revolution verursachten stetigen sozialen Verfall Einhalt zu gebieten.

Dieser Appell an Friedrich Wilhelm, ein ,,roi des gueux" zu werden, verfehlte seine Wirkung. Die Behörden beschlagnahmten eine Kurzfassung des Buches, die Adolf Stahr angefertigt hatte, mit der Begründung, das Buch sei umstürzlerisch. Dies hinderte Bettina nicht daran, einen Bericht über die armseligen Lebensbedingungen der schlesischen Weber zu schreiben, wenngleich dieser ebenfalls der Zensur zum Opfer fiel. Im Jahre 1848 stand sie auf der Seite der Arbeiterklasse, und mit ihrem Eintreten für die Bewohner der polnischen Distrikte Preußens machte sie sich sowohl bei der Partei des Königs wie bei den Liberalen unbeliebt.

Eine ebenso unerschütterliche Kämpferin für die Demokratie war Emma Siegmund, die spätere Frau des Dichters und Revolutionärs Georg Herwegh. Als Tochter wohlhabender Berliner Eltern, die konvertierte Juden waren, widmete sie ihre Jugend mit einer an Dorothea Schlözer erinnernden Energie dem Studium der Geschichte, der Fremdsprachen, der Musik und der Malerei. Aber nach 1842, als sie Herwegh kennenlernte und seine Frau wurde, lebte und atmete sie gewissermaßen Politik, zog nach Paris, wo sie und ihr Mann Freunde von Karl und Jenny Marx, Heine und Béranger, Liszt und George Sand wurden. Als die Revolution von 1848 kam, erfüllte Emma Herwegh das Versprechen, das sie in einem frühen Brief an ihren Mann gegeben hatte: „Wir werden zeigen, was zwei Leute können, die zu derselben Fahne schwören, es ist keines Menschen Kraft zu gering um das gewaltige Rad in Bewegung zu setzen, und die Begeisterung hat Riesenkräfte; oder weckt Riesenkräfte auch in den Frauen."

Der Maler Anselm Feuerbach zeichnete Emma Herwegh einmal als Germanin, die eine wankende Front von Kriegern wieder in die Schlacht zurücktreibt. In den Kämpfen von 1848 war ihre Rolle nicht viel anders, und in den Tagen, als alle hochfliegenden Hoffnungen zerstört wurden, kämpfte sie, die Pistole in der Hand, an der Seite ihres Mannes als Mitglied der „Pariser Legion", die bei Dossenbach/Baden geschlagen wurde. Beide Herweghs flohen daraufhin in die Schweiz, aber auch dort stellte Emma Herwegh ihre politische Tätigkeit nicht ein. Sie hatte enge Kontakte zu den Karbonari und verhalf 1857 Felice Orsini zum Ausbruch aus der berüchtigten österreichischen Festung in Mantua; sie schickte ihm ein Buch, in dessen Einband zwei Sägen versteckt waren und arbeitete eine Fluchtroute für ihn aus. Sie wurde eine glühende Anhängerin Garibaldis, übersetzte 1860 die Memoiren des italienischen Patrioten, war eine erbitterte Feindin Napoleons III. und wurde nach seinem Sturz eine ebenso entschiedene Gegnerin des preußischen Militarismus.

Weder Bettina von Arnim noch Emma Herwegh hielten es für wichtig, sich für die Rechte der Frauen einzusetzen. Ihre Aufmerksamkeit galt den allgemeinen politischen und sozialen Problemen der Zeit, die, wie sie glaubten, die demokratische Revolution lösen würde. Wenn sie in ihrem geschäftigen Leben die Zeit fanden, an spezifisch weibliche Nöte zu denken, so nahmen sie wahrscheinlich an, sie würden verschwinden, wenn die Revolution erst triumphierte. Das war zweifellos naiv. Es gibt mehr als genug Beweise dafür, daß sich selbst bei einer entscheidenden Veränderung der politischen Lage in Deutschland durch die Ereignisse von 1848 die Situation der Frauen nicht wesentlich verändert haben würde. In der Frankfurter Versammlung warfen die männlichen Parlamentarier (es gab keine weiblichen Vertreter in der Körperschaft, die sich vorgenommen hatte, für Deutschland eine neue Verfassung auszuarbeiten) die Frage der Frauenrechte überhaupt nicht auf, und die von der Versammlung aufgesetzten Grundrechte des deutschen Volkes schwiegen zu dem Thema.

Diese Unterlassung vergaß jene Frau nicht, die Gründerin der ersten organisierten Bewegung für die Rechte ihres Geschlechts wurde. Louise Otto, die Tochter eines sächsischen Staatsbediensteten, begann ihre Karriere als Schriftstellerin und schrieb in den 40er Jahren unter einem angenommenen Namen mehrere Romane, Erzählungen und Schriften, u. a. die Romane *Lud-*

wig, der Kellner (1843), *Kathinka* (1844) und *Schloß und Fabrik* (1847), die sich, was ihre Sozialkritik betrifft, den Romanen von Elizabeth Gaskell an die Seite stellen lassen. Ihre Darstellungen der ökonomischen Verhältnisse in Sachsen wiesen die Öffentlichkeit auf die Tatsache hin, daß die Frauen die am schlimmsten ausgebeuteten Angehörigen der Arbeiterklasse waren; 1848 appellierte sie mit für die damalige Zeit außergewöhnlicher Freimütigkeit und Deutlichkeit in einem Brief an die Leipziger Arbeiterzeitung und in einer Rede vor einem alldeutschen Arbeiterkongreß in Berlin an die deutschen Arbeiter, den Schutz der Frauenrechte in ihre Forderungen aufzunehmen, mit dem Hinweis, daß die in der Industrie herrschenden Bedingungen zur Auflösung der Familie und zur Prostitution beitrügen. Ihre Zuhörerschaft zeigte sich ungerührt, und sie zog den Schluß, daß von den Männern nur begrenzte Hilfe zu erwarten war und die Frauen in Zukunft selbst die Initiative ergreifen mußten.

Die politische Reaktion, die während der Dekade nach der Revolution in allen deutschen Staaten vorherrschte, bot einer organisierten Bewegung keine günstigen Voraussetzungen, aber in den 6oer Jahren, als die Einigungsfrage die politische Agitation für viele Ziele wiederbelebte, nahm Louise Otto-Peters (sie hatte 1858 den Arbeiter und demokratischen Schriftsteller August Peters geheiratet, der wegen seiner Beteiligung an den Unruhen in Baden sieben Jahre im Gefängnis gesessen hatte) den Kampf erneut auf und gründete 1865 einen Frauen-Bildungsverein, um den Gedanken zu fördern, daß Frauen grundsätzlich ein Recht auf Arbeit und auf Bildung besitzen. Noch im gleichen Jahr führte als Ergebnis ihrer Bemühungen eine Versammlung von Frauengruppen zur Gründung des Allgemeinen deutschen Frauenvereins. Diese Organisation, die 1870 bereits neuntausend Mitglieder zählte, wurde unter der Leitung von Louise Otto-Peters' Nachfolgerinnen Helene Lange und Auguste Schmidt zur Speerspitze der Frauenbewegung des Mittelstands während der Bismarckschen und Wilhelminischen Zeit und zur führenden Kraft im Bund deutscher Frauenvereine. Dieser wurde 1894 gegründet, als die starke Vermehrung örtlicher und spezieller Frauengesellschaften einen Zusammenschluß ratsam erscheinen ließ.

Es war charakteristisch für die bürgerliche Bewegung, daß sie im Laufe der Jahre in ihrer Zielrichtung immer konservativer wurde, von dem Impuls zur demokratischen Reform, die ihre Gründerin beseelt hatte, abrückte und den Schwerpunkt mehr auf Verbesserung der existierenden Verhältnisse als auf eine fundamentale Veränderung legte. Vielleicht lag das daran, daß die Frauen in diesem Jahrhundert sowohl von dem vorherrschenden Nationalismus als auch von der Taktik der deutschen liberalen Parteien beeinflußt wurden, bei denen sie einige Sympathisanten hatten. Auf jeden Fall glaubten Helene Lange und auch ihre Mitarbeiterin Gertrud Bäumer, die 1910 Leiterin des Frauenbunds wurde, die Frauen sollten eher beweisen, daß sie loyale und fähige Staatsbürger waren, die der Nation nützliche Dienste leisten konnten, als ihre Anstrengungen darauf zu richten, Rechte für sich zu erstreiten. Selbst das Wahlrecht erschien ihnen relativ unwesentlich. Hedwig Dohm, deren politische Ideen während der Kämpfe von 1848 geprägt worden waren, hatte zwar schon 1872 erklärt, der Beginn des wirklichen Fortschritts in der Frauenfrage liege in dem Frauenstimmrecht und 1876 ausgerufen: „Was ist ein Neger? Was ist ein Jude? Was ist eine Frau? ... Unterdrückte Menschen. Unterdrückt von wem? Von ihren Brüdern, die stärker sind als sie." Trotzdem wurde das Wahlrecht für Frauen erst 1902 zögernd und unklar als eines der Ziele des Bundes akzeptiert. Davor hatte in den meisten Frauenvereinen des Mittelstandes das Hauptgewicht auf Entwicklung der Persönlichkeit und Selbsthilfe gelegen, auf einer Bildungsreform, die die Frauen zu besseren Gattinnen und Müttern befähigen sollte, und auf Aufgaben im Bereich von Wohltätigkeit und Wohlfahrt wie der Einrichtung von Kindergärten, Heimen für ledige Arbeiterinnen und Erholungsstätten zum Schutz alleinstehender Arbeiterinnen vor den Lastern der Großstadt.

Es gab radikalere Tendenzen innerhalb der bürgerlichen Bewegung, vertreten um die Jahrhundertwende durch die Mutterschutzliga (der 1905 von Helene Stöcker gegründete Deutsche Bund für Mutterschutz und Sexualreform), die sich intensiver mit der Beziehung Mann – Frau beschäftigte, verlangte, daß die Frauen genauso über ihr Leben und Schicksal bestimmen können sollten wie die Männer; u. a. warb sie für solche Dinge wie Aufklärung über Empfängnisverhütung, Anerkennung der nur standesamtlichen Trauung und staatliche Hilfe für ledige Mütter. Diese Forderungen, die über das Programm der Frauenvereine in Großbritannien und den Vereinigten Staaten hinausgingen, riefen in der Öffentlichkeit solche Empörung hervor, daß sie nach 1908 vom Frauenbund faktisch zurückgewiesen wurden. In den letzten Jahren vor dem Krieg wurde die Politik dieser Organisation zunehmend gemäßigter, auf die Erhaltung des Status quo ausgerichtet. Gertrud Bäumer stellte in ihren Reden ausdrücklich fest, es sei die Pflicht der Frauen, auf ihre Weise zur Stärke der Nation beizutragen, und ihr Ziel sei nicht die formale Gleichheit, es sollte vielmehr den weiblichen Qualitäten die Möglichkeit geboten werden, auf das deutsche Leben und die Kultur Einfluß zu gewinnen.

In den Jahren, die auf die Veröffentlichung von Bebels Werk *Die Frau und der Sozialismus* folgten, hatte sich eine starke sozialistische Frauenbewegung entwickelt, die der Sozialdemokratischen Partei und den Gewerkschaften angegliedert war. Ihre Anführerinnen konzentrierten sich auf praktische Aufgaben, beispielsweise sollten Arbeiterinnen über ihre wirkliche Stellung innerhalb der Arbeiterschaft unterrichtet werden. Sie traten ein für den Acht-Stunden-Tag, für das Verbot von Arbeit, die für Frauen gesundheitsschädlich war, für Mutterschafts- und Krankenversicherung, für die Aufnahme weiblicher Mitglieder in die Gewerbeaufsicht und ähnliche Ziele und betonten dabei unablässig die Bedeutung des Frauenstimmrechts für Arbeiterräte und kommunale und staatliche Parlamente. Zwischen dieser Bewegung und dem Frauenbund gab es aus Gründen der Ideologie und des Klassenunterschieds kaum eine Möglichkeit zur Zusammenarbeit. Das zeigen die Bemühungen Lily Brauns, Tochter eines Adligen, die aus humanitärer Überzeugung Sozialistin geworden war und sowohl den historischen Materialismus wie das Klassenvorurteil der Partei ablehnte. Als sie eine sozialistisch geführte Frauenbewegung forderte, die sich über die Klassengrenzen hinwegsetzen, für spezifisch weibliche Ziele arbeiten und versuchen sollte, durch praktische Reformen – beispielsweise durch die Gründung von kleineren Hilfsorganisationen in privaten Haushaltungen, durch die Einrichtung von Volksküchen und Tagespflegestätten – die Folgen des Verfalls der Familie abzumildern, warfen die eigenen Parteigenossen ihr fehlendes Verständnis für den Klassenkampf und andere abweichlerische Sünden vor. Clara Zetkin, ein einflußreiches Mitglied des linken Parteiflügels, erklärte, daß feministische Ideen eine große Gefahr für die Sozialdemokratische Frauenorganisation bedeuteten und es nicht der Wahrheit entspräche, daß es unter den Frauen in ihrer Gesamtheit eine Gemeinsamkeit gebe. Nach Clara Zetkins Ansicht – und so wie sie dachte die Mehrheit – konnte es keinen Handel mit dem Klassenfeind geben und gute sozialistische Frauen hatten ihre feministischen Bestrebungen den allgemeinen Zielen der Partei unterzuordnen. Ihre Nöte würden verschwinden, wenn erst die klassenlose Gesellschaft erreicht war.

Trotz ihrer zahlreichen Mitgliederschaft (der Bürgerliche Frauenbund sprach 1912 von etwa 300000 Frauen) war die Frauenbewegung vor 1914 zutiefst gespalten, und was sie an Zielstrebigkeit besaß, wurde durch den Krieg geschwächt und in andere Bahnen gelenkt. Wenn schließlich die Frauen politische Rechte erwarben, war dies daher nicht das Ergebnis der Bemühungen irgendeiner der hier erwähnten Gruppierungen, sondern vielmehr die Folge der militärischen Niederlage und des Zusammenbruchs des Deutschen Reiches.

III

In allen Ländern schwächte der erste Weltkrieg alte Orthodoxien und angestammte Amtsgewalten, und als er vorüber war, konnten weder Staat noch Kirche, weder Schule noch Familie das Leben von Menschen so bestimmen wie früher. Eine Folge davon war ein tiefgreifender Wandel in Sitte und Moral hin zu einer freieren, weniger eingeengten Gesellschaft. Die Frauen profitierten davon genauso wie die Männer. Althergebrachte Regeln über ihr Tun und Lassen besaßen keine große Glaubwürdigkeit mehr, und Tabus, die das Auftreten in der Öffentlichkeit ohne Begleitperson, den Genuß von Alkohol und Tabak oder selbst voreheliche sexuelle Beziehungen betrafen, hatten ihre Macht eingebüßt. Das alles galt für Deutschland genauso wie für

England und Frankreich, und während der Jahre der Weimarer Republik
waren die Frauen nicht mehr so sehr der Tyrannei der Gesellschaft ausgesetzt wie in Fontanes Tagen.

Mit dieser neuen Freiheit ging eine neue Erfüllung einher. Die Frau spielte
im kulturellen Leben der Weimarer Zeit eine prominente Rolle, und die
kurzen Jahre der Republik wären unmöglich so erregend und produktiv
gewesen ohne die Leistungen von Elisabeth Bergner, Tilla Durieux, Fritzi
Massary und Trude Hesterberg im Theater, von Sigrid Onegin und Frida
Leider in der Oper, von Mary Wigman in der Tanzkunst, von Mechthilde
Lichnowsky und Vicky Baum in der Literatur und von Ricarda Huch in der
Geschichtsschreibung.

Außerdem war der Weg jetzt frei für hervorragende Leistungen anderer
Frauen, denn das alte Vorurteil gegen höhere Bildung für Frauen hatte aufgegeben werden müssen. Eine der bemerkenswertesten Taten der Republik
war die Anhebung des Status der höheren Schulbildung für Mädchen, eine
von der Reichsschulkonferenz 1920–23 durchgeführte Reform. Die Verbesserungen in den weiterführenden Schulen trugen dazu bei, daß die Zahl der
Studentinnen anstieg. Dieser Umstand spiegelte sich wiederum in der Zahl
der Frauen, die nun die Barrikaden der freien Berufe stürmten oder sich in
den weniger traditionsgebundenen akademischen Disziplinen wie Psychologie und Soziologie versuchten oder – wie Vicki Baums Heldin Helene Will-
füer – in der Chemie.

Diese Erfolge hatten zumindest bis zur Machtübernahme durch die Nazis
1933 Bestand. Von kürzerer Dauer – und dies mag in gewissem Maß zum
Aufkommen des Nazismus beigetragen haben – waren die 1919 erzielten
politischen und ökonomischen Errungenschaften.

Als Folge der Novemberrevolution erhielten die deutschen Frauen das
Stimmrecht. Vor allem in Hinblick auf die Begeisterung, mit der die Frauen
darauf reagierten, rechnete man damit, daß dies zu einer beträchtlichen Vermehrung der Frauenrechte führen würde. Fast 80% aller wahlberechtigten
Frauen gingen 1919 zur Wahl; 8,5% der Abgeordneten der Nationalversammlung und zwischen fünf und zehn Prozent der Länderparlamente waren Frauen, und es schien unvermeidlich, daß dies zu einer Gesetzgebung
führte, die Lohngleichheit, bessere Arbeitsbedingungen für Frauen und andere lange hinausgezögerte Reformen bringen würde.

Es geschah jedoch nichts dergleichen. Mit einer völlig neuen politischen
Lage konfrontiert, hatte es bei Kriegsende keine Partei gewagt, irgendwelche
Zweifel hinsichtlich der Frauenrechte zu äußern. Von den Linkssozialisten
bis zu den Konservativen hatten sie alle die Gewährung des Frauenstimmrechts unterstützt, und alle hatten versucht, durch Aufnahme von Frauen in
ihre Mitgliederliste oder gar in den Vorstand, einen möglichst großen Teil
der neuen Wählerschaft an sich zu ziehen. Dies hieß aber nicht, daß sie über
die Neuerung glücklich gewesen wären. Von den Männern, die die Parteien

beherrschten, waren einige in der Tat tief beunruhigt, und sie erkannten, daß mancher männliche Wähler ihre Zweifel teilte. Die Demokratische Partei, die im Spektrum der Parteipolitik ursprünglich eher links stand, verteilte an ihre Wähler ein Flugblatt mit dem Text: ,,Ob du, dessen Wort in deiner Familie gilt, einverstanden bist mit diesem neuen Wahlrecht! Du brauchst deine Stellung im häuslichen Kreis nicht zu ändern! Bleib nur, der du warst und der du bist, aber hole deine Frau und deine Tochter heran, so ungewohnt es dir auch ist, Politik mit ihnen zu besprechen!" Das Familienoberhaupt, hieß es weiter, müsse die neuen weiblichen Wähler dazu erziehen, so zu wählen wie er.

Diesem Geiste entsprechend sahen die Parteioberen darauf, daß in ihren Organisationen die Macht in männlichen Händen blieb, und im Laufe der Zeit erhielten die Frauen immer weniger Zugang zu Parteiämtern und einflußreichen Positionen. Dies galt sogar für die Sozialdemokratische Partei trotz der Tatsache, daß die Zahl der weiblichen Parteimitglieder von 15,8% im Jahre 1924 auf 23% im Jahre 1930 stieg. In keiner Partei nahmen die Frauen je mehr als 10% der führenden Positionen ein, und auf kommunaler Ebene lag der Satz zwischen einem und zwei Prozent.

Die Kompetenz der 111 Frauen, die zwischen 1919 und 1933 im Deutschen Reichstag saßen, stand außer Zweifel. Ihre Arbeit, besonders in parlamentarischen Ausschüssen, die sich mit Bevölkerungs-, Rechts- und Bildungsproblemen und sozialer Fürsorge befaßten, war nützlich; und ihr Mut war außergewöhnlich. Im Jahre 1933 zögerte die Sozialdemokratin Klara Bohm-Schuch nicht, beim Reichstagspräsidenten Hermann Göring gegen die Mißhandlung der Stadtverordneten Maria Jankowski durch SA-Leute zu protestieren und die Bestrafung der Schuldigen zu verlangen. Görings Antwort bestand darin, daß er sie in Internierungshaft nehmen ließ, an deren Folgen sie 1936 starb. Von den Parlamentarierinnen der Weimarer Zeit begingen vier nach der Machtübernahme durch die Nazis Selbstmord, dreizehn wurden verhaftet, zehn ins Konzentrationslager geschickt und vierzehn mußten ins Exil gehen.

Es steht außer Zweifel, daß die Anwesenheit dieser Frauen im Reichstag einige positive Auswirkungen auf die Stellung der deutschen Frauen ganz allgemein hatte, jedoch sicherlich nicht in dem Maße, wie man es hätte erwarten können. Sie stellten bald fest, daß die Parteien nicht bereit waren, für irgendeine Verbesserung der Frauenrechte zu kämpfen, die männliche Vorrechte bedrohen würde. Als es darauf ankam, stimmte nicht einmal die Sozialdemokratische Partei für gleichen Lohn bei gleicher Arbeit oder gleichen Arbeitsschutz und gleiche Arbeitsbedingungen. Gesetzesbestimmungen, die Frauen in der Familienführung und im Eigentumsrecht benachteiligten, wurden nicht aufgehoben. Und gelegentlich zeigten die männlichen Reichstagsmitglieder die erschreckende Neigung, zur moralischen Einstellung der Vorkriegszeit und zu einer Geisteshaltung zurückzukehren, die zu

besagen schien, daß Frauen, wenn sie nicht zu Hause bleiben wollten, wo sie
hingehörten, keine Beachtung verdienten. Eine Gesetzesvorlage zum Schutz
lediger Mütter gegen Disqualifizierung für den öffentlichen Dienst wurde im
Reichstag abgelehnt, und das gleiche galt für Bestrebungen zum Schutz
arbeitender Mütter und für Bemühungen, die Gesundheitsfürsorge ihrer
Kinder zu verbessern.

Möglicherweise hatte die Enttäuschung über die dürftigen Ergebnisse, die
mit dem Stimmrecht erlangt worden waren, etwas mit der Tatsache zu tun,
daß sich die weiblichen Wähler während der letzten Jahre der Republik
immer mehr den konservativen Parteien und besonders dem Nationalsozialismus zuwandten. Noch ausschlaggebender war wahrscheinlich die wirtschaftliche Depression, die die latenten Zweifel an den Vorteilen der Emanzipation verstärkte. Daß die Frauen in der Frage der Gleichberechtigung von
gemischten Gefühlen beseelt waren, ließ sich schon in der Vorkriegszeit
erkennen. Wie die Romanschriftstellerin Gabriele Reuter einmal schrieb,
ahnten selbst diejenigen, die ein Leben erstrebten, dessen Horizont über Ehe
und Familie hinausreichte, daß die Kosten größerer Freiheit vielleicht nicht
unbeträchtlich waren, daß „das Kosten von jener lockenden Frucht Erkenntnis sie für ewig aus dem Paradiese ihrer Tugend und alles selig blinden
Glücks vertreiben" könnte. Und natürlich gab es viele – es war in der Tat
die Mehrheit –, die nicht solche Wünsche hegten. Diese Frauen betrachteten
1919 das Stimmrecht nicht als einen Sieg. Ein Wahlflugblatt des Deutschen
Evangelischen Frauenbundes stellte in jenem Jahr fest: „Evangelische Frau-
en haben in ihrer großen Mehrheit das Frauenstimmrecht nicht erstrebt.
Nun es ihnen aber zugewiesen wird, haben sie es auszuüben als eine Pflicht,
die ihnen auferlegt ist." Und ein an die konservativen Frauen gerichteter
Aufruf sprach vom Stimmrecht als der „ungewünschten Bürde", die den
Frauen „auferlegt" worden sei. Es ließ sich erkennen, daß viele nicht willens
waren, diese Last zu tragen, und daß die Zahl der Frauen, die sich die Mühe
machten, ihr Stimmrecht auszuüben, von Wahl zu Wahl abnahm.

Andererseits lockte die Nationalsozialistische Partei, nachdem sie sich erst
von dem Debakel des Jahres 1923 erholt hatte, stets eine beträchtliche Zahl
von Wählerinnen an, und nach dem September 1930, als die Stimmenzahl
der Partei von 809000 auf 6400000 stieg, hatten die weiblichen Wähler einen
großen Anteil am Gesamtergebnis. Trotz der Tatsache, daß die NSDAP
in allen die Frauen betreffenden Fragen von der Beschäftigung bis zur Bildung eindeutig reaktionär war, daß sie weder in ihrem Vorstand noch in
ihrer Reichstagsfraktion Frauen hatte und daß sie aus ihrer Philosophie von
der männlichen Überlegenheit kein Hehl machte, zog sie weibliche Wähler
an. Ausschlaggebend war vermutlich, daß sie den Frauen versprach, die
Stellung von Heim und Familie wieder zu stärken in einer Gesellschaft,
deren wachsende wirtschaftliche Schwierigkeiten sie zu bedrohen schienen,
und die eigentliche Würde der Frau wiederherzustellen als Gefährtin und

Gehilfin ihres Gatten und als deutsche Mutter, die die Zukunft der germanischen Rasse garantierte. Man hat oft von Adolf Hitler gesagt, der Schlüssel zu seinem Erfolg als Redner sei seine Fähigkeit gewesen, jeden einzelnen Zuhörer zum Helden im deutschen Drama zu machen, und Frauen waren gegen diese hypnotische Kraft keineswegs immun. Wenn der Führer von den getrennten, aber einander ergänzenden Welten von Mann und Frau sprach, die eine, eine Welt des Kampfes für Staat und Gemeinschaft, die andere, Ausdruck ,,einer kleineren Welt ... ihr Mann, ihre Familie, ihre Kinder und ihr Heim'', so schienen seine Worte die natürliche Berufung der Frau zu umreißen und zu adeln und ihr eine patriotische Bestimmung zuzuweisen. Dies wäre zweifellos nicht so zwingend gewesen, hätte die Weltwirtschaftskrise nicht so vielen Frauen die Annehmlichkeiten dieser kleineren Welt verweigert und ihnen das Gefühl des Unerfülltseins und der Unsicherheit gegeben.

Hitlers Antwort auf die Unterstützung der Frauen bei seiner Machtergreifung bestand darin, daß er die Frauen aus höheren Positionen im gesamten Staatsdienst und auch aus den Stellen entfernte, die für die Ausbildung des Nachwuchses zuständig waren. Vor allem wurde die Anzahl der Frauen im Schuldienst erheblich reduziert; die Lehrpläne der Mädchenschulen wurden verändert und es wurde größerer Nachdruck auf die Haushaltsfächer gelegt; die Zahl der Studentinnen sank rapide. Eine grundlegende Einschränkung wurde bei Doppelverdienern durchgeführt. Mit Erlaß des preußischen Innenministeriums vom 27. 4. 1934 wurden alle Beamtinnen entlassen, die durch ihre Familien unterhalten werden konnten. Diese Maßnahme sollte zur Verteilung der sozialen Last und als Mittel zur Überwindung der Depression dienen.

Als Ausgleich bot der Nazistaat jedoch Frauen, die bereit waren, ihre Arbeit aufzugeben, um zu heiraten und eine Familie zu gründen, eine Anzahl von Vorteilen: Ehestandsdarlehen, Steuervergünstigungen, Mutterschaftsbeihilfen, Vorsorge für die Erziehung und Berufsausbildung älterer Kinder, Gesundheitsvorsorge und andere Anreize, darunter den psychologischen Bonus der öffentlichen Belobigung für ihre Dienste an Staat und Volk. Die Bedeutung des letzteren war nicht zu unterschätzen. Die Propaganda, die an die kriegerischen Instinkte der Deutschen appellierte und sie aufforderte, zu erwachen und den Ring ihrer Feinde zu brechen, machte auch aus der deutschen Frau und Mutter einen Krieger. Die stetige Gefolgschaft, die Millionen von Frauen Hitler bis zum bitteren Ende leisteten (die NS-Frauenschaft berief sich auf sieben Millionen Mitglieder), beweist den Stolz, mit dem sie die ihnen zugeteilte Aufgabe erfüllten.

Selbst bei einer so kursorischen Darstellung der Beziehungen zwischen den Frauen und dem Nationalsozialismus sind zwei zusätzliche Bemerkungen angebracht. Zum einen gab es auch viele Frauen, die Hitler nicht verehrten oder ihm voller Begeisterung dienten. Sie gehörten entweder zu jener passiven Opposition zum Regime, die als Innere Emigration bekannt war, oder arbeiteten in aktiven Widerstandsgruppen mit. Man wird nie erfahren, wieviele zur ersten Kategorie zählten, und es ist auch nicht möglich, die Wirksamkeit ihrer einzigen Waffe abzuschätzen – sich möglichst weitgehend zurückzuhalten bei allen Anlässen, die dem Regime von Nutzen hätten sein können –, wenn ihre Zahl auch wahrscheinlich nicht unbeträchtlich war. Von der zweiten Gruppe gaben nicht wenige ihr Leben, unter ihnen Elisabeth von Thadden, Mitglied der oppositionellen Bekennenden Kirche, Johanna Kirchner, die unermüdlich Opfern der Naziherrschaft zur Flucht verhalf und sich um Unterstützung für Deutsche im Exil bemühte, Maria Terwiel, die mit der Widerstandsgruppe von Oberleutnant Schulze-Boysen zusammenarbeitete, subversives Material verbreitete und Juden gefälschte Papiere besorgte, Sophie Scholl schließlich, die mit ihrem Bruder und einigen Studenten und Lehrkräften der Universität München versuchte, die Öffentlichkeit auf die Ungeheuerlichkeit der Taten Hitlers aufmerksam zu machen, und, wie es auf einem der Flugblätter hieß, die sie verteilte, „eine Erneuerung des schwer verwundeten deutschen Geistes zu unterstützen".

Um ein Gedicht von Georg Herwegh abzuwandeln:

> Während dem Herrscher bildet sein Spalier
> Wie sonst, des Volkes Masse,
> Riefen *sie* mutig:
> ‚Der Freiheit eine Gasse!'

Zum anderen ist es durchaus möglich, daß die ideologischen und biologischen Vorurteile der Nazis hinsichtlich der Rolle der Frauen in der Gesellschaft ihre militärische Niederlage beschleunigte. Albert Speer, Hitlers Minister für Bewaffnung und Munition von 1942 bis 1945, forderte wiederholt die totale Mobilisierung der Frauen für die Kriegsproduktion mit der Begründung, sie würden besser arbeiten als ausländische Arbeitskräfte. Im April 1943 stieß er mit seinem Drängen auf die scharfe Opposition von Fritz Sauckel, dem Generalbevollmächtigten für den Arbeitseinsatz, der Hitler davon überzeugte, daß Fabrikarbeit deutschen Frauen physischen und moralischen Schaden zufügen, ihre psychische Verfassung und ihr Gefühlsleben und möglicherweise ihre Leistungsfähigkeit als Mütter beeinträchtigen könnte. Als Speer im weiteren Verlauf des Jahres seine Forderung erneut vorbrachte, protestierten die Gauleiter geschlossen bei Hitler, und das Verlangen wurde abermals abgewiesen. Nach Speers Berechnungen hätte die Mobilisierung von fünf Millionen Frauen, die zum Kriegsdienst fähig waren, aber keinen leisteten, drei Millionen Arbeiter für den Militärdienst freigesetzt. Eine solche Erhöhung der Mannschaftsstärke hätte sehr wohl die Ereignisse in Afrika oder bei Stalingrad anders verlaufen lassen können, wenn auch zu bezweifeln ist, daß dadurch die letztliche Niederlage und der Zusammenbruch verhindert worden wären.

IV

Im Jahre 1968, auf dem Höhepunkt der Universitätsunruhen in Berlin, begehrten weibliche Mitglieder des SDS, die es müde waren, Protestresolutionen zu vervielfältigen, in denen nie von Frauen die Rede war, und endlosen Diskussionen beizuwohnen, die ihre Probleme nie zur Sprache brachten, plötzlich auf und riefen: ,,Genossen! Eure Veranstaltungen sind unerträglich!" Sie hatten zu ihrer Empörung feststellen müssen, daß selbst innerhalb einer Gruppe, die gegen Ungleichheit, Ungerechtigkeit und Ausbeutung protestierte, die männliche Führung sich als genauso gleichgültig gegenüber Frauenbelangen erwies wie die Gesellschaft als Ganzes, ein Hinweis darauf, daß sich an der unterlegenen Stellung der Frauen, wie sie sich in der Bundesrepublik darstellte, in der schönen neuen Welt, die der SDS schaffen wollte, nichts ändern würde.

Nach dem Gesetz gab es natürlich in der Bundesrepublik keine solche Unterlegenheit. Als die Trümmer, in die alliierte Bomben Deutschland verwandelt hatten, beseitigt waren, als der Prozeß der Entnazifizierung zur Zufriedenheit der Besatzungsmächte abgeschlossen und den Westdeutschen die politische Souveränität gewährt worden war, stellte das Grundgesetz der neuen Republik in seinem Artikel 3 ganz klar fest: ,,Männer und Frauen sind gleichberechtigt." Dies wurde 1949 als die Vollendung und volle Verwirklichung des 1919 mit der Gewährung des Frauenstimmrechts begonnenen Prozesses betrachtet. Es war die gesetzliche Anweisung, ein für allemal in allen Bereichen jedwede Beschränkung der Rechte der Frauen, verglichen mit denen der Männer, aufzuheben. Aber die Wirksamkeit von Gesetzen hängt davon ab, wie sie ins Werk gesetzt werden. Die volle Durchführung von Artikel 3 war noch nicht erreicht, als 1959 das Godesberger Programm der Sozialdemokratischen Partei gegen den mangelnden Fortschritt während der vergangenen zehn Jahre protestierte, als 1968 die zornigen Frauen die SDS-Versammlung verließen, als 1980 der Bundestag ein Gesetz verabschiedete, in dem er seine Bereitwilligkeit erklärte, an den von der Europäischen Gemeinschaft aufgestellten Normen hinsichtlich Gleichberechtigung, Entlohnung und Sozialleistungen festzuhalten, und sich sofort den Vorwurf einer leeren Geste einhandelte.

Daß Verbesserungen für die Position der Frauen erzielt worden waren, steht außer Zweifel. Der Wandel in Sitten und Moral, begonnen in der Weimarer Zeit, unterbrochen während der Naziperiode, war wieder aufgenommen worden. Er wurde jetzt durch Fernsehen und engeren Kontakt mit westlichen Ländern beschleunigt und führte zu tiefgreifenden Veränderungen in den Ansichten über Familienangelegenheiten. Es gab wenig Raum für alte orthodoxe und patriarchalische Vorstellungen in einer Gesellschaft, in der 1971 von 100 ledigen Frauen unter 30 Jahren 92 sagten, sie würden eine

Wohnung mit einem Mann teilen, ohne mit ihm verheiratet zu sein (verglichen mit 24 von 100 im Jahre 1967). Die neue Freiheit spiegelte sich stufenweise im Gesetz wider. Das Recht der Frauen zum Besitz von Eigentum wurde gesetzlich festgehalten; neue Bestimmungen bezüglich Ehe und Familie schafften nicht nur den Paragraphen 1356 des Bürgerlichen Gesetzbuchs ab, der Hausarbeit als Pflicht der Frau definiert hatte, sondern modernisierten den Ehevertrag durch die Klausel, daß die Rollen in der Familie durch gegenseitige Vereinbarung aufzuteilen seien, und durch den Schutz des Eigentums der Frau und ihrer Familienrechte im Falle der Scheidung. Kritiker wiesen darauf hin, daß das neue Ehe-, Familien- und Scheidungsrecht von 1977 keineswegs vollkommen sei: Anwälte könnten die Klauseln, die das Recht der Ehefrau auf eine Arbeit außerhalb der Familie betrafen, sehr leicht in einer Weise auslegen, die Frauen daran hindern könnte, eine Stellung anzunehmen, weil der reibungslose Ablauf des Familienlebens nicht gewährleistet sei (möglicherweise mit dem Hinweis auf die Bestimmung, daß Ehefrauen keine Flugzeugstewardessen sein konnten, Ehemänner aber Flugzeugpiloten). Aber es stand außer Zweifel, daß Frauen in der privaten Sphäre größeren gesetzlichen Schutz vor ungleicher Behandlung genossen als je zuvor.

Für die außerhäusliche Welt galt dies in weit geringerem Maße. Trotz aller schönen Worte der Politiker ließ sich leicht nachweisen, daß Frauen in der Bundesrepublik nicht die gleichen Berufschancen hatten und daß ihre Zahl im Staatsdienst und in den freien Berufen disproportional klein war. Die Vertretung der Frauen im Bundestag erreichte ihren Höchststand – 9,2%, weniger als die 10% in der Nationalversammlung von 1919 – im Jahre 1957 und sank dann stetig bis auf unter 7% im Jahre 1980; und dies galt auch für ihre Mitgliedschaft in den Länderparlamenten. Die Zahl der Anwältinnen war 1980 zehnmal so hoch wie 1925 und dreimal so hoch wie 1933, aber dies wollte nicht viel besagen, denn die respektiven Quoten waren 5%, 1,5% und 0,5%. Die Zahl der Ärztinnen stieg gegenüber 1933 um das Vierfache, machte aber nur 20% aus.

In der Wirtschaft war die Situation noch schlimmer. Theoretisch standen qualifizierten Frauen leitende Positionen offen, doch der äußere Anschein trog. In der Praxis sahen sie sich in niedere Positionen abgedrängt, auch wenn sie die gleichen Voraussetzungen vorweisen konnten wie ihre männlichen Mitbewerber. Die Gesetze bezüglich einer Diskriminierung waren weder so klar gehalten noch so eindeutig mit Strafen verbunden wie in den Vereinigten Staaten; es war für Frauen schwierig und kostspielig, eine Diskriminierung zu beweisen, und in den meisten Fällen konnten sie nicht mit gewerkschaftlicher Unterstützung rechnen, wenn sie nicht schon in einem Beschäftigungsverhältnis standen. Wie Deutschlands größte feministische Frauenzeitschrift *Emma* schrieb, war die Folge die, daß die Frauen nur das bekamen, was die Männer übrigließen, die Krümel, die vom Tisch fielen. Die

Erkenntnis dieser Lage ließ die Zahl der Meldungen zu staatlich geförderten Berufsausbildungsprogrammen zwischen 1975 und 1976 um 50% sinken. Man konnte durchaus von einer wachsenden Disqualifizierung weiblicher Facharbeiter sprechen. Frauen, die ausgebildete Rechnungsführerinnen, Buchhalterinnen und Sekretärinnen waren, sahen sich zunehmend durch datenverarbeitende Maschinen und andere Rationalisierungsformen bedroht. Daneben wurden der Mehrzahl der Arbeiterinnen jene Positionen zugewiesen, die das geringste Maß an Geschick, geistiger Anstrengung und persönlicher Initiative verlangten, die am schlechtesten bezahlt und bei einer Rezession am meisten gefährdet waren. 63% aller Fließbandarbeiter zum Beispiel waren Frauen, und sie waren im allgemeinen die ersten, die bei einer Flaute entlassen wurden und die es, einmal arbeitslos, am schwersten hatten, eine neue Anstellung zu finden. In schweren Zeiten herrschte auf dem Arbeitsmarkt das traditionelle männliche Vorurteil, daß Frauen eigentlich gar keine Arbeitsplätze brauchten. Dies spiegelte sich 1978 in der Tatsache wider, daß Frauen zwar nur 40% der Beschäftigtenzahl, aber 54% der Arbeitslosenzahl ausmachten.

Natürlich rührte diese Ungleichheit in der Behandlung (vor allem in der Frage der Arbeitslosigkeit) zum Teil von dem Umstand her, daß Arbeiterinnen im allgemeinen weniger gut ausgebildet, weniger mobil und mehr auf krisenanfällige Tätigkeiten konzentriert waren; doch diese besonderen Umstände waren keine Entschuldigung für die Diskriminierung bei Entlohnung und Beförderung und auf anderen Gebieten, die zum großen Teil das Ergebnis von Entscheidungen war, die in von Männern beherrschten Arbeitsämtern, Gewerkschaften und Verwaltungsräten getroffen wurden. Auf dem Gebiet der Wirtschaft stellte sich heraus, daß die klare Forderung in Artikel 3 des Grundgesetzes diese Organe noch nicht zu einer Abkehr von ihren traditionellen Ansichten veranlaßt hatte. Im Jahre 1980 sagte Eva Rühmkorf, Leiterin des Hamburger Senatsamts für die Gleichstellung der Frau: ,,Ich fürchte, wir warten noch hundert Jahre, wenn wir glauben, daß wir durch Bewußtseinsveränderungen der Männer die Frauensituation verbessern können", und sie fügte hinzu, nur gesetzlicher Zwang und Geldstrafen für Diskriminierung könnten irgend etwas bewirken.

Warum waren die Frauen selbst unfähig, eine Protestbewegung zur Veränderung dieser Verhältnisse in Gang zu bringen? Die Antwort scheint in dem geteilten Blickwinkel jenes Typs von aktivistisch eingestellten Frauen zu liegen, die in der Vergangenheit das Rückgrat der militanten feministischen Organisationen gebildet hatten. Zum einen trieb die Enttäuschung über den mangelnden Fortschritt der Emanzipation während der ersten zwei Jahrzehnte der Bundesrepublik und eine allgemeinere Enttäuschung über die Werte der kapitalistischen Gesellschaft viele Frauen während der gewalttätigen Phase der Universitätsrevolution in eine radikale politische Tätigkeit hinein, die sie mit unterschiedlicher Energie verfolgten, wobei die unerbittlichsten unter ihnen schließlich Teil der Terroristenszene wurden. Frauen wie Gudrun Ensslin und Ulrike Meinhof standen eher in der Tradition von Emma Herwegh und der ermordeten Revolutionärin von 1919, Rosa Luxemburg, als in der der Kämpferinnen für Frauenrechte, und letztlich haben ihre Aktivitäten der Sache der Frauen wahrscheinlich geschadet.

Zum anderen verfolgten viele andere Frauen einen radikalen Feminismus, der die männliche Vorherrschaft in der sexuellen Sphäre durch eine Emanzipation des Körpers und eine Geltendmachung der Weiblichkeit anzugreifen suchte. Die ursprüngliche Anziehungskraft dieser Richtungsänderung, die an die Mutterschutzbewegung der Zeit vor dem ersten Weltkrieg erinnerte, wurde 1972 deutlich in der landesweiten Kampagne gegen den Paragraphen 218, der die Abtreibung unter Strafe stellte, und in der euphorischen Stimmung des ersten nationalen Frauenkongresses in Frankfurt, der Höhepunkt dieser Kampagne war. Doch dies war, wie die Autorin Lottemi Doormann 1979 feststellte, der letzte wirklich repräsentative Frauenkongreß, denn die feministische Bewegung spaltete sich bald auf, bis es schließlich 140 verschiedene Gruppen gab, von denen sich nur wenige über Ziele und Taktik verständigen konnten, während viele ihren Krieg gegen die Männer bis zu lächerlichen Extremen führten – sie trieben den Feminismus, wie die Verfasserin es formuliert, zu „einer Expedition ins Irrationelle" – und einige erhoben das Lesbiertum zu ihrem Ideal. Dies lief auf eine Art Selbstverbannung in weibliche Gettos hinaus, und es stellte eine Verschwendung von Energien dar, die besser zum Schutz der Frauenrechte eingesetzt worden wären zu einer Zeit, da sich die Chancen auf dem Arbeitsmarkt verschlechterten und Kommunen wie Länder ihre Ausgaben für Kindergärten, Tagesstätten und Spielplätze reduzierten, alles Dinge, die die arbeitende Mutter direkt betrafen.

Es hat deshalb den Anschein, als sei der Fortschritt in Richtung auf die Gleichberechtigung der Frauen in der Bundesrepublik ebensosehr durch die Taktik von Frauengruppen gehemmt worden wie durch die traditionell zögernde Haltung der Männer beim Verzicht auf die materiellen und psychologischen Vorteile, die sie stets genossen haben. Geradeso wie die extremen Taktiken einiger Befürworterinnen der Ergänzungsvorlage über die Gleichberechtigung in den Vereinigten Staaten die Opposition vieler Frauen gegen diesen Gesetzesvorschlag zur Folge hatten, verstärkten zudem die Aktivitäten der Ulrike Meinhofs auf der einen und die der radikalen Feministinnen auf der anderen Seite bei vielen deutschen Frauen die Zweifel hinsichtlich der sozialen und moralischen Kosten der Gleichberechtigung.

Sprecher der Deutschen Demokratischen Republik betonen gern, daß die DDR, was die Frauenrechte betrifft, beträchtlich fortschrittlicher sei als die Bundesrepublik. Sie weisen darauf hin, daß die Verfassung die Gleichheit der Geschlechter in allen Bereichen des gesellschaftlichen, staatlichen und privaten Lebens garantiere und daß das Vordringen der Frauen, vor allem in qualifizierten Berufen, ein Anliegen der Gesellschaft und des Staates sein müsse. Sie führen Zahlen zum Beweis dafür an, daß (im Jahre 1974) jedes dritte Mitglied der Volkskammer, jeder fünfte Bürgermeister, jede vierte Person in leitender Funktion in der staatseigenen Industrie, jeder dritte Vorsitzende eines landwirtschaftlichen Kollektivs, jeder fünfte Schuldirektor und jeder dritte Richter eine Frau war. Sie sagen, daß der Grundsatz gleicher Lohn für gleiche Arbeit nicht nur in der Verfassung niedergelegt, sondern eine Realität sei, und daß arbeitende Frauen eine Vielzahl sozialer Vorteile genießen.

Das würde eindrucksvoller klingen, wenn diese Rechte den Frauen auf einer anderen Basis offenstünden als der der Treue zur Partei in einem von einer Partei beherrschten Staat. Das Problem in Ostdeutschland ist nicht, daß die Frauen den Männern nicht gleichgestellt wären (obwohl wir, wenn wir mehr über die Familienverhältnisse in der DDR wüßten, vielleicht feststellen würden, daß das auch zutrifft), sondern daß bei gleicher Begabung und Qualifikation nicht alle Frauen die gleichen Rechte besitzen wie andere Frauen. Es gibt mehr als genug Daten, die beweisen, daß gläubige Christinnen nicht die gleiche Behandlung erwarten können wie Frauen mit absolut konformistischer Einstellung, und die Religion ist nicht die einzige Behinderung. Wenn, wie in der DDR der Fall, ideologische Konformität bestimmender Faktor bei der Aufnahme in den Staatsdienst, beim Zugang zu Bildungsmöglichkeiten und bei der Zuweisung des Arbeitsplatzes ist, wird ein Vergleich mit anderen Systemen bezüglich der Frauenrechte, wie jedes anderen Bereichs, unmöglich.

8. Professoren und Studenten

Kaum eine andere Institution im neueren Deutschland hat sich dem Wandel heftiger widersetzt und bis zu den 70er Jahren unseres Jahrhunderts ihre traditionellen Formen der Selbstverwaltung erfolgreicher bewahrt als die Universität. Nach dem zweiten Weltkrieg gab es Leute, die sich ihrer autoritären, antirepublikanischen Einstellung während der Weimarer Zeit erinnerten und von der Notwendigkeit einer grundlegenden Reorganisation und Demokratisierung der Universitätsstruktur sprachen, und einige Versuche in dieser Richtung wurden auch tatsächlich unternommen. Dies galt zum Beispiel für die Freie Universität Berlin, die 1948 gegründet wurde, als sich Studenten und jüngere Mitglieder des Lehrkörpers von der alten Friedrich-Wilhelms- (jetzt Humboldt-)Universität Unter den Linden im Sowjetsektor trennten und sich mit amerikanischer Hilfe in Dahlem im westlichen Teil der Stadt niederließen. Diese Neugründung begann auf der Basis der Zusammenarbeit von Professoren und Studenten, und die Studenten waren zu allen Ausschüssen zugelassen und besaßen ein Mitspracherecht bei der Ernennung aller neuen Lehrkräfte. Aber nach ein paar Jahren wurden diesem paritätischen System Beschränkungen auferlegt und die Rechte der Studenten bei Entscheidungen im Universitätsbereich allmählich aufgehoben. Als 1962 einer der Gründerväter der Freien Universität Frederick Burckhardt vom American Council of Learned Societies schilderte, wie schwierig es sei, die verschiedenen Universitätsinstitute dazu zu bringen, Neuerungen auch nur in Betracht zu ziehen, rief Burckhardt aus: ,,Mein Gott! 1948 haben wir geglaubt, wir helfen euch, die demokratischste Universität der Welt zu gründen, und jetzt seid ihr wieder in der Zeit von Wilhelm II.!"

Den Hauptwiderstand gegen Veränderungen leistete die Professorenschaft, genauer gesagt, die Ordinarien und die außerordentlichen Professoren. Diese Lehrkräfte – Ende der 60er Jahre nicht mehr als 5000 an der Zahl – hatten allen Grund, mit den bestehenden Verhältnissen zufrieden zu sein. Als Staatsbedienstete hatten sie eine sichere Stellung mit Einkommen, die, wenn man festes Jahresgehalt, Wohnungszulage, Vorlesungsgebühren (ein angenehmer Zuschlag, den das amerikanische System nicht kennt), Gebühren für private Vorträge und Tagessätze für Staatsaufträge zusammenzählte, weit über DM 70000,– betragen konnten, und dazu eine schöne Pension. In einem aufschlußreichen Artikel im *Spiegel* vom Februar 1968 hieß es über sie: ,,sie thronen, die 300000 Studenten tief unter sich, auf der Spitze einer hierarchisch aufgebauten Posten-Pyramide und befehlen über Hilfskräfte, Assistenten, Dozenten, Oberassistenten, Lehrbeauftragte, außerplanmäßige

Professoren, Wissenschaftliche Räte, Abteilungsvorsteher, Akademische Räte, Kustoden, Prosektoren, Konservatoren, Observatoren, Lektoren, Bibliothekare, Studienräte im Hochschuldienst, Arbeiter und Angestellte". Sie verfügten, was gelehrt wurde und was in ihren Instituten und Seminaren Gegenstand der Forschung war. Sie entschieden, wie Themen studiert und wie Studenten geprüft wurden; und vor allem bestimmten sie, wer lehren und forschen durfte.

Da das Durchschnittsalter, in dem ein Gelehrter einen Lehrstuhl errang, 53,6 Jahre betrug und da er bis zu diesem Zeitpunkt bereits stark seiner eigenen Forschung und verwandten Tätigkeiten verpflichtet war, konnte es nicht verwundern, daß es unter den Professoren nur wenige Jungtürken gab. Im allgemeinen neigten die Professoren dazu, den Status quo anzuerkennen und stellten weder die Wirksamkeit in Frage, mit der die Universität die Bedürfnisse der Gesellschaft befriedigte, noch die Art und Weise, wie diese Bedürfnisse von Staat, Industrie, Presse und öffentlicher Meinung definiert wurden. Innerhalb der Universität hielten sie an der alten Routine fest, weil sie bequem war, und widersetzten sich Neuerungen, weil sie den gewohnten Ablauf störten und zeitraubend waren. Auf Vorstellungen, daß eine demokratischere Struktur unabdingbar sei, wenn die Universität mit dem Wandel der Zeit Schritt halten wollte, und daß sie notwendig sei, um die Demokratie im Lande zu stärken, gingen sie im allgemeinen nicht ein.

Die Studentenbewegung der 60er und 70er Jahre war die Antwort auf diesen Konservatismus und die Herausforderung ergriff tatsächlich die ganze Nation. Als es zur Konfrontation kam, stellte sich die öffentliche Meinung zum größten Teil auf die Seite der Professoren. Dafür gab es, wie wir sehen werden, aus den Umständen resultierende und ideologische Gründe (das gewalttätige Vorgehen einiger Studentenorganisationen sowie die Rolle, die kommunistische Organisationen in der Führung der Studentenbewegung nach Mitte 1967 spielten), aber auch solche historischer Art. Die Deutschen hatten seit langem eine ungewöhnliche Hochachtung vor ihren Professoren – Meinungsumfragen in den 50er und 60er Jahren ergaben regelmäßig, daß sie in der Wertschätzung vor Bischöfen, Ministern, Generaldirektoren, Militärs und anderen Würdenträgern rangierten –, und als nun plötzlich in der Presse Bilder von Studenten erschienen, die in Senatssitzungen eindrangen und – in einem berühmt gewordenen Fall – vor einer akademischen Prozession hermarschierten mit einem Schild mit der Aufschrift „Unter den Talaren der Muff von tausend Jahren", da waren sie schockiert und empört. Gleichzeitig führte die Ausbreitung der Unruhen an den Universitäten dazu, daß man zurückfiel in ein historisches Vorurteil bezüglich der Grenzen der Freiheit der Studenten, solange sie im *statu pupillari* waren, und dabei die unglücklichen Folgen vergaß, die dieses Vorurteil in der Geschichte des Volkes gehabt hatte.

I

Die Professoren waren keineswegs immer die erhabenen Personen gewesen, wie sie oben im Spiegel-Zitat beschrieben wurden. Im 17. Jahrhundert waren sie vor allem an den kleineren Universitäten oft kaum mehr als Gastwirte, die Studenten mit Kost und Logis versorgten und ihnen zusätzlich zu ihrem jeweiligen Fachwissen noch Wein und Bier verkauften. Sie wurden auch nicht etwa von ihren Mitbürgern geachtet, sondern wurden oft eher als Spottfiguren angesehen, und in den moralischen Wochenschriften des frühen achtzehnten Jahrhunderts stellte man sie als eitle, rechthaberische und streitsüchtige Exzentriker dar, die schmutzige Wäsche und verfilzte Perükken trugen, die Gepflogenheiten der vornehmen Gesellschaft nicht kannten und sich über nichts zusammenhängend auszudrücken vermochten außer über ihr Spezialgebiet, das gewöhnlich so esoterisch war, daß es für das praktische Leben keinerlei Bedeutung hatte.

Aber das war zu einer Zeit, als die Universitäten des Mittelalters und der frühen Neuzeit zu verfallen begannen und bevor die Entstehung der ersten modernen, neuzeitlichen Universitäten, Halle (1694) und Göttingen (1737), den Prozeß umgekehrt hatten. Halle, mit Professoren wie Francke, Thomasius und Christian Wolff, und Göttingen, mit seiner hervorragenden juristischen Fakultät, zogen nicht nur Angehörige adliger und wohlhabender bürgerlicher Familien an, die später mit den berühmten Männern prahlten, unter denen sie studiert hatten, sondern setzten auch Maßstäbe für andere Universitäten, die nun von ihren Fakultätsmitgliedern einen mehr als nur lokalen Ruf erwarteten. Gegen Ende des achtzehnten Jahrhunderts hatten die Professoren vielfach einen neuen Nimbus an Autorität und ein Prestige erlangt, das ihre Studenten etwa dadurch anerkannten, daß sie ihnen Serenaden oder Fackelständchen brachten wie jenes, an dem Goethe 1771 in Straßburg zu Ehren des Historikers Schöpflin teilnahm, eines Professors neuer Schule, der die berühmte *Alsatia illustrata* und andere in ganz Deutschland bekannte und bewunderte Werke verfaßt hatte.

In der ersten Hälfte des 19. Jahrhunderts, als der deutsche Mittelstand noch immer eine nationale Vereinigung auf der Grundlage einer freiheitlichen Verfassung und eines parlamentarischen Regierungssystems erhoffte, standen die Professoren an der Spitze dieser Bewegung. Die Werke etwa eines Karl Theodor Welcker und eines Karl von Rotteck, die für die Übernahme der Prinzipien der französischen Verfassung von 1830 eintraten und im parlamentarischen Leben Süddeutschlands eine aktive Rolle spielten, wurden im ganzen Land gelesen und besprochen. Noch berühmter waren die sogenannten Göttinger Sieben, die 1837, als der neue Herrscher von Hannover, Ernst August, die Verfassung aufhob, die sein Vorgänger dem Land gewährt hatte, sich weigerten, ihrem auf dieses Dokument geleisteten

Eid abzuschwören. Diese Gelehrten, zu denen die Historiker Georg Gottfried Gervinus, F. C. Dahlmann und die Gebrüder Grimm, die Herausgeber
der berühmten Märchensammlung gehörten, verkündeten, sie fühlten sich
an ihren Eid gebunden, und fügten hinzu: ,,Das ganze Gelingen unserer
Wirksamkeit beruht nicht sicherer auf dem wissenschaftlichen Werthe unserer Lehren als auf unserer persönlichen Unbescholtenheit. Sobald wir vor
der studirenden Jugend als Männer erscheinen, die mit ihren Eiden ein
leichtfertiges Spiel treiben, ebenso bald ist der Segen unserer Wirksamkeit
dahin.``

Ernst August zeigte sich ungerührt und lastete ihnen trotz ihres bedeutenden Rufs ,,eine revolutionäre und hochverräterische Tendenz`` an, enthob
sie ihrer Ämter, versuchte, sie wegen Hochverrats vor Gericht zu stellen,
und verwies sie, als dies mißlang, des Landes und sagte nur: ,,Professoren,
Huren und Ballettänzerinnen kann man für Geld überall haben.`` Er sollte
diese Einstellung bedauern, denn wo immer in Deutschland Parlamente gewählt wurden, griff man ihn wegen seines Vorgehens öffentlich an, und die
Sympathie für die landesverwiesenen Professoren schlug so hohe Wellen,
daß der hannoversche Landesherr knurrte: ,,Hätt' ich gewußt was mir die
sieben Teufel für Noth machen würden, so hätt' ich die Sache nicht ange-
fangen.``

Als es zu der Revolution von 1848 kam und die Wahlen zur ersten Nationalversammlung in Frankfurt abgehalten wurden, konnte es daher nicht
überraschen, daß ein erheblicher Teil der Abgeordneten Professoren waren,
ein Umstand, der in anderen Ländern, in denen Gelehrte nicht in so hohem
Ansehen standen, Aufmerksamkeit erregte und in England einen respektlosen Benjamin Disraeli zu Spekulationen über ,,die fünfzig verrückten Professoren in Frankfurt`` und über all die unrealistischen Dinge veranlaßte, die
sie vielleicht in Angriff nehmen würden. In der Tat brachten sie in der
Nationalversammlung nur wenig Positives und Dauerhaftes zustande, und
das letztliche Scheitern der Revolution, das zu einer deutlichen Verminderung liberaler Hoffnungen und in den bürgerlichen Schichten zu einer allmählichen Aufgabe konstitutioneller Ideale zugunsten von Macht und Realismus führte, hatte auch einen allgemeinen Rückzug der Professoren aus der
politischen Arena in die Welt der Gelehrsamkeit zur Folge.

Hier waren ihre Triumphe nicht von der Hand zu weisen. Während der
zweiten Hälfte des 19. Jahrhunderts entwickelten sich die deutschen Universitäten in Übereinstimmung mit den Idealen, die Wilhelm von Humboldt,
der Gründer der Universität von Berlin im Jahre 1809, verkündet hatte; sie
wurden die Heimstatt von Gelehrten, die sich der Wissenschaft und der
Bildung widmeten und aufgrund ihrer Leistungen einen weltweiten Ruf
erlangten. Gingen die Naturwissenschaftler mit Persönlichkeiten wie Weber
in der Physik, Helmholtz ebenfalls in der Physik und in der Physiologie und
Virchow und Koch in der Medizin voran, so konnten sich die Geisteswis-

senschaften rühmen, Historiker wie Ranke und Mommsen, Philosophen wie
Hartmann, Kuno Fischer, Husserl und Cassirer, Philologen wie Wilamo-
witz und Curtius, Pioniere auf dem Gebiet der Psychologie wie Wilhelm
Wundt und Wegbereiter der Soziologie wie Tönnies, Simmel und Max Weber aufzuweisen. Vom verdienten Ruhm solcher Giganten durften auch geringere Geister profitieren, und in dieser Zeit begann die Glorifizierung des
deutschen Professors an sich. Am Ende des Jahrhunderts gab es eine Überfülle von Romanen über das Universitätsleben, in denen der Professor stets
als Gestalt von unendlicher Weisheit und Erhabenheit dargestellt war. So
erlebt in Paul Grabeins *In Jena, ein Student* der Romanheld eine Vorlesung
geradezu als eine Art Gottsdienst:

> Während der greise Gelehrte in seiner warmherzigen, begeisterten Weise mit leuch-
> tenden Augen so sprach, war sein ehrwürdiges Haupt umleuchtet von dem Sonnen-
> schein, der warm durch die Fenster fiel, wie von einer Gloriole. Helmut überkam ein
> hehres, reines Gefühl: er fühlte sich in dieser Stunde im Allerheiligsten der Wissen-
> schaft und mit freudigem Stolz beseelte ihn das Bewußtsein, daß er selbst einst dazu
> berufen werden sollte, ein Priester in diesem Tempel zu werden.

Natürlich war dies eine Szene in einem Roman, aber im wirklichen Leben
lassen sich mühelos Entsprechungen dafür finden (während der Weimarer
Zeit bezeichnete der preußische Kultusminister Carl Heinrich Becker die
Universität als ,,Gralsburg der reinen Wissenschaft" und die Professoren als
,,ihre Ritter vollziehen einen heiligen Dienst"), und darin drückte sich ein
Respekt vor der Professorenschaft aus, der zumindest idealisiert war.

Hier ist ein Umstand erwähnenswert: Hatte man an den Professoren vor
1848 den liberalen Aktivismus bewundert, so galt bei ihren Nachfolgern
Weltfremdheit als achtbarer und sogar einnehmender Wesenszug. Die Gestalt, die Kurt Tucholsky in den folgenden Versen beschreibt, hat zweifellos
etwas Anziehendes:

> Er ging durch alte Winkelgäßchen
> im schlappen Hut, in faltigem Rock.
> Ein kleines Bäuchlein wie ein Fäßchen
> ...nicht jung mehr... graues Stirngelock...
> Vergaß er auch sein Regendach,
> man raunte: ,,Der versteht sein Fach!"
> Ein stilles, manchmal tiefes Gewässer:
> der alte Professor.

Doch es konnte, wie der Historiker Theodor Mommsen einmal sagte,
etwas nicht stimmen mit einem Land, in dem Weltfremdheit höher gepriesen
wurde als politische Wachsamkeit und man sich, fand tatsächlich einmal eine
Rückkehr zu früheren Idealen statt und kandidierte ein Professor für einen
Landtag oder den Reichstag, verwundert fragte: ,,Wie kann sich jemand, der
Besseres zu tun hat, mit Politik abgeben?" Mommsen vermerkte, daß es für
Professoren nicht ungewöhnlich war, die Weltfremdheit zu kultivieren, und

er schrieb in bitterem Ton: ,,Der schlimmste aller Fehler ist, wenn man den Rock des Bürgers auszieht, um den gelehrten Schlafrock nicht zu kompromittieren." In Wahrheit lief die von Mommsen beklagte Einstellung natürlich auf eine Billigung des Status quo hinaus, den die Professoren, wenn von höherer Stelle erwartet, mit allen möglichen Mitteln beizubehalten trachteten. Obwohl die Professoren darauf bestanden, als unabhängige Wahrheitssucher zu gelten, so waren sie in erster Linie doch Staatsbedienstete, und ihre Universitäten waren in steigendem Maße auf den Staat angewiesen, was die Mittel für Laboratorien und andere Ausrüstung, Bibliotheken, Neubauten und Fonds für Forschung und Reise betraf. Unmerklich tendierte diese Abhängigkeit dahin, die akademische Freiheit einzuschränken, die doch das charakteristische Merkmal der deutschen Universität sein sollte. Ganz gleich, wie sie insgeheim darüber dachten, man konnte nicht damit rechnen, daß die Professoren heftig und en masse gegen eine Ernennung aufbegehrten, die, wie es bisweilen vorkam, durch ein Kultusministerium verfügt wurde. Auch war in einer Zeit, in der sich die kaiserliche Regierung zunehmend mit Subversion und dem Anwachsen des Sozialismus beschäftigte, nicht zu erwarten, daß sie zu kontroversen sozialen und politischen Fragen Stellung nahmen, oder Einspruch erhoben, wenn Gelehrten, die dies taten und deren Ansichten der Staat für gefährlich hielt, ein Lehrstuhl verweigert wurde. Schließlich konnte, wie der Berliner Philosoph Friedrich Paulsen schrieb, der Staat verlangen, daß die Wissenschaft seine Vernünftigkeit und Notwendigkeit anerkannte.

Wenn sie nicht das thun, so erscheint ihre Arbeit als gefährliche Untergrabung der bestehenden Ordnung und ein Einschreiten dagegen um so mehr möglich und gerechtfertigt, als die Anstalten für wissenschaftliche Forschung nicht nur von den öffentlichen Mächten errichtet und unterhalten werden, sondern zugleich dem Unterricht der künftigen Beamten des Staates und der Kirche bestimmt sind. Wie sollte ihnen freigestellt sein können, an der Lockerung der Grundlagen eben der Ordnung zu arbeiten, deren Erhaltung zu dienen ihr Amt und Beruf ist?

Natürlich gab es Professoren wie Mommsen und den Volkswirtschaftler Lujo Brentano, die gegen sichtbare Beeinträchtigungen der akademischen Freiheit und gegen die zunehmende Konformität der Fakultäten ankämpften, aber sie erhielten nicht immer die nötige Unterstützung ihrer Kollegen. In manchen Fällen unterblieb diese aus Furchtsamkeit, in anderen aus berechnendem Selbstinteresse, denn Konformität zahlte sich gelegentlich aus, und viele Professoren hofften, zur Schau gestellte Loyalität werde ihnen Titel und Beförderungen einbringen. Wieder andere handelten nicht aus Furcht oder Ehrgeiz so, sondern weil sie sich um die sozialen, politischen und moralischen Folgen des Industrialismus Sorgen machten und ältere nationale und kulturelle Werte stärken wollten. Die so empfanden, neigten dazu, solche nationalpolitischen Bestrebungen nachdrücklich zu unterstützen, die zu garantieren schienen, daß dem Vormarsch des Materialismus und der Sozialdemokratie Einhalt geboten wurde sowie dem, was sie als kulturelle Degeneration betrachteten. Erstaunlich viele von ihnen begrüßten daher auch die expansive Flottenpolitik des Großadmirals Alfred von Tirpitz (offenbar, weil sie gleich ihm hofften, die wachsende Seemacht könne wegen des durch sie ausgelösten Nationalstolzes ein wirksames Gegengewicht zum Sozialismus darstellen), und die sie ergänzende abenteuerliche Kolonialpolitik sowie die dynamische, aber insgesamt unverantwortliche Außenpolitik, die sich mit den Namen Wilhelm II. und Bernhard von Bülow verband.

Bis zum Jahre 1914 hatte sich die deutsche Professorenschaft, wie Dubois-Reymond es einmal nannte, zum „geistigen Leibregiment" der Hohenzollern entwickelt, und sie bewies dies auch während des Konflikts, der in diesem Jahr ausbrach. Unkritisch gegenüber den Kräften, die zum Krieg geführt hatten, verhielt sie sich noch unkritischer gegenüber der Einstellung ihrer Regierung zu den Kriegszielen. Im Jahre 1915 unterzeichneten 352 der namhaftesten Professoren, zu denen Ulrich von Wilamowitz-Moellendorf, Eduard Meyer, Otto von Gierke und Adolf Wagner gehörten (nicht aber Hans Delbrück, Max Planck, Albert Einstein, Max Weber, Ernst Troeltsch und Friedrich Meinecke), eine Intellektuellen-Erklärung, die zum Ausdruck brachte, es sei nur recht und billig, wenn Deutschland sich als Preis für seine Kriegsanstrengungen Belgien, die französische Kanalküste und alle bedeutenden französischen Kohlen- und Erzreviere, Kurland, die Ukraine und ausgedehnte Kolonialgebiete aneigne. Im letzten Kriegsjahr übertönten sogar die vielen Universitätsgelehrten, die Mitglieder der rechts angesiedelten und unverbesserlichen Vaterlandspartei waren – einer Partei, die 1917 aus Protest gegen die Friedensresolution des Reichstags gegründet worden war – die wenigen anderen, die angesichts der drohenden Niederlage verzweifelt versuchten, die Regierung zu veranlassen, ihre Erwartungen zurückzuschrauben und einen Verhandlungsfrieden anzustreben. Als die Front dann 1918 zusammenbrach, war die Mehrzahl der Professoren genauso betroffen wie jene nationalistischen Politiker im Reichstag, die auf Ludendorffs „Hammer" vertraut und noch hartnäckig an Sieg und lukrative Annexionen geglaubt hatten, als jede Hoffnung darauf längst geschwunden war.

Viele waren nach dem ersten Weltkrieg – wie später auch nach dem zweiten – der Ansicht, daß die Professorenschaft ihre Talente dazu verwendet hatte, die destruktivsten Kräfte der deutschen Gesellschaft zu ermutigen und jene Art kritischer Selbstanalyse zu unterdrücken, die die Katastrophe vielleicht hätte abwenden können. Gewiß war, so glaubten diese Leute, die Zeit für ein neues Universitätssystem mit mehr Demokratie bei Ernennungen und in der inneren Struktur gekommen. Wären Pläne für eine solche Reform entwickelt worden, hätten diese Leute den Spießrutenlauf zwischen religiösem Sektierertum und den partikularistischen Interessen der einzelnen Staaten antreten müssen. Es kam jedoch zu keinen ernsthaften Reformbestrebungen – die Demütigung der Nachkriegsbesetzung und die Kontrolle durch die Siegermächte genügten, um jeden Versuch, demokratische Werte einzuführen, als unpatriotisch erscheinen zu lassen. Die Professoren behielten ihr Machtmonopol in den inneren Angelegenheiten der Universität, und da die Regierung der neuen Republik – wegen zu vieler anderer Probleme – nicht die Zeit hatte, eine so strikte Überwachung der Universitäten auszuüben wie während des Kaiserreiches, konnten Professoren bei Ernennungen und Beförderungen häufig nach eigenem Ermessen vorgehen. Ihr Vorgehen war aber nicht eben demokratisch, denn die Ansichten der Mehrzahl der Professoren hatte sich durch den Sturz des Kaiserreichs nicht geändert, und sie blieben unverbesserliche Konservative und Monarchisten, weiterhin so argwöhnisch nach subversiven Kräften und Sozialisten Ausschau haltend, als säße der Kaiser noch auf dem Thron. Es ist kennzeichnend, daß so außerordentliche Männer wie die Philosophen Ernst Bloch, Georg Lukács und Walter Benjamin während dieser Periode an Universitäten nicht lehren durften, vermutlich, weil sie Marxisten waren.

Für die Weimarer Republik, die ihre Gehälter zahlte, hatten die Professoren nichts als Verachtung übrig, die sich zu Haß steigerte, als die Inflation, die sie sehr schnell der neuen Demokratie anlasteten, die Staatszuweisungen für die höhere Bildung reduzierte, die Mittel für Neuanschaffungen der Bibliotheken stark beschnitt und ihr Realeinkommen deutlich verminderte, das vor dem Krieg das Siebenfache des Einkommens eines ungelernten Arbeiters betragen hatte und jetzt nur noch das Doppelte ausmachte. Sie benutzten ihre Katheder, um gegen die Republik zu Felde zu ziehen, eine Praxis, bei der die Naturwissenschaftler und die Mediziner genauso schmähende Worte fanden wie die Historiker und die Philologen. Damit förderten sie zweifellos antidemokratische Tendenzen innerhalb der Studentenschaft. Aber wenn sie gehofft hatten, sie könnten Zuhörer bewegen, mit ihnen gemeinsam die Uhr zurückzudrehen und die Monarchie wiederherzustellen, so hatte wiederum ihre Weltfremdheit sie getäuscht. Den Studenten der späten 20er Jahre kamen die politischen Anschauungen der meisten ihrer Professoren als reaktionärer Unsinn vor. Sie hörten auf andere Stimmen und reihten sich bald unter die Anhänger Adolf Hitlers ein.

Als der Nazi-Umschwung dann kam, schlossen sich ihm die meisten Professoren jedoch ohne großes Zögern an. An der Universität München, so erinnerte sich der Theologieprofessor Joseph Pascher, gab es wohl einige Gesichter, denen man Besorgnis oder gar Schrecken anmerkte, aber auch „eine Menge leuchtender Gesichter, denen man die Hoffnung auf ein Tausendjähriges Reich der Deutschen von weitem ansah." An der Universität Freiburg ermahnte der Philosoph Martin Heidegger in seiner Antrittsrede als Rektor seine Kollegen, in Adolf Hitler den Führer anzuerkennen, den das Schicksal zur Rettung der Nation gesandt hatte. In Regensburg begrüßte Rektor Professor Götz Freiherr von Pölnitz die Machtergreifung durch Hitler als ,,Siegesstunde" für seine Landsleute, während in Tübingen der Professor für Volkskunde, Gustav Bebermeyer, verkündete: ,,Nun ist das große Wunder geschehen. Das deutsche Volk ist aufgestanden."

Diese Jubelschreie verstummten auch nicht, als im April 1933 ein ,,Gesetz zur Wiederherstellung des Berufsbeamtentums" die Entlassung aller jüdischen oder oppositionell eingestellten Lehrer erzwang, das bis Ende 1934 1145 Hochschullehrer betraf – 15% der Gesamtgelehrtenschaft des Staates und 32% des Lehrkörpers der Universität Berlin. Von diesem Aderlaß, der noch dadurch verstärkt wurde, daß viele freiwillig gingen, als sie erkannten, daß unter den Nazis an eine ernsthafte Arbeit nicht zu denken war, sollten sich die deutschen Universitäten erst geraume Zeit nach 1945 wieder erholen. In den Naturwissenschaften allein war der Verlust irreparabel, denn fast alle Angehörigen der damaligen Kaiser-Wilhelm-Institute (später Max-Planck-Institute) verließen ihren Posten, und in Disziplinen wie der Geschichte sahen sich die Besten der jüngeren Generation eilends nach Stellen in Großbritannien und den Vereinigten Staaten um. Aber die Mehrzahl, die in Deutschland blieb, war unverzagt, zum Teil zweifellos deshalb, weil sich ihnen jetzt bessere Beförderungsmöglichkeiten boten, um die viele von ihnen mit Byzantinismus, Intrigen aller Art und mit der Denunziation von Kollegen zu wetteifern begannen. Im November 1933 gaben die Professoren der Universität Leipzig eine Loyalitätserklärung für Adolf Hitler und den nationalsozialistischen Staat ab, und in den darauf folgenden Monaten versuchten Gelehrte einander zu übertreffen in dem Bemühen, ihre Disziplinen der Ideologie der neuen Herren anzupassen. Deutschlands bedeutendster Staatsrechtslehrer, Carl Schmitt, hatte bereits einiges Geschick im Aufstellen von Gesetzestheorien gezeigt, die bewiesen, daß alles, was Hitler tat, durch eine höhere Moral gerechtfertigt war (oder durch das, was Schmitt einmal ,,die Überlegenheit des Existentiellen über das bloß Normative" nannte). Andere Gelehrte waren fast ebenso behende bei der Entdeckung einer ,,deutschen Physik", einer ,,germanischen Philologie" oder einer ,,nationalsozialistischen Genetik", von Varianten der Volkskunde und Rassentheorie ganz zu schweigen, die an Universitätsinstituten aufkamen.

Man kann nicht sagen, daß die Nazis all diesen Eifer belohnten oder auch nur anerkannten. Sie hatten im allgemeinen eine geringschätzige Einstellung zu den Universitäten und den Professoren, die an ihnen lehrten. Hitler selbst hatte ein so tief verwurzeltes Mißtrauen gegen Intellektuelle, daß ihn sogar die Bedeutung der Universität als Ausbildungsstätte für Techniker gleichgültig ließ, die sein Regime, das sich ein Rüstungs- und Kunststoffprogramm vorgenommen hatte und von der Eroberung Europas träumte, dringend benötigen würde. Er hatte weder Verständnis noch Sympathie für andere Universitätsfunktionen wie die Förderung der Grundlagenforschung und die Arbeit in den humanistischen Disziplinen. Seine Meinung von den Universitäten war in der Tat so schlecht, daß er nicht einmal den Versuch unternahm – und auch seinen Erziehungsminister nicht ermächtigte –, eine sie betreffende systematische Politik zu entwickeln, sondern sie dem Gutdünken der Gauleiter überließ. Was sie von diesen „alten Kämpfern" zu erwarten hatten, wurde durch eine Rede des für seinen Judenhaß bekannten Gauleiters von Franken, Julius Streicher, veranschaulicht, in der dieser eine Gruppe von Universitätslehrern fragte: „Wenn man die Gehirne sämtlicher Universitäts-Professoren in die eine Waagschale legte und das Gehirn des Führers in die andere, welche Waagschale, glauben Sie, wird sich senken?"

Während der zwölf Jahre des Naziregimes verloren die Professoren nicht nur die Kontrolle über Ernennungen und Beförderungen, sondern auch über Vorlesungen, Seminare, Prüfungen und Zulassungsverfahren. Unter uniformierten Rektoren waren sie ein getreues Spiegelbild der neuen Gesellschaft, mit viel Marschieren, zackiger Haltung und Heil-Hitler-Rufen, aber wenig Anzeichen von intellektueller oder geistiger Energie. Als Bildungsanstalten erlebten die Universitäten in jeder Beziehung einen deutlichen Niedergang, zum Teil wegen der ideologischen Korrumpierung des Lehrplans, zum Teil, weil die Anforderungen der Partei an die Studenten auf allen Ebenen das traditionelle Schulabschlußzeugnis bedeutungslos machten und Studenten auf die Universitäten brachten, die zur Arbeit in Seminar oder Labor unfähig waren, keine Kenntnisse in Fremdsprachen besaßen und die in den ersten Semestern Förderkurse mitmachen mußten.

In diese traurige Lage war die Universität zum Teil durch den eingewurzelten Konservatismus, die Weltfremdheit und Konformität der Professoren gebracht worden. Deshalb und auch wegen ihrer offenen Billigung nazistischer Prinzipien war es verständlich, daß 4000 Universitätslehrer nach der Niederlage und dem Zusammenbruch des Nationalsozialismus ihre Stellung verloren. Leider hatten von denen, die ihren Posten behielten oder denen nach dem Krieg an den neu gegründeten Universitäten Lehrstühle gegeben wurden, nicht alle den traditionellen Vorurteilen und Denkweisen entsagt. Dies war einer der Gründe für die Studentenbewegung der 60er Jahre.

II

Diese Bewegung und die Spannung, die sie zwischen akademischer Jugend und Gesellschaft hervorrief, waren keineswegs etwas Neues. Seit dem 18. Jahrhundert herrschte ein latenter Reibungszustand zwischen Studenten und Bürgerschaft, der in gewissen Abständen zum Ausbruch kam. Dieses Verhältnis ist der Betrachtung wert, da es einiges Licht auf die politische und gesellschaftliche Entwicklung Deutschlands wirft.

Als alter Mann zeichnete der Dichter und Romancier Joseph von Eichendorff in einem Essay mit dem Titel „Halle und Heidelberg" ein sehr idealisiertes Bild des Studentenlebens gegen Ende des 18. Jahrhunderts, in dem er

besonders den Gegensatz zwischen den Studenten und den gewöhnlichen
Bürgern in den Universitätsstädten, in denen sie studierten, und die häufigen
Auseinandersetzungen zwischen Akademikern und Handwerksgesellen her-
vorhob.

Stets schlagfertige Tapferkeit war die Kardinaltugend des Studenten, die Muse, die
er oft gar nicht kannte, war seine Dame, der Philister der tausendköpfige Drache, der
sie schmählich gebunden hielt und gegen den er daher, wie der Malteser gegen die
Ungläubigen, mit Faust, List und Spott beständig zu Felde lag ... Und gleichwie
überall grade unter Verwandten – weil sie durch gleichartige Gewohnheiten und
Prätensionen einander wechselseitig in den Weg treten – oft die grimmigste Feindschaft ausbricht, so wurde auch hier aller Philisterhaß ganz besonders auf die Hand-
werksburschen (Knoten) gerichtet. Wo diese etwa auf dem sogenannten breiten Stei-
ne (dem bescheidenen Vorläufer des jetzigen Trottoirs) sich betreten ließen oder gar
Studentenlieder anzustimmen wagten, wurden sie sofort in die Flucht geschlagen.
Waren sie aber vielleicht in allzu bedeutender Mehrzahl, so erscholl das allgemeine
Feldgeschrei: Burschen heraus! Da stürzten, ohne nach Grund und Veranlassung zu
fragen, halbentkleidete Studenten mit Rapieren und Knütteln aus allen Türen, ...
wuchs das improvisierte Handgemenge von Schritt zu Schritt, dichte Staubwirbel
verhüllten Freund und Feind, die Hunde bellten, die Häscher warfen ihre Bleistifte
(mit Fangeisen versehene Stangen) in den verwickelten Knäuel; so wälzte sich der
Kampf oft mitten in der Nacht durch Straßen und Gäßchen fort, daß überall Schlaf-
mützen erschrocken aus den Fenstern fuhren und hie und da wohl auch ein gelocktes
Mädchen-Köpfchen in scheuer Neugier hinter den Scheiben sichtbar wurde.

Zeitgenössische Beobachter sahen diese nächtlichen Krawalle in einem
weniger romantischen Licht und hatten das Gefühl, daß das studentische
Leben nichts weiter als Ausschweifung und Lasterhaftigkeit war. Zu diesem
Schluß konnte man sehr wohl kommen in einer Zeit, in der sich die Universitäten voneinander weniger durch ihren akademischen Ruf als durch die Art
ihres studentischen Lebens unterschieden – als Jena und Wittenberg für
Biertrinker und für Studenten mit eingeschlagenem Schädel, Marburg für
seine Duelle und Leipzig für studentische Liederlichkeit bekannt waren. In
Tübingen hatten im 18. Jahrhundert die Leute der unteren Stadt und die
Bewohner des Judenviertels unter studentischem Übermut zu leiden, der oft
häßliche Formen annahm – es kam zu Störungen von Volksfesten und
Hochzeitsfeiern, zu Überfällen auf jüdische Läden und anderen Ausschreitungen. Der Student war ein Bürgerschreck. Er betrachtete die gewöhnlichen Bürger, die er Philister nannte, als Untergebene und behandelte sie mit
Herablassung und gutmütiger Verachtung und kümmerte sich nicht um ihre
Menschenrechte. Dies wird überdeutlich dokumentiert in den Liedern, die
bei festlichen Zusammenkünften der Studentenverbindungen gesungen wurden. Beim Blättern in den Sammlungen von Studentenliedern des 18. und
19. Jahrhunderts stößt man immer wieder auf Texte, die unzweideutig feststellen, daß die Studenten als überlegene Kaste von den Bürgern Achtung
und sogar Bewunderung beanspruchen können.

Und schlagen zuweilen wir über die Schnur,
  Wer will uns solches verwehren?
Das ist nun einmal unsre Natur.
  Zum Teufel mit all' euren Lehren.
  Ruhig, Philister! Ruhig, Philister!

Die Welt der Philister fand sich aus wirtschaftlichen Gründen im allgemeinen mit solchen Schmähungen ab. Ein Kaufmann, der studentischen Vereinigungen Bier lieferte, war kaum der Mann, um Mäßigung zu predigen, und die Schneider, Waffenschmiede, Hufschmiede und andere Handwerker schluckten ebenfalls ihren Zorn hinunter, um sich das Geschäft nicht zu verderben. Was jene Schichten betraf, aus denen die Studenten stammten – Adel, Beamtenschaft, Geistlichkeit und Großbourgeoisie –, so tolerierten sie diese Eskapaden und Exzesse, ja, betrachteten sie als geeignetes Mittel für die jungen Leute, ihre natürliche Neigung zu Gewalttätigkeit und Zügellosigkeit loszuwerden, ehe sie als Angehörige der herrschenden Elite Verantwortung übernahmen.

Außerdem herrschte sowohl in den unteren als auch in den gehobenen Gesellschaftsschichten weithin die Ansicht, daß die Verbindungen, die farbentragenden Korporationen, in denen ein großer Teil der Studentenschaft zusammengeschlossen war, mit ihrem ausgeprägten Geschichtsbewußtsein und ihrem lebendigen Brauchtum – wie Friedrich Paulsen im späten 19. Jahrhundert schrieb – ,,eine Art Vorschule ... des öffentlichen Lebens (seien); sie entwickelt die Fähigkeiten der Selbstzucht und des Regiments.'' Trotz ihrer teilweise absurden Rituale und der Ströme von Bier, die zu ihren Veranstaltungen gehörten, lehrten sie ihre Mitglieder Achtung vor Tradition, Ordnung und Hierarchie und impften ihnen durch die fortgesetzten Bestimmungsmensuren und das Ehrengericht ein Ehrgefühl ein, das für eine zukünftige Führungsschicht unerläßlich war.

Eine Grenze gab es jedoch, und die wurde gezogen, wenn, wie Heinrich von Treitschke in einem berühmten Kapitel im zweiten Band seiner *Deutschen Geschichte* schrieb, ,,die alte Angst des gezähmten Philisters vor dem nachtwächter-prügelnden Studenten kleidete sich in politische Gewänder.'' Wann immer organisierte studentische Aktivitäten es auf eine grundlegende Änderung der bestehenden politischen Verhältnisse oder einen Umsturz der gesellschaftlichen Ordnung abzusehen schienen, griffen die besitzenden Klassen und die staatlichen Behörden sofort und mit aller Schärfe ein. Dies war 1792 der Fall, als Professor Gottfried Hufelands Vorlesungen über die neue französische Verfassung die Jenaer Studenten derart aufwühlte, daß sie Reden zu halten begannen über das Licht der Philosophie, das die Menschheit aus ihrem ,,tierischen Schlummer'' aufwecken und die Vernunft auf den Thron des Gesetzes heben würde. Als diese Ausbrüche zu konkreten Forderungen nach größerer Autonomie der Universität und studentischer

Beteiligung an ihrer Verwaltung führten, schickte Großherzog Carl August von Weimar Truppen nach Jena und ließ die Rädelsführer verhaften. Ein bekannteres Beispiel liefert die Geschichte der Allgemeinen Burschenschaft, einer Bewegung mit deutlicher artikulierten Zielen und größerer politischer Tragweite. Gleichfalls von Jena ausgehend und von Studenten ins Leben gerufen, die an den Befreiungskriegen gegen Napoleon teilgenommen hatten, wollte die Burschenschaft die traditionellen Studentenverbindungen durch eine alle Universitäten umfassende Organisation ersetzen, die sich nicht der Verewigung überholter Traditionen, sondern der moralischen und politischen Regeneration Deutschlands und der Sache der nationalen Einheit widmen sollte. Die Bewegung breitete sich rasch aus und erlebte ihren Höhepunkt 1817 mit der Versammlung der Mitglieder der Burschenschaften auf der Wartburg, wo Studenten patriotische Reden hielten und die Fürsten angriffen, denen sie vorwarfen, sie seien an nationaler Einigung und Verfassungsreform nicht interessiert, und wo reaktionäre Bücher und Symbole der despotischen Regimes feierlich verbrannt wurden.

Das Wartburgfest und vor allem eine Delegiertenversammlung der Burschen 1818 in Jena brachten die Staatsbehörden in Harnisch. Auf der Konferenz von Aachen 1818 bezeichnete ein Mitglied der russischen Delegation, eine Sprache gebrauchend, die sich in manchen deutschen Zeitungen der späten 1960er Jahre nicht ungewöhnlich ausgenommen haben würde, die deutschen Universitäten als ,,gotische Trümmer des Mittelalters, Korporationen ohne Zweck, Aufbewahrungsorte aller Irrtümer des Jahrhunderts", und der preußische Polizeiminister pflichtete ihm bei mit der Feststellung, Jena sei eine Brutstätte des Jakobinertums. Die Zeichen standen schon auf Unterdrückung, noch bevor Karl Ludwig Sand, dem die Doktrinen einer radikalen Absplitterung der Studentenbewegung den Kopf verwirrt hatten, den Dramatiker und zeitweiligen russischen Agenten August von Kotzebue ermordete in der törichten Erwartung, damit könne er Deutschland von der Reaktion befreien. Nach der Tat brachte der österreichische Kanzler Metternich die deutschen Fürsten dazu, die Karlsbader Beschlüsse anzunehmen, die eine strenge Überwachung der Universitäten und jeder studentischen Tätigkeit sowie die Auflösung der Allgemeinen Burschenschaft vorsahen.

In den darauf folgenden Jahren, der Periode der sogenannten Demagogenverfolgung, versuchten die deutschen Regierungen mehr oder weniger energisch, radikale politische Umtriebe an den Universitäten zu unterdrücken, und alle studentischen Vereinigungen wurden scharf überwacht. Diese Sorge um studentische Politik war jedoch übertrieben. Selbst in ihrer stärksten Stunde war die Allgemeine Burschenschaft keineswegs so umfassend, wie es ihr Name andeutete, und sie konnte nicht den Anspruch erheben, für die meisten, geschweige denn alle Studenten zu sprechen. Nach ihrer Unterdrückung gab es nie wieder etwas, das nur annähernd einer vereinigten Studentenbewegung geglichen hätte, denn lebte die Burschenschaft auch in den späten 20er Jahren des 19. Jahrhunderts wieder auf, so war und blieb sie doch ein Schatten ihres früheren Selbst und war zudem nur eine von mehreren Korporationen, die um studentische Unterstützung wetteiferten. Bei den Agitationen im Gefolge der Französischen Revolution von 1830 und auch während der Revolution von 1848 spielten studentische Organisationen nur eine unbedeutende Rolle, und als Deutschland sich auf die Einigung zubewegte, wurde die Mehrheit der Studentenschaft zunehmend konservativer. Zur Zeit Bismarcks und Wilhelms II. bestimmten den politischen Ton an den Universitäten die aristokratischen Studentenkorps und die Burschenschaften, die jetzt in ihrer Treue zur Krone und ihrem Abscheu vor Subversion nicht mehr von den Korps zu unterscheiden waren. Die Mehrzahl der nicht korporierten Studenten indes, die Brotstudenten, die nicht die Mittel besaßen, sich einer Verbindung anzuschließen, war viel zu sehr mit ihrem Studium beschäftigt, um politische Ansichten zu haben. Ein französischer Beobachter schrieb 1906, man könne nicht mit deutschen Studenten sprechen, ohne über ihre Unkenntnis verwundert und über ihre Indifferenz beunruhigt zu sein, und er fügte hinzu, man habe den Eindruck, die Regierung fördere die studentischen Korporationen gerade deshalb, weil die gesellschaftlichen Aktivitäten ihre Mitglieder von der Politik fernhielten.

Von den 80er Jahren an gerieten die Korporationen auch unter den Einfluß des Antisemitismus als Folge der Gründung und Tätigkeit des Kyffhäuserverbandes der Vereine Deutscher Studenten (VDS), einer hypernationalistischen und monarchistischen Bewegung, völkisch und christlich-sozialer Ausrichtung und bestrebt, die Nation von fremden Einflüssen zu reinigen. Der VDS richtete seine Propaganda auf die älteren Korporationen und drängte sie, den Antisemitismus in ihre offiziellen Richtlinien aufzunehmen. Der Erfolg war bemerkenswert – die Burschenschaften zum Beispiel nahmen ab 1906 keine jüdischen Mitglieder mehr auf.

Dies alles – verbunden mit der Tatsache, daß die Studenten überwiegend aus dem gehobenen Bürgertum und der Aristokratie kamen – erklärt den Antirepublikanismus der Mehrheit der Studenten während der Weimarer Zeit. Man schätzt, daß 56% der männlichen Studenten dieser Jahre farbentragenden Verbindungen angehörten – Korps, Burschenschaften, katholischen und protestantischen und anderen Verbänden. Ihre Opposition zur Republik kam im allgemeinen nicht aktiv zum Ausdruck, auch wenn sich 1929 der VDS und die Burschenschaften den Nationalisten, dem Stahlhelm und den Nazis anschlossen, die eine Volksabstimmung über den Young-Plan und die Bestrafung der Minister forderten, die ihn akzeptiert hatten, und auch wenn diese Studentenorganisationen den Antisemitismus an den Universitäten nach Kräften förderten. Im allgemeinen blieben die Korpsstudenten ihrer traditionellen politischen Abstinenz treu und widmeten sich gesellschaftlichen Aktivitäten, bei denen Bier und Säbelfechten noch immer eine große Rolle spielten. Die Regierung der Republik konnte dies kaum

beruhigen, da die Korpsstudenten, den unbeugsamen Monarchismus ihrer
Eltern und Alten Herren widerspiegelnd, eine stumme Opposition darstellten. Schließlich brauchte die Weimarer Republik alle Freunde, die sie nur
finden konnte. Als ein großer Teil der Studentenschaft, mit offener Billigung
einiger der angesehensten Professoren des Landes, sich in das zurückzog,
was Harry Pross „das angenehme Zwielicht einer idealisierten Vergangenheit" genannt hat, während viele andere sich durch den Rat gewisser Präzep-
toren von eigenen Gnaden wie Hans Zehrer mit seinem Schlagwort „Drau-
ßenbleiben!" verführen ließen, stellte dies eine ernste Schwächung der um
ihre Existenz kämpfenden Demokratie dar.

Dem entschlossensten Feind der Republik genügte das noch nicht. 1927
sagte Adolf Hitler:

> Nicht bierehrliche Stichfestigkeit, sondern politische Schlagkraft ist jetzt nötig, und
> die Vorstellung der heutigen Zeit wird nicht mehr befriedigt durch den *Studiosus* von
> einst, das mehr oder wenig bemooste Haupt, als vielmehr durch den Mann, dessen
> Beschreibung heißt: Schlank wie ein Windhund, zäh wie Leder, und hart wie Stahl.

Ein neuer Mensch werde gefordert, schrie er, dessen Fähigkeiten nicht am
Biertrinken zu messen seien, sondern an seiner Nüchternheit und daran, wie
er Mühsal ertragen könne und wie fanatisch er den Feinden des Lebens
entgegentrete, wo immer sie sich zeigten.

Der Nationalsozialistische Deutsche Studentenbund, gegründet 1926,
sollte diesen Studenten hervorbringen und seine Energien in wirksame politische Kanäle lenken. Schon nach fünf Jahren war dieser Verband, den seit
1928 Baldur von Schirach leitete, ein Student, der den Abschluß nicht geschafft hatte und der über die wahren Ziele einer Universität verächtlich
urteilte, die stärkste politische Kraft unter den deutschen Studenten: der
NSDStB konnte sich auf die Unterstützung von mehr als der Hälfte der
Studentenschaft berufen, auf die absolute Mehrheit der repräsentativen studentischen Vertretungen (AStAs) von zwölf Universitäten und auf die relative Mehrheit von mindestens acht weiteren. Unter den Faktoren, die die
deutschen Studenten dem NSDStB in die Arme trieben, rangiert die Weltwirtschaftskrise zweifellos an erster Stelle, denn sie bedrohte eine soziale
Gruppe mit Arbeitslosigkeit und Statusverlust, die es gewohnt war, sich als
die Elite der Zukunft zu sehen. Die verspätete Erkenntnis, daß der von ihren
Eltern und Professoren begünstigte Monarchismus keine praktikable Alternative zum gegenwärtigen System war, kam ebenfalls hinzu wie auch ganz
gewiß der Appell des Nationalsozialismus an ihren Idealismus, ihren Zorn
und jugendlichen Kampfgeist und die von ihm ausgehende Aufforderung,
Deutschland zu retten, indem sie auf seine Feinde losgingen, nicht mit Worten, sondern mit Fäusten, Knüppeln und Messern. Für die Nazis war das
bewährte Modell abermals, wie im 18. Jahrhundert, der Student als Bürgerschreck, nur daß seine Opfer jetzt nicht die ehrerbietigen Philister von einst,

sondern die Kommunisten und die Sozialisten, die Befürworter des Young-Planes und Gefolgsleute Brünings und vor allem die Juden waren.

Die Reaktion auf diesen Sirenenruf war ebenso bemerkenswert, wie die Brutalität der von den Nazis mobilisierten Studenten erschreckend war. Angeführt von den Burschenschaften und vom VDS, trugen die Korporationen in ganz Deutschland den Terror in die Hörsäle liberaler Professoren, während Tausende anderer Studenten in die SA eintraten und bald frisch-fröhlich auf den Straßen wehrlose Menschen zusammenschlugen und Back-steine in die Schaufenster jüdischer Geschäfte warfen. Unter den Massen, die am Abend des 30. Januar 1933 durch die Wilhelmstraße marschierten und Hitler als dem neuen Reichskanzler zujubelten, waren mützentragende Korporationsmitglieder nicht zu übersehen, und die deutschen Burschenschaften beeilten sich, zu verkünden: ,,Was wir seit Jahren ersehnt und erstrebt und wofür wir im Geiste der Burschenschaft von 1817 jahraus, jahrein an uns und in uns gearbeitet haben, ist Tatsache geworden." Aus Anlaß des ,,Aufbruchs des deutschen Geistes" gründeten sie sogleich einen ,,Kampf-ausschuß der Studenten ,Wider den undeutschen Geist'", und am 10. Mai 1933 verbrannten sie – unterstützt von weiteren Korporationen, vor allem aber vom NSDStB und der Deutschen Studentenschaft – vor der Universität Unter den Linden 20000 Bücher, die politisch und moralisch als undeutsch galten. Es waren allesamt Bücher deutschsprachiger Autoren.

Der Beitrag, den Studenten zur Zerstörung der demoralisierten Demokratie leisteten, ist eines der traurigsten Kapitel in der Geschichte der deutschen Universität, aber man sollte sich dabei in Erinnerung rufen, daß das naive Akzeptieren des Nazismus die Folge eines Jahrhunderts der systematischen Verhinderung studentischer Reformbewegungen und der Förderung politischer Indifferenz seitens staatlicher Behörden war. Die Bücherverbrennung durch die deutschen Studenten im Jahre 1933 war eine ironische Perversion des Wartburgfestes von 1817; sie war der Preis, der für die Mentalität der Karlsbader Beschlüsse bezahlt werden mußte.

III

Während der späten 6oer und der frühen 7oer Jahre unseres Jahrhunderts waren die deutschen Universitäten Schauplatz von Gewalttätigkeit und Unruhen, die stark an die Aktivitäten des NSDStB von 1931 bis 1933 erinnerten, wenn sich auch das Ausmaß an Gewalttätigkeit kaum vergleichen läßt. Dazu kam es durch eine tragische Entwicklung, die neues Licht auf den Widerstand der Universitäten gegen Veränderungen warf und eine Zeitlang Zweifel an der Festigkeit der demokratischen Gesinnung in der Bundesrepublik Deutschland zu wecken schien.

Diese Unruhen hatten ihren Ursprung in Umständen von zweierlei Art.

Zum einen hatten die westdeutschen Universitäten nach 1960 einen bedeutenden Anstieg von Studenten zu verzeichnen – ihre Zahl stieg von gut 200000 auf etwa 900000 im Jahre 1978. Dieser Zuwachs wurde ausgeglichen durch eine Vermehrung der Zahl der Professoren, Dozenten und der akademischen Hilfskräfte, jedoch auf eine solche Weise, daß die Last der Lehrveranstaltungen in zunehmendem Maße der letzteren Gruppe aufgebürdet wurde. Diese Assistenten fühlten sich mehr und mehr frustriert, weil sie den Massen neuer Studenten nicht die nötige Aufmerksamkeit widmen, andererseits aber auch nichts an der Situation ändern konnten, denn ihre Stellung war schwach und ihr Einfluß an den Universitätsinstituten gering. Ihre Gefühle jedoch wurden von den aktiveren Mitgliedern der Studentenschaft geteilt, die für eine Strukturreform zu agitieren begannen. Im Jahre 1960 forderte die Berliner Gruppe des Sozialistischen Deutschen Studentenbunds (SDS) eine Demokratisierung der Universität: Abteilungen (departments) nach amerikanischem Muster statt der hierarchisch strukturierten Seminare und Institute, kleine Lesegruppen und Arbeitsgemeinschaften statt der großen Vorlesungen, Einrichtung interdisziplinärer Abteilungen zur Erforschung und Lösung aktueller sozialer Probleme und Einführung einer Drittelparität mit gleichem Stimmrecht für Professoren, Assistenten und Studenten in allen Ausschüssen und Leitungsgremien der Universität. Dieses Modell erlangte die Unterstützung von Studentengruppen und den Asten anderer Universitäten.

Zum anderen wurden viele Studenten von dem in einem früheren Kapitel geschilderten kulturellen Pessimismus ergriffen und machten sich Sorgen wegen der wachsenden Konformität und des Fehlens jeglicher Opposition gegenüber im Land vorherrschenden Tendenzen. Ihrer Ansicht nach gewannen die schlimmsten Elemente der deutschen Vergangenheit wieder Geltung, materialistische Erwägungen wurden stets über andere Werte gestellt, der Militarismus lebte wieder auf, und das Land wurde in imperialistische Aktivitäten wie die Unterstützung des amerikanischen Krieges in Südostasien verwickelt, ehemalige Nazis wurden wieder gesellschaftsfähig, und selbst die Sozialdemokraten hatten ihre Tradition so sehr vergessen, daß sie bereit waren, unter einem von ihnen als Kanzler in eine Regierung einzutreten (die Große Koalition Kiesinger-Brandt von 1966). Die Universitäten wurden zu bürokratischen Organisationen mit der Aufgabe, konformistische Diener eines Systems hervorzubringen, das betrübliche Einschränkungen demokratischer Freiheiten zu beklagen hatte. Gleich den Mitgliedern der Burschenschaftsbewegung von 1817 hatten sie das Gefühl, daß Universitätsreform und Staatsreform Hand in Hand gehen müßten und daß es Pflicht der Universität sei, aktuelle soziale und politische Probleme zu erforschen, um die Öffentlichkeit über die Bedrohungen der Demokratie aufzuklären. Studentengruppen begannen, sich mit dieser Aufgabe zu befassen, und eine herausragende Rolle dabei spielte der SDS, der als Studentenbewegung der

Sozialdemokratischen Partei entstanden war, diese Bindung aber löste, als die SPD ihre marxistische Tradition aufgab und eine alle Bürger ansprechende Massenpartei wurde. Ab 1964 veranstaltete der SDS Sit-ins über die Apartheid in Südafrika, den Vietnamkrieg und die politische Unterdrückung im Iran. Er begann auch, Demonstrationen und Straßenaktionen zu organisieren, um die Öffentlichkeit zur Opposition gegen die Verwicklung des Landes in imperialistische Unternehmungen in anderen Teilen der Welt zu mobilisieren.

Die Bewegung zur Reform innerhalb der Universität hätte vielleicht Fortschritte gemacht, wenn sich eine Koalition von Professoren, Assistenten und Studenten ernsthaft und dringlich mit den Problemen befaßt hätte. Aber zu einer solchen Koalition kam es nie, hauptsächlich deshalb nicht, weil, wie es Henry L. Mason 1974 in einem Artikel im *Bulletin of the American Association of University Professors* ausdrückte, ,,die Ordinarien noch immer nicht zugeben wollten, daß ihre traditionellen Privilegien würden beschnitten werden müssen oder weil die Professoren nun einmal schlechte ,Campus-Politiker' waren, ohne das Talent zur Koalition mit anderen Komponenten''. Dieses Zögern der Professoren und die Mauer zwischen den Behörden von Universität und Staat verschärfte die Frustration derer, die eine Veränderung für dringend hielten, und verstärkte den Pessimismus jener, die die demokratischen Prozeduren bedroht sahen.

Gleichzeitig löste die politische Aktivität von Studentengruppen in der Öffentlichkeit eine stark negative Reaktion aus, die zum einen Teil das Denken des kalten Krieges widerspiegelte (so daß Opposition gegen den Vietnamkrieg als kommunistisch inspiriert erschien) und zum anderen die Folge des Einflusses der Zeitungen des Axel-Springer-Konzerns war, der 27% der westdeutschen Presse beherrschte und seit Mitte der 60er Jahre die Ansicht verbreitet hatte, die Universitäten würden von der Linken übernommen. In Berlin wurden gegen den Vietnamkrieg demonstrierende Studenten oft von zornigen Zuschauern niedergeschrien, die ihnen zuriefen, sie sollten doch in die DDR auswandern. Als im April 1967 eine Gruppe eine Konfrontation mit Hubert Humphrey suchte, dem Vizepräsidenten der USA, der gerade in Berlin weilte, verhaftete die Kriminalpolizei elf von ihnen unter der Beschuldigung, sie wollten Bomben nach ihm werfen, die, wie die Presse in den darauf folgenden Tagen erklärte, die chinesische Botschaft in Ost-Berlin geliefert habe. Die ,,Bomben'' stellten sich schließlich als mit trockener Tapioka gefüllte Säcke heraus, aber dies brachte die Presse nicht zum Schweigen, die weiterhin gegen ,,pubertäre Weltverbesserer'' zu Felde zog und verlangte, daß man die Freie Universität von ,,Linksradikalen'' säubere.

In dieser angespannten Atmosphäre stattete der Schah von Iran West-Berlin am 2. Juni 1967 einen Staatsbesuch ab, und nach einem mit Besichtigungen und Empfängen ausgefüllten Tag führten ihn seine Gastgeber zu einer Vorstellung der *Zauberflöte* in die Deutsche Oper. Vor dem Gebäude hatte sich eine große Zahl von Studenten versammelt, um die Kolonne der Offiziellen auszubuhen. Es wurden Gegenstände geworfen, es kam zu Reibereien mit der Polizei. Doch alles wäre vielleicht so glimpflich verlaufen wie der Humphrey-Besuch, hätte nicht der Polizeipräsident, als die Gruppe mit dem Schah schon in der Oper war, die Polizei angewiesen, gegen die Demonstranten vorzugehen. Die Folge: siebenundvierzig Personen wurden verletzt, davon einige schwer, und ein Student, Benno Ohnesorg, wurde von einer Kugel aus der Pistole eines Polizisten getötet.

Mit dem Tod von Ohnesorg begannen in der Studentenbewegung extremistische Kräfte die Oberhand zu gewinnen. Dies hätte noch immer verhindert werden können, hätten die Universitätsbehörden und die Professorenschaft energisch versucht, die Dinge unter Kontrolle zu bringen. Am 5. Juni 1967 gaben einundsiebzig Schriftsteller und Künstler, unter ihnen Hans Magnus Enzensberger, Hans Werner Richter und Günter Grass, eine Erklärung ab, in der sie die Springerpresse beschuldigten, die öffentliche Meinung aufgestachelt zu haben, die Behörden dafür kritisierten, daß sie die Studenten ohne Ermittlung der Tatbestände für schuldig erklärt hatten, und eine parlamentarische Untersuchung der polizeilichen Verstöße gegen die Menge und der Brutalität ihres Vorgehens forderten (Einsatz von Polizisten in Zivil, darunter Leute der persönlichen Sicherheitstruppe des Schahs). Eine ähnliche Reaktion seitens der Universität blieb aus. Als vierunddreißig Studenten des Meinecke-Instituts (der historischen Abteilung) der Freien Universität eine Entschließung aufsetzten, in der sie für eine Beendigung der gegenseitigen Beschuldigungen und Beschimpfungen eintraten, eine genaue Untersuchung der Ereignisse des 2. Juni verlangten und dafür plädierten, man solle sich weiter, ohne Rücksicht auf die jüngsten Ereignisse, um eine Universitätsreform bemühen, war nur ein Professor, der Verfasser dieses Buches, bereit, sie zu unterschreiben; und als auf der Versammlung, die zur Diskussion der Entschließung im Institut abgehalten wurde, ein Student fragte, warum die Professoren sich nicht ein wenig um das kümmerten, was in der Welt um sie her vorging, verließen die Ordinarien geschlossen den Saal – einer von ihnen bedeutete seinen Assistenten gebieterisch, ihm zu folgen. Von denen im Stich gelassen, mit denen sie eine praktikable Reform der Universitätsstruktur hätten ausarbeiten können, vermochten die gemäßigten Studenten nun nicht mehr zu verhindern, daß die Reformbewegung von Gruppen übernommen wurde, die an den wahren Zielen und Zwecken der Universität nicht interessiert waren, sondern sie nur als Basis für ihre eigenen ideologischen Experimente und zu Angriffen auf die Gesellschaft mißbrauchen wollten.

Was in Berlin geschah, wiederholte sich an anderen Universitäten und wurde in den meisten Fällen durch verspätete und ungeschickte Bemühungen der Landesregierungen, der Situation Herr zu werden, schlimmer gemacht. Unzulänglich ausgearbeitete und unpraktikable Statuten, die Bündnisse zwischen radikalen Studentenvertretern und Assistenten ermöglichten, zu denen bisweilen Pförtner und Reinmachefrauen kamen, die im Namen der Demokratie das Wahlrecht erhielten, führten dazu, daß die Professoren in den für die akademische Respektabilität und Integrität entscheidenden Fragen überstimmt werden konnten. Für die Universitäten begann nun eine lange Periode, in der ,,Aktionsgruppen" und ,,Rote Zellen", manchmal indoktriniert und finanziert von der Deutschen Demokratischen Republik (wo die Universitäten völlig von der SED beherrscht waren und wo weder Professoren noch Studenten sich irgendwelcher Freiheiten rühmen konnten), durch die Fakultäten zogen, Vorlesungen sprengten, Seminare und Kolloquien umfunktionierten, die keinen Bezug zu den Realitäten der Welt hatten, wie sie sie sahen, die Examensbestimmungen änderten und alle Themen in eine endlose Abhandlung über die ,,Faschismustheorie" münden ließen. An dieser destruktiven Tätigkeit nahm eine verblüffende Anzahl von radikalen Gruppen teil, von stalinistischen DDR-Sympathisanten bis zu sogenannten Chaoten, die Lippenbekenntnisse zu maoistischen Prinzipien ablegten. Zu keiner Zeit sprachen sie für die Mehrzahl der Studenten, die sich, wie die ,,Brotstudenten" von einst, nach Kräften bemühten, trotz der ständigen Störungen und Streiks ihr Studium so schnell wie möglich hinter sich zu bringen; aber es trifft wahrscheinlich zu, daß, geradeso wie die Korporationen der Wilhelminischen und Weimarer Zeit Studenten der ersten Semester eine gewisse Sicherheit boten, marxistische Studentenorganisationen diese Funktion für manche Studenten übernahmen, die an der Massenuniversität hilflos und unsicher und ohne richtige akademische Anleitung waren.

Während diese Radikalisierung fortschritt und andere Gewalttaten geschahen, für die man den Universitäten die Schuld geben konnte (die Brandstiftung in einem Frankfurter Kaufhaus durch Andreas Baader und Gudrun Ensslin im Jahre 1968, als Protest gegen die Verbrauchergesellschaft und als Demonstration der Wirklichkeit des Vietnamkriegs, und die gewaltsame Befreiung Baaders aus der Haft durch Ulrike Meinhof und zwei Komplizen, bei der sie eine Person lebensgefährlich verletzten), verhärtete sich die Haltung der Öffentlichkeit, und Politiker der Rechten, einige Vertreter der Kirche und die Presse erhoben die Forderung nach Gegenmaßnahmen. Im Jahre 1972 gab die SPD-FDP-Koalition, die fürchtete, ihre neue Ostpolitik könne durch den Vorwurf der Nachsicht gegenüber innerer Subversion gefährdet werden, diesem Druck nach. Ein Treffen des Bundeskanzlers Willy Brandt und der Länderinnenminister führte zu einer Vereinbarung, welche vorsah, daß Staatsbedienstete in ihrem Amt und im Privatleben die demokratische Ordnung im Geist des Grundgesetzes zu verteidigen hatten und daß in Zukunft Bewerber für den Staatsdienst, die eine verfassungsfeindliche Tätigkeit ausübten, abzuweisen und diejenigen, die verfassungsfeindliche

Ziele verfolgenden Organisationen angehörten, als zweifelhafte Fälle zu betrachten waren, die wahrscheinlich das gleiche Schicksal treffen würde. Da die meisten Studenten, zumindest im Bereich der Geisteswissenschaften, auf Examen hinarbeiteten, die sie für den Staatsdienst qualifizieren sollten, entweder als Lehrer oder Beamte bei den Behörden, ging dieser sogenannte Radikalenerlaß sie direkt an. Die Führer der radikalen Gruppen kümmerte er natürlich wenig, denn sie hatten den Gedanken an eine Staatsstellung längst aufgegeben, aber für viele Studenten, die eine Zeitlang von radikalen Bestrebungen mitgerissen worden waren oder ohne große Überlegung an Demonstrationen teilgenommen hatten, stellte er eine ernste Bedrohung ihrer Karriere dar, vor allem nachdem deutlich wurde, daß einige der staatlichen und kommunalen Behörden, die mit der Durchführung des Erlasses beauftragt waren und Kandidaten prüften, dies in rachsüchtigem Geist taten, ohne den Versuch zu machen, besondere Umstände zu berücksichtigen. Bestürzt über einige krasse Fälle suchte die SPD den Erlaß durch einen Zusatz zu modifizieren, demzufolge die bloße Mitgliedschaft in einer Organisation nicht ausreichen sollte, um einen Kandidaten zu disqualifizieren, doch diese Regelung wurde vom Bundesrat verworfen. Ja, als ehemalige studentische Aktivisten Mitte der 70er Jahre Terroranschläge zu verüben begannen, gab es Bestrebungen, den Radikalenerlaß durch gesetzliche Bestimmungen gegen Sympathisanten an den Universitäten zu ergänzen mit der zweifelhaften Begründung – die u. a. die Deutsche katholische Bischofskonferenz vorbrachte –, daß „die Terroristen ihre ideologische Munition" an den Universitäten erwarben. Bis zum Jahre 1978 war die Atmosphäre durch eine Demagogenverfolgung so heftig vergiftet wie die der 20er Jahre des 19. Jahrhunderts. Das Magazin *Stern* wies auf diese Zustände in einem Artikel hin: „Millionen junger Leute wurden ... auf ihre politische Gesinnung überprüft; über 4000 blieben dabei auf der Strecke." „Die Bundesrepublik (ist) auf dem Rückweg zum autoritären Staat, der seine Bürger vor allem als Sicherheitsrisiko begreift."

So weit kam es nicht aus mehreren Gründen, deren wichtigster vielleicht die Presseenthüllungen über die Nazivergangenheit eines der entschiedensten Befürworter der neuen Unterdrückungsmaßnahmen waren, nämlich des Ministerpräsidenten von Baden-Württemberg, Hans Filbinger, die die Öffentlichkeit dazu brachten, ihre Anschauung zu ändern. Ende der 70er Jahre hatte man allgemein erkannt, daß die Furcht vor Subversion übertrieben worden war. Innerhalb der Universitäten hatte die radikale Bewegung den Glauben verloren, den Zusammenbruch des kapitalistischen Systems erzwingen zu können, und sie büßte sehr rasch ihre Gefolgsleute ein.

Inzwischen hatten neue Formen der Universitätsführung recht gut zu funktionieren begonnen, befördert durch die allmähliche Einsicht in die Weisheit einer Entscheidung des Bundesverfassungsgerichts vom Mai 1973. Diese gab dem Modell der Gruppenuniversität, bei dem Assistenten und

Studenten an den Entscheidungsprozessen teilhatten, den Vorzug vor der alten Ordinarien-Universität, die nach Überzeugung der Richter zu autoritär war und sich als ungeeignet zur Integrierung der Assistenten erwiesen hatte, die die Hauptlast des Lehrbetriebs trugen. Das Gericht bestimmte jedoch, daß die besondere Position der Professoren anerkannt werden müsse und sie in Universitätsorganen bei Angelegenheiten, die die Lehre betrafen, mindestens die Hälfte der Stimmen haben sollten, und daß die Funktionsfähigkeit der Universität im Falle eines Patts garantiert sein müsse. In Fragen, die Forschung und Ernennung betrafen, sollten die Professoren mehr als die Hälfte der Stimmen haben. Universitätsverwaltungen wurden jetzt von gewählten Präsidenten geleitet, die gewöhnlich sieben Jahre im Amt waren und über zahlreiches Personal verfügten, und nicht mehr von den Rektoren mit kürzerer Amtszeit wie bisher. Dies stellte eine zusätzliche Verminderung der Macht der Ordinarien dar, war aber für die neue Gruppenuniversität eine Garantie ihrer Funktionsfähigkeit.

Dank dieser Veränderungen konnten die Universitäten wieder arbeiten und ihre normalen Aufgaben in Lehre und Forschung erfüllen. Leider waren während der zehn Jahre, die sich Professoren und Studenten in einem durch die Einschaltung von Politikern, Presse und öffentlicher Meinung noch verschärften Konflikt gegenübergestanden hatten, wichtige Probleme vernachlässigt worden. Das dringlichste war Ende der 70er Jahre die Frage, ob die alte Vorstellung von der Elite-Universität, die in der Hauptsache den Auftrag hatte, die Gesellschaft mit Staatsbediensteten, Lehrern und Männern und Frauen der akademischen Berufe zu versorgen, noch eine Zukunft habe. Unter Ausklammerung der Frage, ob es angesichts einer Zahl von jetzt über 900 000 Studenten sinnvoll war, von einer Elite zu sprechen, wurde deutlich, daß es mehr Kandidaten für den Staatsdienst und das Lehramt gab, als die Gesellschaft benötigte. Im Jahre 1978 wies der Senator für Forschung und Wissenschaft in Berlin, Peter Glotz, darauf hin, daß jährlich zehn Prozent der Studenten das Studium aufgaben und dies mit der Zeit ein politisch unbeständiges akademisches Proletariat schaffen müsse, das der deutschen Demokratie schaden würde. Es wurde deutlich, daß die Zeit gekommen war, die Universitätsreform über die Führung hinaus auszudehnen und nach Wegen zu suchen, wie die aufgeblähte Studentenschaft auszubilden sei nicht für Positionen, die es nicht mehr gibt, sondern für Aufgaben, die in einer demokratischen Gesellschaft bewältigt werden müssen.

9. Romantik

In Ludwig Tiecks Roman *Franz Sternbalds Wanderungen* verläßt ein junger Maler die Werkstatt seines Meisters und zieht, ohne ein klares Ziel vor Augen, in die Welt hinaus. Auf seiner Wanderschaft kommt er durch einen großen Wald: ,,Alle Bäume schienen ihm nachzurufen, aus jedem Busche traten Erscheinungen hervor und wollten ihn zurückhalten", und ,,er taumelte aus einer Erinnerung in die andere und verlor sich in ein Labyrinth von seltsamen Empfindungen." Er kommt an eine Lichtung und ist überwältigt von dem Gefühl, daß er in seiner Kindheit schon einmal hier war und daß damals etwas Bedeutsames geschah, woran er sich nicht richtig erinnern kann. ,,Er hörte in der Trunkenheit (seiner Gefühle) wieder die Melodie eines Waldhorns und konnte sich vor Wehmut, vor Schmerzen der Erinnerung und süßen ungewissen Hoffnungen nicht fassen." Er ruft aus:

Bin ich wahnsinnig, oder was ist es mit diesem törichten Herzen? Welche unsichtbare Hand fährt so zärtlich und so grausam zugleich über alle Saiten in meinem Innern hinweg und scheucht alle Wundergestalten, Seufzer und Tränen und verklungene Lieder aus ihrem fernen Hinterhalte hervor? O mein Geist, ich fühle es in mir, strebt nach etwas Überirdischem, das keinem Menschen gegönnt ist. Mit magnetischer Gewalt zieht der unsichtbare Himmel mein Herz an sich und bewegt alle Ahndungen durcheinander, die längst ausgeweinten Freuden, die unmöglichen Wonnen, die Hoffnungen, die keine Erfüllung zugeben.

Es dürfte schwierig sein, diesen Absatz als etwas anderes zu interpretieren denn als Beispiel deutscher romantischer Prosa des frühen 19. Jahrhunderts. Alle Bestandteile sind enthalten: eine empfindsame Natur, deren Komponenten die Kraft innewohnt, einzuladen und zu warnen, das ferne Horn, das Erinnerung und Verlangen wachruft, der junge Mann in einem Stadium zwischen Vergangenheit und Zukunft, dessen Sinn erfüllt ist von einem Aufruhr unerklärlicher Wehmut und ungewissen Sehnens, von Vorahnungen unerfüllter Individualität und verlorener Identität, und jenes eigenartige deutsche Gefühl von Innerlichkeit, von Wirklichkeitsferne, von enger Kommunikation zwischen dem Ich und den geheimnisvollen Kräften von Natur und Gott. Diese Charakteristika waren es, die die deutsche Literatur der Romantik für Ausländer so anziehend machten, vor allem für die Franzosen, die seit der Zeit Madame de Staëls an den ausgeprägten Gegensatz zu der Rationalität ihrer eigenen Literatur sowohl reizend wie beruhigend fanden. Eine Literatur nämlich, die zum einen so weltfremd war und sich zum anderen so intensiv mit der Erforschung der psychologischen Tiefen des Individuums beschäftigte, konnte nur ein Anzeichen dafür sein, daß die

Deutschen dazu bestimmt waren, ein interessantes, sogar exotisches Volk zu sein, aber nicht eines, welches soviel innere Verbundenheit und Zusammenhalt entwickeln würde, daß es zu einem Nachbarn werden würde, vor dem man sich vorsehen mußte. Dies war eine selbstgefällige und gefährlich unkritische Ansicht, wie Heinrich Heine einmal schrieb, um seine gallischen Freunde zu warnen. Unter der Kombination von Archaismus und Schwärmerei, die nach dem Eindruck des Ausländers die Romantik auszumachen schienen, schlummerten Kräfte des Schreckens, der Gewalttätigkeit und des Todes. Die Posthörner in der Nacht, die Eichendorffs Helden an sein einsames Fenster riefen und ihm das Gefühl gaben, daß ,,das Herz (ihm) im Leib entbrennte'', sollten im Laufe der Jahre düstere Töne annehmen und gefährlichere Leidenschaften wekken. Mit der Zeit lernten die Franzosen die Romantik als *le malaise allemand* zu sehen und zu erkennen, welchen Einfluß sie auf den Aufstieg Adolf Hitlers ausübte. Wir brauchen jedoch nicht bei Hitler stehenzubleiben, denn die Romantik hat im gegenwärtigen Deutschland erkennbare und beunruhigende Formen angenommen.

I

Die Romantik begann in den Jahren zwischen 1770 und 1830 als Protest der Jugend gegen die Normen der älteren Generation. In Literatur und Kunst war sie ein Aufbegehren gegen den Klassizismus, der in den Augen der Rebellen alles Schöpferische und Spontane im künstlerischen Ausdruck erstickte; sie war, wie Nietzsche einmal schrieb, eine ,,barbarische, wenngleich noch so entzückende Aussprudelung hitziger und bunter Dinge aus einer ungebändigten Seele ... eine Kunst der Überspannung, der Erregungen, des Widerwillens gegen das Geregelte, Eintönige, Einfache, Logische ...''. Allgemeiner formuliert, war sie eine Reaktion gegen den Rationalismus und das systematische Denken des 18. Jahrhunderts und der Aufklärung mit ihrer Vergötterung des Intellekts, ihrem utilitaristischen Vorurteil, das alle Ansprüche der Tradition zugunsten jener der Effizienz und Relevanz zurückwies, und gegen den optimistischen Fortschrittsglauben. Die Romantiker zogen der mathematischen Ordnung der *philosophes* die Fülle und Ungeordnetheit des Lebens vor; sie kehrten der schmucken Eleganz des französischen Gartens den Rücken und wandten sich den verschlungenen Mysterien des deutschen Waldes zu.

Da es sich um eine Jugend- und Protestbewegung handelte, war die Romantik gekennzeichnet durch ein hohes Maß an Emotionalität und Überschwang, aber sie war nicht so formlos und ungeordnet, wie es nach dem Auftreten einiger ihrer Sprecher scheinen mochte. Im allgemeinen waren die Romantiker überzeugt, daß die Dimensionen des Lebens nicht durch eine wissenschaftliche Analyse erfaßt werden konnten und daß der Instinkt besserer Führer in die tieferen Wahrheiten war als die Vernunft. Legten die *philosophes* Wert auf die Moderne und orientierten sie sich nach der Zukunft, so verehrten die Romantiker den Ursprung der Dinge und waren fasziniert von der Geschichte und solchen Schlüsseln zu deren Geheimnissen wie Volkslied und Märchen.

Sofern sie überhaupt an Politik dachten, kann es nicht überraschen, daß ihre Ansichten konservativ waren und daß einige ihrer führenden Vertreter – Friedrich Schlegel zum Beispiel – ihre Laufbahn in Metternichs Diensten beendeten. Doch im allgemeinen war ihr Konservatismus merkwürdig anachronistisch und war oft von dem Pomp einer fernen oder eingebildeten Vergangenheit getragen. Die Romantiker waren ihrem Wesen nach unpolitisch, denn sie begriffen weder die Fragen ihrer Zeit noch den Prozeß, durch den praktische Lösungen für die Probleme der zeitgenössischen Gesellschaft gefunden werden mußten. Solche Dinge stießen nicht gerade auf ihr Interesse, denn sie erkannten nicht, daß die Gesellschaft an das Individuum legitime Forderungen hatte. An die Stelle des Aufklärungsglaubens, der die Anerkennung individueller Rechte innerhalb des Rahmens einer Gemeinschaft von Gesetz und Verpflichtung beinhaltete, setzten sie ihren eigenen Kult der Individualität, das Recht des überlegenen Individuums zur Entfaltung seiner Möglichkeiten auch auf Kosten der Gesetze und Konventionen der Gesellschaft. Es war kein Zufall, daß so viele Romantiker sich mit dem Genie beschäftigten oder daß dieses ,,Geniefieber'', von dem Goethe in seinen Erinnerungen spricht, bisweilen lächerliche Formen annahm und als Erklärung und Entschuldigung für jedes exzentrische Verhalten und zur Verherrlichung der Unzulänglichkeiten ungezählter selbsternannter Intellektueller und Künstler benutzt wurde.

Für diese Betonung der Individualität war Goethe selbst zu einem großen Teil verantwortlich, denn übte er auch in seinen späten Jahren häufig an den Romantikern Kritik, so war er doch in gewissem Sinne ihr Vater. Kein Buch beeinflußte die erste Romantikergeneration stärker als sein Roman *Wilhelm Meisters Lehrjahre*, die Geschichte von einem Jüngling, der ein angenehmes Leben und eine vielversprechende Karriere aufgibt, um in die weite Welt hinauszuziehen, und der durch seine Erlebnisse so sehr verwandelt wird, daß sein Freund bei seiner Rückkehr zu ihm sagt: ,,Du kommst mir vor wie Saul, der Sohn Kis', der ausging, seines Vaters Eselinnen zu suchen, und ein Königreich fand.'' Goethes Betonung der ,,Bildung'' seines Helden in diesem großen Werk – das heißt seiner Entwicklung als Individuum – unter Vernachlässigung der Realitäten der menschlichen Existenz, ja, seine Poetisierung des Lebens selbst, wirkte sich deutlich auf die Weltanschauung der Romantiker aus. Auf seinen Einfluß war es zurückzuführen, daß sich so viele der Gestalten in ihren Büchern auf eine Reise machten, nicht um sich die Welt anzusehen oder zu erfahren, wie andere Menschen lebten, oder

neue Fähigkeiten zu erwerben, sondern um sich selbst zu entdecken, ihre
Identität zu vervollkommnen.

Weil die Reise für die Selbsterfüllung so entscheidend war, nahm sie bisweilen eine mystische oder quasi-religiöse Bedeutung an, und romantische
Wanderer sahen sich oft in der Gewalt übermächtiger Kräfte, die sich in der
,,Sehnsucht" ausdrückten, jenem unwiderstehlichen Verlangen nach etwas,
das man ahnt, aber nicht kennt, nach fernen, aber ungewissen Befriedigun-
gen, unter dem sie alle litten. So überwältigt die Hauptfigur in Joseph von
Eichendorffs *Aus dem Leben eines Taugenichts* plötzlich ,,alle die alte Wehmut und Freude und große Erwartung", und er sieht sich gezwungen,
fortzugehen, ,,fort . . . von hier, und immer fort, soweit als der Himmel blau
ist". So bricht in dem berühmtesten der frühen romantischen Romane, in
dem das Symbol der romantischen Sehnsucht erfunden wurde, Novalis'
Heinrich von Ofterdingen zu seinen Wanderungen auf nach der Begegnung
mit einem geheimnisvollen Fremden und einer schlaflosen Nacht:

> Er lag unruhig auf seinem Lager und gedachte des Fremden und seiner Erzählun-
> gen. Nicht die Schätze sind es, die ein so unaussprechliches Verlangen in mir geweckt
> haben, sagte er zu sich selbst; fernab liegt mir alle Habsucht: aber die blaue Blume
> sehn' ich mich zu erblicken. Sie liegt mir unaufhörlich im Sinn, und ich kann nicht
> anders dichten und denken. So ist mir noch nie zumute gewesen: es ist, als hätt' ich
> vorhin geträumt, oder ich wäre in eine andere Welt hinübergeschlummert; denn in
> der Welt, in der ich sonst lebte, wer hätte da sich um Blumen bekümmert, und gar
> von einer so seltsamen Leidenschaft zu einer Blume hab' ich damals nie gehört.

Die Welt, die diese Romantiker durchzogen, war nicht die alltägliche
Welt, in der die gewöhnlichen Menschen wohnten, die Welt der lästigen
Probleme, die geduldige Aufmerksamkeit forderte, sondern eine poetische
Welt der Phantasie und des Wunders. In ihr galten die Regeln der Logik
nicht; die unverhoffte Begegnung und die Lösung, die der Vernunft trotzte,
waren normal; und selbst die Lebenserscheinungen wurden zu dem, was die
Einbildung aus ihnen machte. Die prosaischen Einzelheiten der italienischen
Geographie bedeuteten nichts für Eichendorffs Taugenichts, als er zum ersten Mal Rom erblickte. Was er sah, war eher eine Traumstadt als die Wirklichkeit:

> Die Nacht war schon wieder lange hereingebrochen, und der Mond schien präch-
> tig, als ich endlich auf einem Hügel aus dem Wald heraustrat und auf einmal die Stadt
> in der Ferne vor mir sah. – Das Meer leuchtete von weitem, der Himmel blitzte und
> funkelte unübersehbar mit unzähligen Sternen, darunter lag die heilige Stadt, von der
> man nur einen langen Nebelstreif erkennen konnte, wie ein eingeschlafener Löwe auf
> der stillen Erde, und Berge standen daneben wie dunkle Riesen, die ihn bewachten.

Meistens führte sie ihr Weg, wie in Franz Sternbalds Fall, in den Wald, den
deutschen Wald, Heimat jener Märchen, die die Romantiker so eifrig sammelten, und Ort der Zuflucht vor den Sorgen der Stadt. Dies war ihr wahres

geistiges Zuhause, wie Bogumil Goltz in den 6oer Jahren des 19. Jahrhunderts schrieb. ,,Vor allen Naturszenen ... ist es der Wald, in welchem sich alle Naturgeheimnisse und Naturwohltaten zusammenfinden ... Was die böse, überkluge, nüchterne, lichte und kalte Welt verschuldet und verwikkelt, das muß der grüne, geheimnisvolle, bezaubernde, finstere, kulturverschlossene, aber dem Naturrecht getraute Wald wieder lösen und zurechtbiegen. Wer noch ein Herz im Leibe hat, dem muß es weh tun, daß er nicht im Wald wohnen und von Waldbeeren leben kann.'' Doch es war ein drohender Wald. Die Kinder, die von Beeren lebten, gerieten bald ins Hexenhaus. Als der Jägerbursche Max in Webers *Freischütz* in den Wald ging um eines Zaubers willen, der ihn wieder zum Meisterschützen machen sollte, verlor er beinahe seine Seele an Samiel, den wilden Jäger. Hundings Hütte war im Wald, wo er Siegmund erschlug, und im Wald war die Lichtung, wo Siegfried Hagens Speer zum Opfer fiel. Wenn sich die Dämmerung auf den Wald herabsenkte, begann die Stunde der Furcht, wie in Eichendorffs Gedicht.

Dämmrung will die Flügel spreiten,
Schaurig rühren sich die Bäume,
Wolken ziehn wie schwarze Träume –
Was will dieses Graun bedeuten?

Hast ein Reh du lieb vor andern,
Laß es nicht alleine grasen,
Jäger ziehn im Wald und blasen,
Stimmen hin und wieder wandern.

Hast du einen Freund hienieden,
Trau ihm nicht zu dieser Stunde,
Freundlich wohl mit Aug und Munde,
Sinnt er Krieg im tückschen Frieden.

Was heut müde gehet unter,
Hebt sich morgen neugeboren.
Manches bleibt in Nacht verloren –
Hüte dich, bleib wach und munter!

Der Schrecken, der unter der Oberfläche lauerte, war ein wesentlicher Bestandteil der romantischen Welt und vielleicht der wichtigste. Thomas Mann schrieb einmal, daß ihm bei dem Wort Romantik nicht das frohe Wandern oder die Volkslieder in den Sinn kämen, die Phantasie oder die träumerische Sehnsucht, sondern vielmehr die dunkle Seite, welche von der willigen Unterwerfung der romantischen Intellektuellen unter die elementaren Kräfte herrührte, die sich nachts hinter den Bäumen regten. Die Romantik dünkte ihn ,,eine gewiß dunkle Mächtigkeit und Frömmigkeit, man könnte auch sagen: Altertümlichkeit der Seele, welche sich den chthonischen, irrationalen und dämonischen Kräften des Lebens ... nahe fühlt ... Die Romantik ist nichts weniger als schwächliche Schwärmerei; sie ist die

Tiefe, welche sich zugleich als Kraft, als Fülle empfindet; ein Pessimismus der Ehrlichkeit, der es mit dem Seienden, Wirklichen, Geschichtlichen gegen Kritik und Meliorismus, kurz mit der Macht gegen den Geist hält".

Dies mag übertrieben klingen und scheint einem Bestreben, das, wie man den Erzählungen E. T. A. Hoffmanns und Adelbert von Chamissos entnehmen kann, nicht mehr als ein gewisses Interesse am Übernatürlichen war, eine zu tiefe Bedeutung beizumessen. Doch es war zweifellos etwas Krankhaftes an der Beschäftigung der Romantiker mit einer Welt jenseits der Grenzen unserer irdischen Welt, in der gute und böse Geister waren. Es offenbarte zumindest die Ablehnung einer Verantwortung für die Probleme des wirklichen Lebens. Und noch beunruhigender war die Todesfaszination, die in der ersten Romantikergeneration so deutlich zum Vorschein kam. Als elementarste aller Mächte und letztlicher Löser aller Probleme war der Tod in der romantischen Prosa und Lyrik stets gegenwärtig; er schritt die Landstraßen entlang und sprach mit gewöhnlichen Menschen in den Märchen der Brüder Grimm, er kam in einer Geschichte Brentanos im Schlaf zum braven Kasperl, um ihm sein bevorstehendes Ende anzukündigen, er sagte in Schuberts *Winterreise* durch das Laub des Lindenbaums zu dem verlassenen Liebenden

> Komm her zu mir, Geselle,
> Hier findst du deine Ruh!

und in *Die schöne Müllerstochter* durch das Murmeln des Bachs zu dem verzweifelten Müllersburschen

> Wanderer, du müder, du bist zu Haus,
> Die Treu ist hier, sollst liegen bei mir,
> Bis das Meer will trinken die Bächlein,

flüsterte verführerisch Mädchen in der vollen Blüte ihrer Schönheit zu

> Gib deine Hand, du schön und zart Gebild!
> Bin Freund und komme nicht zu strafen,

sprach gebieterisch das Kind in den Armen des Vaters an

> Ich liebe dich, mich reizt deine schöne Gestalt;
> Und bist du nicht willig, so brauch ich Gewalt!

und beschäftigte die Gedanken des stolzen Reiters in Hauffs Gedicht

> Morgenrot, Morgenrot,
> Leuchtest mir zum frühen Tod?
>> Bald wird die Trompete blasen.
>> Dann muß ich mein Leben lassen,
> Ich und mancher Kamerad.

Goethe, der einmal sagte, die Klassik sei gesund und die Romantik krank, mag an diese beharrliche Vertrautheit mit dem Tod gedacht haben, der, einmal beim Namen* genannt und ans Licht gerufen, so leicht nicht wieder zu vertreiben war. In Literatur und Denken der Romantik war er nie weit. Willige Unterwerfung unter ihn war zum Beispiel das Thema von Wagners romantischen Opern, insbesondere von *Der fliegende Holländer* und *Tristan und Isolde,* und deutlichen Ausdruck fand der Tod in einem Brief des Komponisten an einen Freund aus dem Jahre 1854, in dem er sich über seine Vorstellung von der Figur des Wotan im *Ring* ausläßt und sagt: ,,Wir müssen sterben lernen, und zwar sterben im vollständigen Sinn des Wortes." Diese Macht des Todes über das romantische Gemüt ist vielleicht das Hauptthema von Thomas Manns *Der Zauberberg,* und der Höhepunkt der Bildung seines Helden ist erreicht, als er sich davon befreit.

Mit dieser Todesbesessenheit verbunden waren ein apokalyptischer Zug und eine Idealisierung der Gewalt, die kommende Ereignisse auf höchst ominöse Weise vorgestaltete. Wenn die romantische Literatur an die Welt der Politik rührte, wie dies in den Werken der frühen Romantik geschah – in Heinses *Ardinghello* zum Beispiel, in Schillers *Die Räuber* und Klingers *Sturm und Drang* – waren die Hauptpersonen Männer, die mit Leidenschaft und Gewalt gegen die Normen und Gesetze der Gesellschaft rebellierten. ,,Stelle mich vor ein Heer Kerls wie ich", brüstet sich Schillers Karl Moor, ,,und aus Deutschland soll eine Republik werden, gegen die Rom und Sparta Nonnenklöster sein sollen!" Die Romantiker nickten beifällig. Die logische Folgerung ihres Glaubens an das Wunderbare war die Ansicht, daß ein Wandel am besten durch Gewalt herbeizuführen sei. Ihre Naivität in sozialen und politischen Dingen war so groß, daß sie, wenn sie sich wirklich einmal mit Vorstellungen zur Verbesserung der Gesellschaft beschäftigten, eher hoffnungslos zu dem Schluß kamen, diese könnten nur mittels einer Revolution verwirklicht werden.

Diese Neigung wurzelte zweifellos in ihrem grundlegenden Pessimismus, der die verhängnisvollsten Formen annehmen konnte. In seinen Anmerkungen zu Novalis' Plänen für den Schluß seines Romans *Heinrich von Ofterdingen* wies Tieck darauf hin, daß die Lösung und Erfüllung der Wanderungen des Dichters ein großer Krieg sein sollte. Tieck schrieb vieldeutig:

> Die Menschen müssen sich selbst untereinander töten, das ist edler, als durchs Schicksal fallen. Sie suchen den Tod.
> Ehre, Ruhm usw. ist des Kriegers Lust und Leben. Im Tode und als Schatten lebt der Krieger. Todeslust ist Kriegergeist. Romantisches Leben des Kriegers.
> Auf Erden ist der *Krieg* zu Hause, Krieg muß auf Erden sein.
> Kriegslieder. Orientalische Gedichte. Lied zu Loretto. Streit der Sänger. Verklärung.

---

* Als Reichspräsident von Hindenburg im Sterben lag, fragte er seinen Arzt: ,,Ist Freund Hein schon im Zimmer?" Der Arzt antwortete: ,,Noch nicht, aber er wartet vor der Tür."

Joseph von Eichendorffs *Ahnung und Gegenwart* (1815), ein schöner Roman und exaktes Spiegelbild romantischen Denkens und Gebarens, schließt in der gleichen apokalyptischen Stimmung. Als die beiden Freunde sich trennen, weil einer in die neue Welt aufbricht, sagt die Hauptfigur:

Mir scheint unsere Zeit dieser weiten ungewissen Dämmerung zu gleichen! Licht und Schatten ringen noch ungeschieden in wunderbaren Massen gewaltig miteinander, dunkle Wolken ziehn verhängnisschwer dazwischen, ungewiß, ob sie Tod oder Segen führen, die Welt liegt unten in weiter, dumpf stiller Erwartung. Kometen und wunderbare Himmelszeichen zeigen sich wieder, Gespenster wandeln wieder durch unsre Nächte, fabelhafte Sirenen selber tauchen, wie vor nahen Gewittern, von neuem über den Meeresspiegel und singen, alles weist wie mit blutigem Finger warnend auf ein großes, unvermeidliches Unglück hin. Unsere Jugend erfreut kein sorglos leichtes Spiel, keine fröhliche Ruhe wie unsere Väter, uns hat frühe der Ernst des Lebens gefaßt. Im Kampfe sind wir geboren, und im Kampfe werden wir, überwunden oder triumphierend, untergehn. Denn aus dem Zauberrauche unserer Bildung wird sich ein Kriegsgespenst gestalten, geharnischt, mit bleichem Totengesicht und blutigen Haaren.

Solche dunklen Träume sollten noch andere Geister erfassen, indes das 19. Jahrhundert fortschritt und das 20. herannahte. Für das romantische Gemüt, dem oft die Begrenzungen des gewöhnlichen Lebens schmerzhaft zum Bewußtsein kamen, war die Vision einer Weltkatastrophe häufig eine tröstliche Aussicht, eine Verklärung, eine Verheißung von Entrinnen und Rechtfertigung.

II

Die Romantik als literarische Bewegung gelangte an ihr Ende in den 30er Jahren des 19. Jahrhunderts, als sie verdrängt wurde von einer realistischen und sozialkritischeren literarischen Avantgarde, die sich Junges Deutschland nannte. Doch dies bedeutete nicht, daß ihre Vorstellungen und Denkgewohnheiten verschwanden. Diese beeinflußten weiter während der nächsten 150 Jahre prominente Schriftsteller und Intellektuelle und färbten, allgemeiner gesprochen, die deutsche Einstellung zu politischen und sozialen Fragen, und zu gewissen Zeiten wurden sie sogar so mächtig, daß sie einen bedeutsamen Einfluß auf die Politik des Landes ausübten, wie dies vor 1914 und wiederum vor 1933 der Fall war.

Soziologisch gesehen war die Romantik stets – wie Leo Löwenthal dies für ihre erste Phase als zutreffend bezeichnete – eine dem Wesen nach bürgerliche Bewegung. Politisch war sie ein Entrinnen aus dem bürgerlichen Dilemma der Machtlosigkeit. Es ist daher bezeichnend, daß die Jahre, als die Romantik sich totgelaufen zu haben schien, die Jahre zwischen 1830 und 1848 waren, als das bürgerliche Selbstbewußtsein seinen Höhepunkt erreichte und der deutsche Mittelstand die berechtigte Hoffnung hatte, die politische Macht zu ergreifen, wie dies dem Mittelstand 1830 in Frankreich und 1832 in England gelungen war. Doch das Scheitern der Revolution von 1848 machte diese Hoffnungen zunichte und fügte dem Selbstgefühl und Selbstvertrauen des Mittelstands bleibenden Schaden zu, und in der darauf folgenden Periode waren Wirklichkeitsflucht und regressives Verhalten an der Tagesordnung.

Nach dem Debakel von 1848 (und solchen Bestätigungen dieser Niederlage wie dem erneuten Scheitern liberaler Hoffnungen in den Jahren 1866 und 1879) war der gebildete Mittelstand effektiv von jeder verantwortlichen Teilhabe an der Regierung des Landes ausgeschlossen und blieb auf die wenig beflügelnde Beschäftigung des Geldverdienens und Geldausgebens verwiesen. Dieses hohle Dasein gab vielen seiner Angehörigen den gleichen *horror vacui* ein, der, wie Dolf Sternberger in seinem Buch über den Stil des 19. Jahrhunderts feststellt, ihren Geschmack bei der Innendekoration so sehr bestimmte, daß sie jedes Stück freie Wand zu verstecken suchten hinter Behängen, Bildern, Staffeleien, Vasen, Waffen, Trophäen, Fellen, ausgestopften Adlern und Pfauen, getrockneten Pflanzen, bemalten Tellern und Büchern. Der Leere ihres Lebens strebten sie mittels der Phantasie zu entrinnen.

Während der zweiten Hälfte des 19. Jahrhunderts nahm diese Wirklichkeitsflucht verschiedene Formen an. Vielleicht die zwei harmlosesten darunter fanden in der Begeisterung für die Wagneroper und in der Beliebtheit der Werke von Karl May Ausdruck.

„Allüberall", schrieb Karl Marx 1876 an seine Tochter Jenny, „wird man jetzt mit der Frage gequält: ‚Was denken Sie von Wagner?'" Marx konnte offenbar nicht fassen, daß so viele Menschen hinströmten zu dem, was er das „Bayreuther Narrenfest des Staatsmusikanten Wagner" nannte, und es störte ihn vielleicht, wenn er es auch nicht sagte, daß die Öffentlichkeit sich für den wirren Sozialismus des *Ring* so sehr viel mehr interessierte als für das wissenschaftliche Modell, das er in seinen eigenen Schriften darlegte. Dies muß ihm als beklagenswertes Beispiel für die Abneigung der Deutschen gegen Vernunftargumente erschienen sein, und man könnte seine Verärgerung verstehen.

Ganz gewiß keine Vernunftargumente lieferte ihnen Wagner in seinen letzten Werken. Die Motivation vieler Charaktere der *Ring*-Dramen hat Generationen von Kritikern ratlos gemacht und einen angesehenen Musikphilosophen dazu gebracht, diese Figuren als „angemalte Marionetten" zu bezeichnen. Der Kernpunkt der Handlung des *Parsifal* ist noch verwirrender, da sehr schwer zu bestimmen ist, welche Sünde der Held, „der reine Tor, durch Mitleid wissend", eigentlich begangen haben soll, daß eine so drastische Bestrafung vorgesehen werden soll. Doch diese Schwächen – die sich, ebenso wie Wagners Beharren auf seinem eigenen Genius und die Mißachtung der Konventionen, die sein Privatleben kennzeichneten, durch sein romantisches Wesen erklären lassen – wurden ausgeglichen durch eine andere Gabe, die sein Einssein mit dem Geist der Romantik zeigte. Er sagte einmal zu Cosima, nachdem sie E. T. A. Hoffmanns *Der goldene Topf* gelesen hatten, die Größe und die Tiefgründigkeit Hoffmanns rühre von seiner Fähigkeit her, ,,die reale Welt als gespenstisch zu betrachten", während er die Welt der Phantasie als ,,die wahre heimische" ansah. Wagner hätte hier sich selbst meinen können, denn ganz gewiß erklärte sich der Umstand, daß er sein Publikum so stark ansprach, aus seiner Fähigkeit, die Welt des Traums und des Mythos glaubhaft zu machen. Dies gelang ihm natürlich hauptsächlich mittels der Musik, der wahren Sprache der Romantik. Wenn seine Zuhörer in ihrem Bann standen, kümmerten sie sich wahrscheinlich weder um die Widersprüche der Handlung, falls sie sie überhaupt wahrnahmen, noch um die verschwommene Philosophie des Tondichters. Es war eine Musik, die die Realität aufzulösen vermochte und einen fast narkotischen Zustand der Suggestibilität herbeiführte. Nach der Premiere der *Meistersinger von Nürnberg* im Jahre 1860 sprach der Kritiker Hanslick von einer Art Krankheit, ein Urteil, das Nietzsche, der schließlich alle romantische Musik psychologisch unerträglich fand, an einer Stelle in *Jenseits von Gut und Böse* weiter ausarbeitete, die ein längeres Zitat lohnt. Die Wirkung der Ouvertüre der *Meistersinger* erläuternd, schrieb Nietzsche, die Musik habe

Feuer und Mut und zugleich die schlaffe falbe Haut von Früchten, welche zu spät reif werden. Das strömt breit und voll: und plötzlich ein Augenblick unerklärlichen Zögerns, gleichsam eine Lücke, die zwischen Ursache und Wirkung aufspringt, ein Druck, der uns träumen macht, beinahe ein Alpdruck ... Alles in allem keine Schönheit, kein Süden, nichts von südlicher feiner Helligkeit des Himmels, nichts von Grazie, kaum ein Wille zur Logik; eine gewisse Plumpheit, die noch unterstrichen wird, wie als ob der Künstler uns sagen wollte: sie gehört zu meiner Absicht; eine schwerfällige Gewandung, etwas Willkürlich-Barbarisches und Feierliches, ein Geflirr von gelehrten und ehrwürdigen Kostbarkeiten und Spitzen; etwas Deutsches, im besten und schlimmsten Sinn des Wortes, etwas auf deutsche Art Vielfaches, Unförmliches und Unausschöpfliches; eine gewisse deutsche Mächtigkeit und Überfülle der Seele, welche keine Furcht hat, sich unter die Raffinements des Verfalls zu verstecken, – die sich dort vielleicht erst am wohlsten fühlt; ein rechtes echtes Wahrzeichen der deutschen Seele, die zugleich jung und veraltet, übermürbe und überreich noch an Zukunft ist. Diese Art Musik drückt am besten aus, was ich von den Deutschen halte: sie sind von vorgestern und von übermorgen, – *sie haben noch kein Heute.*

Die unablässige Eindringlichkeit, die Nietzsche in dieser Musik spürte und die den Traumlandschaften, die sie übertrug, eine zwingende Wahrscheinlichkeit zu verleihen vermochte, war noch deutlicher im Vorspiel zum *Rheingold* zu empfinden: in der erstaunlichen Passage, in der Figurationen auf dem Es-Dur-Akkord über 136 Takte durchgeführt werden, um die Bewegung des Flusses zu simulieren und die Stimmung zu schaffen, in der das machtvolle Drama von Gier und Verrat beginnt; aber auch im Vorspiel zu *Parsifal*, wo der außergewöhnlich langsame Takt in starkem Kontrast zum Tempo des modernen Lebens steht, und die schlafwandlerische Innerlichkeit der Musik eine für das Geheimnisvolle und Wunderbare aufgeschlossene Stimmung schaffen.

Wenn die Zuhörer in dieser Stimmung waren, erinnerte sie Wagners erdachtes und unwahrscheinliches mittelalterliches Nürnberg an einen Traum aus ihrer eigenen Jugend, an einen Traum gleich jenem, von dem Hans Sachs und seine Freunde am Morgen des Wettstreits singen

... ein schöner Morgentraum
dran zu deuten wag' ich kaum,

In seiner schwülstigen Welt von Göttern und Helden fanden sie eine mythische Darstellung ihrer eigenen Einmaligkeit und ihres Geistesadels sowie ihrer Verwandtschaft mit den Gewalten und Fürstentümern des Universums. Was sie zu *Parsifal* hinzog, ist schwerer zu definieren. Vielleicht die schwüle Kombination von Erotik und Religiosität, etwa wenn Parsifal, ein Schopenhauerischer Tristan im letzten Stadium der Transzendenz, den Verführungskünsten der Kundry widersteht:

Die Lippe, ja ... so zuckte sie ihm;
so neigte sich der Nacken, –
so hob sich kühn das Haupt;
so flatterten lachend die Locken,
so schlang um den Hals sich der Arm;
so schmeichelte weich die Wange;
mit aller Schmerzen Qual im Bund,
das Heil der Seele
entküßte ihm der Mund –!
Ha – dieser Kuß!
Verderberin! Weiche von mir!
Ewig, ewig von mir!

Ernst Bloch jedoch hat darauf hingewiesen, daß Wagners Fabel Teil der Märchenwelt ist, die der deutschen Seele so nahesteht, und daß diese Verwandtschaft vielleicht der entscheidende Faktor ist. ,,Noch jetzt lebt Kundry märchenhaft als die verschlagene gutmütige Frau des Menschenfressers oder auch Elternmutter des Teufels weiter. Noch jetzt hat uns das Märchen ,Tischlein, deck dich' den ganzen Gralsmythus bewahrt, den diebischen Wirt, den Knüppel aus dem Sack oder die heilige Lanz, den Esel Bricklebrit oder den Mondgral und das Tischlein deck dich, den eigentlichen, höchsten Sonnengral selber.''

Der vollkommene Wagnerianer konnte somit vorübergehend den Verwirrungen und Frustrationen des zeitgenössischen Lebens entrinnen und sich in die verlorene Welt der Kindheit flüchten. Daß dies vielleicht die wahre

Antwort auf Karl Marx' verärgerte Frage und der Hauptgrund für den Erfolg der Wagneroper im 19. Jahrhundert war, wird durch die Tatsache gestützt, daß die beliebteste deutsche Oper nach Wagners Tod, von dem Mann geschrieben, der während der Komposition am *Parsifal* Wagners engster Mitarbeiter gewesen war, stark von der Musiktechnik des Meisters beeinflußt war und gar nicht den Versuch machte, seine Märchenkomponenten zu verbergen: es war Engelbert Humperdincks *Hänsel und Gretel.*

Eine Flucht aus der Welt der Gegenwart anderer Art, die in ein imaginäres Leben an exotischen Orten führte, bot seinen Lesern Karl May, den man den erfolgreichsten Schriftsteller deutscher Zunge nannte. Als er 1912 starb, waren 1,6 Millionen Exemplare seiner Bücher verkauft, eine Zahl, die sich bis 1938 vervierfachte und bis Ende der 70er Jahre noch einmal versiebenfachte. Geboren 1842 in einer durch die Industrialisierung verarmten Webergemeinde im Erzgebirge, war May zeit seines Lebens auf der Flucht vor den harten Realitäten der Welt der schweren Arbeit und Armut, die er, in seinen Erinnerungen und in seinem letzten Roman, Ardistan nannte. Ermutigt durch seinen Vater, erlangte er die nötigen Voraussetzungen zur Zulassung an ein Lehrerseminar und wurde 1861 Assistent an einer Schule in Glauchau. Doch da er eine sehr hohe Meinung von seinen Fähigkeiten hatte, hielt er es in diesem ihn wenig lohnend dünkenden Beruf nicht aus, und nachdem er einige kleinere Diebstähle begangen hatte (er teilte mit den frühen Romantikern und mit Wagner die Ansicht, daß die Regeln der Gesellschaft sich nicht auf das Genie bezögen), wurde sein Name aus der Liste des staatlichen Erziehungsdienstes gestrichen.

Das Fehlen einer geregelten Beschäftigung beflügelte Mays Phantasie nur noch weiter. Er begann eine kurze, aber vielfarbige Laufbahn als Bauernfänger und Hochstapler, gab sich abwechselnd als Augenarzt, Seminarist, Graveur, Polizeidirektor von Wolframsdorf, einen gewissen Dr. Heilig aus und – nachdem er verhaftet worden und wieder entflohen war – als „unehelicher Sohn des Prinzen von Waldenburg" und als Sohn eines Plantagenbesitzers auf Martinique auf Weltreise und benutzte diese Deckmäntel, um Leichtgläubigen kleinere Summen zu entlocken. Im Jahre 1870 wurde er erneut verhaftet und zu vier Jahren Gefängnis verurteilt, ein Ereignis, das seine Energien zwangsweise in neue Bahnen lenkte und die Art seines Rollenspiels veränderte. Im Gefängnis erst wurde er zum Schriftsteller.

Es gibt Anzeichen dafür, daß er sich zunächst an der Gesellschaft rächen und deren Ungerechtigkeiten in einer Reihe von sozialkritischen Romanen bloßlegen wollte, aber er gab diesen Versuch auf. In seiner Jugend hatten ihn Schauerromane mit Titeln wie „Emilie, die eingemauerte Nonne" und „Bellini, der bewunderungswürdige Bandit" fasziniert, und diesem Genre wandte er sich jetzt zu und bewies dabei fast sofort Phantasie und Erfindungsgabe. Nach der Entlassung aus dem Gefängnis schrieb er Kurzgeschichten und Fortsetzungsromane für die Wochenblätter eines Dresdner Verlegers und erzielte den ersten größeren Erfolg mit einer recht weitschweifigen Geschichte mit dem Titel *Das Waldröschen*, in der aus völlig unwahrscheinlichen Gründen ein Arzt aus dem Rheinland namens Sternau es mit räuberischen Komantschenstämmen zu tun bekommt, mit Banden von mexikanischen Überläufern, mit Giftmischern, Mördern, Kindesentführern und falschen Herzögen, wobei er herkulische Kräfte, Behendigkeit und eine Vielzahl von Fertigkeiten beweist, die kaum zu seinem Beruf passen. Es folgten weitere vier Fortsetzungsromane, *Die Liebe des Ulanen, Der verlorene Sohn, Deutsche Herzen – Deutsche Helden* und *Der Weg zum Glück*. Alle Romane waren in einem Stil geschrieben, der die schlimmsten Züge von Alexandre Dumas, Eugène Sue und deutscher sentimentaler Schriftsteller wie Eugenie Marlitt vereinigte, und alle verzichteten zugunsten eines bewegten und gewalttätigen Handlungsablaufs auf Charakterentwicklung und logischen Aufbau. Die Personen von *Deutsche Herzen – Deutsche Helden* beginnen ihre Abenteuer in Istanbul, geraten aber dann nach Tunis, Ägypten, Arkansas, Arizona und Sibirien, ehe sich ihre Schwierigkeiten lösen und sie nach Deutschland zurückkehren können. In *Das Waldröschen*, dessen Schauplatz von Spanien über Mexiko in den Fernen Osten wechselt, werden, wie jemand ausgerechnet hat, 2293 Personen im Verlauf der Handlung getötet oder verletzt. Doch daran hatte niemand etwas auszusetzen, und die Beliebtheit dieser Geschichten ermutigte May dazu, den Fortsetzungsroman aufzugeben und sich den straffer konstruierten Werken zuzuwenden, auf denen sein Ruhm hauptsächlich beruht: den Abenteuergeschichten über den Wilden Westen, dem dreibändigen *Winnetou* zum Beispiel und dem zweibändigen *Old Surehand* und den Romanen, die in Südosteuropa und Nordafrika spielen wie *In den Schluchten des Balkan, Im Land des Mahdi* und *Im Reiche des silbernen Löwen*.

May war eine Ein-Mann-Traumfabrik zu einer Zeit, die noch kein Kino, keinen Rundfunk und kein Fernsehen kannte, und er war sich seiner Funktion bewußt und stolz darauf. In einem Gespräch im Jahre 1898 sagte er: „Jeder lebt so, daß ihm nichts Besonderes begegnen kann und soll. Unsere europäische Bildung besteht darin, daß der Zufall, das Ereignis, das Abenteuer, die Überraschung ganz ausgeschlossen ist. Das Leben eines jeden Menschen in Schule und Haus, in Amt und Würden, in Ehe und Gesellschaft ist festgelegt und darf sich nicht in Extravaganzen ergehen. Beim geringsten Abgleiten von der Bahn des Philisters wirken sogleich hundert Kräfte zusammen, jede fremde Zutat zu unterdrücken." Seine Bücher sollten die Hemmnisse der Konvention überwinden und die Phantasie des gewöhnlichen Deutschen ansprechen.

Damit sie das tun konnten, achtete May darauf, daß seine Helden, ob sie nun Old Shatterhand oder Kara-ben-Nemsi hießen, ob sie Felle und Mokassins oder Turban und langes Gewand trugen, Deutsche waren, die aus erkennbaren deutschen Städten kamen und dorthin wieder zurückzukehren gedachten. Sie besaßen alle Tugenden, die man die Deutschen in Schule und Kirche lehrte, aber sie wurden in Situationen versetzt, in denen sich diese Eigenschaften stärker entfalten und eindrucksvollere Ergebnisse erzielen konnten als in Büro und Fabrik. Sie eroberten die entlegenen Orte der Welt, sie widerstanden den Elementen, sie teilten das Leben der edlen – bisweilen auch der weniger edlen – Wilden, sie beschützten die Unschuldigen vor den Bösewichtern, sie befreiten die Gefangenen aus ungerechter Haft, sie führten Liebende wieder zueinander, sie sammelten zerstreute Heere und rissen die schon verloren geglaubte Schlacht herum. Welches Unternehmen auch im Gange war, Mays Helden waren die naturgegebenen Anführer. Bei seinem ersten Erscheinen im amerikanischen Wilden Westen wurde Old Shatterhand als Greenhorn betrachtet, doch er bewies bald, daß er mit Flinte und Pistole umgehen konnte, besiegte den gefürchtetsten Messerhelden der Kiowas im Zweikampf und zeigte, daß er Wildpferde zähmen, gefährliche Tiere mit bloßen Händen erwürgen, Angriffe auf feindliche Lager planen konnte und die Kunst des Überlebens in Wald und Prärie beherrschte wie außer ihm nur noch sein indianischer Freund Winnetou.

Diese Gaben gebrauchten Mays Helden mit Maßen (,,Ich wehre mich meiner Haut, wenn ich angegriffen werde", sagt einer der Helden in *Durch die Wüste*, ,,aber ich morde keinen Menschen ohne Not") und nie für Ruhm oder Geld. Ihr Lohn war nicht materieller, sondern ideeller Art (,,Ein jedes Heldentum belohnt sich in seinem Innern ganz von selbst", sagt eine Figur in *Der Schatz im Silbersee*), und im allgemeinen waren sie von edleren Motiven bewegt als ihre Rivalen und Gegner. Dies galt besonders für ihren Verkehr mit Völkerschaften, auf die die Weißen herabsahen. Old Shatterhand schätzte die Indianer mehr als die meisten Weißen, denen er begegnete, und suchte sie vor Ausbeutung und Korruption durch weiße Händler zu beschützen. In *Deutsche Herzen – Deutsche Helden* fühlt sich die türkische Prinzessin Emineh bemüßigt, angesichts der Dienste ihrer deutschen Freunde deren Verhalten mit dem anderer Ausländer zu vergleichen: ,,Ein einziger nur ist aufrichtig: der Deutsche ... Er kommt als Freund und bietet das, was er selbst in so hohem Grad besitzt: Intelligenz ohne Überhebung."

Als Phantasielieferant für ein von der Monotonie des Alltagslebens gelangweiltes Publikum wie auch für so sehr verschiedene Außenseiter wie Albert Einstein und Adolf Hitler, die beide später eingestanden, seine Bücher verschlungen zu haben, war May so erfolgreich zum Teil wegen seiner Detailgenauigkeit in der Beschreibung von Ländern, die er nie gesehen hatte (deutsche Reisende, die durch die amerikanischen Prärien kamen, behaupteten bisweilen, sie hätten die Landschaft nach ihren *Winnetou*-Erinnerungen wiedererkannt), aber gewiß vor allem wegen der Traumelemente in seinen Erzählungen, die alles und jedes möglich machten. Mays Überzeugungskraft beruhte zweifellos auch darauf, daß er selbst an die Träume glaubte und sich ihnen Mitte der 90er Jahre hingab, indem er öffentlich behauptete, Old

Shatterhand und Kara-ben-Nemsi zu sein, 2100 Sprachen und Dialekte zu beherrschen und durch alle die fernen Länder gereist zu sein und alle die in seinen Büchern beschriebenen Abenteuer selbst erlebt zu haben. In seinen letzten Jahren wandte sich sein Denken immer mehr dem Mystischen zu, und gleich einem zweiten Heinrich von Ofterdingen auf der Suche nach der blauen Blume reiste er im Geist in das exotische Land Djinnistan, wo ihm gewiß die letzten Geheimnisse des Universums offenbart wurden und er erfuhr, wie die Welt von Industrialismus und Materialismus befreit werden konnte.

III

Diese Beispiele bürgerlicher Wirklichkeitsflucht waren relativ harmlos, nicht zuletzt deshalb, weil sie zeitlich unterbrochen waren – man konnte nicht ständig in der Oper sitzen oder Romane lesen. Es dauerte lange, bis ein erheblicher Teil des Mittelstands auf entschiedenere Weise die wirkliche Welt in der Hoffnung auf eine bessere zu verlassen suchte und dabei jenen dunkleren Aspekten der Romantik erlag, von denen die Rede war – den Kräften von Irrationalität, Gewalttätigkeit und Tod. Das sollte erst nach dem ersten Weltkrieg geschehen, als die Deutschen angesichts ihrer wirtschaftlichen Schwierigkeiten fürchteten, die bürgerliche Epoche samt ihren Wertvorstellungen gehe zu Ende und sie stünden einer Krise gegenüber, die eine radikal neue Ideologie erforderlich mache.

Doch schon vor dem ersten Weltkrieg gab es deutliche Anzeichen für ein Wiederaufleben romantischer Ideen und Vorurteile. Sie waren zu erkennen in einer aufkeimenden Antimodernität und einem Kulturpessimismus, die sich besonders in der Wilhelminischen Periode offenbarten, einiges zum Aufkommen jenes Konflikts beitrugen und ihn in virulenteren und tragischerweise verführerischeren Formen überdauerten.

Die Wegbereiter dieser neuen Romantik waren W. H. Riehl, Kulturhistoriker und Professor an der Universität München, und Paul de Lagarde, ein verbitterter Exzentriker, dessen verschrobene Schriften über den Zustand der deutschen Kultur die gebildeten Schichten tief beunruhigten. Beide waren überzeugt, daß das Aufblühen von Wissenschaft und Industrie ein Unglück für ihr Land darstellte, durch das es seine moralischen und kulturellen Halttaue verloren hatte, so daß es jetzt auf einem Meer des Relativismus und Materialismus umhertrieb. Nur eine Rückkehr zu älteren, fundamentaleren Werten konnte seine Seele retten.

Riehl sah diese Werte in den bäuerlichen Lebensformen. Das war keine neue Idee, es gehörte zum Glauben vieler früher Romantiker, daß das Bauerntum wegen seiner innigen Verbindung mit der Natur die echteste Verkörperung der heimischen deutschen Kultur sei, das heißt, einer Kultur, die frei war von Künstlichkeit und ausländischen Ursprüngen und verwurzelt im

Leben des Volkes. Die Vorstellung von einer Volkskultur machte Riehl, der erste Gelehrte, der die Folklore zu einer Sozialwissenschaft erhob, zur Grundlage einer Kulturphilosophie und zum Programm konservativer Sozialpolitik. In einer Abhandlung über die Struktur der deutschen Gesellschaft hatte er bereits in den 50er Jahren der 19. Jahrhunderts erklärt, der Bauer sei ,,die Zukunft der deutschen Nation", und später arbeitete er diesen Gedanken weiter aus in einer Sprache, die vom romantischen Gegensatz zur Modernität erfüllt war. Er schrieb:

> In den Bauern kann der praktische Staatsmann die leibhaftige Geschichte gegen die Geschichtslosigkeit unserer gebildeten Jugend aufmarschieren lassen, den leibhaftigen Realismus gegen die Ideale des Schreibtisches, das letzte Stück einer ,,Natur" gegen eine gemachte Welt; er kann in den Bauern die Macht der Gruppen und Massen wirken lassen gegen die ins Endlose zerfahrende und persönlich verflachte, gebildete Gesellschaft.

Auf Riehls zahlreiche und vielgelesene Schriften können wir die Ursprünge jenes ,,völkischen" Akzents im deutschen Denken zurückführen, der sich in den letzten Jahren des 19. Jahrhunderts immer deutlicher bemerkbar machte, sowie auch das Aufkommen des damit verbundenen Vorurteils gegenüber der Stadt. Romantisierung des Bauerntums und Haß auf die Stadt waren bleibende Bestandteile der Schriften von Publizisten wie Heinrich Söhnrey, der in der Bevölkerungsverlagerung vom Land in die Stadt ein Symptom nationaler Degeneration erblickte und schrieb:

> Bauernfaust und Bauerngeist
> Ob auch selten man sie preist
> Sind des Staates Quell und Macht
> Sind die Sieger in der Schlacht
> Wohl dem Staat, der das bedacht.

Romanschriftsteller wie Emil Strauß, Hans Friedrich Blunck, Ludwig Ganghofer und Ernst Wiechert schrieben über das gleiche Thema, ebenso der Dichter Rainer Maria Rilke, der in seinem *Stundenbuch* (1899–1903) die Stadt als ein Zentrum von Materialismus und Verderbtheit darstellte, deren Bewohner

> nennen Fortschritt ihre Schneckenspuren,
> und fahren rascher, wo sie langsam fuhren,
> und fühlen sich und funkeln wie die Huren
> und lärmen lauter mit Metall und Glas,

Seiner Überzeugung nach waren die Hüter der Werte, die Deutschland wieder groß und stark machen konnten, auf den Feldern und in den Dörfern zu finden:

> und in den Tälern, stark und vielgestaltig,
> ein Volk von Hirten und von Ackerbauern.

In dem berühmtesten Bauernroman, in Herman Löns' *Der Wehrwolf* (1910), der Geschichte einer Bauerngemeinde, die die Schrecken des Dreißigjährigen Kriegs zu überleben lernt, wurde ein zusätzlicher und bedenklicher Ton angeschlagen, nämlich, daß man nur im ,,Volk" das zur Abwehr großer Krisen erforderliche Heldentum fand und die Bereitschaft, notfalls bis zur Grenze von Brutalität und Terror zu gehen. Solche Maßnahmen bezeichnet einer von Löns' Bauern als ,,schrecklich, aber schön". Das Heldentum war auch zentrales Thema der Veröffentlichungen Paul de Lagardes. Seine Abhandlungen unter dem Titel *Deutsche Schriften* (1878) waren ein unentwegter Angriff gegen eine Kultur, in der Industrialisierung, Verstädterung und Materialismus den Geist erstickt hatten, in der die Religion zu einem leeren Fetischismus herabgewürdigt und die Erziehung korrumpiert worden war durch das Verlangen, die Massen zu belehren, anstatt eine Elite für zukünftige Aufgaben heranzubilden; eine Kultur, in der sogar die Sprache sich in einem Verfallszustand befand und in der Schöpferkraft der Mittelmäßigkeit und Lebensfreude der Unzufriedenheit und Langeweile Platz gemacht hatten. ,,Lieber Holz hacken", rief Lagarde aus, ,,als dieses nichtswürdige zivilisierte und gebildete Leben weiter leben: zu den Quellen müssen wir zurück, hoch hinauf in das einsame Gebirg, wo wir nicht Erben sind, sondern Ahnen."

Hier zeigte sich der vertraute romantische Antagonismus (in etwas verschleierterer Form als bei einigen von Lagardes Gefolgsleuten) zu Rationalität und Fortschritt, und mit ihm ging, wie bei einigen der frühen Romantiker, die Überzeugung einher, daß die gegenwärtige Krise nur mit Mitteln der Gewalt überwunden werden könnte. Er verurteilte den Liberalismus wegen seiner Flexibilität (die er als Prinzipienlosigkeit ansah), wegen seines Kosmopolitismus und der vielen Juden, die liberalen Parteien angehörten (denn er war ein eingefleischter Antisemit), als fremdländische Philosophie, die der Individualität des deutschen Volkes schadete und es seiner Tugenden und seiner Männlichkeit beraubte. Wiederholt deutete er an, ein Krieg könnte das einzige Mittel sein, um das Land von diesem Alpdruck zu befreien und von den Übeln, die er im Gefolge hatte. Ja, er idealisierte den Krieg und vertrat die Ansicht, durch ihn könne ein Volk Kraft, Vitalität und Hingabe wiedererlangen.

Riehls Agrarromantik und Lagardes Kulturpessimismus fanden neuen Ausdruck in einem äußerst erfolgreichen Werk, das Julius Langbehn 1890 unter dem Titel *Rembrandt als Erzieher* veröffentlichte. Dieses unzusammenhängende, unlogische und oft wirr geschriebene Buch, aufgemöbelt mit Scheingelehrsamkeit und schlechten Nachahmungen von Nietzsches aphoristischem Stil, hatte über Rembrandt relativ wenig zu sagen. Der Maler galt dem Autor lediglich als Symbol für Vitalität, Schöpferkraft und Individualität, Werte, die nach seiner Ansicht zerstört wurden durch die Kräfte der modernen Wissenschaft, der gleichmacherischen Erziehung und der Technologie. Langbehns Hauptthema war, daß Deutschland eine gespaltene Nation sei, in der die Ideale zeitgenössischer Kultur in scharfem Gegensatz standen zu den echten deutschen Werten, wie man sie noch im Bauerntum finden könne, dem letzten unverdorbenen Element der Gesellschaft, der wahren Verkörperung des ,,Volkes". Langbehn hatte kein Vertrauen zur älteren Generation, die es zugelassen hatte, daß das Land liberalisiert, jüdisch unterwandert und technologisiert worden war, und wandte sich in seinem Buch unmittelbar an die ,,unverdorbene, unverzogene und ungehemmte deutsche Jugend". Die Aufgabe Deutschlands – oder vielmehr die der deutschen Jugend – bestand darin, ,,das deutsche Volksthum zu erheben", die organische Gemeinschaft wiederherzustellen, die zu einem neuen Aufschwung der Individualität und zu einer Wiedergeburt von Kunst und wahrer deutscher Kultur führen würde.

Wie dies geschehen sollte, machte Langbehn nicht deutlich, wenn man auch nach seiner verächtlichen Zurückweisung der Vernunft darauf schließen kann, daß die Veränderung durch einen Willens- und, aller Wahrscheinlichkeit nach, Gewaltakt herbeigeführt werden würde, da sein Ziel weniger eine Reform als die Zerstörung der modernen Gesellschaft war. Sein Buch war in der Tat ein romantisches Manifest gegen das Wesen und sogar das schnelle Fortschreiten des zeitgenössischen Lebens und ein Aufruf zur Rückkehr zu einem Dasein, das schlichter, spontaner sein würde und das eher unter dem Zeichen der Intuition als dem der Rationalität stand. Aber das neue Leben würde kein passives Leben sein. Das wiedervereinte Volk würde einen Führer haben, einen ,,heimlichen Kaiser", der der wahre Einiger und die Verkörperung der Kultur war, und unter seiner Führung würde Deutschland seine rechtmäßige Stellung als führende Weltmacht einnehmen. Langbehn schrieb ganz nüchtern, die Regel, nach der der Beste herrschen solle, beziehe sich auch auf Völker, und deshalb seien die Deutschen zur Weltherrschaft berufen. ,,Was der deutsche Kaiser unter den Fürsten ist, das geborene Haupt, sollte Deutschland unter den übrigen Ländern der Erde sein."

Hinter der Zusammenhanglosigkeit stand also, wie immer bei Erzeugnissen romantischen Geistes, das Sehnen. Wie Fritz Stern in seiner ausgezeichneten Analyse von *Rembrandt als Erzieher* schrieb, war das Buch ,,beherrscht von einem ständigen Streben nach einer Form des Primitivismus, der nach der Zerstörung der bestehenden Gesellschaft auf die Befreiung der elementaren menschlichen Leidenschaften und die Schaffung einer neuen, auf Kunst, Genius und Macht gegründeten germanischen Gesellschaft abzielte".

Es wird sich kaum genau feststellen lassen, wie tief der für die neue Romantik im Deutschland vor 1914 charakteristische Kulturpessimismus reichte. Daß Lagarde viel gelesen wurde, ist bereits erwähnt worden, und die Tatsache, daß Langbehns Buch in den ersten zwei Jahren neunundreißig

Auflagen hatte, ist gewiß nicht ohne Bedeutung. Es besteht kein Zweifel, daß die Ansichten dieser Autoren in gewissem Maße zu dem wachsenden Gefühl des Unbehagens in den Jahrzehnten vor dem Krieg beitrugen, dem Gefühl, daß das Reich sich nicht den großen Erwartungen gemäß entwickelt hatte, daß das politische System ein Stadium des Stillstands erreicht hatte und daß keines der hohen Ideale noch viel bedeutete. Dieser Pessimismus spiegelte sich wider in den Untergangsahnungen, die kennzeichnend waren für die Werke von Schriftstellern wie Frank Wedekind, Carl Sternheim und Heinrich Mann und von Dichtern und Malern der ersten Phase des Expressionismus, und zweifellos beeinflußte er sowohl die Entscheidung für den Kriegseintritt wie die allgemeine Stimmung, mit der diese Entscheidung akzeptiert wurde.

Auf den ersten Blick mag der Name des deutschen Reichskanzlers von 1914, Theobald von Bethmann Hollweg, nicht in unsere Liste der Romantiker passen, doch wenn man das Tagebuch seines engsten Vertrauten Kurt Riezler liest, kann man sich des Eindrucks nicht erwehren, daß seine Politik zum Teil durch seine wachsende Verzweiflung darüber bestimmt war, was er für alarmierende Anzeichen geistiger Degeneration im politischen, intellektuellen und privaten Leben betrachtete, und durch das Gefühl, daß ein Krieg eine reinigende und regenerierende Wirkung ausüben würde. Ganz gewiß war es der Romantiker in Bethmann, der zu Riezler sagte, seine Politik sei ,,ein Sprung ins Dunkle, und dieser schwerste Pflicht". Und vielleicht war es das unbewußte, seinem Ursprung nach ebenfalls romantische Gefühl, daß die Zeit gekommen sei, der Gewalt ihre Chance bei den Problemen zu geben, die die Vernunft nicht hatte lösen können, welches hinter der Begeisterung stand, mit der der Kriegsausbruch sowohl von den politisch Eingeweihten wie von der breiten Masse des Volkes begrüßt wurde.

Die Tatsache, daß Gewalt in Wirklichkeit Deutschlands Probleme nicht löste, sondern sie nur komplizierte, vermochte die geistigen Strömungen, die ihren Gebrauch befürworteten, nicht aufzuhalten. Die tragischen Jahre der Weimarer Republik erlebten ein außerordentliches Anwachsen der politischen Romantik vor allem bei jungen Menschen, die bitter enttäuscht über die militärische Niederlage und die Bedingungen des Versailler Vertrags und voller Verachtung für jene republikanischen Führer waren, die angesichts der endlosen Krisen mit geduldiger Verzweiflung eine praktikable Demokratie aufzubauen versuchten. Diese aufgeweckten jungen Leute, die sich in den Büros von Otto Diederichs Zeitschrift *Das Gewissen* trafen oder im Juni-Club, zu dessen Stammitgliedern Arthur Moeller van den Bruck gehörte, spotteten über all diese Bemühungen; die Rudolf Pechels, Otto Strassers und Oswald Spenglers, die eifrigen Akademiker von Hans Zehrers *Tat*-Kreis, die Ernst Jüngers und Martin Heideggers und Carl Schmitts – das ganze Sammelsurium der Neuen Rechten – forderten neue Revolutionen

und neue und ruhmreichere Verkörperungen des „Volkes". Möglicherweise
hätten die wirtschaftlichen und politischen Probleme der Republik, so
schwierig sie sich darboten, einer vernünftigen Lösung zugeführt werden
können, doch diese Intellektuellen weigerten sich, ihre zweifellos vorhandene Begabung in den Dienst der Vernunft zu stellen. Wilhelm Stapel, einer
der talentiertesten Schriftsteller der rechtsgerichteten Intellektuellen, wies
schon den Gedanken an ein logisches und analytisches Angehen dessen,
woran die Gesellschaft krankte, zurück und schrieb:

> Wichtiger als alle Vivisektion des Intellektualismus ist das Wachstum eines nationa-
> len Mythos, eines Mythos nicht aus den Nerven geschwitzt, sondern aus dem Blute
> blühend. Denn nicht der Rationalismus, der Mythos zeugt Leben. Er ist in der
> Bildung begriffen. Das ist der Sinn und Inhalt unserer Zeit. Darum ist Feindschaft
> gesetzt und muß gesetzt sein zwischen Volkheit und Intellektualismus. Volkheit ist
> Glaube und Wachstum. Intellektualismus ist Skeptizismus und Dürre. Der Geist ist
> in der Volkheit; bei dem Intellektualismus ist nur Gewitztheit.

Vom Mythos und von der Stimme des Blutes war viel die Rede in den
Äußerungen dieser Leute, von Rudolf Pechel („Das Blut in seiner Unver-
fälschtheit ist wahrer Mittler zwischen Geist und Tat. In ihm lebt der tiefste
Sinn unserer Mythen, Sagen und Märchen. In ihm sprechen die deutschen
Wälder und Ströme.") bis zu Gerhart Hauptmann („Ich fühle das Ereignis
(Hitlers Besetzung des Sudetenlandes) im Blut"). Es fanden sich auch viele
zornige Widerklänge der Kulturkritik Lagardes und Langbehns und viel
Geschwafel über die Erfordernisse einer wahrhaft „völkischen" Kultur.
Und immer wieder drückte sich die Bereitschaft aus, der Weimarer Republik
um irgendeiner nebulösen, aber fabelhaften Traumwelt der Zukunft willen
den Rücken zu kehren. So sprach 1931 Franz Mariaux in einem Werk mit
dem bezeichnenden Titel *Der Schutthaufen* von dem „großen Wahnsinns-
rausch", in dem die alte Welt zerstört und neues Leben geboren werden
würde.

„Rausch" war ein Lieblingswort dieser Romantiker. Ernst Jünger gebrauchte es, um den Zustand der Erhebung zu beschreiben, der den Krieger
im Kampf erfaßte, und Martin Heidegger erklärte später sogar die Hinwendung Deutschlands zu Hitler als einen „Schicksalsrausch". Doch der Rausch
ist stets ein unverläßlicher Zustand, und Entscheidungen, die man in solcher
Verfassung trifft, sind nicht immer solche zum Guten. Jünger, der sich
einmal rühmte, es sei ein Privileg, am Hochverrat der Intellektuellen an der
Vernunft teilzunehmen, mochte wohl unbekümmert proklamieren: „Der
wahre Wille zum Kampf jedoch, der wirkliche Haß hat Lust an allem, was
den Gegner zerstören kann. Zerstörung ist das Mittel, das dem Nationalismus allein angemessen erscheint. Der erste Teil seiner Aufgabe ist anarchi-
scher Natur, und wer das erkannt hat, wird auf diesem ersten Teile des
Weges alles begrüßen, was zerstören kann." Solche Worte unterstrichen die

von so vielen unpolitischen Ästheten an den Tag gelegte Idealisierung der
Gewalt, aber was sollte danach kommen? Die romantischen Nationalisten
taten sich schwer mit der Beschreibung ihrer angestrebten schönen neuen
Welt. Mariaux zum Beispiel konnte nur schreiben: ,,Neue Träume eines
Reichs überfallen uns ... Es kommt wieder. Es gebiert sich selbst wieder.
Neuer Glaube: alte Gläubigkeit. Neue Mythen, unklar, ungewiß: alte mystische letzte Gewißheit``. Moeller van den Bruck, der 1923 mit seinem Buch
dieses Titels den Begriff *Das Dritte Reich* prägte, wurde auch nicht deutlicher, als er schrieb: ,,Der deutsche Nationalismus ist Streiter für das End-
reich. Es ist immer verheißen. Und es wird niemals erfüllt. Es ist das Vollkommene, das nur im Unvollkommenen erreicht wird ... Es gibt nur Das
Reich. Der deutsche Nationalismus kämpft für das mögliche Reich.`` Man
wird wieder an die blaue Blume erinnert, nach der die romantischen Helden
immer suchten, von der sie aber nie eine genaue Vorstellung hatten, wie sie
beschaffen sein würde und die, wenn sie sie fanden oder glaubten gefunden
zu haben, gewöhnlich ganz anders aussah als sie sie sich vorgestellt hatten.

Im Jahre 1930, kurz nach Hitlers erstem großen Wahlerfolg, suchte Thomas Mann dem deutschen Mittelstand die Gefahren der Wirklichkeitsflucht
und der gestaltlosen Sehnsucht vor Augen zu führen. In diesem ,,Appell an
die Vernunft``, wie er ihn nannte, warnte er vor einem Bündnis mit dem
,,Unbewußten, Dynamischen, Dunkelschöpferischen``, dem ,,Seelendun-
kel``, der ,,heilig gebärerischen Unterwelt``. Und er setzte hinzu:

> Vielleicht scheint es Ihnen kühn ... den radikalen Nationalismus von heute mit
> solchen Ideen einer romantisierenden Philosophie in Zusammenhang zu bringen, und
> doch ist ein solcher Zusammenhang da ... (und dient dazu), die politische Bewegung,
> von der wir sprechen, die nationalsozialistische, vom Geistigen her zu stärken. Dazu
> gehört eine gewisse Philologen-Ideologie, Germanisten-Romantik und Nordgläubig-
> keit aus akademisch-professoraler Sphäre, die in einem Idiom von mystischem Bie-
> dersinn und verstiegener Abgeschmacktheit mit Vokabeln wie rassisch, völkisch,
> bündisch, heldisch auf die Deutschen von 1930 einredet und der Bewegung ein Ingre-
> diens von verschwärmter Bildungsbarbarei hinzufügt, gefährlicher und weltentfrem-
> dender, die Gehirne noch ärger verschwemmend und verklebend als die Weltfremd-
> heit und politische Romantik, die uns in den Krieg geführt haben.

Der Zusammenhang, den Mann sah, ging den politischen Romantikern
selbst nicht auf. Sie hatten keine hohe Meinung von Hitler (einige drückten
sogar offen ihre Verachtung für ihn aus) und nicht die Absicht, ihm zur
Macht zu verhelfen. Doch wie einer von ihnen, der hervorragende Politikwissenschaftler Carl Schmitt, 1919 sagte: ,,Alles Romantische steht im Dienste von anderen unromantischen Ideen.`` Die Vitalität der literarischen Aktivität der politischen Romantiker beeindruckte den Mittelstand und vor allem die akademische Jugend und trug einerseits zur Schwächung ihres Vertrauens in das demokratische System und andererseits zur Stärkung ihrer
latenten Neigung zur Wirklichkeitsflucht bei. Der Nutznießer ihrer Arbeit

war Adolf Hitler, der ihnen für ihre Dienste keinen Dank wußte und dessen Drittes Reich nicht die geringste Ähnlichkeit mit dem ihrer Träume hatte.

IV

Bis in die späten 6oer Jahre des 20. Jahrhunderts war die Bundesrepublik praktisch frei von jener Art politischer Romantik, die zur Diskreditierung der Weimarer Republik beigetragen hatte, doch das änderte sich mit dem Aufkommen der Studentenbewegung. In den folgenden Jahren zeigten sich viele Merkmale der älteren Romantik in der ständig wachsenden Zahl von anarchistischen Gruppen an den Universitäten und in den Großstädten und ab 1970 in dem Anwachsen des Terrorismus und den Aktivitäten der Baader-Meinhof-Bande und der Rote-Armee-Fraktion.

Die gemeinsame Basis beider Bewegungen, abgesehen von der Tatsache, daß ihre Mitglieder wie die der früheren romantischen Bewegungen zum großen Teil aus dem wohlhabenden Mittelstand kamen, war ein ausgeprägter Kulturpessimismus, der in seiner Verdammung der Folgen von moderner Wissenschaft und Industrie noch über den Lagardes und Langbehns hinausging. Sie sahen in der Bundesrepublik ein Beispiel für eine Gesellschaft, die sich dem Konsum und der kommerzialisierten Kultur ergeben hatte und in der die Universitäten zu Lieferanten von Bürokraten, Technokraten und Apologeten des Systems degradiert waren, während sich die Wissenschaft zum Schutz der etablierten Ordnung der Herstellung von Massenvernichtungsmitteln widmete. Viele, die diese kritische Ansicht teilten, versuchten die von ihnen beanstandeten Verhältnisse zu ändern, indem sie Bürgerinitiativen beitraten, in den größeren politischen Parteien aktiv wurden oder sich dem Kommunismus zuwandten in dem Glauben, der richtige Weg, einen Wandel herbeizuführen, bestehe in der systematischen Eroberung der Infrastruktur der Gesellschaft, das heißt, in dem „langen Marsch durch die Institutionen". Ein bedeutender Teil der Studentenschaft jedoch – Wolff Dietrich Narr schätzt ihn auf 10 bis 15% – schloß sich in den Jahren 1960–1970 einer Bewegung an, die man als anarchistische Subkultur bezeichnen könnte, während eine viel kleinere Gruppe, die am Anfang aus der Gefolgschaft von Andreas Baader und Ulrike Meinhof bestand, den Weg der gewaltsamen Auseinandersetzung mit der bestehenden Gesellschaft beschritt.

Unter den einzelnen anarchistischen Gruppen – Maoisten, Mescaleros, Spontis, Stadtteilindianern, den Bewohnern von Kommunen und Kollektiven und dergleichen – gibt es ziemlich starke Unterschiede in Stil und Politik, aber drei typisch romantische Merkmale haben sie gemeinsam. Zum einen ihre Flucht aus der Wirklichkeit in eine selbstgeschaffene Welt. Tilman Fichter und Sigward Lonnendonker schrieben dazu:

Der Durchschnitts-Stadtteilindianer wacht in der Wohngemeinschaft auf, kauft sich die Brötchen in der Stadtteilbäckerei um die Ecke, dazu sein Müsli aus dem makrobiotischen Tante-Emma-Laden, liest zum Frühstück *Pflasterstrand, Info-BUG, zitty,* geht – falls er nicht Zero-work-Anhänger ist – zur Arbeit in einen selbstorganisierten Kleinbetrieb oder in ein ‚Alternativ-Projekt‘, alle fünf Tage hat er Aufsicht in einem Kinderladen, seine Ente läßt er in einer linken Autoreparaturwerkstatt zusammenflicken, abends sieht er sich ‚Casablanca‘ im off-Kino an, danach ist er in der Teestube, einer linken Kneipe oder im Musikschuppen zu finden, seine Bettlektüre stammt aus dem Buchladenkollektiv. Ärzte- und Rechtsanwaltskollektive, Beratungsstellen für Frauen, Frauen- und Männergruppen gibt es im Getto. Der gesamte Lebensbereich ist weitgehend abgedeckt ... Dabei ist die Kommunikation intensiv, verglichen mit der, die durchschnittliche Bundesbürger untereinander pflegen. Mit diesen unterhalten sich die Stadtteilindianer, antiautoritären Studenten und Spontis nur, wenn sie müssen, bei einer Razzia z. B. mit Polizisten. In West-Berlin und in Frankfurt gibt es Angehörige der Szene, die stolz darauf sind, seit zweieinhalb Jahren kein Wort mehr mit einem von denen, die draußen sind, gewechselt zu haben.

Zum anderen haben die anarchistischen Gruppen, ob ‚ausgeflippt‘ oder nicht – und hier stehen sie in deutlichem Gegensatz zu sozialistischen und kommunistischen Studentengruppen – eine ausgesprochene Abneigung gegen die Theorie und glauben fest daran, daß der Instinkt der Basis, des Kollektivs, ein besserer Ratgeber ist als der Verstand. Bei Diskussionen mit anderen Gruppen sollen Spontis schon gesagt haben, wer das Wort Dialektik gebrauche, verletze die Solidarität; und ein anarchistisches Flugblatt, das die Wissenschaft angriff, weil sie Theorie und Praxis trennte, stellte fest: ,,Wer mir jetzt mit Bloch, Marx oder Freud kommt, dem schlage ich den Schädel ein!'' Diese unverhohlene Geringschätzung der Vernunft ist ein romantisches Merkmal seit der Aufklärung.

Schließlich gleichen die anarchistischen Gruppen den politischen Romantikern der Weimarer Zeit darin, daß sie recht genau wissen, was ihnen an der Bundesrepublik mißfällt, aber nur unklare Vorstellungen von der Gesellschaft haben, die sie ersetzen sollte. Dies gab ihr erster Führer Rudi Dutschke zu, als er auf dem Höhepunkt der Studentenrebellion sagte: ,,Die ganze Emanzipationsbewegung krankt zur Zeit daran, daß sie eine konkrete Utopie noch nicht ausgemalt hat.'' Anstelle einer großen Vision haben sie nichts zu bieten als die Vermutung, die Gesellschaft wäre besser dran, wenn man sie dezentralisierte und in eine Masse von freiwilligen Kollektiven verwandelte, eine Alternative, die dem Durchschnittsbürger kein Vertrauen einflößt.

Alle diese romantischen Merkmale galten auch für die Terroristen, doch war ihre Flucht aus der realen Welt drastischer und ihre Zurückweisung der Vernunft bewußter und überlegter. Wir brauchen uns hier nicht mit der komplizierten Frage zu befassen, wieso Abscheu vor der Welt des Materialismus und der Fülle die 19jährige Susanne Albrecht (,,Ich habe die Kaviarfresserei satt!'') dazu brachte, bei dem Mord an dem mit ihren Eltern befreundeten Jürgen Ponto als Komplizin mitzuwirken, oder welche Kräfte Gudrun Ensslin und Ulrike Meinhof, intelligente und sensible Frauen mit einem sozialen Bewußtsein, veranlaßten, sich mit Andreas Baader zusammenzutun, einem Mann von ungeschliffener Intelligenz, der sich rühmte, ein Tatmensch zu sein, und glaubte, wenn er ein Kaufhaus anzündete, werde das ein Beitrag zur Befreiung Deutschlands von Imperialismus, Verbrauchsdenken und sexueller Unterdrückung sein. Wichtig ist die Feststellung, daß die Idealisierung der Gewalt, die für die politischen Romantiker der 20er Jahre charakteristisch war, von diesen Mittelstandsrebellen in der Bundesrepublik nicht nur übernommen, sondern noch konsequenter verfolgt wurde. Denn wenn die Terroristen ein Leitprinzip hatten, dann war es der Glaube, daß der Gebrauch der letztlich irrationalen Waffe, der aufs Geradewohl gegen individuelle Ziele gerichteten Gewalt, die Gesellschaft in eine solche Panik versetzen würde, daß sie gelähmt und deshalb reif würde für eine Revolution, die die falsche Demokratie zerstören und eine neue Gesellschaft im Interesse des Volkes und der Arbeiterklasse schaffen würde.

Die Wahrscheinlichkeit, daß es dazu kommen würde in einer prosperierenden und gut funktionierenden Gesellschaft, in der die meisten Menschen, einschließlich der wirklichen – verstanden im Gegensatz zur idealisierten – Arbeiterklasse, die politischen Romantiker als gewöhnliche Mörder betrachteten, war sehr gering. Doch als der Terrorismus weiterging – zwischen 1970 und 1978 hatte er 28 Todesopfer gefordert, 107 Menschen waren Mordanschlägen um Haaresbreite entgangen, 93 wurden bei Bombenattentaten und Schießereien verletzt, 162 als Geiseln genommen, 10 Fälle von Brandstiftung hatten schweren Schaden verursacht, es hatte 25 Bombenanschläge gegeben, und bei 35 Banküberfällen waren 5,4 Millionen DM erbeutet worden –, zeichnete sich eine andere Gefahr ab, nämlich die, daß die Empörung in der Öffentlichkeit zu Sicherheitsmaßnahmen führen könnte, die den gesetzlichen Schutz und die Grundrechte des einzelnen ernstlich vermindern würden. Die Welle des Terrorismus wurde begleitet von Andeutungen aus gewissen Kreisen, daß es angebracht sein könne, zu seiner Bekämpfung die demokratischen Rechte und Prinzipien zu beschneiden. Wenn es dazu käme, hätten sich die neuen politischen Romantiker freilich als genauso zerstörerisch erwiesen wie die alten.

10. Literatur und Gesellschaft

In den 50er und 60er Jahren unseres Jahrhunderts sprach man allgemein vom „Wirtschaftswunder" und meinte damit die rasche Erholung Westdeutschlands von den Verheerungen des zweiten Weltkriegs. Geringere Aufmerksamkeit widmete man der parallel laufenden Erholung des Geistes, die sich in einer bemerkenswerten literarischen Wiedergeburt manifestierte. Gewiß, nach der erstickenden Banalität von zwölf Jahren nationalsozialistischer Kultur hätte fast jedes Anzeichen literarischer Vitalität Aufmerksamkeit erweckt, doch was nach 1945 in Westdeutschland geschah, überstieg alle Erwartungen und konnte sich mit den Leistungen der Weimarer Republik messen. Dies wurde im Ausland fast so schnell erkannt wie in Deutschland selbst. Verleger begannen sich um die Rechte für deutsche Romane zu bemühen, und die Londoner und New Yorker Bühnen planten zum ersten Mal die Inszenierung deutscher Theaterstücke.

Die hervorstechenden Merkmale der neuen deutschen Romane waren ihre Zeitbezogenheit, ihr Blick für politische und soziale Probleme und ihre Offenheit in der Stellungnahme zu Fragen des Tages. Dies stand in bemerkenswertem Gegensatz zu den traditionellen Tendenzen der deutschen Literatur, die sich – zum Teil wegen Deutschlands sehr später politischer Einigung und wirtschaftlicher Anpassung, zum Teil wegen einer starren Konvention, die philosophische und geistige Werte als die einzig literaturwürdigen Themen betrachtete – im allgemeinen durch Provinzialismus und eine betonte Distanz zu den Problemen des alltäglichen Lebens ausgezeichnet hatte. Es gab natürlich Ausnahmen von dieser Entwicklung – etwa Theodor Fontane, dessen Romane über das Dilemma der Frauen im 19. Jahrhundert bereits erwähnt wurden, und Heinrich Mann, der mit seinen Geschichten beißende Analysen der soziopolitischen Struktur des Wilhelminischen Reiches schrieb –, doch ihre Zahl war klein gegenüber denjenigen, die weiterhin einen so begrenzten Horizont hatten, daß ihre Werke ein nicht-deutsches Publikum kaum interessierten, oder in ihrer Thematik so abstrakt waren, daß sie nicht verstanden wurden. Dies erklärt den Umstand, daß in den Tagen der Weimarer Republik das Ausland nur so wenige deutsche Schriftsteller kannte – die bemerkenswerten Ausnahmen waren Thomas Mann, der mit seinen Romanen *Buddenbrooks* und *Der Zauberberg* eine relativ kleine, aber urteilsfähige Leserschaft gefunden hatte, und, gewissermaßen am anderen Ende der Skala, die ungeheuer erfolgreiche Lieferantin sentimentalen Kitsches, Vicki Baum, die Zugang zu ausländischen Lesern gewann als Folge der mit Starbesetzung gedrehten Filmfassung ihres Romans *Menschen im Hotel.* Die Romane eines so kraftvollen Schriftstellers wie Alfred Döblin waren einfach zu abstrakt und philosophisch, „zu deutsch", für den westlichen Geschmack.

Diese Situation änderte sich sehr deutlich nach 1945, wenn dies auch lange Zeit nur für die Literatur Westdeutschlands galt. In der Deutschen Demokratischen Republik hätten die Talentblüte und das Erwachen eines öffentlichen Bewußtseins bei Schriftstellern genauso bemerkenswert sein können wie in der Bundesrepublik, wären nicht die politischen Bedingungen gewesen, unter denen schöpferische Künstler arbeiten mußten. Die ständige Überwachung und der Zwang zu ideologischer Konformität wirkten sich so hemmend aus, daß selbst ein Schriftsteller wie Bertolt Brecht, der auf Grund seiner Berühmtheit eine größere Freiheit genoß als seine Kollegen, seine Schöpferkraft einzubüßen schien und kein größeres Werk mehr schrieb, nachdem er sich in der sowjetischen Zone niedergelassen hatte. Die staatliche Zensur hatte allgemein zur Folge, daß jene soziale und politische Kritik unterblieb, die die literarische Produktion Westdeutschlands auszeichnete, während gleichzeitig der Literatur der DDR eine neue Form von provinzlerischer Begrenztheit und Abstraktheit auferlegt wurde.

I

Die Wiedergeburt der deutschen Literatur nach der kulturellen Lücke des Nationalsozialismus kann mit einiger Berechtigung dem Jahr 1947 zugewiesen werden, als die ehemaligen Kriegsgefangenen Hans Werner Richter und Alfred Andersch junge Schriftsteller einluden, zusammenzukommen und einander aus ihren Werken vorzulesen und kritisch dazu Stellung zu nehmen. Dies war der Ursprung der Gruppe 47, die zur lebendigsten Kraft in der deutschen Literatur während der nächsten zwanzig Jahre wurde, was nicht überraschend ist, wenn man bedenkt, welche außergewöhnlichen Talente mit ihr in Zusammenhang gebracht wurden: Die Schriftsteller Ilse Aichinger, Gerd Gaiser, Günter Grass, Wolfgang Hildesheimer, Uwe Johnson und Siegfried Lenz, die Lyriker Ingeborg Bachmann und Hans Magnus Enzensberger, der Lyriker und Hörspielautor Günter Eich und die Kritiker Carl Amery, Hans Mayer, Walter Jens, Walter Höllerer und Marcel Reich-Ranicki.

Diese Schriftsteller bildeten keine Gruppe im Sinne einer Organisation, denn sie waren durch keinen gemeinsamen ästhetischen Kanon gebunden und vertraten unterschiedliche politische Ansichten, wenn man auch die meisten von ihnen in ihrer Einstellung zu öffentlichen Fragen als links von der Mitte hätte einstufen können. Sie stellten eher einen Impuls als eine Bewegung dar. Nach ihrer Überzeugung war die deutsche Literatur während der zwölfjährigen Naziherrschaft zerrüttet und korrumpiert worden, und sie waren entschlossen, sie wiedererstehen zu lassen auf einer neuen

Grundlage, damit sie in Zukunft keinem anderen Zwang mehr nachgeben würde als dem inneren Antrieb des Künstlers. Gleichzeitig sollte sie ein kritisches Bewußtsein für die Probleme der zeitgenössischen Gesellschaft entwickeln und danach trachten, bei ihrer Lösung mitzuhelfen.

Daß diese Schriftsteller sich aufgerufen fühlten, sich mit den Nazijahren auseinanderzusetzen, war unvermeidlich, allerdings schlugen sie nicht den metaphysischen und übersymbolischen Weg ein, den ältere Schriftsteller wie Elisabeth Langgässer (*Das unauslöschliche Siegel*, 1946; *Märkische Argonautenfahrt*, 1950) und Hermann Kasack (*Die Stadt hinter dem Strom*, 1947) mit ihren Nachkriegsromanen beschritten hatten, sondern suchten die Vergangenheit ganz direkt und deutlich anzugehen. So besaß von allen Nachkriegswerken über den Holocaust keines die beherrschte Intensität von Paul Celans Gedicht *Todesfuge* mit seinem bewegenden Eindringen in die Gedanken der Opfer der Konzentrationslager:

> der Tod ist ein Meister aus Deutschland sein Auge ist blau
> er trifft dich mit bleierner Kugel er trifft dich genau
> ein Mann wohnt im Haus dein goldenes Haar Margarete
> er hetzt seine Rüden auf uns er schenkt uns ein Grab
>   in der Luft
> er spielt mit Schlangen und träumet der Tod ist ein
>   Meister aus Deutschland
>   dein goldenes Haar Margarete
>   dein aschenes Haar Sulamith

Und, um ein weiteres Beispiel zu erwähnen, keine der vielen Abhandlungen, die in dieser Zeit über die Schuld geschrieben wurden, drückte die vernichtende Endgültigkeit von Hans Magnus Enzensbergers *verteidigung der wölfe gegen die lämmer* aus, ein Gedicht, das die Verantwortung für die Verbrechen und Ungerechtigkeiten der zeitgenössischen Gesellschaft denen anlastet, die so willfährig und feige gewesen sind, sie zu dulden:

> gelobt sein die räuber: ihr,
> einladend zur vergewaltigung,
> werft euch aufs faule bett
> des gehorsams. winselnd noch
> lügt ihr. zerrissen
> wollt ihr werden. ihr
> ändert die welt nicht.

Die Prosaschriftsteller waren von der gleichen kompromißlosen Offenheit. Heinrich Bölls *Wanderer, kommst du nach Spa . . .*, die Geschichte eines vierfach Querschnittsgelähmten, und Bruno E. Werners Roman *Die Galeere*, der in der Beschreibung der Zerstörung von Dresden gipfelt, fingen in erschütternden Einzelheiten das Grauen ein, das das Ende des ,,nationalsozialistischen Traums" begleitete. Es war für diese Schriftsteller und ihre Kollegen kennzeichnend, daß sie mehr beschrieben als reflektierten und daß sie

Geschichten erzählten, die in allen Details die Vergangenheit wachriefen und diese nicht unter moralischen Verallgemeinerungen erstickten. Sie suchten stets die wahre Bedeutung dessen hervorzuheben, was ihrem Land widerfahren war, indem sie die Ursachen und Wirkungen am Beispiel wirklicher Menschen an wirklichen Orten vor Augen führten. Günter Grass schrieb nicht über den Nationalsozialismus als deutsches Phänomen, sondern darüber, wie er sich in Danzig darbot. Ort des Geschehens der Erzählungen Bölls und seiner Romane über den fortwirkenden Einfluß des Nationalsozialismus in der Bundesrepublik wie etwa *Billard um halb zehn* und *Ansichten eines Clowns* war Köln. Die regionale Annäherung an das Problem war wirkungsvoll. Als Siegfried Lenz in *Die Deutschstunde* beschrieb, wie die persönlichen und familiären Beziehungen in einem entlegenen Dorf an der schleswig-holsteinischen Küste durch den kulturellen Dogmatismus von Naziideologen in Berlin beeinflußt wurden, oder – um ein Beispiel aus den 70er Jahren anzuführen – als Walter Kempowski in *Tadellöser und Wolf* und *Uns geht's ja noch gold* aufzeigte, wie sich Aufstieg und Niedergang des Nationalsozialismus im Schicksal einer Rostocker Kaufmannsfamilie widerspiegelten, besaßen ihre fiktiven Darstellungen eine Wahrscheinlichkeit, die in Verbindung mit der künstlerischen Vorstellungskraft, das entscheidende Detail herauszustellen, dem Leser das Wesen des Nationalsozialismus näher brachte als die meisten gelehrten Rekonstruktionen.

Die Schwäche der von den meisten älteren Romanciers angewandten Technik hatte darin bestanden, daß sie, indem sie den Nazismus mit mythischen Eigenschaften ausstatteten und ihn, wie dies einige taten, als typisch deutsches Schicksal schilderten, zur Steigerung seines Ansehens beitrugen. Dies galt insbesondere für Thomas Mann, der, da er über keine direkten Erfahrungen mit dem tatsächlichen Leben unter dem Hitlerregime verfügte, sich, wie Michael Hamburger es ausdrückte, dafür entschied, ,,es in *Doktor Faustus* (seinem letzten Roman) zu dämonisieren, und somit einen paradoxen Tribut an seine perverse Anziehungskraft entrichtete". Dies war gar nicht nach dem Geschmack der Schriftsteller der Nachkriegsgeneration, unter denen sich Günter Grass als der wirksamste Zerstörer dieses Nimbus von Mysterium und Schicksal erwies. In drei hervorragend konzipierten und blendend ausgeführten Romanen, *Die Blechtrommel*, *Katz und Maus* und *Hundejahre*, begann er damit, die Banalität und Minderwertigkeit der Nazibewegung darzulegen, indem er sie konsequent entmythologisierte.

In Grass' Romanen hatten die Nazis weder etwas Heroisches noch etwas Diabolisches. Sie waren Kraftmeier, deren Gebaren auf scharfsichtige Beobachter stets komisch wirkte (wie auf den Zwergen Oskar in *Die Blechtrommel*, der mit seinem Trommeln die Macht besaß, ihre martialischen Demonstrationen in sentimentale Unordnung aufzulösen) und die zu lächerlicher Nacktheit zusammenschrumpften, wenn sie erst ihrer Orden und Ehrenzeichen beraubt waren (wie dies dem angeberischen Kriegshelden in *Katz und*

Maus geschieht, als ihm Grass' komische Hauptfigur Mahlke das Ritter-
kreuz stiehlt). Im wesentlichen waren diese „Helden" so gestaltlos wie die
Vogelscheuchen, die Eddi Amsel in *Hundejahre* darauf programmierte, an-
zutreten und zu salutieren, oder wären es gewesen, wären sie nicht unterstützt worden durch miese Kleinbürger, die sich gern einmal mit einer Uniform schmückten, wie der Lebensmittelhändler Matzerath in *Die Blechtrommel,* von dem Oskar berichtet:

> Nach und nach kaufte sich Matzerath die Uniform zusammen. Wenn ich mich
> recht erinnere, begann er mit der Parteimütze, die er gerne, auch bei sonnigem Wetter
> mit unterm Kinn scheuerndem Sturmriemen trug. Eine Zeitlang zog er weiße Ober-
> hemden mit schwarzer Krawatte zu dieser Mütze an oder eine Windjacke mit Arm-
> binde. Als er das erste braune Hemd kaufte, wollte er eine Woche später auch die
> kackbraunen Reithosen und Stiefel erstehen ... Es ergab sich mehrmals in der Woche
> Gelegenheit, diese Uniform zu tragen, aber Matzerath ließ es mit der Teilnahme an
> sonntäglichen Kundgebungen auf der Maiwiese neben der Sporthalle genug sein. Hier
> erwies er sich jedoch selbst dem schlechtesten Wetter gegenüber unerbittlich, lehnte
> auch ab, einen Regenschirm zur Uniform zu tragen ... ‚Dienst ist Dienst', sagte
> Matzerath, ‚und Schnaps ist Schnaps!'

Die unverbesserliche Romantik und die versteckten Ressentiments waren
es, die Leute wie Matzerath für die Lockungen der Nazis anfällig machten,
und ihr wirrer Glaube, Pflicht sei gleichbedeutend mit blindem Gehorsam,
machte sie zu Unmenschen, die sich einzubilden vermochten, daß sie etwas
Bewundernswertes und Vornehmes taten, wenn sie einem jüdischen Spiel-
warenhändler die Scheiben einwarfen oder auf seinem Türvorleger ihr Geschäft verrichteten. Und die kollektive Dummheit war es, die an das offenkundig Unmögliche zu glauben bereit war, das die Nazis an der Macht hielt.
Der Zwerg Oskar sagt an einer Stelle, die den Zorn seines Schöpfers auf die
Kirchen offenbart, die diesem törichten Glauben Vorschub geleistet hatten:

> Ein ganzes leichtgläubiges Volk glaubte an den Weihnachtsmann. Aber der Weih-
> nachtsmann war in der Wirklichkeit der Gasmann. Ich glaubte, daß es nach Nüssen
> riecht und nach Mandeln. Aber es roch nach Gas ... (Die Leichtgläubigen) glaubten
> ... an die alleinseligmachende Gasanstalt, die mit steigenden und fallenden Gasome-
> tern Schicksal versinnbildlichte und zu Normalpreisen eine Adventszeit veranstaltete,
> an deren vorauszusehende Weihnacht zwar viele glaubten, deren anstrengende Feier-
> tage aber nur jene überlebten, für die der Vorrat an Mandeln und Nüssen nicht
> ausreichen wollte – obgleich alle geglaubt hatten, es sei genug da.

II

Die Erfahrungen mit der Nazizeit forderten die Schriftsteller dazu heraus,
deren Bedeutung zu ergründen und zu enthüllen, aber sie hatten noch einen
weiteren Effekt: sie machten sie empfindlich für jede Regierungsmaßnahme

oder jede Tendenz im Alltag der deutschen Gesellschaft, die in irgendeiner Weise die individuelle Freiheit zu bedrohen oder die Rückkehr zu einem autoritären Regime anzukündigen schien. Als die Regierung 1949 ein Gesetz gegen pornographische Literatur einbrachte (das sogenannte Schmutz- und Schundgesetz), legte die deutsche Sektion der internationalen Schriftstellervereinigung PEN energischen Protest ein, und Erich Kästner erinnerte seine Landsleute daran, daß ein ähnliches Gesetz in den 20er Jahren arglosen Menschen die Literatur verdächtig gemacht und so Hitlers Bücherverbrennungen und Ausstellungen von „entarteter Kunst" den Weg bereitet hatte. „Die Geschichte vom Trojanischen Pferd ist bekannt", schrieb Kästner. „Das Schmutz- und Schundgesetz ist ein neues Trojanisches Pferd." In ihm versteckten sich Reaktionäre von verschiedener Färbung und Politiker, die die wahren Tagesprobleme nicht lösen konnten und hofften, die Aufmerksamkeit des Volkes von ihrem Versagen ablenken zu können durch ein Gesetz, das angeblich die deutsche Jugend schützen sollte. „Endlich können sich die armen Kleinen am Kiosk keine Aktphotos mehr kaufen und bringen das Geld zur Sparkasse! Dadurch werden die Sparkassen flüssig, können Baukredite geben, Arbeiter werden eingestellt, Flüchtlinge finden menschenwürdige Unterkünfte, und die Heimkehrer werden Kassierer bei der Sparkasse. Ja?"

Wann immer in den folgenden Jahren es um etwas ging, das an die schlimme Vergangenheit erinnerte oder ihre Rückkehr heraufzubeschwören schien, meldeten sich mit Sicherheit einzelne Schriftsteller und Organisationen wie der PEN-Club und die Gruppe 47 zu Wort. Dies war etwa der Fall, als in den 50er Jahren die Länderregierungen bei der Verhinderung der Verbreitung neonazistischer Literatur zu nachlässig handelten, als die Regierung Adenauer den Beitritt zur NATO und die sich aus der Bündnisverpflichtung ergebende Aufstellung einer Bundeswehr beschloß, als die Regierung 1962 eine Strafaktion gegen das Wochenmagazin *Der Spiegel* wegen angeblichen Verrats von Staatsgeheimnissen in Gang zu bringen suchte, und, wie wir noch sehen werden, als in den 70er Jahren ein Gesetz über spezielle politische Voraussetzungen bei der Zulassung zum öffentlichen Dienst erlassen wurde.

In einem bis dahin unbekannten Ausmaß wurden sich deutsche Schriftsteller ihrer Verantwortung zur Teilnahme an der Politik ihres Staates bewußt. Kein Thema stand häufiger auf der Tagesordnung von Schriftstellertreffen an Orten wie Bad Boll oder Tutzing als das des Engagements, und kam es auch selten zu einer Übereinstimmung über die Formen, die dieses Engagement annehmen sollte, so gab es doch wiederholte Erklärungen in dem Sinne, daß die sogenannte „Innerlichkeit", die früher das Kennzeichen des wahren „Dichters" gewesen sei, gefährliche Folgen für Deutschlands Entwicklung gehabt hatte und daß Hitler der einzige Nutznießer der Neutralität der Mehrheit der Schriftsteller in der Weimarer Zeit gewesen war,

weil die Expressionisten entweder die Politik geringschätzten, wie Franz
Werfel, oder wie Gottfried Benn sagten, sie gehöre nicht zum Geschäft des
Schriftstellers. Außerdem hatten die Neo-Objektivisten sich durch ihren
Zynismus und mangelnden Weitblick dazu bringen lassen, die Verteidiger
der Freiheit ebenso heftig zu attackieren wie ihre Feinde. Die Parole für die
neue Schriftstellergeneration gab 1946 Günther Weisenborn aus, als er sagte:
„Die Zeit des Schweigens, der Geheimnisse, des Flüsterns ist vorbei. Wir
können sprechen. Wir müssen sprechen." Sie hatten in der Tat das Gefühl,
daß es gerade, weil sie einen freien Beruf hatten, besonders wichtig sei, daß
ihre Ansichten gehört würden. Im Jahre 1966 schrieb Walter Jens: „Der
deutsche Schriftsteller unserer Tage, von keiner Klasse beauftragt, von keinem Vaterland beschützt, mit keiner Macht im Bund, ist ... ein dreifach
einsamer Mann. Doch gerade diese Stellung inmitten der Pole, die Bindungs-
losigkeit eben läßt ihn – eine ungeheure, einzigartige Chance! – so frei sein
wie niemals zuvor." Und im Hinblick auf den wachsenden Druck zur Konformität, der mit dem Kalten Krieg gekommen war, fuhr Jens fort: „In
einem Augenblick, da der blinde Gehorsam regiert, ist das Nein des War-
ners, das erasmische Zögern, seine Bedenklichkeit und sokratische Vorsicht
wichtiger denn je ... und dies zumal in einem Land, wo das Ja mehr als das
Nein, die Regierung mehr als die Opposition und der Angreifer mehr als der
Verteidiger gilt."

Unter den vielen, die sich in diesem Geiste zu Problemen äußerten, oft auf
eine Weise, die ihnen heftige Kritik der Öffentlichkeit eintrug, verdienen der
Lyriker Enzensberger und die Romanschriftsteller Grass und Böll besondere Erwähnung.

Alle drei erstrebten sie eine Gesellschaft freier Menschen, die selbst ihr
Schicksal bestimmten, und alle drei hatten sie den Eindruck, daß dieses Ideal
bedroht war in der Welt, die in der zweiten Hälfte des 20. Jahrhunderts
emporkam. Enzensberger, ein Sozialist, dessen Vorstellungen denen des frühen Marx entsprachen, glaubte, die Gefahr liege im Scheitern jener Art von
Revolution, die Marx vorgeschwebt hatte – einer Revolution, die die materielle Existenz und das Bewußtsein der Menschen verändert und dieser Veränderung eine effektive politische Form verliehen haben würde. Statt dessen
hatte sich die Gesellschaft vom Wettbewerbskapitalismus zu dem entwik-
kelt, was Enzensberger Spätkapitalismus nannte, und dieser kennzeichnete
jetzt die beiden einander bekämpfenden Weltsysteme, die trotz ihrer ideologischen Färbung dem Wesen nach identisch waren. Dies zeigte sich in der
Tatsache, daß der Irrationalismus, den Marx als Charakteristikum des Kapitalismus bezeichnet hatte, bei beiden in verstärkter Form vorhanden war,
daß die Dummheit ihrer herrschenden Klassen von Tag zu Tag offenkundi-
ger wurde in der selbstzerstörerischen Art ihrer Politik und daß jeder in
Aussicht genommene Wandel im einen oder anderen System als Bedrohung
und deshalb als unstatthaft betrachtet wurde. In beiden Systemen war die

Produktivität zum Selbstzweck geworden, ohne Beziehung zu menschlichen Bedürfnissen und sozialen Zielen, und die Legitimität dieser Situation wurde sowohl vom Staatsapparat hervorgehoben, der immer autoritärer wurde, als auch von einer Presse und einer Verlagsindustrie verteidigt, die seine Philosophie widerspiegelten. Das hervorstechende Merkmal des westlichen wie des sowjetischen Systems war die ihnen eigene Inhumanität, ja, ihre Verachtung des Menschen, den sie im Prozeß ihrer Selbsterhaltung vernichteten. Im Jahre 1957 beschrieb Enzensberger den Prozeß in einem Gedicht mit dem Titel *bildzeitung*, in dem er die Praktiken der erfolgreichsten, von der Axel-Springer-Presse produzierten Tageszeitung angriff. An die Leser dieser Zeitung gewandt, schrieb Enzensberger:

> du wirst reich sein
> markenstecher uhrenkleber
> wenn der mittelstürmer will
> wird um eine mark geköpft
> ein ganzes heer beschmutzter prinzen
> turandots mitgift unfehlbarer tip
> tischlein deck dich
> du wirst reich sein
>
> . . . . .
>
> auch du auch du auch du
> wirst langsam eingehn
> an lohnstreifen und lügen
> reich, stark erniedrigt
> durch musterungen und malz-
> kaffee, schön besudelt mit straf-
> zetteln, schweiß,
> atomarem dreck:
> deine lungen ein gelbes riff
> aus nikotin und verleumdung
> möge die erde dir leicht sein
> wie das leichentuch
> aus rotation und betrug
> das du dir täglich kaufst
> in das du dich täglich wickelst

Dieser Vorgang war schon so weit gediehen, daß er nur mit revolutionären Mitteln umgekehrt werden konnte. Enzensberger setzte seine Hoffnung in die Fähigkeit der Massen, die Irrationalität des Systems zu erkennen, das sie versklavte, und allmählich zu lernen, seine Manipulationstechniken in Mittel der Aktion und Befreiung umzuwandeln. Um dies zu erreichen, würden sie Führer benötigen, und wurden auch neue Gesellschaften selten von Dichtern und Romanciers erbaut, so waren doch Schriftsteller und andere Intellektuelle und die studentischen Rebellen an den Universitäten bei dem Erziehungsprozeß notwendig, nicht zuletzt für den systematischen Angriff, der den Massenmedien gelten mußte, den wirksamsten Verteidigungsinstrumenten des Establishments. Das Ziel war eine Umwandlung der Gesellschaft, indem ihren Energien und ihren Machtmitteln eine neue Richtung gewiesen wurde, ein ,,Umfunktionieren" im Interesse der Freiheit.

Der Romancier Grass war, was Enzensbergers Ansicht zu den gegenwärtigen Strömungen in der Bundesrepublik betraf, nicht gänzlich anderer Meinung, und jene Abschnitte seiner ersten größeren Romane, die sich mit den Jahren nach 1945 befaßten, enthielten scharfe Kritik bezüglich der Neigung der neuen herrschenden Klasse, Zuflucht aus der Vergangenheit im materiellen Vergnügen (die Szene im Zwiebelkeller in *Die Blechtrommel*) und in den Manipulationen ihrer Pressezaren und Industriemagnaten zu suchen (die Mehlwurm-Szene in *Hundejahre*). Doch Grass war, wie Jochen Steffen in einem nützlichen Vergleich der politischen Ansichten beider Schriftsteller erläuterte, zu sehr der Rationalist des 18. Jahrhunderts, um Enzensbergers Rezept vorbehaltlos akzeptieren zu können. Um es genauer auszudrücken: Grass vertrat die Ansicht, daß das Engagement des Schriftstellers einen praktischen Zweck verfolgen müsse, nämlich den der Kritik und der Reform. Dies Ziel sei jedoch nicht aus der erhabenen Höhe, von der aus deutsche Intellektuelle gewöhnlich den Tumult des Alltags zu betrachten pflegten oder auch von jener abstrakten theoretischen Ebene aus, die Enzensberger einnahm, zu verwirklichen, sondern nur durch aktive Beteiligung am demokratischen Prozeß.

In der Geschichte der deutschen Literatur war Grass etwas Neues, ein Schriftsteller von Rang, der sich aktiv für eine politische Partei einsetzte und bei der Verbreitung von deren Vorstellungen eine bedeutende Rolle spielte, wie etwa während des Wahlkampfs von 1969, als er die ganze Bundesrepublik bereiste, sechzig Wahlkreise besuchte und über neunzig Reden für die Sozialdemokratische Partei hielt. Warum, so fragte er sich in den Aufzeichnungen, die er später seinem Buch *Das Tagebuch einer Schnecke* einfügte, hielt er es für wichtig, durch das Münsterland und durch Franken zu reisen und über so langweilige Themen wie Vermögenssteuer und Mitbestimmungsrecht zu sprechen? Zunächst einmal, weil er – obwohl er mit dieser Erklärung kaum jemanden zu Begeisterungsstürmen hinreißen konnte – Sozialdemokrat war, ,,weil mir Sozialismus ohne Demokratie nichts gilt und weil eine unsoziale Demokratie keine Demokratie ist". Zum anderen, weil er glaubte, daß der Fortschritt zur Demokratie hin auf den Wahlrednertribünen, in den Parteiversammlungen und im Parlament stattfand und er langsam vonstatten ging, in der Tat schneckengleich. Schriftsteller, die zum ungeduldigen Idealismus neigten, mußten sich mit dieser Tatsache abfinden. Jedenfalls fügte Grass ganz offen hinzu – vielleicht im Gedanken an den ,,lustigen Enzensberger", der die Wahlkampagne in Kuba verbracht und dabei zweifellos über erhabenere Themen diskutiert hatte: ,,Ich mag keine Leute, die zum Nutzen der Menschheit die Banane gradebiegen wollen."

Die Reaktion der Öffentlichkeit und der Presse auf das politische Engagement der Schriftsteller waren nicht immer von Zustimmung getragen, sondern bisweilen von heftiger Kritik begleitet. Dies galt vor allem für das politische Auftreten Heinrich Bölls, eines Romanschriftstellers, der internationale Anerkennung genoß nicht nur wegen seines literarischen Rangs (er erhielt 1972 den Nobelpreis), sondern auch wegen seines energischen Eintretens als Präsident des internationalen PEN-Clubs für die Rechte der verfolgten und inhaftierten Intellektuellen in der Sowjetunion, in Osteuropa und in Lateinamerika.

Bölls Sorge wegen der Bedrohung der individuellen Freiheit beschränkte sich nicht etwa nur auf internationale Brennpunkte. Als Romanschriftsteller bewies er schon früh, daß er ein kompromißloser Sozialkritiker war, und *Billard um halb zehn* und *Ansichten eines Clowns* waren wenig schmeichelhafte Porträts der Gründerjahre der Bundesrepublik, die aufzeigten, wie geschickt sich Nazi-Mitläufer in die herrschende Klasse des neuen demokratischen Staats hatten einschleusen können. Besonders in *Ansichten eines Clowns* waren die Porträts von bürgerlichen Parvenüs so ätzend wie die Theodor Fontanes in *Frau Jenny Treibel* und kaum dazu angetan, den Autor bei dem neuen wirtschaftlichen Establishment oder bei der katholischen Kirche beliebt zu machen, der er besonders kritisch gegenüberstand, ebenso wie sein katholischer Glaubensbruder Carl Amery, für dessen Buch *Die Kapitulation* er das Vorwort schrieb. Auch wurde der Eindruck seiner früheren Bücher nicht abgemildert durch den Roman *Gruppenbild mit Dame*, der Böll den Nobelpreis einbrachte, denn diese Geschichte von eminent katholischer Moralität war die Geschichte vom Märtyrertum einer Frau, die so simple Tugenden wie Mut, Verantwortungsgefühl, Ehre und Liebe übte, aber feststellen mußte, daß sie vergeblich waren in einer gleichgültigen und bürokratisierten Gesellschaft, die sich nur für Macht, Einfluß und Geld interessierte.

Die heftigste Empörung seiner Mitbürger erweckte jedoch weniger Bölls literarische als seine öffentliche Tätigkeit. Der Schriftsteller war entsetzt, als die Exzesse der studentischen Linken den Staat zur Verabschiedung des sogenannten Radikalenerlasses brachten, welcher Personen, die sich einer Tätigkeit hingegeben hatten, die man als verfassungswidrig bezeichnen konnte, den Zugang zum Staatsdienst versperrte. Dies betrachtete er als ein schändliches und heuchlerisches Werk und als eine Art von freiwilligem Selbstmord für eine demokratische Gesellschaft. In einem ,,Radikalität und Hoffnung" betitelten Aufsatz fragte er: ,,Was wäre aus der Bundesrepublik geworden, hätte es nicht Radikale und Extremisten gegeben, die nicht auf persönliche Bereicherung, sondern auf Veränderung der bestehenden Verhältnisse aus waren? Man denke sich doch einmal die Studentenbewegung aus unserer Zeit fort, stelle sich vor, sie habe nicht stattgefunden – wie gelähmt wäre unser Bildungswesen denn heute?"

Selbst manchen Leuten, die Böll bewunderten und sich für liberal hielten, erschien diese Einstellung eigensinnig und blind gegenüber den Zerstörungen, die in den Universitäten von Gruppen angerichtet wurden, die Verachtung für Bölls eigene Wertvorstellungen an den Tag legten. Aber der Schriftsteller ließ sich nicht erschüttern, und seine Ansicht, daß die Repression sich selbst nähre und allmählich die Gesellschaft zerrütte, die sie schützen sollte, fand noch offeneren Ausdruck in der Frage der Terroristen und der gegen sie angewandten Maßnahmen. Von Anfang an war Böll der Überzeugung, daß eine öffentliche Hysterie durch eine konservative Presse geschaffen wurde, mit dem Ziel, jedem, der nur ganz vage mit Aktivitäten in Verbindung gebracht wurde, die man im weitesten Sinne als terroristisch bezeichnen konnte, die Bürgerrechte zu verweigern. Als die *Bild-Zeitung* im Dezember 1971 in großen Schlagzeilen verkündete: ,,Die Baader-Meinhof-Bande mordet weiter'', zu einer Zeit, da noch keine sicheren Beweise dafür vorlagen, daß es eine Bande gab oder daß sie einen Mord begangen hatte, erklärte er voller Zorn: ,,Das ist nackter Faschismus, Verletzung, Lüge, Dreck!'' und forderte gesetzliche Maßnahmen zum Schutz der Öffentlichkeit vor dieser Art von bewußter Suggestion. Die einzige Folge war ein schriller Schimpfchor mit Stimmen, die ihn ,,Sympathisant'', ,,geistigen Vater'' und ,,Helfershelfer'' des Terrorismus nannten. Im Jahre 1974 schrieb die Zeitschrift *Quick:* ,,Die Bölls sind schlimmer als Baader/Meinhof'', und ein Sprecher des Senders Freies Berlin sagte: ,,Der Boden der Gewalt wurde durch den Ungeist der Sympathisanten mit den Greueltätern gedüngt'' und zögerte nicht, Böll als einen der gefährlichsten unter den Sympathisanten zu bezeichnen.

Der Schriftsteller reagierte darauf in zahlreichen Reden und Artikeln und am wirkungsvollsten mit einem Kurzroman mit dem Titel *Die verlorene Ehre der Katharina Blum* (1975), der sogleich von Volker Schlöndorff und Margarethe von Trotta in Zusammenarbeit mit dem Autor verfilmt wurde. Obwohl dieses Buch eine allgemeine Ähnlichkeit mit *Gruppenbild mit Dame* aufwies, war es mehr eine Flugschrift als ein Roman und klagte die Rechtspresse des Rufmords und der Verletzung der Menschenrechte an. Es erzählt die Geschichte einer Frau, die in ihrer Wohnung eine Nacht mit einem jungen Mann verbringt, der von der Polizei gesucht wird, was sie allerdings nicht weiß. Dadurch setzt sie sich einer Verfolgung durch Polizei und Presse aus, gegen die sie keinen gesetzlichen Schutz genießt, und verstört und demoralisiert erschießt sie schließlich den Journalisten, der bei der Jagd auf sie die führende Rolle spielte. Das Buch und der Film erweckten großes Aufsehen, und obwohl die persönlichen Angriffe auf Böll damit nicht aufhörten, schien es doch so, als ob das Gewissen vieler Menschen wachgerüttelt worden sei, und man wurde aufmerksam auf etwas, das, wie es schien, sich als eine gut organisierte konservative Kampagne gegen bürgerliche und geistige Freiheit unter dem Deckmantel der Sorge um die Staatssicherheit herausstellte. Dies war gewissermaßen der Wendepunkt. Als man das Jahr 1978 schrieb, war das in der ganzen Bundesrepublik gelesene Magazin *Stern* an Bölls Seite getreten und druckte Artikel über die Gefahr, die den bürgerlichen Freiheiten von den neuen Sicherheitstechniken drohten; und im gleichen Jahr diskreditierte der Fall Filbinger, von dem noch die Rede sein wird, jene Gruppen, die die schrillsten Töne gegen „die Sympathisanten" ausgestoßen hatten.

Böll hatte sich nie als politischen Schriftsteller gesehen und stand in Neigung und Begabung seinem Zeitgenossen, dem Romanschriftsteller Martin Walser, einem Meister der genauen Offenlegung der Schwächen und Fehler des deutschen Mittelstands, näher als den politischen Aktivisten Grass und Enzensberger. Aber als christlicher Moralist in einer Gesellschaft, die er für das Böse empfänglich glaubte, fühlte er sich aufgerufen, dieses Böse dem oft irregeführten oder kurzsichtigen Blick seiner Mitbürger darzulegen und auf seine unvermeidlichen menschlichen und sozialen Folgen hinzuweisen. Manchmal tat er dies mit der lakonischen Kürze eines Polizeiberichts, wie in *Katharina Blum*, manchmal zeichnete er erschreckende Visionen von dem, was aus Deutschland werden könnte, wenn jene, die an Freiheit glaubten, nicht wachsam waren.

Seine Kassandraseite zeigt sich am deutlichsten in dem Roman *Fürsorgliche Belagerung*, dem makabren Bild einer Gesellschaft, die sich von ihren Ängsten gefangennehmen läßt und in ihrer Kurzsichtigkeit zu ihrer Rettung auf die Gewalt baut, einer Gesellschaft, in der die besitzende Klasse ihre Freiheit den Polizeibeamten überantwortet, die sie schützen, und in der sie ein reglementiertes, freudloses Leben führt, in dem jeder Schritt, jede eingenommene Mahlzeit, jeder menschliche Kontakt und Telefonanruf beobachtet und aufgezeichnet wird. Er zeichnet das Bild einer Gesellschaft, in der der Argwohn zur Lebensweise geworden ist, Karrieren zerstört werden durch jugendliche Begeisterung und Indiskretion und das Verhältnis zwischen den Generationen gekennzeichnet ist durch beiderseitiges Unverständnis und gelegentlich durch irrationalen Haß. Diese Gesellschaft wurde versinnbildlicht durch das Erlebnis einer der Böllschen Figuren, die berichtet,

daß er im Bus von Köln nach Hubreichen gesessen und in einem Buch mit dem Titel ‚Castros Weg' gelesen habe; friedlich habe er da gesessen, nicht bemerkt, wie ringsum die Leute Zeitungen mit Berichten von Bewerlohs (eines von Terroristen getöteten Geschäftsmanns) Ende lasen, und plötzlich, so kurz vor Hurbelheim, habe ihn die tödliche Stille im Bus aufgeschreckt, er habe aufgesehen und festgestellt, daß alles stumm und feindselig auf ihn, auf das Buch gestarrt hätte, wortlos eisig und eisern, ‚als würden sie mich jeden Augenblick erwürgen', und er habe Angst bekommen, richtig Angst, ja, und er habe fast in die Hose gemacht vor Angst und sei schon in Hurbelheim ausgestiegen und den Rest des Weges zu Fuß gegangen, und nun wolle er weg, egal wohin. ‚Irgendwohin, wo man Bücher lesen kann, auch im Bus, ohne solche Angst zu bekommen.'

Nach Bölls Ansicht war dieser Bus das, was die Bundesrepublik zu werden drohte in den Tagen, als die antiterroristische Kampagne ihren Höhepunkt erreichte, und solange diese Gefahr bestand, waren alle freiheitsliebenden Bürger und besonders die unabhängigen Schriftsteller des Landes zu Wachsamkeit und Engagement aufgerufen.

III

Im Gegensatz zum Roman hatte man dem Drama seit Schillers Tagen einen überwiegend sozialen Zweck zuerkannt. Schiller hatte in der Tat nicht gezögert, das Theater als eine moralische Institution zu bezeichnen, es war für ihn ,,der gemeinschaftliche Kanal, in welchem von dem denkenden bessern Teil des Volks das Licht der Weisheit herunterströmt und von da aus in mildern Strahlen durch den ganzen Staat sich verbreitet''. Es war nicht nur zur Unterhaltung da, sondern zur Belehrung, indem es Szenen aus dem Leben und die Konflikte und Leidenschaften von Menschen darstellte, wahrheitsgemäß oder zumindest auf eine das Verständnis fördernde Weise. Schiller selbst folgte diesem Prinzip in seinem Gesellschaftsdrama und in seinen historischen Stücken, von denen sich die meisten mit dem verführerischen und zerstörerischen Einfluß der Macht auf die Menschen beschäftigten, und das gleiche taten später so hervorragende Bühnenautoren wie Georg Büchner, Friedrich Hebbel, Gerhart Hauptmann, Frank Wedekind und die expressionistischen Dramatiker der 20er Jahre.

Es ist jedoch zu vermerken, daß trotz der Qualität und Vielfalt des deutschen Dramas nach 1945 – und der englische Kritiker Ken Tynan schrieb 1964, das zeitgenössische deutsche Theater sei das beste der Welt – die Tradition der sozialen Verantwortung nur unvollkommen gewahrt wurde und man auf vielen Bühnen entweder die Sensation oder einen Angriff auf die Wertvorstellungen und Empfindlichkeiten der Zuschauer bot, eine *Publikumsbeschimpfung*, um den Titel von Peter Handkes Stück von 1969 zu gebrauchen.

Zu einem großen Teil hing dies mit der Struktur des Theaters in Westdeutschland zusammen. Aus Tradition und infolge der Reorganisation in der Nachkriegszeit unterlagen die Theater nicht den kommerziellen Beschränkungen, an die die meisten Bühnen in England und in den Vereinigten Staaten gebunden waren. Daß westdeutsche Theater von einer Saison zur anderen operieren konnten, stand in keiner direkten Beziehung zu ihrem Erfolg beim Publikum, denn ihre Einkünfte stammten zu einem großen Teil aus Zuschüssen und festen Abonnements. Nach der Schätzung eines Berichts im *Times Literary Supplement* vom April 1969 hatten Ost- und Westdeutschland zusammen etwa 150 Theater, die jährlich von 60 Millionen Zuschauern besucht wurden. Die durchschnittliche Abonnentenzahl pro Theater betrug an die 20000, und jede verkaufte Eintrittskarte war mit einem Betrag von immerhin fast drei Mark subventioniert. Diese Situation hatte zwar zur Folge, daß sich Intendanten, Regisseure und Bühnenbildner nicht dem Publikumsgeschmack unterwerfen mußten, bestärkte sie jedoch auch in dem Glauben, sie könnten sich einen Ruf dadurch erwerben, daß sie sich auf möglichst auffallende Weise von ihren Kollegen unterschieden. Da die meisten Theater über das gleiche Repertoire von vier, fünf Dutzend Stücken verfügten, die in Abständen wiederholt wurden, lag der Schwerpunkt auf Neuinszenierungen, die die Kritiker durch ihre Originalität und Kühnheit beeindrucken sollten.

Niemand hat das Recht, neue Interpretationen alter Stücke zu boykottieren. Fritz Kortners Interpretation von Shakespeares Shylock war ein triumphaler Bühnenerfolg – daß er ihn bis ans Ende seiner Laufbahn unverändert weiter so gab, war eine Katastrophe. Andererseits darf man, so sollte man meinen, von neuen Versionen erwarten, daß sie Absicht und Text des Autors respektieren. Im westdeutschen Theater konnte diese Erwartung aber bisweilen trügen. Was man oft zu sehen bekam, war nichts weiter als eine schamlose Manipulation der Klassiker.

Schiller war so häufig Gegenstand solcher Behandlung, daß man fast glauben konnte, die Regisseure wollten sich an ihren Schullehrern dafür rächen, daß sie bei ihnen Passagen aus *Maria Stuart* und *Don Carlos* hatten auswendig lernen müssen. Curt Rieß schrieb anläßlich der *Räuber*-Inszenierung von Peter Zadek 1966: ,,Darsteller erscheinen in Kostümen und Masken, als wollten sie die Menschen persiflieren, die sie darstellen sollen. Amalie ist ganz kitzschisch, Karl stammt aus dem Wilden Westen, Franz aus einem Horrorfilm made in Hollywood. Auch wie sie und die Räuber agieren, soll beweisen: ,Seht doch, wie dumm dieser Schiller war – und wie lustig es ist, das herauszufinden!' Der Hintergrund von Minks: ein echter amerikanischer Comic Strip, vermischt mit Reklamen: Schiller also nicht nur komisch, sondern als Vorläufer der Wildwest-Schauergeschichten."

Hansgünther Heymes Inszenierung von *Wilhelm Tell* ging in der Verzerrung von Personen und Handlung des Stücks noch weiter. Bei Schiller sind Stauffacher und sein Freund Attinghausen Patrioten, die ihr Land von österreichischer Tyrannei befreien wollen, und Tell ist ein schlichter Mann, der sich nicht in ihre Pläne verwickeln lassen will, aber zur Tat aufgereizt wird durch das Verhalten des sadistischen österreichischen Landvogts Gessler, der ihn zu demütigen sucht und dabei das Leben von Tells Sohn aufs Spiel setzt. In Heyms Inszenierung ist Gessler ein sympathischer Herr der alten Schule, der nur gezwungenermaßen eine Politik vertritt, die er persönlich nicht billigt; Tell ist ein ungeselliger Grobian, und Stauffacher und Attinghausen sind Mitglieder des Establishments, die das Volk hinters Licht zu führen suchen, und ihr berühmter Rütli-Schwur hat nationalsozialistische Untertöne.

Schiller war nicht der einzige Klassiker, dem es so erging. Goethes *Tasso,* ein Schauspiel über die Schwierigkeiten des Literaten bei der Anpassung an die normale Gesellschaft, wurde von Peter Stein in ein Stück über einen Neurotiker umgewandelt, in dem man Goethes Text den Zwecken des Regisseurs entsprechend umstellte. Das ganze Experiment schien einzig auf eine Verunglimpfung von Deutschlands größtem Dichter angelegt zu sein, wenn auch aus unersichtlichen Gründen. Heinrich von Kleists *Prinz Friedrich von Homburg,* aufgeführt vom Hamburger Deutschen Schauspielhaus während der Theaterfestspiele 1978 in Berlin, fand auf einer Bühne statt, die von Kartoffeln bedeckt war (vielleicht wollten die DDR-Regisseure Manfred Karge und Matthias Langhoff den Eindruck erwecken, der Hof des Großen Kurfürsten sei ein primitives und ländliches Unternehmen gewesen, was er nicht war), und die Regisseure strichen ganze Textpassagen, die das Verhältnis des Prinzen zu seinen Offizieren erhellten, und änderten abrupt das Ende, indem sie den Helden verrückt werden ließen.

Selbst Shakespeare, der seit den Tagen des unsterblichen Bowdler in der englischsprachigen Welt als so gut wie unantastbar gilt, konnte sich solchen Respekts in Deutschland nicht erfreuen, wo er als einer ,,unserer Klassiker" jeder Vergewaltigung ausgesetzt wurde. Zadeks *Maß für Maß,* aufgeführt von Schauspielern in Bluejeans und Miniröcken – zwei von ihnen zeigten auf Stühlen einen Kopfstand –, basierte auf einer Prosaübersetzung des Stücks, die nichts von Shakespeares Sprache vermittelte, und stellte den Versuch dar, dem Publikum zu sagen, was der Dichter nach Ansicht des Regisseurs eigentlich hätte sagen sollen. Eine *Othello*-Inszenierung des gleichen Regisseurs 1976 in Hamburg führte den Titelhelden als rasenden Wilden und Desdemona als gewöhnliche Prostituierte vor, die eine lesbische Szene mit ihrer Zofe hatte, in einer Vielzahl von Kostümen vom weißen Abendkleid bis zum Bikini über die Bühne latschte und schließlich in schaurig-ausführlicher Manier à la Grand Guignol hingeschlachtet wurde. Die Aufführung empörte die Zuschauer und sorgte für einen größeren Theaterskandal. In Alfred Kirchners Inszenierung von *Der Sturm* 1978 im Berliner Schiller-Theater wanderte Prospero in ausgebeulten Hosen und Hosenträgern umher, weniger Zauberer als Vorreiter des amerikanischen Imperialismus, und das Publikum wurde aufgefordert, Caliban als den wahren Helden des Stücks anzusehen.

Diese traurig stimmenden Beispiele sollen nicht andere Klassikeraufführungen vergessen machen, die über jeden Tadel erhaben waren – etwa Ernst Schröders *Faust II*-Inszenierung 1970 im Schiller-Theater oder Friedrich Beyers Produktion von Lessings *Minna von Barnhelm* 1979 im Hamburger Thalia-Theater –, doch es waren die sensationellen, die die größte Aufmerksamkeit erweckten und Energien ablenkten, die auf der Bühne hätten besser genutzt werden können. In diesem Zusammenhang muß man feststellen, daß im Gegensatz zum zeitgenössischen Roman das Theater sich weder mit der

Nazi-Vergangenheit noch mit sozialen Problemen der Zeit auf eindrucksvolle Weise beschäftigt hat.

Es ist schwer zu sagen, weshalb die deutschen Dramatiker zu zögern schienen, sich an Hitler, den Lebensbedingungen im Dritten Reich oder den Ereignissen um den 20. Juli 1944 zu versuchen. Deutsche Filmemacher hatten einigen Erfolg in dieser Richtung – hier wäre an Alfred Vohrers packende Version von Hans Falladas *Jeder stirbt für sich allein* zu denken, mit Hildegard Knef und Carl Raddatz in den Hauptrollen* –, aber Versuche auf der Bühne waren weniger ehrgeizig und schienen eigenartigerweise meistens aus dem Ausland zu kommen. Bertolt Brechts *Furcht und Elend des Dritten Reiches* und *Der aufhaltsame Aufstieg des Arturo Ui* waren beide im Exil entstanden und überzeugten nicht recht, da sie ohne reales Erfassen des Alltags unter dem Naziregime geschrieben waren. Carl Zuckmayers *Des Teufels General*, geschrieben in Vermont während des Krieges und in Deutschland zum ersten Male Ende der 40er Jahre aufgeführt, war ein erregendes, aber erfundenes Bild von der Dolce vita im Dritten Reich und dem Konflikt zwischen der SS und Offizieren der alten Schule, und sein Widerstandsdrama *Der Gesang im Feuerofen* war in seiner Technik zu symbolisch, um die Nazipraxis lebendig werden zu lassen. Das bewegendste Bühnenstück der 50er Jahre, das sich mit dem Nazismus beschäftigte, *Das Tagebuch der Anne Frank* (1956), hatten die Amerikaner Frances Goodrich und Albert Hackett geschrieben, und das erschütternde Drama über den Antisemitismus, das bereits erwähnt wurde, Frischs *Andorra* (1961), stammte von einem Schweizer.

Der erste Versuch einer eingehenden, das heißt von wirklichen Ereignissen und wirklichen Menschen handelnden Auseinandersetzung mit der Nazizeit war *Der Stellvertreter* des dreißigjährigen Rolf Hochhuth, ein Stück, das 1963 an der Berliner Volksbühne unter der Regie Erwin Piscators seine Premiere hatte. Piscator stand zu der Zeit bereits am Ende seiner Laufbahn – er war im politischen Theater der Weimarer Zeit ein Pionier gewesen und hatte auf Bertolt Brechts dokumentarisches und episches Drama einen bedeutenden Einfluß ausgeübt –, aber er griff Hochhuths Stück begeistert auf, weil er die Auffassung vertrat, es sei einer der wenigen echten Beiträge zu dem, was man jetzt „Vergangenheitsbewältigung" nannte. Ein Stück, so meinte er, das den Mut hatte, Namen zu nennen, und die Verantwortung für das Böse denjenigen zuzuweisen, die es begangen hatten, und das vor allem „ein Geschichtsdrama im Schillerschen Sinne" sei.

---

* Peter Zadek brachte den Stoff 1981 als Musical auf die Bühne. Nach Besuch der Aufführung schrieb Rolf Michaelis: „Diese Revue nach einem Roman des Widerstands ist, nicht im sexuellen, sondern im politischen Sinn – obszön."

Es sieht, wie das Drama Schillers, den Menschen als Handelnden, der im Handeln ‚STELLVERTRETER' einer *Idee* ist: *frei* in der Erfüllung dieser Idee, frei in der Einsicht in die Notwendigkeit ‚kategorischen', das heißt: sittlichen, menschenwürdigen Handelns. Von dieser Freiheit, die jeder besitzt, die jeder besaß auch unter dem Nazi-Regime, müssen wir ausgehen, wenn wir unsere Vergangenheit bewältigen wollen. Diese Freiheit leugnen, hieße auch: die Schuld leugnen, die jeder auf sich genommen hat, der seine Freiheit nicht dazu benutzte, sich *gegen* die Unmenschlichkeit zu entscheiden.

Das war eine recht gute Darstellung von Hochhuths Philosophie. Wie Hans Mayer 1979 schrieb, war er nicht bereit, jene Situation zu akzeptieren, die der Dramatiker Friedrich Dürrenmatt im Auge hatte, als er sagte, in dem clownhaften Schauspiel unseres Jahrhunderts, in diesem Zusammenbruch der weißen Rasse gebe es niemanden mehr, der noch schuldig oder verantwortlich sei. Keiner habe etwas daran ändern können, und keiner habe gewollt, daß es passierte. Hochhuth war dagegen der Ansicht, daß es keine Tragödie ohne verantwortlich Handelnde und ohne moralischen Konflikt gab, und aus dieser Überlegung heraus begann er das geschichtliche Drama zu schreiben. Leider häufte er so viel Material zur Untermauerung seiner Thesen an, daß er nur wenig auf die dramatische Konstruktion achtete und seine Stücke so lang waren, daß sie, um aufführbar zu werden, drastisch gekürzt werden mußten – mit den damit verbundenen Verformungen. Im Falle von *Der Stellvertreter*, eines Schauspiels, das von der Ausrottung der europäischen Juden durch die Nazis, von ihrer Ausbeutung zugunsten deutscher Wirtschaftsinteressen und vom Versagen Papst Pius' XII. bei der Brandmarkung dieses fürchterlichen Verbrechens handelte, hatten die erforderlichen Schnitte zur Folge, daß die Schuld gewisser Personen vermindert und dem Papst zuviel Verantwortung angelastet wurde.

Trotz oder vielleicht gerade wegen dieser Schwächen hatte das Stück auf der Bühne großen Erfolg und regte zum Nacheifern an, wenn auch keiner der weiteren Versuche auf diesem Gebiet – etwa Heinar Kipphardts *In der Sache J. Robert Oppenheimer* (1964) und sein Eichmann-Stück *Joel Brand* (1965), Peter Weiss' *Die Ermittlung* (1965) und Hochhuths Stück über den zweiten Weltkrieg *Soldaten* (1967) – ähnliche Aufmerksamkeit erweckte. Einige schienen es sogar weniger darauf abgesehen zu haben, die Nazi-Vergangenheit in den Griff zu bekommen, als anderen die Schuld aufzubürden oder zu beweisen (wie dies für Peter Weiss' *Diskurs über die Vorgeschichte und den Verlauf des lang andauernden Befreiungskrieges in Viet Nam* im Jahre 1968 galt), daß die Sieger von 1945 Kriegsverbrechen nicht ferner standen als die Nazis.

In den späten 6oer Jahren, als die Unruhen an den Universitäten einsetzten, schien das Interesse an der Nazi-Vergangenheit sowohl im öffentlichen Bewußtsein wie im Theater nachzulassen. Doch dies änderte sich am Ende des nächsten Jahrzehnts, als sich viele Menschen Sorgen zu machen begannen, weil sie unheilkündende Anzeichen einer wachsenden konservativen Reaktion mit der potentiellen Gefahr für die bürgerlichen Freiheiten zu erkennen glaubten. Ein Gesetzesantrag im Bundestag, der eine Begrenzung der Strafbarkeit von Verbrechen während der Nazizeit zum Ziel hatte, die bevorstehende Wahl eines Erzkonservativen zum Bundespräsidenten und der ständige Ruf nach einer Verschärfung des Radikalenerlasses und einem kompromißloseren Vorgehen gegen den Terrorismus brachten viele zu der Ansicht, daß 1933 nicht so weit entfernt war, wie sie geglaubt hatten, und daß aus Bonn noch immer ein zweites Weimar werden konnte. Aus dieser Stimmung entstanden zwei Stücke über den Nazismus, die bewiesen, daß das deutsche Theater noch immer dessen fähig war, was Schiller ihm zugeschrieben hatte.

Die schrillste Stimme auf der Rechten des politischen Spektrums war Hans Filbinger, CDU-Mitglied und Ministerpräsident von Baden-Württemberg, ein gewitzter Politiker, der oft als nächster Bundespräsident im Gespräch war. Filbinger war ein erbitterter Kritiker der Ostpolitik der Sozialdemokratischen Partei und ihres seiner Ansicht nach laxen Vorgehens gegen die Terroristen. Er war ein Feind der politischen Tendenzen an den Universitäten, die er als Sprungbretter für Terrorismus und Subversion ansah, und er war ein strenger moralischer Zensor, der unter anderem den Direktor des Stuttgarter Staatstheaters, Claus Peymann, für politisch und moralisch unannehmbar hielt und seine Entlassung erzwang. Ironischerweise fand sich Filbinger noch vor Peymann außer Amt und Würden, und zwar als Folge eines von der Presse angekündigten neuen Stücks von Hochhuth. Diesmal befaßte sich der Autor mit Anwälten der Nazizeit, vor allem mit solchen, die in der Militärgerichtsbarkeit eingesetzt gewesen waren. Das Stück basierte in der Tat auf dem sorgfältig dokumentierten Fall des Hans Filbinger, der in seiner Eigenschaft als Marinerichter während der letzten Kriegstage einen jungen Matrosen namens Walter Gröger wegen angeblicher Fahnenflucht zum Tode verurteilt hatte, ein Urteil, das sofort vollstreckt worden war.

Das Stück *Die Juristen* dokumentierte die Überzeugung Hochhuths, daß Schriftsteller das schlechte Gewissen ihrer Nation zum Ausdruck bringen müßten, weil die Politiker ein so gutes hätten, und bedeutete das Ende von Hans Filbingers politischer Laufbahn. Es war kein besonders gutes Stück und bedurfte der Umarbeitung und Kürzung, bevor es aufgeführt werden konnte, aber seine Wirkung wurde spürbar, als es noch gar nicht auf die Bühne gekommen war. Ein noch wirksamerer Kommentar zu Filbingers Mentalität war das Stück eines Mitarbeiters Peymanns am Stuttgarter Theater, nämlich Thomas Bernhards *Vor dem Ruhestand* (1979). Es hatte den Untertitel ,,Eine Komödie von deutscher Seele", der einige der Zuschauer verärgert haben mag. In groben Zügen auf Tschechows *Drei Schwestern* aufbauend, war es die Geschichte eines Bruders und seiner zwei Schwestern, die allein leben und von einem verlorenen Paradies, dem Dritten Reich,

träumen. Einmal im Jahr, an Himmlers Geburtstag, zieht der Bruder seine
alte SS-Uniform an, und sie feiern einen Galaabend und betrachten alte,
vergilbte Fotos, und manchmal quälen der Bruder und die ältere Schwester
die jüngere Schwester, die verkrüppelt und an einen Rollstuhl gefesselt ist,
Bücher und Zeitungen liest und somit gelegentlich als Feind, ja als Häftling
eines Konzentrationslagers behandelt werden kann, dem man das Haar kurz
schert und den man auch auf andere Weise mißhandelt. In Augenblicken, da
die Wirklichkeit in diese Erinnerungsorgie einbricht, sagen sie sich, daß ihre
Zeit im Kommen ist: ,,Andererseits haben wir ja jetzt einen Bundespräsidenten, der ein Nationalsozialist gewesen ist", sagt die ältere Schwester. ,,Na,
siehst du", antwortet ihr Bruder, ,,das ist doch ein Beweis, wie weit wir
wieder sind heute . . . und schließlich haben wir eine ganze Menge führender
Politiker, die Nationalsozialisten gewesen sind."

Das westdeutsche Theater blieb also seinen Pflichten der Vergangenheit
gegenüber nicht gleichgültig, wenn sein Engagement in dieser Beziehung
auch sporadisch war und kein wirklich eindrucksvolles Bühnenwerk hervor-
brachte. Was andere politische Themen betraf, war seine Produktion eher
enttäuschend. Man hätte ein gewisses Interesse für die Verhältnisse im anderen Teil Deutschlands erwarten sollen, für die bedrückenden politischen
Bedingungen, unter denen die Deutschen dort leben mußten, und für die
Notlage ihrer Intellektuellen. Der einzige nennenswerte Versuch einer Auseinandersetzung mit diesen Problemen war Günter Grass' subtiles und klug
argumentierendes Stück *Die Plebejer proben den Aufstand* (1966). Grass
stellte sich folgende Situation vor: am 17. Juni 1953, als Arbeiter in Ost-
Berlin, Merseburg, Halle, Leipzig, Magdeburg und anderen Städten sich
erheben aus Protest gegen die gesteigerten Arbeitsnormen, gegen die
Schwächlichkeit ihrer Gewerkschaften und gegen den zunehmenden Druck
des kommunistischen Systems, probt Bertolt Brecht – im Stück ,,Chef"
genannt – gerade eine Inszenierung von Shakespeares *Coriolan* im Theater
am Schiffbauerdamm. Eine Arbeiterdelegation tritt an ihn heran mit der
Bitte, ein Manifest für sie zu schreiben. Statt der Bitte nachzukommen, treibt
der Chef Wortspiele mit ihnen und versucht ihre Agitationen für seine eigenen dramatischen Zwecke zu nutzen. Er wird sich des Ernstes der Situation
erst bewußt, als die sowjetischen Panzer schon in der Stadt sind und es zu
spät ist.

Grass' Stück war ein Tribut an den 17. Juni, ein Ereignis, das, wie er
bemerkte, mit den Jahren seine wahre Bedeutung verloren hatte und zu
einem beliebigen Feiertag geworden war, gekennzeichnet durch ,,leergefei-
erte Flaschen, Butterbrotpapier, Bierleichen und richtige Leichen; denn an
Feiertagen fordert der Verkehr ein Übersoll an Opfern". Es war auch eine
Aufforderung zu mehr politischem Engagement seitens der deutschen
Künstler. Von den Dramatikern kam kein großer Widerhall. Von den bereits
erwähnten Ausnahmen abgesehen, hatte das deutsche Theater an politi-

schem Drama oder Sozialkritik in den späten 60er und den 70er Jahren nicht viel zu bieten. Die Einstellung von Dramatikern wie Botho Strauß, von dem schon gesprochen wurde, war der des absurden Theaters sehr ähnlich, das in den 50er Jahren in Mode gewesen war: Sie schienen sagen zu wollen, das Leben sei so hoffnungslos, daß es nicht einmal der Mühe wert war, die Probleme zu definieren, die nach einer Lösung verlangten.

IV

Etwas Derartiges war in der Deutschen Demokratischen Republik nicht erlaubt, wo die Literatur nicht nur als soziale Funktion, sondern als Instrument sozialer Nützlichkeit betrachtet wurde und wo man von jedem, der als Schriftsteller privilegiert war, erwartete, daß er sein Talent zur Verbesserung der Gesellschaft und des Lebens seiner Mitbürger einsetzte. Dies war eine Herausforderung, von der sich viele deutsche Künstler nach dem Ende des zweiten Weltkriegs angesprochen fühlten, und nicht wenige Schriftsteller von Rang, die ohne Mühe im Westen eine lukrative Karriere hätten machen können, zogen es vor, sich im sozialistischen Deutschland niederzulassen. Erst nachdem sie das getan hatten, machten sie die Erfahrung, daß die Ehre, sozialistischer Schriftsteller zu sein, nicht die Freiheit einschloß, die Art und Weise des eigenen Engagements zu bestimmen, oder das Recht, darauf zu beharren, daß die ästhetischen Vorschriften des Berufs beachtet wurden. Die Parteiführung mochte sehr wohl wie 1971 durch den Mund Erich Honeckers sagen: ,,Wenn man von der festen Position des Sozialismus ausgeht, kann es meines Erachtens auf dem Gebiet von Kunst und Literatur keine Tabus geben". Das Dumme war nur, daß es stets andere Funktionäre in Behörden und Ausschüssen gab, die mit Literatur zu tun hatten und die bald entdeckten, daß diese Methode oder Formulierung oder jene stilistische Richtung oder Handlungsentwicklung kein guter Sozialismus war, sodaß ein weiteres Beharren darauf zu Publikations- oder Aufführungsverbot, Ausschluß aus dem Schriftstellerverband und schließlich zum Landesverweis führen konnte. In der DDR herrschte vom ersten Tag an offener Krieg zwischen den Bürokraten des Staats und seinen Schriftstellern.

Daß sich dies auf die Schöpferkraft und die Entwicklung neuer Talente lähmend auswirkte, bedarf keiner Erwähnung. Während der ersten Jahre nach dem Krieg war die Literatur vollkommen reglementiert, der Staat kontrollierte Büchereien, Verlage, Buchhandlungen und Theater, und den Schriftstellern wurden stilistische Vorschriften gemacht. Man verdammte den Formalismus, das heißt, jede Ausdrucksweise, die symbolisch oder stilisiert war oder die Form auf Kosten des Inhalts zu betonen schien, und es wurde der sozialistische Realismus gefordert, den Andrej Schdanow einmal als Prinzip so definiert hatte: ,,Die Wahrheit und historische Genauigkeit des künstlerischen Bildes muß verbunden sein mit der Aufgabe der ideologischen Umwandlung, der Erziehung der arbeitenden Menschen im Geist des Sozialismus." In der Praxis stellte sich bald heraus, daß dies einen endlosen Strom von Romanen über das Leben in der Fabrik und auf dem Land bedeutete, in denen es stets darum ging, daß die Produktionsnormen erfüllt wurden und der Sozialismus weiter voranschritt. Andere Formen literarischer Schöpfung wurden mißbilligt.

Diese Regeln waren selbst für so prominente Schriftsteller bindend wie Anna Seghers, Wortführerin der ostdeutschen Romanciers, und Bertolt Brecht, dessen Entschluß, sich 1948 in Ostdeutschland niederzulassen, als Beweis dafür angeführt wurde, daß die sozialistische Kultur der bürgerlichen überlegen war. Anna Seghers hatte dem institutionalisierten literarischen Dogma stets mißtraut und Ende der 30er Jahre in einem berühmten Streitgespräch mit Georg Lukács eine liberale Konzeption des Realismus verteidigt, die es Künstlern gestattete, mit neuen Ausdrucksformen zu experimentieren. Aber ihr fehlte die Kraft, um es mit den hartgesottenen Kulturbossen der SED aufzunehmen, und sie kämpfte weder am Anfang noch später gegen ihre Verfügungen an. Daß sie den sozialistischen Realismus akzeptierte, wird auf bedrückende Weise deutlich an ihrem Roman über den Aufstand vom 17. Juni, *Das Vertrauen*, der es fertig bringt, so greifbare Realitäten wie die unerträglichen Bedingungen, die zu den Unruhen führten, völlig zu ignorieren.

Brechts Schwierigkeiten mit der Partei hat Martin Esslin in der sehr guten Biographie des Dramatikers beschrieben. Von Anfang an drängte man ihn, seinen berühmten epischen Stil aufzugeben. Nach seiner Produktion von Gorkis *Die Mutter* im Jahre 1951 beklagte sich ein Mitglied des Zentralkomitees der SED über den mangelnden Realismus und die fehlende historische Authentizität und politische Solidität des Stücks, und seine Oper *Das Verhör des Lukullus* (1951) zur Musik von Paul Dessau führte zu einem scharfen Angriff seitens des Parteiorgans *Neues Deutschland*, in dem er nicht nur der Verletzung der Prinzipien des sozialistischen Realismus, sondern auch eines Rückfalls in Zweifel und Schwäche angeklagt wurde – ein so schwerwiegender Vorwurf, daß das Autorengespann sich gezwungen sah, die Behörden mit einem propagandistischen Machwerk in Form einer Choralkantate für Jugendgruppen mit dem Titel *Der Herrnburger Bericht* zu besänftigen. Bis zu seinem Tod im Jahre 1956 wurde Brecht immer wieder von der Parteipresse mit Attacken belästigt, die bisweilen – zum Beispiel nach seiner *Ur-Faust*-Inszenierung, als man ihn des Pessimismus, mangelnden Respekts vor der deutschen Kultur und der Verspottung des deutschen Volkslieds anklagte – die Existenz seines Theaters bedrohten. Es ist ihm zugute zu halten, daß er nie in ernstlicher Weise seine künstlerischen Prinzipien dem starken Druck, den man auf ihn ausübte, opferte, aber er entging nicht der Demütigung öffentlicher Loyalitätserklärungen für ein

Regime, das er verabscheut haben muß, so etwa sein Treuebekenntnis nach der blutigen Unterdrückung der Arbeiter am 17. Juni 1953.

Obwohl es in den Jahren nach 1953 unter den Schriftstellern Anzeichen für eine wachsende Unruhe gab, verloren die stalinistischen literarischen Kriterien erst 1956, im Anschluß an den 20. Parteikongreß der Kommunistischen Partei der Sowjetunion, ihre Durchschlagskraft. Was man damals als ,,Tauwetter'' begrüßte, führte jedoch nie zu viel mehr als einer etwas erweiterten Bandbreite in der Wahl literarischer Themen (es gab weniger ,,Produktions''-Romane, dafür eine plötzliche Flut von Romanen über den zweiten Weltkrieg, darunter auch den Langzeit-Bestseller in Ostdeutschland, Bruno Apitz' Konzentrationslagerroman *Nackt unter Wölfen* (1959). Die Partei war nicht bereit, ein wirkliches Maß an intellektueller Freiheit zu tolerieren (und der Aufstand in Ungarn und die Unruhen in Polen bestärkten sie noch in dieser Haltung), und als Professor Hans Mayer eine Betrachtung über den derzeitigen Stand der DDR-Literatur schrieb, in der er deren ärmlichen und kränkelnden Zustand mit den Leistungen der Weimarer Zeit verglich, durfte er sie nicht über den Rundfunk verbreiten. Als der Aufsatz in der Zeitschrift *Der Sonntag* veröffentlicht wurde, wurde Mayer das Opfer einer bissigen, persönlichen Kampagne, so daß er es einige Zeit später vorzog, in den Westen zu emigrieren.

In Parteikreisen gelangte man zögernd zu der Einsicht, daß ein Fortbestehen der Differenzen zwischen der Partei und den führenden Schriftstellern und Kritikern des Landes nicht gut sei, und 1959, auf der sogenannten Bitterfelder Konferenz, wurde der Versuch gemacht, diese Situation zu überwinden. Man gestand ein, daß die sowjetischen Modelle überholt waren und der größte Teil dessen, was in den vergangenen zehn Jahren in der DDR für Literatur gegolten hatte, diesen Namen kaum verdiente. Als gemeinsame Aufgabe setzte man sich nun die Schaffung einer nationalen Literatur, die zu Hause wie im Ausland Achtung erlangen sollte. Unter dem Motto ,,Genossen! Greift zur Feder! Die sozialistische Nationalliteratur braucht euch!'' wurden die Schriftsteller aufgefordert, sich mit den zeitgenössischen Problemen des Lebens in der DDR zu befassen.

Die Antwort auf diese Herausforderung war positiv, und im Verlauf der 60er Jahre wurde die Literatur in der DDR mündig. Eigenartigerweise trug der Bau der Berliner Mauer im August 1961 dazu bei, indem er die Intellektuellen vom Westen abschnitt und die Literatur zu einem Familienunternehmen, zu einer Sache ,,unter uns'' machte. Auf jeden Fall erschienen jetzt regelmäßig nicht mehr erzwungene Produktionen ideologischen Eifers, sondern wirkliche Bücher – Christa Wolfs *Moskauer Novelle* und *Der geteilte Himmel*, Johannes Bobrowskis *Sarmatische Zeit* und *Levins Mühle*, Stefan Heyms *Die Papiere des Andreas Lenz* –, und die Welt sah zu ihrer Überraschung, daß es in der DDR tatsächlich einige gute Lyriker gab: Stephan Hermlin, Peter Huchel, Christa Reinig, Günter Kunert und andere.

Doch dieser scheinbare Fortschritt hin zu einer freieren und deshalb besseren Literatur war trügerisch. Die Kulturbosse ließen in ihrer Wachsamkeit und ängstlichen Suche nach Abweichungen nicht nach, und ein Schriftsteller, dessen Werke heute gepriesen wurden, mußte immer damit rechnen, daß man ihn morgen angriff. Popularität wurde oft als verdächtiges Anzeichen gewertet und löste Überprüfung und Kritik aus. So erregte Christa Wolf, eine Schriftstellerin, der es besser als jedem anderen Romancier ihrer Zeit gelang, den schmerzhaften Prozeß der Selbstverwirklichung im Sozialismus zu beschreiben, einen Prozeß, der nach ihrer Ansicht Aufrichtigkeit, Freimachen vom Wunschdenken und das verlangte, was Ernst Bloch das ,,Prinzip der Hoffnung'' genannt hatte, beim kritischen Establishment lebhaftes Unbehagen. Auf dem Schriftstellerkongreß im Mai 1969 klagte sie ein dogmatischer Kritiker ihres Romans *Nachdenken über Christa T.* der Subjektivität und der Zweideutigkeit an und warf ihr vor, nicht hervorgehoben zu haben, daß der Anspruch der sozialistischen Persönlichkeit auf Glück vom produktiven Engagement im Kollektiv komme.

Noch drastischer ging die Partei mit Peter Hacks um. Dieser begabte Dramatiker, der 1955 aus Westdeutschland zuzog, erhielt zwei Jahre später den Lessing-Preis der ostdeutschen Akademie der Künste für sein Stück *Die Schlacht bei Lobositz* und hatte 1958 einen beachtenswerten Erfolg mit seinem *Der Müller von Sanssouci*. Als er sich zeitgenössischen Themen zuwandte, betrat er jedoch einen Dschungel, in dem es von ideologischen Scharfschützen wimmelte. Sein Stück *Briketts,* das sich mit dem Entstehen einer neuen kommunistischen Arbeitersolidarität beschäftigte, wie sie sich in einem Konflikt zwischen Arbeitern zweier verschiedener Industriezweige widerspiegelte, wurde verboten, weil es angeblich die negativen Aspekte des Fortschritts zum Sozialismus betonte. Nachdem Hacks das Schauspiel umgeschrieben hatte und es für die Berliner Festspiele 1961 unter dem Titel *Die Sorgen und die Macht* inszenierte, sprach die Partei von einer ungünstigen Aufnahme, und das Stück wurde abgesetzt, wozu der Cheftheoretiker der Partei erklärte, Hacks sehe die menschlichen Beziehungen hauptsächlich vom Standpunkt der bürgerlichen Psychologie aus. Als vier Jahre später das literarische Establishment wegen des Mangels an Teilnehmern ein neues Stück von Hacks, *Moritz Tassow,* für die Berliner Festspiele auf die Bühne brachte, nannte das Zentralkomitee es ,,obszön'', und die führende DDR-Theaterzeitschrift klagte, Hacks lasse den kommunistischen Funktionär in seinem Stück an dem Glauben festhalten, daß der simple Pragmatismus den praktischen Nutzen zum Status der Wahrheit erhebe, und damit habe er gegen die kommunistische Doktrin verstoßen. Abermals wurde das Schauspiel abgesetzt, und Hacks fiel in solche Ungnade, daß er fortan Stücke für Kinder schreiben mußte.

Den Lyrikern erging es nicht besser. Die ostdeutsche Kulturpolitik machte die Publikation jedes Gedichts, das nicht auf orthodoxe Weise ein orthodoxes Thema behandelte, zu einem riskanten Unterfangen, und jedes Anzeichen einer modernen Technik wurde sofort als bürgerlich und rückschrittlich verdammt. Man kann sich unschwer die Reaktion der Parteikritiker auf ein Gedicht wie „Hört weg" von Christa Reinig vorstellen:

kein wort soll mehr von aufbau sein
kein wort mehr von arbeit und altersrente
hört weg – ihr helden – ich rede allein
für asoziale elemente

für arbeiter die nicht mehr arbeiten wollen
für die stromer und wüsten matrosen
für die sträflinge und heimatlosen
für die zigeuner und träumer und liebestollen

für huren in häusern mit schwülen ampeln
für selbstmörder aus zerstörungslust
und für die betrunknen die unbewußt
ein stück von einem stern zertrampeln

ich rede wie die irren reden
für mich allein und für die andern blinden
für alle die in diesem leben
nicht mehr nach hause finden

Das war natürlich zu kühn, um veröffentlicht zu werden, und es dauerte nicht lange, bis die Autorin in den Westen ging, wo ihre Stimme nicht ungehört verhallte.

Politisch stärker orientiert als Christa Reinig (oder auch als Peter Huchel, der 1962 die Leitung der Zeitschrift *Sinn und Form* aufgeben mußte und praktisch zum Schweigen gebracht wurde) war der populäre Dichter und Liedermacher Wolf Biermann. Als überzeugter Sozialist, doch zugleich Feind des bürokratisierten Totalitarismus hatte Biermann den Mut, seine Pfeile auf Parteibonzen und Muskelmänner vom Staatssicherheitsdienst abzuschießen, Maßnahmen wie etwa den Mauerbau und leichtzüngige, aber nie wahrgemachte Versprechungen, die wirtschaftliche Verbesserung betreffend, aufs Korn zu nehmen, und seine Spottverse fanden weite Verbreitung. Die Partei versuchte den Dichter auf verschiedene Weise zurückzuhalten, kam aber nach der Veröffentlichung seines Buchs *Die Drahtharfe* zu dem Schluß, daß sie herausfordernde Texte wie

Die einst vor Maschinengewehren mutig bestanden
fürchten sich vor meiner Gitarre. Panik
breitet sich aus, wenn ich den Rachen öffne und
Angstschweiß tritt den Büroelefanten auf den Rüssel
wenn ich mit Liedern den Saal heimsuche . . .

nicht länger dulden konnte. In einer Rede auf der elften Sitzung des SED-Zentralkomitees sprach Erich Honecker über den Dichter den Bann aus, indem er erklärte, Biermann verrate mit seinen Liedern und Gedichten die Grundsätze des Sozialismus. Dabei erfreue er sich der wohlwollenden Unterstützung und Ermutigung einer Anzahl von Schriftstellern, Künstlern und anderen Intellektuellen. Es sei höchste Zeit, gegen die Verbreitung fremder und gefährlicher Ideen und unkünstlerischen Krams einzuschreiten, die dazu noch stark pornographische Elemente aufwiesen.

Das klang zwar recht endgültig, doch angesichts der Unterstützung, die Biermann von den führenden Angehörigen der Schriftstellerschaft zuteil wurde, gelangte die Partei zu der Ansicht, daß es peinlich wäre und den eigenen Interessen zuwiderlaufen würde, wenn man das Bitterfelder Experiment für gescheitert erklärte und die Schriftsteller ganz allgemein unter die Fuchtel nahm. Während der nächsten zehn Jahre verfolgte die Kulturpolitik der DDR einen höchst erratischen Kurs – manche scheinbar harmlosen Werke fielen der Schere des Zensors zum Opfer, während erstaunlich systemkritische Arbeiten erscheinen durften. Ein bemerkenswertes Beispiel für Werke der letzteren Gruppe war Ulrich Plenzdorfs Schauspiel *Die neuen Leiden des jungen W.*, das bei seiner Premiere 1972 in Halle beträchtliches Aufsehen erregte, zeigte es doch, daß junge Menschen in der DDR nicht unablässig nur den Sozialismus im Sinn hatten und daß zumindest einige von ihnen von echten Bluejeans träumten, Louis Armstrongs Musik der von ,,Händelsohn Bacholdy" vorzogen und Generationsprobleme und unglückliche Liebesaffären hatten.

Doch solche Beispiele schienen die Behörden zu erschrecken und den Parteigetreuen Auftrieb zu geben, die für eine Literatur, die sich nicht streng an die aufgestellten Richtlinien hielt, nichts übrig hatten. Mitte der 70er Jahre begann eine Offensive gegen progressive Schriftsteller, die zwei Formen annahm. Der Schriftstellerverband, der als gesellschaftliche Organisation und Vertretung der Schriftstellerschaft gegründet worden war, wurde zum Gegenstand einer systematischen Politik der Infiltration und des Ausschlusses, so daß die unabhängiger denkenden Schriftsteller aus verschiedenen erfundenen technischen Gründen zum Austritt gezwungen oder nicht zum Beitritt aufgefordert wurden. Ihre Plätze nahmen Parteibürokraten oder Mitglieder von Staatskommissionen und Angehörige von Staatsverlagen ein. Dadurch verlor der Verband seine Kraft als Lobby im Interesse künstlerischer Freiheit und wurde allmählich zu einer Waffe, die gegen widerspenstige Schriftsteller eingesetzt werden konnte. Zum anderen scheint man den Entschluß gefaßt zu haben, mit der Drohung des Entzugs der Staatsbürgerschaft zu arbeiten, um die Schriftsteller auf Vordermann zu bringen.

Von dieser Waffe machte man zum ersten Mal im November 1976 Gebrauch, als Wolf Biermann des Landes verwiesen wurde. Obwohl der Dichter schon seit langem in der DDR nichts mehr veröffentlichen durfte, hatte er doch weiter geschrieben, und seine Gedicht- und Liedersammlungen –

Mit Marx- und Engelszungen und *Deutschland. Ein Wintermärchen* – waren im Westen erschienen. Er war international so angesehen (manche sahen in ihm den größten Autor satirischer Lieder seit Heine), daß die Regierung es für ratsam gehalten hatte, ihm Gastspielreisen ins Ausland zu gestatten. Einen Vorfall auf einer solchen Tournee benutzte die Regierung, um an ihm ein Exempel zu statuieren. Bei einem Konzert in Hamburg um eine Zugabe gebeten, sagte Biermann, er werde singen, wenn das angekündigte Programm zu Ende sei, und fügte scherzhaft hinzu: ,,Ich bin zu jeder Schandtat bereit.'' Das *Neue Deutschland* berichtete, in den Medien der imperialistischen Bundesrepublik Deutschland habe Biermann angekündigt, er sei zu jeder Schandtat gegen die DDR bereit. Dem folgte die Ausbürgerung.

Diesmal übte die empörte Reaktion der Kollegen des Dichters auf die Partei keine Wirkung aus. Zu denen, die direkt bei Parteisekretär Honecker protestierten, gehörten auch so angesehene Schriftsteller wie Christa Wolf, Stefan Heym, Günter Kunert, Ulrich Plenzdorf, Klaus Schlesinger, Rolf Schneider und Franz Fühmann. Als im Mai 1978 in Ost-Berlin der Schriftstellerkongreß stattfand, erhielten sie keine Einladung, und mehrere von ihnen wurden Opfer einer offiziellen Einschüchterungskampagne (Stefan Heym klagte man des Verstoßes gegen die Währungsbestimmungen an) oder der heimtückischen Verunglimpfung, bei der Schreiberlinge der Partei und ideologische Rufmörder den Begriff ,,kaputte Typen'' gebrauchten. Während der Präsident des Schriftstellerverbands, Hermann Kant (Autor eines langweiligen, aber getreulich orthodoxen Romans mit dem Titel *Die Aula*) und die Ehrenpräsidentin Anna Seghers keinen Finger rührten, wurden Heym, Schneider und weitere sieben Kämpfer für die literarische Freiheit aus dem Verband hinausgedrängt.

Inzwischen hatte sich die Situation zu einem europäischen Skandal entwickelt. Im Jahre 1979 beantragte und erhielt Günter Kunert, einer der bekanntesten Dichter der DDR, aber literarisch ein toter Mann, da er gegen Biermanns Ausbürgerung protestiert hatte, ein Reisevisum und ging ins Exil nach Itzehoe in Holstein. Er beschrieb die Kampagne – Fälschungen, Behinderung, Schikanen und Verleumdung –, gegen die er während der schöpferischsten Jahre seines Lebens hatte ankämpfen müssen. ,,Zu viele ,Literaturtheoretiker' '', sagte er am Ende seines Berichts, ,,haben sich im Verlauf des letzten Jahrzehnts die Stiefel an mir abgewischt, als daß ich auch nur noch eine einzige derartige Erniedrigung hinnehmen würde. Diese Köche, denen wir den ungenießbaren Brei ihrer unfrommen ideologischen Denkungsart verdanken, ihnen verdanken wir damit zugleich die bedrückenden Verluste, die die DDR-Literatur getroffen haben, weil einer unabgeschlossenen Anzahl von Dichtern und Schriftstellern das Leben unerträglich gemacht wurde, so daß, wie sie meinten, ihnen kein anderer Ausweg blieb, als fortzugehen. Ich weigere mich anzuerkennen, daß dies die einzige Alternative sein soll.''

11. Militär

Wenn während des zweiten Weltkriegs im Westen für alle eines feststand, so dies: Deutschland durfte nach der Niederschlagung des Nationalsozialismus kein Heer mehr haben. Das war die Ansicht des Mannes auf der Straße, und das war die Ansicht der Leute, die in Regierungsbüros saßen und an der Nachkriegsplanung arbeiteten, und sie fand deutlichen Ausdruck in der 1944/45 in Washington formulierten grundlegenden Besatzungsdirektive, dem berühmten Memorandum JCS-1067, das in seinen Grundzügen von den anderen alliierten Mächten auf der Konferenz von Potsdam übernommen wurde. Nach diesem Dokument war es das erstrangige Ziel der Alliierten, ,,Deutschland daran zu hindern, je wieder eine Bedrohung des Weltfriedens darzustellen", und verlangt wurde die ,,fortbestehende Kontrolle über Deutschlands Fähigkeit zum Kriegführen". Als der Alliierte Kontrollrat im Juli 1945 seine Arbeit in Deutschland aufnahm, gab er eine Reihe von Richtlinien heraus, nach denen es Deutschen verboten war, militärische Uniformen, Rangabzeichen oder Orden zu tragen oder Waffen, Munition oder Sprengstoff im Besitz zu haben (hier gab es einige Ausnahmen für Polizeibeamte, Bergarbeiter und Abrißmannschaften). Die Bestimmungen erklärten ferner Militärschulen, militärische Ausstellungen und Zeremonien für ungesetzlich, verboten paramilitärische Sportclubs und ähnliche Organisationen sowie das Militär betreffende Forschungen und ordneten die Vernichtung von Denkmälern, Plakaten, Straßenschildern und Erinnerungstafeln an, die geeignet waren, ,,die deutsche militärische Tradition zu bewahren ... oder militärische Ereignisse zu glorifizieren". Den Zonenbefehlshabern wurde gleichzeitig befohlen, eine strenge Politik der Demontage von Industrien zu verfolgen, die für eine militärische Produktion gebraucht werden konnten.

Der kalte Krieg setzte alle diese Maßnahmen außer Kraft. Im Frühjahr 1948 hatte die Sowjetregierung die Aufstellung, Bewaffnung und Kasernierung besonderer Grenzstreitkräfte in der Ostzone genehmigt, und in Washington und London begann man ernstlich über den Aufbau einer begrenzten westdeutschen militärischen Streitmacht zu reden. Der Ausbruch des Koreakriegs im Juni 1950 verlieh diesem Gedanken weiteren Nachdruck, und die westlichen Pläne, ein deutsches Kontingent in eine europäische Verteidigungsstreitmacht zu integrieren, führten in den darauf folgenden Jahren zu einem entsprechenden Aufbau ostdeutscher Streitkräfte. Die Folge war: 1955 hatte jeder der beiden deutschen Staaten seinen eigenen Militärapparat, mit Billigung der jeweiligen Supermacht.

Im Westen erweckte diese Entwicklung die düstersten Befürchtungen bei

Menschen, deren Geschichtserinnerung stärker war als die Furcht vor einem kommunistischen Sieg im kalten Krieg, und auch in Deutschland löste diese jähe Umkehr der alliierten Politik Reaktionen aus, die von offener Feindseligkeit bis zum äußersten Skeptizismus reichten. Ein westdeutscher Politiker sagte, die Deutschen müßten jetzt versuchen, etwas zu tun, womit sie in der Vergangenheit noch nie Erfolg gehabt hatten: gleichzeitig eine funktionierende Demokratie und eine funktionierende Streitmacht zu schaffen. Er schien das wahrscheinliche Ergebnis nicht allzu optimistisch zu beurteilen. Selbst diejenigen Soldaten, die zu ihrer angenehmen Überraschung aus dem Ruhestand zurückgerufen wurden, um beim Aufbau der neuen Streitmacht zu helfen, drückten ernste Besorgnis aus. Die moralische Grundlage einer Armee, so sagten sie, sei so wichtig wie die materielle. Soldaten müßten eine Tradition haben, auf die sie stolz sein könnten. Auf welcher Tradition sollte angesichts Deutschlands dunkler Vergangenheit eine neue Armee aufgebaut werden? Und welche Unterstützung konnte sie nach den Schrecken des letzten Krieges vom deutschen Volk erwarten?

Das waren schwierige Fragen, und sie wurden in der Bundesrepublik und in der DDR auf verschiedene Weise beantwortet.

I

Denjenigen, die bei den Worten ,,Deutsche Wiederbewaffnung'' erschauerten, lieferte die Geschichte keinen Trost. Beim Aufstieg Preußens zur Großmacht im 18. Jahrhundert und bei der Aufrichtung seiner Hegemonie über Deutschland 1866 war die Armee der entscheidende Faktor gewesen und hatte den Ausspruch des Großen Kurfürsten aus dem Jahre 1667 im Memorandum an seinen Nachfolger bewiesen: ,,Alliancen seindt zwahr gutt, aber eigene Krefte noch besser, darauff kan man Sich sicherer verlassen ... das hatt mich, von der zeit das Ichs also gehalten, Gott sey gedanckt considerabell gemacht.'' Aber die Armee war auch die Hauptstütze des Absolutismus in Preußen und in dem Deutschland, das Preußen 1871 gründete, und das Haupthindernis, das sich einer wirksamen parlamentarischen Regierung und dem Fortschritt zur Demokratie entgegenstellte. Geht man davon aus, daß die neuere deutsche Geschichte ein langwieriger konstitutioneller Kampf zwischen konservativen und liberalen Kräften war, so steht fest, daß in den kritischen Augenblicken dieses Prozesses die Armee die entscheidende Rolle spielte, indem sie jedesmal ihr Gewicht gegen die Volkssouveränität in die Waagschale warf. Die hoffnungsvollste Reformperiode in der preußischen Geschichte ging 1819 nicht zuletzt deshalb zu Ende, weil die Armee sich der progressivsten Elemente ihres Offizierskorps entledigte, die auf eine konstitutionelle Änderung hingearbeitet hatten, und abermals zum Bollwerk des ungehemmten Absolutismus wurde. Im Jahre 1848 wurden die liberalen

Siege vom März und die Bemühungen des Frankfurter Parlaments, Deutschland auf der Grundlage einer konstitutionellen Regierung und individueller Freiheit zu vereinigen, bedeutungslos, als die preußische Armee in Berlin die Ordnung wiederherstellte, in Dresden die Barrikaden einriß und die tapferen, aber schlecht organisierten badischen Demokraten in die Flucht schlug. Der Sieg der preußischen Armee 1866 bei Königgrätz war auch ein Sieg über jene preußischen Liberalen, die 1860 versucht hatten, die Budgetrechte des Parlaments zu benutzen, um eine gewisse Kontrolle über das Militär auszuüben. In jedem Falle unterstrichen die Soldaten nach Ansicht ihrer Oberbefehlshaber den Grundsatz, den einer von ihnen 1848 ausgesprochen hatte: Gegen Demokraten helfen nur Soldaten.

Als 1871 nach dem Sieg über Frankreich das Deutsche Reich gegründet wurde, schien das Militär zu glauben, ihm allein komme das Verdienst dafür zu. Die Proklamation Wilhelms I. zum Kaiser im Spiegelsaal von Versailles war nichts weniger als eine Militärparade, denn die Teilnehmer in Zivil nahmen sich kläglich aus unter den gravitätischen Siegern von Mars-la-Tour und Gravelotte, die sich mit ihren blitzenden Säbeln und schimmernden Orden um den Thron drängten und ihre Hochrufe ausstießen, während Militärkapellen „Heil Dir im Siegerkranz" und den Hohenfriedberger Marsch Friedrichs des Großen spielten. Der Vorsitzende der Zentrumspartei, Ludwig Windthorst, sagte in bitterem Ton: „Versailles ist die Geburtsstätte des militärischen Absolutismus, wie Ludwig XIV. ihn in Blüte gesetzt hat", eine kluge Prophezeiung, wenn man die darauf folgende Geschichte des Deutschen Reichs bedenkt. Man kann in der Tat von einer fortschreitenden Militarisierung des deutschen Lebens nach 1871 sprechen. Militärische Vorstellungen drangen in die Geschäftswelt ein und brachten einen Schlag von Industriellen hervor, die ihre Unternehmen befehligten wie Kommandanten ihre Festung, und an den Universitäten übernahmen die Korporationen die Zeremonien und Laster des Garnisonslebens und suchten dem Stil des preußischen Leutnants nachzueifern. Zur Zeit Wilhelms II. war das wohlhabende Bürgertum um gesellschaftlichen Aufstieg bemüht, indem es seine Töchter an Mitglieder des aristokratischen Offizierskorps verheiratete und seine Söhne in Elite-Kavallerieregimentern unterbrachte und sich damit einem Feudalisierungsprozeß hingab, der tiefgreifende soziale Folgen hatte. Gleichzeitig war der Einfluß des Militärs auf die Innenpolitik nicht unbeträchtlich. Seine laufend wiederholten Forderungen nach höheren Zuweisungen trugen zu den finanziellen Problemen bei, mit denen jede Regierung nach Bismarck zu kämpfen hatte; und der Rat, den die militärische Führung bezüglich der Sozialpolitik gab, war in der Tendenz so katastrophal, daß eine Krisenatmosphäre entstand, die jede echte Versöhnung zwischen der arbeitenden Klasse und der übrigen Gesellschaft unmöglich machte.

In der Außenpolitik wirkte sich der Einfluß noch schlimmer aus. Selbst eine so starke Persönlichkeit wie Bismarck hatte Mühe, die Neigung der militärischen Führer, sich in die Außenpolitik einzumischen, unter Kontrolle zu halten. Während der Kriege von 1866 und 1870 machten ihm Moltke und die ,,Halbgötter" vom Generalstab die Verantwortung für die Führung der Staatspolitik streitig und versuchten sich das Recht zu nehmen, die Ziele und die Dauer der militärischen Operationen selbst zu bestimmen. Im Jahre 1887 entdeckte Bismarck dann, daß der Generalstab in der Tat seine eigene Außenpolitik verfolgte und durch seine Agenten in Wien die Österreicher – mit der stillschweigenden Voraussetzung, daß Deutschland sie unterstützen würde – zu einem Präventivkrieg gegen Rußland zu ermutigen suchte. In den Jahren nach Bismarcks Sturz trat die Neigung des Militärs, die Autorität des Auswärtigen Amts und des diplomatischen Korps zu usurpieren, noch deutlicher zutage. Operationspläne für zukünftige Kriege wurden geschmiedet, die den diplomatischen Aktionsraum der Regierung ernstlich einschränkten, und in Krisenzeiten mußte die zivile Führung die Erfahrung machen, daß nicht nur ihre Freiheit, zu entscheiden, welcher Kurs einzuschlagen sei, äußerst beschränkt war, sondern daß militärische Erwägungen ins Feld geführt wurden, um eine Politik zu rechtfertigen, zu der sie kein Vertrauen hatte, gegen die sie jedoch mangels militärischen Wissens nichts ausrichten konnte. Deutschland trat 1914 in den Krieg ein trotz schwerster Bedenken seitens der zivilen Führung, weil das Militär sagte, er sei notwendig; und als der Krieg erst einmal im Gang war, maßte die Armee sich das Recht an, nicht nur die militärischen, sondern auch die politischen Entscheidungen zu treffen. Letztlich war das Militär verantwortlich für so verhängnisvolle politische Irrtümer wie die Weigerung, die Räumung Belgiens nach Beendigung des Krieges zuzusagen, wodurch die Verhandlungen mit den Westmächten über einen Kompromißfrieden unmöglich gemacht wurden, aber auch für die Einführung des uneingeschränkten U-Boot-Kriegs, der den Kriegseintritt der Vereinigten Staaten zur Folge hatte. Ganz allgemein gesehen führte die ungeschickte Politik von Leuten wie Hindenburg und Ludendorff direkt zum Zusammenbruch von 1918, wodurch das monarchische System hinweggefegt wurde, das die Armee durch ihre Rolle in der Innenpolitik gerade hatte aufrechterhalten wollen.

Man hätte erwarten sollen, daß sich das 1918 eingerichtete republikanische Regime an diese Dinge erinnerte und bestrebt war, den militärischen Einfluß im neuen Staat auf ein Minimum zu reduzieren. Aber die republikanischen Führer waren bei der Abwehr einer drohenden Machtübernahme durch die äußerste Linke so sehr auf die Unterstützung der Armee angewiesen, daß sie so gut wie keine Möglichkeit hatten, sie im Zaum zu halten, und das Militär nutzte diese Schwäche weidlich aus. Unter dem Befehl Hans von Seeckts erholte sich die Armee von den physischen und psychologischen Wunden ihrer gerade erlittenen Niederlage und entwickelte sich nicht nur zu einer schlagkräftigen Streitmacht, sondern war auch so organisiert, daß sie, sollten die internationalen Umstände dies ermöglichen, schnell einen größeren Umfang annehmen konnte. Dabei war sie jedoch nie völlig in die Gesellschaft integriert, die sie vor inneren wie vor äußeren Feinden schützen sollte. In der Reichswehr der 20er Jahre herrschte Unzufriedenheit wegen der Bedingungen des Versailler Vertrags, wegen der zahlenmäßigen Begrenzung der Truppenstärke und der damit verbundenen geringen Beförderungsmöglichkeiten, und dies bewirkte, daß das Offizierskorps geringschätzig auf die Politiker herabsah, die es dafür verantwortlich machte, und dieser Geist teilte sich der Truppe mit. Diese Situation war um so gefährlicher, als die Alliierten im militärischen Teil des Vertrags darauf bestanden hatten, daß Deutschland keine auf der Wehrpflicht basierende Armee, sondern nur eine kleine Streitmacht (100000 Offiziere und Mannschaften) von länger dienenden Freiwilligen haben durfte. Die Folge war, daß sich die antirepublikanische Einstellung der Reichswehr in einem so bedenklichen Maße steigerte (wie es vielleicht unter anderen Umständen nicht der Fall gewesen wäre), so daß sie faktisch zu einer Prätorianergarde wurde, der jede echte Bindung an die republikanische Regierung fehlte.

In der kritischen Phase der Republik, als ihre demokratischen Führer versuchten, die katastrophalen Folgen der Weltwirtschaftskrise unter Kontrolle zu bekommen, schlug das Militär einen eigenen politischen Kurs ein. Es unternahm mehrere klägliche Versuche, mit Hilfe der Notverordnungsgewalt des Reichspräsidenten eine autoritäre Antwort auf die Probleme der Republik zu finden. Brüning, von Papen und von Schleicher, die Kanzler der Jahre 1930–32 – sie alle wurden von der Militärführung ausgewählt und wieder fallengelassen, als sich zeigte, daß sie mit der sich weiter verschlechternden politischen Lage nicht fertigwurden. Schließlich wurden die Politiker beim Militär von Adolf Hitler ausmanövriert, der die Unzufriedenheit beim jüngeren Offizierskorps und bei den Mannschaften systematisch ausnutzte, indem er ein restauriertes und erweitertes militärisches Establishment versprach und der Regierung der Republik fehlenden Nationalgeist und mangelnde Verteidigung der Lebensinteressen des Staates vorwarf. In den ersten Wochen des Jahres 1933, als deutlich wurde, daß Hitler vor den Toren stand, gab es in Deutschland viele, die glaubten, die Reichswehr werde die Machtergreifung dieses gefährlichen politischen Abenteurers nicht zulassen. Doch nach all ihrer hektischen und fehlgeleiteten politischen Einmischung gab sich die militärische Führung nun sorgsam neutral und übernahm damit einen großen Teil der Verantwortung dafür, daß Deutschland an den Nationalsozialismus ausgeliefert wurde.

Dort hörte ihre Verantwortung jedoch noch nicht auf. Man kann durchaus sagen, daß das Militär an vielen Schrecknissen schuld war, die jetzt folgten. Es war im echten Sinne Komplize Hitlers bei den blutigen Ereignissen vom 30. Juni 1934, als die SS, ausgerüstet mit Heeresmaterial, Dissidenten in der SA umbrachte und gleichzeitig einige alte Gegner des Führers ermordete. Seine Beteiligung an dieser Operation – und seine Bereitschaft, wenige Wochen später einen öffentlichen Treueeid auf Adolf Hitler abzulegen, obwohl zwei prominente Offiziere, die Generäle von Schleicher und von Bredow, zu den Opfern dieser ‚Nacht der langen Messer' gehörten – kennzeichnete den Beginn einer totalen Unterwerfung unter den Willen des Diktators. Einen schändlichen Höhepunkt erreichte diese Entwicklung im Februar 1938, als das Offizierskorps tatenlos zusah, wie Hitler seinen Oberkommandierenden schimpflich entließ, nachdem er gefälschte Anklagen wegen sexueller Verfehlungen gegen ihn vorgebracht hatte, und sich selbst zum Oberbefehlshaber der Wehrmacht erhob.

Es gab Soldaten, die diesen Mangel an Widerstand als entwürdigend empfanden und ihre Kameraden an eine ältere Tradition der Ehre und Verantwortung für ihr Land zu erinnern versuchten. Als 1938 offenkundig wurde, daß Hitler auf einen Krieg zusteuerte, versuchte eine Gruppe von Offizieren unter Führung von General Ludwig Beck, dem Chef des Generalstabs, einen Widerstand zu organisieren gegen eine Politik, die nach ihrer Ansicht dem nationalen Selbstmord gleichkam. Beck glaubte, daß es, gerade weil das deutsche Volk immer eine Art *pietas* für die Armee gehabt habe, es jetzt Pflicht der Soldaten sei, das Volk vor der Vernichtung zu bewahren. ,,Die Geschichte", so schrieb er, ,,wird (die höchsten Wehrmachtskommandeure) mit einer Blutschuld belasten, wenn sie nicht nach ihrem fachlichen und staatspolitischen Wissen und Gewissen handeln ... Es ist ein Mangel an Größe und an Erkenntnis der Aufgabe, wenn ein Soldat in höchster Stellung in solchen Zeiten seine Pflichten und Aufgaben nur in dem begrenzten Rahmen seiner militärischen Aufträge sieht, ohne sich der höchsten Verantwortung vor dem gesamten Volk bewußt zu werden."

Aber Beck wußte, daß er nicht mit der Unterstützung der Mehrheit seiner Offizierskollegen rechnen konnte. Zu viele von den älteren hatten das Problem der politischen Verantwortung von sich geschoben und sagten, sie seien nur Soldaten, die ihre Pflicht täten, und zu viele von den jüngeren verdankten Stellung und Beförderung ihrer Treue zur NSDAP und ihrem ideologischen Eifer. Sogar für viele von denen, die von Hitler enttäuscht waren, machte der Eid, den sie 1934 geleistet hatten, alles, was nach einem Generalstreik aussah, zu einem undenkbaren Unternehmen. Beck und seine Freunde hatten ihre Hoffnung deshalb auf eine verschwörerische Tätigkeit gesetzt, und sie erwiesen sich als weder glückliche noch tüchtige Verschwörer. Ihre Putschpläne gegen Hitler zur Zeit der Sudetenkrise 1938 wurden unterlaufen durch die Kapitulation der Westmächte vor Hitlers Forderungen – ein Sieg für den Führer, der die Verschwörer entmutigte und ihre Zahl schrumpfen ließ. Und ihre weiteren Versuche, ihn durch Ermordung zu beseitigen, scheiterten entweder an Hitlers intuitivem Sinn für die Gefahr und seiner Angewohnheit, seine Pläne im letzten Augenblick zu ändern, oder – wie im Falle des Bombenanschlags vom Juli 1944 – an der mangelnden Entschlossenheit und dem fatalen Zögern der Verschwörer.

Einen Monat vor dem mißglückten Anschlag auf Hitlers Leben in der
Wolfsschanze bei Rastenburg sagte einer der führenden Verschwörer, der
zugab, daß er die Erfolgschancen pessimistisch einschätzte: „Das Attentat
muß erfolgen, coûte que coûte ... Denn es kommt nicht mehr auf den
praktischen Zweck an, sondern darauf, daß die deutsche Widerstandsbewegung vor der Welt und vor der Geschichte den entscheidenden Wurf
gewagt hat. Alles andere ist daneben gleichgültig." Das war ein vertretbarer
Standpunkt, und ganz gewiß bewiesen Beck und Stauffenberg und ihre
Freunde, daß die Unterwerfung der Armee unter Hitler nicht total oder
unaufhebbar war. Doch ihre Tat konnte nicht die Erinnerung an die vielen
Kommandeure auslöschen, die den Befehlen des Führers noch gehorchten,
als sie schon längst wußten, daß an einen Sieg nicht mehr zu denken war und
daß ihr Gehorsam lediglich weitere Todesopfer unter den eigenen Truppen
und eine Verlängerung der Leiden des deutschen Volkes bedeutete. Daß es
Offiziere von höchstem Rang gab, die zynisch weiter einem Mann dienten,
den sie im stillen für einen Verrückten hielten, in der Hoffnung auf einen
Marschallstab vor Beendigung der Kampfhandlungen, war ein beschämen-
der Kommentar zu der moralischen Verfassung, in die das Militär während
des Dritten Reichs geraten war, und die Erinnerung daran wurde nicht
abgeschwächt durch die Flut von Büchern aus der Feder früherer Wehr-
machtsgeneräle in den ersten Nachkriegsjahren, die den Versuch einer
Rechtfertigung unternahmen.

II

Keiner, der Westdeutschland in den ersten Monaten nach den Pariser Ver-
trägen vom Oktober 1954 besuchte, die die Bundesrepublik zum NATO-
Mitglied machten und ihr die Aufstellung einer 500000 Mann starken Bundeswehr gestatteten, konnte sich der Betroffenheit angesichts des Ausmaßes
und der Heftigkeit des antimilitaristischen Gefühls entziehen. Dieses Gefühl
ging quer durch alle Parteien. Am stärksten war es vielleicht in der Soziale-
mokratischen Partei ausgeprägt, deren Mitglieder in der Mehrzahl am doktrinären Pazifismus ihrer Weimarer Vergangenheit festhielten, aber es war
auch bei vielen der Freien Demokraten spürbar und fehlte keineswegs in der
Koalition Konrad Adenauers. Die Gewerkschaften standen der Wiederbe-
waffnungspolitik kritisch gegenüber, die der Kanzler zu der seinen gemacht
hatte, und das gleiche galt für einen großen Teil evangelischer Kirchenmänner. Jener Teil der deutschen Jugend, der für den Militärdienst in Frage kam,
zeigte deutlich sein Mißvergnügen: man schrie die Verteidiger der neuen
Politik in Köln nieder und traktierte den Verteidigungsminister in Augsburg
mit Bierkrügen. Der ungeheure Erfolg von Hans Hellmut Kirsts Antikriegs-
roman *08/15* und die nach diesem Buch und nach Carl Zuckmayers *Des*

Teufels General gedrehten Filme, die die Militärkaste und das Leben in der Armee im schlimmstmöglichen Licht darstellten, deutete an, daß diese negative Einstellung in der Öffentlichkeit weit verbreitet war.

Wahrscheinlich schlummerten ähnliche Reaktionen auch unter der Oberfläche in der Deutschen Demokratischen Republik, als die ostdeutsche Regierung im Januar 1956 ein Gesetz erließ, das die bereits bestehenden kasernierten Polizeieinheiten neu organisierte und formell eine Nationale Volksarmee ins Leben rief, und wahrscheinlich war die gemeinsame Grundlage des antimilitaristischen Gefühls in der DDR wie im Westen die geschichtliche Erinnerung, das Wissen, daß der Besitz einer Armee für Deutschland in seiner neueren Geschichte nicht zum Guten gewesen war und daß das Militär stets dahin tendiert hatte, ein Staat im Staate zu sein, der den sozialen Fortschritt und die Entwicklung liberaler demokratischer Institutionen behinderte.

Die Regierung der DDR trat diesen unterschwelligen Gefühlsströmungen entgegen, indem sie jeden Zusammenhang ihres angekündigten Vorhabens mit der schlimmen Vergangenheit abstritt. In seiner Rede vor der Volkskammer am 18. Januar 1956, in der er das neue Gesetz verkündete, erinnerte Willi Stoph, der zu der Zeit Verteidigungsminister war, seine Zuhörer in der Tat an die alte Zeit: ,,Im kaiserlichen Deutschland, in der Weimarer Republik und während der Naziherrschaft haben die reaktionären Militärs ihre verbrecherischen Pläne geschmiedet, das deutsche Volk, insbesondere die Jugend, unterdrückt und für ihre militärischen Ziele mißbraucht." Diese reaktionären Kräfte, so fuhr er fort, seien jetzt wieder in Westdeutschland am Werk und verfolgten ihre alte Politik ,,im Interesse des deutschen Monopol- und Finanzkapitals und des Junkertums unter der Flagge des aggressiven Nordatlantikpakts". Doch eine derartige Kontinuität sei in der Deutschen Demokratischen Republik nicht zu erkennen. Die Revolution im Gefolge des Krieges habe mit der Vergangenheit gebrochen. ,,In der Deutschen Demokratischen Republik sind die Arbeiterklasse, die werktätigen Bauern und die anderen werktätigen Schichten die Träger der Volksarmee und damit die herrschende Kraft im Staat und in der Gesellschaft." Schon der Gedanke an einen Gegensatz zwischen der Armee und der übrigen Gesellschaft, an jene Art von Zivil-Militär-Problem, das ein ständiges Element in der deutschen Geschichte dargestellt habe, sei jetzt unmöglich: ,,Die Volksarmee der Deutschen Demokratischen Republik ... ist ein unlösbarer Bestandteil unseres Arbeiter- und Bauernstaates, der dem Schutz der demokratischen Errungenschaften der Bevölkerung und der Grenzen unserer Republik dient. Damit wirkt die Nationale Volksarmee in der Deutschen Demokratischen Republik in voller Übereinstimmung mit den Interessen der werktätigen Bevölkerung. In der Deutschen Demokratischen Republik sind die Grundlagen des Militarismus – das Monopolkapital und das Junkertum – endgültig beseitigt worden. Die Volksarmee unserer Republik ist daher das Schutzorgan des vom Imperialismus befreiten Volkes, sie trägt zutiefst nationalen Charakter." Mit solchen Argumenten konnten diejenigen, die mit dem Aufbau der neuen Armee in Westdeutschland beauftragt waren, die Kräfte des Antimilitarismus nicht abspeisen. Die Bundesrepublik war kein revolutionärer Staat wie die DDR, die, im Grunde genommen von nur einer Partei beherrscht, behauptete, im Interesse der arbeitenden Massen zu regieren, und über alle Machtinstrumente die völlige Kontrolle ausübte. Sie war vielmehr ein pluralistischer Staat mit einer kapitalistischen Wirtschaft, und der Kurs der Regierungspolitik ergab sich aus einem Prozeß von Konflikt und Kompromiß zwischen verschiedenen Parteien, Verbänden und wirtschaftlichen und sozialen Interessen. In einer solchen Gesellschaft mußte das Argument, die neue Armee werde ,,das Volk" repräsentieren, auf eine skeptischere Reaktion stoßen als in der DDR, besonders bei denen, die sich daran erinnerten, daß deutsche Armeen in der Vergangenheit zwar behauptet hatten, den Staat zu vertreten, aber stets zuerst an sich selbst gedacht hatten. Auch konnten solche Gedankengänge diejenigen nicht überzeugen, die befürchteten, der rasche Aufbau der neuen Bundeswehr unter dem Druck einer nervösen amerikanischen Regierung werde auf dem Weg über das Militär alte Nazis ins öffentliche Leben zurückbringen, zumal sie hatten feststellen müssen, daß Offiziere, die in der Wehrmacht hohe Positionen eingenommen hatten, bereits an führender Stelle im NATO-Kontingent der Bundesrepublik tätig waren (General Adolf Heusinger war Chef der Operationsabteilung im Führerhauptquartier, General Speidel Rommels Stabschef gewesen).

Die Armeeplaner in der Bundesrepublik verließen sich deshalb nicht auf die Rhetorik eines Willi Stoph, sondern auf konkrete Maßnahmen, die eine Wiederkehr des ewigen Zivil-Militär-Problems verhindern sollten durch die Schaffung einer neuen Modellarmee für die demokratische Republik. Schon Ende 1950 – kurz nachdem der US-Außenminister Dean Acheson die frühere Entmilitarisierungspolitik verworfen und die Beteiligung westdeutscher Truppen an einer europäischen Verteidigungsstreitmacht gefordert hatte – wurde der ehemalige Gewerkschaftsfunktionär und Bundestagsabgeordnete Theodor Blank zum Sicherheitsbeauftragten der Bundesrepublik ernannt. Zusammen mit einer Gruppe früherer Offiziere und unter Mitarbeit von Fachleuten, Industriellen und Akademikern begann Blank den ganzen Komplex von Fragen zu untersuchen, der mit der Schaffung eines militärischen Establishments verbunden war. Die Arbeit der Dienststelle Blank – die später, als Folge der Ratifizierung der Pariser Verträge, in dem neuen Verteidigungsministerium aufging – war zum größten Teil technischer Natur, doch den interessantesten und revolutionärsten Aspekt ihrer Tätigkeit könnte man eher als philosophisch beschreiben, denn er beschäftigte sich mit der Formulierung der Prinzipien, die innere Struktur und Geist der neuen westdeutschen Streitmacht bestimmen sollten.

Es ist keine Übertreibung, wenn man sagt, die Mitarbeiter der Dienststelle Blank seien von ähnlichen Idealen beseelt gewesen, wie sie die preußischen Militärreformer der Jahre 1807–1813 verkündet hatten. Scharnhorst, Boyen, Gneisenau und ihre Offizierskameraden hatten sich ebenfalls der Aufgabe gegenübergesehen, eine Streitmacht von Grund auf neu aufzubauen nach einem Krieg mit katastrophalem Ausgang und zu einer Zeit, als die Armee in der Bevölkerung mit Haß und Mißtrauen betrachtet wurde. Sie hatten sich ihrer Aufgabe durch die Schaffung einer ,,Bürgerarmee" zu entledigen versucht, die auf das Kastensystem und die brutale Disziplin der Vergangenheit verzichtete und in der der moralische Wert und die privaten Rechte des einzelnen Soldaten respektiert werden würden, in der persönliche Initiative genausoviel gelten sollte wie der blinde Gehorsam – kurzum, eine Streitmacht, in der preußische Untertanen gern dienen würden, da sie diesen Dienst in der Tat als eine staatsbürgerliche Pflicht betrachten konnten.

Im gleichen Geist drangen Blank und seine Mitarbeiter – insbesondere Oberst (später General) Wolf Graf von Baudissin, der brillanteste und idealistischste unter den neuen Reformern – darauf, daß die Kluft zwischen militärischer und ziviler Gesellschaft überbrückt wurde. Die neue Streitmacht sollte weder eine geschlossene Körperschaft noch eine Ansammlung von Robotern und Funktionären mit Waffen sein, sondern vielmehr eine Organisation von ,,Staatsbürgern in Waffen", in der sich Bürger-Soldaten das für die moderne Kriegsführung nötige technische Wissen, die Disziplin und den Teamgeist aneignen konnten, ohne sich den entwürdigenden Prozessen unterwerfen zu müssen, die für die älteren Ausbildungssysteme charakteristisch gewesen waren. Es sollte eine Armee sein, die frei war von Kadavergehorsam und ,,Barras", jener Kasernenhoftyrannei, die in Kirsts *08/15* so anschaulich beschrieben worden war, und ihre Soldaten sollten wirklich wie Menschen behandelt, zu eigenem Denken ermutigt und für persönliche Initiative belohnt werden. In den Dienstanweisungen und im Disziplinarrecht sollten die Rechte des Individuums gewahrt werden, und die Soldaten sollten zivile Stellen anrufen und Beschwerden vorbringen und frei ihre Meinung äußern, sich versammeln und diskutieren können.

Schließlich sollte der Dienst in der neuen Streitmacht auf einer breiten Konzeption von militärischer Erziehung aufgebaut werden, zu der für Offiziere wie für Mannschaften nicht nur die technische Ausbildung, sondern auch politische Instruktion und unparteiische Besprechungen historischer Fragen und zeitgenössischer Ereignisse in Deutschland und in anderen Ländern gehörten. Leitprinzip sollte das sein, was man dann ,,Innere Führung" nannte. Damit sollte die politische Apathie der jüngeren Generation überwunden und ihr eine Motivation und ein Gefühl für die Bedeutung ihres Dienstes verliehen werden. In diesem Sinne erinnerte sie an Hermann von Boyens ehrgeizigen Plan, aus der preußischen Armee von 1814 ,,die Schule der Nation" zu machen. Der Aufbau der neuen Streitmacht war auch durch

die Überlegung beeinflußt, daß „unpolitische Soldaten" Deutschland
schlecht gedient hatten, und daß die politische Naivität des deutschen Offizierskorps in der Zeit zwischen den beiden Weltkriegen mit dazu beigetragen hatte, daß Hitler an die Macht gelangt war.

Während die Dienststelle Blank noch an der Formulierung dieser Richtlinien arbeitete, wurde deutlich, daß auch das Parlament entschlossen war,
sein Wort in militärischen Angelegenheiten mitzureden, nicht nur, um zu
verhindern, daß das neue militärische Establishment von alten Nazis infil-
triert wurde, sondern auch um die Möglichkeit auszuschließen, daß die
Kontrolle über die künftige Streitmacht in die Hände eines einzigen Mannes
geriet, eines Seeckt redivivus oder eines zweiten Hindenburg. Die Entschlossenheit des Parlaments zeigte sich zum ersten Mal im Juli 1955, als die
Regierung dem Bundestag ein Gesetz vorlegte, das die Aufstellung von 6000
Freiwilligen vorsah, ein erster Schritt zur Rekrutierung einer Bundeswehr.
Zur Verzweiflung der amerikanischen Militärs, die so schnell wie möglich
Deutsche in Uniform sehen wollten, verweigerte der Bundestag seine Zustimmung, bis durch Gesetz ein achtunddreißig Mitglieder umfassender Per-
sonal-Beratungsausschuß geschaffen war, der alle einzustellenden Dienstgrade vom Obersten an aufwärts unter die Lupe nehmen sollte. Zu diesem
Gremium gehörten so bekannte Gegner des Nationalsozialismus wie Fabian
von Schlabrendorff, der einmal Hitler zu töten versucht hatte, Annedore
Leber, die Witwe des Lübecker Sozialdemokraten Julius Leber, der wegen
seiner Tätigkeit im Widerstand hingerichtet worden war, General von Senger
und Etterlin, der der Gestapo den Zugang zu seiner Kommandostelle in Italien
verweigert hatte, und Dr. Wilhelm Rombach, ehemaliger Oberbürgermeister
von Aachen, den die Nazis 1933 aus dem Amt getrieben hatten. Durch die
Tätigkeit dieses Ausschusses, die von 1955 bis 1957 dauerte, übte der Bundestag, wie die *New York Times* es formulierte, „die absolute Kontrolle über
das Offizierspersonal" der Bundeswehr in ihrer Aufbauphase aus. Der Aus-
schuß untersuchte sechshundert Fälle, gab in hundert davon einen abschlägi-
gen Bescheid und bewies – wie Alfred Grosser schrieb – seine Unabhängigkeit dadurch, daß er vier Offiziere für eine dauernde Einstellung ablehnte,
die in Blanks Organisation wichtige Dienste geleistet hatten. Dank seiner
Tätigkeit bestand kaum die Gefahr, daß das neue Offizierskorps ein Zu-
fluchtsort für antidemokratische Elemente wurde oder seine Angehörigen
sich nach dem Muster solcher militärischer Vorbilder wie Seeckt und
Schlieffen gebärden würden. Als die ersten sieben deutschen Offiziere sich
zum Dienst im SHAPE-Hauptquartier einfanden, gab es, wie ein *Spiegel*-
Reporter berichtete, „kein Hackenknallen, keine durchdringenden Blicke,
keine zackigen Kopfbewegungen, keine forschen Schritte, keine laut erhobe-
nen Stimmen". Die Offiziere waren in Zivilkleidung erschienen und sahen
aus wie „Diplomaten, die ihre Regenschirme vergessen hatten".

Daß das Parlament nicht die Absicht hatte, die Kontrolle über die Bundeswehrpolitik aufzugeben, zeigte sich im Juli 1956, als das Gesetz über den Aufbau der Streitkräfte und die Maßnahmen zur Einberufung vorgelegt wurden. Als Bestandteil der Militärgesetze rief der Bundestag das Amt eines parlamentarischen Wehrbeauftragten, einer Art Ombudsman, ins Leben, an den sich jeder Soldat mit seinen Anliegen wenden konnte, der aber auch das uneingeschränkte Recht besaß, jeden Vorgang innerhalb der Streitkräfte zu untersuchen, und dem Bundestag die Ergebnisse seiner Ermittlungen zu speziellen Problemen mitzuteilen und ihm in regelmäßigen Abständen über die allgemeine innere Verfassung der Streitkräfte Bericht zu erstatten hatte.

Es war nicht zu erwarten gewesen, daß die Aufstellung der Bundeswehr, ein Prozeß, der bis 1965 dauerte, als die zwölf durch das Pariser Abkommen von 1954 genehmigten Divisionen dienstbereit waren, ohne Zwischenfälle vonstatten gehen würde. Ein kommandierender General sagte 1964: ,,Auf alle Fragen, die unsere Streitkräfte berühren, reagiert man in der Bundesrepublik neuralgisch. Die Gründe liegen in unserer Geschichte. Alte Demokratien verfahren hierin großzügiger. Auch die Öffentlichkeit in der Bundesrepublik sollte sich allmählich angewöhnen, normale Wachstumserscheinungen ihres Organismus nicht immer gleich mit mangelndem guten Willen zu verwechseln." Er bezog sich damit auf die in der Presse und der Öffentlichkeit vorhandene Neigung, jede Beschwerde eines Offiziers über eine hemmende Auswirkung der neuen politischen Kriterien auf den normalen Ausbildungsplan für ein Zeichen militärischer Insubordination und jeden Fall von Rekrutenmißhandlung durch Unteroffiziere für ein Zeichen der Rückkehr zu den brutalen Ausbildungsmethoden früherer Zeiten zu halten, ohne sich zu fragen, ob der Fehler nicht vielleicht im Mangel an erfahrenen Unteroffizieren und jüngeren Offizieren lag. Aber es gab genügend solcher Vorfälle in den zehn Jahren des Aufbaus, um den Argwohn der Öffentlichkeit zu erregen. Im Jahre 1964 wurde er zusätzlich geschürt, als der Wehrbeauftragte, der frühere Admiral Hellmuth Heye, in der Illustrierten *Quick* einen alarmierenden Bericht über den Zustand der Bundeswehr veröffentlichte. In dieser Artikelserie sagte Heye Dinge, die nicht in seinem schriftlichen Bericht an den Bundestag enthalten gewesen waren: nämlich, daß sich die Bundeswehr, wenn nicht rasch für Abhilfe gesorgt würde, auf unerwünschte Weise zu einer Streitmacht mit den Waffen von morgen, aber der Ausbildung im Geist von gestern entwickeln würde. Er sagte, es gäbe im Offizierskorps starken Widerstand gegen das Prinzip der Inneren Führung und die Vorstellung vom Bürger in Uniform und gefährliche Anzeichen für einen Rückschritt – das militärische Establishment könne tatsächlich wieder zu einem Staat im Staate werden.

In dem darauf folgenden Tumult erhoben sich einige wenige vernünftige Stimmen, die darauf hinwiesen, daß es sicher unter den älteren Truppenkommandeuren einige gab, die die demokratischen Reformen mit Skepsis betrachteten, doch daß die Regierung, wenn ihre Beschwerden jedes Maß überschritten, alle Mittel an der Hand hatte, sie zu disziplinieren. Inzwischen war die Möglichkeit, daß die Streitkräfte sich zu einem Staat im Staate entwickelten, weniger groß als die Gefahr, daß sie in der deutschen Gesellschaft in die Isolation gezwungen wurden. Immerhin war es schon soweit gekommen, daß Offiziere es vorzogen, in der Öffentlichkeit Zivilkleidung zu tragen, um keine Aufmerksamkeit zu erwecken oder gar Schmähungen auf sich zu ziehen.

Angehörige der Bundeswehr litten in der Tat an einem Komplex von Problemen, der wahrhaft einzigartig war. Die Streitkräfte, denen sie dienten, besaßen weder die Unabhängigkeit anderer nationaler Streitkräfte, da sie einem internationalen Kommando, SHAPE, unterstellt waren und von dessen Direktiven abhingen, noch genossen sie die Unterstützung von Öffentlichkeit und Parteien, wie das Militär in England und Frankreich. Die politischen Parteien, die die Bundeswehr 1956 geschaffen hatten, weil es opportun war, hatten seitdem eine kritische Distanz zu ihr eingenommen, und ihre Haltung spiegelte sich in der öffentlichen Meinung wider. Man erwartete von der Führung, daß sie den Soldaten Eigenschaften beibrachte, die sie für den Kampf brauchten, sollte es zu einem Krieg kommen, andererseits durften sie nicht ihre bürgerlichen Rechte und Wertvorstellungen verletzen, eine schwierige Aufgabe, wenn man es mit Rekruten aus einer wohlhabenden und permissiven Gesellschaft zu tun hatte, die den militärischen Tugenden nur geringen Respekt zollte. Die Art der Kommandostruktur war wenig dazu angetan, für Anleitung oder Inspiration zu sorgen, denn im Gedanken daran, wie militärische Führer wie Seeckt in der Weimarer Zeit der zivilen Kontrolle aus dem Weg gegangen waren, hatte es der Bundestag sorgsam vermieden, einen Oberkommandierenden zu ernennen, und die höchste Befehlsgewalt in die Hände des Verteidigungsministers und seiner zivilen Staatssekretäre gelegt. Als General Heinz Trettner, Generalinspekteur der Bundeswehr, dies 1966 dadurch korrigiert sehen wollte, daß man den Generalinspekteur zum stellvertretenden Verteidigungsminister machte, der an der Befehlsgewalt teilhaben sollte, wurde dies als Beispiel für Militärpolitik abgelehnt, und man zwang ihn, zurückzutreten. Er tat dies mit einiger Bitterkeit und bemerkte bei der Gelegenheit recht deutlich, die Bundeswehr sei gehorsam und wünsche dies auch zu bleiben, aber wenn sie weiter so behandelt würden wie in der jüngsten Vergangenheit, könnten die Streitkräfte außer Kontrolle geraten, wenn man sie brauche, oder, was noch schlimmer wäre, überhaupt nichts tun.

Das war vielleicht weniger eine Drohung als ein Ausdruck der Frustration, einer Frustration, wie sie viele Offiziere verspürten, denen das soziale Prestige fehlte, das die Militärs einst in Deutschland genossen hatten und in anderen Ländern noch immer besaßen, deren berufliches Pflicht- und Disziplingefühl wenig Widerhall fand in der Gesellschaft in ihrer Gesamtheit und die gleichzeitig wegen der scharfen Zäsur, die das Jahr 1945 in der deutschen

Geschichte darstellte, jeder echten Verbindung mit der Vergangenheit und somit jeder fortbestehenden Tradition beraubt waren. Das war ein schmerzlicher Mangel. Der *Große Brockhaus* definiert Tradition als ,,eine der entscheidenden Eigentümlichkeiten, die den Menschen zum Menschen machen. Er lebt von den Erfahrungen, Kenntnissen, Einsichten seiner Vorfahren". Ohne diese Gabe fehlt es dem Menschen an Perspektive und Orientierung, und wenn er Soldat ist, erleidet er eine Verminderung seines professionellen Rangs. Wie ein Journalist in der Tageszeitung *Die Welt* schrieb, wäre eine Armee ohne Traditionsgefühl zu einem technischen Hilfsmittel degradiert, dessen Zweck das Töten ist und bei dem Selbstaufopferung entsprechend zu einem technischen Abfallprodukt entwertet würde.

Dem Verteidigungsministerium war dieses Problem nicht entgangen, und im Juli 1965 gab Verteidigungsminister von Hassel eine Denkschrift heraus, in die sechs Jahre Studium und Diskussion eingeflossen waren und die den Titel ,,Bundeswehr und Tradition" trug. In dreißig Thesen suchte diese Direktive dem von vielen Angehörigen der Bundeswehr empfundenen Identitätsproblem beizukommen, mit der Aufforderung, die Vergangenheit wohl kritisch, aber verständnisvoll zu betrachten und in ihr nach inspirierenden und nacheifernswerten Vorbildern Ausschau zu halten.

Als Anleitung für die Bundeswehr wies der ,,Traditionserlaß" darauf hin, daß die deutschen Streitkräfte während ihrer ganzen Geschichte stets solche Eigenschaften hochgehalten hatten wie Vaterlandsliebe – zu unterscheiden vom vulgären Nationalismus –, gewissenhafte Pflichterfüllung ohne Spekulation auf Belobigung oder Belohnung, Gehorsam und Treue gegenüber der höchsten, Volk und Staat repräsentierenden Autorität, und ,,Freiheit im Gehorsam" oder die Bereitschaft, Verantwortung für ein Handeln zum Besten des Gemeinwohls zu übernehmen, auch unter Einsatz des eigenen Lebens. Dieser letzte Grundsatz spielte insbesondere auf die Entscheidungsfreiheit an, die die deutschen Truppenführer bis zu Hitlers Tagen stets besessen hatten, so daß ihre persönliche Initiative nie gehemmt worden war durch die strategische oder taktische Planung des Oberbefehlshabers; auf einer anderen Ebene wurde er veranschaulicht durch den Mut jener Offiziere, die um ihres Gewissens willen ihr Leben riskierten, indem sie sich den Verbrechen und Ungerechtigkeiten des Naziregimes widersetzten, obwohl sie sich bewußt waren, daß sie ihren dem obersten Befehlshaber geleisteten Eid brechen mußten.

Bezüglich der heiklen Frage, welche Rolle der Armee in der Politik zufalle, betonte die Direktive eher den individuellen als den korporativen Aspekt des Problems. ,,Politisches Mitdenken und Mitverantwortung", hieß es da, ,,gehören seit den preußischen Reformen zur guten Tradition deutschen Soldatentums." Und weiter, vielleicht unbewußt im Gedanken an General Ludwig Becks Denkschrift von 1938: ,,Der Soldat, der sich, als unpolitischer Soldat, einer falschen Tradition folgend, auf das militärische Handwerk beschränkt, versäumt einen wesentlichen Teil seiner beschworenen Dienstpflicht als Soldat in einer Demokratie.''

Die Denkschrift führte dann einige spezifisch soldatische Werte auf, die sich in der deutschen Geschichte manifestiert hatten und hochgehalten worden waren – wie etwa die Fähigkeit, unter dem Druck von Zeit und Umständen Entscheidungen zu treffen und später mit den Folgen zu leben (hier klang vielleicht wieder etwas unbewußt an, diesmal Clausewitz' berühmtes Kapitel ,,Der kriegerische Genius''). Unter den geistigen Qualitäten, die hervorragende deutsche Soldaten gekennzeichnet hatten, erwähnte sie solche Tugenden wie Großmut und Ritterlichkeit, Kameradschaft und Mitleid, Tapferkeit und Opfermut, Fassung und Würde in der Niederlage wie im Sieg, Bescheidenheit in Auftreten und Lebensstil und Disziplin des Geistes, der Rede und des Körpers. Die Schrift schloß mit der Feststellung, die Verbindung zur Vergangenheit finde ihren sichtbaren Ausdruck in der schwarz-rot-goldenen Flagge, die das Symbol staatsbürgerlicher Verantwortung und deutschen Strebens nach ,,Einigkeit und Recht und Freiheit'' sei, wie sie in der Nationalhymne erwähnt wurden, in dem Adler des Bundeswappens, der das älteste deutsche Symbol der Souveränität und des Rechtsgedankens darstellte, und im eisernen Kreuz, dem Symbol für moralisch eingebundene soldatische Tapferkeit. Des weiteren wurden Gelegenheiten aufgelistet, bei denen Wort und Symbol gemeinsam im Soldaten ein Traditionsbewußtsein wecken sollten (Paraden, Vereidigungen, Gedenkfeiern und Große Zapfenstreiche).

Festzuhalten ist, daß die Direktive vom Juli 1965 den Prinzipien der Inneren Führung und der Vorstellung vom Staatsbürger in Uniform folgte, während sie gleichzeitig eine Verbindung zwischen diesen Ideen und den Wertbegriffen der preußischen Reformer von 1807–1813 und den Offizieren aufzeigte, die Hitler Widerstand geleistet hatten. Dadurch und durch die Betonung der militärischen und geistigen Werte, in deren Hochschätzung sich die Soldaten der Bundeswehr mit den hervorragendsten unter ihren Vorgängern gleichsetzen konnten, suchte sie den Streitkräften eine Vergangenheit zu verleihen, auf die sie stolz sein durften, während sie gleichzeitig ihre Verantwortung für die demokratische Gesellschaft heraushob, von der sie ein Teil waren. Und insgesamt gesehen trug die Direktive tatsächlich zur Verminderung des Gefühls der Wurzellosigkeit bei, das zahlreiche Angehörige der Bundeswehr erfaßt hatte, und dämpfte ihren Ärger über die Spannungen, die durch die Notwendigkeit verursacht wurden, die militärische Disziplin mit den Rechten des einzelnen Soldaten zu vereinbaren. In den fünfzehn Jahren, die auf die Verkündung des ,,Traditionserlasses'' folgten, nahm in der Bundeswehr das Gefühl des Isoliertseins gegenüber den frühen 60er Jahren ab, wenn es auch, wie wir sehen werden, durchaus wieder zutage treten konnte.

Auch in der DDR unterschätzte die Regierung, während sie sich aus ideologischen Gründen von einem großen Teil der deutschen Vergangenheit lossagte, keineswegs die Bedeutung der Tradition und die Wirkung, die ein Gefühl von Kontinuität auf die Moral der Truppe auszuüben vermochte. Dies zeigte die Entwicklung der Uniform. Die ersten ostdeutschen Militäreinheiten, die sogenannte kasernierte Polizei von 1948, war in Polizeiblau gekleidet, aber 1952, als man es schließlich aufgab, den Aufbau einer ostdeutschen Armee zu verschleiern, erhielten sie Uniformen im sowjetischen Stil. Diese erwiesen sich als unbeliebt, sowohl bei der Truppe selbst wie in der Öffentlichkeit, und nachdem die Nationale Volksarmee offiziell ins Leben gerufen war, entschied man sich für eine Uniform, die praktisch dem Feldgrau der Wehrmacht in der Hitlerzeit glich. In einer Rede rechtfertigte Willi Stoph dies so:

> In der militärischen Geschichte unseres Volkes gibt es bedeutende fortschrittliche Traditionen, die auch in der Uniform ihren Ausdruck fanden. Der deutsche Imperialismus und Faschismus gab jedoch die Uniform als Symbol der militärischen und patriotischen Ehre preis ... In der Nationalen Volksarmee wird die deutsche Uniform als Ausdruck der entschlossenen Verteidigungsbereitschaft unserer demokratischen Errungenschaften einen wirklich patriotischen Sinn erhalten.

In solchen Uniformen, wenn auch mit roten Armbinden, so fuhr Stoph fort, hatten die bewaffneten deutschen Arbeiter 1918 den Kaiser aus dem Land gejagt und anschließend gegen die nationalistischen Freikorps und die reaktionäre Reichswehr gekämpft. Und im zweiten Weltkrieg sei diese Uniform von den vielen Offizieren und Mannschaften getragen worden, die sich dem Nationalkomitee Freies Deutschland angeschlossen hätten, um Hitler niederzuwerfen. Stoph spottete über die Uniform der westdeutschen Bundeswehr, die keine Wurzeln in der deutschen Vergangenheit habe und als internationales kapitalistisches Kostüm der Bundeswehr von der NATO übergehängt worden sei.

Noch nicht zufrieden mit diesen historischen Verknüpfungen, ging die Partei dazu über, sich auch die preußische Tradition anzueignen in den Gestalten der führenden Reformerpersönlichkeiten Scharnhorst, Gneisenau, Yorck von Wartenburg und Blücher, deren Statuen auf dem Opernplatz im Forum Fredericianum in Berlin jetzt nachts angestrahlt wurden und deren militärische Taten man im Museum für Deutsche Geschichte feierte, das im Zeughaus am Anfang der Straße Unter den Linden untergebracht war. Diese Assoziation empfahl sich aus guten Gründen: Einige dieser Soldaten hatten nicht nur progressive politische Ansichten vertreten (Gneisenau galt sogar am preußischen Hof als Jakobiner), sondern sie hatten allesamt auf ein Bündnis mit Rußland zur Überwindung Napoleons gedrängt. Doch der alte preußische Stil ging in dem der Wehrmacht unter bei den traditionellen Paraden, die jetzt vor der Neuen Wache abgehalten wurden, dem einstigen militärischen Hauptquartier von Berlin, das nun eine Gedenkstätte für die

Opfer des Faschismus und Militarismus beherbergte. Hier gab es täglich
Wachablösungen, ausgeführt mit dem ganzen Zeremoniell der Armeen Wilhelms II. und Hitlers, und in regelmäßigen Abständen fanden größere Paraden statt, bei denen mit klingendem Spiel gestiefelte und behelmte Soldaten
grimmig-unerbittlichen Gesichts die Linden hinuntermarschierten und,
wenn sie die Neue Wache erreichten, in den alten Stechschritt verfielen, bei
dem die Beine steif in die Höhe flogen, um dann schallend aufs Pflaster zu
knallen, während ihre Mitbürger zusahen, wenn nicht befriedigt, so doch
mit gewisser Anerkennung.

Im Westen kam es seltener zu solchen traditionellen Schaustellungen, und
sie wurden nicht immer so passiv registriert. Am 6. Mai 1980 führte ein
Großer Zapfenstreich, bei dem neue Rekruten vereidigt und gleichzeitig der
fünfundzwanzigste Jahrestag der Mitgliedschaft in der NATO gefeiert werden sollten, zu blutigen Auseinandersetzungen zwischen Kriegsdienstgeg-
nern und der Polizei, bei denen wenigstens 50 Demonstranten und 257 Polizeibeamte verletzt wurden, 27 schwer.

Der Große Zapfenstreich ist das eindrucksvollste militärische Schauspiel
und findet nur zu feierlichen Anlässen und Gedenkfeiern statt. Er geht in
seinen Ursprüngen auf die Zeit des preußisch-russischen Bündnisses gegen
Napoleon zurück, und vieles von der Choreographie, nach der sich der
Aufmarsch der Truppen und die entsprechenden Kommandos zur Musik
von großen Kapellen und schrillen Pfeifenklängen richten, entstammt russischer Praxis, desgleichen der dramatische Höhepunkt der Parade, das Kommando ,,Helm ab zum Gebet!'', nach dem der Choral ,,Ich bete an die
Macht der Liebe'' zur Musik des Komponisten Christian Gregor gespielt
wird. Diese Zeremonie hat nichts Provokatives und nichts Kriegerisches, sie
ist in der Tat eine Beschwörung der Tradition der Kameradschaft und als
solche für eine Vereidigung neuer Rekruten besonders geeignet. Wieso kam
es also in Bremen zu dem Krawall?

Zum Teil, so nimmt man an, wegen der Koppelung der Vereidigungszere-
monie mit der Feier der Mitgliedschaft in der NATO, deren gerade gefaßter
Beschluß, mit der Atomrüstung fortzufahren, heftige öffentliche Auseinandersetzungen hervorgerufen und Besorgnis wegen des Schadens geweckt
hatte, der dadurch für die Beziehungen zur Sowjetunion entstehen könnte.
Zum Teil auch, weil der Zapfenstreich in Bremen abgehalten wurde, auf
Drängen eines Bürgermeisters, der den Kontakt zum linken Flügel seiner
eigenen Partei, der SPD, verloren und dessen antimilitaristische Einstellung
unterschätzt und der außerdem den Umstand nicht genügend in Betracht
gezogen hatte, daß seine Stadt die radikalste Universität Deutschlands beherbergte. Und schließlich zum Teil deshalb, weil angekündigt worden war,
Hauptredner beim Zapfenstreich werde der neugewählte Bundespräsident
Karl Carstens sein, ein Mann, dem die Jungsozialisten, die akademische
Jugend und die Linke ganz allgemein keine Achtung entgegenbrachten, und

dessen extremer Konservatismus und dessen wechselvolle politische Vergangenheit (einige bezeichneten ihn als „alten Nazi") die Teilnahme an der Veranstaltung als Herausforderung erscheinen ließen. Das Zusammentreffen dieser Umstände führte beinahe zwangsläufig zu Demonstrationen am Tag des Zapfenstreichs, und Gruppen von Pazifisten, Atomwaffengegner, Mitglieder der evangelischen Jugendbewegung, Vertreter der Bürgerinitiativen und der Grünen sowie NATO-Gegner versammelten sich, um gegen das „militärische Schauspiel" als den demokratischen Werten zuwiderlaufend und friedensgefährdend zu protestieren. Diese friedlichen Demonstrationen boten gut vorbereiteten verbrecherischen Elementen, kommunistischen Studenten und „Chaoten" eine Gelegenheit, bewaffnet mit Molotowcocktails, Ketten, Steinen und Knüppeln der Polizei eine mörderische Schlacht zu liefern.

Die Ereignisse von Bremen erweckten im ganzen Land Aufsehen und lösten eine etwas ratlose Debatte aus, bei der sich manche fragten, ob solche Zeremonien und überhaupt alle Bemühungen, in einer Organisation wie der Bundeswehr Traditionen aufzubauen, klug seien, da dies durch Schaffung eines Elitedenkens nur der Demokratie zuwiderlaufen könne. Verteidigungsminister Hans Apel reagierte darauf in einem Artikel im *Spiegel,* in dem er darauf hinwies, daß viele Gruppen und Vereinigungen in der Bundesrepublik (Kirchen, Gewerkschaften, Parteien) ihre Traditionen hochhielten und daß es ausgesprochen unfair wäre, dem Militär dieses Recht zu verweigern. In den fünfundzwanzig Jahren ihres Bestehens habe die Bundeswehr ihre absolute Loyalität zur demokratischen Ordnung bewiesen; sie sei den Prinzipien der Inneren Führung und der Vorstellung vom Staatsbürger in Uniform treu geblieben und die Tatsache, daß sie die aus der Vergangenheit überkommen und durch ein Vierteljahrhundert Dienst am europäischen Frieden erworbenen Traditionen nicht in der Abgeschlossenheit der Kaserne, sondern in der Öffentlichkeit, ihren Stolz mit den Mitbürgern teilend, feiern wolle, verdiene weniger Mißbilligung als Lob.

Das klang überzeugend, aber es konnte die Tatsache nicht verschleiern, daß Schaden angerichtet und die Bundeswehr deutlich daran erinnert worden war, daß sie von der Gesellschaft, der sie diente, noch nicht voll akzeptiert wurde.

III

Wir müssen nun nach der Stärke, Schlagkraft und Zuverlässigkeit der beiden deutschen Armeen fragen, wobei man zu berücksichtigen hat, daß sich alles, was zu letzterem Punkt zu sagen ist, in hohem Grad auf Mutmaßungen stützt.

Gemäß den Angaben von John Keegans *World Armies* von 1979 umfaßte die Bundeswehr die folgenden Streitkräfte:

Heer	340 000	
Territoriale Verteidigung	441 000	
Marine	38 000	(154 Schiffe, zumeist kleinere Einheiten)
Luftwaffe	110 000	(509 Kampfflugzeuge)
Paramilitärische Streitkräfte:		
Bundesgrenzschutz	20 000	
Länder-Bereitschaftspolizei	15 000	
Reserven		
Heer	615 000	
Marine	27 000	
Luftwaffe	85 000	

Das Heer, das den größten Teil der Kampftruppe ausmacht, ist dem NATO-Oberkommando unterstellt, wobei das höchste unabhängige nationale Kommando das auf Korpsebene ist. Es ist aus drei Korps zu jeweils drei oder vier Divisionen aufgebaut (jede Division hat drei Brigaden) und einer unabhängigen in Schleswig-Holstein stationierten Division, die mit der dänischen Armee zusammenarbeitet. Insgesamt gibt es zwölf Divisionen (vier Panzerdivisionen, vier Panzer-Infanteriedivisionen, zwei Infanteriedivisionen, eine Gebirgsjägerdivision, eine Luftlandedivision). Jede Division verfügt über eine beträchtliche Ergänzung an Hilfseinheiten (Panzeraufklärungsbataillone, schwere Artillerie- und Raketenbataillone, Luftabwehr-, Funk- und Pionierbataillone und Hubschrauberstaffeln). Wie es einer Teilstreitmacht innerhalb einer internationalen Armee angemessen ist, bezieht die Bundeswehr ihre Ausrüstung aus verschiedenen nationalen Quellen und kann sich die Waffen aussuchen, die sich bei Tests bewährt haben. Der größte Teil ihrer Handfeuerwaffen ist deutscher Herstellung, einschließlich des Sturmgewehrs und der Maschinengewehre; die Granatwerfer stammen aus israelischer, die schwere Artillerie und die Raketen zum größten Teil aus amerikanischer Produktion; bei den Panzern handelt es sich um den amerikanischen M 48 und den deutschen Leopard, wobei dieser allmählich jenen ersetzt.

Hauptaufgabe der Territorialen Verteidigung ist der Schutz der rückwärtigen Gebiete im Kriegsfall. Sie umfaßt Inland-Verteidigungsgruppen, leichte Infanteriebataillone und Sicherungskompanien, jede mit ihrem bestimmten Auftrag und in Friedenszeiten zum größten Teil aus Reservisten bestehend. Von den paramilitärischen Streitkräften ist der Bundesgrenzschutz mit leichten gepanzerten Fahrzeugen, Granatwerfern, Panzerabwehrwaffen, 20-mm-Kanonen und leichten Infanteriewaffen ausgerüstet. Er operiert nur innerhalb einer 30km-Zone längs der Grenze der Bundesrepublik, könnte aber im Falle einer Bedrohung „der Existenz oder der freien demokratischen Ordnung" der Republik nach Maßgabe der Regierung eingesetzt werden. Bei der Bereitschaftspolizei handelt es sich um kasernierte Polizeieinheiten, die Bedrohungen der öffentlichen Ordnung entgegentreten sollen.

Da es im Kriegsfall Aufgabe der Bundeswehr wäre, einen Vorstoß aus dem Osten aufzuhalten und dieser höchst wahrscheinlich die Form einer Landoffensive annehmen würde, ist es logisch, daß der Löwenanteil des Militärbudgets dem Heer zufließt und die Marine nur eine untergeordnete Rolle spielt. Von der Annahme ausgehend, daß die Hauptverantwortung für den Schutz der Nordflanke den Luft- und Seestreitkräften Großbritanniens und denen der Vereinigten Staaten zufällt, hat sich die deutsche Regierung allgemein einer Vergrößerung ihres NATO-Marinekontingents widersetzt. Im Jahre 1964 bestand es aus nur 120 Einheiten (7 Zerstörer, 6 Fregatten, 53 Minensuchboote, 49 Torpedoboote und 5 Unterseeboote). Fünfzehn Jahre später hatte sich diese Zahl lediglich auf 154 erhöht, wenn auch die Marineluftwaffe eine Streitmacht von 134 Kampfflugzeugen, darunter drei Jagdbomberstaffeln, aufgebaut hat. Die Luftwaffe, die im Kriegsfall die Aufgabe hätte, die Landstreitkräfte zu unterstützen, hat die durch die Unzuverlässigkeit ihres ersten Abfangjägers, des unfallanfälligen Starfighter, bedingten Schwierigkeiten überwunden und verfügt jetzt über 35 Staffeln, darunter 16 Tieffliegerstaffeln. Sie ist auch mit Sidewinder-Flugzeugabwehrraketen, Pershing 1 ASSM-Raketen und SAM-Batterien mit Nike-Hercules-Raketen ausgerüstet.

An europäischen und weniger an Supermachtnormen gemessen ist dies schon eine gewaltige Streitmacht, um so mehr, als sie einen hohen Ausbildungsstand besitzt, sowohl auf der Grundebene wie in den Spezialschulen für Unteroffiziere und an den noch relativ neuen Bundeswehr-Universitäten für Berufs- und Langzeitoffiziere. Weil die Bundeswehr nicht im Kampf eingesetzt war, ist eine wirklich realistische Einschätzung ihrer Schlagkraft nicht möglich, doch Kenner ordnen sie sehr hoch ein auf Grund ihrer Ausrüstung, jetzt der besten in der NATO, und ihrer Leistungen im Manöver. Ihre zwölf Divisionen gelten als das Rückgrat der NATO-Kampfordnung, und bei den NATO-Herbstmanövern 1980 zeigten sie sich in der gegliederten Bewegung, im Panzereinsatz und in der Befehlsgebung auf mittlerer Ebene der 7. US-Armee deutlich überlegen.

Ein ernsteres Problem – und hier kommen wir zur Frage der Zuverlässigkeit der Bundeswehr in Kriegszeiten – ist die seit den späten 60er Jahren steigende Zahl von Wehrdienstverweigerern, die jede Art von Dienst ablehnen, der sie in die Lage bringen könnte, töten zu müssen oder getötet zu werden. Dies betrifft nicht nur junge Leute, die einberufen werden, sondern auch bereits dienende Wehrpflichtige. Von 1971 bis 1975 beantragten in jedem Jahr 25 000 aus der ersten Gruppe aus Gewissensgründen die Befreiung vom Wehrdienst, und 2000 bereits dienende Rekruten baten um ihre Entlassung; und diese Zahlen haben sich seitdem nicht wesentlich verringert. Das Beispiel General Gert Bastians, des Kommandeurs der 2. Panzerdivision, der im Januar 1980 seinen Abschied nahm, weil er der Ansicht war, die Nachrüstungspläne der NATO forderten einen Krieg mit der Sowjetunion heraus, und die Ereignisse von Bremen im Mai mögen die Zahl derer, die den Wehrdienst vermeiden wollen, noch erhöhen.

Dies bedeutet keine unmittelbar entscheidende Bedrohung für eine Friedenszeit-Armee, in der länger dienende Freiwillige 55% der Gesamtstärke ausmachen, aber die Zahl der aktiven Soldaten, die entlassen werden wollen, hat einige Zweifel an der Wirksamkeit der Inneren Führung aufkommen lassen. Verteidigungsminister Apel sagte 1978 in einem freimütigen Augenblick: ,,Die größte Gefahr wäre für mich die, wenn wir mit politischer Bildung nur angepaßte Duckmäuser produzieren und keine Republikaner in Uniform, die wissen, warum sie diese Republik verteidigen." Und dies wirft wiederum die Frage nach der Zuverlässigkeit der kurzfristig einberufenen Soldaten der Bundeswehr im Kriegsfalle auf, besonders angesichts der Tatsache, daß die vordersten Einheiten des Feindes wahrscheinlich von Ostdeutschen gebildet würden.

Im Jahre 1761, während des Siebenjährigen Krieges, schrieb Thomas Abbt eine Abhandlung mit dem Titel ,,Vom Tode fürs Vaterland". Abbt vertrat darin den Standpunkt, daß ein Mensch das Land, in dem er geboren worden sei oder in dem er zu leben sich entschieden habe, dessen Gesetze ihm Schutz gewährten und das nur dann in seine persönliche Freiheit eingreifen würde, wenn es zum Besten der Interessen des Gemeinwohls notwendig sei, er dieses Land als sein Vaterland anerkenne. Dieses Vaterland könne dann aber auch mit Recht von seinen Bürgern Liebe und Zuneigung und im Notfall auch das höchste Opfer – das Leben seiner Bürger fordern –, das bereitwillig und freudig gebracht werden müsse. Feiglinge und Zyniker mochten darüber lachen, aber sie würden nur so reagieren, weil sie unfähig waren, ,,das Vergnügen des Todes" zu begreifen, und zwar nicht die Art von Tod, wie ihn der Wollüstige oder das Tier erfahren, sondern jene Art von Tod, ,,der unsere Seele, gleich einer Königin aus dem Gefängnis ruft, und sie nicht gleich einer Sklavin darin erdrosselt; der endlich . . . mit dem Blute, das aus unseren Adern quillt, das ächzende Vaterland tränkt, um es wieder aufleben zu lassen". Lohn für eine solche Todesbereitschaft waren ein höheres Leben, eine neue Ehre und die Erschließung weiter Horizonte für die Seele.

Das Argument war nicht originell – es findet sich schon in Platons *Kriton* – und wurde nach Abbt oft wieder aufgegriffen, zum Beispiel in Hölderlins ,,Tod fürs Vaterland",

O nehmt mich, nehmt mich mit in die Reihen auf,
Damit ich einst nicht sterbe gemeinen Tods!
Umsonst zu sterben, lieb ich nicht, doch
Lieb ich zu fallen am Opferhügel
Fürs Vaterland, zu bluten des Herzens Blut
Fürs Vaterland –

in den Versen Körners und Arndts während der Befreiungskriege und anderer Dichter während der Kriege von 1866 und 1870 und schließlich in den patriotischen Ergüssen von 1914 wie Bruno Franks hingerissenem Aufschrei, als der Krieg kam

Frohlockt, ihr Freunde, daß wir leben
Und daß wir jung sind und gelenk!
Nie hat es solch ein Jahr gegeben,
Und nie war Jugend solch Geschenk!

und Karl Brögers stolzen Zeilen

Daß kein fremder Fuß betrete heimischen Grund,
Stirbt ein Bruder in Polen, liegt einer in Flandern wund
Alle hüten wir deiner Grenzen heiligen Saum.
Unser blühendstes Leben für deinen dürrsten Baum,
Deutschland!

Und dennoch wurden schon im 18. Jahrhundert fragende Stimmen laut. In Nicolais Roman *Das Leben und die Meinungen des Herrn M. Sebaldus Nothanker* wird der Titelheld von seiner Frau aufgefordert, eine Predigt über Abbts Schrift „Vom Tode fürs Vaterland" zu halten, die gerade erschienen war. Er zögert und klagt in einer Passage, die nicht ohne Beziehung zu den Verhältnissen im 20. Jahrhundert ist: „Wo ist in unserm unter Krieg und Verheerung leidenden Deutschland jetzt wohl das Vaterland zu finden? Deutsche fechten gegen Deutsche. Das Kontingent unsers Fürsten ist bei dem einen Heere, und in unserm Ländchen wirbt man für das andere. Zu welcher Partei sollen wir uns schlagen? Wen sollen wir angreifen? Wen sollen wir verteidigen? Für wen sollen wir sterben?"

Fast zweihundert Jahre später, im Jahre 1955, kam Hermann Heimpel, Professor für Geschichte in Göttingen, auf Abbts Thema zurück und hielt auf einer Gedenkveranstaltung in Hannover eine Rede unter dem Titel „Über den Tod für das Vaterland", in der er erklärte, als Folge zweier Weltkriege habe der Begriff seine Bedeutung verloren. „Die Technisierung des Krieges", sagte er, „wird immer wieder zu einer Totalisierung des Krieges führen und so dem Tod fürs Vaterland seinen alten Adel nehmen, weil er nach den Nichtsoldaten ebenso greift wie nach den Soldaten." Es sei höchste Zeit, fügte er hinzu, daß die Menschen sich bewußt würden, „daß es in Europa kein Problem, kein noch so heiliges vaterländisches Anliegen geben kann, aus dessen Anlaß die unberechenbare Bestie des modernen Krieges ins

Freie gelassen werden dürfte, kein Saargebiet und kein Ostgebiet und nicht einmal die deutsche Einheit. Man wiederholt es schon nicht mehr gern: daß der moderne Krieg die auf Sieger und Besiegte gleichmäßig zurückschlagende Massenvernichtung sein dürfte, daß sein Zeichen nicht der Tod fürs Vaterland, sondern der grauenhafte Untergang von Massen von Menschen sein wird." Wie stark dieses Gefühl bei jungen Menschen im wehrpflichtigen Alter in Westdeutschland ist und wie es sich auf die Zuverlässigkeit der Bundeswehr im Kriegsfalle auswirken könnte, der die beiden Deutschland miteinander in Konflikt bringen würde, läßt sich unmöglich sagen, aber die Frage ist gewiß keine nebensächliche. Die extensiven Antikriegsdemonstrationen während der Herbst- und Wintermonate 1981/82 sprechen für sich.

Nach den Erkenntnissen des Londoner International Institute for Strategic Studies setzten sich die Streitkräfte der Deutschen Demokratischen Republik 1979 wie folgt zusammen:

Heer	107000	(aktiv)
	305000	(Reservisten)
Luftwaffe	36000	(335 Kampfflugzeuge)
Marine	16000	(200 Schiffe, zumeist kleinere Einheiten)
Paramilitärische Streitkräfte	571500	

Daß die Befürchtung, die Armee könnte sich verselbständigen, kein rein westliches Phänomen ist, trotz Willi Stophs stolzer Worte von 1956, zeigt sich deutlich sowohl in der Befehlsstruktur der Streitkräfte wie in ihrem Verhältnis zur Sowjetunion. Wie in der Bundesrepublik sind die Streitkräfte direkt dem Minister für Nationale Verteidigung unterstellt, der sie in Übereinstimmung mit den Gesetzen und Verfügungen der Volkskammer befehligt; die wahre Kontrolle aber übt die Sozialistische Einheitspartei (SED) aus, und zwar durch ihre Kommission für Nationale Sicherheit, ihren Nationalen Verteidigungsrat und die Sicherheitsabteilung ihres Zentralkomitees. Diese Organe überwachen die Tätigkeit der Streitkräfte als Instrument des Staates; politische Vertreter und Parteibranchen in den einzelnen militärischen Einheiten achten darauf, daß die politischen Ansichten der Soldaten nicht vom orthodoxen Standpunkt abweichen, und die Jugendorganisation der Partei hat Unterabteilungen für Soldaten, die ebenfalls für Konformität sorgen. Die politische Erziehung ist viel gründlicher als in der Bundesrepublik; Offiziere sind acht Stunden politischer Indoktrination im Monat unterworfen, und andere Dienstgrade haben ein noch längeres Pensum zu absolvieren. Das gesamte Offizierspersonal unterliegt der ständigen Überwachung durch das Ministerium für Staatssicherheit. Außerdem unterhält die Partei noch starke Sicherheitskräfte – über 70000 Mann Grenzwachen und Bereitschaftspolizei sowie paramilitärische Kampfgruppen in allen stärker

bevölkerten Gebieten –, um jeder selbständigen Aktivität der Armee zuvor-
zukommen, die die Partei mißbilligt.

Was die Sowjetunion betrifft, so zeigt sich ihr Mißtrauen gegenüber jeder
neuen deutschen Armee, auch einer solchen, die in ihr eigenes Bündnis-
system eingebunden ist, in der Tatsache, daß die Nationale Volksarmee in
ihrer Mannschaftsstärke begrenzt wurde und gegenwärtig im Verhältnis zur
Bevölkerung die kleinste und nach absoluten Zahlen die zweitkleinste der
Armeen des Warschauer Pakts ist. Der Befehlshaber der sowjetischen Truppen in Deutschland übt die vollkommene operative Kontrolle über die
Streitkräfte aus, die, was Handfeuerwaffen und Feldgeschütze angeht, völlig
von der Sowjetunion abhängig sind, da der Deutschen Demokratischen Republik im Gegensatz zur Bundesrepublik der Aufbau einer eigenen Rü-
stungsindustrie nicht gestattet wurde.

Trotz dieser Kontrolle hat sich die Nationale Volksarmee (NVA), die
wichtigste unter den separaten Streitkräften, zu einer schlagkräftigen Streitmacht entwickelt – gut ausgebildet und gut bewaffnet. Ja, wenn man nach
der bei der Parade anläßlich des 30. Jahrestags der DDR im Oktober 1979 in
Ost-Berlin vorgeführten Ausrüstung urteilen kann, verfügt sie über die mo-
dernsten gepanzerten Kampffahrzeuge und einige der neueren sowjetischen
Raketenwerfer und Helikopter und dazu über neue sowjetische T-72-Pan-
zer. Sie hat sich bei Manövern des Warschauer Pakts seit 1963 glänzend
bewährt; sie hat 1968 an der Operation gegen die Tschechoslowakei teilgenommen, wenn auch nur fünf Tage lang und unter scharfer sowjetischer
Überwachung. Seit Ende der 60er Jahre erfüllte sie sogar selbständigere
Aufgaben in Afrika und im Mittleren Osten, wo sie, offenbar mit Zustimmung der Warschauer-Pakt-Verbündeten, Berater und Experten für eine
Reihe von Regierungen und Revolutionsbewegungen zu stellen begann, unter anderem für Angola, Mosambik, Libyen, Algerien und Äthiopien. Im
Jahre 1978 wurde gemeldet, nicht weniger als 1200 ostdeutsche Soldaten
dienten als Berater und Instrukteure in den Bereichen Artillerie, Kommuni-
kation, Logistik und Sicherheitsfragen in Algerien und 450 in Libyen. Und
Militärschulen in der DDR bildeten Offiziere aus Südjemen, Äthiopien,
Angola und Syrien aus. NVA-Einheiten sollen auch am Kampf im Ogaden
und in Eritrea teilgenommen haben. Alles in allem waren die Ostdeutschen
in Afrika so aktiv und so zahlreich vertreten wie die Kubaner, und ihr
Einfluß im Mittleren Osten war recht beachtlich und nahm noch zu.

Doch der Hauptauftrag der NVA liegt in Europa, wo sie Teil der Kampf-
linie des Warschauer Pakts ist und zum Ersten Strategischen Bereich gehört,
was vermutlich bedeutet, daß sie sofort in jede kriegerische Auseinandersetzung zwischen Ost und West verwickelt werden würde. Wie würde sie sich
unter solchen Umständen vermutlich verhalten?

Antimilitaristische Gefühle zeigten sich auch in der DDR, und seit 1962,
als die allgemeine Wehrpflicht eingeführt wurde, nahm die Wehrdienstver-

weigerung aus Gewissensgründen solche Formen an, daß immer wieder über
eine geeignete Behandlung der Verweigerer diskutiert wurde, wobei die
evangelische Kirche, wie wir sahen, eine bedeutende Rolle spielte. Wie stark
der latente Widerstand gegen den Krieg unter den dienenden Rekruten ist,
die 55% der NVA-Mannschaften ausmachen, und wieviel stärker er wäre,
sollte sich die NVA mit der Bundeswehr konfrontiert sehen, läßt sich über
die Feststellung hinaus, daß die Antwort darauf davon abhängen würde, wie
gut die ideologische Indoktrinierung diesen Test besteht, unmöglich sagen.

Das Erziehungsprogramm der NVA hat sich einerseits bemüht, eine Liebe
zum sozialistischen Vaterland und bedingungslose Treue sowohl zur Sowjetunion wie zu den anderen ,,Bruder-Armeen'' des Warschauer Pakts zu
lehren. Sie hat auch, wie Donald Hancock feststellte, negative Werte als
Mittel zum Aufbau eines militanten Patriotismus betont, worunter das
wichtigste ,,Haß auf die Feinde des Volkes'' ist. Da zu diesen Deutsche
gehören, die zufällig in der Bundesrepublik leben, ist es möglich, daß dieser
Teil des Erziehungsauftrags noch schwieriger ist als der, den Rekruten Bru-
derschaft mit den Tschechen und Polen einzuimpfen. Möglicherweise hat
die Parteiführung aus diesem Grunde schon in den 50er Jahren beschlossen,
mit der wehrpolitischen Erziehung nicht zu warten, bis die jungen Leute
eingezogen wurden, sondern einen Unterricht über die Armee und ihren
Auftrag bereits in die Lehrpläne der Schulen aufzunehmen. Im Jahre 1968
verkündete das Erziehungsministerium: ,,Die sozialistische Wehrerziehung
der Schüler ist fester Bestandteil der klassenmäßigen Erziehung. Sie muß ...
differenziert nach verschiedenen Altersgruppen der Jugend und der Kinder
gestaltet werden. Es geht darum, bei den Schülern die Bereitschaft zu wekken, jederzeit die DDR und den Sozialismus zu verteidigen.''

Eine Schrift über die sozialistische Wehrerziehung, die 1974 erschien,
sprach sich deutlicher über deren Ziele aus. ,,Die Erziehung zum Haß'', hieß
es da, ,,steht ... nicht im Widerspruch zu den edlen Zielen des Sozialismus.
Haß ist die notwendige Konsequenz aus dem Befreiungskampf der Arbeiterbewegung und aus der Tatsache, daß die Errungenschaften der sozialistischen Staatengemeinschaft heute noch durch den Imperialismus bedroht
werden.'' Vier Jahre später verfügte die Partei gegen den Protest der evangelischen Kirche die Einführung eines besonderen Fachs ,,Wehrkunde'' für die
neunten und zehnten Klassen der Hauptschulen, obwohl die militärische
Indoktrinierung vom Kindergarten an schon in allen Fächern von der Geographie bis zur Musik enthalten war.

Offensichtlich war diese verstärkte Betonung der wehrpolitischen Erziehung eine Abwehrmaßnahme gegen westliche Einflüsse in einer Periode der
politischen Entspannung, in der viele Besucher aus der Bundesrepublik in
die DDR kamen. Aber sie mag auch ein Anzeichen für die in den oberen
Parteikreisen herrschenden Zweifel an der Bereitschaft ihrer Mitbürger und
insbesondere ihrer Soldaten gewesen sein, gegen ihre Brüder jenseits der

Grenze die Waffe zu erheben. Im März 1978 brachte der Berliner Rundfunk in einer Sendung mit dem Titel „Neue Soldatenlieder zur Diskussion" ein außergewöhnliches Gedicht mit dem Titel „Mein Bruder, mein Feind":

Der dort drüben steht mit der Waffe
könnte mein Bruder sein.
Doch was ist ein Bruder?
Kain erschlug Abel.
Märchen erzählen von feindlichen Brüdern,
doch auch das beweist nichts.

Der da mein Bruder sein könnte,
mag sanft sein und friedfertig.
Aber er hat eine Waffe,
gehorcht seinen Oberen,
die sind meine Feinde.

Der dort drüben steht mit der Waffe
könnte mein Bruder sein.
Aber er ist auch der
   Heim-ins-Reich Holer,
billiges Werkzeug der Eroberer,
gefühllose Waffe der Raubmörder.
Mensch, vielleicht Bruder,
jedoch benutzbar zum Tod
und also mein Feind!

Eine Regierung, die zu solch krassen Formen der Indoktrination greift, kann sich kaum der Verläßlichkeit der Instrumente ganz sicher sein, auf die sie im Kriegsfall vertrauen muß. In beiden Pakten, die Europa teilen und die beide den Ruf erhoben haben: „Die Deutschen an die Front!", stellt sich die unbeantwortbare Frage: Was würden deutsche Soldaten tun, wenn man ihnen befähle, aufeinander zu schießen?

12. Berlin
Spree-Athen und Krisenstadt

Im September 1935 reiste ich mit einem Studienkollegen von München nach Berlin zu einem Gespräch mit dem dortigen Botschafter der Vereinigten Staaten, William E. Dodd. Mr. Dodd war ein bekannter Historiker aus dem amerikanischen Süden, Biograph von Jefferson Davis und Herausgeber der Schriften Woodrow Wilsons, und wir wollten ihn eigentlich eher wegen historischer als zeitgenössischer diplomatischer Fragen konsultieren. Nun, er war mehr – und ein besserer – Gelehrter als Botschafter, obwohl ihm seine Mängel in letzterer Funktion nicht zur Unehre gereichten. Er verabscheute die Nazis so sehr, daß er, obschon sich dies auf die Dauer für ihn nachteilig auswirkte, mit ihnen eigentlich nichts zu tun haben wollte. Dies machte er uns in unserem kurzen Gespräch, das im übrigen nicht bemerkenswert war, auf eindringliche Weise deutlich.

Während unseres Aufenthalts in der Stadt wohnten wir in einem Christlichen Hospiz in der Mittelstraße, einen Häuserblock von den Linden entfernt und nur ein wenig weiter vom Bahnhof Friedrichstraße. Wir konnten von dort aus bequem die Galerien auf der Museumsinsel besuchen und die Reize der Stadtmitte erforschen – den Gendarmenmarkt und die kleinen Straßen zwischen dem Spreearm und dem eigentlichen Fluß, die Gegend, in der Wilhelm Raabes Roman *Die Chronik der Sperlingsgasse* spielt –, und wir machten von der Gelegenheit weidlich Gebrauch. Abends dehnten wir unseren Radius weiter aus. Es wurde damals von Auswärtigen gewissermaßen erwartet, daß sie das am Potsdamer Platz gelegene Haus Vaterland aufsuchten, ein lichterflimmerndes Etablissement in der Regie von Kempinski, das bestrebt war, unter ein und demselben Dach die Eß- und Trinkgewohnheiten aller deutschen Landschaften im entsprechenden musikalischen und dekorativen Rahmen zu befriedigen. So entdeckten wir dort eine Hamburger Seemannskneipe, ein Grinzinger Weinlokal mit Walzermusik im Hintergrund, eine Berliner Weißbierstube, ein rheinländisches Restaurant, von dessen Terrasse man einen wunderschönen Blick über einen nachgeahmten Rhein nach Bacharach hatte und – vielleicht als Tribut an die deutsche „Wanderlust" – eine Wild-West-Stube samt einer Kapelle mit Sombreros und Chaps, einem ausgestopften Grizzlybären, zwei verblaßten Universitätsfähnchen (Princeton und Notre Dame) und einem gelegentlichen Sturm, der über eine Art Rocky Mountains zu fegen schien.

An einem anderen Abend gingen wir von unserer Unterkunft aus durchs Brandenburger Tor und den Tiergarten zur Budapester Straße und weiter, am Zoo und an der Kaiser-Wilhelm-Gedächtniskirche vorbei, zum Kurfürstendamm, einem breiten und hell erleuchteten Boulevard mit Cafés, Bierlokalen und Kinos, wo wir den UFA-Palast besuchten und Jan Kiepura in einem jener harmlosen Musiklustspiele singen hörten, die zum Hauptrepertoire des deutschen Films in der Nazizeit zählten. Wenn man Berlin heute besucht, erscheint das alles unglaublich weit entrückt. Der Potsdamer Platz, einst so verkehrsreich, daß Paul Boldt von seinem Tisch auf der Terrasse des Café Josty aus schrieb

> Der Potsdamer Platz in ewigem Gebrüll
> Vergletschert alle hallenden Lawinen
> Der Straßentrakte: Trams auf Eisenschienen,
> Automobile und den Menschenmüll

– ist heute eine Öde, in der sich nichts bewegt, Schußfeld für ostdeutsche Soldaten. Das Haus Vaterland ist längst verschwunden, desgleichen das Café Josty und auch die Gedächtniskirche, von der nur noch die Ruine des Turms bewahrt ist, um die Berliner an die Folgen des Krieges zu erinnern. Wer heute in der Mittelstraße wohnt, darf nur bis zum Brandenburger Tor gehen. Der Tiergarten ist verbotenes Territorium, und scheint auch in dunklen Nächten der Lichterglanz vom Kurfürstendamm herüber, so sind seine Vergnügungen dem Bewohner von Berlin-Mitte so fern wie Katmandu. Dafür sorgt die Mauer. In der anderen Richtung, von West nach Ost, kann man sich bewegen, aber nur unter strenger Kontrolle, und die Übergangsgebühren werden von den ostdeutschen Behörden ständig heraufgesetzt, so daß ein Besuch für gewöhnliche Westberliner fast unerschwinglich wird.

Die physische Teilung der Stadt stellt die radikalste Veränderung im gesellschaftlichen Leben ihrer langen Geschichte dar. Mauern hatte Berlin schon früher – im Mittelalter und zur Zeit Friedrich Wilhelms I., der 1735 eine neue Mauer um die inzwischen stark gewachsene Stadt bauen ließ zwecks Erleichterung der Zolleinnahmen –, doch jene Schranken hielten die Berliner zusammen. Diese neue jetzt trennt sie, und sie hat tiefgreifende und traumatische Auswirkungen.

Ob Berlin in seinem gegenwärtigen zerrissenen Zustand endlos weiterbestehen kann, ist eine Frage, die niemand mit einiger Sicherheit zu beantworten vermag. Wir können hier nur einige der Faktoren betrachten, die seine Zukunft beeinflussen werden, ohne jene Kräfte der Kontinuität zu vergessen, die Berlin seine gesamte Geschichte hindurch aufrechterhalten haben.

I

Die Stadt ist relativ jung, verglichen mit römischen Gründungen wie Wien, Augsburg und Köln. Das liegt daran, daß es den Römern nie gelungen ist, nördlich und östlich der Elbe Fuß zu fassen, und daß dieses Gebiet jahrhundertelang von nomadisierenden Stämmen durchzogen wurde – von Germanen wie den Sueben und Semnonen, von Tacitus respektvoll erwähnt, und von Slawen, die im 7. und 8. Jahrhundert die Weichsel und die Oder überquerten und nach Westen vorstießen. Erst Ende des 12. Jahrhunderts ergaben sich Bedingungen, die so etwas wie die Entwicklung einer Stadt begünstigten, und zwar als Folge eines deutschen Drangs nach Osten, der jene Gebiete, die man später Mark nannte, dem Heiligen Römischen Reich sichern sollte. Diese Entwicklung wurde von einer Reihe kriegerischer und tüchtiger kaiserlicher Markgrafen eingeleitet, deren erster Albrecht der Bär aus dem Haus der Askanier war, der die Slawen unterwarf oder vertrieb. Im Verlauf dieser Entwicklung wurde Berlin gegründet, und da die Askanier seine Beschützer waren, wurde der Bär nicht zufällig zu seinem Symbol.

Die Siedlung entstand an einer Übergangsstelle für Händler bei einer Furt oder einem Damm an der Spree, wo Kaufleute, die aus dem Westen oder Osten kamen, ihre Waren umladen mußten, ehe sie ihre Reise fortsetzten, entweder auf dem Landweg oder per Schiff zur Havel genannten Seenkette hinunter und weiter zur Elbe und Nordsee. Um diesen Mühlendamm genannten Knotenpunkt herum entstand eine Doppelstadt – auf der Ostseite des Flusses eine Siedlung von Kaufleuten und Lebensmittelhändlern mit Namen Berlin, mit ihrem Marktplatz, dem Molkenmarkt, und ihrer Kirche, benannt nach dem heiligen Nikolaus, dem Schutzpatron der Kaufleute, und auf der Westseite eine Fischergemeinde mit Namen Cölln, ebenfalls mit einer Kirche, benannt nach Sankt Petrus, der seinerseits Fischer gewesen war. Dank den friedlichen Verhältnissen unter der Herrschaft der askanischen Markgrafen gedieh die Stadt gut; sie trieb einen lebhaften Handel mit Korn, Holz, Fisch und Fellen aus Preußen, die durch ihre Lager gingen auf dem Weg nach Hamburg, und sie wuchs sich zu einem so bedeutenden Handelsplatz aus, daß sie im 14. Jahrhundert in die Hanse aufgenommen wurde. Sie entwickelte sich als typische mittelalterliche Stadt mit einem Patriziat von Großkaufleuten und Adligen, einem Bürgertum von Handwerksmeistern, organisiert in Zünften, einer jüdischen Gemeinde und einer beträchtlichen Zahl von Nichtseßhaften. Gleich anderen mittelalterlichen Städten war sie stolz auf ihre Privilegien, zu denen das Recht der Besteuerung auswärtiger Händler, das Münzrecht und die Selbstverwaltung ohne Einmischung der Markgrafen gehörten.

Die Zeit des friedlichen Fortschritts ging Anfang des 14. Jahrhunderts zu Ende, als das Geschlecht der Askanier ausstarb. In der Folgezeit wurde die Stadt in den Kampf zwischen Kaiser Ludwig dem Bayern und dem Papsttum hineingezogen, ein Streit, der zu antiklerikalen Ausbrüchen führte, die bisweilen gewalttätige Formen annahmen wie 1324, als eine aufgebrachte Menge Propst Nikolaus von Bernau tötete und verbrannte, was der Stadt den päpstlichen Bann eintrug. Das Fehlen einer starken kaiserlichen Autorität ermutigte lokale Herren dazu, reisende Händler, schutzlose Dörfer und schließlich die Städter selbst auszurauben. Im Jahre 1380 unternahm einer von ihnen, Ritter Erik Falke von Schloß Saarmund einen Überfall auf Berlin, das er plünderte und total niederbrennen ließ; dies ermunterte zur Nachahmung, und die Zeit der Raubritter begann.

Die erfolgreichsten unter ihnen waren Dietrich und Johann von Quitzow, Angehörige des pommerschen Adels, die die gesamte Mark terrorisierten, den Handel Berlins praktisch zum Erliegen brachten und jeden Schritt vor die Stadtmauern zu einem riskanten Unterfangen machten. In späteren Jahren fiel ein romantischer Schleier über die Taten der Raubritter, und 1888 schrieb Ernst von Wildenbruch ein Schauspiel mit dem Titel *Die Quitzows*, das beim Landadel, wenn er nach Berlin kam, sehr beliebt war, über das die Städter des beginnenden 15. Jahrhunderts aber kaum die gleiche Ansicht gehabt haben dürften, denn sie müssen eine starke Hand herbeigesehnt haben, die in der Mark endlich für Ordnung sorgte.

Rettung nahte denn auch tatsächlich! Im Jahre 1411 ernannte der Kaiser den Burggrafen Friedrich VI. von Nürnberg aus dem Hause Hohenzollern zum Statthalter der Mark, und dieser energische Fürst machte kurzen Prozeß mit dem plündernden Adel. Durch die Bürger von Berlin mit Hilfstruppen, Versorgungsgütern und Munition unterstützt (man schmolz die Glokken der Stadtkirchen zu Kanonenkugeln), brach Friedrich 1412 die Macht der Quitzows in einer offenen Feldschlacht am Kremmer Damm und schoß dann ihre vierzig Burgen und Stützpunkte mit seiner Artillerie in Stücke. Wegen seiner Tüchtigkeit wurde er zum Erb-Markgrafen und Kurfürsten erhoben, der erste in einer langen Reihe, die bis in die frühen Jahre des 18. Jahrhunderts führt, als die Hohenzollern den Titel König von Preußen erhielten.

Leider sah Friedrich keinen Grund, den Berlinern die Rückkehr zur Unabhängigkeit des *Status quo ante bellum* zu gestatten. Seinem aufmerksamen Sinn war nicht entgangen, daß der Mühlendamm der strategische Schlüssel zur ganzen Mark war, und er wollte ihn durch den Bau einer Residenz in Berlin unter seine persönliche Kontrolle bringen. Die aufgeschreckte Bürgerschaft konnte ihn mit materiellen Entschädigungen abspeisen, aber sein Nachfolger, Kurfürst Friedrich II., der Eisenzahn, war hartnäckiger. Als die Berliner sein Verlangen nach Privilegien in der Stadt zurückwiesen, schürte er Streit zwischen den Parteien innerhalb der Stadt, griff dann ein, um ihn niederzuschlagen, und bemächtigte sich gleichzeitig einiger Güter in Tempelhof und anderer außerhalb der Stadt liegender Besitzungen als Pfand, bis er das Recht erhielt, auf der Insel zwischen den beiden Spreearmen eine Burg zu errichten, sein Zwing-Cölln.

Nach deren Vollendung im Jahre 1451 waren die Hohenzollern Herren von Berlin. Die mittelalterlichen Bürgerfreiheiten wurden systematisch abgebaut, und die Stadt wurde Residenz der Kurfürsten und Hauptstadt der Mark, regiert von einer ausgebildeten Beamtenschaft, die aus der Cöllnischen Ratschule, nach 1574 aus dem Berlinischen Gymnasium zum Grauen Kloster hervorging (das Otto von Bismarck später besuchen sollte) und die die alte lokale Verwaltung in allen wichtigen Funktionen ablöste. Diese Veränderungen wurden der Bürgerschaft etwas schmackhafter gemacht durch die mit ihnen einhergehende Verbesserung der wirtschaftlichen Verhältnisse.

Während der Zeit des Raubrittertums hatte sich die Handelstätigkeit in Ostdeutschland von Berlin nach Leipzig verlagert, doch die Herrschaft der Kurfürsten zog Bankiers und Hoflieferanten und neue Berufszweige an – Tuchhändler, Sticker, Hutmacher, Goldschmiede, Säbelmacher und Hersteller von Luxusartikeln –, und der Wohlstand hielt wieder Einzug.

Die ersten Kurfürsten waren stolz auf ihre neue Hauptstadt und widmeten ihr große Aufmerksamkeit; sie ermunterten ihre Höflinge und Beamten durch Steuerprivilegien und Landzuweisungen zum Bau herrschaftlicher Häuser, richteten ein Wasserleitungsnetz ein und begannen mit der Pflasterung der Straßen. Doch von diesem Fortschritt wurde vieles zunichte gemacht durch immer wieder ausbrechende Pestepidemien (1546, 1576, 1598 und 1611) und Kriege. Die Religionskämpfe des 16. Jahrhunderts gingen auch nicht spurlos an Berlin vorüber, und während des Dreißigjährigen Krieges wurde es von Gustav Adolf und von Wallenstein geplündert, und seine Bevölkerungszahl sank von 12 000 auf weniger als die Hälfte. Erst nach der Thronbesteigung Friedrich Wilhelms, des Großen Kurfürsten, im Jahre 1640, ging es wieder aufwärts. Als Mann mit Weitblick und Entschlußkraft baute er ein stehendes Heer auf, das stark genug war, Plünderungen, unter denen seine Vorgänger gelitten hatten, abzuwehren, und sein Sieg über die Schweden bei Fehrbellin 1675 verhieß den Berlinern Sicherheit und neue Hoffnung und wurde entsprechend begrüßt.

> Berlin, jetzt freue dich,
> Der Feind ist überwunden!
> Mark, jauchze und sey froh,
> Dein Schrecken ist gebunden!
> Du bist durch diesen Sieg
> Von solcher Furcht befreit.
> Gott wird dir helfen noch
> Und ferner stehen bey.

Und sie wurden nicht enttäuscht. In den letzten Regierungsjahren des Großen Kurfürsten nahm der Handel zu, zum Teil als Folge der Fertigstellung eines Kanals zwischen Oder und Spree, aber auch weil sich neue Gewerbezweige in Berlin anfingen niederzulassen, vor allem die Textilbranche, die den Bedürfnissen der Armee nachkommen mußte. Die Einwohnerzahl wuchs wieder an, erreichte 10000 im Jahre 1680 und stieg dann in den folgenden dreißig Jahren auf ca. 55000 an; neue Wohngebiete entstanden außerhalb der alten Berlin-Cöllner Grenzen in Bezirken wie Friedrichswerder und Dorotheenstadt. Dort siedelten sich großenteils hugenottische

Flüchtlinge aus Frankreich an, denen der Große Kurfürst durch sein Potsdamer Edikt vom 8. November 1685 die Stadt geöffnet hatte. Dieses französische Element, das noch vor Ende des Jahrhunderts 5000 Personen ausmachte und weiter wuchs, trug nicht nur zur wirtschaftlichen Entwicklung Berlins bei – Leinen- und Seidenmanufakturen, Schmuck- und anderes Kunsthandwerk –, sondern übte auch einen entscheidenden und beständigen Einfluß auf die Kultur und die Sprache der Stadt aus, die noch heute mit französischen Ausdrücken durchsetzt ist, welche einem Gespräch mit Berlinern eine besondere Note verleihen.

Am Ende des 17. Jahrhunderts erlebte die Stadt den Beginn jenes Aufblühens von Künsten und Wissenschaften, das Lokalpatrioten veranlaßte, Berlin „Spree-Athen" zu nennen, und hier ist die Feststellung bemerkenswert, daß die führende Rolle dabei eine Frau spielte, Sophie Charlotte, die Gattin Friedrichs, der Nachfolger des Großen Kurfürsten. Als Urenkelin Jakobs I. von England und Enkelin der unglücklichen Elisabeth, die den Winterkönig geheiratet hatte, besaß Sophie Charlotte den Witz und die Heiterkeit der Stuarts, doch nicht deren Neigung zu Sorglosigkeit und Kurzsichtigkeit. Umsichtig erzogen am Hofe ihres Vaters Ernst August, der Fürstbischof von Osnabrück und nach 1679 Herzog von Hannover war, lernte sie Französisch, Italienisch und Englisch so fließend sprechen wie ihre Muttersprache, verfügte über ausgezeichnete Lateinkenntnisse, war eine gute Musikerin und interessierte sich sowohl für die Naturwissenschaften wie für die Philosophie. Die Philosophie war fast eine Familienspezialität, denn Sophie Charlottes Tante, die Prinzessin Elisabeth, war eine begeisterte Anhängerin und persönliche Bekannte Descartes', und sowohl Sophie Charlotte wie ihre Mutter debattierten gern mit Leibniz, der fast so etwas wie ein Freund des Hauses war.

Als Sophie Charlotte 1684 den Kurprinzen von Preußen heiratete, kam sie an einen Hof, der zwei Generationen lang fast ausschließlich von Fragen der Macht und des Überlebens beherrscht gewesen war und weder die Zeit noch die Energie besessen hatte, sich Gedanken darüber zu machen, daß das Prestige eines Staates stets in gewissem Grade von der Aufmerksamkeit abhängt, die er der Kunst und der Literatur widmet. Ihr Gemahl, der 1688 Kurfürst und 1701 der erste König in Preußen wurde, schien ein unbestimmtes Gefühl für diesen Mangel zu haben und suchte ihn durch Zurschaustellung von Prunk auszugleichen, indem er Johann Arnold Nehring anwies, seine Stadt zu verschönern, und Andreas Schlüter damit beauftragte, das Schloß in monumental-barockem Stil umzubauen und ein Zeughaus zu errichten – das schöne Gebäude, das noch heute am Anfang der Prachtstraße Unter den Linden steht. Schlüter schuf auch die majestätische Reiterstatue des Großen Kurfürsten, die ursprünglich auf Nehers Langer Brücke über die Spree stand, jetzt aber den Vorhof von Schloß Charlottenburg ziert.

Dieses Schloß, das anfangs Schloß Lietzenburg hieß und in dem alten Dorf

Lietzow in einiger Entfernung im Westen des eigentlichen Berlin stand, machte Sophie Charlotte zu einem Mittelpunkt der Künste, denn an Bauwerken und Denkmälern war sie weniger interessiert als ihr Gemahl. Hier wurden einer ausgewählten Zuhörerschaft Kammermusik und trotz des Mißfallens der lutherischen Kirche die ersten je in Berlin gespielten Opern geboten, und hier brachte die Königin Dichter und auswärtige Gelehrte zusammen wie Samuel Pufendorf und Theologen wie den redegewandten Pietistenprediger Jakob Spener und seinen illustren Gegenspieler, den Führer der reformierten Kirche, Jablonski, um über Bücher wie Bayles *Dictionnaire* zu diskutieren und über Probleme wie die Ökumene und die Möglichkeit einer Wiedervereinigung der Konfessionen zu sprechen. Sie nahm lebhaften Anteil an der Tätigkeit der Akademie der Künste, die 1694 vom Kurfürsten auf Anregung Schlüters gegründet worden war, und brachte ihren Gemahl dazu, auch eine Akademie der Wissenschaften einzurichten, deren erster Präsident ihr Freund Leibniz wurde und zu deren Mitgliedern bald Deutschlands führende Naturwissenschaftler zählten wie etwa der Astronom Gottfried Kirch. Als Frau von Schönheit und Geist konnte Sophie Charlotte auf ihrem Sterbebett schreiben: ,,Ich gehe jetzt, meine Neugier befriedigen über die Urgründe der Dinge, die mir Leibniz nie hat erklären können, über den Raum, das Unendliche, das Sein und das Nichts, und dem König meinem Gemahl bereite ich das Schauspiel eines Leichenbegängnisses, welches ihm neue Gelegenheit gibt, seine Pracht darzutun.''

Während der Herrschaft König Friedrich Wilhelms I. wurde nichts mehr zur Verschönerung der ständig sich vergrößernden Stadt getan, denn der König war hauptsächlich daran interessiert, Exerzierplätze für seine Truppen anzulegen wie das Tempelhofer Feld, zu dessen besserem Zugang er die Friedrichstraße bis zum Halleschen Tor verlängern und durch den Bezirk Kreuzberg eine Chaussee bauen ließ. Wirtschaftlich jedoch ging es mit Berlin weiter aufwärts, und als Friedrich II. 1740 den Thron bestieg, zählte es fast 100000 Einwohner. Dieser Monarch, dessen militärische Taten Preußen zu einer europäischen Macht ersten Ranges machten, sah darauf, daß seine Hauptstadt öffentliche Gebäude bekam, die dieser neuen Position würdig waren. Er entwarf das sogenannte Forum Fredericianum, zwischen dem königlichen Palais und dem Zeughaus, und während seiner Regierungszeit entstanden die Oper, die Königliche Bibliothek, das Palais des Prinzen Heinrich, das später – nach ihrer Gründung 1810 – die Universität beherbergte, und das pantheonartige Gebäude, die spätere St. Hedwigskirche, allesamt architektonische Meisterleistungen. Die breite Avenue Unter den Linden bot einen angemessenen Zugang zu diesen Prachtbauten, besonders nachdem sie durch das Brandenburger Tor verschönt worden war, das Karl Gotthard Langhans während der Regierungszeit von Friedrichs Nachfolger erbaut und das Gottfried Schadow mit der berühmten Quadriga gekrönt hatte.

Bedenkt man die durch die kriegerischen Ereignisse der Jahre 1740 bis 1745 und 1756 bis 1763 verursachten Störungen und Unterbrechungen und die zweimalige Besetzung durch fremde Truppen (1757 hielten die Österreicher einen Tag lang, 1760 Russen und Österreicher über eine längere Zeit hinweg die Stadt besetzt), war die geistige Vitalität Berlins während der Regierungszeit Friedrichs II. recht erstaunlich. Wie wir sahen, machten in jenen Jahren Nicolai und Moses Mendelssohn die Stadt zu einem bedeutenden Zentrum der europäischen Aufklärung, und zu jener Zeit wurde Berlins große Theater- und Musiktradition eingeleitet mit der Premiere von Lessings *Minna von Barnhelm* 1767, der Aufführung von Goethes *Götz von Berlichingen* 1774 und der Gründung eines erfolgreichen Opern- und Balletttheaters unter der Leitung des Komponisten Graun. Es muß auch, da Berlin im 19. Jahrhundert als ,,Zeitungsstadt" bekannt wurde, erwähnt werden, daß seine ersten Zeitungen unter Friedrichs II. Herrschaft gegründet wurden, neben dem bereits existierenden *Berliner Wochenblatt*, der späteren *Vossischen Zeitung*, die fortbestand, bis Hitler 1933 der freien Presse ein Ende machte. Zur gleichen Zeit, wenn auch ohne besondere Unterstützung seitens des Königs, der deutschen Naturwissenschaftlern französische Literaten vorzog, wurde Berlin zum Sammelplatz einer bemerkenswerten Gruppe von Pionieren auf dem Gebiet der wissenschaftlichen Forschung und ihrer praktischen Anwendung – hier wären zu erwähnen der Mathematiker Euler, der Botaniker Gleditsch, der Berlins ersten botanischen Garten anlegte, und die Chemiker Pott und Hermstedt, die mit Farben für industrielle Zwecke experimentierten. Schließlich – ein weiteres Zeichen ihrer Lebenskraft – wuchs die Stadt sehr schnell und hatte bei Friedrichs II. Tod 150000 Einwohner, eine recht bescheidene Zahl, an modernen Maßstäben gemessen, die aber dennoch eine Wohnungsknappheit hervorrief, welche es erforderlich machte, an vielen der zwei- und dreigeschossigen Gebäude Anbauten vorzunehmen und andere durch solche mit vier Geschossen zu ersetzen.

Trotzdem dehnte sich die Stadt unter Friedrich Wilhelm II. und Friedrich Wilhelm III. flächenmäßig nicht wesentlich aus. Die lebhafte geistige Aktivität der Jahre vor der preußischen Niederlage von 1806 – es war die Zeit von Rahel Varnhagens Salon und Ifflands Theater – fand nach wie vor in dem Bereich der Stadt aus der Zeit Friedrichs des Großen statt, der nicht viel größer war als zur Zeit des Großen Kurfürsten. Ja, noch in den 30er Jahren des 19. Jahrhunderts, als Berlin über 250000 Einwohner zählte, wohnte der Großteil der Bevölkerung längs der beiden Spreearme oder in den Bezirken zu beiden Seiten der Straße Unter den Linden. Mancher reiche Adelige hatte sich wohl eine Villa in dem Gebiet gebaut, das später Tiergarten genannt wurde, aber die wohlhabende Bürgerschaft wohnte weiter in der Friedrichsstadt, wenn sie auch, wie Jettchen Geberts Onkel und Tanten in Georg Hermanns Roman, den Sommer in gemieteten Unterkünften in den vor Berlin gelegenen Orten Charlottenburg und Schöneberg verbrachte.

Die Kräfte, die das barbarische Anwachsen Berlins zu seiner gigantischen Größe im 20. Jahrhundert bewirkten, waren wirtschaftlicher und politischer Natur. Auslösender Faktor war der Anbruch der Industrialisierung; Berlins erste Dampfmaschine wurde 1800 aus Staatsmitteln für die Königliche Porzellanmanufaktur gekauft, sehr zur Beunruhigung der Bürger in den benachbarten Straßen, und die erste Eisengießerei und Maschinenfabrik lag ebenfalls innerhalb der alten Stadtgrenzen. Aber man erkannte bald, daß für industrielle Anlagen mehr Raum benötigt wurde, und die Unternehmer orientierten sich nach Norden, wo freies Land zur Verfügung stand im Vorort Wedding und im benachbarten Bezirk, der (ironischerweise, wenn man an die Verwendung denkt, der er zugeführt wurde) Gesundbrunnen hieß. An der Chausseestraße in Wedding wurde 1821 Egells Gießerei und Maschinenfabrik errichtet, die sich zum Prototyp und Ausbildungsplatz der Berliner Industrie entwickelte, denn alle führenden Fabrikanten gingen dort in die Lehre. Im Jahre 1837 gründete Borsig am Oranienburger Tor sein Eisenwerk, und vier Jahre später baute er seine erste Lokomotive, denn das Zeitalter der Eisenbahn hatte begonnen, und Berlins erster Schienenstrang war 1838 nach Potsdam gebaut worden. Andere Unternehmer folgten Borsigs Beispiel – Siemens und Halske bauten, damit eine weitere Berliner Tradition begründend, ihre erste Fabrik 1847 in Kreuzberg, verlegten sie aber bald an ihren heutigen Standort in Charlottenburg –, und indes sich die Tendenz zum größeren Betrieb beschleunigte, noch begünstigt durch die Einrichtung neuer Gewerbeschulen, wurde das ganze Gebiet im Norden der friderizianischen Stadt industrialisiert.

Und während dieses Prozesses wurde die Stadt von allen mit der Industrialisierung verbundenen sozialen Übeln heimgesucht. Zu den ersten, die das erkannten, gehörte Bettina von Arnim, die, als sie sich während der Choleraepidemie 1831 um ärztliche Hilfe für die Armen kümmerte, das schreckliche Elend sah, das in den Slums herrschte, die sich in den nördlichen Stadtvierteln bereits entwickelt hatten, und sich anschließend mit ihrer großen Tatkraft dafür einsetzte, daß die Regierung hier Abhilfe schaffte. Der letzte Teil von Bettinas *Dies Buch gehört dem König* (1843) war Berlins erster soziologischer Bericht über die Folgen der wirtschaftlichen Expansion.

In die gleiche Kerbe schlug Ernst Dronke, ein späterer Mitarbeiter von Marx und Engels, der Berlin 1846 besuchte und darüber ein Buch schrieb, das ihm zwei Jahre Haft wegen Majestätsbeleidigung und Umstürzlertum eintrug. Gleich Bettina beschrieb Dronke die ,,stinkenden Löcher'', in denen die Armen hausten, aber er vermerkte, daß privates Unternehmertum diese Verhältnisse zu verbessern suchte durch den Bau großer Häuser mit vielen Räumen, in denen Hunderte von Mietern untergebracht werden konnten. Diese Bemerkung bezog sich auf die Entstehung der sogenannten ,,Mietskasernen'', riesiger Gebäude mit vielen Geschossen und Zimmern, in die Licht aus einer Reihe von Hinterhöfen fiel, die auch zum Aufhängen der Wäsche, zum Austausch von Klatsch und zum geselligen Vergnügen dienten. Indes die Stadt weiter wuchs, wurden diese Häuser zu typischen Unterkünften für Millionen von Angehörigen der Arbeiterklasse in Bezirken wie Wedding, Prenzlauer Berg, Kreuzberg und Neukölln, und in den letzten Jahren des 19. und den ersten Jahren des 20. Jahrhunderts gewann Heinrich Zille die Zuneigung der Berliner durch sein Geschick, mit Stift und Pinsel die Atmosphäre dieser Hinterhofkultur einzufangen.

Verbündeter der Industrie bei der Ausdehnung der Stadt war die Politik, denn ab 1871 war Berlin nicht nur die Residenzstadt Preußens, sondern Hauptstadt des neuen Deutschen Reichs, und was nun folgte, war ein Bauboom ohnegleichen, nicht nur in der Innenstadt, sondern auch in den Vororten. Henry Vizetelly, ein Engländer, der Berlin in den 70er Jahren des 19. Jahrhunderts besuchte, schrieb in seinem amüsanten und an vielen Stellen voreingenommenen Buch *Berlin Under the New Empire* (1879): ,,In der preußischen Hauptstadt fällt der Blick ständig auf Gerüste und emporwachsende Gebäude. In den Außenbezirken von Berlin werden noch immer neue Viertel parzelliert, neue Straßen geplant, neue Häuser errichtet. Bis vor kurzem waren so viele Häuser im Bau, daß man hätte meinen können, die Hauptstadt des neuen Reichs sei einem preußischen Haussman überantwortet worden, der einen hübschen Anteil der französischen Kriegsentschädigung zu ihrer Vergrößerung und Verschönerung ausgeben sollte." In der alten Friedrichstadt wurde die Wilhelmstraße, einst eine stille Wohnstraße für aristokratische Familien, völlig verändert durch die Errichtung neuer Villen für reiche Industrielle und Bankiers wie Borsig und Schwabach und staatliche Gebäude, in die die preußischen Ministerien und die Reichsministerien, das Kanzleramt und das Auswärtige Amt einzogen. Neue Hotels für offizielle Gäste und Touristen schossen wie Pilze aus dem Boden – das Adlon in der Wilhelmstraße, das Central, der Kaiserhof, das Bristol und das Esplanade ganz in der Nähe, und wo die Friedrichstraße an die Linden stieß, lockten die Cafés Bauer und Kranzler die elegante Welt und die Müßiggänger an. Südlich der Linden, in der Jägerstraße, errichtete 1875 die neue Reichsbank ihren Sitz, und in der nahegelegenen Behrensstraße ließen sich bald die Deutsche Bank, die Bleichröder-Bank und andere Handelshäuser nieder. Am Südende der Friedrichstadt, zwischen Spittelmarkt und Belle-Alliance-Platz, begannen die Verlage Mosse und Ullstein ihr Zeitungsimperium zu bauen, und das Wolffsche Telegraphenbureau wurde zum Mittelpunkt eines ausgedehnten Zeitungsviertels.

Die wohlhabende Bourgeoisie zog inzwischen nach Westen und Süden und errichtete luxuriöse Wohnungen längs des Landwehrkanals am Rande des Tiergartens und prunkvolle Häuser in Schöneberg und Charlottenburg. In den frühen 70er Jahren wohnte die Heldin von Fontanes *Irrungen, Wirrungen* in einer Gärtnerkolonie am Westrand des Tiergartens, etwa da, wo heute der Bahnhof Zoo steht, und konnte durch freie Felder nach dem im Südwesten gelegenen Wilmersdorf gehen. Doch als Bismarck die Idee kam, eine Prachtstraße gleich den Champs Elysées zum Grunewald und zu den dort zu errichtenden mondänen Villen zu bauen, dem Berliner Gegenstück zum Bois de Boulogne, war es damit vorbei. Seine Schöpfung, der Kurfürstendamm, und die neuen, von ihm ausstrahlenden Straßen brachten bald Wilmersdorf und Steglitz näher an das alte Stadtzentrum heran und schufen neuen Lebensraum für die anwachsende Schicht des Mittelstands und der freien Berufe, der kleineren Kaufleute und der Angestellten. Die Arbeiter, die die neuen Straßen pflasterten, die neuen Häuser bauten und bei Borsig und Siemens die Maschinen bedienten, wohnten weiter in den ärmlicheren Straßen von Wedding, Friedrichshain, Kreuzberg und Neukölln.

In den 80er Jahren war das Wohngebiet der Leute, die sich als Berliner betrachteten, schon so riesig, daß dem Problem, wie das kommunale Verkehrsnetz verbessert werden könnte, ständige Aufmerksamkeit gewidmet werden mußte. In der Innenstadt war das beliebteste Transportmittel lange Zeit die Pferdedroschke, und seit Anfang 1840 gab es auch von Pferden gezogene Omnibusse. Für weitere Fahrten jedoch war ein System nötig, das eine sehr große Zahl von Fahrgästen schnell und regelmäßig befördern konnte, und dies wurde in den 70er Jahren die auf Schienen verkehrende Pferdebahn, die zunächst nur zwischen Charlottenburg und dem Stadtzentrum fuhr, dann aber ihr Netz rasch ausdehnte und 1896 154 Millionen Fahrgäste beförderte. Inzwischen waren die Tage des Pferdes gezählt. Schon in den 70er Jahren war eine Dampfbahn-Ringlinie eingeführt worden, deren Geleise teilweise dem Lauf der alten Zollmauern von 1735 folgten, welche man 1867/68 niedergelegt hatte; und 1882 wurde diese Linie durch neue Bahnen ergänzt, die auch andere Punkte außerhalb des Rings ansteuerten und zum Beispiel Berlinern, die am Wasser Picknick machen wollten, die Möglichkeit bot, von der Station Friedrichstraße zum Wannsee zu fahren, dem größten der Havelseen.

Inzwischen hatte Siemens und Halske mit der Elektrifizierung zu experimentieren begonnen. In Lichterfelde fuhr 1881 die erste elektrische Straßenbahn der Welt; und innerhalb von fünfundzwanzig Jahren war das gesamte Straßen-Bahn-System durch die Einführung elektrischer Trams und Busse umgewandelt worden. Schließlich kam 1897 der Bau einer elektrischen Über- und Untergrundbahn hinzu – der heutigen U-Bahn –, und noch vor dem ersten Weltkrieg verkehrte ihre Hauptlinie von der Warschauer Brücke in Friedrichshain über Schlesisches Tor, Hallesches Tor und Zoo zum Reichskanzlerplatz und zum neuen Olympia-Stadion (1913) im Westend, mit Abzweigungen nördlich zur Schönhauser Allee im Stadtteil Gesundbrunnen, südlich zum Innsbrucker Platz in Schönefeld, und südlich und westlich durch Wilmersdorf nach Dahlem und Zehlendorf. Da die Bevölkerung weiter wuchs und der Ausdehnung des Transportnetzes folgte, war es nur logisch, daß diese Vororte aus verwaltungstechnischen Gründen mit dem alten Berliner Zentrum verschmolzen wurden, und dies geschah durch ein Gesetz vom 27. April 1920, das ein Groß-Berlin schuf mit einer Fläche von 88000 Hektar – groß genug, um die Städte Frankfurt, München und Stuttgart zusammen darin unterzubringen – und fast 4 Millionen Einwohnern.

Während dieses raschen Wachstumsprozesses war Berlin zu einem Industriezentrum von Weltrang geworden, bekannt insbesondere für die Herstellung von schweren Maschinen und Werkzeugmaschinen, elektrischen und chemischen Produkten, Feintextilien, Porzellan und Artikeln der Haute Couture. Es hatte auch seinem Ruf eines Spree-Athen mehr als Ehre gemacht. In die erste Hälfte des 19. Jahrhunderts fiel die Gründung der Universität durch Humboldt, Fichte und Schleiermacher und dank der Lehrtätigkeit von Hegel, Niebuhr und Ranke wurde sie bald als führendes deutsches Zentrum für philosophische und historische Studien anerkannt. Dem zur Seite standen eine Wiederbelebung der Literatur und eine neue Blüte des Musiklebens, die mit der Premiere von Webers *Freischütz* 1821 und Felix Mendelssohn-Bartholdys Aufführung der lange vergessenen Matthäuspassion von Johann Sebastian Bach 1829 einsetzte. Schon 1824 sprach Jean Paul in einem Brief an einen Berliner Freund von der Stadt als einer ,,Bergstadt der deutschen Kultur, der gesellschaftlichen, ästhetischen und philosophischen''.

Doch selbst diese Renaissance – erstaunlich, weil sie so kurz auf die Niederlage von 1806 und die sieben Jahre napoleonischer Herrschaft folgte – war nichts im Vergleich zu der kulturellen Explosion der Jahre zwischen 1870 und 1914. Im Kaiserreich erlangte die Universität Weltruf mit Naturwissenschaftlern wie Helmholtz, Virchow und Koch, Historikern wie Mommsen und Treitschke, Soziologen wie Simmel und Philosophen wie Dilthey und Cassirer. Auf dem Gebiet der Literatur war Berlin die Stadt, wo die Hauptwerke der Gesellschaftsrealisten Spielhagen, Fontane und Sudermann vollendet wurden, und im Bereich des Theaters wurde 1889 eine neue Ära eingeleitet mit der Gründung der ,,Freien Bühne'', die sich der Sache der Modernität widmete und sich der Aufführung der Werke Ibsens und Strindbergs sowie der neuer deutscher Dramatiker wie Hauptmann und Wedekind annahm. In der Malerei brach die ,,Berliner Sezession'' – eine Gruppe, zu der Liebermann, Corinth, Käthe Kollwitz, Slevogt, Barlach und Beckmann gehörten – mit den Konventionen der Tradition und zeigte die Möglichkeiten eines künstlerischen Stils auf, der sowohl kühn erneuernd wie sozialbewußt war; und in der Musik war Berlin Gastort von Dirigenten von internationalem Renommee mit dreihundert Konzerten im Jahr. Schon die Atmosphäre der Stadt schien zu schöpferischem Tun anzuregen, und etwas von dem Prickeln, das vor allem auch junge Menschen in dieser vibrierenden Hauptstadt empfanden, drückt der Held von Conrad Albertis Roman *Die*

Alten und Jungen aus, wenn er sagt: „. . . diese nervöse, unaufhörlich zittern-
de Berliner Luft . . . die auf den Menschen wirkt wie der Alkohol, das
Morphium, das Kokain, erregend, belebend, abspannend, tötend: die Luft
der Weltstadt." Diese künstlerische Vitalität überdauerte den Krieg und die Revolution
von 1918, um während der kurzlebigen Weimarer Republik zu neuen
Triumphen des Geistes anzuregen. Ja, die dieser großen Stadt innewohnende
Kraft und ihre Fähigkeit, Katastrophen zu überstehen, verblüffte manchen
nachdenklichen Beobachter, und im Januar 1919 schrieb Harry Graf Keßler
in sein Tagebuch:

> Abends in einem Kabarett in der Bellevuestraße. Rassige, spanische Tänzerin. In
> ihre Nummer krachte ein Schuß hinein. Niemand achtete darauf. Geringer Eindruck
> der Revolution auf das großstädtische Leben. Dieses Leben ist so elementar, daß
> selbst eine weltgeschichtliche Revolution wie die jetzige wesentliche Störungen darin
> nicht verursacht. Das Babylonische, unermeßliche Tiefe, Chaotische und Gewaltige
> von Berlin ist mir erst durch die Revolution klargeworden, als sich zeigte, daß diese
> ungeheure Bewegung in dem noch viel ungeheureren Hin und Her von Berlin nur
> kleine örtliche Störungen verursachte, wie wenn ein Elefant einen Stich mit einem
> Taschenmesser bekommt. Er schüttelt sich, aber er schreitet weiter, als ob nichts
> geschehen wäre.

Den gleichen Standpunkt vertrat Alfred Döblin in seinem großen Roman
der 20er Jahre *Berlin Alexanderplatz,* in dem die Stadt selbst die Hauptfigur
ist, majestätisch, empfindend, unverletzlich, duldend.

Aber Adolf Hitler und Walter Ulbricht sollten bald zeigen, wie tief die
Stadt verwundet werden konnte, und nachdem sie ihr Werk vollendet hatten, war ihre Dauerhaftigkeit weniger sicher, als sie Keßler und Döblin
erschienen war.

II

Ihre ganze Geschichte hindurch schlugen sich die dynamische Vitalität der
Stadt, ihre Fähigkeit, Naturkatastrophen und politische Krisen zu überwin-
den, und ihre Zukunftsorientiertheit im Temperament und im Humor ihrer
Bewohner nieder. Die Berliner neigten zu kraftvollem, überschäumendem
Auftreten, zum farbigen, schlagfertigen sprachlichen Ausdruck, waren bis-
weilen sentimental, meistens optimistisch und bewiesen in Notzeiten Mut.
Sie erweckten den Eindruck, ständig in Bewegung zu sein, und schienen oft
in Eile, was verständlich ist, da ihre Stadt so groß war, daß es beträchtlicher
Leistungen an Wendigkeit, Zeiteinteilung und kluger Kombination von
Transportmitteln bedurfte, wollte man zu einer Verabredung nicht zu spät
kommen. Walter Mehrings Beschreibung aus den 20er Jahren traf die Situation nur zu genau:

Die Linden lang! Galopp! Galopp!
Zu Fuß, zu Pferd, zu zweit.
Mit der Uhr in der Hand, mit'm Hut auf'm Kopp,
Keine Zeit! Keine Zeit! Keine Zeit!

Sie waren allgemein und unbekümmert redselig, denn um sie her passierte jeden Tag so vieles, daß sie es unbedingt schildern und jedem, den sie trafen, ihre Meinung dazu sagen mußten. Man begegnete kaum einem schweigsamen Berliner, und es sprach einiges für Kurt Tucholskys Feststellung: ,,Der Berliner kann sich nicht unterhalten. Manchmal sieht man zwei Leute miteinander sprechen, aber sie unterhalten sich nicht, sondern sie sprechen nur ihre Monologe gegeneinander. Die Berliner können auch nicht zuhören. Sie warten nur ganz gespannt, bis der andere aufgehört hat, zu reden, und dann haken sie ein.''

Dieser Redefluß wurde in den meisten Fällen erleichtert durch lebendige Wendung und großen Sprachreichtum. Die Berliner waren gute causeurs, die die Gabe der bildhaften Beschreibung und dazu einen großen Vorrat an anschaulichen Anekdoten mitbrachten; und Erforscher des Berliner Humors waren von der Häufigkeit manchmal subtiler und manchmal kunstvoller antithetischer Konstruktionen in ihrer Gesprächsrhetorik fasziniert. Walter Kiaulehn meinte, dies habe historische Wurzeln. Etwa zwanzig Jahre nach Luthers Aufstand gegen die römische Kirche baten die Stadtväter von Berlin und Cölln Kurfürst Joachim II., das Abendmahl in der evangelisch-lutherischen Form einzuführen, und er tat dies bei einer Zeremonie in der St. Nikolaikirche in Spandau am 1. November 1539. In der Folge lernten die Berliner durch das ständige Lesen des Neuen Testaments in Gegensätzen zu denken – ,,Die Ersten werden die Letzten sein!'' ,,Nur wer sich erniedrigt, kann erhöht werden!'' und dergleichen –, und dies beeinflußte unweigerlich ihre Ausdrucksweise in weniger feierlichen Augenblicken.

Als Beispiel zitiert Kiaulehn die Berliner Beschreibung des Dichters Stefan George, ,,der wie 'ne olle Frau aussieht, die wie'n oller Mann aussieht'', aber es ließen sich noch viele andere Fälle von Antithese und Inversion anführen. Da ist etwa die Geschichte von dem Betrunkenen, der hilflos immer wieder um eine Litfaßsäule herumtorkelt und klagend ausruft: ,,Entsetzlich! Lebendig einjemauert!'' Und da ist die etwas ausgetüfteltere Geschichte aus Ost-Berlin von Breschnew, der stirbt und dazu verdammt wird, durch alle Ewigkeit Arm in Arm mit Golda Meir zu gehen, einer sehr gesprächigen Frau. Eines Tages sieht er ein anderes Paar und erkennt Walter Ulbricht zusammen mit Gina Lollobrigida. ,,Genosse Ulbricht!'' sagt er in scharfem Ton. ,,Was für eine Art Strafe soll das denn sein?'' Ulbricht antwortet verlegen: ,,Es ist nicht meine Strafe, Genosse Breschnew! Es ist *ihre* Strafe!''

Ein wenig anderer Natur ist das, was man allgemein unter dem Berliner Witz versteht: die Schnoddrigkeit und die Schlagfertigkeit. Die Schnoddrigkeit, eine Art von jungenhafter Unverschämtheit, war ein natürliches Pro-

dukt der besonderen Demokratie der großen Stadt, in der jeder gut genug
für eine witzige Bemerkung war. Sie lag in dem Humor des Schusterjungen
in Kiaulehns Geschichte aus dem Berlin der Biedermeier-Zeit, der pfeifend
die Linden hinunterschlendert, als er die imposante Gestalt des Generalfeld-
marschalls von Wrangel erblickt und verstummt. Wrangel fühlt sich geschmeichelt durch dieses Zeichen von Respekt und sagt: ,,Na, warum feifste
nich weita?" Worauf der Knirps erwidert: ,,Wenn ick dir sehe, muß ick
lachen, und wenn ick lache, kann ick nich feifen!" Sie zeigte sich in der
Frechheit des 14jährigen Jungen, der neben einer offensichtlich schwangeren
Frau stehenbleibt, die auf einen Bus wartet, und freundlich sagt: ,,Na, Frol-
lein, ooch schon verlobt?"

Die vielgerühmte Schlagfertigkeit wurde von Lokalpatrioten der Berliner
Luft zugeschrieben, die angeblich alle Sinne auf den Quivive brachte. Wahrscheinlich ging sie aber auf den durch das städtische Leben hervorgerufenen Wettbewerbsgeist zurück. Wie dem auch sei, sie stand hoch im Kurs,
und ihre schönsten Früchte gingen in die Stadtlegende ein. Friedrich Wilhelm IV., der das Pech hatte, Landesfürst zu sein, als die Revolution von
1848 ausbrach, und im übrigen ein glückloser Herrscher war, wurde in Berlin dennoch wegen seiner geistreichen Bemerkungen bewundert, wie etwa
seiner Antwort an die Bürger von Gumbinnen, die um die Erlaubnis gebeten hatten, den Namen des Flusses, an dem ihre Stadt lag, der Pissa, ändern
zu dürfen. Der König schrieb: ,,Genehmigt. Empfehle Urinoco." Von der
Schlagfertigkeit des Bankiers Fürstenberg war schon die Rede, aber er hatte
zu seiner Zeit viele Mitbewerber, unter denen der Reichstagsabgeordnete
Adolf Hoffmann zu erwähnen ist, dessen Witz noch dadurch unterstrichen
wurde, daß er den schönsten Berliner Dialekt sprach, der bekanntlich beim
Personalpronomen den Dativ und den Akkusativ durcheinander wirft. Als
Mitglied einer Ermittlungskommission verhörte Hoffmann einmal einen
Kaufmann von zweifelhaftem Ruf, der plötzlich sagte: ,,Ich lehne es ab,
mich mit Ihnen zu unterhalten, Sie verwechseln ja ständig mir und mich!"
Hoffmann erwiderte: ,,Dat isso, is aba nich strafbar. Sie aba vawechseln
ständig mein und dein, und deswejen sind Sie hier und müssen mir antworten!"

In verbalen Auseinandersetzungen zeigten die Berliner ein Geschick für
die Übersteigerung von Kraftausdrücken und eine Phantasie in der bildhaften Darstellung, wie sie in anderen Teilen Deutschlands nicht anzutreffen
war. Herbert Schöffler meint, daß auch dies in der Natur des Milieus wur-
zelt und daß die bloße Tatsache, daß Berlin wegen seiner unbegrenzten
Möglichkeiten so lange einzigartig war unter den deutschen Städten, die
Phantasie seiner Bürger von den durch die Natur auferlegten Hemmungen
befreit und höchst wahrscheinlich auf diese Weise zu so grotesken Drohungen wie ,,Ick kleb' dir eine druff, det de durch die Rippen kiekst wie der Affe
aus'm Käfig!" und zu so unerwarteten, aber sehr anschaulichen Beschimp-

fungen wie ,,Du hast nich alle Tassen im Schrank!'' angeregt worden war.
Die Kunst der Beschimpfung wurde in Berlin sehr gepflegt und nahm bisweilen philosophische Dimensionen an wie in der mitleidigen und fast Neid
ausdrückenden Bemerkung: ,,Du hasts jut, du bist doof!'' Der starke ironische Zug des Berliner Humors wurde verschiedenen Ursachen zugeschrieben – der Natur der Umgebung, dem Sand der Mark und der
Unfruchtbarkeit des Bodens, dem Voltairismus Friedrichs II. und der Ver-
mischung der einheimischen Bevölkerung mit französischen und jüdischen
Elementen. Fontane mochte diese Erklärungen nicht ausschließen, hielt sie
aber doch für weniger entscheidend als die Tatsache, daß sich Berlin seit der
Zeit der Kurfürsten nie der Freiheiten erfreut hatte, die andere Städte besaßen, da seine Polizei und sein Justizsystem in den Händen der königlichen
Gewalt lagen, und daß die Berliner, da die Zensur sie der Redefreiheit beraubte, die Satire und die Ironie benutzten, um ihr ein Schnippchen zu
schlagen. Wie dem auch sei, fest steht, daß der Berliner Witz stets gerade
unter widrigen Umständen zu blühen schien: während der Zeit des Soziali-
stengesetzes im 19. Jahrhundert, während der Zensur im ersten Weltkrieg
und besonders während des Dritten Reichs, als Politik und Gebaren der
neuen Herrscher Deutschlands zum Gegenstand eines nationalen Unter-
grundhumors mit seinem ,,Flüsterwitz'' wurden, zu dem Berlin seinen charakteristischen Beitrag lieferte. Zur Zeit des Konkordats mit dem Vatikan im
Februar 1933 kursierte in Berlin die Geschichte, daß Göring zur Beschleuni-
gung eines Abkommens nach Rom gefahren war und von dort ein Tele-
gramm geschickt hatte: ,,Vollmacht überschritten. Rom brennt. Papst gefangen. Tiara steht mir ausgezeichnet. Dein Heiliger Vater.'' Und nach dem
Reichstagsbrand gab es Dutzende von Witzen über Görings gefährlichen
Umgang mit Streichhölzern. Die Freude des Berliners an Rätseln fand in den
Nazijahren immer wieder ihren Ausdruck (,,Welche Ähnlichkeit besteht
zwischen dem Dritten Reich und einer Straßenbahn?'' – ,,Bei beiden steht
vorn ein Führer, drinnen wird dauernd kassiert, Abspringen ist verboten.''),
desgleichen die Angewohnheit, seine wahre Sehnsucht in ironische Verse zu
kleiden:

,,Heil Hitler!'' ist der deutsche Gruß,
Den jeder Deutsche sagen muß.
Doch eines Tages gibt es Krach.
Dann sagt man wieder ,,Juten Tach!''

Diese Art von Humor blüht heute auf der anderen Seite der Mauer. So
hört man etwa: ,,Was ist der Unterschied zwischen Erich Honecker und
einer falschen Telefonverbindung?'' ,,Keiner – aufhängen und neu wählen!''
Unter all der Geschäftigkeit, der ,,großen Schnauze'' und Keckheit lagen
unverkennbar Eigenschaften wie Hingabe und Standhaftigkeit. Der Berliner
liebte seine Stadt sehr, und diese Liebe konnte selbst einen Mann wie den

Theaterkritiker Alfred Kerr, der für seine beißenden Rezensionen gefürchtet war, zu einer erstaunlichen Sentimentalität hinreißen.

> Vor mir steht ein Strauß von Flieder
> Und ein grüner Weinpokal;
> Und der Kellner bringt in müder
> Gangart mein bestelltes Mahl.
> Draußen unter schwülem Himmel
> Seh ich Droschkengäule ziehn.
> Fernes Straßenbahngebimmel.
> Juniabend in Berlin.

Fern seiner Stadt war der Berliner nur ein halber Mensch, und gleich den zwei Harztouristen in Fontanes Roman *Cécile*, verglich er alles, was er sah, mit irgend etwas zu Hause, und fand seine neue Umgebung ohne Saft und Kraft. Vor dem ersten Weltkrieg drückte Alfred Lichtenstein dieses Gefühl der Leere in einem schönen Gedicht mit einem Goetheschen Tonfall aus:

> In fremden Städten treib ich ohne Ruder,
> Hohl sind die fremden Tage und wie Kreide.
> Du mein Berlin, Du Opiumrausch, Du Luder.
> Nur wer die Sehnsucht kennt weiß was ich leide.

und in unserer Zeit hat Wolf Biermann den gleichen Ton angeschlagen:

> Ich kann nicht weg mehr von dir gehn,
> Im Westen steht die Mauer
> Im Osten meine Freunde stehn,
> Der Nordwind ist ein rauher
>
> Berlin, du blonde blonde Frau
> Ich bin dein kühler Freier
> dein Himmel ist so hunde-blau
> darin hängt meine Leier.

Diese Liebe zu ihrer Stadt hielt die Berliner aufrecht, wenn schwere Zeiten kamen, wie der Hitlerkrieg und die Besetzung und die Nachkriegsjahre, in denen Berlin fortwährend in einer Krise zu schweben schien. Während der letzten Stadien des zweiten Weltkriegs drückten die Engländer, die aus eigener Erfahrung die Schrecken des Luftbombardements kannten, eine widerwillige Bewunderung für die Berliner aus, die unter einer Last von Bomben, die schwerer und unerbittlicher war als die des „Blitz" von 1940, sich jeden Morgen wieder ausgruben und, so gut sie konnten, ihren täglichen Pflichten nachgingen. Sie erhielten keine moralische Unterstützung von ihrem Führer, der sich von ihnen losgesagt hatte, als er erkannte, daß der Krieg verloren war; und sie erwarteten und wünschten auch keine, denn Berlin hatte für Hitlers Stil und seine grandiosen Vorstellungen nie viel übrig gehabt. Sie trösteten sich mit ihrem Witz und ihrer Ironie selbst über den vom Himmel herabkommenden Schrecken hinweg („Wenn det so weiterjeht, müssen sich de Engländer ihre Häuser mitbringen!"), sagten, der Krieg werde zu Ende sein, wenn man mit der S-Bahn von der Ostfront zur Westfront fahren könne, und definierten Feigheit als Freiwillig-Melden zum Fronteinsatz, um der nächtlichen Gefahr in Berlin zu entrinnen. Sie beobachteten die Zerstörung ihrer Stadt voller Kummer, aber sie taten jeden Tag, was sie konnten, um den Schaden in Grenzen zu halten, und taten auch später, was sie konnten, als sie an die Trümmerbeseitigung und den Wiederaufbau gingen.

Doch wie sehr sie sich damit auch mühten, sie konnten – und dies wurde ihnen schon bald nach Kriegsende bewußt – nicht hoffen, daß ihre Stadt wieder ihre alte zentrale Stellung im deutschen Leben einnehmen würde. Die Teilung, die der kalte Krieg für Deutschland als Ganzes brachte, wiederholte sich bald auch in Berlin. Die interalliierten Vereinbarungen von 1944/45 sahen vor, daß die Stadt, obschon innerhalb der sowjetischen Besatzungszone gelegen, einen besonderen Status haben und der Alliierten Kommandantur unterstehen sollte, einer Behörde der vier Besatzungsmächte. Der Zweckmäßigkeit halber wurde sie in vier Sektoren aufgeteilt, einen für jedes alliierte Militärkommando, aber es sollte eine einheimische Stadtregierung geben mit einem Oberbürgermeister und einem Magistrat, die die Stadt unter alliierter Aufsicht verwaltete. Von Anfang an war leider klar, daß es die sowjetischen Behörden darauf abgesehen hatten, die gesamte Stadt unter ihre ideologische Kontrolle zu bringen. Der erste Stadtkommandant, der sowjetische General Bersarin, sorgte dafür, daß in die Stadtverwaltung fast ausschließlich solche Deutsche kamen, die ihre Ausbildung während des Krieges in Moskau erhalten hatten, und in den ersten Nachkriegsjahren gab es ernsthafte Versuche seitens der wiedergegründeten Kommunistischen Partei Deutschlands (die bald in die Sozialistische Einheitspartei Deutschlands – SED – umgewandelt wurde) und der von den Sowjets unterstützten Kulturellen Vereinigung zur demokratischen Erneuerung, das politische und kulturelle Leben der Stadt kommunistisch auszurichten.

Diese Manöver verfingen jedoch nicht bei einer Bevölkerung, die die Ausschreitungen der sowjetischen Besatzung bereits dem Kommunismus entfremdet hatten, und das Scheitern dieser Politik trug zweifellos dazu bei, daß die Sowjets zu schärferen Maßnahmen griffen, nämlich der Blockade von 1948/49. Dieser Handstreich wurde, wie wir sahen, abgewiesen durch den Widerstand der Berliner Bevölkerung unter Führung Ernst Reuters, der so eindeutig und überzeugend war, daß die Westmächte den Versuch mit der Luftbrücke unternahmen, die schließlich die sowjetischen Hoffnungen zunichte machte. Die Blockade bedeutete jedoch das Ende einer gemeinsamen Stadtverwaltung. Sowjetische Repressalien veranlaßten Ernst Reuter und seine Mitarbeiter Louise Schröder, Walther Schreiber, Otto Suhr und Willy Brandt, ihren Sitz aus dem Rathaus von Berlin-Mitte in das von Schöneberg zu verlegen, das nun das Regierungszentrum von West-Berlin wurde. Gleichzeitig, am 7. Oktober 1949, erklärte die SED den sowjetischen Sektor von Berlin zur Hauptstadt der neu gegründeten Deutschen Demokratischen Republik.

Während der Blockade hatte Günter Neumann das zuversichtliche Lied „Der Insulaner verliert die Ruhe nicht" geschrieben, und die alte Berliner Redensart „uns kann keener" wurde zum Ausdruck der Selbstversicherung. Aber die Gefahr für die Freiheit West-Berlins war damit noch nicht gebannt. Sie stellte sich in bedrohlicherer Form wieder ein, als Ministerpräsident Chruschtschow im November 1958 ankündigte, die Sowjetunion werde, wenn die in West-Berlin stationierten alliierten Truppen nicht binnen sechs Monaten abgezogen würden, mit der DDR einen Separatfrieden abschließen und alle ihre Besatzungsrechte und Befugnisse abtreten, wonach die Westmächte über die Zugangsrechte nach Berlin mit der DDR verhandeln müßten, die als souveräner Staat das Recht hätte, einen solchen Zugang zu verweigern. Gegen dieses Ultimatum blieb der Westen hart, und es wurde nie in die Tat umgesetzt, doch der Bau der Mauer am 13. August 1961, die den West-Berlinern den Zugang zu den acht östlichen Stadtbezirken verwehrte, unterstrich ihre Isolation und erschütterte die Zuversicht der Jahre nach der Blockade. Den unausgesprochenen Fragen ließ sich nun nicht mehr ausweichen: Besaßen die Insulaner die physische und psychische Kraft, ihre Unabhängigkeit zu bewahren? Reichten Tradition, Liebe zur Heimatstadt und der so oft in Berlins Geschichte bewiesene Mut zum Überleben aus?

III

Wer West-Berlin in den 70er Jahren einen nur flüchtigen Besuch abstattete, mochte ob solcher Fragen den Kopf schütteln, denn das äußere Bild der Stadt kündete von blühender Gesundheit und Lebenskraft. Der Kurfürstendamm erstrahlte im Neonschein und war gesäumt von schicken Restaurants und Cafés wie dem Bristol und dem Möhring, und die Auslagen des KaDeWe am Wittenberg-Platz und des Kaufhauses Wertheim am Walther-Schreiber-Platz waren angefüllt mit Artikeln, die es an Eleganz mit allem aufnehmen konnten, was Regent Street oder Fifth Avenue zu bieten hatten. Eindrucksvoller als diese Zeugnisse materieller Prosperität boten sich die vielen Anzeichen dafür dar, daß West-Berlin noch immer sehr die Stadt Sophie Charlottes war, mit dem wahrscheinlich besten Symphonieorchester Europas, einem hervorragenden Opernensemble und Theatern wie dem Schiller-Theater, der Volksbühne und dem Theater am Halleschen Ufer mit einem erwiesenen Ruf für Neuerungen und kühne Experimente, mit der großen neuen Gedenkbibliothek, die in Deutschland nicht ihresgleichen hat, und einer Vielzahl von Akademien und Forschungszentren und einem regen literarischen Leben auf örtlicher Ebene in Schöneberg, Steglitz und Kreuzberg.

Doch alledem stand der demographische Nachweis dafür gegenüber, daß West-Berlin allmählich seine Lebensenergien verlor. Seine Einwohnerzahl, die 1949 etwa 2 105 000 betragen hatte und bis 1957 auf 2 229 000 angestiegen war, sank im Jahr darauf, und 1964 begann eine stetige Verminderung bis auf 1 926 000 im Jahre 1977, von denen nur 1 737 000 Einheimische waren. Von noch größerer Bedeutung als die Gesamtzahl war die Bevölkerungsstruktur, die das schlechteste Altersprofil in Deutschland aufwies. Ende 1976 waren 22,8% der West-Berliner Einwohner über 65 Jahre alt (in Westdeutschland 13,2%) und nur 15,8% waren jünger als 15 Jahre (etwa 25% in der Bundesrepublik). Außerdem starben etwa 20 000 Westberliner im Jahr mehr, als geboren wurden, und dieser Verlust wurde nicht ausgeglichen durch den natürlichen Zustrom neuer Bewohner aus dem Umland, weil die DDR nur den über 65jährigen den Umzug in den Westen erlaubte. Von den Jahren, die auf den Mauerbau folgten, wiesen nur 1969 und 1970 eine positive Bilanz auf, und die ging zum größten Teil auf das Konto türkischer und jugoslawischer Gastarbeiter. Nach 1970 überstiegen alljährlich die Abgänge die Zugänge. 1976 zum Beispiel zogen 41 566 einheimische Westberliner fort, während 30 015 Personen aus dem Westen zuzogen. Doch zu diesen zählten viele Studenten und junge Leute in der Ausbildung, die nicht vorhatten, in der Stadt zu bleiben.

Besonders beunruhigend wirkten sich diese Bevölkerungstendenzen auf die Arbeiterschaft der Stadt aus, die im Verhältnis zur Gesamtbevölkerung ständig abnahm. Im Jahre 1970 verließen 3000 deutsche Arbeiter mehr die Stadt als zuzogen, und zwischen 1971 und 1975 wuchs das Maß der Abgänge gegenüber den Zugängen von 5,6% auf 27% an. Der Westberliner Senat suchte diesem Trend durch ein attraktives Angebot für westdeutsche Arbeiter entgegenzuwirken – Erstattung der Reise- und Wiederansiedlungskosten, steuerfreie Zuschüsse zum Hausbau, Familienzulagen und dergleichen –, das nicht ganz ohne Erfolg blieb. Dennoch schätzte man 1971, daß jeder Dritte, der durch diese Vorteile von der Stadt angezogen wurde, früher oder später seine Meinung änderte und sie wieder verließ, entweder weil er mit seiner Arbeit oder den Lebensbedingungen nicht zufrieden war, oder weil ihn die Berliner Spielart der Klaustrophobie erfaßte, die Angst, gefangen zu sein, ohne entrinnen zu können, wenn die Stadt vom Osten vereinnahmt würde, ein Gefühl, das selbst nach Abschluß des Vier-Mächte-Vertrags von 1971 und des Grundlagen-Vertrags von 1972 nicht gänzlich schwand, weil diese Abkommen mit den Drohungen aus der DDR und den Eingriffen in den Berlin-Verkehr nicht vollkommen Schluß machten. Ja, das ständig wiederholte Argument der DDR, daß Ost-Berlin integraler Bestandteil der DDR sei, West-Berlin aber nicht zur Bundesrepublik gehöre – eine Theorie, die der Grundabsicht der Verträge widersprach –, deutete darauf hin, daß die DDR-Führer die Berlin-Frage nicht als endgültig geregelt betrachteten.

Einen weiteren Grund zur Sorge hinsichtlich der Zukunft der Stadt, der nicht ohne Bezug zur Verminderung der Arbeitskräfte war, stellte die Abnahme der Zahl ihrer Handels- und Industrieunternehmen dar. Zwischen 1961 und 1970 ging die Zahl der Industriefirmen von 3500 auf 2370 zurück, und nur ganz wenige neue kamen hinzu. Besonders bedeutsam waren das Absinken der Zahl ortsgebundener und am Ort finanzierter Unternehmen und die Tendenz zur Industriekonzentration in den Händen großer Firmen wie Siemens, AEG Telefunken, Schering, BMW/Daimler Benz, von denen einige ihren Hauptsitz in Westdeutschland hatten, ohne feste Bindung an die Stadt.

West-Berlins wirtschaftliche Lebensfähigkeit, die direkt mit seiner politischen Selbständigkeit verknüpft war, hing letztlich von der Bundesrepublik ab, die die Stadt jährlich mit Zuschüssen in Milliardenhöhe unterstützte, Geldern, die aus der Tasche des westdeutschen Steuerzahlers kamen. Diese finanzielle Beziehung war beiden Seiten unangenehm. In ihrer stolzen Unabhängigkeit waren die Berliner ihren Brüdern im Westen nicht gerade herzlich zugetan. Wie Dieter Hildebrandt schrieb, war, wenn sie das Wort ,,drüben" gebrauchten, nicht immer klar, ob sie Leipzig oder Düsseldorf meinten. Sie fühlten sich geschmeichelt, wenn ausländische Beobachter den Unterschied zwischen ihnen und den Bürgern der Bundesrepublik hervorhoben, wie dies der (von Hildebrandt zitierte) schwedische Schriftsteller Lars Gustafsson zu Beginn der 70er Jahre tat:

Zwei Länder können sich nicht mehr voneinander unterscheiden als das narbige, das kluge Berlin mit seinem lebhaften, scharfen Intellekt, mit seinen revolutionären Gruppen, marxistischen Kinderläden, mit seinen blauen, roten, weißen Pamphleten, seinen Straßencafés und Buchhandlungen, Berlin, diese geheimnisvolle Schmiede zukünftiger Kräfte, eingesperrt hinter hohen Mauern und Minengürteln inmitten einer feindseligen, lehmgrauen Militärdiktatur mit endlosen Kartoffeläckern, dieses Berlin, das alles weiß, alles erfahren und seit langem seinen Zustand akzeptiert hat, und die dumme, geldstrotzende Bundesrepublik mit ihren Supermärkten, ihren transportablen Fernsehgeräten und ihren knarrenden Prachtmöbeln, schweren Teppichen und Sesseln aus schwarzem Leder und Stahlrohr.

Die Westdeutschen ihrerseits brachten den Berlinern gemischte Gefühle entgegen, und man kann wohl sagen, daß die Bewunderung und das Mitgefühl, die sie in Augenblicken der Krise wie 1948 und 1961 für sie empfanden, in ruhigen Zeiten älteren Gefühlen der Antipathie und des Mißtrauens Platz machten. Man hatte Berlin im übrigen Deutschland nie besonders geliebt. Für viele Deutsche war es im 19. Jahrhundert ein fremder Ort, und Konstantin Frantz schrieb 1878, es eigne sich besser zur Hauptstadt eines jüdischen als zu der eines deutschen Reiches. Romantiker wie Adolf Bartels, Wilhelm Schäfer und Julius Langbehn waren überzeugt, daß es einen verderblichen Einfluß auf die deutsche Kultur ausübte, und Friedrich Lienhard forderte eine Vereinigung von ,,Volk" und ,,Land" gegen das literarische Berlin und den Modernismus unter Kampfrufen wie ,,Bestürmt wird nun die schwarze Stadt!" und ,,Los von Berlin!" In den 20er Jahren standen Besucher aus der Provinz dem Tempo der Stadt oft entgeistert und hilflos gegenüber, und Erich Kästner beschrieb dieses Gefühl einmal in Versen:

Sie stehen verstört am Potsdamer Platz
Und finden Berlin zu laut.
Die Nacht glüht auf in Kilowatts.
Ein Fräulein sagt heiser: ,Komm mit, mein Schatz!'
Und zeigt entsetzlich viel Haut.

Sie wissen vor Staunen nicht aus und nicht ein.
Sie stehen und wundern sich bloß.
Die Bahnen rasseln. Die Autos schrein.
Sie möchten am liebsten zu Hause sein
Und finden Berlin zu groß.

Es klingt, als ob die Großstadt stöhnt,
Weil irgendwer sie schilt.
Die Häuser funkeln. Die U-Bahn dröhnt.
Sie sind das alles gar nicht gewöhnt
Und finden Berlin zu wild.

Sie machen vor Angst die Beine krumm
Und machen alles verkehrt.
Sie lachen bestürzt. Und sie warten dumm
Und stehen auf dem Potsdamer Platz herum,
Bis man sie überfährt.

Als Berlin nach 1945 aufhörte, Hauptstadt des Reiches und Mittelpunkt des politischen Lebens Deutschlands zu sein, wurde die Feindseligkeit, mit der man es betrachtete, zwar gemildert, aber sie verschwand nie ganz. Die Aspekte, die der Schwede Gustafsson an der Stadt anziehend fand, verfolgten viele Westdeutsche voller Argwohn, allzu leichtfertig überzeugt davon, daß die geistige Freiheit der Stadt lediglich dem Kommunismus in die Hände spiele, und sie warfen der Westberliner Universitätsbewegung vor, sie habe Umsturzgedanken im ganzen Land verbreitet. Es läßt sich unmöglich abschätzen, wie viele Westdeutsche sich gelegentlich darüber ärgerten, daß sie Steuern bezahlen mußten, um eine Stadt zu unterstützen, die so etwas zuließ, aber ein solches Ressentiment war zweifellos vorhanden und potentiell gefährlich.

Das Verhalten der nicht-seßhaften Bevölkerung (Studenten, Ausgeflippte, Stadtteilindianer, Kommunarden und Anarchisten) bedrohte ebenfalls die Stabilität und die wirtschaftliche Zukunft der Stadt, da diese Elemente imstande waren, ihre Empörung über Probleme, die sie ärgerten, an der Stadt selbst und in irrationalen Attacken auf das Eigentum auszulassen. Am 9. Mai 1970 versammelten sich aus Protest gegen das amerikanische Eindringen in Kambodscha 8000 Demonstranten auf der Hardenbergstraße zwischen Ernst-Reuter-Platz und Bahnhof Zoo, von denen eine größere Gruppe das Amerika-Haus umringte in der offenkundigen Absicht, es zu erstürmen und zu zerstören. Da die Menge nicht mit Wasserwerfern zu zerstreuen war, setzte die Polizei zum wahrscheinlich letzten Kavallerieangriff in der deutschen Geschichte mit 48 berittenen Polizisten an.

Gleich ähnlichen Angriffen zu Pferde in Kriegszeiten scheiterte auch dieser aus Mangel an Reserven; als sie die Demonstranten bis zum Steinplatz zurückgetrieben hatten, wurden die berittenen Polizeikräfte mit einem Geschoßhagel begrüßt, bei dem zwei Pferde getötet und 30 weitere verletzt wurden, und sie mußten sich zurückziehen. Innerhalb der nächsten Dreiviertelstunde, während der die Polizei sich neu formierte und die Demonstranten in die Technische Universität trieb, errichtete eine Gruppe eine Barrikade vor dem Renaissance-Theater, während andere Autos umstürzten und die Scheiben von Banken und Gesellschaften wie IBM einwarfen, wobei sie zur Zerstörung der Obergeschoßfenster Fahnenstangen vom Ernst-Reuter-Platz benutzten. Alles in allem entstanden Schäden in Höhe von einer Million DM, und 250 Polizeibeamte wurden verletzt.

Zu einem ähnlichen Ausbruch irrationaler Gewalttätigkeit kam es in der Weihnachtswoche 1980 als Folge der fortdauernden Wohnungsnot in Berlin, die noch verschlimmert wurde durch Grundstücksspekulanten und Bauunternehmer, die systematisch Gebäude aufkauften, die Mieter hinauswarfen und dann die Häuser leer stehen ließen, bis sie entweder modernisiert oder abgerissen werden konnten, um neuen Gebäuden Platz zu machen. Im Jahre 1980, als 80000 Menschen eine Bleibe suchten, standen 7000 Wohnungen leer. Diese Situation war besonders akut in Kreuzberg, einem Bezirk, der in den letzten Jahren so viele türkische Gastarbeiter angezogen hatte, daß sie 20% der Einwohnerschaft ausmachten, sowie zahlreiche Studenten, arbeitslose junge Leute und sogenannte ,,Freaks und Alternativler'', die dieses Viertel als ideal für ihre unkonventionelle Lebensweise empfanden. Das Programm des Senats, das in Kreuzberg Erneuerung und Wiederaufbau in großem Umfang zum Ziel hatte (es führte zu einigen positiven Ergebnissen in der Nähe des Mehring-Platzes), schritt 1979 und 1980 immer langsamer voran, und da viele Gebäude leer blieben, die später abgerissen und durch neue ersetzt werden sollten, wurde das durch die Manipulation privater Spekulanten verursachte Problem noch verschärft. Aus Verzweiflung begannen Gruppen von jungen Leuten 1979 in leerstehende Gebäude einzuziehen, und Ende 1980 waren ca. 200 Häuser in den Händen von sogenannten Hausbesetzern.

Die Möglichkeit einer Lösung dieser Situation durch Verhandlungen mit dem Senat, wie sie ein Teil der Besetzer anstrebte, wurde zunichte gemacht durch eine unkluge Reaktion der Polizei, deren Versuch, am 12. Dezember 1980 die Besetzung eines weiteren Hauses am Fraenkelufer zu verhindern, die allgemeine Befürchtung erweckte, es sei beabsichtigt, alle besetzten Häuser zu räumen. Es kam zu Demonstrationen am Fraenkelufer und am Kottbuser Tor, bei denen gewalttätige Elemente die Oberhand gewannen und

Gruppen von jungen Leuten die Fenster von Banken und Supermärkten einwarfen. Die Polizei nahm 63 und bei erneuten Zwischenfällen in den Tagen darauf weitere 23 Verhaftungen vor. Die Militanten verkündeten nun, daß nicht nur Weihnachtsbäume brennen würden, wenn man die Festgenommenen nicht entließ, und sie machten ihre Drohung wahr, indem sie ihre zerstörerische Tätigkeit auf den Kurfürstendamm verlegten, wo sie sich Banken und Geschäftshäuser zum Ziel nahmen. Alles in allem kam es während der Weihnachtswoche – neben dem Scheibengeklirr am Kurfürstendamm – zu sechzehn ernsthaften Schadensfällen. Unter anderen wurden eine Bankfiliale in Neukölln, ein Postamt in Wilmersdorf und eine Kirche zerstört. Am 27. Dezember ging schließlich die Haupthalle der U-Bahnstation Dahlem, ein strohgedecktes Gebäude aus dem Jahre 1912, das als architektonische Kuriosität viel bewundert wurde, in Flammen auf.

Der Senat traf daraufhin eine großzügige Vereinbarung mit den Besetzern, gewährte ihnen Mietverträge für die Wohnungen, die sie mit Beschlag belegt hatten, und eine angemessene Vergütung für die von ihnen vorgenommenen Instandsetzungsarbeiten, und versprach Ausweichquartiere für Personen, die als Folge des städtischen Renovierungsprogramms ihre Unterkunft verloren hatten. Doch damit war der Schaden nicht beseitigt, den die Ausschreitungen am Kurfürstendamm angerichtet hatten, verglichen mit deren Gewalttätigkeit sich die Studentenunruhen der 6oer Jahre nach den Worten eines Beobachters eher als maßvoller Protest ausnahmen. Die *Berliner Morgenpost* wetterte gegen ,,das ganze Lottervolk, … Aussteiger jeder Art, Fixer und gewöhnliche Kriminelle". Diese Sprache war nicht ungewöhnlich für eine Springer-Zeitung, aber wahrscheinlich gab sie die Meinung vieler Berliner wieder, denen die Anwesenheit so vieler Menschen, die keine ,,echten Berliner" waren, in ihrer Mitte seit langem Sorge bereitete, und die sich durch deren Lebensstil zutiefst gestört fühlten. Sie neigten daher nur allzu leicht dazu, ihnen die Verantwortung zuzuschreiben für die starke Zunahme des Drogenmißbrauchs (10000 Drogenabhängige Mitte 1978 nach der Schätzung des Senats) und der Jugendkriminalität und reagierten auf ihre explosive und zerstörerische Gewalttätigkeit mit Angst und Zorn.

Selbst wenn man die negative Auswirkung von Vorfällen der eben beschriebenen Art auf Westdeutschland und auf ausländische Firmen, die in West-Berlin zu investieren oder Niederlassungen zu errichten gedachten, außer Betracht ließ – und sie war wahrscheinlich nicht unerheblich –, waren ihre entzweienden Folgen innerhalb der Stadt selbst zu ernst, als daß man sie hätte übersehen können. Die ,,Frontstadt" hatte die Krisen von 1948/49 und 1961 mit einem vereinten Willen gemeistert, alle Bewohner hatten gegen den äußeren Feind zusammengestanden. Im Jahre 1980 schienen die Berliner diesen inneren Zusammenhalt nicht mehr zu besitzen, und das war ein schwerer Verlust angesichts der anderen Probleme – solcher politischer, wirtschaftlicher und demographischer Natur –, denen sie gegenüberstanden.

Dritter Teil

Gegenwart und Zukunft

13. Demokratie und Nationalismus

Zur Abwehr feindseliger und seichter Kritiken eines gemeinsamen Unternehmens taten sich im Winter 1795/96 Friedrich Schiller und sein Freund Goethe zusammen und verfaßten über fünfhundert satirische Epigramme, die schließlich den Namen *Xenien* (Abschiedsgeschenke an Gäste) erhielten und im *Musenalmanach auf das Jahr 1797* veröffentlicht wurden. Die meisten hatten besondere Adressaten oder besondere Gegenstände zum Thema, doch eines der meistzitierten war an das deutsche Volk gerichtet und lautete:

> Zur Nation euch zu bilden, ihr hoffet es,
> Deutsche, vergebens;
> Bildet, ihr könnt es, dafür freier zu
> Menschen euch aus.

Wir werden nie genau erfahren, woran die beiden Dichter dachten, als sie dieses Distichon schrieben, aber wir wissen immerhin, daß Schiller in dem Jahr, als es entstand, in seinen *Briefen über die ästhetische Erziehung des Menschen* Besorgnis über die Wirkungen ausgedrückt hatte, die der durch die Französische Revolution wachgerufene neue Geist des Nationalismus auf die individuelle Freiheit ausübte. Es scheint daher, daß das Epigramm an die Deutschen als Warnung gedacht war. Schiller und Goethe hatten geringes Vertrauen in die politischen Fähigkeiten ihrer Landsleute. Sie waren sich bewußt, daß sie aus Gründen, die in der Geschichte wurzelten (Schiller war nicht umsonst der Historiker des Dreißigjährigen Krieges), einen maßlosen, fast sich selbst verstümmelnden Respekt vor der Obrigkeit hatten. Praktisch wollten sie damit zum Ausdruck bringen, daß die Deutschen erst nach nationaler Macht streben sollten, wenn sie die erforderliche moralische und bürgerliche Freiheit errungen und gelernt hatten, diese Macht unter Kontrolle zu halten.

Der Verlauf der deutschen Geschichte in den 150 Jahren, die auf dieses literarische Exerzitium folgten, bewies, welch geringen Einfluß selbst die größten Dichter auf die Ereignisse haben. Gewiß, in der ersten Hälfte des 19. Jahrhunderts standen die Führer der Bewegung, die aus den zersplitterten Teilen des deutschen Bundes ein vereintes Deutschland machen wollten, dem Absolutismus genauso ablehnend gegenüber wie dem Partikularismus, und ihre Ziele waren die, die Hoffmann von Fallersleben in seinem *Deutschlandlied* (1840) aufführte

> Einigkeit und Recht und Freiheit
> Für das deutsche Vaterland.

Aber als ihre Hoffnungen, diese Ziele durch eine Volksrevolution zu erreichen, 1848 zunichte wurden, brachte sie ihr heftiges Verlangen nach nationaler Einheit dazu, diesem alles andere unterzuordnen. ,,Wir dürfen niemanden tadeln", sagte einer ihrer Führer, Karl Twesten, ,,wenn er jetzt die Frage der Macht in den Vordergrund stellt und meint, daß die Fragen der Freiheit warten können . . ." Wegen dieser Preisgabe war der Nationalstaat, der 1871 entstand, das Bismarcksche Reich, ein autoritäres Gebilde, das sich auf einer Verfassungstheorie gründete, die den Gedanken der Volkssouveränität ausdrücklich verwarf, und während seines kurzen und machtbesessenen Bestehens verweigerte er seinen Bürgern jede Gelegenheit, Selbstvertrauen und politisches Verantwortungsgefühl zu entwickeln. Zu den Gründen für den Untergang des Deutschen Reiches von 1871–1918 gehörte nicht zuletzt das Fehlen konstitutioneller Beschränkungen oder einer wirksamen demokratischen Opposition, die seinen unbesonnenen Kurs hätten bremsen und steuern können, und daß die ihm nachfolgende glücklose Republik scheiterte, lag nicht zuletzt an dem Mangel an tatkräftigen und von ihrer Aufgabe beseelten Persönlichkeiten, die sowohl die Bereitschaft, verantwortlich zum Aufbau eines neuen Freiheitsraums beizutragen, wie das Geschick zur Lösung der Probleme mitbrachten, die der Erreichung dieses Ziels im Wege standen.

Der Nutznießer dieses Scheiterns war Adolf Hitler, dessen Behauptung, er allein könne die verlorene Ehre und die Herrlichkeit der deutschen Nation wiederherstellen, den Leichtgläubigen gefiel, und der die Macht, die sie ihm verliehen, dazu gebrauchte, diese Nation unwiederbringlich zu zerstören. So scheint es zumindest. Gewiß ist, wenn wir die Situation Deutschlands und Europas bald vierzig Jahre nach Hitlers Niederlage und Tod betrachten, die Frage von Interesse, ob der erste Teil des Goethe-Schiller-Epigramms heute nicht ebenso gültig ist wie am Ende des 18. Jahrhunderts, wenn auch vielleicht aus anderen Gründen. Doch ehe wir uns diesem Problem zuwenden, scheint es angebracht, sich mit dem zweiten Teil des Distichons zu beschäftigen und zu fragen, was in den letzten vier Jahrzehnten für die Bürgerrechte getan wurde, die in der Vergangenheit zu kurz gekommen waren. Wie ist es um die Freiheit der Deutschen bestellt? Wie fest gegründet ist die deutsche Demokratie?

I

Zwei Jahre vor Hitlers Machtantritt schrieb der Philosoph Karl Jaspers ein Buch mit dem Titel *Die geistige Situation der Zeit*, das als 1000. Band der renommierten Sammlung Göschen erschien. Eingedenk dieses Umstands bat 1978 der Soziologe Jürgen Habermas fünfzig Intellektuelle, Aufsätze für ein Buch mit einem ähnlichen Titel *(Stichworte zur ,Geistigen Situation der*

Zeit‘) zu schreiben, das ein Jahr später in zwei Bänden als 1000. Band der Reihe edition suhrkamp herauskam. Das Ergebnis war ein faszinierendes Buch, wenn auch eines, in dem recht viel Kulturpessimismus laut wurde –, was nicht überraschen kann, bedenkt man die eher linke Einstellung der Mitarbeiter und die stillschweigende Aufforderung, 1979 mit 1931 zu vergleichen. Vor allem zwei Vorstellungen kehrten in den einzelnen Beiträgen wieder: die, daß die Bundesrepublik einer ,,Legitimitätskrise‘‘ gegenüberstehe, und die, daß die Ausbildung eines wahrhaft demokratischen Bewußtseins durch ,,die Last der Vergangenheit‘‘ verhindert worden sei.

Bedachte man den Fortschritt und die Leistungen der Bundesrepublik seit 1949, erschien das eine wie das andere ein wenig überraschend. Zu ebender Zeit, als Habermas’ Kollegen ihre Abhandlungen schrieben, deuteten die Ergebnisse der Meinungsforschung auf eine bemerkenswert hohe Unterstützung der demokratischen Regierungsform hin. Im November 1978 stellte das Allensbacher Institut für Demoskopie, Westdeutschlands bedeutendstes Meinungsforschungsinstitut, die Frage: ,,Glauben Sie, die Demokratie, die wir in der Bundesrepublik haben, ist die beste Staatsform, oder gibt es eine andere Staatsform, die besser ist?‘‘ 71% der Befragten hielten sie für die beste Staatsform; nur 11% glaubten, es gebe eine bessere, und 18% waren ohne Meinung. Bei einer anderen Umfrage, die etwa zu derselben Zeit Kurt Beyme veranstaltete (,,alles in allem haben wir . . . eine gute politische Ordnung oder keine gute?‘‘), antworteten 2% mit ,,sehr gut‘‘, 37% mit ,,gut‘‘, 42% mit ,,es geht‘‘, 12% mit ,,nicht besonders‘‘, und 4% gaben kein Urteil ab. Schließlich stellte im November 1978 wiederum das Allensbacher Institut eine etwas kompliziertere Frage, die aber gewiß Weimarer Erinnerungen wachrief: ,,Wenn man an all die Schwierigkeiten denkt, die auf uns zukommen . . ., glauben Sie, daß wir diese . . . mit unserer demokratischen Staatsform mit mehreren Parteien im Bundestag bewältigen können, oder braucht man in der Zukunft für alle diese Schwierigkeiten ein Einparteien-System mit einer starken Regierung an der Spitze?‘‘ Von den Befragten stimmten 77% für die erste Alternative – im Dezember 1976/Januar 1977 waren es, als die gleiche Frage gestellt wurde, 70% und im April 1975 66% gewesen. Nur 9% hielten ein Einparteien-System für erforderlich gegenüber 13% im Dezember 1976/Januar 1977 und 18% im April 1975. Diese Umfrageergebnisse schienen also kaum eine Abnahme des Vertrauens zur Demokratie befürchten zu lassen.

Andererseits gab es, wie wir beobachten konnten, Generationsunterschiede in der Einstellung, und diese spiegeln sich in den zitierten Umfragen nicht wider. Wer in den späten 60er und den 70er Jahren erwachsen wurde, fühlte sich nicht immer der Republik so sehr verpflichtet wie die Älteren, die sich an den Krieg und die Besatzungszeit erinnerten, auf Deutschlands rasche Erholung und den Aufbau demokratischer Institutionen stolz waren und ihre Gesellschaft für die freieste der Welt hielten. Die jüngere Generation

322 Gegenwart und Zukunft

war eher geneigt, diese Zufriedenheit in Frage zu stellen, Unvollkommenheiten im herrschenden System zu entdecken und die akzeptierten Orthodoxien durch verschiedene Arten außerparlamentarischer Opposition herauszufordern. Die Studentenbewegung der 60er und 70er Jahre, die Umweltschutz- und Anti-Kernkraft-Bewegungen und selbst die noch kleineren neonazistischen Gruppen der späten 70er Jahre zeugten allesamt dafür, und in dem Maße, in dem sie auf antidemokratisches Verhalten hinausliefen, stellten sie eine nicht angepaßte und beunruhigende politische Kraft dar. Insofern konnte man von einer Legitimitätskrise sprechen.

In welchem Ausmaß die Last der Vergangenheit die Entwicklung der Demokratie in Deutschland hemmte, war schwieriger zu ermessen. Ganz gewiß hatte man wenig für die Vergangenheit übrig, und die Lehrer klagten ständig über das mangelnde Geschichtsinteresse ihrer Schüler. Veranstaltungen, die frühere Epochen feierten, verliefen ohne besondere Gefühlsintensität. Wer die Stauferausstellung in Stuttgart 1976 und die Nürnberger Ausstellung 1978 zur Feier des 600. Todestags Karls IV. von Luxemburg besuchte, wurde nicht aufgefordert, auf eine ruhmreiche alte Vergangenheit stolz zu sein, und es hätte wohl auch keiner auf eine solche Aufforderung reagiert, selbst wenn sie erfolgt wäre, denn was bedeutete dem Durchschnittsbürger der Bundesrepublik schon Friedrich Barbarossa? Als man sich mit dem Gedanken einer Preußenausstellung 1981 in Berlin trug, schlug sich der Planungsausschuß mit dem Problem herum, wie man die preußische Geschichte einigermaßen genau einem Volk näherbringen sollte, das die Hohenzollern offenbar vergessen hatte und den Militarismus so heftig ablehnte, daß es bisweilen seiner eigenen Bundeswehr voller Antipathie gegenüberzustehen schien.

Ein weiteres Anzeichen für die offenkundige Gleichgültigkeit gegenüber der Geschichte war die Tatsache, daß in der politischen Diskussion nur selten die Namen der großen Männer der Vergangenheit erwähnt wurden. Friedrich II. stand nicht mehr für nationale Durchsetzungskraft und die Vorstellung von Macht, die sich mit dem Namen Bismarck verbunden hatte, schwand zusehends, wie aus Befragungen des Allensbacher Instituts 1950 bis 1971 hervorging. Die gestellte Frage lautete: ,,Welche großen Deutschen haben Ihrer Meinung nach das meiste für Deutschland getan?" Zur Auswahl standen Konrad Adenauer, Bismarck, Ludwig Erhard, Friedrich der Große, Theodor Heuss, Adolf Hitler, ,,andere Monarchen und Generäle", ,,demokratische Politiker", ,,Schriftsteller, Künstler und Philosophen", ,,Wissenschaftler und Erfinder" und ,,andere". Bismarcks Anteil betrug 35% im Jahre 1950, sank aber bis Dezember 1966, im Jahre nach seinem 150. Geburtstag, auf 13% ab. Ende der 70er Jahre schien er eine so entrückte und verschwommene Gestalt zu sein, daß der Dramatiker Hochhuth, für gewöhnlich kein Bewunderer großer Männer, im *Spiegel* einen Aufsatz mit dem Titel *Bismarck, der Klassiker* schrieb, in dem er den deutschen Historikern ihre geringe Wertschätzung gegenüber Deutschlands größtem Staatsmann vorhielt und meinte, die drei Bände der *Tischgespräche* des Eisernen Kanzlers sollten zur Pflichtlektüre für seine Landsleute gemacht werden, da sie „die einzigen deutschsprachigen Bücher sind, deren menschlicher *und* politischer Rang (die seltenste Verbindung, die es gibt) sie auf die Höhe der Königsdramen Shakespeares hebt". Das von Hochhuth beklagte mangelnde Interesse glich Lothar Galls hervorragende Bismarckbiographie (1980) aus, die wochenlang auf der Bestsellerliste stand, doch weder dieses Buch noch Hochhuths etwas übertriebene Lobeshymne auf die Menschlichkeit des alten Mannes schienen geeignet, eine „Bismarck-Welle" auszulösen oder die allgemeine ahistorische Tendenz in Westdeutschland umzukehren.

Aber man entrinnt dem Einfluß der Geschichte nicht einfach dadurch, daß man Namen und Daten vergißt. Man mag in seinem Verhalten zutiefst durch überkommene Ansichten bestimmt sein, und es ist wichtig, sich zu fragen, inwieweit dies auf das gegenwärtige Deutschland zutrifft, zumal zeitgenössische Kritiker, wie Hans Mommsen in seinem Aufsatz in dem Habermas-Band, behaupteten, die Emanzipation im intellektuellen Bereich habe mit dem bemerkenswerten ökonomischen, technologischen und sozialen Aufschwung der Bundesrepublik nicht Schritt gehalten, und dies dem fortbestehenden Einfluß autoritärer Verhaltensweisen und traditioneller geistiger Vorstellungsmuster zuschrieben.

Beweise für diese Anschauung kann man finden, wenn man sich die Mühe macht, unter die Oberfläche des politischen Prozesses in Westdeutschland zu gehen und, wie dies die unermüdlichen Meinungsforscher in den letzten dreißig Jahren getan haben, die Motive und Mutmaßungen der Menschen zu ermitteln. Man nehme zum Beispiel die Frage der Wahlbeteiligung. Amerikaner, deren Wahlbeteiligung skandalös niedrig ist, sind im allgemeinen beeindruckt, wenn sie hören, daß 85% oder mehr der westdeutschen Wählerschaft gewöhnlich zur Wahlurne gehen. Doch dieser Prozentsatz erscheint weniger eindrucksvoll, wenn man aus Fragebogen bezüglich der Motivation erfährt, daß fast die Hälfte der befragten Wähler zugibt, zur Wahl zu gehen weniger aus dem Gefühl heraus, an einem demokratischen Entscheidungsprozeß teilzunehmen, sondern aus dem Glauben, ihre staatsbürgerliche Pflicht erfordere es. In der Tat ist die Verbindung zwischen der Meinungsäußerung bei der Wahl und den Entscheidungen, die die Regierung danach trifft, den meisten von ihnen keineswegs klar, wenn man den Ergebnissen der Allensbacher Meinungsforscher glauben kann, die die Frage stellten: „Haben Sie das Gefühl, daß man als Bürger einen Einfluß auf die Entscheidungen der Bundesregierung hat, oder ist man da machtlos?" Zwischen 1975 und 1978 schwankte der Prozentsatz derer, die letzteres bejahten, zwischen 55 und 47%. Gleichzeitig überstieg die Zahl derer, die, weiter befragt, das Gefühl hatten, ihr Einfluß sei nicht groß genug, nie die 25%-Marke, sondern lag im allgemeinen bedeutend niedriger. Der Grund dieser scheinbaren Zufriedenheit mit einem System, von dem die Hälfte der Befragten glaubte, es gebe ihnen nicht genügend Einfluß auf den Lauf der Dinge, ging aus einer weiteren Meinungsbefragung 1971 hervor, die ergab, daß ein sehr hoher Prozentsatz der Befragten, nämlich 48%, auf die Frage, was denn der Staat sei, diesen mit der Regierung identifizierten, während 12% sagten, bei diesem Wort dächten sie an Gesetze. Dies, so meinte ein Kommentator, sieht verdächtig nach einer Bestätigung jener Autoritätsgläubigkeit aus, die ein Charakteristikum der deutschen politischen Einstellung im 18. und 19. Jahrhundert war.

In einem sehr interessanten Artikel über Tradition und Wandel in der deutschen politischen Landschaft, in dem er die Wahlergebnisse der letzten drei Jahrzehnte auswertet, führt Theo Stammen zwei weitere Daten an, die die traditionellen Denkmodelle widerzuspiegeln scheinen. Das erste ist der niedrige Prozentsatz der Parteimitgliedschaft im Gegensatz zur hohen Wahlbeteiligung. Gefragt, ob sie bereit seien, in eine Partei einzutreten, antworteten 1952 7% der Befragen mit ,,Ja" und 85% mit ,,Nein". Im Jahre 1960 waren die Zahlen jeweils 14% und 78% und 1975 15% und 78%. Die hohe Nein-Quote von 1952 mochte zu einem gewissen Grad auf die Erinnerung an den Druck zurückzuführen gewesen sein, durch den man viele zum Eintritt in die NSDAP gezwungen hatte, aber die Tatsache, daß sie sich während der folgenden dreiundzwanzig Jahre nicht wesentlich änderte, scheint anzudeuten, daß die traditionelle deutsche Neigung, die privaten Tugenden über die öffentlichen zu stellen, der wesentlichere Grund war. Man hat einmal gesagt, der Durchschnittsdeutsche habe ein Drei-Punkte-Credo: 1. Der Staat, das sind die Beamten; 2. Politik verdirbt den Charakter; und 3. Die beste Regierung ist eine gute Verwaltung. Daß eine große Mehrheit zögert, durch Parteimitgliedschaft aktiv in die Politik einzugreifen, deutet darauf hin, daß jenes Vorurteil gegenüber der Politik noch immer sehr lebendig ist. In dieser Hinsicht ist eine andere Angabe von Stammen ebenfalls interessant: eine Meinungsbefragung von 1976, die mit der Frage operierte: ,,Wenn Sie einen Sohn/eine Tochter hätten, würden Sie es gern oder nicht gern sehen, daß er/sie Politiker wird?" 43% der Befragten mit Söhnen sagten, sie würden das nicht gern sehen, und nur 19% hätten es gern gesehen; bei den Befragten mit Töchtern waren die Quoten jeweils 40% und 20%. 51% waren außerdem der Ansicht, daß es in der Politik ,,unfairer und rücksichtsloser" zugehe als in anderen Berufen.

Es wäre vielleicht falsch, diese Nachklänge der Vergangenheit zu ernst zu nehmen, zumal es Anzeichen dafür gibt, daß die erwähnten Einstellungen auf lokaler und regionaler politischer Ebene Veränderungen erfahren, und zwar durch die Aktivitäten von Bürgerinitiativen und verschiedener Gruppierungen der Grünen. Doch seit dem Ende der Adenauer-Ära, einer Periode, in der sich die Demokratie der Bundesrepublik auf soliden Grundlagen ausgebildet und gefestigt zu haben schien, sind andere, ebenfalls an die

Vergangenheit erinnernde Tendenzen emporgekommen, die nicht so leichthin abgetan werden können.

Die erste ist eine fast neurotische Empfindlichkeit für jedes Anzeichen wirtschaftlicher Schwierigkeiten, begleitet von der in dem Kapitel über das Geld erwähnten Neigung, darauf mit Pessimismus und undemokratischem Verhalten zu reagieren. Als das Wirtschaftswunder der 5oer Jahre zu Beginn der darauffolgenden Dekade zum ersten Mal ins Stocken geriet und als die Regierung Erhard sich als unfähig erwies, die Rezession zu meistern, spiegelte sich das Unbehagen im Land nicht nur in bedeutsamen Veränderungen in der Bundesregierung wider (in der Großen Koalition), sondern auch in dem plötzlichen Erscheinen der Nationaldemokratischen Partei (NPD) und der Außerparlamentarischen Opposition (APO). Der nicht unbedeutende Einfluß dieser Gruppen in der deutschen Politik ging zu Ende, als die rigorose Politik Karl Schillers der Rezession Herr wurde, doch die Tatsache, daß sie überhaupt existierten, offenbarte, daß es in der deutschen Gesellschaft antidemokratische Kräfte gab, die schnell mobilisiert werden konnten, und daß die Demokratie übersensibel auf Anzeichen wirtschaftlicher Instabilität reagierte.

Die Verschlechterung der ökonomischen Verhältnisse 1974/75, Folge einer Stagnation, die von einer Inflation begleitet und durch die Auswirkungen des arabischen Ölembargos von 1973 kompliziert wurde, hatte nicht die gleichen politischen Auswirkungen, war aber dennoch gekennzeichnet durch eine bedeutsame Lockerung des sozialen Konsensus, auf dem die Politik beruhte, und den Beginn von Auseinandersetzungen zwischen den Sozialpartnern. Bundeskanzler Schmidts tatkräftiges Anpacken der Malaise und eine Erhöhung der Ausgaben für Soziales, darunter auch der Unterstützung für die fast 1 Million Arbeitslosen 1976, trugen zur Besserung der Lage bei, doch 1977 kam es zu ernsten Streitigkeiten zwischen Arbeitnehmern und Arbeitgebern, und man begann besorgt von ,,Polarisierung" zu sprechen. (,,Ein Gespenst geht um in Bonn", schrieb Ralf Dahrendorf 1978, ,,das Gespenst der Polarisierung.") Am Ende der Dekade ließ sich absehen, daß die wirtschaftliche Verlangsamung kein bloß zyklisches Phänomen, sondern ein langfristiger Prozeß war, verursacht durch das, was ein Wirtschaftswissenschaftler ,,das Mittelaltern der westdeutschen Wirtschaft" nannte. Darüber hinaus zeigten sich weitere alarmierende Symptome wie ein Anwachsen des Budget-Defizits, ein gewisses Absinken der D-Mark und neue Auseinandersetzungen zwischen Arbeitnehmern und Arbeitgebern bei der Mitbestimmungsfrage in der Stahlindustrie und der Anwendung der Aussperrung streikender Arbeiter. Darauf reagierte die breite Öffentlichkeit jedoch nicht nur mit Besorgnis und Unwillen wie in anderen Ländern mit ähnlichen Problemen, sondern – zumindest in einigen Bereichen – mit einer Haltung, die das demokratische System selbst in Frage stellte. Die wirtschaftliche Malaise war es, die das ganze Gerede von der ,,Legitimitätskrise" verursachte und in neokonservativen Kreisen das Wort „Unregierbarkeit" als neue Kritik am demokratischen System aufkommen ließ. Keiner dieser Begriffe traf in der Öffentlichkeit auf besondere Resonanz, doch ihr Auftauchen wie auch das erneute Auftreten einer kleinen, aber sehr lautstarken rechtsradikalen Minderheit Anfang der 8oer Jahre, mußte in jedem, der die Geschichte in Erinnerung hatte, Beunruhigung auslösen.

Zum anderen zeigte das politische Leben der Bundesrepublik eine relativ niedrige Toleranzschwelle für Nonkonformität und abweichende Ansichten und eine beunruhigende Tendenz, besonders auf der rechten Seite des politischen Spektrums, darauf mit gesetzlichen Maßnahmen und Verboten zu antworten. Vieles an der Reaktion auf die Studentenbewegung der 6oer Jahre erinnerte sehr an die Anti-Burschenschaft-Kampagne der 2oer Jahre des 19. Jahrhunderts und an Bismarcks Angriffe auf die Katholiken und die Sozialisten in den 7oer Jahren. Wie immer man auch den Radikalenerlaß vom Januar 1972 rechtfertigen mochte – und es ließ sich gewiß einiges für Verfügungen vorbringen, die bekannten Verfassungsgegnern den Zugang zum Staatsdienst verwehrten –, es konnte kaum bezweifelt werden, daß es in vielen Fällen übertrieben streng und mit einer Auslegungsbreite gehandhabt wurde, die offenbar davon ausging, daß jede von der Norm abweichende Meinung tadelnswert sei. (Es gab Fälle, in denen Personen eine Anstellung verweigert wurde, nicht, weil sie sich offen der demokratischen Ordnung widersetzt hatten, sondern weil sie ihr „gleichgültig" gegenüberzustehen schienen.) In einem provozierenden Artikel „Über Schwierigkeiten, eine Verfassung zu schützen" wies Ulrich Greiner hin auf

die Tausende von ‚Erkenntnissen' und ... die wachsende Zahl von Überwachten. In ihnen wird ein permanentes Gefühl des Kontrolliertwerdens erzeugt. Wo aber in einem ansonsten relativ freien Land plötzlich Druck von oben entsteht, gibt es nur zwei mögliche Reaktionsweisen: eine offenbar erwünschte, die sich von dem euphemistischen Begriff der Staatsloyalität bis hin zu Anpasserei und Duckmäusertum abschattiert; – und eine zweifellos unerwünschte, die mit Zweifeln an der Gerechtigkeit und Richtigkeit unserer Gesellschaftsordnung beginnt und mit Radikalismus endet. Der Schriftsteller Peter Schneider hat dies auf die Formel gebracht: „Wer zum Verfassungsfeind erklärt wird, kann eigentlich nur noch einer werden".

Als der Terrorismus in den 7oer Jahren seinen Höhepunkt erreichte, wurden nicht nur Forderungen nach schärferen Maßnahmen gegen die Terroristen selbst laut, sondern man sprach auch von der Notwendigkeit, gegen jene Leute vorzugehen, die man sehr weit gefaßt als „Sympathisanten" des Terrorismus bezeichnete. Dies wurde oft mit dem Slogan „Keine Freiheit den Feinden der Freiheit" gerechtfertigt, der, wie Theo Stammen hervorhob, recht überzeugend klang, bis man sich daran erinnerte, daß er von Louis de Saint-Just stammte, dem französischen Jakobiner, der zu den eifrigsten Verfechtern der Anwendung von Terror gegen politische Gegner gehört hatte und wohl kaum ein Vorbild für gute demokratische Praxis war. Insgesamt gesehen war die Neigung vieler Deutscher, beim Streit über Probleme, die sie nahe berührten, den politischen Prozeß als einen Konflikt zwischen Freund und Feind zu betrachten – eine Theorie, die der Politikwissenschaftler und Nazisympathisant Carl Schmitt einmal als heilsames Korrektiv zum Pluralismus von Weimar empfohlen hatte – ein weiteres Anzeichen für die Ambivalenz ihrer demokratischen Einstellung.

Beunruhigend war schließlich auch die zunehmende Gewalttätigkeit in der innenpolitischen Kontroverse, die auf die Studentenbewegung und die APO der 6oer Jahre zurückging, in den 7oer Jahren aber für andere Gegner des sozialliberalen Konsensus charakteristisch wurde, besonders für Gruppen, die sich gegen die Verbrauchergesellschaft, gegen die Kernenergie und jene Art von Umweltschädigung wandten, die sie mit dem Kapitalismus verbanden. Inspiriert von utopischen Zielen, die nicht bei Wahlen durchgesetzt werden konnten, griffen sie zu den einzigen Waffen, die ihnen zur Verfügung standen – Obstruktion und Gewalt – und rechtfertigten oft deren Gebrauch mit Argumenten, wie sie die früheren Romantiker in der deutschen Geschichte gebraucht hatten, als trotzigen Hochverrat wider die Vernunft.

Bezeichnend für die Verwundbarkeit des demokratischen Systems gegenüber dieser Rückkehr zu jener Art von politischem Irrationalismus, der in der Weimarer Zeit eine so fatale Rolle gespielt hatte, war die Tatsache, daß die linksgerichteten Jugendorganisationen sowohl der Sozialdemokratischen wie der Freien Demokratischen Partei, die Jusos und die Judos, davon erfaßt wurden und sich in ihrer Wahlkampftaktik dadurch beeinflussen ließen. Während der Kampagne für die Bundestagswahlen im Herbst 1980 gehörten sie zu den Gruppen, die Reden des CDU/CSU-Kandidaten Franz Josef Strauß in Köln, Essen und Hamburg störten, wobei sie in Köln das Podium mit Eiern und Tomaten bewarfen, die Stimme des Redners mit Sprechchorrufen wie ,,Heil Hitler! Stoppt Strauß!'' niederschrien, die Fernseh- und Lichtkabel zerschnitten und alles in ihrer Macht Stehende taten, um Strauß das verfassungsmäßige Recht der Redefreiheit zu verweigern. Es war verständlich, daß der empörte Kanzlerkandidat nach ähnlichen Szenen auf dem Burgplatz in Essen ausrief: ,,Ihr wäret die besten Schüler von Dr. Joseph Goebbels gewesen, die besten Anhänger von Heinrich Himmler, ihr seid die besten Nazis, die es je gegeben hat!''

Die Schärfe dieser Konfrontationen verblaßte angesichts der Gewalttätigkeit, die sich im Kampf um die Kernenergie zeigte, besonders in der Ortschaft Brokdorf in der Nähe von Hamburg. Dort riefen Pläne zum Bau eines Atomreaktors schon 1976 Kernkraftgegner auf den Plan, und es kam während der nächsten vier Jahre zu einer Reihe friedlicher Proteste. Anfang 1981 jedoch wurde ein gewalttätiger Kurs eingeschlagen. Am 2. Februar warfen militante Gruppen Scheiben ein, plünderten Läden und schossen während einer Demonstration in Hamburg mit Schleudern auf Polizisten; und am

28. Februar zogen 50000 Demonstranten nach Brokdorf, darunter auch Gruppen, die es auf Störung mit allen nur möglichen Mitteln abgesehen hatten. 128 Polizeibeamte wurden verletzt bei Auseinandersetzungen, bei denen ihre Gegner Benzinbomben und andere Geschosse warfen. Bei ähnlichen Aktionen wurde das Wohnhaus des Brokdorfer Bauleiters durch einen Brandsatz beschädigt, und es flogen Molotowcocktails im Gerichtsgebäude in Glückstadt und Itzehoe.

Natürlich waren auch andere Demokratien nicht gänzlich frei von den hier erwähnten Tendenzen und Schwächen, aber diese Länder blickten auch nicht auf eine Geschichte von politischer Unfähigkeit und demokratischem Scheitern zurück, wie sie Deutschland hinter sich hatte. Diese Tatsache verlieh Wolfgang J. Mommsens wehmütigem Eingeständnis zusätzliches Gewicht: ,,Trotz aller Perfektion unserer sozialen Institutionen und der ersichtlichen Stabilität unseres politischen Systems haben wir immer noch nicht jenes Maß ruhiger Gelassenheit gegenüber extremen politischen Meinungen entwickelt, wie es älteren, gewachsenen Demokratien, trotz oft unvergleichlich schwierigerer gesellschaftlicher Probleme, eigen ist." Sie unterstrich auch die Besorgnis jener, die sich fragten, wieviele Brokdorfs das demokratische System noch aushielt, ehe sich wieder der Ruf nach einem autoritäreren Eingreifen des Staats erhob.

Anfang der 80er Jahre war offensichtlich, daß es die Bundesrepublik mit ernsteren Problemen zu tun hatte als jemals während der Ära Adenauer und daß die Demokratie nicht so tief verwurzelt war, wie es den Anschein gehabt hatte. Aber dies hinderte das System nicht daran, erfolgreicher als die meisten Schwesterdemokratien zu operieren, und zwar bei der Behandlung sowohl solcher Probleme, die die Bundesrepublik allein betrafen, wie solcher, die sie mit anderen fortgeschrittenen kapitalistischen Staaten teilte. Die überwältigende Mehrzahl der Bundesbürger schien sich dessen bewußt zu sein, als sie im Oktober 1980 zur Wahlurne ging. Ja, bei diesen Wahlen reagierten die Wähler so, als hätten sie keineswegs das von den Meinungsforschern ihnen zugeschriebene Gefühl der Machtlosigkeit, denn sie gaben ihre Stimme recht überlegt ab. Bei einer Wahl, bei der sich die zwei kraftvollsten, erfahrensten und intelligentesten Politiker ihrer Generation gegenüberstanden, entschieden sie sich für Helmut Schmidt und gegen Franz Josef Strauß. Gegen Strauß votierten sie, weil sie seine Verletzung demokratischer Prinzipien in der *Spiegel*-Affäre von 1962, seinen zu militanten Ruf als Verteidigungsminister, die Irrationalität seiner Angriffe gegen die Ostpolitik und seinen Versuch nicht vergessen hatten, die Sozialdemokraten zu einer Partei von Verrätern abzustempeln. Sie entschieden sich für Schmidt wegen dessen sichtbaren Leistungen in der Außenpolitik, wegen seiner sozialen Reformen und seines Erfolgs bei dem Bemühen, sowohl die Inflationsrate wie die Arbeitslosenquote auf einer Ebene zu halten, die bei den Briten und den Amerikanern neidvolle Aufmerksamkeit erregte.

Gleichzeitig stimmten sie zwar enthusiastisch für Schmidt, aber nicht für seine Partei, die viele Anhänger abschreckte durch die Taktiken ihres linken Flügels und durch Anzeichen von Mißwirtschaft und Korruption in einigen örtlichen Organisationen. Die maßlosen Angriffe gegen Strauß in den Städten im Norden und die Rolle der Jusos bei der gegen die Bundeswehr gerichteten Demonstration in Bremen führten zu Parteiaustritten sowohl in Hamburg wie in Bremen, wo die Grüne Liste 2,3% bzw. 2,7% der Wähler anzog, aber auch in Essen und Köln, wo die SPD Stimmen an die CDU verlor. Viele der Wähler, die sich von Strauß abgestoßen fühlten und die die SPD zu gewinnen gehofft hatte, stimmten statt dessen für ihren Koalitionspartner, die FDP – vielleicht ein Anzeichen dafür, daß die Forderungen ihres linken Flügels nach einem aggressiveren Reformprogramm der im Grunde konservativen Einstellung der unabhängigen Wähler zuwiderliefen.

Allgemein, abgesehen von der Zunahme der Liberalen, ergaben die Wahlen keine Überraschung und deuteten auf keine nachlassende Unterstützung für das System hin. Die Wahlbeteiligung lag ein wenig niedriger (88,7% im Vergleich zu 90,7% im Jahre 1976 und 91% im Jahre 1972), rechtfertigte aber noch keineswegs Befürchtungen, daß die Wählerschaft das Interesse an den Parteien oder am Wahlvorgang verlöre. Die CDU/CSU blieb die stärkste politische Gruppierung mit 16900370 (oder 44,5%) der abgegebenen Stimmen, was einen Verlust von 4,1% gegenüber 1976 darstellte. Die SPD mit 16262096 (42,9%) Stimmen stand nur unwesentlich besser da als 1976 und wies einen Verlust von 3% (1 Million Stimmen) gegenüber 1972 auf. Der große Gewinner, relativ gesehen, war die FDP mit 4030608 Stimmen (10,6%) gegenüber 2995085 (7,9%) 1976 und 3129982 (8,4%) im Jahre 1972. Zu bedeutsamen Verschiebungen kam es nur zwischen den größeren Parteien. Von den acht anderen zur Wahl stehenden Parteien errang nur die Grüne Liste mit 1,5% einen nennenswerten Stimmenanteil, der aber an die für eine Vertretung im Bundestag erforderlichen 5% bei weitem noch nicht heranreichte.

Die Wahl vom Oktober 1980 wie auch die beiden vorangegangenen Parlamentswahlen machten deutlich, daß extremistische Parteien der Linken wie der Rechten keine bedeutsame Anziehungskraft auf die Wähler ausübten, eine Tatsache, die Nicholas Katzensteins Urteil zu bestätigen scheint, daß es in der bevorstehenden Periode zwar zu Umschichtungen und vielleicht Umwandlungen des westdeutschen Systems der Eliten-Zusammenarbeit kommen könnte, ,,die institutionelle Form der massenpolitischen Beteiligung in den 8oer Jahren aber wahrscheinlich nicht in Frage gestellt" werden würde. Ließ man mögliche Wirtschaftskatastrophen oder drastische Machtveränderungen in Europa außer Betracht, schien die westdeutsche Demokratie trotz ihrer internen Probleme so stabil, wie das in einer problematischen Welt nur sein konnte.

II

Im Februar 1981 gab Günter Gaus, der aus dem Amt scheidende Leiter der westdeutschen Mission in Ost-Berlin, Journalisten der Wochenzeitung *Die Zeit* ein Interview, in dem er seine persönlichen Eindrücke von dem Land schilderte, das er nun verließ. Er betrachte es, sagte er in seinen einleitenden Bemerkungen, als ein deutsches Land, ,,,deutscher' als die Bundesrepublik". Das machte die Reporter neugierig, die ihn baten, sich dazu näher zu äußern. Gaus folgte ihrer Bitte, indem er vier Punkte anführte. Er sagte, seiner Ansicht nach habe ,,das geringere Tempo der Industrialisierung bestimmte Werte und – in Form von Ressentiments, wie sie gelegentlich gegenüber anderen Völkern laut werden können – auch Unwerte aus den letzten hundert Jahren der deutschen Geschichte hier länger bewahrt als bei uns". Die DDR sei ,,weniger eingeschmolzen, weniger nivelliert" worden.

Zweitens finde man in der DDR ,,eine sehr bewußte Hinwendung zur Geschichte". Diese sei natürlich genauso selektiv wie im Westen. ,,Auch wir suchen uns – sofern wir es überhaupt tun – unser Erbe so, wie es uns paßt. Aber diese hier (in der DDR) viel bewußtere Hinwendung zur Geschichte führt dann dazu, daß bestimmte Figuren, bestimmte Epochen ... stärker ins Bewußtsein gehoben werden als bei uns."

,,Der dritte Punkt, den ich nennen will", fuhr Gaus fort, ,,das gehört auch zu dieser Adaption des kulturellen Erbes, bei dem wir sehr läßlich sind und die DDR sehr zielbewußt – die Ungeniertheit, mit der in diesem deutschen Staat Volkskunde, Volkslieder – in hoher Vollendung ebenso wie in ganz simpler, auch banaler Vereinsmeierei – gepflegt werden, während doch bei uns die Generation der Fünfzigjährigen gewöhnlich den Umweg über die amerikanische Folklore nehmen mußte, bevor sie ihre Scheu vor deutschen Volksliedern überwand, die ihr die Nazis beigebracht hatten."

Schließlich sind ,,die Menschen (in der DDR), die sich einrichten müssen, die es auch verstehen, sich einzurichten, und – aus Gründen, die zum Teil auf der Hand liegen und zu beklagen sind – stärker auf ihr Land verwiesen. Auch das prägt sie".

Das Interessante an diesen Bemerkungen war die deutlich in ihnen anklingende Überzeugung, daß die Westdeutschen für die Überwindung der historischen Kluft zwischen Deutschland und dem Westen und die feste politische, ökonomische und kulturelle Eingliederung in die westliche Welt einen hohen Preis bezahlt hatten. Sie hatten, so deutete der Staatssekretär an, etwas von ihrer Wesenssubstanz verloren in den Jahren, die seit dem Ende des Dritten Reichs vergangen waren. Der Kosmopolitismus und Materialismus des Westens hatten an ihrer Individualität als Volk gezehrt, und sie hatten angestammte kulturelle Werte, Innerlichkeit und ein Gemeinschaftsgefühl und die aus der Vergangenheit überkommene Lebensweise den Verführungen der Verbrauchergesellschaft geopfert. Gaus' Ansichten glichen ganz offenkundig denen jener Menschen in Westdeutschland, besonders auf der Linken, denen das, was sie als die Exzesse des Kapitalismus zu erkennen glaubten, zuwider war und die für eine Rückkehr zu älteren und schlichteren Lebensformen plädierten. Es war jedoch zu bezweifeln, ob sehr viele Kritiker der Verbrauchergesellschaft die DDR, weil sie die durch den Kapitalismus verursachten dynamischen Veränderungen nicht mitgemacht hatte, deshalb als geeignetes Modell für ihre utopischen Sehnsüchte betrachtet haben würden. Hatte die DDR die häßlicheren Aspekte des modernen Lebens nicht kennengelernt, so war sie doch auch seiner Vorteile beraubt. Wenn Innerlichkeit und Gemeinschaftssinn in der DDR überlebt hatten, so zum großen Teil deshalb – wie Staatssekretär Gaus zugab –, weil ihre Bürger auf ihr Staatsgebiet beschränkt waren und man in einem Land, das abweichende Meinungen verbietet, entweder vor den Forderungen der Gemeinschaft kapituliert oder sich in sich selbst zurückzieht. Deutscher als die Westdeutschen zu sein bedeutete auch weniger frei als die Westdeutschen zu sein.

In diesem Zusammenhang wäre noch zu bemerken, daß die Hinneigung zur Geschichte, die Gaus zu beeindrucken schien – die Beschwörung der Namen Goethes und Schillers, Heines und Lessings, Scharnhorsts und Gneisenaus –, weniger ein echtes historisches Bedürfnis war als der Versuch, Menschen, die einem aus der Sowjetunion importierten System unterworfen waren, etwas zu geben, mit dem sie sich identifizieren konnten. Aus diesem Grunde und ganz offensichtlich, um die Bedeutung solcher Werte wie Treue, Gehorsam und Hingabe an den Staat zu betonen, hatte man die preußische Vergangenheit wieder zum Leben erweckt und Rauchs Statue von Friedrich dem Großen nach dreißig Jahren wieder an ihren alten Platz Unter den Linden gestellt. Aber Preußentum hieß mehr als Gehorsam, es hieß auch Liberalismus, Toleranz, Aufklärung – Eigenschaften, die bei den Funktionären der SED keine besondere Gnade fanden. Joachim Nawrocki schrieb:

Die DDR ist eher wilhelminisch als preußisch, mit all ihrem Brimborium und ihrer Zackigkeit, ihren festgefügten, versteinerten Hierarchien und Befehlswegen.

Nimmt man es genau, dann ist zwar das Staatswesen, die Organisation der Gesellschaft in der DDR, seit Kriegsende viel radikaler verändert worden als in der Bundesrepublik. Aber vieles hat sich doch erstaunlich wenig gewandelt: das Bild der kleinen Städte und Dörfer, die Landschaft, das Verhältnis zwischen Bürger und Obrigkeit vor allem, die Unmündigkeit und das Fehlen jeder politischen Alternative . . . Nur andere Namen haben viele Dinge bekommen. Was früher Majestätsbeleidigung war, heißt heute ‚öffentliche Herabwürdigung‘ und ‚staatsfeindliche Hetze‘.

Es ist vielleicht mehr als nur ein oberflächlicher Eindruck, wenn man sich die Physiognomien der Partei- und Staatsfunktionäre betrachtet, etwa auf dem Photo von der Unterzeichnung des Grundvertrages, und deutliche Unterschiede zu den westdeutschen Funktionsträgern feststellt. Die DDR-Leute könnte man sich fast alle mit Kaiser-Wilhelm-Bart in Heinrich Manns ,,Der Untertan" oder Zuckmayers ,,Hauptmann von Köpenick" vorstellen.

Als Erich Honecker 1971 Parteisekretär wurde, hofften manche auf den Beginn einer Ära progressiver Veränderungen, denn der neue Führer schien zu erkennen, daß in einem Land, in dem nur noch wenige an die Verheißungen des Marxismus glaubten, greifbare Verbesserungen die Voraussetzung für mehr Treue zum Staat waren. Doch bei seinen Versuchen, diesen Gedanken in die Praxis umzusetzen, begegnete er Schwierigkeiten. Die Lockerung der Kontrolle über die literarische Tätigkeit löste eine solche Flut von schöpferischer Energie und neuen Ideen aus, daß das SED-Establishment bald erschrak, und der Entschluß, die Westmark als Zweitwährung zuzulassen, damit DDR-Bürger in den staatlichen Intershop-Läden Produkte aus dem Westen kaufen konnten, schlug ebenfalls fehl. Nicht jeder war in der Lage, sich Westmark zu besorgen, und das Experiment weckte nur unerfüllbare Erwartungen. Die Einfuhr von 10000 Volkswagen aus dem Westen hatte den gleichen Bumerangeffekt. Die Wagen kosteten zuviel (zunächst 30000 Ostmark, allerdings wurde der Preis später nach Protesten des Volkes um ein Drittel vermindert), und es waren zu wenig, um die Wünsche von Leuten zu befriedigen, die zum Teil schon seit sieben Jahren auf ein Auto warteten. Das Endergebnis dieser Experimente bestand also darin, daß die wirtschaftliche Instabilität des Regimes, die bereits unter einer ungünstigen Handelsbilanz von drei bis vier Milliarden Mark im Jahr litt, sich noch verschlimmerte und die Öffentlichkeit sich noch unzufriedener darüber zeigte, daß einheimische Produkte den westlichen unterlegen waren und letztere nur einigen wenigen Auserwählten in den oberen Rängen des Staatsdienstes zugänglich waren.

Solange das Murren gedämpft und unorganisiert erfolgte, wurde es geduldet, doch wann immer es sich zu systematischer Kritik verdichtete, fühlte sich die Regierung, wie im Falle der zu freimütigen Schriftsteller, gezwungen, zu der einzigen ihr verbleibenden Waffe, der Strafmaßnahme, zu greifen. Die Ära der beschränkten freien Meinungsäußerung ging mit der Ausweisung Wolf Biermanns im November 1976 zu Ende. Im Verlauf der nächsten zwölf Monate ereilte das gleiche Schicksal die Schriftsteller Thomas Brasch, Rainer Kunze, Sarah Kirsch, Jürgen Fuchs und Hans Joachim Schädlich, die Liederschreiber Gerulf Pannach und Christian Kunert und die Schauspieler Manfred Krug und Eva-Maria Hagen. Der Germanist Hellmuth Nitsche wurde ins Exil geschickt, weil er es gewagt hatte, an Präsident Carter wegen Verstößen gegen die Menschenrechtsbestimmungen des Abkommens von Helsinki von 1972 zu schreiben, desgleichen der Arzt Karl-Heinz Nitschke, weil er eine Petition zu dem gleichen Thema hatte zirkulieren lassen. In all diesen Fällen handelte es sich um triviale, aber störende Vergehen in den Augen der SED-Führung, die die Ansichten von Humanisten und Wissenschaftlern nicht ernst nahm und glaubte, durch den Entzug der Staatsbürgerschaft am besten mit ihnen fertig werden zu können.

Viel bedrohlicher schätzten die Mächtigen die Kritik von Leuten innerhalb der Partei selbst ein, die untadelige Marxisten waren, es aber wagten, mit ihrer Orthodoxie gegen Politik und Praxis der SED vorzugehen. Für die Parteiideologen war solches Abweichlertum ein Widerspruch in sich, da sie die Ansicht vertraten, in einer klassenlosen Gesellschaft, als die sie die DDR hinstellten, gebe es keine objektive politische oder soziale Basis für eine Opposition. Als der Naturwissenschaftler Robert Havemann es begann, gegen die Anmaßungen der gegenwärtigen Führung gerichtete Thesen zu verfassen, bestand ihre Reaktion darin, daß sie ihn, nicht zum ersten Mal, unter Hausarrest stellten; und als der Ostberliner Wirtschaftswissenschaftler Rudolf Bahro eine analytische Studie mit dem Titel *Die Alternative – zur Kritik des real existierenden Sozialismus* schrieb, in der er das Regime wegen seiner Weigerung, eine theoretische Diskussion zuzulassen, angriff und den Standpunkt vertrat, das bestehende System habe die Arbeiterklasse nicht befreit, sondern sie nur einer Parteibürokratie unterworfen, nahm ihn der Staatssicherheitsdienst unter dem Vorwurf der Spionage fest.

Wenn die Verhaftung und anschließende Gefängnisstrafe Bahros dazu gedacht waren, die Kritik innerhalb der Partei zum Schweigen zu bringen, so erreichte sie dieses Ziel nicht. Im Gegenteil, sie rief ein tiefes Unbehagen unter Funktionären der mittleren Ebene und idealistisch eingestellten jüngeren Beamten hervor, die lange unter dem Joch der SED-Bonzen gestöhnt hatten, und veranlaßte einige von ihnen, eine oppositionelle Bewegung zu bilden. Im Januar 1978 druckte *Der Spiegel* ein dreißig Schreibmaschinenseiten langes Manifest ab, das von ,,demokratisch denkenden Kommunisten in der DDR`` verfaßt war, die sagten, sie hätten sich ,,illegal in einem Bund Demokratischer Kommunisten Deutschlands (BDKD) organisiert ..., weil uns die Umstände noch keine Möglichkeit zur legalen Vereinigung lassen``.

Die Autoren des Papiers, die um die Unterstützung linksgerichteter Personen in der Bundesrepublik baten, erklärten, ihr Ziel sei ,,eine demokratisch-kommunistische Ordnung ..., in der alle Menschenrechte für jeden Bürger voll verwirklicht sind nach dem Marx-Wort, daß man alle Umstände vernichten muß, unter denen der Mensch ein unterdrücktes, verächtliches, geknechtetes Wesen ist``. Im einzelnen erklärten sie, sie seien

gegen die Einparteien-Diktatur, die eine Diktatur der Sekretärs- und Politbüro-Clique ist,

gegen die Diktatur des Proletariats, die eine Diktatur der Bürokratie über das Proletariat und gegen das gesamte Volk ist,

für einen Parteienpluralismus, denn Freiheit ist, nach Luxemburg, immer die Freiheit des Andersdenkenden,

für ein unabhängiges Parlament, das aus freier Entscheidung der Wähler hervorgeht,

für einen unabhängigen Obersten Gerichtshof, wo jeder Bürger seine Klagen gegen Machtmißbrauch vorbringen kann. Selbst in Preußen konnte ein Müller seinen Prozeß gegen den König gewinnen. Im realen Sozialismus muß sich der machtlose Geist der geistlosen Macht beugen, ohne juristischen Schutz in Anspruch nehmen zu können.

für eine von lebensfremden ZK-Apparatschiks unabhängige Regierung,

für die Abschaffung des demokratischen Zentralismus in Partei, Staat und Gesellschaft, da er ein Zentralismus gegen die Demokratie ist.

Das Manifest war eine eigenartige Mischung von Utopismus, Naivität (vor allem dort, wo es Vorschläge zur wirtschaftlichen Verbesserung machte) und polemischer Schärfe, denn besonders heftig zog es über „die roten Päpste im Kreml" her, die der Atomisierung der Arbeiterbewegung bezichtigt wurden, und ihre Heloten in der DDR, von denen die Verfasser schrieben:

Keine herrschende Klasse Deutschlands hat jemals so schmarotzt und sich jemals so gegen das Volk gerichtet wie jene zwei Dutzend Familien, die unser Land als einen Selbstbedienungsladen handhaben. Keine hat sich derart exzessiv goldene Gettos in die Wälder bauen lassen, die festungsgleich bewacht sind. Keine hat sich derart schamlos in Sonderläden und Privatimporten aus dem Westen, durch Ordensblech, Prämien und Sonderkliniken, Renten und Geschenke so korrumpiert und bereichert wie diese Kaste.

Obwohl manchenorts seine Echtheit bezweifelt wurde, kamen Kommunismusexperten im Westen auf Grund der Sprache und anderer interner Anzeichen zu dem Schluß, daß es wirklich das war, als was es sich ausgab, und diese Ansicht wurde durch die ungewöhnliche Heftigkeit unterstrichen, mit der die SED das Dokument als Machwerk der westlichen Nachrichtendienste attackierte. Es ließ sich natürlich nicht beurteilen, wie groß die Untergrundbewegung war, für die das Manifest sprach, aber daß es innerhalb der Partei ein Dissidententum gab, schien außer Zweifel zu stehen.

Die Möglichkeit, daß Erich Honecker den Versuch unternahm, besänftigend einzugreifen, indem er den demokratischen Forderungen des Manifests auch nur Teilkonzessionen machte, stand gänzlich außer Betracht. Der Parteisekretär war sich sehr wohl bewußt, daß die Sowjetregierung, die bereits wegen seines Experiments mit den Intershops ihren Unwillen gezeigt hatte, auf jede strukturelle Reform des Systems mit der Forderung nach seiner Amtsenthebung reagieren würde, und außerdem war er zu sehr Realist, um zu glauben, ein ungeliebtes Regime könne noch lange überleben, wenn es erst einmal Schwäche gezeigt hatte. Als die DDR in das vierte Jahrzehnt ihres Bestehens eintrat, deutete daher alles darauf hin, daß auf sie auch weiterhin die Beschreibung zutreffen würde, die Wolf Biermann von ihr gegeben hatte: „... ein unattraktiver, Furcht einflößender Polizeistaat, der seine unglücklichen Landeskinder für Devisen an den Feind verscheuert und seine kommunistischen Kritiker einsperrt oder aussperrt, in dessen Wappen nicht Hammer und Sichel gehören, sondern Holzhammer und Maulkorb."

III

In seiner Antrittsrede als zweiter Präsident der Bundesrepublik kam Heinrich Lübke, nachdem er mehrere strittige Tagesprobleme berührt hatte, auf die Frage der nationalen Wiedervereinigung zu sprechen, die, wie er betonte, „die Lebensfrage unseres Volkes" bleiben werde und die alle angehe. „In dieser Sorge", so Lübke, „sind wir alle verbunden, ungeachtet der Parteizugehörigkeit, der Konfession und des Berufes, aber auch in der Auffassung, daß wir Deutsche nur ein Deutschland kennen. Einem Teil unseres Vaterlandes, der in erzwungener Unfreiheit lebt, wird aber ... das unveräußerliche Recht auf Selbstbestimmung und Heimat vorenthalten. Auf die Dauer wird es aber weder durch widersinnige Grenzen noch durch gewaltsame Unterbrechung der persönlichen Verbindungen ausgeschlossen werden können", denn, so fuhr Lübke fort, es wäre doch ein unerklärlicher Widerspruch, wenn diejenigen, die den Menschen in Asien und Afrika ihr Recht auf Freiheit und Selbstverwaltung zugestehen, uns Deutschen dieses natürliche Recht verweigerten.

Wie in vielen späteren öffentlichen Äußerungen des Bundespräsidenten lag in diesen Worten mehr Pathos als Logik, und man konnte sich fragen, welch spezielle Bösewichte seiner Ansicht nach welche speziellen Asiaten und Afrikaner begünstigten. Aber man konnte Lübke nicht dafür tadeln, daß er die Bedeutung der Frage unterstrich. Seit dem Beginn des kalten Krieges, als aus der Demarkationslinie zwischen den westlichen Besatzungszonen und der sowjetischen Zone eine offenbar dauerhafte Grenze wurde, fühlten sich Millionen von Westdeutschen von der Frage der Wiedervereinigung sehr stark berührt, entweder aus persönlichen oder aus moralischhumanitären, aus patriotischen oder aus ideologischen Gründen, entweder weil sie Verwandte oder Freunde hatten, von denen die willkürliche Teilung Deutschlands sie trennte, oder weil sie sich den anderen Deutschen verpflichtet fühlten, die, wie sie wußten, unter den strengen politischen und ökonomischen Bedingungen in der DDR litten, oder weil ihr Nationalstolz verletzt war durch die Zertrennung eines Deutschland, das sich einmal

> Von der Maas bis an die Memel,
> Von der Etsch bis an den Belt

erstreckt hatte, oder weil sie glaubten, die Wiedervereinigung werde dem Vormarsch des Kommunismus einen Riegel vorschieben. Die Frage war auch auf der anderen Seite des Eisernen Vorhangs wichtig, der Deutschland teilte, zum einen für Menschen, die hofften, die Wiedervereinigung werde sie von einem Regime befreien, das sie verabscheuten, zum anderen für die DDR-Führung, die sie, wie wir sehen werden, für ihre Propaganda und ihre Beziehungen zur Regierung der Bundesrepublik ausnutzte.

Im Westen ließ das Drängen auf Wiedervereinigung mit den Jahren nach, doch es war auch zu Beginn der 8oer Jahre noch kein Thema, das man spöttisch beiseite tun konnte. Während der ersten Jahre schien es ein durchaus erreichbares Ziel zu sein. Als der Parlamentarische Rat 1948 erste Vorbereitungen zur Abfassung eines Grundgesetzes für den neuen westdeutschen Staat traf, wollten sich seine Mitglieder, wie wir sahen, nicht an ein Rumpf-Deutschland verpflichten. Sie schrieben deshalb eine Präambel, die das Grundgesetz nur für eine ,,Übergangsperiode" gelten ließ, bis die Wiedervereinigung des Landes erreicht sei. In jenen Tagen der engen Zusammenarbeit zwischen Konrad Adenauer und John Foster Dulles, als die Amerikaner von einem ,,rolling back" des Kommunismus sprachen, mochte man noch glauben, das diese Übergangsperiode von kurzer Dauer sein werde. Doch daß die westlichen Alliierten nicht eingriffen, als sich am 17. Juni 1953 die ostdeutschen Arbeiter erhoben, erschütterte den Glauben an die ,,Politik der Stärke", und nach dem Scheitern der Genfer Gipfelkonferenz von 1955 und Adenauers Reise nach Moskau wurde klar, daß für eine rasche Lösung der nationalen Frage keine Hoffnung bestand. Dennoch weigerten sich die Regierungen Adenauer und Erhard weiterhin, die Existenz eines zweiten deutschen Staates anzuerkennen, und brachen die Beziehungen zu solchen Regierungen ab, die in dieser Hinsicht anderer Meinung waren. Unglücklicherweise wurde diese sogenannte ,,Hallstein-Doktrin" – konzipiert als Waffe bei der Strategie der ,,Politik der Stärke" und dazu gedacht, die DDR zu isolieren und zu schwächen und dazu zu bringen, die Vereinigung mit dem Westen zu suchen – immer häufiger durch die Nationen der Dritten Welt, die durch die Doktrin hatten eingeschüchtert werden sollen, unterlaufen.

Die Ostpolitik der Großen Koalition und der Regierung Brandt wurde in dem vollem Bewußtsein eingeleitet, daß die frühere Politik in eine Sackgasse geführt hatte. Tatsächlich waren Brandt und seine Mitarbeiter zu dem Schluß gekommen, daß die Fixierung auf die Wiedervereinigung sowohl unrealistisch wie kurzsichtig gewesen war, weil sie die Spannung zwischen den beiden deutschen Staaten auf einem äußerst gefährlichen Niveau hielt, wodurch wiederum der Friede in Europa gefährdet war. Abgesehen davon wurden Möglichkeiten für Ad-hoc-Vereinbarungen außer acht gelassen, die den Deutschen in der DDR nützen konnten. Indes Brandt seine Entspannungspolitik fortsetzte, mußte er jedoch erkennen, wie hoch viele deutsche Politiker die symbolische Bedeutung der Wiedervereinigung einschätzten. Zu einer Zeit, als er das Amt des Außenministers in der Großen Koalition innehatte, schrieb er in seinen Aufzeichnungen: ,,Besonders ängstlich-aggressiv verhielten sich Gruppen in der Union, unter ihnen auch Mitglieder des Kabinetts, wenn an der sakrosankten Hallstein-Doktrin gerührt werden sollte. Die Illusion, man könne mit dem starren Anspruch auf die ,deutsche Alleinvertretung' durch die Bundesregierung noch Kapital in der Welt schla-

gen, Entwicklungen verhindern oder verhärtete Positionen behaupten, war
kaum zu überwinden.'' Später, als er sein eigener Herr war, wurde ihm die Aufgabe nicht leichter
gemacht, denn der deutsche rechte Flügel widersetzte sich der De-facto-
Anerkennung der DDR, die Brandts Formulierung von den ,,zwei Staaten
innerhalb einer Nation'' implizierte. Während der zweiten Gesprächsrunde
in Kassel trugen Demonstranten auf den Straßen Spruchbänder mit dem
Text

> Volksverräter Hand in Hand –
> Willi Stoph und Willy Brandt!

und während die Verträge ihrem Abschluß entgegengingen, bekämpfte die
CDU/CSU sie Schritt für Schritt, indem sie behauptete, Brandts Politik
verstoße gegen die Präambel des Grundgesetzes und sei somit verfassungswidrig. Da sich die Bundesrepublik sowohl in den Ostverträgen wie im
Grundvertrag von 1972 das Recht zum Hinarbeiten auf eine Wiedervereinigung mit friedlichen Mitteln vorbehielt, erachtete das Bundesverfassungsge-
richt diese Anklagen gegen den Bundeskanzler für unbegründet, wenn es
auch insofern eine Interpretation der Präambel des Grundgesetzes lieferte,
als es erklärte, es sei gesetzliche Pflicht aller politischen Kräfte, ein ,,ewiges
Wiedervereinigungsstreben'' zu fördern.

Dieses Urteil löste hitzige Diskussionen darüber aus, wie angesichts der
neuen Auseinandersetzungen mit dem Osten das Thema in den Schullehr-
plänen behandelt werden sollte, die zur Zeit unter Beschuß lagen, da sich
herausgestellt hatte, daß die Schüler wenig über die Wiedervereinigung wußten oder sich kaum für sie interessierten. Ende 1978 verwirrten die Kultusminister und -senatoren der westdeutschen Länder eine schon unklare Situation zusätzlich durch den Versuch, zu beweisen, daß die Verträge die wesentliche Einheit der Nation nicht zerstört hätten, indem sie zwei Definitionen für den Gebrauch in den Schulen empfahlen, erstens: ,,Die deutsche
Nation existiert als Sprach- und Kultureinheit weiter'' und zweitens: ,,Die
deutsche Nation existiert auch als Staatsvolk weiter, das keinen gemeinsamen Staat hat, dessen Angehörige aber, unbeschadet separater Regelungen in
der DDR, die einheitliche deutsche Staatsangehörigkeit besitzen.'' Wie
Horst Ehmke schrieb, ist es höchst zweifelhaft, ob diese Definitionen politisch realistisch oder pädagogisch vermittelbar waren.

Nach einer langen Periode der Stille, während derer die Diplomaten alles
daran setzten, dem von Brandt zu Anfang der 70er Jahre in Gang gesetzten
Normalisierungsprozeß Substanz zu verleihen, flammte die Wiedervereini-
gungsdebatte in den ersten Wochen des Jahres 1981 erneut auf. Anlaß war
das in diesem Kapitel bereits erwähnte Interview, das Günter Gaus Repor-
tern der Wochenzeitung *Die Zeit* gegeben hatte. Im Verlauf dieses Ge-
sprächs sagte Gaus, viele Menschen im Westen hätten die Tatsache noch

nicht akzeptiert, daß es für die absehbare Zukunft zwei unabhängige, nebeneinander lebende souveräne deutsche Staaten geben werde und daß ihr Verhältnis um so erträglicher sein werde, je mehr sie voneinander wüßten. Leider gab es zu viele westdeutsche Patrioten, die Sonntagsreden über die deutsche Nation hielten, in denen sie diesen Begriff mit dem Reich Bismarcks von 1871 gleichgesetzten und stets davon ausgingen, dieses Reich müsse wiederaufgerichtet werden, indem man den abgespalteten Teil wieder mit dem Westen vereinigte. Es sei hohe Zeit, meinte Gaus, daß seine Mitbürger in längeren historischen Zeiträumen dächten. Die deutsche Nation sei nicht immer mit dem Bismarckschen Reich synonym gewesen, das ohnehin nur 75 Jahre bestanden habe. Über die Jahrhunderte hinweg habe die Nation verschiedene Formen angenommen, und das könne sie vielleicht wieder tun. „Zu einem perspektivischen Verhältnis mit der DDR", fuhr Gaus fort, „kann nur beitragen, wenn wir wieder seriös und profund nachdenken über Kleindeutschland und Großdeutschland und über den wirklichen Sinn von Föderalismus und auch über das, was die Mitte Europas gewesen ist, im Guten wie im Bösen." Die beiden deutschen Staaten existierten, setzte er hinzu, und aller Voraussicht nach würden sie noch über die gegenwärtige Generation hinaus existieren. Deshalb habe es keinen Sinn, über die DDR von der politischen und psychologischen Warte des Jahres 1949 aus zu reden.

Auf die Frage eines seiner Interviewpartner, der darauf hinwies, daß Begriffe wie „nationale Einheit" viel gebraucht seien, und wissen wollte, wie man ihnen Substanz verleihen könne, antwortete Gaus:

> Wir müssen möglicherweise sogar darauf verzichten, den Begriff der Nation weiter zu verwenden, weil wir uns damit bereits in die Gefahr begeben, wieder Schattenboxen zu betreiben. Wir geben damit nämlich wiederum Leuten in der DDR die Möglichkeit zu sagen: Hier kommt der alte Revanchist um die Ecke, der nicht anerkennen will, daß hier zwei deutsche Staaten unabhängig voneinander und jeder souverän für sich existieren.

Diese offenen Bemerkungen scheuchten die Geister auf, es kam zu den voraussehbaren Protesten, und vor allem Mitglieder der CDU/CSU zeigten sich empört über Gaus' Requiem auf das Reich Bismarcks und warfen ihm verfassungsmäßige Ungebührlichkeit und politische Naivität vor. Die daraus resultierende Debatte dauerte jedoch nicht so lange und verlief nicht so erbittert wie die frühere Auseinandersetzung über die Ostverträge, und überhaupt war das Bemerkenswerteste daran der Umstand, daß sie eine taktische Positionsänderung der SED-Führung hinsichtlich der nationalen Frage zu bewirken schien.

Im *Kommunistischen Manifest* hatte Karl Marx geschrieben, die Arbeiter hätten kein Vaterland, bis sie die politische Macht ergriffen und eine eigene Nation aufrichteten auf Prinzipien, die sich fundamental von denen der bürgerlichen Gesellschaft unterschieden, die sie überwunden hatten. In Übereinstimmung damit vertraten die Führer der SED, wenn sie sich mit der Frage des geteilten Deutschland beschäftigten, den Standpunkt, daß es seit 1949 zwei deutsche Nationen gebe: eine Nation der Arbeiter und Bauern und des „realen Sozialismus" und eine kapitalistische Nation, die früher oder später zum Verschwinden verurteilt sei. Die Kluft zwischen beiden war absolut und unüberbrückbar. Walter Ulbricht sagte einmal, die Nation der Krauses habe nichts mit der Nation der Krupps gemein, auch wenn sie die gleiche Sprache sprächen.

Dies bedeutete jedoch nicht, daß die politischen Köpfe der SED die Frage der Wiedervereinigung vernachlässigen konnten. Selbst der überzeugteste Sozialist hatte Verbindungen zum Westen, die man zur Kenntnis nehmen mußte, und es gab ideologische Gründe, ihm zu versichern, daß die Trennung nicht von Dauer sein werde. Auf der SED-Parteikonferenz von 1954 gebrauchte Walter Ulbricht, als er dieses Thema berührte, eine Sprache, die, wenn man nur ein einziges Wort austauschte, auch aus Heinrich Lübkes Mund hätte kommen können:

Wir sind für die Einheit Deutschlands, weil die Deutschen im Westen unserer Heimat unsere Brüder sind, weil wir unser Vaterland lieben, weil wir wissen, daß die Wiederherstellung der Einheit Deutschlands eine unumstößliche historische Gesetzmäßigkeit ist und jeder zugrundegehen wird, der sich diesem Gesetz entgegenzustellen wagt.

Das SED-Programm von 1963 definierte als Ziel der Partei „die Wiederherstellung der nationalen Einheit Deutschlands", während gleichzeitig die gegenwärtige Teilung Deutschlands den Aktionen der „imperialistischen Westmächte im Komplott mit dem westdeutschen Monopolkapital" zugeschrieben und damit gewissermaßen gesagt wurde, Vorbedingung für die Wiedervereinigung sei die Zerstörung des Kapitalismus im Westen.

Die Art, wie die SED-Propagandisten die Wiedervereinigungsfrage benutzten, war stets durch taktische Überlegungen beeinflußt. Zu der Zeit, als die Bundesrepublik die DDR zu isolieren suchte und den Alleinvertretungsanspruch für ganz Deutschland erhob, kam es darauf an, diese Politik durch Ausspielen der nationalen Karte zu neutralisieren, um andere Länder immerhin daran zu erinnern, daß Deutschland nicht am Westufer der Elbe aufhörte. Als jedoch die Ostpolitik eingeleitet wurde und die Westdeutschen den ernsthaften Versuch machten, Arbeitsbeziehungen zur DDR herzustellen, bereitete der SED die Zudringlichkeit der Westler und der Einfluß westlicher Ideen und Produkte auf ihre Bürger Unbehagen. Die Einheit Deutschlands wurde konsequent heruntergespielt, und offizielle Parteipolitik wurde die „Abgrenzung". Im Jahre 1974 wurde der Artikel in der Verfassung von 1968, der die DDR als einen „sozialistischen Staat deutscher Nation" bezeichnete, der sich bemühte, die „vom Imperialismus der deutschen Nation aufgezwungene Spaltung Deutschlands" zu überwinden und „die schrittweise Annäherung der beiden deutschen Staaten bis zu ihrer Vereinigung auf der Grundlage der Demokratie und des Sozialismus" herbeizuführen, gestrichen und durch einen neuen Artikel ersetzt, in dem es im ersten Satz lediglich hieß: „Die Deutsche Demokratische Republik ist ein sozialistischer Staat der Arbeiter und Bauern." Die Abgrenzung blieb während der nächsten sechs Jahre die Leitlinie der Partei und fand ihren entschiedensten Ausdruck im Oktober 1980, als Erich Honecker in einer Rede in Gera die Bundesrepublik heftig angriff und sagte, die Normalisierung der Beziehungen setze die Anerkennung einer separaten ostdeutschen Staatsbürgerschaft durch die Bundesrepublik voraus (die der Westen stets verweigert hat). Die darauf folgende Erhöhung der Einreisegebühren für westdeutsche Besucher der DDR auf das Fünffache stellte eine Maßnahme dar, die darauf abzuzielen schien, den Strom westlicher Besucher radikal einzudämmen.

Kaum vier Monate später jedoch, während man in Westdeutschland noch über Gaus' Ansicht debattierte, daß vielleicht die Zeit gekommen sei, das Wort „Nation" aus dem Dialog zwischen den beiden Deutschland zu streichen, änderte der SED-Sekretär abrupt seinen Kurs oder zumindest seine Sprache. Auf einer Versammlung von Bezirksdelegierten in Ost-Berlin kam Honecker auf Politiker im Westen zu sprechen, die den Eindruck zu erwecken versuchten, die Wiedervereinigung bedeute ihnen mehr als ihre Brieftaschen, und meinte:

... dann möchten wir ihnen sagen: Seid vorsichtig! Der Sozialismus klopft eines Tages auch an eure Tür, und wenn der Tag kommt, an dem die Werktätigen der Bundesrepublik an die sozialistische Umgestaltung der Bundesrepublik Deutschland gehen, dann stellt sich die Frage der Vereinigung beider deutscher Staaten vollkommen neu. Wie wir uns dann entscheiden, daran dürfte wohl kein Zweifel bestehen.

Es ist schwer zu sagen, ob es Honecker hauptsächlich darum ging, deutscher als die Vertreter der westdeutschen Regierung zu erscheinen, ob er hoffte, an die westdeutschen Arbeiter appellieren zu können, die jetzt die wirtschaftliche Notlage verspürten, oder ob er den Beifall seiner eigenen Staatsbürger einheimsen wollte, die auf den Versuch der Partei, in ihnen ein „sozialistisches Staatsbewußtsein" zu wecken, nicht gerade mit Begeisterung reagiert hatten. Sollte letzteres der Fall gewesen sein, war er vielleicht ein wenig verärgert über den begeisterten Applaus seiner Zuhörer, der darauf hindeutete, daß selbst Staatsfunktionäre durch die emotionale Beschwörung der Wiedervereinigungsfrage hingerissen werden konnten.

Doch Günter Gaus hatte natürlich recht, als er sagte, Leute, die das Wort „Nation" gebrauchten, betrieben Schattenboxen – und dies galt für Politiker auf beiden Seiten der Mauer. Geradeso, wie die Teilung Deutschlands die Folge äußerer Faktoren gewesen war, insbesondere der Verschlechterung der Beziehungen zwischen den Großmächten, mußte jeder fundamentale

Wandel im Verhältnis zwischen den beiden Landesteilen von der Lage der Weltpolitik abhängen. Ja, selbst kleinere Anpassungen konnten nur im Einklang mit Veränderungen des internationalen Klimas vorgenommen werden. So bestand zum Beispiel kaum Zweifel daran, daß der sowjetische Einmarsch in Afghanistan, die darauf folgende Abkühlung der Ost-West-Beziehungen und die Besorgnis wegen der Lage in Polen einen direkten Einfluß auf Honeckers Geraer Rede und den Versuch hatten, den Zustrom westlicher Besucher in die DDR zu verringern. Was die umfassendere Frage betraf, ob und wann Deutschland wiedervereinigt werden würde, so war nicht damit zu rechnen, daß darüber die Deutschen allein entschieden. In seiner Rede zur Lage der Nation 1979 machte Helmut Schmidt deutlich, daß zumindest er sich in dieser Beziehung keine Illusionen machte, als er sagte:

> Die Vorstellung, daß eines Tages ein Staat von 75 Millionen Deutschen in der Mitte Europas entstehen könne, bereitet vielen unserer Nachbarn und Partner in Europa Sorge ... Wir dürfen nicht übersehen, daß in den Augen anderer die deutsche Teilung heute ein Teil des europäischen Gleichgewichts ist, welches den Frieden in Europa sichert ... In unserer geopolitischen Lage und mit unserer jüngsten Geschichte können wir Deutsche uns nicht eine politische Schizophrenie leisten, die auf der einen Seite eine realistische Friedenspolitik betreibt und gleichzeitig eine illusionistische Wiedervereinigungsdebatte führt ... Bereitschaft zur Realität ist nötig, wenn unser Wille zum Frieden gelten soll.

Das hieß nicht, daß eine deutsche Wiedervereinigung unmöglich war, sondern nur, daß sie, wie der Kanzler hinzufügte, aller Wahrscheinlichkeit nach erst nach einer langen Friedensperiode kommen würde. Angesichts der Weltlage schien es, kurz gesagt, keinen Grund zu geben, an der weiteren Gültigkeit von Schillers Epigramm zu zweifeln.

14. „Die schreckliche deutsche Sprache"

In den Tagen, als Bismarck der größte Mann Europas war, wollte eine Amerikanerin, die zu Besuch in Berlin weilte, unbedingt den Kanzler sprechen hören. Sie besorgte sich zwei Zulaßkarten für die Zuschauergalerie des Reichstags und einen Dolmetscher. Sie hatten Glück: kurz nach ihrem Eintreffen griff Bismarck in die Debatte ein, in der es um Fragen der Sozialgesetzgebung ging, und die Amerikanerin rückte dicht an den Dolmetscher heran, um nichts von der Übersetzung zu verpassen. Doch obwohl Bismarck mit beträchtlichem Nachdruck und eine ganze Zeitlang sprach, blieb der Dolmetscher stumm, und er reagierte auch nicht, als sie ihn anstieß. Schließlich hielt sie es nicht mehr aus: „Was *sagt* er denn?" – „Geduld, Madam", entgegnete der Dolmetscher. „Ich warte noch auf das Verb."

Zweifellos war die Struktur der deutschen Sprache, die auf dem Lateinischen aufgebaut ist, mit ihren strengen Regeln für die indirekte Rede und ihrem Streben nach Eleganz durch Verschachtelung schon immer für ausländische Besucher ein Quell der Verzweiflung und Hilflosigkeit. In ihrem berühmten Buch über Deutschland beklagte sich Madame de Staël darüber, daß man sich dort nicht richtig unterhalten könne, weil die grammatische Konstruktion der Sprache den Sinn immer an das Ende des Satzes stelle und somit „das Vergnügen des Unterbrechens" nicht erlaube, das „eine Diskussion in Frankreich so lebendig" mache. Mark Twain drückte sich in einer ebenfalls berühmten Abhandlung mit dem Titel „Die schreckliche deutsche Sprache" unverblümter aus. „Ein durchschnittlicher Satz in einer deutschen Zeitung ist eine erhabene und beeindruckende Kuriosität", schrieb er. „Er nimmt eine Viertelspalte ein; er enthält alle zehn Redeteile – nicht in regelmäßiger Reihenfolge, sondern durcheinander; er ist hauptsächlich aufgebaut aus zusammengesetzten Wörtern, die der Schreiber sich gerade ausdenkt und die in keinem Wörterbuch zu finden sind ...; er behandelt vierzehn oder fünfzehn verschiedene Themen, die alle in ihre eigene Parenthese eingeschlossen sind, mit Extraparenthesen hier und da, die drei oder vier der kleineren Parenthesen umfassen, wodurch Koppeln innerhalb von Koppeln entstehen; schließlich sind alle Parenthesen und Doppelparenthesen hineingepfercht in zwei Hauptparenthesen, von denen die eine in der ersten Zeile des majestätischen Satzes steht und die andere in der letzten – worauf das VERB kommt und man überhaupt erst erkennt, was der Mensch die ganze Zeit sagen wollte; und nach dem Verb – lediglich als Beiwerk, soweit ich das

feststellen kann – kommt der Schreiber noch mit ‚haben sind gewesen gehabt
worden sein' oder ähnlichen Worten daher, und das Monument ist vollendet
... Eine deutsche Zeitung lesen und verstehen zu können muß für einen
Ausländer allemal ein Ding der Unmöglichkeit bleiben."
Die grammatische Struktur einer Sprache ist aber etwas, das man lernen
kann, und im Falle des Deutschen ist dies nicht so schwierig, wie Mark
Twain es hinstellt. Man hat das Gefühl, daß seine Kritik in die falsche
Richtung zielt und daß der häufigste Grund für ausländisches Mißverstehen
nicht die bisweilen unbeholfene Form ist, die das geschriebene und gespro-
chene Deutsch annimmt, sondern vielmehr die Schwierigkeit, auszumachen,
was eigentlich gesagt wird. Der nicht-deutsche Leser hat oft den Eindruck,
er versuche sich einen Weg zu bahnen durch einen Dschungel von Wörtern,
von denen viele keine präzise Bedeutung haben, viele nur der Weitschweifig-
keit dienen und manche einfach überflüssig zu sein scheinen. Und dies ist
kein gänzlich falscher Eindruck. Zu verschiedenen Zeiten in ihrer jüngeren
Geschichte hat sich die deutsche Sprache als bestürzend anfällig erwiesen für
abstrakte und schwerfällige Formulierungen, für übermäßige Ausschmük-
kung, linguistische Fremdenfeindlichkeit und ideologische Manipulation.
An diesen Wunden einer Sprache, die am Ende des 18. Jahrhunderts ein
Muster der *claritas et elegantia* war, hatten Philosophen, Professoren, romantische Intellektuelle, Militärs und Bürokraten, Zeitungsredakteure, Mo-
ralhüter und Vertreter des Totalitarismus ihren Anteil, und der Gesamt-
effekt ihres Einflusses ist noch immer offenkundig und behindert noch immer eine effektive Verständigung mit der Außenwelt.

I

Schöpfer der deutschen Sprache war, wie Heine in seiner *Geschichte der
Religion und Philosophie in Deutschland* schrieb, Martin Luther. Dies ist
keine Übertreibung, denn wie immer man die literarischen Erzeugnisse der
einzelnen deutschen Dialekte beurteilt, die Grundlagen für eine gemeinsame
deutsche Literatur existierten erst, als der Mönch aus Wittenberg die Voraussetzungen dafür schuf: mit seiner Bibelübersetzung und seinen politischen und theologischen Flugschriften, die eingebettet waren in eine neue
Sprache von unvergleichlicher Klarheit und Fülle, kraftvoll und flexibel im
Ausdruck und gleichermaßen geeignet für die Erfordernisse von Darlegung
und Argumentation, Satire und Humor. Luther verurteilte die spöttische
Bemerkung Karls V., seines Widersachers, der einmal gesagt hatte, die deutsche Sprache tauge nur für Pferde, zur Bedeutungslosigkeit. Als die neue
Druckerpresse die Verbreitung seiner Schriften in alle Teile Deutschlands
ermöglichte, wurde sein Deutsch schnell zur allgemeinen Literatursprache,

und da Luthers Bibel noch immer viel gelesen wird, darf ihr stilistischer Einfluß selbst heute nicht unterschätzt werden.

Die Auswirkungen des lutherischen Vorbilds wurden jedoch stark beschnitten durch die verheerenden Folgen der Religionskämpfe. Während des Dreißigjährigen Krieges wurde Deutschland von Söldnerheeren jeder Nationalität durchzogen, und dies verursachte die Sprachdegeneration, die sich in den Landsknechtsliedern widerspiegelt, die oft vielsprachige Texte hatten wie

> Wir kamen vor Friaul
> Wir kamen vor Friaul
> Da hatt'n wir allesamt gross' Maul
> Strampedemi
> Alami presente al vostra signori.

Außerdem drohte der Einfluß Frankreichs in den Jahren nach dem Westfälischen Frieden die Auswirkungen des Krieges noch zu verstärken und die kulturelle Unabhängigkeit der deutschen Staaten zu zerstören. Sehr schnell entwickelte sich das Französische zur Sprache der Kultur in Deutschland, und es war vielleicht nur natürlich, daß Schriftsteller, die von vielen gelesen werden wollten, entweder ihre Muttersprache aufgaben oder sie den Erfordernissen des französischen Stils anzupassen suchten. Bei patriotischen deutschen Schriftstellern erweckte dies größtes Unbehagen. Während des Krieges zeigte sich der Erzähler und Satiriker Johann Michael Moscherosch entsetzt über die Verderbtheit der deutschen Sprache und bedauerte, daß die Deutschen „solche frembde Sprachen der Mutter-sprach vorziehen, oder also vndermischen, das eine Bidermann nicht errathen kann, was es für ein Gespräch seye? das ist Verrätherisch, vnd muß billig nicht geduldet werden". In der darauffolgenden Periode äußerte er sich bitter über die neue à la mode-Literatur, die von den Deutschen, die das Französische nachäfften, geschrieben wurde; sie hätten keine Gespräche, keine Literatur, keine Moral oder Haltungen, die nicht von dem Französischen diktiert wären.

Diese Sorge fand positiveren Ausdruck Ende des 17. Jahrhunderts in den Schriften des Philosophen Gottfried Wilhelm von Leibniz und des Juristen Christian Thomasius. Als Präsident der neu gegründeten Akademie der Wissenschaften in Berlin empfand Leibniz eine gewisse Verantwortung, in Dingen der deutschen Kultur als Sprecher aufzutreten, und in zwei bedeutenden Abhandlungen über die Sprache empfahl er seinen Landsleuten, sich von ausländischen Vorbildern dadurch zu befreien, daß sie ihre eigene Sprache zu einem für den ernsthaften Diskurs so brauchbaren Mittel machten, wie es das Französische war. Zu diesem Zweck forderte er ein Programm zur Verbesserung, Verschönerung und Analyse der Sprache sowie die Erarbeitung von wissenschaftlichen Lexika und Wörterbüchern für den alltäglichen und altmodischen Sprachgebrauch und für technische Ausdrücke.

Die schreckliche deutsche Sprache" 345

Thomasius gab diese Empfehlungen nicht nur weiter, sondern versuchte durch seine Tätigkeit als Universitätslehrer in Leipzig und Halle auf praktische Weise das Studium eines brauchbaren einheimischen Stils zu fördern, indem er das Monopol, das das Latein bis dahin im Universitätsunterricht innehatte, brach und seine Vorlesungen über die Sprache auf deutsch hielt. Er verfaßte auch eine Reihe philosophischer Schriften in der Landessprache und gründete, was noch wichtiger war, die erste deutsche literarische Zeitschrift, um eine größere Leserschaft ansprechen zu können. Damit war er zwar nicht sehr erfolgreich, denn es scheint ihm nicht gelungen zu sein, den professoralen Ton abzulegen, doch andere lernten aus seinen Fehlern, und im frühen 18. Jahrhundert blühte eine lebhafte journalistische Tätigkeit auf, die dem *Tatler* und dem *Spectator* von Addison und Steele nachzueifern suchte, welche zu der Zeit in England so publikumswirksam waren. Ja, ein großer Teil des Inhalts der sogenannten „moralischen Zeitschriften" in Deutschland bestand aus Nachahmungen oder Übersetzungen ihrer englischen Vorbilder. Dies blieb nicht ohne positive Auswirkung auf die Entwicklung einer deutschen Literatursprache, denn etwas von der Urbanität des englischen Stils schlich sich ein, und die Nachahmung englischer Vorbilder führte zu einem Ablassen von dem allzu verschachtelten deutschen Stil.

Inzwischen war der Krieg gegen den französischen Einfluß gewonnen, und ein Großteil der von Leibniz geforderten wissenschaftlichen und analytischen Arbeit war geleistet. Dieser Fortschritt wurde konsolidiert und der deutschen Sprache eine neue Stabilität verliehen, als Johann Christoph Gottsched 1748 seine *Grundlegung einer deutschen Sprachkunst, nach den Mustern der besten Schriftsteller des vorigen und jetzigen Jahrhunderts abgefasset* veröffentlichte. Gottsched besaß die Kühnheit, feste Regeln und Maßstäbe für den modernen Gebrauch aufzustellen, und er versuchte, die besten Aspekte des dialektalen Deutsch mit denen der Sprache hervorragender Schriftsteller seit Opitz' Zeit zu kombinieren; und obwohl man ihm Pedanterie und Konservatismus vorwarf, wurde sein „Standarddeutsch" allgemein akzeptiert. In den darauf folgenden fünfzig Jahren fand die deutsche Prosa zu neuer Reife im epistographischen Stil eines Christian Fürchtegott Gellert, in den Romanen Christoph Martin Wielands und in den kritischen Schriften Gotthold Ephraim Lessings, der trotz seiner erfolgreichen Kampagne zur Gründung eines wirklich nationalen Theaters keine Skrupel hatte, Voltaires Prosastil nachzuahmen, den er in ein klares, kraftvolles Deutsch von großer Intensität und Schärfe übertrug.

Johann Wolfgang Goethe jedoch war es vorbehalten, alle sprachlichen Entwicklungen des vorangegangenen Jahrhunderts zu vereinen und zu harmonisieren. Geboren und aufgewachsen in einer Stadt, deren Kultur von der Erinnerung an viele Kaiser und vom Luthertum geprägt war, erfaßte er noch vor der Begegnung mit Johann Gottfried von Herder 1770, die er als den Wendepunkt seines dichterischen Lebens bezeichnete, daß die Sprache, wenn sie lebendig bleiben soll, immer wieder zur Auffrischung zu ihrer Vergangenheit zurückkehren muß. Während seiner Universitätsjahre und ersten Zeit als Schriftsteller war er stark beeinflußt durch den Nachdruck, den Gellert auf den natürlichen Stil legte, und durch die theoretischen Schriften Friedrich Gottlieb Klopstocks, die die Bedeutung von Phantasie, Emotion und Freiheit vor allem Künstlichen betonten. Alle diese Einflüsse kamen zusammen in jenen frühen Werken, die die deutsche Welt so sehr verblüfften – in dem Schauspiel *Götz von Berlichingen* und dem Roman *Die Leiden des jungen Werthers* –, und fanden ihren vollen Ausdruck in dem Werk *Wilhelm Meisters Lehrjahre*, in dem sie noch erhöht wurden durch Goethes Fruchtbarkeit im Experimentieren mit dem Wort und in der Wortschöpfung und seine einzigartige Gabe zur Durchdringung und Verdichtung. Nach *Wilhelm Meister* brauchte niemand mehr das Gefühl zu haben, die deutsche Sprache sei der eines seiner Nachbarn in irgendeiner Weise, in Ausdruckskraft oder Schönheit, unterlegen.

Es gab jedoch solche, die mit diesen Leistungen nicht zufrieden waren. Nietzsche, der eine bemerkenswert klare Sprache schrieb, machte gern die Bemerkung, das deutsche Denken habe nicht viel für Klarheit übrig – es liebe vielmehr „. . . die Wolken und alles, was unklar, werdend, dämmernd, feucht und verhängt ist: das Ungewisse, Unausgestaltete, Sich-Verschienende, Wachsende jeder Art fühlt (es) als ‚tief‘ “. Zu ebender Zeit, da Gellert und Wieland den Deutschen empfahlen, eine gefällige, klare und ungekünstelte Prosa zu schreiben, wies J. G. Hamann diesen Ratschlag als undeutsch zurück. Das Stilmuster müsse, so meinte er, in der göttlichen Unordnung der Natur gefunden werden und in den Träumen gottsuchender biblischer Propheten, und um zu illustrieren, was er meinte, faßte er seine eigenen Schriften – wie Eric Blackall feststellt – in einer verschlungenen, höchst symbolischen Sprache ab, voller sibyllinischer Verweise und Unterbrechungen und eingeschobener Zitate, die kraftvoll und eindrucksvoll, aber meistens unverständlich, aphoristisch und unklar waren. Die Schwerverständlichkeit seiner Schriften tat Hamanns Ruf keinen Abbruch – sie schien ihn eher noch zu fördern, vielleicht aus den von Nietzsche angeführten Gründen; er wurde sogar als „Magus des Nordens“ bekannt. Sein Stil beeinflußte Schriftsteller wie Jean Paul, mit dem Ergebnis, daß die Romane dieses hervorragenden und geistreichen Schriftstellers für die westliche Welt praktisch unzugänglich sind, und er faszinierte Herder und den jungen Hegel.

Dafür, daß stilistische Unklarheit in akademischen und wissenschaftlichen Schriften Respektabilität erlangte, ist Hegel eher noch als Hamann verantwortlich. Den Philosophen vor ihm war es kaum schwergefallen, ihre Ansichten in einer verständlichen Sprache auszudrücken. Leibniz zum Beispiel hatte geglaubt, das Deutsche könne sehr wohl wegen seiner Konkretheit, die dem Laien das Verständnis erleichtere, zur idealen Sprache der Philosophie werden. Auch Hegel konnte, zumindest in jungen Jahren, durchaus verständlich schreiben, wie seine Abhandlung *Die Verfassung Deutschlands* von 1788 beweist. Doch als er seine *Phänomenologie des Geistes* begann, die 1807 erscheinen sollte, hatte er seinen relativ klaren Stil aufgegeben zugunsten einer Sprache, die Legionen ernsthaft bemühter Studenten und Gelehrter zur Verzweiflung brachte. Warum er das getan hat, ist keineswegs ersichtlich. Wie einer seiner englischen Verleger, J. N. Findlay, zugestand, gibt es „in der *Phänomenologie* vieles, was rätselhaft ist, und man vermag nicht immer einzusehen, weshalb der Weg zur absoluten Wahrheit gerade durch diese besonderen Dickichte führen muß". Er vermute, fuhr er fort, Hegel wurde „in seiner Wortwahl durch ein aufkeimendes Unbewußtes bestimmt", eine „Eingebung kam ihm in den Hörsälen von Jena, eine in der Geschichte der Philosophie vielleicht einmalige Eingebung, die nicht nur seine Gedanken, sondern auch seinen Stil beeinflußte und die dazu führt, daß man bisweilen nur sicher ist, daß er etwas unermeßlich Tiefes und Wichtiges sagt, aber nicht genau weiß, was es ist".

Von 1817, dem Jahr, als er an die Universität Berlin ging, bis zu seinem Tod 1831, nahm Hegel im geistigen Leben Deutschlands eine fast monarchische Stellung ein. Der große Einfluß, den er auf andere bedeutende Gestalten ausübte – Ferdinand Lassalle zum Beispiel und Karl Marx, Leopold von Ranke und die ganze preußische Historikerschule –, braucht uns hier nicht zu bekümmern. Aber festgehalten werden muß, daß sein Übergewicht, was den Stil des akademischen Vortrags betrifft, in seinen Folgen nur als beklagenswert bezeichnet werden kann. Dieser Stil brachte weniger fruchtbare und produktive Geister zu der Ansicht, Kennzeichen von Intellekt seien Abstraktion und Undurchdringlichkeit, und er ist, zumindest im Universitätsmilieu, verantwortlich für die noch immer vorherrschende Anschauung, daß ein mühelos lesbares Werk nicht unbedingt ernst genommen zu werden braucht. Zweifellos hat das für das Universitätssystem charakteristische Elitedenken dieser Schlußfolgerung nachgeholfen, so daß der schwerfällige und verschlungene Stil den alten Platz des Lateinischen als Trennlinie zwischen der Welt der Gelehrsamkeit und der Masse des Volkes einnahm. Wie dem auch sei, in einer Gesellschaft, die den Professor vielleicht ernster nahm, als er es verdiente, mußte sich das Aufkommen eines professoralen Stils zwangsläufig schädlich auf den allgemeinen Zustand der Sprache auswirken.

Eine andere Art von Unklarheit führte die romantische Bewegung des frühen 19. Jahrhunderts ein, die bei ihrer Revolte gegen den Rationalismus der Aufklärung zu entdecken glaubte, daß die Sprache Gottscheds und Goethes für ihre Bedürfnisse nicht ausreichte, und dem Mangel mit nicht-literarischen Mitteln abzuhelfen suchte. Dies war, wenn man die besondere Art der Bewegung betrachtet, nur natürlich. In seiner Sprachstudie *After Babel* stellt George Steiner fest, daß bei Konflikten zwischen dem Künstler und dem Mittelstand der Künstler dazu neigt, das vorherrschende Idiom geringschätzig zu betrachten, und daß die Beschäftigung mit den unbewußten und unterbewußten Schichten der Einzelpersönlichkeit einen Angriff auf die allgemeine Autorität der Syntax zur Folge hat; das war genau die Situation der Romantiker. In scharfem Gegensatz zu einer gesellschaftlich so gut angepaßten Person wie Goethe, der auf seine Tätigkeit als für den Bergbau zuständiger Minister des Großherzogtums Weimar ebenso stolz war wie auf seine Dichtungen, hielten sich die Romantiker, von einigen Ausnahmen abgesehen, für Künstler, die durch ihre besonderen Gaben dazu verurteilt waren, von der übrigen Gesellschaft mißverstanden zu werden. Gleichzeitig – und hier unterschieden sie sich wiederum von Schriftstellern wie Goethe, Schiller und Lessing – waren sie weniger an der wirklichen Welt interessiert als an einer solchen, die geschaffen war von Menschen gleich ihnen und in der die normalen Regeln keine Gültigkeit hatten – an einem Reich der Phantasie, des Wunders und des Schreckens.

Ihnen war klar, daß eine solche Welt nicht beschrieben und ihre Geheimnisse nicht offenbart werden konnten in der Sprache der moralischen Wochenschriften und der Dramen Schillers. Es war überhaupt schwer vorzustellen, wie Worte allein einen angemessenen Eindruck von der Gefühlstiefe, dem intensiven Erleben und dem Seelenadel des einsamen Außenseiters vermitteln konnten, über den die Romantiker so gern schrieben. Nach ihrer Überzeugung besaß der Künstler Gefühle, die jenseits des Empfindungshorizonts normaler Menschen lagen, und er konnte Gedanken fassen, die für Tränen zu tief lagen. Wie sollte man also das alles mitteilen? Die Antwort der Romantiker war die Schaffung einer Stimmung durch das Symbol, durch die Beschwörung und durch die Musik.

In einer romantischen Erzählung gab es kaum so etwas wie systematische Entwicklung einer Figur oder Situation. Die handelnden Personen waren eindimensional gezeichnet, hatten keine selbständige Existenz und dienten größtenteils als Widerspiegelungen des Denkens der Hauptfigur, als Verkörperung von deren persönlichen Hoffnungen und Ängsten. Die Handlung folgte keinem logisch-kontinuierlichen Aufbau, sondern bestand meistens in einer Sequenz von Stimmungen, hervorgerufen manchmal durch stereotype Naturbeschreibungen (die in den Erzählungen Joseph von Eichendorffs selten in einem wichtigen Detail variieren), durch den Gebrauch wiederkehrender Symbole (der Mond bricht durch die Wolken, Posthörner ertönen in der Nacht) und durch bedeutungsschwere Worte, die viel mehr beinhalten sollten, als sie eigentlich sagten. Im romantischen Wortschatz bedeutet ,,Sehnsucht", ein viel gebrauchter Ausdruck, nicht nur ein zielgerichtetes Verlangen, sondern es ist eigentlich ein vielsinniges Wort, das alles bedeuten kann vom melancholischen Gefühl des Einsseins mit der Natur bis zur hoffnungslosen Erkenntnis, daß die Welt aus den Fugen geraten ist. In Ludwig Tiecks Erzählung *Der blonde Eckbert* ist die wörtliche Bedeutung des Wortes ,,Waldeinsamkeit" weniger wichtig als sein Klang, der eine Stimmung hervorrufen soll, in der das Sehnen nach verlorener Unschuld mit dem Wunsch verschmilzt, aus den herben Enttäuschungen der wirklichen Welt in die Sicherheit einer schlichteren Vergangenheit zu entfliehen. Der romantische Stil baute auf einer Sprache auf, die sowohl unlogisch wie ungenau war, in der die Worte keine präzise Bedeutung mehr hatten und auch nicht haben sollten, um Wünsche, Zweifel, Furcht oder jenes vage sentimentale Gefühl zu erwecken, das dann eine spätere, kritischere Generation „Seelenschmus" nannte. Das Ergebnis war eine wolkig-verschwommene Prosa, die eher er-fühlt als verstanden werden sollte und die sich aufzulösen schien, wenn sie dem Prozeß der Übertragung ins Englische oder Französische unterworfen wurde – eine Prosa, die in der Tat der Musik sehr viel näherstand als der Sprache.

Und dies war kein Zufall. War die Phantasie das Arbeitsmaterial der Ro-mantiker, so war die Musik die Bundesgenossin der Phantasie. Sie faszinierte die Schriftsteller dieser Generation, und Wilhelm Dilthey hat darauf hinge-wiesen, daß die Form vieler romantischer Erzählungen oft musikalisch ent-worfen war, eine Art Übung in Ton und Modulation. Auch suchten die Romantiker, wenn die rein literarischen Mittel sich ihnen versagten, bei so etwas wie musikalischem Ersatz Zuflucht. In Tiecks und Eichendorffs Er-zählungen wird der Handlungsablauf häufig unterbrochen durch Lieder, die entweder einen Vorfall emotional untermalen oder dem Leser sagen sollen, was die Personen empfinden. Auch hier wird die romantische Überzeugung deutlich, daß die Sprache allein die Tiefe und Komplexität der Seele des Menschen und den letzten Sinn des Lebens nicht auszudrücken vermag und die Musik das geeignete Vehikel dafür und eigentlich die wahre deutsche Sprache ist.

Dieses Gefühl fand Unterstützung in den Schriften des romantischsten der deutschen Philosophen, Arthur Schopenhauer, der um die Mitte des Jahr-hunderts ein so hohes Ansehen genoß. In einem bemerkenswerten Abschnitt des dritten Buches von *Die Welt als Wille und Vorstellung* bezeichnet Scho-penhauer die Musik als „eine im höchsten Grad allgemeine Sprache, die sich sogar zur Allgemeinheit der Begriffe ungefähr verhält wie diese zu den einzelnen Dingen ... Aus diesem innigen Verhältnis, welches die Musik zum wahren Wesen aller Dinge hat, ist auch dies zu erklären, daß wenn zu irgendeiner Szene, Handlung, Vorgang, Umgebung, eine passende Musik ertönt, diese uns den geheimsten Sinn derselben aufzuschließen scheint und als der richtigste und deutlichste Kommentar dazu auftritt ... Denn die Musik ist, wie gesagt, darin von allen anderen Künsten verschieden, daß sie nicht Abbild der Erscheinung, oder richtiger, der adäquaten Objektivität des Willens, sondern unmittelbar Abbild des Willens selbst ist und also zu allem Physischen der Welt das Metaphysische, zu aller Erscheinung das Ding an sich darstellt. Man könnte demnach die Welt ebensowohl verkörperte Mu-sik, als verkörperten Willen nennen: daraus also ist es erklärlich, warum

Musik jedes Gemälde, ja jede Szene des wirklichen Lebens und der Welt, sogleich in erhöhter Bedeutsamkeit hervortreten läßt."

Was damit praktisch gemeint ist, läßt sich schwer sagen, aber zweifellos wird der Musik eine magische Kraft zugeschrieben. Ja, Schopenhauer verwarf Leibniz' vernunftsmäßige Definition der Musik als einer unbewußten arithmetischen Übung des Denkens, das nicht weiß, daß es zählt *(exercitium arithmeticae occultum nescientis se numerare animi)* und änderte sie um in die unbewußte metaphysische Übung eines Denkens, das nicht weiß, daß es philosophiert *(exercitium metaphysices occultum nescientis se philosophari animi)*, eine subtile Begriffserhöhung, die dem romantischen Temperament Freude bereitete.

Diese Höherstufung der Musik auf Kosten der Sprache wollten die Gegner der Romantik im 19. Jahrhundert nicht gelten lassen. Führer der Bewegung Junges Deutschland wie Gutzkow und Börne und Naturalisten wie Heinrich Hart betrachteten die Musik als eine verdächtige Kunst, die, weil sie an die Gefühle appellierte, ein Feind der Vernunft war, deren Sache, wie sie glaubten, am besten mit jener harten und kompromißlosen Prosa gedient war, wie sie sie schrieben. Doch die Ansprüche der Prosa wurden von den Romantikern mit Spott quittiert. In seiner Schrift ,,Richard Wagner in Bayreuth" (1872) erklärte Friedrich Nietzsche, Sprache sei eine ,,ungeheuerliche Krankheit", die jede menschliche Entwicklung behindere, und eine feindselige Macht, die das menschliche Streben vereitele: ,,... sobald (die Menschen) miteinander sich verständigen und zu einem Werk zu vereinigen suchen, erfaßt sie der Wahnsinn der allgemeinen Begriffe, ja der reinen Wortklänge, und infolge dieser Unfähigkeit sich mitzuteilen tragen dann wieder die Schöpfungen ihres Gemeinsinns das Zeichen des Sich-nicht-Verstehens, insofern sie nicht den wirklichen Nöten entsprechen, sondern eben nur der Hohlheit jener gewaltherrischen Worte und Begriffe: ... so ist man jetzt ... der Sklave der Worte; unter diesem Zwange vermag niemand mehr sich selbst zu zeigen, naiv zu sprechen, und wenige überhaupt vermögen sich ihre Individualität zu wahren." Nur die Musik könne diese Situation verbessern, schrieb Nietzsche, denn die Musik sei ,,die Feindin aller Konvention, aller künstlichen Entfremdung und Unverständlichkeit zwischen Mensch und Mensch: diese Musik ist Rückkehr zur Natur, während sie zugleich Reinigung und Umwandlung der Natur ist ... In ihrer Kunst ertönt die in Liebe verwandelte Natur."

Die Menschen, die der Musik solche Achtung entgegenbrachten, waren fest davon überzeugt, daß ihr Eingehen auf die profundere Sprache der Musik ihnen eine moralische Überlegenheit gegenüber den leichtzüngigeren Menschen des Worts verlieh. In seinen *Betrachtungen eines Unpolitischen*, die während des ersten Weltkrieges erschienen, vertrat Thomas Mann die These, daß der Gebrauch der Sprache zu analytischen Zwecken dem musikalisch-kontemplativen deutschen Gemüt entgegengesetzt sei, und das Buch enthielt heftige Angriffe auf Manns Bruder Heinrich, dem der Autor vorwarf, er habe die Überlegenheit der deutschen Kultur nicht gewürdigt und sei zu einem „Zivilisationsliteraten" geworden, einem Schreiberling im Dienste westlicher Zivilisationsvorstellungen und Verteidiger Frankreichs, eines Landes, in dem die Politik und ihre Zwillingsschwester Literatur die Musik ersetzt und sich den höchsten Rang im gesellschaftlich-künstlerischen Interesse der Nation angeeignet habe.

Nach dem Bruch mit Wagner änderte Nietzsche seine Meinung und schrieb: „,,Cave musicam' ist ... mein Rat an alle, die Mannes genug sind, um in Dingen des Geistes auf Reinlichkeit zu halten", und er warnte vor der Musik als einer Droge, die besonders gefährlich sei im Falle einer Nation, die sowohl zum Trinken wie zu jener Art von Spekulation neige, die den Verstand umnebele. Auch Thomas Mann gelangte zu anderer Ansicht, als ihn der Verlauf der Geschichte davon überzeugte, daß Deutschlands Musikalität eher eine Schwäche als ein Zeichen kultureller Überlegenheit war. Im *Zauberberg* (1924) wird die deutsche Hauptfigur von ihrem Mentor Settembrini vor der Musik gewarnt, die ein Opiat sei, das gegen die Klarheit des Ausdrucks und Denkens ankämpfe (,,Bier, Tabak und Musik! Da haben wir Ihr Vaterland!"), wogegen er meinte, ,,das Wort sei die Ehre des Menschen, und nur dieses mache das Leben menschenwürdig. Nicht nur der Humanismus, – Humanität überhaupt ... sei untrennbar mit dem Worte". Settembrini beklagt die Tatsache, daß die Deutschen eine ungute Beziehung zur Sprache entwickelt hatten, und stellt dies als eine Gefahr für die Welt dar. ,,Sie lieben das Wort nicht", sagt er, ,,oder besitzen es nicht oder heiligen es auf eine unfreundliche Weise, – die artikulierte Welt weiß nicht und erfährt nicht, woran sie mit Ihnen ist. Mein Freund, das ist gefährlich. Die Sprache ist die Gesittung selbst ... Das Wort, selbst das widersprechendste, ist so verbindend."

Noch später, am Ende des zweiten Weltkriegs, kam Mann auf das Problem zurück, das ihm in der Tat keine Ruhe ließ und das Hauptthema seines letzten großen Romans *Doktor Faustus* werden sollte. In einer Rede mit dem Titel ,,Deutschland und die Deutschen" bezog er sich auf eine Passage in *Cousin Pons*, in der Balzac einen deutschen Musiker darstellt, der ein Meister der Harmonie war, aber den Part der Stimmen stets seinem französischen Mitarbeiter überließ. Sein Land, sagte Mann, habe schwer gelitten unter dieser Neigung, die Musik den Worten vorzuziehen. ,,Zugleich hat es gespürt und spürt es heute stärker als je, daß solche Musikalität der Seele sich in anderer Sphäre teuer bezahlt – in der politischen, der Sphäre menschlichen Zusammenlebens."

II

Die verderblichen Auswirkungen professoraler „Profundität" (von Schopenhauer „Hegelei" genannt) und der Phantasie und Musikalität der Romantiker zeigten sich, lange bevor Deutschland zur nationalen Einigung fand. Als die Kampagne, die diese zum Ziel hatte, einsetzte, tauchte eine weitere Bedrohung der Ökonomie und Klarheit der Sprache auf, diesmal in der patriotischen Rhetorik des Mittelstands, der Hauptstütze der nationalen Bewegung. Der literarische Stil der Bourgeoisie glich deren Geschmack beim Mobiliar, er neigte zum Großtuerischen und Pompösen. Ein typisches Beispiel ist die Rede, die Gabriel Rießer 1859 hielt, im sogenannten „Schillerjahr", in dem der hundertste Geburtstag des Dichters gefeiert und Schiller durch ausgewählte Lesungen aus seinen Werken zum Vorkämpfer der deutschen Einheit gemacht wurde.

Nach einer Trompetenfanfare begann Rießer seine Rede mit den Worten: „Lassen Sie den Widerhall tausendstimmigen Jubels, der in den eben verhallten Klängen an Ihr Ohr gedrungen ist, in Ihrer Seele fortbrausen; die edle Tonschöpfung, der Verherrlichung des Andenkens eines großen Menschen gewidmet, hat nie einen würdigeren Gegenstand gefunden, hat nie eine höhere, allgemeinere Feststimmung verkündet als in diesem Moment", und in diesem den Idealismus betonenden bombastisch-pathetischen Ton redete er über eine Stunde lang weiter. In seinem interessanten Buch *Spießer-Ideologie* hat Hermann Glaser Diktion und Stil von Rießers Rede analysiert und festgestellt, daß jedes dreiunddreißigste Wort ein Begriff der Erhöhung ist – das heißt, ein Komparativ oder Superlativ – und daß außerdem zahlreiche durch Adjektive bewirkte Begriffssteigerungen vorkommen wie „mächtiges Rauschen", „hohes Tönen", „gewaltiger Genius" und dergleichen. Um zu betonen, daß Schiller edel, erhaben, machtvoll, großartig war, wurden die entsprechenden Worte gewöhnlich noch ausgeschmückt, und das Adjektiv „hoch" kam sechzigmal vor. Der tote Dichter wurde dargestellt als die Verkörperung der „höchsten und edelsten Bildung", als „reine Entwicklung des Natürlichen, die schönste Blüte, die süßeste Frucht", als Mensch, der „die zartesten und tiefsten Empfindungen, das reinste Geistigste, die höchsten Mächte und die ursprünglichsten und kindlichsten Gefühle" besessen habe – und das alles in ein und demselben Satz.

Dieses unablässige Anführen von Superlativen, diese Anhäufung von Synonymen, dieses Erdrücken von Hauptwörtern unter dem Gewicht von Adjektiven, dieses ständige Streben nach erhabenem Effekt durch reinen Wortschwall stellte eine ernste Bedrohung der Sprache als Kommunikationsmittel dar. Doch dies nahmen Rießers Zuhörer nicht wahr, die seinen stilistischen Schwulst vielmehr als Höhepunkt der Eloquenz betrachteten. Auch schien die Bourgeoisie für diesen geschwollenen Stil nicht nur bei öffentlichen

Reden etwas übrig zu haben, die offenbar von Natur aus zur Wortextravaganz einladen. In den Familienzeitschriften, die in breitem Maße für die literarische Unterhaltung des Mittelstands sorgten, findet man die gleichen Exzesse, oft verstärkt noch durch jene Kombination von Moralisieren und Sentimentalität, die den Namen „Kitsch" hervorgerufen hat. In solchem Stil schrieb die *Gartenlaube*, die meistgelesene dieser Zeitschriften in den Jahren von 1850 bis 1900 und Spiegel sowohl der aufgeklärten humanitären Bildung des literarisch interessierten Bürgertums wie seiner literarischen und stilistischen Vorlieben.

Wie Glaser feststellt, wurde der stilistische Ton schon im Vorwort zur ersten Ausgabe deutlich. „Grüß Euch Gott, Ihr lieben Leute im deutschen Land", hieß es da. „Wenn Ihr im Kreise Euerer Lieben die langen Winterabende am traulichen Ofen sitzt oder im Frühlinge, wenn vom Apfelbaume die weiß und roten Blüten fallen, mit einigen Freunden in der schattigen Laube – dann leset unsere Schrift. Ein Blatt soll's werden fürs Haus und für die Familie, ein Buch für Groß und Klein, für jeden, dem ein warmes Herz an den Rippen pocht, der noch Lust hat am Guten und Edlen ... Über das Ganze aber soll der Hauch der Poesie schweben wie der Duft aus der blühenden Blume, und es soll Euch anheimeln in unserer Gartenlaube, in der Ihr gut-deutsche Gemütlichkeit findet, die zu Herzen spricht. So probiert's denn mit uns, und damit Gott befohlen!" War dieser Stil auch nicht so bombastisch wie der von Rießers Rede, so zeigte er doch die vorherrschende Neigung an, die Sprache auf eine Weise zu gebrauchen, daß die scharfen Ecken und Kanten der Realität unter sentimentalen Stereotypen verborgen und die eigentliche Bedeutung der Worte ihrer Beschwörungskraft untergeordnet wurde. Es war eine Sprache, in der man die simpelsten Alltagsereignisse auf eine Höhe heben konnte, die Mark Twain ebenso verblüfft hätte wie die Lektüre der deutschen Zeitung, der Mehrzahl der *Gartenlaube*-Leser aber offenbar sehr zusagte. Die Tagebücher Cosima Wagners sind zum großen Teil in dieser Sprache abgefaßt. Cosima und ihr Gatte stehen morgens nicht einfach auf, sondern „herrlich begrüßen (sie) diesen Tag", und sie gehen abends nicht wie gewöhnliche Menschen einfach ins Bett, sondern „in erhabener Müdigkeit (begeben sie sich) zur Ruhe". Auch als die gebildeteren Kreise des Bürgertums sich dieses Stils schämten, bestand er noch fort in den sentimentalen Romanen der Marlitt und der Courths-Mahler, die den Hauptlesestoff des unteren Mittelstands ausmachten.

Die Reichsgründung 1871 unterwarf die Sprache neuen Anforderungen, die sich aus den veränderten politischen Verhältnissen ergaben. Die Rolle der preußischen Armee bei der Einigung Deutschlands hatte tiefgreifende soziale Auswirkungen, zu denen eine weitverbreitete Verehrung des preußischen Generalstabs gehörte, dem man die Siege über Österreich und Frankreich zugute hielt, und der Glaube des wohlhabenden Mittelstands, der Posten eines Reserveoffiziers sei für seine Söhne eine gesellschaftliche Notwendigkeit. Daß diese Entwicklungen die Sprache beeinflußten, war unvermeidlich.

Die Metaphern der Macht begannen in Leitartikeln und Parlamentsreden aufzutauchen, in Hörsälen und in historischen Schriften, und eine neue Bedingungslosigkeit der Sprache kennzeichnete sowohl die Vorlesungen Heinrich von Treitschkes über Politik an der Universität Berlin wie die Reden des Industriellen Stumm-Halberg und anderer „Geheimratsübermenschen", die ihre Fabriken wie militärische Befehlshaber leiteten.

Während die Feudalisierung des Mittelstands fortschritt, wurde gleichzeitig die private Rede durch das beeinflußt, was man dann den preußischen Stil nannte. Dieser bildete sich offenbar während der napoleonischen Zeit heraus, und war weitgehend beeinflußt von der Schüchternheit und mangelnden Artikulationsfähigkeit König Friedrich Wilhelms III., der in Bruchstücken sprach und ganze Sätze auf Verbformen und einzelne Ausdrücke verkürzte. Mit der Zeit erstarrte diese lapidare Kommunikationsform zu einem knappen, etwas „schnoddrigen" Kommißton, der außerhalb der Armee viel bewundert wurde, weil er als Stil einer überlegenen Kaste galt, und in manchen Fällen auch deshalb, weil sein Gebrauch bei Redewendungen wie „Bißchen dalli!" oder „Weitermachen!" oder „Schnauze!" Entschiedenheit und moralische Stärke zu beinhalten schien.

Nebenbei sei hier bemerkt, daß innerhalb der Armee selbst und besonders im Stab und an den Heeresschulen der literarische Standard ein sehr hoher war. Die Stabsoffiziere wurden dazu ausgebildet, eine klare und knappe Prosa zu schreiben, und eine ganze Anzahl von ihnen entwickelte sich zu Schriftstellern von bedeutendem Ansehen. Zu Anfang des 19. Jahrhunderts bewies Clausewitz, daß man die kompliziertesten strategischen Fragen in gefälliger und leicht verständlicher Prosa vorbringen konnte; Helmuth von Moltkes Briefe aus der Türkei in den 30er Jahren des 19. Jahrhunderts besaßen literarische Qualitäten ersten Ranges; und die Erinnerungen des Artilleriekommandeurs Prinz Kraft zu Hohenlohe-Ingelfingen, die Kriege von 1866 und 1870 betreffend, waren in einer so lebendigen Prosa geschrieben wie die Kriegsberichte des bedeutenden Journalisten (und späteren Romanschriftstellers) Theodor Fontane. Indes jedoch das Jahrhundert vorrückte und die Kriegführung mechanisiert wurde, wirkte sich dies auch auf den Stil der Praktiker aus, und die Sprache der Schlieffenschen Generation von Stabsoffizieren war gekennzeichnet durch das zunehmende Eindringen von technischen Fachausdrücken.

Zwei andere Entwicklungen verdienen zumindest beiläufige Erwähnung. Die erste war das Ergebnis der fortschreitenden Bürokratisierung der Gesellschaft, die das Auswuchern jenes leblosen, überladenen Juristendeutsch nach sich zog, wie es für Gesetzbücher und Anweisungen zum Ausfüllen von Steuerformularen charakteristisch ist. Christian Morgenstern machte sich darüber in dem Gedicht „Die Behörde" lustig, in dem sein Held Korf, der eine Vorladung zur Polizei zwecks Legitimation und Registration erhalten hat, in einem Bürokratendeutsch antwortet, das die Beamten von weiteren Maßnahmen abhalten soll:

Korf erwiderte darauf kurz und rund:
„Einer hohen Direktion
stellt sich, laut persönlichem Befund,

untig angefertigte Person
als nichtexistent im Eigen-Sinn
bürgerlicher Konvention

vor und aus und zeichnet, wennschonhin
mitbedauernd nebigen Betreff,
Korf. (An die Bezirksbehörde in –)."

Staunend liest's der anbetroffne Chef.

Bürokratien sind ungemein humorlos, und Morgensterns Ulk konnte weder ihre Ausbreitung verhindern noch etwas an der Tatsache ändern, daß die Bürokratensprache eine verführerische Macht besitzt und manche Menschen zu der Auffassung bringt, sie verleihe der Prosa Gewicht und Autorität. Es gab viele solche Menschen in Deutschland.

Schließlich wurden Anmut und Wirksamkeit der Sprache gefährdet durch regressive und fremdenfeindliche Tendenzen im kaiserlichen Deutschland, die den ersten Weltkrieg überdauerten und während der Zeit der Weimarer Republik noch stärker hervortraten. Sie waren zum großen Teil die Folge jener Furcht vor der Modernität, die, wie an anderer Stelle in diesem Buch geschildert wird, einen Teil der deutschen Gesellschaft erfaßte und ihren Ausdruck fand in einer feindseligen Einstellung zur Stadt, einer Idealisierung des Landlebens und – als Ergebnis der Agitation gewisser patriotischer Gruppen in den Jahrzehnten vor dem ersten Weltkrieg und nach der Niederlage von 1918 – einer Angst vor Ansteckung durch ausländische Ideen. Hinsichtlich der Sprache führte dies zu einer Begeisterung für archaische Formulierungen und einer Prosa, die reich war an Anspielungen auf Blut und Boden. Gute Beispiele dafür sind Hermann Löns' Geschichten über die Lüneburger Heide und die Werke des Rheinländers Wilhelm Schäfer, der die Vorherrschaft Berlins über das deutsche Kulturleben brechen und die deutsche Literatur dem Volk zurückgeben wollte. Mit seinem Buch *Die dreizehn Bücher der deutschen Seele* (1922), das in einer gekünstelten und verzerrten Prosa geschrieben war, die sich am besten als Schein-Alemannisch bezeichnen läßt, versuchte er, seine Gedanken zu verwirklichen.

Die Tätigkeit dieser „Heimatdichter", wie sie bisweilen genannt wurden, drückte sich auch in dem erneuten Bemühen aus, die Sprache von Fremdwörtern zu reinigen, ein Ziel, das sich Eduard Engel mit seinem populären Werk *Entwelschung: Verdeutschungswörterbuch* gesetzt hatte, das in erster Auflage 1917 herauskam. Im späten 17. Jahrhundert, als eine nicht wiedergutzumachende Korruption der deutschen Sprache durch fremdsprachige Ausdrücke durchaus im Bereich des Möglichen lag, hatte Leibniz energische Maßnahmen gegen diese Entwicklung gefordert. Doch Leibniz hatte die Ausmerzung nur solcher Fremdwörter befürwortet, für die deutsche Ausdrücke existierten, und anerkannt, daß es viele nicht-deutsche Wörter gab, die nicht nur nützlich waren, sondern die Sprache bereicherten. Engel wollte von solchen Ausnahmen nichts wissen. Wie ein neuer Hermann der Cherusker gegenüber den römischen Legionen schlug er um sich und verdammte die bei deutschen Parlamentariern so beliebten lateinischen Redensarten *(panem et circenses, rebus sic stantibus)*, die seit langem gebräuchliche Bezeichnung für einen, der das Gymnasium besucht hatte, den *Abiturienten*, und den Namen des Berufs, den Bismarck ausgeübt hatte, *Diplomatie*. Für diese Begriffe, so meinte er mit einer Hartnäckigkeit, die man nur als Empfindungslosigkeit ansehen konnte, ließen sich sehr gut *Brot und Vergnügen, wie die Dinge stehen, Abgangsschüler* und *Staatenverkehr* einsetzen. Die *Toilette* sollte je nach dem gemeinten Sinn durch das umständliche *Ankleide-Zimmer* oder den leicht lächerlichen *Abort* ersetzt werden. Was die schmackhaften *Bouletten* betraf, so beliebt bei den Berlinern, die auf den hugenottischen Beitrag zu ihrer Stadt und Sprache stolz waren, schlug Engel recht gefühllos vor, sie sollten in *Klöße* umbenannt werden, obwohl sie keine Ähnlichkeit mit diesen Produkten haben.

III

Während des Dritten Reichs schließlich entfalteten sich alle die hier angeführten Tendenzen zu extremen Auswüchsen. Zu der Flut neuer Anhänger der nationalsozialistischen Bewegung in den ersten Tagen nach Hitlers Machtantritt – den sogenannten „Märzgefallenen" – gehörte auch die Mehrzahl der Lehrstuhlinhaber und Intellektuellen, und diese Leute trieben den professoralen Stil in dem Bemühen, das neue Regime zu rechtfertigen und es als in Deutschlands Geschichte und kultureller Tradition wurzelnd darzustellen, auf neue Höhen der Komplexität. Bei dieser Übung spielte der Philosoph Martin Heidegger eine Starrolle, indem er verkündete, Hitler und das deutsche Volk seien durch Fügung aneinander gebunden und „geführt von der Unerbittlichkeit jenes geistigen Auftrags, der das Schicksal des deutschen Volkes in das Gepräge seiner Geschichte zwingt". Gleichzeitig erhielt die Militarisierung der Sprache, die nach 1871 begonnen hatte, neuen Auftrieb, denn die kämpferische Haltung der NSDAP schien eine Sprache zu erfordern, die dazu paßte, und nun tönten überall Worte wie *Kampf, Schlacht, Einsatz, Einheit, Front* und *Durchbruch*, entliehen aus dem Wortschatz des Militärs, sowie entsprechende Wortzusammensetzungen, die allem, wofür die neue Regierung sich interessierte, einen militärischen Klang gaben: Ein Wort wie *Arbeitsschlacht* bezog sich nun auf den Kampf gegen die Arbeitslosigkeit, *Erzeugungsschlacht* auf das Naziprogramm zur Erhöhung der Geburtenrate, *Ernährungsschlacht* auf die Landwirtschaftspolitik und so weiter. So wurde, wenn die Ernte gut war, dies im *Völkischen Beobachter*, dem offiziellen Parteiorgan, jubilierend verkündet als „Durchbruch in Ostpreußen".

Der Stil des neuen Regimes war ein eklektischer. Es bediente sich reichlich der schwulstigen und sentimentalen Mode, an die sich der untere Mittelstand, aus dem die Masse der Parteimitglieder kam, gewöhnt hatte. Man war hemmungslos in der Verwendung von Superlativen und adjektivischen Erhöhungen wie *einmalig, historisch, Welt-* und *groß;* die Handlungen des Führers wurden selten niedriger eingestuft als „von welthistorischer Bedeutung", und der Hang zum pathetischen Effekt läßt sich bei jeder Analyse der Sprache von Reden zum Geburtstag des Führers erkennen.

Der Stil des Naziregimes war auch gefärbt von dem für die Heimatdichter charakteristischen Haß auf Fremdwörter (die Reichskulturkammer war ständig mit Reinigungsoperationen beschäftigt), sowie von ihrer Blut- und Boden-Terminologie (BLUBO) und ihrer Vorliebe für Archaismen. Die Arbeiter einer Fabrik wurden oft *Gefolgschaft* genannt, ein Wort, das einen altdeutschen Klang hatte und an Vasallentum und bedingungslose Treue zu einem naturgegebenen Führer erinnerte. Doch trotz dieser Künsteleien und eines antistädtischen Tons, den man zum Beispiel in Joseph Goebbels' verächtlichem Gebrauch des Wortes *Asphalt* und dem erfundenen Verb *asphaltieren* erkennen kann („Den Weg ins Verderben asphaltiert der Jude mit Phrasen und gleisnerischen Versprechungen"), wimmelte die Sprache des Dritten Reichs von technischen Ausdrücken, die aus dem Bereich ebenjener modernen Industrie stammten, die den Agrarromantikern so verhaßt war, und Hitler selbst gebrauchte um des Effekts willen gern Fremdwörter, wenn auch nicht immer korrekt, wie hinzugefügt werden sollte.

In den Jahren, bevor die Partei an die Macht gelangte (später offiziell „Kampfzeit" genannt), hörte Peter Drucker einmal, wie ein Naziredner zu einer Gruppe von Bauern sagte: „Wir wollen keine höheren Brotpreise! Wir wollen keine niedrigeren Brotpreise! Und wir wollen auch nicht, daß die Brotpreise bleiben, wie sie sind! Wir wollen nationalsozialistische Brotpreise!" In der Sprache des Nationalsozialismus spiegelte sich diese Verachtung der Ratio wider. Hitlers Reden sollten mehr den Gefühlswiderstand der Zuhörer brechen als an ihre geistigen Fähigkeiten appellieren, und seine größten rednerischen Anstrengungen auf den alljährlichen Parteitagen in Nürnberg waren wie die Prosa der Romantiker der frühen 19. Jahrhunderts auf die magische Kraft von Symbol, Ritual und Musik angewiesen. Seine Sprache, die oft unwahrscheinlich schwerfällig und primitiv war, bezog ihre Kraft aus der mit nicht-literarischen Mitteln geschaffenen *Stimmung.* Im Nazigebrauch waren Worte wie *Verstand* und *Objektivität* schlechte Worte;

Gefühl und *Wille* waren gute Worte. Alfred Rosenberg, der Philosoph der Bewegung, wetterte gegen Leute, die „auf rein logischem Wege (fortschreiten), indem sie von Axiomen des Verstandes weiter und weiter schließen". Man mußte den „ganzen blutlosen intellektualistischen Schutthaufen rein schematischer Systeme" loswerden. Damit war Hitler sehr einverstanden. Seiner Ansicht nach war es nicht Pflicht guter Deutscher, Situationen zu analysieren und dann überlegt zu handeln. Sie sollten „fühlen", „die Stimme des Blutes hören", den „Schicksalsrausch" empfinden (ein von Heidegger erfundener Begriff) und dann mit „Härte" und „Fanatismus" handeln, wie ihr Führer es befahl.

Fanatisch und *hart* waren beliebte Naziworte, und wie Viktor Klemperer in seiner umfassenden Studie über die Sprache des Dritten Reichs feststellt, wurden sie immer in einem Sinn gebraucht, der ihrer Bedeutung vor 1933 entgegengesetzt war, als sich mit ihnen negative Assoziationen – einerseits Verrücktheit und andererseits Brutalität – verbanden. Nach der neuen Sprachregelung hieß hart soviel wie stark, unnachgiebig und heldenhaft, und wer fanatisch war, zeigte sich der Sache ergeben und war bereit, für sie jedes Opfer zu bringen. *Fanatisch* war ein Wort, an das sich Hitler während des zweiten Weltkriegs immer mehr klammerte, und zur Verzweiflung seiner Stabsoffiziere gebrauchte er es als Schlüssel zu allen Problemen. Seine Ansprachen an sie waren allesamt Variationen einer Rede, wie er sie gegen Ende des Krieges hielt und in der er sagte:

> Genialität ist etwa Irrlichterndes, wenn sie nicht durch Beharrlichkeit und fanatische Zähigkeit untermauert ist. Das ist das Wichtigste, was es im ganzen Leben gibt. Leute, die nur Einfälle, Gedanken usw. haben ... werden es trotz allem doch zu nichts bringen ... Weltgeschichte kann man nur machen, wenn man tatsächlich hinter eine kluge Vernunft, hinter ein lebendiges Gewissen und eine ewige Wachsamkeit noch eine fanatische Beharrlichkeit setzt, eine Glaubensstärke, die einen Menschen zum inneren Streiter werden läßt.

Fanatisch und *hart* waren nicht die einzigen Worte, denen die Nazis eine neue Bedeutung verliehen. Die einst respektablen Worte *System* und *systematisch* wurden nun suspekt, denn *das System* gebrauchte man als mißbilligenden Begriff für die Weimarer Republik und die moralische Unredlichkeit und kulturelle Degeneration, die, wie die Nazis behaupteten, deren spezielle Merkmale gewesen waren. Das bescheidene Wort *organisch* wurde erhöht und bedeutete jetzt etwas wie „dem Blut und Boden des Vaterlands treu und aus ihm hervorgehend". So nahm organisch, war es mit Philosophie gekoppelt, dem Hauptwort die alte Bedeutung und bezog sich auf eine Art Gefühl, das die Tyrannei der Vernunft verwarf. *Rücksichtslos*, das früher einen eher pejorativen Sinn hatte, erlangte jetzt, zumindest wenn es im Zusammenhang mit patriotischen Deutschen gebraucht wurde, die positive Bedeutung von *energisch* und *zielstrebig*. In ähnlicher Weise war, wenn man etwas *blind-*

lings tat, nicht mehr ein gedankenloses Handeln gemeint, im Gegenteil: „blinder Gehorsam" war fast etwas so Bewundernswertes wie „fanatische Standhaftigkeit".

Mit dieser Zerrüttung der Sprache sollte bewirkt werden, daß die Deutschen anders über Politik und Leben dachten, und sie wurde mit allen dem Staat zur Verfügung stehenden Mitteln gefördert. Die NSDAP übte die absolute Kontrolle über das Erziehungswesen und die Instrumente der Massenkommunikation aus, und Joseph Goebbels, Reichsminister für Volksaufklärung und Propaganda, nutzte diese Macht bewußt in der Absicht, wie er einmal sagte, „eine mit unserer Staatsphilosophie vereinbare Terminologie" zu propagieren. Goebbels gab genaue Richtlinien an die Presse heraus, führte die Themen auf, die aufzugreifen waren, gab an, wie sie behandelt werden sollten, und stellte Listen von Formulierungen auf, die die Billigung des Staates fanden, und von Worten, die in Zukunft verboten waren. (So forderte eine „dringliche Anweisung" vom 13. Dezember 1937, daß „von heute ab das Wort ‚Völkerbund' von der deutschen Presse nicht mehr verwandt wird. Das Wort existiert nicht mehr".) Ähnliche Richtlinien bezogen sich auf Schulbücher, und die Folge war eine aufgezwungene Uniformität der Sprache, die den Ausdruck hemmte und das Denken beeinflußte. Wie konnte es zum Beispiel ausbleiben, daß die ständige Verbindung bestimmter Eigenschaftswörter mit bestimmten Hauptwörtern zur Bildung von Stereotypen führte, die keine Ausnahmen zuließen? Wenn der Versailler Vertrag bei jeder Erwähnung in der Presse oder in öffentlichen Reden als „schändlich" und „verbrecherisch" bezeichnet wurde, war kaum die Möglichkeit gegeben, in ihm auch versöhnende Aspekte zu erkennen.

Während der NS-Zeit vergifteten solche Stereotypen systematisch das deutsche Denken. Gewiß, der Antisemitismus hatte in Deutschland lange vor Hitler existiert, aber es fällt schwer, sich vorzustellen, daß das deutsche Volk die Ungeheuerlichkeit seiner Behandlung der Juden geduldet haben würde, wären nicht bei jeder Erwähnung des Wortes *Jude* Adjektive wie *schlau, gemein, verschlagen, verdorben, wollüstig, verräterisch, feige, schmarotzerhaft* und *wurzellos* gefallen, wären die Juden nicht ständig mit der Niederlage von 1918, dem Versailler Vertrag und der Bedrohung durch den Kommunismus in Verbindung gebracht worden. Darüber hinaus hatten die Nazis eine Anzahl abschreckender Wörter erfunden, die nicht nur vom Umgang mit Juden abhalten, sondern sie auch als Untermenschen, die es auf die Befleckung der Reinheit der deutschen Rasse abgesehen hatten, darstellen sollten – Wörter wie *Judenknecht, Judenhure* und *Volksverräter* für Deutsche, die jüdische Freunde hatten, und *Blutschande* und *Rassenschande* für die sexuelle Beziehung zu ihnen.

Hitlers Kriegserklärung an Polen im September 1939 regte die Sprachmanager des Dritten Reichs zu neuen Formen der Manipulation an. Es ist bezeichnend, daß die erste Mitteilung über den Konflikt in einer Weise

formuliert war, die die Verantwortung Deutschlands für den Kriegsausbruch kaschierte: „Seit 5 Uhr 45 wird zurückgeschossen." Und im Gegensatz zu den im allgemeinen sachlichen und recht zutreffenden Heeresbulletins des ersten Weltkriegs arbeiteten die Wehrmachtsberichte der Nazis entweder mit starken Übertreibungen – so in den ersten siegreichen Kriegsjahren, als man den Gegner mit Superlativen zu entmutigen hoffte und die
Ängste einer Bevölkerung dämpfen wollte, die den Krieg nicht mit Begeisterung begrüßt hatte – oder mit ausweichenden und lügenhaften Darstellungen, als das Blatt sich zu wenden begann. Nach 1942/43 tauchten die Worte
Rückzug, Zurückweichen oder *Niederlage* in den Wehrmachtsberichten
nicht mehr auf und waren in der Presse verboten. Alternative Formulierungen wie das unbestimmtere *Rückschlag* waren erlaubt, wenn sie im Zusammenhang mit einer nur als vorübergehend geschilderten Situation gebraucht
wurden. Frontlinien wurden nicht vom Feind *durchbrochen*, sondern von
den Deutschen *begradigt* oder *verkürzt*, Euphemismen, die diskret die damit verbundenen Verluste verschleierten. Deutsche Truppen, die stets *tapfer*
oder *heldenhaft* kämpften (Adjektive, die nicht auf den Gegner angewandt
werden durften), wurden nie *zurückgeworfen*, sondern sie *lösten sich vom
Feind* oder *kämpften sich frei*, wenn sich die Tatsache nicht verschleiern ließ,
daß eine Kesselschlacht im Gange war. Das Problem an dieser Berichterstattung war der Umstand, daß sie durch die Erzählungen der von der Ostfront
zurückkehrenden Soldaten und die steigenden Gefallenenzahlen widerlegt
wurde; man begann die Wehrmachtsberichte mit kritischem Auge zu lesen.
Klemperer erwähnt eine Begegnung mit einem Bekannten, der ihm im Dezember 1941 sagte, um den Krieg in Afrika stehe es nicht gut, und auf die
Frage, woher er das wisse, auf die Worte „unsere heldenhaft kämpfenden
Truppen" im Wehrmachtsbericht verwies. „Heldenhaft klingt wie ein
Nachruf", sagte er. „Verlassen Sie sich darauf."

Zum Euphemismus griff man auch, um die Realitäten der deutschen Innenpolitik vor dem deutschen Volk zu verbergen. Die Nazis waren von
Anfang an sehr einfallsreich im Erfinden neutraler Begriffe für schreckliche
Dinge, die sie manchmal aus der Sprache der Technik entliehen. Der Begriff
Gleichschaltung beispielsweise, der sowohl die Abschaffung der Parteien
und Gewerkschaften 1933/34 als auch die darauf folgende Eliminierung von
Personen, die die Nazis als gefährlich oder unerwünscht ansahen, aus dem
öffentlichen und privaten Leben umfaßte, ist ein Begriff aus der Technik und
bedeutet „etwas miteinander verzahnen". Das Wort war abstrakt und technisch genug, um so zu verschleiern, was sich dahinter verbarg. Für das, was
während der „Nacht der langen Messer" im Juni 1934 und in Lagern wie
Dachau geschah, waren Begriffe wie *töten* und *niedermachen* für den Gebrauch zu deutlich; *liquidieren* und *erledigen*, Worte aus der Welt des Geschäftslebens, hatten den Vorteil, daß die Opfer zu Gegenständen wurden.
In ähnlicher Weise wurde das Programm der Tötung geisteskranker und

geistig zurückgebliebener Menschen diskret als „Euthanasie" bezeichnet – das Wort war so wenig bekannt und ungenau in der Bedeutung, daß sich die brutalen Fakten dahinter verbergen ließen. Bei der Ermordung von sechs Millionen europäischen Juden achtete man auf die gleiche verbale Feinheit. Das Programm erhielt den Namen *Endlösung*, und das Schicksal der Opfer wurde, wie H. J. Adler berichtet, der in Theresienstadt und anderen Lagern inhaftiert war und Gelegenheit hatte, den Jargon der Henker zu erforschen, abwechselnd als *Abwanderung, Evakuierung, Abschiebung, Gettoisierung, Ausmerzung* und – dies war seiner Ansicht nach die gespenstischste aller Naziformulierungen – *Sonderbehandlung* oder *SB* bezeichnet. Die Tötungsmannschaften gingen ihrem grausigen Geschäft unter dem Namen *Sonderkommandos* nach.

Die Sprache der Bürokratie war auch ein Geschenk für diejenigen, welche die Vorgänge in den Todeslagern entpersönlichen wollten. Ein großer Teil des Schriftverkehrs des Auschwitz-Kommandanten Rudolf Höß bezog sich auf Kontingente und Beseitigungsquoten und las sich eher wie die Korrespondenz des Direktors einer Kunststoffabrik oder Abfallverarbeitungsanlage. Als Hermann Göring, der Bevollmächtigte für den Vierjahresplan, Reinhard Heydrich im Juli 1941 mitteilen wollte, daß der offizielle Regierungsapparat für die Tötung der jüdischen Bevölkerung zu seiner Verfügung stehe, schrieb er:

In Ergänzung der Ihnen bereits mit Erlaß vom 24. Januar 1939 übertragenen Aufgabe, die Judenfrage in Form der Auswanderung oder Evakuierung einer den Zeitverhältnissen entsprechenden Lösung zuzuführen, beauftrage ich Sie hiermit, alle erforderlichen Vorbereitungen in organisatorischer, sachlicher und materieller Hinsicht zu treffen für eine Gesamtlösung der Judenfrage im deutschen Einflußgebiet in Europa. Sofern hierbei die Zuständigkeiten unserer Zentralinstanzen berührt werden, sind diese zu beteiligen.

Es ist zu bezweifeln, ob sich ein schändlicheres Beispiel für die Sprache des Dritten Reiches finden ließe, es sei denn, man dächte an die rührselig-sentimentale und moralisch abgestumpfte Rede, die Heinrich Himmler im Oktober 1943 vor SS-Gruppenführern in Posen hielt und in der er sagte:

Ich will hier vor Ihnen in aller Offenheit auch ein ganz schweres Kapitel erwähnen. Unter uns soll etwas einmal ganz offen ausgesprochen sein, und trotzdem werden wir in der Öffentlichkeit nie darüber reden ... Ich meine jetzt die Judenevakuierung, die Ausrottung des jüdischen Volkes. Es gehört zu den Dingen, die man leicht ausspricht –,das jüdische Volk wird ausgerottet', sagt ein jeder Parteigenosse, ,ganz klar, steht in unserem Programm, Ausrottung der Juden, machen wir'. Und dann kommen sie alle an, die braven achtzig Millionen Deutschen, und jeder hat seinen anständigen Juden. Es ist klar, die anderen sind Schweine, aber dieser eine ist ein prima Jude. Von allen, die so reden, hat keiner zugesehen, keiner hat es durchgestanden. Von euch werden die meisten wissen, was es heißt, wenn hundert Leichen beisammen liegen, wenn fünfhundert daliegen oder wenn tausend daliegen. Dies durchgehalten zu haben und dabei – abgesehen von Ausnahmen menschlicher Schwächen – anständig geblieben zu sein, das hat uns hart gemacht. Dies ist ein niemals geschriebenes und niemals zu schreibendes Ruhmesblatt unserer Geschichte ...

IV

Eines der Hauptthemen von Günter Grass' Roman *Hundejahre* ist die Rolle, die die Sprache beim Aufkommen des Nationalsozialismus spielte, bei der Verbreitung seiner Doktrinen, bei der Verschleierung seiner Verbrechen, und in dem Buch fehlt es nicht an Angriffen auf die Manipulatoren und Verderber der deutschen Zunge. In dem Abschnitt, der dem Höhepunkt des Krieges gewidmet ist, zeigt Grass das Dritte Reich, wie es dahinstirbt unter einer gleichzeitigen Flut endloser und geistloser Militärberichte in Heideggerscher Prosa. ,,Das Nichts ereignet sich zwischen Panzerfeind und eigenen Spitzen", liest man da. ,,Nichts laufend nachvollziehen. Alle und jede Tätigkeit vom Fernsinn durchstimmten Nichts muß in Hinblicknahme auf den Endsieg substantiviert werden, auf daß sie späterhin im Seinsstand der Anblicksbeschaffung in Marmor oder Muschelkalk gehauen zustanden sei."

An diese Passage mag Peter Dimitriu gedacht haben, als er im Oktober 1977 in *Le Monde* einen Artikel veröffentlichte, in dem er darauf hinwies, daß die schlimme Kombination von Sprache der Macht und Sprache der Philosophie in der Bundesrepublik Deutschland noch immer am Werke sei. Man werde wohl kaum, so schrieb er, in England und Frankreich feststellen können, daß in solchem Maße und in jedem Zusammenhang Philosophen wie Hegel, Marx, Bloch, Nietzsche, Spengler, Stirner und Marcuse zur Rechtfertigung der Gewalt zitiert würden, und schon die Sprache spiegele diese Situation wider. Worte wie *bezwingen, bewältigen, überwinden* besäßen Beiklänge von Macht, die ihren französischen Äquivalenten *vaincre, surmonter, dépasser* fehlten; *richterliche Gewalt* klinge deutlich bedrohlicher als *pouvoir judiciaire;* in ähnlicher Weise wurde *Gewaltakt* mit *acte de violence* verglichen. Solche Metaphern, fuhr Dimitriu fort, tauchten in der allgemeinen Diskussion auf, im politischen und administrativen Jargon, in der Werbung und der Sportberichterstattung. Diese Darstellung war vielleicht überspitzt, doch es war gewiß nicht ohne Bedeutung, daß, wenn die Engländer von *control* sprachen, die Deutschen das Wort *Verfügungsgewalt* gebrauchten.

Dimitrius Besorgnis ist Ausdruck der völlig verständlichen französischen Furcht vor einem deutschen Rückfall in den Nazismus, doch für einen solchen hat es in den fünfunddreißig Jahren seit dem Zusammenbruch des Dritten Reiches keine Anzeichen von Bedeutung gegeben, und eine ausgeglichene Beurteilung scheint anzuzeigen, daß sich die Sprache, wie das Land, vom Einfluß des Nationalsozialismus befreit hat.

Daß es den Deutschen gelang, ihre Sprache von den Perversionen und

Korruptionen der Nazizeit zu reinigen und daß sie wieder fähig wurden, in einer neuen Tonart zu sprechen und die Bedürfnisse einer pluralistischen Gesellschaft zu befriedigen, war das Ergebnis eines Zusammenwirkens mehrerer Faktoren. In den ersten Jahren nach 1945 spielten die Besatzungsmächte eine Rolle und zwar durch ihre Umerziehungs- und Entnazifizierungspolitik und dank der Vorsicht, die sie bei der Vergabe von Lizenzen für Zeitungen und den Betrieb von Rundfunkstationen walten ließen. Nachdem Westdeutschland die volle Souveränität zuerkannt war, leisteten die einzelnen Kultusministerien dann einen bedeutenden Beitrag, in dem sie Lehrmaterialien, die nationalsozialistisch gefärbt oder im Stil des Dritten Reichs geschrieben waren, aus den Schulen entfernten. Eine neue Generation von Schriftstellern, angeführt von Hans Werner Richter, versuchte ab 1947 durch periodische Zusammenkünfte und die Kraft ihres Beispiels eine neue Literatur zu schaffen auf der Grundlage einer befreiten Sprache. An diese Leistungen erinnerte Günter Grass, der zu der Gruppe gehörte, 1979 mit seinem Roman *Das Treffen in Telgte*, der den Zustand der deutschen Sprache am Ende des Dreißigjährigen Krieges beschrieb. Und schließlich trugen auch der durch das „Wirtschaftswunder" der 50er Jahre bewirkte Modernisierungsimpetus, die Umwälzung in der Kommunikation, die die Außenwelt an Deutschland näher heranbrachte denn je zuvor, und der beschleunigte Wandlungsprozeß, der für die gesamte industrielle Gesellschaft in der zweiten Hälfte des 20. Jahrhunderts charakteristisch war, dazu bei, daß die Nazizeit in eine verschwommene Vergangenheit entrückt wurde.

Mit dem Druck der Nazis auf die Sprache verschwanden auch die rhetorischen Exzesse, die der Nationalismus des 19. Jahrhunderts hervorgebracht hatte, und die militärischen Vorstellungen und der aufgeblähte Schwulst, die für den politischen Stil sowohl der Wilhelminischen wie der Nazizeit charakteristisch gewesen waren. Es dürfte schwerfallen, etwa eine Studie über das Thema „Parlamentarische Beredsamkeit in der Bundesrepublik" zu schreiben, denn von wenigen Ausnahmen abgesehen, haben die Bonner Politiker die große Phrase vermieden und sich statt dessen für eine nüchterne Sprache entschieden, auch um den Preis der Langweiligkeit, und die Zeitungen verfolgen, selbst auf ihren Feuilletonseiten, im allgemeinen dasselbe Ziel. In einer eher prosaischen Zeit war außerdem kein Raum für romantische Stilexzesse mit ihrem Symbolismus und der unverständlichen Suche nach tieferen Bedeutungen. Die Beliebtheitswelle, deren sich Hermann Hesse bei den amerikanischen Studenten in den 60er Jahren erfreute, gab es in Deutschland nicht, und die Prosa Ernst Jüngers inspirierte nicht mehr zur Nachahmung.*

---

* Dies hat nicht gerade glückliche Auswirkungen gehabt. In einem ausgezeichneten Artikel über die gegenwärtige deutsche Sprache schreibt Dietrich E. Zimmer: „Die gründlichste und tiefstgreifende Sprachrevision hat in unserer sogenannten *Privat-*

An die Stelle dieser Einflüsse traten neue: zunächst die Flut englischer und amerikanischer Ausdrücke, die während der Besatzungszeit und später auf noch hartnäckigere Weise in die Sprache eindrangen, als das Fernsehen eingeführt war und amerikanische Serien zu regelmäßigen und beliebten Bestandteilen seines Sendeprogramms wurden. Sprachpuristen beklagten den Übereifer, mit dem ihre Landleute die Sprache zu anglisieren und zu amerikanisieren suchten, und dazu hatten sie einigen Grund, da viele der übernommenen Worte und Ausdrücke in ihrem neuen Zusammenhang keine klar umrissene Bedeutung hatten. Doch reine Modeausdrücke verschwanden sehr bald wieder. Die dauerhaften Lehnwörter konnten sich deshalb halten, weil sie entweder die Umständlichkeit des älteren Wortes vermeiden – *Filterzigaretten* für „*Zigaretten mit Mundstück*" oder „*frustriert*" für das ungenaue „*unerfüllt*" – oder weil sie Teile einer internationalen Sprache sind, die sich nicht übersetzen lassen wie *Computer, Stress, Hobby, Hot jazz, Jeans.* Offensichtlich haben solche Wörter wie auch so direkte Übersetzungen amerikanischer Ausdrücke wie *Umweltverschmutzung (environmental pollution)* die Sprache bereichert.

Ob der Einfluß der Werbebranche ebenso positiv zu bewerten ist, erscheint zweifelhaft. Manche Leute vertreten die Ansicht, der größte Beitrag zur Ungeschminktheit der Sprache seit Martin Luther sei der Reklamevers, und gewiß wohnt Sprüchen wie den folgenden eine reizvolle Unmittelbarkeit inne:

Ganz furchtbar schimpft der Opapa;
Die Oma hat kein PAECH-Brot da!

Was Sauerstoff für Deine Lunge,
ein guter Wein für Deine Zunge,
und für Dein Herz 'ne Schmusekatze,
Das ist TOPHEAD für Deine Glatze!

Doch läßt man den Vers außer acht und überträgt dergleichen in Prosa, verschwindet der Reiz, und übrig bleibt das, was Hans Weigel bezeichnet als „eine neue Sprache, ... eine Sprache, die noch nie gesprochen wurde, die es nicht gibt, nicht geben kann, nicht geben darf, in der wir aber angesprochen, angeflüstert, angeraunt werden ... (eine Sprache der) Repräsentativstapler, Querschnittlinge auf allen Suppenpulvern, Barden des Körpergeruchs und

---

sphäre stattgefunden. Die ‚Liebe‘ und die ‚Geliebte‘, das ‚Verhältnis‘, ‚Liebeskummer‘ und ‚Sehnsucht‘ wurden fast völlig ausgemerzt. Heute sprechen wir abstrakter und zu nichts verpflichtet, von unseren *Beziehungen,* und wir sprechen von ihnen in einem Mischmasch aus Wilhelm Reich, dem Stil sozialpädagogischer Seminare, dem Deutsch der psychologischen Ratgeberkolumnen in Illustrierten und dem flapsigen Jugendjargon der Stammkneipe ...“

des Mundgeruchs, Psalmisten der Achselnässe". Die Erfindungen solcher Leute sind weniger ein Zeichen für sprachliche Lebenskraft als eine Herabwürdigung der Sprache zu rein materiellen Zwecken.

Es ist natürlich möglich, daß Nicht-Deutsche, besonders solche aus den westlichen Ländern, relativ wenig Mühe haben, dieses Werbe-Deutsch zu verstehen, denn der Stil ist grenzübergreifend und die zu vermittelnde Botschaft ist in allen Sprachen die gleiche. Aber wie steht es um die Zugänglichkeit der Sprache im allgemeinen?

Hier sei gleich bemerkt, daß Mark Twain die deutschen Zeitungen heute leichter lesen könnte als im 19. Jahrhundert. Die endlos langen Sätze, über die er sich beklagte, findet man zwar noch immer in führenden Blättern wie der *Frankfurter Allgemeinen Zeitung* oder der *Süddeutschen Zeitung* – wenn auch seltener als einstmals –, aber Zeitungen wie Axel Springers Hauptorgan *Die Welt* befleißigen sich eines knapperen Stils, und die Boulevardpresse, mit der *Bild-Zeitung* als dem meistgelesenen Blatt, zieht kurze Sätze, aus nur einem Absatz bestehende Artikel und eine lebendige, aber triviale Sprache vor.

Doch diese Feststellungen könnten einen falschen Eindruck erwecken. Das größte Hindernis, das der Ausländer, der zu einem Verständnis Deutschlands durch die Lektüre seiner Zeitungen und Bücher gelangen will, überwinden muß, besteht darin, daß es kein allgemein verbindliches Hochdeutsch mehr zu geben scheint. Wer den würdevollen und etwas steifen Stil der *Frankfurter Allgemeinen Zeitung* beherrscht, kann deshalb noch nicht unbedingt die Komplexitäten des *Spiegel* auflösen, eine Wochenzeitschrift, die in einem radikalen, schrillen Deutsch geschrieben ist, das aggressiv wirken soll und von ungewöhnlichen Wortkombinationen und Erfahrungen wimmelt. Aber die Probleme, die des Ausländers in der Welt der Gelehrsamkeit harren, sind noch schwieriger. Der professorale Stil erschwerte, wie wir sahen, stets das leichte Verstehen, aber in den Tagen vor Hitler gab es zumindest eine grobe Übereinstimmung in den Einstellungen der Universitätsprofessoren zu den sozialen und politischen Problemen. Damit kann man nicht mehr rechnen, und die Folge ist eine merkliche Zunahme des allgemeinen Theoretisierens, das sich in die zeitgenössische Gelehrsamkeit eingeschlichen hat. Man findet kaum noch ein jüngeres Buch über Geschichte, in dem der Autor sich seinem Thema widmet, ohne seinen Darlegungen ein fünfzig Seiten langes theoretisches Vorwort voranzustellen. Außerdem scheinen die Theoretiker immer Schulen anzugehören, und die Schulen haben ihre eigenen Sprachen, die man verstehen muß, wenn man die Werke ihrer Mitglieder richtig einschätzen will. Das fällt dem Ausländer nicht leicht, der vielleicht nicht gelernt hat, an der Verwendung von Begriffen wie „systemimmanent" und „umfunktionieren" zu erkennen, auf welche Wellenlänge er sich einstellen soll. Manchmal sieht er sich einem Durcheinander von Worten gegenüber, wie in dem Absatz, den Wilhelm Höck vor einigen

Jahren zitierte, um den Mangel an Anmut und die Ungenauigkeit des Stils der Neuen Linken zu illustrieren:

> Autoritäre Bewußtseinsstruktur verschleiert repressiv die Frustration, die in der kapitalistischen Gesellschaft dank dem ökonomischen Interesse der herrschenden Klasse revolutionäre Veränderung als dialektischen Prozeß nicht aus der Theorie in kollektive Praxis umschlagen läßt, sondern permanent Entfremdung reproduziert.

Angesichts solcher Ergüsse hat der Nicht-Deutsche vielleicht das gleiche Gefühl der Unzulänglichkeit wie frühere Ausländer, die sich mit den Symbolen, bedeutungsschweren Worten und musikalischen Gedankenflügen der Romantiker konfrontiert sahen.

Zu einem Verständnis der Schwankungen in den politischen Ansichten in der Bundesrepublik zu gelangen, ist nicht leichter, vor allem dann nicht, wenn man etwas über die Einstellung der extremen Kritiker des bestehenden politischen und sozialen Systems in Erfahrung zu bringen versucht. Hier begegnet man wiederum einer besonderen Sprache, der der *Chaoten* und *Spontis,* der Anarchisten und der *Flipperlebensgemeinschaften,* einem *Rotwelsch* genannten Idiom, mit großzügigen Anleihen beim Jargon der Unterwelt und der Sprache der marxistischen Theoretiker, in dem die Polizisten stets *Bullen* oder *Faschistenpack* sind und politisches Bewußtsein die Teilnahme an *Befreiungsaktionen* erfordert, auf die Gefahr hin, daß man *geklaut* wird und in den *Knast* wandert, um den *verlumpten Staat* zu unterminieren und zu einer *höheren Lebensqualität* zu gelangen. Auch hier sind die in den Begriffen enthaltenen Nuancen und Schattierungen für den Außenstehenden nicht leicht wahrzunehmen.

Schließlich ist da noch das Problem der Deutschen Demokratischen Republik, die ein totalitäres Regime und eine totalitäre Sprachtheorie hat, was bedeutet, daß achtzehn Millionen Deutsche im Osten, die die gleiche Sprache sprechen wie ihre Landsleute in der Bundesrepublik, systematisch angehalten werden, diese anders und zu anderen Zwecken zu gebrauchen. Georg Klaus, einer der führenden Sprachphilosophen der DDR, gibt unumwunden zu, daß in den Augen des Pankower Regimes die Sprache den Zweck verfolgt, ,,die Einstellung der Menschen in der Produktion, im öffentlichen Leben und im moralischen Verhalten zu verändern, damit die Ziele des Sozialismus maximal erreicht werden".

Um dahin zu gelangen, wird die Sprache – etwa so wie während des Dritten Reichs – kontrolliert und manipuliert durch Verfügungen, die die Regierung erläßt und die dem Schulsystem, der Nachrichtenagentur ADN und dem Zentralorgan der SED, *Neues Deutschland,* auferlegt werden. Die emotionale Überladung von Worten, die Superlative, die Begriffe aus der militärischen Sprache, die scharfe Schematisierung, die eine neutrale Wertung zugunsten der Schwarz-Weiß-Zeichnung ausschaltet, die Schmähung, die ständige Wiederholung stereotyper Epitheta, die zu Joseph Goebbels'

Vokabular gehört hatten, sind wieder in Gebrauch. Desgleichen Worte, die auch im Westen verwandt werden, in der DDR aber einen ganz anderen Sinn haben – Worte, die mit *Friedens-* oder *Volks-* beginnen, Worte wie *Koexistenz, Entspannung, Menschenrechte* und *Demokratie.* Aus diesem Grund erlebten westliche Diplomaten bei Abkommen mit der Deutschen Demokratischen Republik bisweilen eine unangenehme Überraschung, wenn die Regierung der DDR den Wortlaut, den sie akzeptiert und verstanden zu haben geglaubt hatten, anders auslegte.

Als sich Willy Brandt und Willi Stoph 1970 in Erfurt trafen, hatten sie zwei Gespräche unter vier Augen. Es sei kein Mittelsmann und kein Dolmetscher nötig, meinten sie, und Stoph bemerkte: ,,Deutsch können wir beide." Dies traf, wie die Folge zeigte, nur im höchst formalen Sinn zu. Tatsache ist, daß Deutsch – das gleiche und selbe Deutsch – nicht die Sprache aller Deutschen ist. Dies macht dem ausländischen Erforscher der zeitgenössischen deutschen Szene die Aufgabe nicht gerade leichter.

Bibliographie

(Bearbeitet von Susan Boenke)

Die Bibliographie erhebt keinen Anspruch auf Vollständigkeit. In erster Linie wurden solche Titel aufgenommen, die für die Lektüre der einzelnen Kapitel wichtig und interessant sind.

1. Historische Perspektiven

Barraclough, Geoffrey: Die mittelalterlichen Grundlagen des modernen Deutschland, Weimar 1953.

Berlin, Isaiah: Wider das Geläufige – Aufsätze zur Ideengeschichte, Frankfurt/M. 1981.

Bosl, Karl/Weis, Eberhard: Die Gesellschaft in Deutschland, 1. Von der fränkischen Zeit bis 1848, München 1976.

Brunschwig, Henri: Gesellschaft und Romantik in Preußen im 18. Jahrhundert, Frankfurt/M. 1976.

Gay, Peter: The Bridge of Criticism, New York 1970.

Ders.: The Enlightenment. An Interpretation, 2 Bde, New York 1967–1969.

Gershoy, Leo: From Despotism to Revolution 1763–1789, New York, London 1944.

Möller, Horst: Aufklärung in Preußen. Der Verleger, Publizist und Geschichtsschreiber Friedrich Nicolai, Berlin 1974.

Ohff, Heinz: Die liberalen Preußen, in: Der Tagesspiegel, Berlin, Sonntagsserie 17. 9.–29. 10. 1978.

Plessner, Helmut: Die verspätete Nation. Über die politische Verführbarkeit bürgerlichen Geistes, Frankfurt/M. 1974.

Riehl, Wilhelm Heinrich: Die bürgerliche Gesellschaft, hrsg. v. Peter Steinbach, Neuaufl. Frankfurt/M. 1976.

Ders.: Vom deutschen Land und Volke. Eine Auswahl, hrsg. v. Paul Zannert, Jena 1922.

Sagarra, Eda: A Social History of Germany, 1648–1914, London 1977.

Schnabel, Franz: Deutsche Geschichte im 19. Jahrhundert, 1. Bd, Neuaufl. Freiburg 1964.

Schöffler, Herbert: Kleine Geographie des deutschen Witzes, Göttingen [6]1960.

Tannenbaum, Edward R.: Die Generation vor dem großen Krieg, Frankfurt, Berlin, Wien 1978.

Troeltsch, Ernst: Aufsätze zur Geistesgeschichte und Religionssoziologie, in: Ders.: Gesammelte Schriften Bd. 4, hrsg. v. Hans Baron, Neudr. Aalen 1966.

Ders.: Naturrecht und Humanität, Berlin 1923.

Walker, Mack: German Home Towns. Community, State and General Estate, 1648–1871, London 1971.

Wedgwood, Cicely Veronica: Der dreißigjährige Krieg, München 1976.

Weis, Eberhard: Der Durchbruch des Bürgertums, 1776–1847, Frankfurt/M., Berlin, Wien 1978.

2. Politik auf neuen Wegen

Baring, Arnulf: Machtwechsel. Die Ära Brandt/Scheel, Stuttgart ²1982.

Binder, David: Brandt's Mark, New York Times, 12. 5. 1974.

Bracher, Karl Dietrich: Theodor Heuss und die Wiederbegründung der Demokratie in Deutschland, Tübingen 1965.

Brandt, Willy: Begegnungen und Einsichten. Die Jahre 1960–1975, München, Zürich 1978.

Ders.: Mein Weg nach Berlin, aufgezeichnet von Leo Lania, München 1960.

Craig, Gordon A.: Deutsche Staatskunst von Bismarck bis Adenauer, Düsseldorf 1961.

Davison, Walter Phillips: Die Blockade von Berlin. Modellfall des Kalten Krieges, Frankfurt/M. 1959.

Dönhoff, Marion Gräfin: Die Bundesrepublik in der Ära Adenauer. Kritik und Perspektiven, Reinbek b. Hamburg 1963.

Dies.: Von Gestern nach Übermorgen – Zur Geschichte der Bundesrepublik Deutschland, Hamburg 1981.

Dornberg, John: Deutschlands andere Hälfte. Profil und Charakter der DDR, München 1970.

Edinger, Lewis Joachim: Kurt Schumacher. Persönlichkeit und politisches Verhalten, Köln, Opladen 1967.

Ders.: Politics in West Germany, Boston ²1977.

Gatzke, Hans W.: Germany and the United States: A "Special Relationship"?, Cambridge, Mass. 1980.

Golay, John Ford: The Founding of the Federal Republic of Germany, Chicago 1958.

Grosser, Alfred: Geschichte Deutschlands seit 1945. Eine Bilanz, München ⁸1980.

Hartrich, Edwin: The Fourth and Richest Reich, New York 1980.

Hiscocks, Richard: The Adenauer Era, Philadelphia, New York 1966.

Katzenstein, Peter J.: Problem or Model? West Germany in the 1980's, in: World Politics XXIII, 1980. Nr. 4.

Lehmann, Hans Georg: Chronik der Bundesrepublik Deutschland 1945/49–1981, München 1981.

Ludz, Peter Christian: Von der Zone zum Ostdeutschen Staat, in: Die Zeit, Okt. 1974.

Mann, Golo: Konrad Adenauer: Staatsmann der Sorge, in: Frankfurter Allgemeine Zeitung, 14. 2. 1976.

Richter, Hans Werner (Hrsg.): Die Mauer, oder Der 13. August, Reinbek 1961.

Schwarz, Hans-Peter: Die Ära Adenauer. Gründerjahre der Republik 1949–1957, Stuttgart, Wiesbaden 1981.

Ders. (Hrsg.): Handbuch der deutschen Außenpolitik, München, Zürich 1975.

Stern, Carola: Ulbricht. Eine politische Biographie, Frankfurt/M., Berlin 1966.

Weyrauch, Wolfgang (Hrsg.): Ich lebe in der Bundesrepublik. Fünfzehn Deutsche über Deutschland, München 1960.

3. Hitler und die neue Generation

Améry, Jean: Adolf Hitler: Verbrecher – Ja; Verräter – Nein, in: Die Zeit, 16. 6. 1978.

Ders.: Die Zeit der Rehabilitation: Das Dritte Reich und die geschichtliche Objektivität, in: Frankfurter Rundschau, 10. 4. 1976.

Bracher, Karl-Dietrich: Die Auflösung der Weimarer Republik, Königstein/Taunus 1978.

Craig, Gordon A.: What the Germans are Reading about Hitler, in: The Reporter, 16. 7. 1964.

Fest, Joachim C.: Das Gesicht des Dritten Reiches. Profile einer totalitären Herrschaft, München ⁷1980.

Ders.: Hitler. Eine Biographie, Frankfurt/M. 1973.

Haffner, Sebastian: Anmerkungen zu Hitler, München 1978.

Hildebrand, Klaus: Das Dritte Reich, München, Wien 1980.

Hirschfeld, Gerhard/Kettenacker, Lothar (Hrsg.): Der „Führerstaat", mit e. Einl v. Wolfgang J. Mommsen, Stuttgart 1981.

Hitler kam von ganz alleine an die Macht, in: Der Spiegel, 34/1977.

Janssen, Karl-Heinz: Wir – zwischen Jesus und Hitler, in: Die Zeit, 7. 7. 1978.

Klose, Werner: Hitler in der Schule, in: Die Zeit, 16. 12. 1977.

Meinecke, Friedrich: Die deutsche Katastrophe, Wiesbaden 1946.

Schoenbaum, David: What German Boys Say about Hitler, in: New York Times Magazine, 9. 1. 1966.

Syberberg, Hans-Jürgen: Hitler, ein Film aus Deutschland, Reinbek b. Hamburg 1978.

Ders.: Syberbergs Filmbuch, München 1976.

Vogt, Hannah: Schuld oder Verhängnis? 12 Fragen an Deutschlands jüngste Vergangenheit, Frankfurt/M. ⁷1968.

4. Religion

Brunschwig, Gesellschaft und Romantik.

Craig, Gordon A.: Deutsche Geschichte 1866–1945, München 1980.

Dickens, Arthur Geoffrey: The German Nation and Martin Luther, London 1974.

Dilthey, Wilhelm: Das Leben Schleiermachers, 2 Bde, hrsg. v. Martin Redeker, Stuttgart, Göttingen 1966–1970.

Durnbaugh, Donald F.: The Believers' Church: The History and Character of Radical Protestantism, New York 1968.

Forster, Karl: Kirche in einer säkularisierten Gesellschaft, in: Dreißig Jahre Bundesrepublik: Tradition und Wandel, hrsg. v. Josef Becker, München 1979.

Friedenthal, Richard: Luther: Sein Leben und seine Zeit, München, Zürich ⁵1979.

Gritsch, Eric W.: Reformer Without a Church: The Life and Thought of Thomas Muentzer 1488–1525, Philadelphia 1967.

Heer, Friedrich: Europäische Geistesgeschichte, Stuttgart 1957.

Heine, Heinrich: Zur Geschichte der Religion und Philosophie in Deutschland, hrsg. v. Wolfgang Harich, Frankfurt/M. 1966.

Minder, Robert: Das Bild des Pfarrhauses in der deutschen Literatur, in: Ders., Kultur und Literatur in Deutschland und Frankreich. 5 Essays, Frankfurt/M. 1962.

Rosenberg, Hans: Theologischer Rationalismus und vormärzlicher Vulgärliberalismus, in: Ders.: Politische Denkströmungen im Deutschen Vormärz, Göttingen 1972.

Sagarra, Social History.

Scholder, Klaus: Die Kirchen und das Dritte Reich, Bd. 1: Vorgeschichte und Zeit der Illusionen 1918–34, Frankfurt/M., Berlin, Wien 1977.

Thadden, Rudolf von: Die brandenburgisch-preußischen Hofprediger im 17. und 18. Jahrhundert, Berlin 1959.

Vigener, Fritz: Drei Gestalten aus dem modernen Katholizismus: Möhler, Diepenbrock, Döllinger, München 1926.

5. Geld

Amery, Carl (d. i. Christian Mayer): Die Kapitulation oder deutscher Katholizismus heute, Reinbek b. Hamburg 1963.

Fischer-Fabian, Siegfried: Berlin-Evergreen, Frankfurt/M. 1975.

Goethe, Johann Wolfgang von: Faust, hrsg. v. Erich Trunz, München 1977.

Gregor-Dellin, Martin: Richard Wagner. Sein Leben – Sein Werk – Sein Jahrhundert, München 1980.

Hartrich, Fourth and Richest Reich.

Klass, Gert von: Hugo Stinnes, Tübingen 1958.

Marx, Karl/Engels, Friedrich: Werke, Bde 1–30, Berlin 1972; besonders Bd 1, 1839–44 (Zur Judenfrage) und Bd 2, 1844–46.

Mayer, Hans: Anmerkungen zu Richard Wagner, Frankfurt/M. 1966.

Mühlen, Norbert: Die Krupps, Frankfurt/M. 1960.

Schopenhauer, Arthur: Werke in zwei Bänden, hrsg. v. Werner Brede, München, Wien 1977; Kap. 3: Aphorismen zur Lebensweisheit.

Sombart, Werner: Der Bourgeois. Zur Geistesgeschichte des modernen Wirtschaftsmenschen, München, Leipzig 1923.

Stern, Fritz: Gold und Eisen. Bismarck und sein Bankier Bleichröder, Frankfurt/M. ³1978.

Stern, Selma: Jud Süss. Ein Beitrag zur deutschen und zur jüdischen Geschichte, München 1973.

Strieder, Jakob: Jacob Fugger der Reiche, Leipzig 1926.

Wagner Richard: Die Musikdramen, hrsg. v. Joachim Kaiser, München ²1981.

Wallich, Henry Christopher: Triebkräfte des deutschen Wiederaufstiegs, Frankfurt/M. 1955.

6. Deutsche und Juden

Arendt, Hannah: Rahel Varnhagen. Lebensgeschichte einer deutschen Jüdin aus der Romantik, Neuausg. München 1981.

Börne, Ludwig: Werke in zwei Bänden, hrsg. v. Helmut Bock und Walter Dietze, Berlin 1964.

Dönhoff, Marion Gräfin: Eine deutsche Geschichtsstunde, in: Die Zeit, 9. 2. 1979.

Goldmann, Nahum: Juden und andere Deutsche, in: Die Zeit, 9. 2. 1979.

Grunfeld, Frederic V.: Prophets Without Honour. A Background to Freud, Kafka, Einstein and their World, New York 1979.

Habe, Hans: Fassbinder und das häßliche Gesicht des Antisemitismus, in: Welt am Sonntag, 4. 4. 1976.

Heine, Heinrich: Sämtliche Schriften, hrsg. v. Klaus Briegleb, Bde 1–12, München 1976.

Hellendall, F.: Heinrich Heine and Düsseldorf – A City Afraid of Its Great Son, in: Monatshefte für deutschen Unterricht LXIII, 1, 1971.
Hermand, Jost: Heines frühe Kritiker, in: Der Dichter und seine Zeit. Politik im Spiegel der Literatur, hrsg. v. Wolfgang Paulsen, Heidelberg 1970.
,Holocaust': Die Vergangenheit kommt zurück, in: Der Spiegel 5/1979.
Joll, James: Intellectuals in Politics. 3 Biograph. Essays, London 1960.
Kampmann, Wander: Deutsche und Juden. Die Geschichte der Juden in Deutschland vom Mittelalter bis zum Beginn des Ersten Weltkriegs, Frankfurt/M. 1979.
Kessler, Harry Graf: Walter Rathenau. Sein Leben und sein Werk, Wiesbaden 1962.
Luther Deutsch. Die Werke Martin Luthers, Bde 1–10, hrsg. v. Kurt Aland, Stuttgart, Göttingen 1969–1974.
Mayer, Hans: Außenseiter, Frankfurt/M. 1975.
Mosse, Werner E./Paucker, Arnold (Hrsg.): Juden im Wilhelminischen Deutschland 1890–1914, Tübingen 1976.
Nur Nix, in: Der Spiegel 9/1969.
Pulzer, Peter G. J.: Die Entstehung des politischen Antisemitismus in Deutschland und Österreich 1867–1914, Gütersloh 1966.
Rathenau, Walther: Tagebuch 1907–1922, hrsg. v. Hartmut Pogge v. Strandmann, Düsseldorf 1967.
Reich-Ranicki, Marcel: Über Ruhestörer. Juden in der dt. Literatur, München 1973.
Sammons, Jeffrey L.: Heinrich Heine, the Elusive Poet, New Haven, London 1969.
Treitschke, Heinrich von: Deutsche Geschichte im 19. Jahrhundert, hrsg. v. Klaus Gundelach, Berlin 1937.
Ueding, Gert: Materialien zu Hans Mayer, ,,Außenseiter", Frankfurt/M. 1978.
Uthmann, Jörg von: Doppelgänger, du bleicher Geselle. Zur Pathologie des dt.-jüd. Verhältnisses, Stuttgart 1976.
Varnhagen, Rahel: Briefwechsel, 4 Bde, hrsg. v. Friedhelm Kemp, München ²1979.
Wagner, Cosima: Die Tagebücher, Bd I 1869–1877, Bd II 1878–1883, hrsg. v. Martin Gregor-Dellin u. Dietrich Mack, München 1976 u. 1977.

7. Frauen

Bebel, August: Die Frau und der Sozialismus, hrsg. v. Monika Seifert, Hannover 1974.
Brandt, Willy: Frauen heute, Jahrhundertthema Gleichberechtigung, Köln, Frankfurt/M. 1978.
Braun, Lily: Memoiren einer Sozialistin, 2 Bde, München 1909–1911.
Bridenthal, Renate/Koonz, Claudia: Beyond Kinder, Küche und Kirche: Weimar Women in Politics and Work, in: Liberating Women's History. Theoretical and Critical Essays, hrsg. v. Berenice A. Carroll, Urbana/Ill. 1976.
Brunschwig, Gesellschaft und Romantik.
Die Frau in der DDR: Fakten und Zahlen. Staatsverlag der DDR, Berlin 1975.
Frauen im Aufbruch. Frauenbriefe aus dem Vormärz und der Revolution von 1848, hrsg. v. Fritz Böttger, Darmstadt 1979.
Frauenbriefe der Romantik, hrsg. v. Katja Behrens, Frankfurt/M. 1981.
Frauenemanzipation im deutschen Vormärz, Stuttgart 1981.
Die Frauenfrage in Deutschland 1865–1915. Texte und Dokumente, hrsg. v. Elke Frederiksen, Stuttgart 1981.

Das Gewissen steht auf. 64 Lebensbilder aus dem deutschen Widerstand 1933–1945, hrsg. v. Annedore Leber in Zusammenarbeit mit Willy Brandt u. Karl-Dietrich Bracher, Berlin, Frankfurt/M. 1954.

Greven-Aschoff, Barbara: Die bürgerliche Frauenbewegung in Deutschland 1894–1933, Göttingen 1981.

Hackett, Amy: Feminism and Liberalism in Wilhelmine Germany, in: Liberating Women's History.

Dies.: The Politics of Feminism in Wilhelmine Germany, Diss. Columbia Univ. 1976.

Huch, Ricarda (Hrsg.): Carolinens Leben in ihren Briefen, Leipzig 1914.

Keiner schiebt uns weg. Zwischenbilanz der Frauenbewegung in der Bundesrepublik, hrsg. v. Lottemi Doormann, Weinheim 1979.

Martens, Wolfgang: Die Botschaft der Tugend. Die Aufklärung im Spiegel der dt. Moralischen Wochenschriften, Stuttgart 1968.

Martiny, Anke: Berufsbild: Parlamentarierin, in: Frankfurter Allgemeine Zeitung, 31. 3. 1979.

Mayer, Außenseiter (Kap. Judith und Dalila).

Müller-Seidel, W.: Theodor Fontane: Soziale Romankunst in Deutschland, Stuttgart 1975.

Nettl, John Peter: Rosa Luxemburg, Köln, Berlin 1967.

Nur die Krumen vom Tisch der Männer: Spiegel-Report über Frauenarbeitslosigkeit in der Bundesrepublik, in: Der Spiegel 2/1978.

Quartaert, J. H.: Reluctant Feminists in German Social Democracy 1885–1917, Princeton 1979.

Rühmkorf, Eva/Münch, Eva Marie von: Wer kämpft für die Frauen?, in: Die Zeit, 11. 7. 1980.

Sagarra, Social History.

Sanford, Jutta Schroers: The Origins of German Feminism. German Women 1789–1870, Diss. Ohio State Univ. 1976.

Wie emanzipiert sind die Frauen in der DDR? Beruf, Bildung, Familie, hrsg. v. Herta Kuhrig und Wulfram Speigner, Köln 1979.

8. Professoren und Studenten

Bleuel, Hans-Peter/Klinnert, Ernst: Deutsche Studenten auf dem Weg ins Dritte Reich. Ideologien, Programme, Aktionen 1918–1935, Gütersloh 1967.

Brunschwig, Gesellschaft und Romantik.

Craig, Deutsche Geschichte 1866–1945, Kap. 6, 11, 18.

Deutschlands Professoren: Götter oder Fachidioten?, in: Der Spiegel 8/1968.

Eichendorff, Joseph von: Halle und Heidelberg, in: Ders.: Erzählungen, hrsg. v. Werner Bergengruen, Zürich 1955.

Fallon, Daniel: The German University: A Heroic Ideal in Conflict with the Modern World, Boulder, Colorado 1980.

Jarausch, Konrad: Sources of German Student Unrest, 1815–1848, in: The University in Society, hrsg. v. Lawrence Stone, 2 Bde Princeton, London, Oxford 1975.

Kuhn, Helmut et. al.: Die deutsche Universität im Dritten Reich, München 1966.

Mc Clelland, Charles E.: State, Society and University in Germany 1700–1914, Cambridge 1980.

Mason, Henry L.: Reflections on the Politized University: The Academic Crisis in the Federal Republic, in: Bulletin of the American Academy of University Professors, Herbst 1974.

Paulsen, Friedrich: Geschichte des gelehrten Unterrichts auf den deutschen Schulen und Universitäten vom Ausgang des Mittelalters bis zur Gegenwart, 2 Bde, Leipzig ³1919–1921.

Prahl, Hans-Werner/Schmidt-Harzbach, Ingrid: Die Universität. Eine Kultur- und Sozialgeschichte, München, Luzern 1981.

Pross, Harry: Vor und nach Hitler. Zur deutschen Sozialpathologie, Olten, Freiburg i. Breisgau 1962.

Ringer, Fritz K.: The Decline of the German Mandarins. The German Academic Community, 1890–1933, Cambridge/Mass. 1969 (dt. Übers. voraussichtlich Stuttgart 1982).

Steiger, Günter/Flaschendräger, Werner (Hrsg.): Magister und Scholaren. Geschichte deutscher Universitäten, Leipzig, Jena, Berlin 1981.

Treitschke, Deutsche Geschichte (Kap. über Burschenschaft).

9. Die Romantiker

Becker, Jillian: Hitler's Children: The Story of the Baader-Meinhof Terrorist Gang, Philadelphia, New York 1977.

Bergmann, Klaus: Agrarromantik und Großstadtfeindschaft, Meisenheim am Glan 1970.

Bloch, Ernst: Zur Philosophie der Musik, Frankfurt/M. 1974.

Brunschwig, Gesellschaft und Romantik.

Craig, Deutsche Geschichte 1866–1945, Kap. 9 u. 13.

Dilthey, Das Leben Schleiermachers.

Glaser, Hermann: Die Diskussion über den Terrorismus: Ein Dossier, in: Aus Politik und Zeitgeschichte. Beilage zur Wochenzeitung „Das Parlament", 24. 6. 1978.

Ders. (Hrsg.): Soviel Anfang war nie. Deutscher Geist im 19. Jahrhundert. Ein Lesebuch, München, Wien 1981.

Goltz, Bogumil: Die Deutschen, Leipzig 1923.

Lowenthal, Leo: Erzählkunst und Gesellschaft. Die Gesellschaftsproblematik in der deutschen Literatur des 19. Jahrhundert, Neuwied, Berlin 1971.

Mann, Thomas: Deutschland und die Deutschen; Deutsche Ansprache. Ein Appell an die Vernunft, beide in: Ders.: Reden und Aufsätze II, Oldenburg 1965.

Mayer, Anmerkungen zu Richard Wagner.

Mosse, George L.: Masses and Man: Nationalist and Fascist Perceptions of Reality, New York 1980.

Nietzsche, Friedrich: Jenseits von Gut und Böse. Zur Genealogie der Moral, Stuttgart 1976.

Riehl, Die bürgerliche Gesellschaft, Teil 1, Kap. 4.

Schmiedt, Helmut: Karl May. Studien zu Leben, Werk und Wirkung eines Erfolgsschriftstellers, Hain 1979.

Sontheimer, Kurt: Anti-Demokratisches Denken in der Weimarer Republik, München 1978.

Stern, Fritz: Kulturpessimismus als politische Gefahr. Eine Analyse nationaler Ideologie in Deutschland, Bern, Stuttgart 1963.

Sternberger, Dolf: Panorama – oder Ansichten vom 19. Jahrhundert, Düsseldorf 1938, Neuaufl. Frankfurt/M. 1974.

10. Literatur und Gesellschaft

Daiber, Hans: Deutsches Theater seit 1945, Stuttgart 1976.
Dönhoff, Marion Gräfin: Radikalität? Ja – und warum, in: Die Zeit, 28. 10. 1977.
Esslin, Martin: Brecht. Das Paradox des politischen Dichters, München ²1972.
Franke, Konrad/Langenbucher, Wolfgang R. (Hrsg.): Erzähler aus der DDR, Tübingen, Basel 1973.
The German Theater in the 1960's, in: The Times Literary Supplement, 3. 4. 1969.
Kunert, Günther: Jetzt ist es endgültig genug!, in: Die Zeit, 9. 11. 1979.
Leonhardt, Rudolf Walter: German Literary Letter, in: New York Times Book Review, 10. 1. 1965.
Mayer, Hans: Die Toten bleiben jung, in: Die Zeit, 26. 5. 1978.
Poems from East Germany, in: The Times Literary Supplement, 20. 2. 1964.
Riess, Curt: Theaterdämmerung, oder das Klo auf der Bühne, Hamburg 1970.
Seyppel, Joachim: Ist Literatur Hochverrat?, in: Die Zeit, 8. 6. 1979.
Steffen, Jochen: Gleiche Brüder auf verschiedenen Wegen: Günter Grass und Hans Magnus Enzensberger, in: Die Zeit, 7. 2. 1975.
Vaterland, Muttersprache. Deutsche Schriftsteller und ihr Staat von 1945 bis heute, hrsg. v. Klaus Wagenbach, Winfried Stephan und Michael Krüger, Berlin 1979.
Verstörung bis zur Resignation: Schriftstellerkongreß in Ostberlin, in: Die Zeit, 12. 5. 1978.

11. Militär

Bundeswehr und Tradition (Traditionserlaß, 1. 7. 1965), in: Wehrkunde 10/1965.
Craig, Gordon A.: Germany and Nato: The Rearmament Debate, 1950–1958, in: NATO and American Security, hrsg. v. Klaus Knorr, Princeton 1959.
Ders.: NATO and the New German Army, in: Military Policy and National Security, hrsg. v. William W. Kaufmann, Princeton 1956.
Ders.: Die preußisch-deutsche Armee 1640–1945. Staat im Staate, Düsseldorf 1960.
Hancock, M. Donald: The Bundeswehr and the National People's Army: A Comparative Study of German Civil-Military Policy, Denver 1973.
Heimpel, Hermann: Über den Tod für das Vaterland, in: Ders.: Kapitulation vor der Geschichte? Gedanken zur Zeit, Göttingen ³1960.
Heye's Meinung über die Bundeswehr, in: Süddeutsche Zeitung, 20./21. 6. 1964.
International Institute for Strategic Studies: The Military Balance, 1978–79, London 1979.
Dass.: Strategic Survey 1979, London 1980.
Keegan, John (Hrsg.): World Armies 1979, London 1979.
Mosen, Wido: Bundeswehr, Elite der Nation? Determinanten und Funktionen elitärer Selbsteinschätzungen von Bundeswehrsoldaten, Neuwied, Berlin 1970.
Die nationale Volksarmee der Deutschen Demokratischen Republik. Eine Dokumentation, hrsg. v. Gerhard Schmenke, Berlin 1961.
Nawrocki, Joachim: Hoffmanns Afrikakorps: DDR-Militärhilfe, in: Die Zeit, 26. 5. 1978.
Ders.: Honecker ruft die DDR-Jugend ans Gewehr, in: Die Zeit, 30. 6. 1978.
Schmidt, Helmut: Beiträge, Stuttgart 1967.
Wir haben euch Waffen und Brot geschickt, in: Der Spiegel, 10/1980.

12. Berlin-Spree-Athen und Krisenstadt

Baedecker, Karl: Berlin: Reisehandbuch, Freiburg i. Breisgau [23]1964.

Ders.: Berlin und Umgebung, Leipzig [18]1914.

Berlin: Stimmen einer Stadt, Berlin [2]1973.

Dietrich, Richard: Berlin. Neun Kapitel seiner Geschichte, Berlin 1960.

Dronke, Ernst: Berlin, hrsg. v. Rainer Nitsche, Darmstadt 1974.

Entwicklung und Probleme Westberlins in den 70er Jahren, hrsg. v. Institut für Internationale Politik und Wirtschaft der DDR, Berlin 1978.

Frauen im Aufbruch (Bettina von Arnim).

Herzfeld, Hans: Berlin in der Weltpolitik 1945–1970, Berlin 1973.

Hier schreibt Berlin. Ein Dokument der 20er Jahre, hrsg. v. Herbert Günther, München 1963.

Hildebrandt, Dieter: Deutschland, deine Berliner. Ein verwegener Menschenschlag, gegen-gezeichnet von Heide Luft, Hamburg 1973.

Ingwerson, Erhard: Berlinische Anekdoten, Berlin [2]1969.

Kerr, Alfred: Caprichos: Strophen des Nebenstroms, Berlin 1926.

Kessler, Graf Harry: Tagebücher, 1918–1937, hrsg. v. Wolfgang Pfeiffer-Belli, Frankfurt/M. 1961.

Kiaulehn, Walter: Berlin: Schicksal einer Weltstadt, Neuaufl. München 1981.

Klotz, Volker: Die erzählte Stadt. Ein Sujet als Herausforderung des Romans von Lesage bis Döblin, München 1969.

Krüger, Wolfgang: Berlin wartet auf Menschen, in: Die Zeit, 1. 12. 1961.

Lange, Annemarie: Berlin zur Zeit Bebels und Bismarcks, Berlin 1972.

Dies.: Das wilhelminische Berlin, Berlin 1967.

Laufenberg, Walter: Berlin (West): Nachkriegsentwicklung und Entwicklungschancen. Unter besonderer Berücksichtigung des Reiseverkehrs, Frankfurt/M. 1978.

Masur, Gerhard: Das Kaiserliche Berlin, München 1971.

Meyer, Hans/Mauermann, Siegfried: Der richtige Berliner in Wörtern und Redensarten, hrsg. v. Walther Kiaulehn, München 1971.

Mehring, Walter: Mehring-Kassette. Gedichte, Lieder und Chansons 1918–1933, 2 Bde, 1981.

Schöffler, Kleine Geographie.

Seyppel, Joachim: Nun o Unsterblichkeit: Wanderungen zu den Friedhöfen Berlins, Berlin 1964.

Sichelschmidt, Gustav (Hrsg.): Die gespielte Stadt. 200 Jahre Gedichte über Berlin, Berlin 1971.

Springer, Robert: Berlin, die deutsche Kaiserstadt, Darmstadt 1878.

Vandrey, Max: Der politische Witz im Dritten Reich, München 1967.

Varnhagen von Ense, Karl August: Königin Sophie Charlotte von Preußen, in: Biographische Denkmale III, Leipzig [3]1872.

Vizetelly, Henry: Berlin Under the New Empire, 2 Bde, London 1879.

Vogel, Werner: Führer durch die Geschichte Berlins, Berlin 1966.

Zimmer, Dieter E.: Die Zweierkist läuft eben nicht mehr. Trends und Triften in der deutschen Gegenwartssprache, in: Die Zeit, 1. Mai 1981.

13. Demokratie und Nationalismus

Brandt Willy: Begegnungen und Einsichten.

Dahrendorf, Ralf: Polarisierung überm Teppich und drunter: Das eigentliche deutsche Problem, in: Die Zeit, 10. 2. 1978.

Die Elbe – ein deutscher Strom, nicht Deutschlands Grenze: Ein Zeit-Interview mit Günter Gaus, in: Die Zeit, 6. 2. 1981.

Gall, Lothar: Bismarck. Der weiße Revolutionär, Frankfurt/M., Berlin, Wien 1980.

Habermas, Jürgen (Hrsg.): Stichworte zur ,Geistigen Situation der Zeit', 2 Bde, Frankfurt/M. 1979.

Hochhuth, Rolf: Bismarck, der Klassiker, in: Der Spiegel, 31/1978.

Janssen, Karl-Heinz: Deutsche Einheit – ein langer Seufzer?, in: Die Zeit, 13. 2. 1980.

Ludz, Peter Christian: Deutschlands doppelte Zukunft. Bundesrepublik und DDR in der Welt von morgen, München 1974.

Das Manifest der ersten organisierten Opposition in der DDR, in: Der Spiegel, 1 u. 2/1978.

Mommsen, Hans: Aus Eins mach Zwei: Die Bi-Nationalisierung Rest-Deutschlands, in: Die Zeit, 13. 2. 1918.

Nawrocki, Joachim: Einheit à la SED, in: Die Zeit, 6. 3. 1981.

Sprengsatz Brokdorf, in: Der Spiegel, 8/1981.

Stammen, Theo: Politische Kultur-Tradition und Wandel, in: Dreißig Jahre Bundesrepublik.

Wir müssen an der Nation festhalten: Zeit-Gespräch mit Friedrich Zimmermann, in: Die Zeit, 27. 2. 1981.

14. „Die schreckliche deutsche Sprache"

Bergsdorf, Wolfgang: Politik und Sprache, München, Wien 1978.

Ders. (Hrsg.): Wörter als Waffen. Sprache als Mittel der Politik, Stuttgart 1979.

Berlin, Wider das Geläufige.

Blackall, Eric Albert: Die Entwicklung des Deutschen zur Literatursprache 1700–1775, Stuttgart 1966.

Dilthey, Das Leben Schleiermachers.

Engel, Eduard: Entwelschung. Verdeutschungswörterbuch für Amt, Schule, Haus, Leben, Leipzig 1918.

Glaser, Hermann: Spießerideologie. Von der Zerstörung des deutschen Geistes im 19. und 20. Jahrhundert, Köln 1974.

Klemperer, Victor: „LTI", die unbewältigte Sprache. Aus d. Notizbuch eines Philologen, München 1969.

Staël, Madame de (Anne Louise Germaine de): Über Deutschland, hrsg. v. Sigrid Metken, Stuttgart 1973.

Steiner, George: Nach Babel. Aspekte der Sprache und Übersetzung, Frankfurt/M. 1979.

Ders.: Sprache und Schweigen. Essays über Sprache, Literatur und das Unmenschliche, Frankfurt/M. 1973.

Twain, Mark: Die schreckliche deutsche Sprache, in: Ders.: Zu Fuß durch Europa, Göttingen 1966.

Weigel, Hans: Die Leiden der jungen Wörter: Ein Antiwörterbuch, München [4]1978.

Personen- und Ortsregister

(zusammengestellt von Susan Boenke)

1. Personenregister

2. *Ortsregister*